Java – exemplarisch

Learning by doing

von
Dr. Ägidius Plüss

Oldenbourg Verlag München Wien

Dr. Aegidius Plüss besitzt eine langjährige Erfahrung als Professor für Informatik und deren Didaktik an der Universität Bern (Schweiz) und Lehrer für Physik und Informatik am Mathematisch-naturwissenschaftlichen Gymnasium Bern-Neufeld. Während seiner Lehrtätigkeit hat er Assembler, Basic, Pascal, Logo, C/C++ und Java unterrichtet. Seine Forschungs- und Entwicklungsschwerpunkte liegen im Bereich der Simulationen und Echtzeitverarbeitung.

Bibliografische Information der Deutschen Bibliothek

Die Deutsche Bibliothek verzeichnet diese Publikation in der Deutschen Nationalbibliografie; detaillierte bibliografische Daten sind im Internet über <http://dnb.ddb.de> abrufbar.

© 2004 Oldenbourg Wissenschaftsverlag GmbH
Rosenheimer Straße 145, D-81671 München
Telefon: (089) 45051-0
www.oldenbourg-verlag.de

Lektorat: Margit Roth
Herstellung: Rainer Hartl
Umschlag: Bernard Schlup, Bern
Umschlagkonzeption: Kraxenberger Kommunikationshaus, München
Gedruckt auf säure- und chlorfreiem Papier
Druck: Grafik + Druck, München
Bindung: R. Oldenbourg Graphische Betriebe Binderei GmbH

ISBN 978-3-486-20040-9

Für Jaye

Inhalt

Vorwort

Dieses Lehrbuch entstand aus dem Bedürfnis, ein Konzept auszuarbeiten, wie Java als Erstsprache unterrichtet und gelernt werden kann. Eine Analyse der großen Vielfalt vorliegender Publikationen und Kursangebote zur Programmierung in Java zeigt das ernüchternde Bild, dass oft dem behutsamen Vorgehen und sorgfältigen Aneinanderreihen von Lernschritten auf einer angepasst ansteigenden Lernkurve wenig Aufmerksamkeit gewidmet wird und mehr die Programmiersprache selbst als der Lernende im Zentrum der Bemühungen steht. Die Folge ist, dass sich beim Lernenden trotz gehöriger Anfangsbegeisterung nach kurzer Zeit ein Frust bemerkbar macht, weil er sich im Java-Klassen-Dschungel verirrt und wegen fehlender Grundlagen keine Erfolgserlebnisse mehr aufweisen kann. Dabei verliert er die Motivation und den Spaß am Lernen.

In diesem Buch werden die Konzepte der Programmiersprache Java und des objektorientierten Programmierens (OOP) ausschließlich an Hand von lauffähigen Programmen eingeführt. Diese können unter einer beliebigen Programmierumgebung (IDE) editiert, nach Belieben verändert, compiliert und ausgeführt werden. In den Kapiteln 1–32 werden die Grundlagen von Java systematisch dargelegt, die übrigen Kapitel können als Ergänzungen für bestimmte Interessensschwerpunkte betrachtet werden. Die Installation und der Umgang mit der IDE sind nicht Teil dieses Buches. Es wird ausdrücklich empfohlen, eines der bekannten professionellen Produkte zu verwenden, die zu Lernzwecken meist kostenlos über das Internet zu beziehen sind. In Kurs- und Schulumgebungen bewährt haben sich JBuilder von Borland und Eclipse. Die Programmbeispiele setzen die Version 1.4 (oder höher) des Java Development Kits (JDK) voraus. Bei Problemen mit der Installation der IDE im Zusammenhang mit den Programmbeispielen wende man sich über die Website www.aplu.ch an den Autor.

Da keine systematische Behandlung der umfangreichen Java Klassenbibliothek angestrebt wird, muss die Originaldokumentation der Java Foundation Class (JFC) herangezogen werden. Diese wird üblicherweise mit der IDE installiert, ist aber auch über Internet-Suchmaschinen zugänglich (für die Klasse xxx übliche Stichworte sind *java class xxx*). Dabei werden allerdings Grundkenntnisse der englischen Sprache vorausgesetzt.

Der Quellcode der Programme hält sich weitgehend an die üblichen Format-Konventionen (Java Coding Style Guide), aus methodischen Gründen wird aber in einigen Punkten davon abgewichen. Insbesondere werden die öffnenden und schließenden Klammern von Programmblöcken untereinander geschrieben, was die Lesbarkeit besonders für Anfänger wesentlich erhöht. Da viele Entwicklungsumgebungen eine automatische Codeformatierung enthalten, ist es mit wenig Aufwand möglich, die Formatierung den eigenen Gewohnheiten anzupassen. Der Leser wird aber dazu aufgefordert, in jedem Fall ästhetisch ansprechenden Quellcode zu schreiben, der sich an eine konsequente Formatierung hält. Der Einbau von Kommentaren in den Quellcode wird in diesem Buch auf ein Minimum beschränkt, vor allem um den Umfang des publizierten Codes in Grenzen zu halten, aber auch deswegen, weil der Autor der Auffassung ist, dass gut geschriebener Code weitgehend selbsterklärend sein muss. Darum wurde in den Beispielen auch auf die Verwendung von JavaDoc verzichtet. Im Zweifelsfall gilt aber die Regel, eher zu viel als zu wenig zu dokumentieren. Eine Dokumentation im Quellcode ist immer dann zwingend, wenn Programmtechnik oder Ablauflogik unüblich sind.

Erklärtes Prinzip des Buches ist es, weitgehend ohne Vorwärts- oder Querreferenzen auszukommen. Es ist daher auch zum Ersteinstieg in das Programmieren geeignet. Dabei wird Wert auf eine saubere, konsequente und logische Begriffsbildung gelegt. Wenn es sinnvoll erscheint, gewisse weiterführende Hinweise zu geben, sind diese in *Kleinschrift und kursiv* gesetzt. Sie sind aber nicht Teil des begrifflichen Gerüsts und können beim ersten Durchlesen übersprungen werden. Da der Autor der Meinung ist, dass die meisten Grundprinzipien der Programmierung einfach zu verstehen sind und sich die Grafik hervorragend eignet, diese anschaulich darzustellen, wird im Buch durchwegs eine eigene Grafikbibliothek eingesetzt, welche die Komplexität mit der grafischen Benutzeroberfläche (GUI) verdeckt. Da der Quellcode dieser Bibliothek aber als OpenSource frei verfügbar ist, kann ihn der fortgeschrittene Leser jederzeit heranziehen und zu seinen Zwecken verändern und weiter verwenden.

Beim genaueren Studium des Buches werden gewisse Vorlieben des Autors offensichtlich, die sich auf seine berufliche Herkunft und Tätigkeit zurückführen lassen. Es handelt sich um

- OOP-Design
- Grafik, insbesondere Richtungsgrafik und Swing
- Callbacks (Eventhandling)
- Rechnerkommunikation (Client-Server-Architektur)
- Datenbanken.

Obschon für ein Lehrbuch unüblich, wird auf ein Literaturverzeichnis verzichtet, und zwar aus zwei Gründen: Einerseits enthält das Buch praktisch keine Zitate oder Textteile aus anderen Werken, andererseits ist die Literatur auf dem Gebiet der Programmiersprache Java dermaßen umfangreich, dass es schwierig ist, gewissen Werken in einer Literaturzusammenstellung den Vorzug zu geben und sie dem Leser gegenüber anderen besonders zu empfehlen. Es ist aber selbstverständlich, dass viele der dargelegten Ideen und Programmbeispiele durch Zeitschriftenartikel, Webinformationen und Lehrbücher aus dem deutschen und englischen Sprachbereich inspiriert sind. Die wenigen Literaturreferenzen sind als Fußnoten angegeben.

Es wird nicht versucht, die deutsche Sprache frei von fachspezifischen Anglizismen zu halten, obschon der Computerslang zu sprachlich unerfreulichen Auswüchsen führen kann. Dies entspricht aber dem heutigen Trend der globalen Vereinheitlichung von Fachausdrücken und führt zu einem leichteren Verständnis innerhalb der Fachwelt, die vollständig auf die englische Sprache ausgerichtet ist. Die in Programmen frei wählbaren Bezeichner (Datei-, Variablen-, Methodennamen usw.) werden konsequent aus dem Englischen bezogen, was zur besseren Lesbarkeit in der professionellen Welt und zur leichteren Portierbarkeit (insbesondere im Internet) führt. Einzig Code-Kommentare und Dokumentationen sind ausnahmsweise auch in Deutsch verfasst, um den direkten Bezug zum Buchtext zu erleichtern. Gibt es für einen Begriff mehrere verbreitete Ausdrucksformen (beispielsweise Attribut, Instanzvariable, Feld), so musste etwas willkürlich für die eine Variante entschieden werden (Instanzvariable).

Links zu Websites sind an den wenigsten Stellen explizit aufgeführt, da diese sich erfahrungsgemäß rasch verändern. Vielmehr wird immer wieder darauf hingewiesen, mit welchen Stichworten man unter Verwendung einer Suchmaschine zu den gewünschten Informationen und Downloads gelangen kann. Weil davon ausgegangen werden kann, dass die Leser über einen vernünftig schnellen Zugang zum Internet verfügen, wird darauf verzichtet, dem Buch eine CD beizulegen. Vielmehr werden alle Programmbeispiele und sonstigen Ressourcen online zur Verfügung gestellt und sind damit immer auf dem neuesten Stand. Aktuelle Informationen zum Buch und Hinweise für den Download findet man unter **www.oldenbourg.de/verlag** (unter Download) oder **www.aplu.ch**.Unter dieser Adresse wird auch ein Diskussionsforum (mit einem FAQ) eröffnet. Die Leser sind dazu eingeladen, ihre Fragen oder Bemerkungen im Zusammenhang mit dem Buch in diesem Forum zu veröffentlichen.

Mehreren Personen bin ich zu Dank verpflichtet, denn sie haben in der einen oder anderen Art zum Gelingen dieses Buches beigetragen. Speziell erwähnen möchte ich Frau Kathrin Mönch für die sprachlichen Korrekturen, sowie Frau Margit Roth, Lektorin beim Oldenbourg-Verlag, mit deren freundlicher und umsichtiger Unterstützung die Herausgabe überhaupt erst möglich war.

1 Einleitung

Dem Buch liegt ein didaktisches Konzept zu Grunde, das sich beim Selbststudium und in der Kurs- und Unterrichtspraxis über Jahrzehnte bewährt hat. Wie in allen etablierten Fächern gibt es auch in der Informatik methodische und inhaltliche Grundsätze, die alle modischen Trends der Computerentwicklung überdauert haben. Das Buch baut auf folgenden Thesen auf:

These 1:
Unterrichte eine moderne, weitverbreitete Programmiersprache

Für das Programmieren im Informatikunterricht von allgemeinbildenden Schulen gibt es grundsätzlich drei Möglichkeiten:

1. Es wird darauf verzichtet
2. Es wird eine Programmiersprache derart ausgewählt, dass ihre Begrifflichkeit und ihr Umfang weitgehend didaktischen Prinzipien gehorcht. Gegebenenfalls wird eine neue erfunden
3. Es wird eine aktuelle, allgemein verbreitete Programmiersprache gewählt und versucht, die Vermittlung trotz gewisser didaktischer Defizite optimal zu gestalten.

Selbstverständlich gibt es nicht genügend Entscheidungskriterien, um der einen oder anderen Möglichkeit generell den Vorzug zu geben. Immer sind Kompromisse nötig, deren Gewichtung vom Schultyp und damit von den Zielsetzungen der Ausbildung abhängt. Die langjährige Erfahrung mit den mehr didaktisch ausgerichteten Programmiersprachen wie Basic, Pascal, Logo, Eiffel, Modula, Oberon, mit Skriptsprachen wie JavaScript, VisualBasic und mit Sprachen, die nicht für den Unterricht geschaffen wurden, wie Fortran, PL1, Ada, C und C++ u.a. zeigen aber, dass sich für höhere Mittelschulen (Gymnasien), sowie Programmiereinführungen an Hochschulen und Universitäten das pragmatische Vorgehen gemäß der dritten Möglichkeit bewährt hat. Voraussetzung dafür ist allerdings ein vermehrter methodischer Aufwand seitens der Lehrperson, da die Sprachentwickler sich weitgehend von der Problematik der Vermittlung der Sprache an Programmieranfänger abgekoppelt haben.

Dieses Lehrbuch soll zeigen, dass es möglich ist, auch eine nicht didaktisch ausgerichtete Programmiersprache wie Java für den Einstieg in das Programmieren einzusetzen. Durch den weitgehenden Verzicht auf Vorwärtsbezüge und den Willen, keine unverstandenen Programmteile oder Begriffe kochbuchartig einzusetzen, sondern Programme in jedem Augenblick des Lernprozesses mit vollem Durchblick auf Grund des aktuellen Wissens und Könnens zu konstruieren, weicht es wesentlich von anderen Lehrmitteln ab.

These 2:

Teile den Lehrgang in kleine Lernschritte ohne Vorwärtsbezüge ein

Einem altbewährten Unterrichtsprinzip folgend sollte das Wissen in einer allgemeinbildenden Schule nicht kochbuchartig vermittelt werden. Neue Begriffe werden unter Berücksichtigung des gegenwärtigen Wissensstandes und der Persönlichkeit des Lernenden eingeführt und müssen von ihm logisch nachvollziehbar sein oder ihm zumindest plausibel erscheinen. Der Lernende sollte die beruhigende Sicherheit besitzen, Neues auch wirklich verstanden zu haben. Die Kunst des Unterrichtens besteht darin, den Unterricht in angepasst kleine Lernschritte zu strukturieren, dass der Lernende weder unter- noch überfordert wird.

Ein behutsames Vorgehen ohne Überforderung ist gerade in der Einführungsphase in ein neues Lerngebiet von großer Wichtigkeit, um den Lernenden nicht zu entmutigen. Regelmäßige Erfolge und „Aha"-Erlebnisse fördern seine Motivation und die Bereitschaft zur intellektuellen Anstrengung. Eine zu steile Lernkurve demotiviert, eine zu flache langweilt den Lernenden.

Zu einem systematisch aufgebauten Unterricht gehört der weitgehende Verzicht auf Unerklärbares und auf Hinweise, dass ein Verständnis erst später möglich sei. (Wir nennen solche Hinweise **Vorwärtsbezüge**.) Je nach Fachgebiet stellt dieser Verzicht hohe Anforderungen an die Stoffwahl und den Unterrichtsstil der Lehrperson, vor allem bei der Vermittlung komplexer Zusammenhänge. Im Unterricht mag systematisches Vorgehen nicht immer zwingend sein, bei einem Lehrbuch allerdings schon.

These 3:

Zeige Mut zur Lücke

Im naturwissenschaftlichen Unterricht stellt sich laufend die Frage, inwiefern eine Aussage richtig oder falsch sei. Da beispielsweise im Physikunterricht weitgehend die klassische Physik vermittelt wird, sind fast alle besprochenen Gesetzmäßigkeiten vom Standpunkt der Quanten- und Relativitätstheorie falsch oder zumindest nicht exakt. Trotzdem betrachtet man die Vermittlung der klassischen Physik als etwas sehr Wertvolles.

Die Physiklehrpersonen pflegen sich so zu rechtfertigen, dass sie von *Modellannahmen* oder *Voraussetzungen* sprechen, innerhalb derer die Gesetze gültig sind. Beispielsweise setzt man voraus, dass im betrachteten System die Geschwindigkeiten klein gegenüber der Lichtgeschwindigkeit sind, um klassische Mechanik ohne Einbezug der spezielle Relativitätstheorie zu betreiben oder man setzt voraus, dass die „Granularität des Phasenraums" vernachlässigbar ist und damit die Quantentheorie keine Rolle spielt.

Naturwissenschafter sind sich also gewöhnt, von unerwünschten Gegebenheiten und Einflüssen großzügig abzusehen, um eine Reduktion der Komplexität zu erhalten. Dabei wird die Möglichkeit offen gelassen, dieselben Fragen später mit einer vollständigeren Theorie nochmals anzupacken. Ähnliche Unterrichtsprinzipien werden auch im Mathematikunterricht angewendet. Es kann beispielsweise sinnvoll sein, die Exponentialschreibweise $z = r \cdot e^{i\varphi}$ für komplexe Zahlen zu verwenden, bevor man sie mittels komplexer Reihen hergeleitet hat.

Genau dieses Vorgehen, vorerst großzügig von komplexen Zusammenhängen abzusehen, vielleicht sogar gewissen Programmiergrundsätzen zu widersprechen, eignet sich auch bei der Einführung von Programmiersprachen. Vom höheren oder professionellen Standpunkt aus gesehen wird man sich dabei zeitweise „versündigen", um die Komplexität vorerst zu umgehen. Solche „Auslassungssünden" sind statthaft und sind der Preis, der bezahlt werden muss, will man Java als Programmiersprache für Anfänger unterrichten. Zur Bewältigung der didaktischen Defizite von Java werden die folgenden Auslassungssünden in den ersten Kapiteln als legitim betrachtet. Das Weglassen von:

- Expliziten Zugriffsbezeichnern (private, protected, public)
- Exceptions
- Packages
- Interfaces
- Threads.

Es stellt sich die Frage, ob es überhaupt noch möglich ist, ohne die ausgeschlossenen Begriffe ein Java-Programm zu erstellen. Trotz dem Einsatz von programmtechnischen Hilfsmitteln gelingt dies leider nicht vollständig. Es kann also nur darum gehen, den Lehrgang derart aufzubauen, dass zu Beginn der Gebrauch der erwähnten Begriffe auf ein absolutes Minimum beschränkt wird. Am Anfang wird auch ein erheblicher Erkärungsbedarf entstehen, um die Vorwärtsbezüge zu vermeiden. Auch muss leider für den Einstieg auf besonders motivierende Themen (beispielsweise auf Applets) verzichtet werden, da diese eine weitgehende Beherrschung von Java voraussetzen. Mit umso mehr Genugtuung ist es aber in einer späteren Phase möglich, sich diesen Gebieten auf der Basis eines soliden Grundlagenwissens widmen zu können.

Bei der Behandlung der einzelnen Themen wird keine Vollständigkeit angestrebt. Dies würde dem exemplarischen Prinzip widersprechen, bei dem davon ausgegangen wird, dass einige gut ausgewählte Beispiele genügen, um das allgemeine Verständnis zu vermitteln. Es wäre zudem eine Verschwendung von Ressourcen, alle Methoden von Klassen aus der Standardbibliothek zu besprechen, da jederzeit auf eine sehr gute Originaldokumentation (allerdings nur in Englisch) zurück gegriffen werden kann. Im Gegensatz dazu sollen alle relevanten Aspekte der modernen professionellen Informatik, speziell im Zusammenhang mit der objektorientierten Programmierung und der Programmiersprache Java aufgegriffen werden, auch wenn dies den Umfang des Lehrbuch beängstigend anwachsen lässt. Es ist aber dem Leser überlassen, einzelne Spezialthemen (Netzwerkprogrammierung, Datenbanken usw.) beim ersten Durcharbeiten zu überspringen.

These 4:
Führe jedes Konzept mittels lauffähiger Programmbeispielen ein

Für den Lernenden ist es wichtig, neue Konzepte an Hand von Programmbeispielen einzuüben, die auch tatsächlich auf dem Computer ausgeführt werden können. Es handelt sich dabei um das Prinzip des **Learning by doing**, das sich in allen Lehrgebieten bewährt hat. Aus diesem Grund werden im Buch nicht nur Codefragmente (Code-Snippets), sondern fast ausschließlich vollständige Programme aufgenommen, obschon dadurch der Umfang etwas größer wird. Um ein möglichst großes Interessenspektrum abzudecken, stammen die Beispiele aus der Berufspraxis, aber auch aus dem Informatik- und mathematisch-naturwissenschaftlichen Unterricht der Mittel- und Hochschulen.

Die Steilheit der Lernkurve ist für den Lernprozess von großer Bedeutung. Ist sie zu steil, so wird der Lernende nach kurzer Zeit durch die vielen Frustrationen demotiviert, ist sie zu flach, so langweilt er sich. In diesem Buch wird eine eher flache Lernkurve verfolgt, da Java, trotz gegenteiligen Reklameslogans, eine komplizierte Programmiersprache ist, die viel spezifisches Know-how erfordert. Allerdings braucht dies einen gewissen Mut zu Vereinfachungen, was aber nicht mit mangelnder Professionalität verwechselt werden darf. Vielmehr werden die modernen Auffassungen über die objektorientierte Programmierung von Anfang an mit großer Konsequenz vermittelt, beispielsweise durch die Gegenüberstellung von Komposition und Vererbung. In jedem Fall wird einer Problemlösung mittels eines sauberen Klassendesigns der Vorzug gegenüber einer klassischen prozeduralen Lösung gegeben, selbst wenn Letztere wegen der Einfachheit des gerade betrachteten Problems zu einer kürzeren Lösung führen würde.

Die Programme sind, vor allem aus Gründen der Motivation, fast durchwegs fensterbasierte Applikationen und nicht Kommandozeilen-Programme oder Applets. Um den sichtbaren Programmcode in Grenzen zu halten, werden für die grafische Benutzeroberfläche Hilfsklassen eingesetzt. Die Beispiele sollen Vorbilder für korrekte und ästhetische Programme sein und damit den Anfänger zu einem guten Programmierstil anleiten.

These 5:
Verwende didaktisch konzipierte Klassenbibliotheken

Der Programmieranfänger ist bei beim Lesen von längeren Programmen (mit mehr als 10 bis 20 Zeilen Code) sehr oft überfordert und nicht in der Lage, wichtige Teile von weniger wichtigen zu unterscheiden. Er verirrt sich besonders dann in einem „Wald" von Code, wenn das Programm eine graphische Benutzeroberfläche (ein Graphics User Interface, **GUI**) aufweist. Verglichen mit dem algorithmischen und damit inhaltlich interessanten Teil ist nämlich das GUI mit seiner typischen Ereignissteuerung codeintensiv. Andererseits wäre ein Verzicht auf ein GUI ein Rückschritt in die Urzeiten der Kommandozeilen-Programme und für die Motivation des Lernenden, der sich an maus- und menügesteuerte Benutzeroberflächen gewöhnt hat, verheerend. Ein Ausweg aus diesem Dilemma ist möglich, wenn man geeignete didaktisch konzipierte Klassen einsetzt, die dem Anfänger ebenso natürlich erscheinen wie die vordefinierten Klassen der Programmiersprache. Besonders motivierend ist der Einsatz von Bildschirmgrafik, denn für viele Menschen *sagt ein Bild mehr als tausend Worte*.

Im Buch wird aus diesen Gründen zu Beginn eine Klasse mit Schildkröten (Turtles) eingesetzt, die sich auf dem Bildschirm bewegen. Da man davon ohne weiteres mehrere Exemplare erzeugen kann, eignet sich die Turtleklasse hervorragend für die Einführung in die objektorientierte Programmierung (OOP). Eine auf dem Bildschirm sichtbare Schildkröte wird von jedermann ganz natürlich als ein Objekt aufgefasst, das Eigenschaften (Farbe, Blickrichtung usw.) und Verhalten (gehe vorwärts, drehe nach links usw.) besitzt. Zudem eignet sich die Richtungsgrafik der Turtles hervorragend, um rekursive Muster (Fraktale usw.) zu erzeugen.

Obschon die Turtle mehr als ein Spielzeug ist, kann eine allzu einseitige Ausrichtung des Lehrgangs auf die Turtlegrafik auch kontraproduktiv sein, da der Lernende, gerade wenn er besonders begabt ist, bereits nach kurzer Zeit aus dem methodisch wohlpräparierten Glashaus ausbrechen möchte, um sich mit den professionellen Programmierern zu messen. Daher wird die Unterstützung durch die didaktischen Klassenbibliotheken sukzessive reduziert und sie werden im zweiten Teil des Buches nach der Behandlung der Swing-Klassen nur noch wenig eingesetzt. Ein Spezialfall ist die Klasse `Console`, die sich immer wieder für alle Arten von Tests, schnelles Ausprobieren von Codeteilen (Prototyping) und Demonstrationen hervorragend eignet.

Bei der Behandlung der Konzepte der OOP wird eine gewisse Vollständigkeit angestrebt. Im Gegensatz dazu wird kein Versuch unternommen, eine Übersicht über die mehr als 2000 Klassen umfassende Java-Bibliothek (**JFC**, **Java Foundation Class**) zu vermitteln oder einzelne Klassen daraus möglichst vollständig zu beschreiben. Bekanntlich „erdrückt" die riesige Klassenbibliothek der JFC den Anfänger mehr, als dass sie ihn anspornt. Allerdings werden wichtige Klassen der JFC da besprochen und verwendet, wo dies wegen der Praxisrelevanz notwendig erscheint. Es ist eine wichtige Zielsetzung des Buches, den Lernenden im Laufe des Studiums in die Lage zu versetzen, seine spezifischen Probleme mit den im Buch erworbenen Kenntnissen von Java und unter Beizug der Dokumentation der JFC ohne Verwendung der Hilfsklassen selbständig zu lösen.

These 6:

Vermittle die Denkweise der OOP von Anfang an

Seit mehreren Jahren wird in Ausbildungsinstitutionen die Frage diskutiert, ob es für den Programmieranfänger besser sei, zuerst den klassischen Programmierstil weitgehend unter Ausschluss der OOP und erst in einer zweiten Phase die Konzepte der OOP zu erlernen. In der Unterrichtspraxis zeigt sich, dass bei diesem Vorgehen zwar der Einstieg in das Programmieren leichter fällt, dass aber in der zweiten Phase die Akzeptanz der OOP schlecht ausfällt, da sich der Lernende bereits an eine Denkweise gewöhnt hat, die sich fundamental von der OOP unterscheidet. So ist es für den Anfänger nicht immer nachvollziehbar, warum ein Problem für ihn komplizierter mit einem Klassendesign gelöst werden soll, wenn es prozedural einfacher geht. Da die im Unterricht behandelten Probleme meist so kleinen Umfang haben, dass sich die OOP nicht bezahlt macht, ist es zudem nicht leicht, den Lernenden zum Umdenken zu bewegen.

Gewisse Lehrpersonen gehen sogar so weit zu behaupten, dass der klassische prozedurale Programmierstil den Anfänger derart verderbe, dass es für die Einführung in die OOP besser sei, überhaupt keine Programmiervorbildung zu haben. Dies erinnert stark an die polemische Aussage, welche auf den bekannten Informatiker Edsger Dijkstra zurückgeht: „Learning BASIC causes permanent brain damage"[1]. Es ist zwar richtig, dass das Einüben falscher Denkmuster zu vermeiden ist; da aber immer ein gewisser Teil der erlernten Programmiertechnik gültig bleibt, sind solche kategorischen Aussagen fraglich. Dabei wird auch außer Acht gelassen, dass der intelligente Mensch durchaus in der Lage ist, in Kenntnis des Schlechten das Gute zu tun.

---

[1] Edsger W. Dijkstra, *Go To Statement Considered Harmful,* Communications of the ACM, Vol. 11, No. 3, March 1968, pp. 147-148

Dieses Buch ist in der Absicht geschrieben, den allgemein anerkannten Prinzipien der OOP von Anfang an und in der Folge überall konsequent treu zu bleiben. Es wird darum nicht versucht, durch programmtechnische Tricks, etwa durch weitgehende Verwendung von static und Verzicht auf Vererbung, die OOP zuerst auf ein Minimum zu reduzieren und in einen zweiten Teil zu verbannen. Vielmehr wird von Anfang an auf einen Programmierstil Wert gelegt, wie er von der professionellen Java-Gemeinschaft gefordert wird. Dadurch ist zwar der Einstieg etwas anspruchsvoller und nicht auf das schnelle Lösen einfacher Programmieraufgaben ausgerichtet. Wegen des weitgehenden Verzichts auf Vorwärtsreferenzen und des exemplarischen Vorgehens ist das Buch aber auch so vom Programmieranfänger, der harmonisch in die OOP hineinwächst, zu bewältigen.

2 Daten und Programme

Eine Programmiersprache ist ein Werkzeug, um Prozesse zu formulieren, die sich auf einem Computer ausführen lassen. Es gibt mehrere hundert Programmiersprachen, die sich im Wesentlichen einteilen lassen in

- Imperative Programmiersprachen (auch prozedurale Programmiersprachen genannt)
- Funktionale Programmiersprachen
- Objektorientierte Programmiersprachen.

Bei imperativen Programmiersprachen (typische Vertreter sind Pascal, Modula) steht der sequentielle Ablauf mit Programmanweisungen der Art: *führe aus, falls...dann, wiederhole* im Zentrum. Wichtig ist dabei das sinnvolle Gruppieren von Anweisungen in besonders bezeichneten Programmteilen (Modulen, Routinen, Prozeduren), wodurch man eine überblickbare Struktur des Programms erhält. Diese Strukturierung führt zur Programmierung **vom Großen zum Kleinen (Top-Down)**. Dabei überlegt man sich zuerst, welche Spezifikationen das Programm erfüllen muss, bevor man mit der Formulierung des Programms beginnt. Bei funktionalen Sprachen (typische Vertreter sind Lisp, Logo) interessiert man sich für die mathematische Formulierung des Zusammenhangs zwischen Eingabe- und Ausgabegrößen. Bei objektorientierten Sprachen schließlich (typische Vertreter sind Smalltalk, Eiffel, Java, C++) steht das **Objekt** im Zentrum. Es enthält einerseits **Daten** und bietet andererseits die **Dienste** an, die auf diesen Daten operieren. Die Dienste können zwar auch Aktionen auslösen, sie sind aber nie unabhängig vom Objekt, sondern eben **objekt**-orientiert. Das Programmieren beruht eher auf der Kommunikation zwischen den Objekten, als auf der Anwendung von Funktionen auf Daten.

Java wird zwar zu den objektorientierten Sprachen gezählt, da man kein Programm ohne Objekte schreiben kann. Es ist aber keineswegs so, dass mit der **objektorientierten Programmierung (OOP)** andere Programmiertechniken überflüssig werden. Vielmehr muss auf weiten Strecken auch in Java imperativ und funktional programmiert werden. Daher werden wir Wert darauf legen, auch imperative und funktionale Programmiertechniken zu pflegen.

2.1   Formulierung von Algorithmen

Bevor wir uns mit den Einzelheiten der Programmiersprache Java befassen, ist es sinnvoll, sich einen allgemeinen Überblick über die Funktionsweise eines Computers zu verschaffen. Dieses Vorgehen vom Allgemeinen zum Speziellen hat sich beim Einstieg in ein neues Fachgebiet gut bewährt, da es eine gedankliche Struktur schafft, an der wir uns jederzeit orientieren können.

Allgemein betrachtet dient ein Computer dazu, Informationen, die in Form von digitalen Daten vorliegen, wunschgemäß zu verarbeiten. Die Eingabedaten werden dabei nach einer Verarbeitungsvorschrift, die wir einen **Algorithmus** nennen, bearbeitet und als Ausgabedaten zur Verfügung gestellt. Als Eingabemedium dient im einfachsten Fall die Tastatur, als Ausgabemedium der Bildschirm. Der Algorithmus kann sehr unterschiedlich formuliert werden, beispielsweise umgangssprachlich. Wollen wir ihn aber auf einem Computer ausführen, so müssen wir ihn in einer Programmiersprache formulieren. Wir sagen, dass wir den Algorithmus in einer Programmiersprache **implementieren**. Damit der Prozessor des Computers das Programm ausführen kann, muss es in der für jeden Prozessor typischen Maschinensprache vorliegen. Diese enthält aus Effizienzgründen nur maschinennahe Befehle und ist daher für die Formulierung von Algorithmen ungeeignet. Wir schreiben daher das Programm in einer prozessorunabhängigen **Höheren Programmiersprache**. In einer nachfolgenden Phase muss das Programm in Maschinensprache umgewandelt (übersetzt, compiliert) werden.

Nicht nur in der Mathematik, sondern auch in der Informatik ist der Begriff der **Funktion** von großer Wichtigkeit. Im allgemeinen Fall übernimmt eine Funktion gewisse Werte, die wir **Parameter** (oder **Argumente**) nennen, verarbeitet diese und liefert einen **Rückgabewert** an den Aufrufenden zurück. Im Spezialfall kann eine Funktion allerdings auch Aufgaben ausführen, ohne einen Rückgabewert zu liefern. (In funktionalen Sprachen heissen die Auswirkungen **Seiteneffekte**.) Funktionen, die keinen Rückgabewert liefern, nennt man in gewissen Programmiersprachen **Prozeduren**, in Java sagt man, dass die Funktion in diesem Fall void (nichts) zurückgibt. Statt von Funktionen werden wir durchwegs gemäß der in Java üblichen Terminologie von **Methoden** sprechen.

In gewissen Programmiersprachen nennt man diese in sich geschlossenen Programmmodule auch **Unterprogramme** *oder* **Subroutinen***.*

Da das Programm immer auf Daten einwirkt, ist es offensichtlich, dass Daten und Programme eng miteinander verknüpft sind. Dieser direkte Zusammenhang wird in objektorientierten Programmiersprachen besonders betont, indem die Daten und die darauf operierenden Methoden zu einem **Objekt** zusammengefasst werden.

2.2 Die algorithmischen Grundstrukturen

Eine höhere Programmiersprache besitzt im Vergleich zu Umgangssprachen einen extrem kleinen Wortschatz. Die Wörter mit einer fest definierten Bedeutung nennen wir **Schlüsselwörter**. Die Verwendung der Schlüsselwörter zur Bildung von Ausdrücken (die **Syntax** oder **Grammatik**) ist exakt definiert, damit es nie zu Mehrdeutigkeiten kommt. Ein syntaktisch falsches Programm wird gar nicht erst zum Laufen kommen, ein syntaktisch richtiges Programm kann sich aber zur Laufzeit immer noch falsch verhalten. Wenn das Programm auch zur Laufzeit fehlerfrei ist, nennen wir es **semantisch** richtig.

Gemäß einem sehr allgemeinen Prinzip der Informatik, dem Theorem von Böhm und Jacopini[1], genügen drei Grundstrukturen, um irgend einen auf einer Maschine ablaufenden Algorithmus zu beschreiben. Es handelt sich um

- Sequenz
- Selektion
- und Iteration.

Die Sequenz ist eine Aneinanderreihung von Aktionen, die streng zeitlich hintereinander ablaufen. Damit werden parallel ablaufende Prozesse ausgeschlossen, was für viele Aufgaben eine sinnvolle Beschränkung ist. Bei der Selektion wird der Ablauf auf Grund von gewissen Bedingungen verzweigt, und bei der Iteration handelt es sich um die Wiederholung gewisser Ablaufblöcke.

Die Beschreibung zeitlicher Abläufe ist auch im täglichen Leben von großer Wichtigkeit. Ein typisches Beispiel ist ein Kochrezept. Ein Rezept kann zwar in verschiedenen Sprachen abgefasst werden, sollte aber immer das gleiche Gericht ergeben. Analog dazu muss ein Algorithmus in verschiedenen Programmiersprachen abgefasst zum gleichen Resultat führen. Das Gericht hat möglichst unabhängig von der Köchin oder dem Koch zu sein, analog muss ein Algorithmus auf verschiedenen Computersystemen (**Plattformen**) gleiche Resultate liefern.

2.3 Klassen und Objekte

Da wir in Java schon von Beginn an objektorientiert programmieren müssen, wollen wir uns bereit jetzt näher mit dem Begriff des Objekts befassen. Glücklicherweise können wir uns dabei an Objekten aus unserem täglichen Leben orientieren. Hier betrachten wir beispielsweise Personen, Tiere, Alltagsgegenstände, Fahrzeuge, Musikinstrumente usw. als Objekte. Wir können mit Java solche Objekte softwaremäßig **modellieren**, was zu einer **Abstraktion** der realen Welt führt. Wie bei jedem Modell werden dabei gewisse Aspekte der Wirklichkeit richtig, andere nur lückenhaft oder sogar fehlerhaft abgebildet. Beim Übergang vom Modell

---

[1] Böhm C., Jacopini G., *Flow diagrams, turing machines and languages with only two formation rules*, Communications of the ACM 9(5), 366-371 (1966)

zur Wirklichkeit benötigen wir eine **Interpretation** der Modellgrößen in der realen Welt (Abb. 2.1).

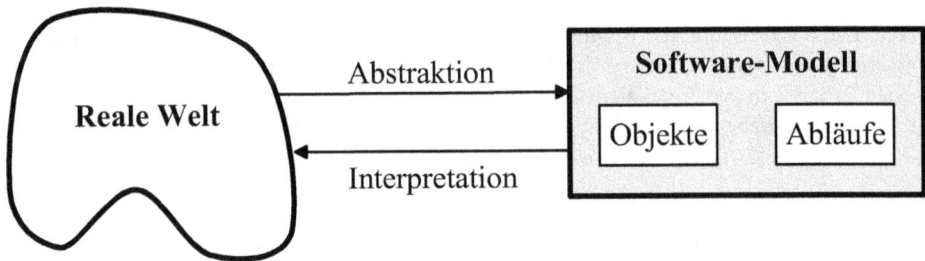

Abb. 2.1 Software- Modell

Bei der Abstraktion wird die Wirklichkeit vereinfacht und angenähert, indem nur diejenigen Aspekte betrachtet werden, die für die spezifische Aufgabenstellung wichtig sind. Es hat sich gezeigt, dass in vielen Fällen zwei Aspekte genügen, um ein reales Objekt softwaremäßig zu modellieren, nämlich seine **Eigenschaften** und sein **Verhalten**.

Die **Eigenschaften** (oder **Attribute**) beschreiben den aktuellen **Zustand** des Objekts. (Beispiel: Die Person ist weiblich und zwanzigjährig. Die Katze hat Hunger. Das Flugzeug steht auf der Rollbahn.) Ein Objekt kann auch aus anderen Objekten, aus **Komponenten**, aufgebaut sein. Man spricht in diesem Zusammenhang auch von der **Komposition** eines Objekts. Die Komponenten zählt man ebenfalls zu den Eigenschaften des Objekts und man sagt, dass es die Komponenten *enthalte*. (Beispiel: Die Person besteht aus Körperteilen, die Katze trägt ein Halsband, das Flugzeug besitzt Flügel.) In Java werden die Eigenschaften bzw. Attribute durch die **Instanzvariablen** beschrieben. Wir sprechen daher durchwegs von Instanzvariablen statt von Eigenschaften oder Attributen.

Das **Verhalten** beschreibt die Handlungsfähigkeiten des Objekts. (Beispiel: Die Person kann skifahren. Die Katze kann miauen. Das Flugzeug kann fliegen.) In Java wird das Verhalten durch die **Methoden** beschrieben (Abb. 2.2).

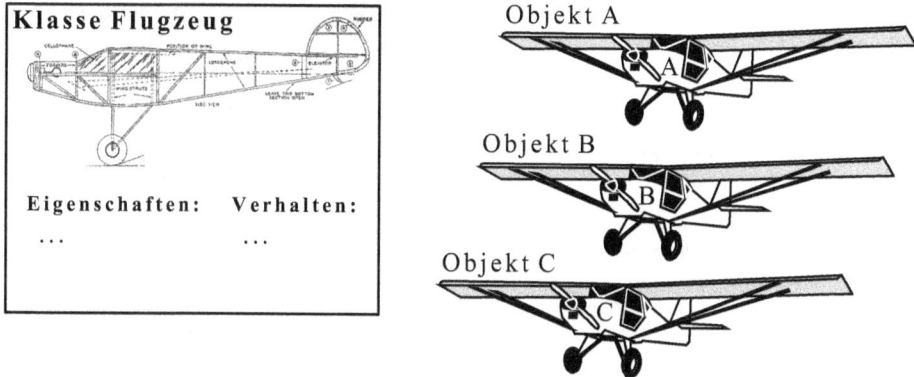

Abb. 2.2 *Ein Objekt besitzt Eigenschaften und Verhalten*

Zu jedem Objekt gehört ein **Bauplan**, welcher die Eigenschaften und das Verhalten beschreibt. Wir nennen diesen in Java eine **Klassendeklaration** und sagen, dass das Objekt zu dieser **Klasse** gehört. Das Objekt selbst ist eine Ausprägung oder eine Realisierung der Klasse, wir sprechen von einer **Klasseninstanz** oder kurz **Instanz**. Objektorientiertes Programmieren besteht also insbesondere darin, Klassen mit geeigneten Instanzvariablen und Methoden zu deklarieren und nachfolgend Instanzen zu **erzeugen** und zu verwenden.

In der Regel werden die Instanzen einer Klasse gewisse **Daten** und **Dienste (services)** anderen Klassen (**clients**) zur Verfügung stellen. Die Clients brauchen dabei die interne Struktur der Service-Klasse nicht zu kennen, sondern nur deren **Schnittstelle (interface)** nach außen. Man könnte daher eine Klasse auch als einen **Dienstanbieter (service provider)** auffassen.

Durch das Zusammenpacken von Instanzvariablen und Methoden erhält man eine übersichtliche **Datenstruktur** und es ist möglich, genau zu definieren, welche Teile eines Programms die Erlaubnis haben, Instanzvariablen zu lesen oder zu verändern. Die Eigenschaften eines Objekts werden dadurch vor unerlaubtem Zugriff von außen **geschützt** und die exakte Realisierung des Verhaltens nach außen **geheim** gehalten. Man spricht von **Datenkapselung (encapsulation, information hiding)** und auch vom **Geheimnisprinzip**.

2.4   Der Entwicklungsprozess eines Programms

Wir verfassen ein Java-Programm mit einem Texteditor, der normalerweise der Programmiersprache Java angepasste Eigenschaften besitzt, und speichern den Text als Datei auf der Festplatte. Man nennt diese Datei den **Quellcode (Sourcecode)** des Programms.

Als Nächstes wird der Quellcode mit Hilfe eines Systemprogramms, genannt Java-Compiler, **übersetzt (compiliert)**, und zwar in einen Zwischencode (**Java-Bytecode**). Damit dieser von der aktuellen Entwicklungsplattform unabhängig ist, enthält er keinen rechnerspezifischen Maschinencode, ist also nicht direkt ausführbar. Vielmehr erfolgt die Ausführung mit Hilfe einer Systemapplikation, der **Java Virtual Machine (JVM)**, die zusammen mit dem

Java Runtime Environment (**JRE**) installiert wird. Bei der **Ausführung** wird der Bytecode von der JVM Schritt um Schritt in Maschinencode übersetzt und erst dann vom Prozessor ausgeführt (der Bytecode wird **interpretiert**) (Abb. 2.3).

Die JVM kann als eine Abstraktion einer CPU eines realen Computers aufgefasst werden, wobei der Bytecode dem Maschinenbefehlssatz entspricht. Tatsächlich entspricht der Bytecode weitgehend dem Konzept von Maschinensprachen. Der Name ist darauf zurückzuführen, dass jede Instruktion aus einem Opcode von einem Byte und nachfolgenden Operanden besteht.

Das Interpretieren des Bytecodes erfolgt, wie in einer von Neumannschen Rechnerarchitektur üblich, in einer Wiederholschleife von Holen-Interpretieren-Ausführen (fetch-decode-execute) und verlangsamt die Ausführungszeit eines Java-Programms um 10 bis 50 mal gegenüber einem entsprechenden Programm in Maschinencode. Für viele Anwendungen spielt dies eine untergeordnete Rolle. Grundsätzlich lässt sich der Bytecode auch in Maschinencode übersetzen, bevor er ausgeführt wird. Dies kann bereits zur Zeit der Entwicklung des Programms erfolgen oder erst beim Starten des Programms (Just-In-Time Compilation, JIT). Dadurch wird die Ausführungszeit wesentlich verbessert. Sie liegt dann in der Größenordnung von Programmen in bekannten compilierten Programmiersprachen wie Fortran und C/C++.

Die Verwendung von Bytecode besitzt einen großen Vorteil im Zusammenhang mit kleinen Geräten und Systemen, die durch einen internen Microcontroller gesteuert werden (Mobiltelefone, Haushaltgeräte, Personal Digital Assistants, Kleinroboter usw.). Das Java Programm wird dabei auf einem Hostsystem entwickelt und compiliert, anschließend in das Zielsystem geladen und dort von einer kleinen Java Virtual Machine (JVM) interpretiert. In solchen Geräten kommen sogar Java-Chips zu Einsatz, welche den Bytecode direkt ausführen.

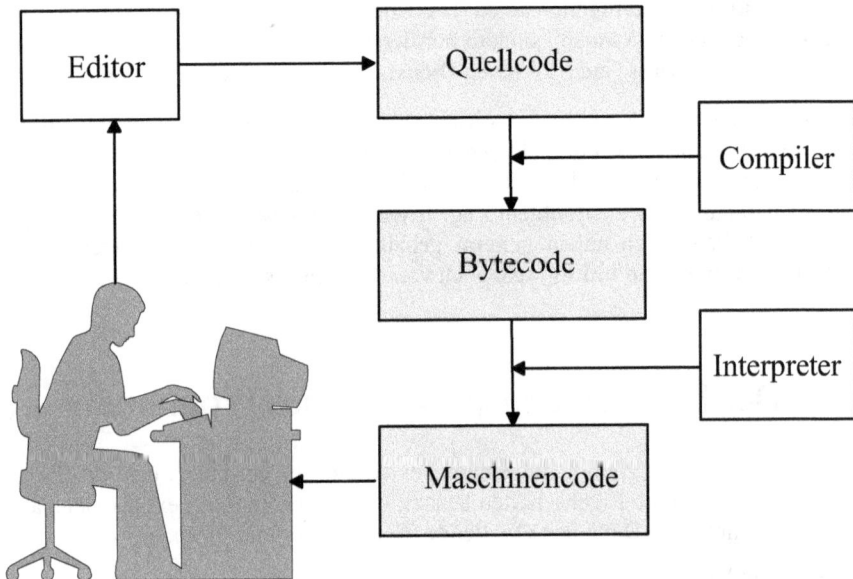

Abb. 2.3   Entwicklungsphasen eines Java-Programms

Um die Arbeit des Programmierers zu vereinfachen, erfolgt der ganze Entwicklungsprozess normalerweise innerhalb einer **Entwicklungsumgebung** (Integrated Development Environment, **IDE**).

Für die Installation und die Verwendung einer IDE wird auf das Internet verwiesen, wo es leicht ist, sich einen Überblick über die aktuellen Java-Entwicklungsumgebungen für eine spezifische Plattform zu verschaffen. Für Lernzwecke gut bewährt haben sich die kostenfreien Versionen von Borland's JBuilder und Eclipse. Die Installation und Bedienung wird in zahlreichen Publikationen beschrieben und ist nicht Teil dieses Lehrbuchs[1],[2].

---

[1] Tabatt P., Wolf H., *Java programmieren mit JBuilder*, Software und Support (2004)

[2] Daum B., *Java-Entwicklung mit Eclipse 2*, dpunkt.verlag (2003)

3 Das erste Java Programm

3.1 Konventionen und Schlüsselwörter

Ein Java-Quellprogramm besteht aus einer oder mehreren zusammengehörenden Textdateien unter Einhaltung der **Java-Syntaxregeln**. Es lässt sich eine exakte, formale Sprachdefinition angeben, die festlegt, welche Texte auch tatsächlich syntaktisch korrekte Java-Programme sind. Für die Praxis ist diese exakte Sprachdefinition allerdings nicht sehr nützlich, da man sich bereits nach kurzer Zeit an die Sprachregeln gewöhnt hat. Im Wesentlichen besteht ein Quellprogramm aus eine Reihe von vordefinierten Wörtern, den **Schlüsselwörtern**, aus eigenen **Bezeichnern (Identifiers)** und **Operationszeichen**. Mit dem Zeilenumbruch und den Leerzeichen kann sehr freiheitlich umgegangen werden. Daher bleibt die Darstellung des Programms weitgehend dem Programmierer überlassen. Seiner Phantasie sind aber Grenzen gesetzt, denn unter professionellen Programmierern hält man sich an verbindliche Abmachungen (**programming style guide**), damit der Quellcode für alle gleichermaßen lesbar ist und leichter ausgetauscht werden kann. Auch wenn man über diese Konventionen unterschiedlicher Meinung sein kann, so formulieren wir eines der wichtigsten Prinzipien der erfolg- und genussreichen Programmierung:

☞ **Ein Programm muss nicht nur korrekt laufen, sondern auch schön geschrieben sein.**

Für die frei wählbaren Bezeichner halten sich Java-Programmierer strikt an folgende Regeln:

- Erlaubte Zeichen sind die Klein- und Großbuchstaben des Alphabets, die Zahlen und als einziges Spezialzeichen der Underline _. Insbesondere sind Umlaute, Akzente und Leerschläge nicht erlaubt

- Klassen werden wie Substantive großgeschrieben. Beispiel: `Turtle`

- Variablen und Methoden werden wie Verben kleingeschrieben. Beispiel: `forward`

- Lange zusammengesetzte Bezeichner werden bei Wortgrenzen wieder großgeschrieben. Beispiel `setColor, myTurtle`

- Selbsterklärende Wortbezeichner werden den mathematisch gebräuchlichen Buchstabenbezeichnern vorgezogen. Oft verwendet man als Bezeichner den kleingeschriebenen Klassennamen. Beispiel `turtle`

☞ **Bezeichner sollten selbsterklärend sein, auch wenn dies zu einer größeren Schreibarbeit führt.**

In Java wird jede Anweisung mit einem Strichpunkt abgeschlossen. Wir gewöhnen uns daran, jede Anweisung auf eine neue Zeile zu schreiben. Dadurch gewinnen wir an Übersichtlichkeit und können uns für Diskussionen auf die Zeilennummer beziehen. Eine Zeile sollte aber nicht mehr als 80 Zeichen enthalten, damit sie ganz auf dem normal eingestellten Bildschirm sichtbar ist und problemlos ausgedruckt werden kann. (In diesem Buch müssen wir wegen des Layouts die Zeilenlänge sogar auf 62 Zeichen beschränken, was manchmal zu etwas künstlich wirkenden Zeilenumbrüchen führt.) Ein Block von Anweisungen muss in Java mit dem Klammerpaar { } zusammengefasst werden. Für die Klammerung verwenden wir die Konvention, wonach zusammen gehörende Start- und Endklammern übereinander liegen, trotzdem viele Java-Programmierer die öffnende Klammer eine Zeile höher setzen, um eine Zeile zu „sparen".

Eine Programmiersprache besitzt im Gegensatz zu einer Umgangssprache einen extrem kleinen Wortschatz. Da Java leider keine standardisierte Programmiersprache ist, kann sich die Anzahl der **Schlüsselwörter (keywords)** in verschiedenen Java-Versionen leicht ändern. In der vorliegenden Java-Version 1.4 gibt es 49 Schlüsselwörter und die 3 **reservierten Wörter** true, false, null. Die Schlüsselwörter sind aus Tab. 3.1 ersichtlich.

abstract	double	interface	switch
assert	else	long	synchronized
boolean	extends	native	this
break	final	new	throw
byte	finally	package	throws
case	float	private	transient
catch	for	protected	try
char	goto	public	void
class	if	return	volatile
const	implements	short	while
continue	import	static	
default	instanceof	strictfp	
do	int	super	

Tab. 3.1 *Java-Schlüsselwörter*
 (const und goto werden in den vorliegenden Sprachversionen nicht verwendet.)

Schlüsselwörter dürfen nur in ihrer fest vordefinierten Bedeutung verwendet und nie für eigene Bezeichner eingesetzt werden. Wir werden uns auch daran gewöhnen müssen, dass die Groß-Kleinschreibung strikt eingehalten werden muss. Bezeichner, die sich bereits durch einen einzigen andersgeschriebenen Buchstaben wie beispielsweise setX und setx unterscheiden, werden als verschieden betrachtet.

Eines der wichtigsten Elemente eines Quellprogramms ist der einzeilige **Kommentar**. Es handelt sich um einen beliebigen Text, der in den meisten (aber nicht allen) Programmierumgebungen auch Umlaute, Akzente und Spezialzeichen umfassen darf. Dieser wird vom Compiler ignoriert und dient nur zur Dokumentation des Quellprogramms. Ein einzeiliger Kommentar stellt ein wichtiges Dokumentationsmittel dar. Er wird mit einem verdoppelten Bruchstrich // eingeleitet und nimmt den Rest der Zeile ein. Der Kommentar kann an beliebiger Stelle der Zeile beginnen.

3.2 Grundaufbau eines Java-Programms

Mit den erarbeiteten Vorkenntnissen sind wir in der Lage, ein erstes Java-Programm zu verstehen und auszuführen. Wir wollen dabei den Computer den Preis p berechnen lassen, der sich aus der gegebenen Stückzahl z und dem gegebenen Einheitspreis e eines Artikel ergibt.

Die ersten Entscheide, die wir beim Schreiben eines Programms treffen müssen, sind der Name und die Dateierweiterung der Quelldatei. Wir wählen als Namen Preis und als Dateierweiterung .java. Mit dem Quellcode-Editor editieren wir die Datei Preis.java und vermerken als Erstes in einem Kommentar den Namen der Quelldatei und auf weiteren Kommentarzeilen eventuell wichtige Informationen, wie der Name des Programmierers oder die Versionsnummer des Programms. Damit können wir das Quellprogramm leichter auffinden und laufen weniger in Gefahr der Verwechslung mit einer früheren, veralteten Version. Als Nächstes deklarieren wir mit dem Schlüsselwort class eine Klasse, wobei wir als Bezeichner den Namen der Quelldatei wählen, was in vielen Entwicklungsumgebungen vorgeschrieben ist.

```
// Preis.java

class Preis
{
}
```

Damit das Java-Laufzeitsystem weiß, welcher Code beim Programmstart als Erstes auszuführen ist (**entry point**), deklarieren wir in dieser Klasse eine Methode mit dem vorgegebenen Namen main().Wir werden eine Klasse mit der Methode main() die **Applikationsklasse** (oder **Hauptklasse**) nennen, um sie von anderen Klassen zu unterscheiden. main() wird nie einen Wert für weitere Berechnungen zurückgeben, und wir sagen deshalb, dass ihr Rückgabetyp void (leer) ist.

Das Betriebssystem sollte die Möglichkeit erhalten, der Methode main() gewisse Werte beim Programmstart zu übergeben (**Kommandozeilen-Parameter**). Diese werden als eine

Aufzählung von Wörtern aufgefasst. Für ein Programm, das E-Mails verschickt, sind dies beispielsweise Absender- und Empfängeradresse. Der Datentyp eines einzelnen Wortes ist String, für eine Wortaufzählung String[]. Als Parameterbezeichner ist args üblich (aber nicht zwingend). Leider müssen wir diese Übergabe auch vorsehen, selbst wenn wir, wie in unserem Fall, gar keine Werte übergeben wollen.

In der Welt der objektorientierten Programmierung ist es üblich, dass von einer Klasse mehrere Instanzen existieren. Falls aber die Methode main() in mehreren Instanzen vorkommt, ist es für das Betriebssystem nicht klar, welche davon bei Programmstart aufzurufen ist. Um diese Mehrdeutigkeit zu verhindern, verlangen wir, dass die Methode main() nur **einmal in der Klasse** und nicht in jedem Objekt vorkommen soll und drücken dies mit dem Schlüsselwort static aus.

☞   **Eine Methode, die static ist, kommt nur einmal in der Klasse und nicht in jedem Objekt vor.**

Schließlich müssen wir dem Betriebssystem noch die Erlaubnis erteilen, überhaupt auf die Methode main() zuzugreifen. Wir drücken dies durch das Schlüsselwort public aus und erhalten endlich den sehr gewöhnungsbedürftigen Ausdruck

```
public static void main(String[] args)
```

Das Programmgerüst erhält die folgende, für alle Java-Programme fundamentale Form:

```
// Preis.java

class Preis
{
  public static void main(String[] args)
  {
  }
}
```

Dies ist bereits ein syntaktisch korrektes Java-Programm, das allerdings überhaupt nichts tut. Viele professionelle Entwicklungsumgebungen erzeugen solche Vorgabegerüste automatisch und ersparen uns die Schreibarbeit. Aber einige wenige **Anweisungen** in der Methode main() genügen, um die Berechnung des Preises auszuführen. Als Erstes benötigen wir aber **Platzhalter** für die drei numerischen Größen z, e und p. Wir nennen sie **Variablen**, da sie verschiedene Werte annehmen können. In Java müssen wir die Variablen zudem **deklarieren**, das heißt angeben, aus welchem Wertebereich die Variablenwerte stammen dürfen. Durch Angabe des **Datentyps** der Variablen wird im Hauptspeicher des Computers ein Speicherplatz reserviert, der genau die angepasste Größe besitzt. Zudem kann das Übersetzungsprogramm, der **Compiler**, kontrollieren, ob Flüchtigkeitsfehler vorliegen, indem der Programmierer beispielsweise versucht, inkompatible Datentypen zu addieren.

Für Dezimalzahlen verwenden wir als Datentyp das Schlüsselwort **double** und legen für z und e auch gerade ihren Anfangswert, den **Initialisierungswert**, fest. Wir **deklarieren** und **initialisieren** z und e mit

```
double z = 5731;
double e = 2.55;
```

und deklarieren p mit

```
double p;
```

Schließlich berechnen wir p aus dem Produkt von z und e und schreiben in üblicher algebraischer Darstellung p = z * e, wobei das Multiplikationszeichen * im Gegensatz zur Algebra obligatorisch ist, also

```
p = z * e;
```

Diese Zeile nennen wir eine **Zuweisung** von p. Es handelt sich also nicht um eine algebraische Gleichung, sondern um eine Anweisung, die vom Computer verlangt, die Werte von z und e zu multiplizieren und das Resultat an die Speicherstelle von p zu setzen oder, wie man sagt, der Variablen p zuzuweisen. Im Gegensatz zu einer algebraischen Gleichung kann offensichtlich auf der linken Seite einer Zuweisung immer nur eine einzelne Variable stehen.

Für die Ausgabe des Wertes von p wollen wir ein einfaches Ausgabefenster heranziehen, das uns Java für Testzwecke zur Verfügung stellt. Dabei verwenden wir die Methode print(), die zu einer (statischen) Instanzvariablen out der Klasse System gehört. Wir drücken diesen Zusammenhang mit dem **Punktoperator** aus und schreiben

```
System.out.print(p);
```

Unser erstes Programm ist nun vollständig zusammengestellt und wir können es editieren und ausführen.

```
// Preis.java

class Preis
{
  public static void main(String[] args)
  {
    double z = 5731;
    double e = 2.55;
    double p;

    p = z * e;
    System.out.print(p);
  }
}
```

Es ist instruktiv, den Bytecode (in Assembler-Schreibweise) anzusehen, der sich nach der Compilation von Preis.java in Preis.class befindet. Dazu ruft man den Kommandozeilen-Programm javap -c Preis *auf. Man erkennt leicht die in Bytecode umgesetzte Multiplikation der beiden Größen.*

```
Compiled from Preis.java
class Preis extends java.lang.Object {
    Preis();
    public static void main(java.lang.String[]);
}

Method Preis()
   0 aload_0
   1 invokespecial #1 <Method java.lang.Object()>
   4 return

Method void main(java.lang.String[])
   0 ldc2_w #2 <Double 5731.0>
   3 dstore_1
   4 ldc2_w #4 <Double 2.55>
   7 dstore_3
   8 dload_1
   9 dload_3
  10 dmul
  11 dstore 5
  13 getstatic #6 <Field java.io.PrintStream out>
  16 dload 5
  18 invokevirtual #7 <Method void println(double)>
  21 return
```

3.3   Verwendung von Klassenbibliotheken

In Java gehört die Deklaration und Verwendung von Klassen zu den fundamentalen Tätigkeiten des Programmierers. Dabei ist es wesentlich leichter, vordefinierte Klassen zu verwenden als sie selbst zu erstellen. Es ist durchaus legitim, vordefinierte Klassen wie eine Blackbox zu verwenden, ohne dass man den Quellcode dieser Klassen kennt. Lediglich die **Schnittstelle** zu anderen Teilen des Programms muss exakt bekannt sein. Diese umfasst im Wesentlichen alle Instanzvariablen und Methoden, die von Außen zugänglich sind, sowie den Zusammenhang mit anderen Klassen. Dazu benötigen wir eine ausführliche Dokumentation, die gedruckt oder elektronisch auf der Festplatte oder im Internet vorliegen muss. Zweckmäßig sind Entwicklungsumgebungen, in denen ein kontextsensitives Hilfe-System integriert ist. Wir brauchen den Cursor im Quellcodefenster nur auf einen Begriff zu setzen und eine Spezialtaste zu drücken, damit ein Hilfetext über diesen Begriff erscheint.

Da Klassenbibliotheken in der Regel mehrere Klassen enthalten, fasst man diese in einem **Package** zusammen. Dieses besitzt einen Namen, der wie eine **URL (Uniform Resource**

Locator) einer Web-Seite aufgebaut ist. Gemäß einer Vereinbarung muss sich der Java-Bytecode der Klassen eines Packages auf der Festplatte in einem **Verzeichnisbaum** befinden, das dieser URL entspricht.

Um ein Programm zu compilieren, das Klassen verwendet, die nicht zur Java Foundation Class (JFC) gehören (diese werden automatisch mit Java installiert), muss der Bytecode dieser Klassen in einem Verzeichnisbaum (oder in einer jar-Datei) vorhanden sein. Zur Verwendung werden sie mit dem Schlüsselwort import **importiert**. Statt jede Klasse einzeln anzugeben, kann man für mehrere Klassen **im selben Verzeichnis** (aber nicht für Klassen in Unterverzeichnissen) den Joker * verwenden.

Für dieses Buch wurde zu didaktischen Zwecken eine Klassenbibliothek mit Hilfsklassen entwickelt, die den Einstieg in die Programmierung wesentlich vereinfachen. Um die Klassen aus dem Package ch.aplu.util bei der Entwicklung von Programmen verwenden zu können, ist zu Beginn des Quellprogramms die Compileranweisung

```
import ch.aplu.util.*;
```

nötig. Zudem muss das Package auf dem Rechner gemäß den Angaben im Anhang 1 installiert werden.

Im Package ch.aplu.util befinden sich mehrere für Lernzwecke entwickelte Klassen. Wir verwenden als Erstes die Klasse Console, welche es uns ermöglicht, in einem echten Bildschirmfenster, in Zukunft **Console-Fenster** genannt, zeilenweise auszuschreiben und einzulesen. Einem bereits geschriebenen Programm brauchen wir nur

```
Console.init();
```

vorzustellen, um alle Ausgaben von System.out in das Console-Fenster **umzuleiten** (man spricht in der Unix-Welt von einer **pipe**). Manchmal ist es auch sehr zweckmäßig, dass man alle Ausgaben durch die Angabe des Dateinames in eine Textdatei umleiten kann, also beispielsweise mit

```
Console.init("debug.txt");
```

in eine Datei debug.txt, die im selben Verzeichnis, in der sich das Programm befindet, neu erzeugt wird. Da die Klasse Console auch alle print-Methoden selbst implementiert, kann man diese an Stelle von System.out verwenden. Beim ersten Aufruf einer solchen Methode erscheint das Console-Fenster automatisch auf dem Bildschirm.

```
// PreisEx1.java

import ch.aplu.util.*;

class PreisEx1
{
  public static void main(String[] args)
  {
```

```
   double z = 5731;
   double e = 2.55;
   double p;

   p = z * e;
   Console.print("Der Preis betraegt: ");
   Console.print(p);
 }
}
```

Bei der Verwendung der Klasse `Console` gilt es Folgendes zu beachten:

- Umlaute und Akzente werden nicht unterstützt
- Man kann die Ausgaben eines bestehendes Programms, welches die print-Methoden aus `System.out` benützt, ohne Änderung des Codes in die Console umleiten, indem man zu Beginn `Console.init()` aufruft
- Die print-Methoden können aneinandergefügt werden, wie beispielsweise im vorhergehenden Beispiel

```
Console.print("Der Preis begtraegt: ").print(p);
```

Statt `import` zu verwenden, kann man auch den vollständigen Klassennamen einsetzen. Zudem wird das Ausschreiben einfacher, falls in der Parameterklammer von `print()` mehrere Strings mit + **zusammenfügt (konkateniert)**. PreisEx2 zeigt diese Varianten.

```
// PreisEx2.java

class PreisEx2
{
  public static void main(String[] args)
  {
    ch.aplu.util.Console.init();
    double z = 5731;
    double e = 2.55;
    double p;

    p = z * e;
    System.out.print("Der Preis betraegt: " + p);
  }
}
```

Weitergehende Möglichkeiten der Klasse `Console` entnimmt man der Klassen-Dokumentation.

3.4   Turtlegrafik, das Schlüsselwort new

Die Turtlegrafik eignet sich gut, um die Grundkonzepte einer objektorientierten Programmiersprache auf spielerische und anschauliche Art zu vermitteln. Schildkröten sind ganz offensichtlich Objekte mit Eigenschaften (Farbe, Position usw.) und Verhalten (können sich vorwärts und rückwärts bewegen, sich drehen usw.). Ein **Turtleobjekt** besitzt ein Bildschirmfenster **(Playground)**, auf dem sie sich bewegt. Dabei zeichnet sie mit ihrem Schreibstift **(pen)** eine Spur, mit der man die Bewegung nachvollziehen kann. Der Kopf der Turtle zeigt immer in die Bewegungsrichtung, in der sich die Turtle mit dem Befehl (der Methode) `forward(distanz)` bewegt. Die Bewegungsrichtung kann mit dem Befehl `left(win-kel)` bzw. `right(winkel)` geändert werden. Mehrere Turtles können sich als zweidimensionale Figuren im selben Playground bewegen, ohne sich gegenseitig zu beeinflussen. Die Sichtbarkeit ist so geregelt, dass sich eine aktuell bewegte Turtle immer oberhalb aller anderen befindet, wobei alle darunter liegenden Turtles und Spuren beim Wegziehen wieder sichtbar werden.

In Java erzeugt man eine **Instanz** (oder ein **Objekt**) einer Klasse mit dem Schlüsselwort `new`. Wir sagen auch, dass wir mit `new` ein Objekt **instanzieren**. Dabei können wir uns vorstellen, dass für das Objekt im Hauptspeicher des Computers (auf dem so genannten **Heap**) Speicherplatz reserviert und die Eigenschaften des Objekts auf einen vorgegebenen **Standardwert (default value)** gesetzt werden. Gleichzeitig wird die Turtle als Figur mit diesen Eigenschaften auf dem Bildschirm sichtbar. Um das neu erzeugte Objekt anzusprechen, gibt `new` eine **Referenz** auf das erzeugte Objekt zurück. Anschaulich können wir uns diese wie eine „Fernsteuerung" vorstellen, mit der wir mit dem Objekt kommunizieren. Diesen Rückgabewert weisen wir einer Variable von Typ `Turtle` zu, damit wir nachher mit dieser „Fernsteuerung" arbeiten können. Statt beide Vorgänge mit

```
Turtle john;
john = new Turtle();
```

in zwei Schritten auszuführen, können wir auch einfacher

```
Turtle john = new Turtle();
```

schreiben (Abb. 3.1).

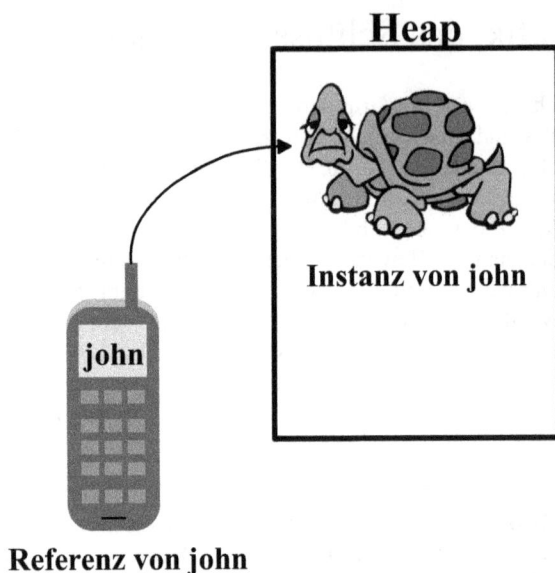

Abb. 3.1 *Instanz und Referenz*

Wir werden aber der Einfachheit halber öfters „vergessen", dass es sich bei john nur um eine „Fernsteuerung" für das Turtleobjekt handelt und uns gelegentlich erlauben, etwas salopp von der **Instanz john** oder vom **Objekt john** zu sprechen.

Die Turtle verhält sich wie ein kleiner Roboter, den man mit Befehlen **navigieren** kann. Die wichtigsten Methoden der Klasse Turtle sind aus Tab. 3.2 ersichtlich. Eine vollständige Beschreibung findet man in der Klassen-Dokumentation, welche mit der Distribution ausgeliefert wird.

Methode	Abkürzung	Aktion
forward (double distanz)	fd (double distanz)	bewegt Turtle vorwärts
back (double distanz)	bk (double distanz)	bewegt Turtle rückwärts
left (double winkel)	lt (double winkel)	dreht Turtle nach links
right (double winkel)	rt (double winkel)	dreht Turtle nach rechts
hideTurtle()	ht()	versteckt Turtle (zeichnet schneller)

`showTurtle()`	`st()`	zeigt Turtle
`speed(double)`		setzt Turtlegeschwindigkeit
`penUp ()`	`pu ()`	hebt den Zeichenstift (Spur unsichtbar)
`penDown ()`	`pd ()`	setzt Zeichenstift ab (Spur sichtbar)
`setColor (Color color)`		setzt Turtlefarbe
`setPenColor (Color color)`		setzt Stiftfarbe
`penErase()`	`pe()`	löscht (zeichnet mit Hintergrundfarbe)
`fill()`		füllt eine vorhandene geschlossene Figur
`setFillCollor(Color color)`		setzt Füllfarbe
`setPos(double x, double y)`		setzt Turtle an die Position (x,y)
`setX (double)`		setzt Turtle an x-Koordinate
`setY (double)`		setzt Turtle an y-Koordinate
`getPos()`		gibt die Turtleposition zurück
`getX(double)`		gibt die x-Koordinate zurück
`getY(double)`		gibt die y-Koordinate zurück
`distance(double x, double y)`		gibt Entfernung von (x,y) zurück
`home()`		bewegt Turtle in die Ausgangsposition
`reinit()`		setzt Turtle in den Anfangszustand
`clean()`		löscht alle Zeichnungen
`label(String)`		schreibt Text an der aktuellen Position
`setFont(Font font)`		setzt die Schriftart
`setFontSize(int size)`		setzt die Schriftgröße

Tab. 3.2 *Die wichtigsten Methoden der Klasse* `Turtle`

4 Die grundlegenden Programm-strukturen

4.1 Die Sequenz

Ein Prozessor ist zu einem großen Teil damit beschäftigt, in zeitlicher Abfolge Befehl um Befehl eines Programms abzuarbeiten, wir sprechen von einem **sequentiellen** Prozess (im Gegensatz beispielsweise zu einem Lebewesen, in dem viele Prozesse miteinander (parallel) ablaufen). Darum ist in jeder Programmiersprache die Sequenz eine fundamentale Programmstruktur. Wir können diese Abfolge auch bildlich darstellen (Abb. 4.1).

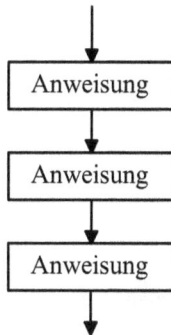

Abb. 4.1 *Die Sequenz*

Bereits unser erstes Programm zur Berechnung des Preises bestand aus einer Sequenz von Anweisungen. Um nochmals zu erleben, was eine Sequenz ist, wollen wird die Turtle anweisen, eine fünfstufige Treppe zu zeichnen und programmieren dazu jeden einzelnen Schritt explizit aus.

```
// TuEx1.java

import ch.aplu.turtle.*;
```

```
class TuEx1
{
  public static void main(String[] args)
  {
    Turtle john = new Turtle();    // Objekterzeugung

    john.forward(20);    // Gehe 20 Schritte vorwärts
    john.right(90);      // Drehe nach rechts
    john.forward(20);
    john.left(90);

    john.forward(20);
    john.right(90);
    john.forward(20);
    john.left(90);

    john.forward(20);
    john.right(90);
    john.forward(20);
    john.left(90);

    john.forward(20);
    john.right(90);
    john.forward(20);
    john.left(90);

    john.forward(20);
    john.right(90);
    john.forward(20);
    john.left(90);
  }
}
```

Das Programm ist zwar wenig elegant, aber wir erhalten das gewünschte Resultat (Abb. 4.2).

4.2 Die Iteration (Wiederholung)

Das Wiederholen von Anweisungsblöcken gehört zu den fundamentalen Aufgaben eines Computers. Man kann sogar davon sprechen, dass die Rechenmaschinen zu diesem Zweck erfunden wurden: Sie sollten dieselben Abläufe mit verschiedenen Werten immer und immer wieder abarbeiten und dazu den Menschen von mühsamer Routine entlasten. In Java werden Programmblöcke mit der linken geschweiften Klammer { eingeleitet und mit der rechten geschweiften Klammer } beendet. Die Klammern treten also immer paarweise auf. Im Innern eines Programmblocks können sich selbstverständlich weitere Programmblöcke befinden. Bei der Wiederholung wird im Allgemeinen ein gewisser Programmblock mehrmals durchlaufen (im Spezialfall aber auch einmal oder keinmal). Damit der Durchlauf beendet wird, muss eine **Bedingung** formuliert werden. Unter einer Bedingung versteht man einen Ausdruck, der **wahr** oder **falsch** ist. In Java gibt es drei Varianten, diese Bedingung anzuordnen: Zu Beginn oder am Ende des Wiederholblocks oder als for-Schleife.

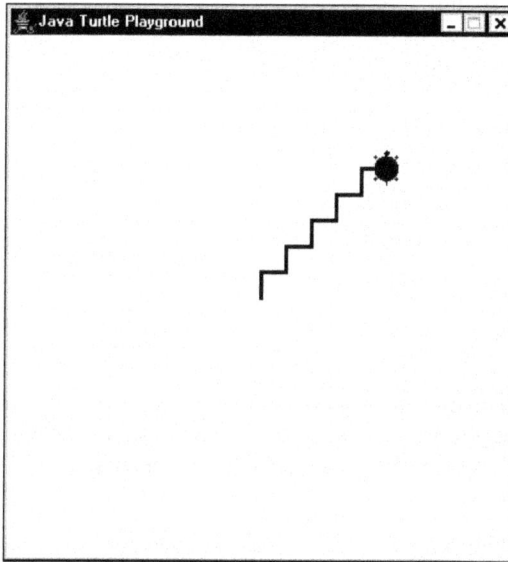

Abb. 4.2   Die Ausgabe von TuEx1

4.2.1   Die while-Struktur

Bei dieser Wiederholstruktur wird vor dem Eintritt in den Wiederholblock (manchmal auch **Körper** der Wiederholung genannt) eine Bedingung auf ihren Wahrheitsgehalt geprüft. Falls die Bedingung wahr ist, wird der Wiederholblock ausgeführt und nachher zur Bedingungsprüfung zurückgekehrt. Umgangssprachlich formuliert handelt es sich um eine Struktur der Art:

```
Solange ( bedingung erfüllt ) führe aus
{
    Anweisungsblock
}
```

Ablaufdiagramme (Flussdiagramme) sind zwar in der Informatik verpönt, in diesem Zusammenhang liefern sie aber einen unübertrefflichen Einblick in den zeitlichen Ablauf (Abb. 4.3).

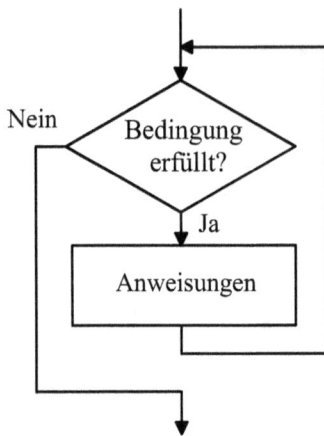

Abb. 4.3 *while-Struktur*

Da die Bedingung vor dem Eintritt in den Wiederblock geprüft wird, ist es auch möglich, dass der Block gar nie ausgeführt wird. Man spricht von einer **vorprüfenden** Wiederholung. Auf Grund der Rückführung des Programmablaufs sagt man statt while-Struktur auch oft while-**Schleife**.

Mit Hilfe der while-Struktur wird das Programm, welches die Turtle eine 5-stufige Treppe zeichnen lässt, wesentlich einfacher und eleganter.

```java
// TuEx2.java

import ch.aplu.turtle.*;

class TuEx2
{
  public static void main(String[] args)
  {
    Turtle john = new Turtle();
    int i = 0;
    while (i < 5)
    {
        john.forward(20);
        john.right(90);
        john.forward(20);
        john.left(90);
        i = i + 1;
    }
  }
}
```

Wir benötigen dazu einen **Schleifenzähler** i, der bei jedem Durchgang durch die Schleife um 1 erhöht wird. Erreicht i den Wert 5, so ist die Laufbedingung i < 5 nicht mehr wahr und die Wiederholung wird abgebrochen.

Für die Anordnung der Blockklammern gibt es zwei übliche Konventionen, nämlich

```
while ( bedingung )
{
  Anweisungsblock
}
```
oder
```
while ( bedingung ) {
  Anweisungsblock
}
```

Beide haben Vor- und Nachteile: Die erste Version ergibt übersichtliche Blöcke, da beginnende und schließende Klammern immer übereinander stehen. Bei der zweiten Version gewinnt man eine Zeile (auf der nur eine Klammer steht). Obschon die zweite Version in der professionellen Java-Programmiergemeinde bevorzugt wird, wählen wir in diesem Buch die erste Version, welche die Ablauflogik wesentlich klarer zum Ausdruck bringt.

Ein zweites Beispiel stammt aus der Zinseszinsrechnung und behandelt bereits ein Problem, das wir ohne Programmierung nicht ganz leicht lösen könnten. Wir wollen herausfinden, wie lange wir ein Kapital zu einem bestimmten Zinssatz anlegen müssen, bis es sich verdoppelt hat. Wir verwenden dabei die Möglichkeiten, über das Console-Fenster einen Wert einzulesen, auf einen Tastendruck zu warten und das Programm zu beenden. Da die Methoden der Klasse Console mehrmals verwendet werden, ist es angebracht, eine Console-Referenz c zu erstellen, die mehrmals verwendet wird.

Statt der Zunahme eines Kapitals, könnten wir die Zunahme der Bevölkerung eines Landes bei gegebener jährlicher Zuwachsrate betrachten. Für das hier betrachtete Wachstumsverhalten gilt, dass die Zunahme pro Zeitschritt proportional zur aktuellen Größe ist, was das Verhalten von vielen Systemen richtig beschreibt und zu einem exponentiellen Wachstum führt.

```
// Zins.java

import ch.aplu.util.*;

class Zins
{
  public static void main(String[] args)
  {
    Console c = Console.init();
    double anfangskapital = 200;
    c.print("Zinssatz? ");
    double zinssatz = c.readDouble();
    int n = 0; // Jahre
```

```
    double kapital = anfangskapital;
    while (kapital < 2 * anfangskapital)
    {
      kapital = kapital * (1 + zinssatz/100);
      n++;
    }
    c.println("Laufzeit mind. " + n + " Jahre.");
    c.print("Zum Beenden eine Taste druecken");
    c.getKeyWait();
    c.terminate();
}
```

Bemerkungen:

- Der Text, welcher mit print ausgeschrieben wird, kann auf einfache Art mit dem Pluszeichen zusammengesetzt werden. Wir nennen dies **Stringkonkatenation**. Der Text muss immer in Anführungszeichen gesetzt werden, die Werte von numerischen Variablen werden automatisch in die Stringform umgesetzt
- In der Mathematik werden algebraische Größen mit einem einzigen Buchstaben bezeichnet, eventuell mit hoch- oder tiefstehenden Zeichen oder Zahlenindizes. Dies ist deswegen nötig, weil zwei hintereinander geschriebene Buchstaben als Produkt der Größen aufgefasst werden. In Java ist das Multiplikationszeichen * obligatorisch, so dass Variablennamen mit mehreren Buchstaben nicht nur erlaubt sind, sondern wegen der besseren Übersicht sogar bevorzugt werden.
- Wir verwenden die Leerschläge in großzügiger Art, um den Quelltext übersichtlich zu gestalten. Insbesondere werden Leerschläge vor und nach dem Gleichheitszeichen, nach Kommas (bei Parameteraufzählungen), nach Strukturierungsschlüsselwörtern (while usw.) und bei mathematischen Ausdrücken gemacht. Weitere Regeln sind aus den Programmbeispielen ersichtlich.
- Blöcke werden konsequent mit 2 Leerschlägen eingerückt und Zeilen innerhalb eines Blocks immer exakt untereinander begonnen
- Wir verwenden die in Java übliche abkürzende Schreibweise n++ für n = n + 1. Entsprechend kann man statt n = n - 1 abkürzend n-- schreiben
- Es ist ein schlimmer Anfängerfehler, grundsätzlich den Strichpunkt nach jeder Zeile zu setzen. Ein Strichpunkt am Ende der while-Zeile führt zwar zu einem syntaktisch korrekten Programm, da der Compiler dies als eine **leere Anweisung** betrachtet. Zur Laufzeit bleibt aber das Programm in der while-Schleife „hängen", weil diese leere Anweisung als while-Block aufgefasst wird, in der auf die Laufbedingung kein Einfluß genommen wird.

☞   **Über die Formatierung von Programmen kann man unterschiedlicher Meinung sein, innerhalb eines Quellprogramms hält man sich aber konsequent an die sich selbst auferlegten Konventionen.**

Wir erkennen auch einen Nachteil der Computerlösung: Die Vermutung liegt nahe, dass die Verdoppelungszeit unabhängig vom gewählten Anfangskapital ist, also nur vom Zinssatz abhängt. Wir können die Vermutung zwar überprüfen, indem wir in einigen Testläufen das Anfangskapital ändern. Ganz offensichtlich ist dies aber kein Beweis für die Allgemeingültigkeit unserer Vermutung.

4.2.2   Die do-while-Struktur

Im Gegensatz zur while-Struktur erfolgt hier der Test für die Laufbedingung erst am Ende des Wiederholblocks. Man spricht von einer **nachprüfenden** Wiederholung. Umgangssprachlich formuliert handelt es sich um eine Struktur der Art:

```
Führe aus
{
   Anweisungsblock
} solange ( bedingung )
```

Im Flussdiagramm ist der Ablauf klar ersichtlich (Abb. 4.4).

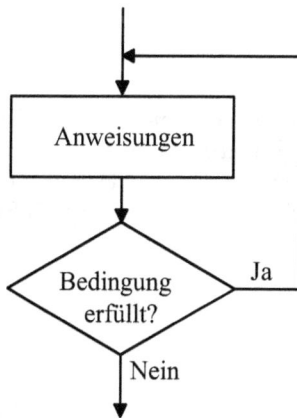

Abb. 4.4   *do-while-Struktur*

Da die Auswertung der Bedingung erst am Schluss erfolgt, wird der Wiederholblock mindestes einmal durchlaufen, was oft ein Nachteil ist. Aus diesem Grund wird die do-while-Struktur im Vergleich zur while-Struktur selten eingesetzt. Als Beispiel wählen wir wieder die 5-stufige Treppe.

```
// TuEx3.java

import ch.aplu.turtle.*;

class TuEx3
{
  public static void main(String[] args)
  {
```

```
        Turtle john = new Turtle();
        int i = 0;
        do
        {
            john.forward(20);
            john.right(90);
            john.forward(20);
            john.left(90);
            i++;
        } while (i < 5);
    }
}
```

Man beachte, dass es sich bei der Bedingung um die Lauf- und nicht die Abbruchbedingung handelt. In vielen bekannten Programmiersprachen ist dies bei nachprüfenden Wiederholungen (repeat-until) gerade umgekehrt.

4.2.3   Die for-Struktur

Falls man in einer wiederholenden Struktur einen Schleifenzähler benötigt, kann die for-Struktur die while-Struktur vorteilhaft ersetzen. Dies ist bei numerisch orientierten Problemen oft der Fall, beispielsweise im Zusammenhang mit Vektoren. Das Zeichnen der Treppe mit 5 Stufen gehört auch zu Problemen, bei denen die for-Struktur angebracht ist. TuEx4 ist also die beste Version des Treppenprogramms.

```
// TuEx4.java

import ch.aplu.turtle.*;

class TuEx4
{
  public static void main(String[] args)
  {
    Turtle john = new Turtle();

    for (int i = 0; i < 5; i++)
    {
        john.forward(20);
        john.right(90);
        john.forward(20);
        john.left(90);
    }
  }
}
```

Für das anschauliche Verständnis der for-Struktur ist wieder ein Flussdiagramm geeignet (Abb. 4.5). Grau hinterlegt sind die Teile, welche in der for-Klammer angegeben werden.

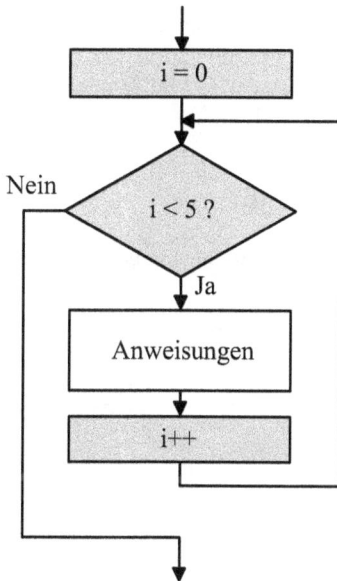

Abb. 4.5 *for-Struktur*

Man erkennt, dass es sich um eine spezielle, automatisierte Form einer while-Struktur handelt. Die Syntax ist sehr gewöhnungsbedürftig und kann leicht zu schwer auffindbaren Fehlern führen. Folgendes ist zu beachten:

- Der Schleifenzähler kann auch vor dem Eintritt in die for-Schleife deklariert werden und wird in der for-Klammer nur noch initialisiert. Er ist dann aber auch nach dem Ende der for-Schleife noch „sichtbar". Es gehört aber zum guten Programmierstil, den Schleifenzähler in der for-Schleife zu „kapseln", indem man ihn in und nicht außerhalb der for-Klammer deklariert

- Der Schleifenzähler wird im vorliegenden Fall bei jedem Durchlauf um 1 erhöht. Auch wenn es theoretisch möglich wäre, wird er nicht zusätzlich verändert, weil man die Auswirkungen schlecht durchblickt

- Man beachte, dass wie bei der while-Struktur ein unachtsam gesetzter Strichpunkt am Ende der for-Bedingung zu einer leeren Anweisung führt, die als Wiederholblock aufgefasst wird. Der eigentlich vorgesehene Wiederholblock befindet sich dann trotz der Einrückung außerhalb der for-Schleife, was syntaktisch richtig ist, aber zu einem bösartigen Laufzeitfehler führt.

Wer häufig in anderen Programmiersprachen programmiert, muss sich daran gewöhnen, dass es sich im Gegensatz zu vielen bekannten Programmiersprachen um die Laufbedingung und nicht um die Endbedingung (for-to-Struktur) handelt.

4.3   Die Selektion (Auswahl)

Programmverzweigungen auf Grund von bestimmten Bedingungen gehören zum grundlegenden Befehlssatz aller Prozessoren. Auf höhere Programmiersprachen übertragen heißt dies, dass ein logischer (boolescher) Ausdruck ausgewertet wird und je nachdem, ob dieser wahr oder falsch ist, ein Programmblock ausgeführt wird oder nicht.

4.3.1   Die if-Stuktur (einseitige Auswahl)

Am Flussdiagramm lässt sich der Ablauf wiederum am besten überblicken (Abb. 4.6).

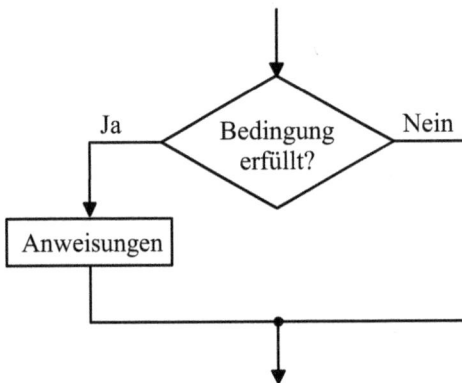

Abb. 4.6   *if-Struktur*

Falls die Bedingung wahr ist, verzweigt das Programm in den if-Block. Nachher wird es an derselben Stelle zusammengeführt, wie wenn die Bedingung nicht erfüllt ist. Mit anderen Worten, auf Grund der Bedingung wird ein zusätzlicher Programmblock ausgeführt oder nicht.

Umgangssprachlich handelt es sich um eine Struktur der Art

```
Falls ( bedingung ) dann
{
    Anweisungsblock
}
```

Als Beispiel lösen wir eine Aufgabe aus dem Gebiet der Spiele. Wir werfen 1000 mal zwei Würfel (Doppelwurf) und betrachten jeweils die Augensumme. Dabei zählen wir, wie oft die Augensumme 8 beträgt. Es ist zu erwarten, dass diese Zahl von Versuchreihe zu Versuchreihe etwas unterschiedlich ausfällt. Interessant ist es, eine Vermutung über den Mittelwert aufzustellen. Für „Fleißaufgaben" dieser Art ist der Computer hervorragend geeignet, denn er kann das Würfeln Millionen Mal schneller als der Mensch durchführen.

Im Programm lenken wir mit `Console.init()` zuerst alle Ausgaben in ein Console-Fenster um. Anschließend deklarieren wir einige Variablen, die wir im Programm benötigen. In der Simulation bedeutet das Werfen der beiden Würfel, dass der Computer zwei Zufallszahlen zwischen 1 und 6 generieren muss. Dazu verwenden wir die Java-Klasse `Random` und fordern mit der Methode `nextInt(6)` die nächste Zufallszahl im Bereich 0 bis 5 an. Wir verwenden auch neu den Operator ==, der zwei Größen auf Gleichheit überprüft.

In Java ist es zwingend nötig, die Zuweisung (mit dem Operator =) vom Vergleich (mit dem Operator ==) zu unterscheiden. Es gehört zu den bekanntesten Programmierfehlern, die Verdoppelung des Gleichheitszeichens beim Vergleich zu vergessen. In anderen Programmiersprachen wird eine etwas vernünftigere Schreibweise verwendet.

```
// Wuerfeln.java

import java.util.*;
import ch.aplu.util.*;

class Wuerfeln
{
  public static void main(String[] args)
  {
    Console.init();
    int summe = 8;
    int wuerfe = 1000;

    int m, n;
    int bingo = 0;

    Random rnd = new Random();

    for (int i = 0; i < wuerfe; i++)
    {
      m = rnd.nextInt(6); // Zufallszahl 0 <= m < 6
      n = rnd.nextInt(6);
      m++; // Augenzahl 1. Wuerfel
      n++; // Augenzahl 2. Wuerfel
      if (n + m == summe)
      {
        bingo++;
      }
    }
    System.out.print("Auf " + wuerfe + " Wuerfe hatte ich "
                    + bingo + "x die Summe " + summe);
  }
}
```

Der if-Block besteht aus einer einzigen Anweisung, die den Wert von `bingo` um eins erhöht. Falls, wie hier, der Block nur aus einer einzigen Anweisung besteht, können die Blockklammern auch weggelassen werden. Man läuft aber dann in Gefahr, dass beim Hinzufügen einer weiteren Anweisung im if-Block die Klammern vergessen werden, was zu einem schwer auffindbaren Laufzeitfehler führt, da das Programm syntaktisch richtig bleibt.

Das Programm zeigt auch, dass es zum guten Programmierstil gehört, für numerische Werte, wie die Totalzahl der Würfe, eine Variable am Anfang des Programms zu deklarieren, statt sie irgendwo im Innern des Programms „hart zu verdrahten". Dies gilt insbesondere dann, wenn man diese Zahl an mehreren Stellen verwendet. (Solche Zahlen werden ironisch auch **magic numbers** genannt.) Es ist nämlich unwahrscheinlich, dass man bei einer nachträglichen Modifikation des Werts alle Stellen auffindet, an denen dieser verändert werden muss. Meist wird man sich zufrieden geben, die erste gefundene Stelle zu modifizieren, was zu bösen Laufzeitfehlern führen kann.

4.3.2   Die if-else-Struktur (zweiseitige Auswahl)

Auch hier verschaffen wir uns einen Überblick mit einem Flussdiagramm (Abb. 4.7).

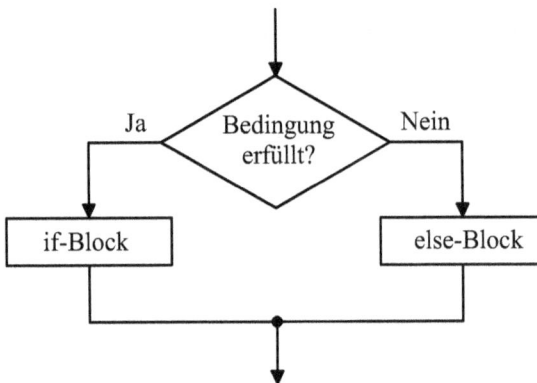

Abb. 4.7   *if-else-Struktur*

Umgangssprachlich können wir schreiben

```
Falls ( bedingung ) dann
{
    if-Anweisungsblock
}
sonst
{
    else-Anweisungsblock
}
```

Im folgenden Programm zeichnet die Turtle einen Halbkreis (eigentlich ein fünfzigseitiges Polygonsegment) im Gegenuhrzeigersinn und dann einen Halbkreis im Uhrzeigersinn.

```
// TuEx5.java

import ch.aplu.turtle.*;

class TuEx5
{
  public static void main(String[] args)
  {
    Turtle john = new Turtle();

    for (int i = 0; i < 100; i++)
    {
      john.forward(2);
      if (i < 50)
        john.left(3.6);   // Drehe 3.6 Grad
      else
        john.right(3.6);
    }
  }
}
```

Bei der Verschachtelung von if-else-Strukturen geschehen leicht Überlegungsfehler. Aus diesem Grund sind tiefe Verschachtelungen, d.h. weitere if-else-Strukturen innerhalb eines if- oder else-Blocks zu vermeiden. Falls man, wie im obigen Beispiel, die Blockklammern weglässt, ist es besonders gefährlich, einen weiteren else-Block einzufügen. Will man beispielsweise die Turtle-Farbe lediglich beim ersten Halbkreis verändern, sobald die Turtle eine Höhe von 25 überschreitet, so setzt man aus Fahrlässigkeit

```
// TuEx5a.java

import ch.aplu.turtle.*;
import java.awt.Color;

class TuEx5a
{
  public static void main(String[] args)
  {
    Turtle john = new Turtle();

    for (int i = 0; i < 100; i++)
    {
      john.forward(2);
      if (i < 50)
        john.left(3.6); // Drehe 3.6 Grad
        if (john.getY() > 25)
          john.setColor(Color.red);
      else
```

```
      john.right(3.6);
    }
  }
}
```

Das Programm ergibt keinen Syntaxfehler. Aber das else gehört trotz des Einrückens zum zweiten if, was aber nicht die Absicht war (**tangling-else problem**). Abhilfe schafft das korrekte Setzen von Blockklammern.

```
// TuEx5b.java

import ch.aplu.turtle.*;
import java.awt.Color;

class TuEx5b
{
  public static void main(String[] args)
  {
    Turtle john = new Turtle();

    for (int i = 0; i < 100; i++)
    {
      john.forward(2);
      if (i < 50)
      {
        john.left(3.6); // Drehe 3.6 Grad
        if (john.getY() > 25)
          john.setColor(Color.red);
      }
      else
        john.right(3.6);
    }
  }
}
```

Die Gefahr besteht nicht, wenn man immer, auch bei if- und else-Blöcken mit nur einer Anweisung, Blockklammern setzt.

4.3.3   Die switch-Struktur (Mehrfachauswahl)

Falls eine Variable mehrere verschiedene Werte annehmen kann und je nach Wert ein anderer Programmblock ausgeführt werden soll, bietet sich die switch-Struktur anstelle einer geschachtelten if-else-Struktur an. Die Logik der switch-Struktur stammt aus den Zeiten der Assembler-Programmierung und mutet deswegen etwas archaisch an.

Zuerst wird der Ausdruck der switch-Anweisung ausgewertet und dann der Reihe nach mit fest definierten (konstanten) Werten (auch Labels genannt) verglichen. Ergibt sich eine Übereinstimmung, so springt das Programm zum entsprechenden case-Block. Nachher läuft das Programm allerdings beim darunter stehenden case-Block weiter. Meist ist dies unerwünscht und man zwingt das Programm mit der break-Anweisung, die switch-Struktur zu verlassen.

Auch hier zeigt das Flussdiagramm (Abb. 4.8) das Verhalten anschaulich. Der Defaultblock wird ausgeführt, falls der Ausdruck a zu keiner Übereinstimmung mit den angegebenen Labels führt. Dieser Block kann auch weggelassen werden und das Programm springt bei fehlender Übereinstimmung zur nächsten Anweisung. Falls das break in einem case-Block fehlt, so spricht man vom **Durchfallen** in den nächsten Block. Erst beim nächsten break wird die switch-Struktur verlassen. In seltenen Fällen ist dies erwünscht und sollte besonders dokumentiert werden, oft wird aber das break vergessen, was zu einem schwerwiegenden Laufzeitfehler führt.

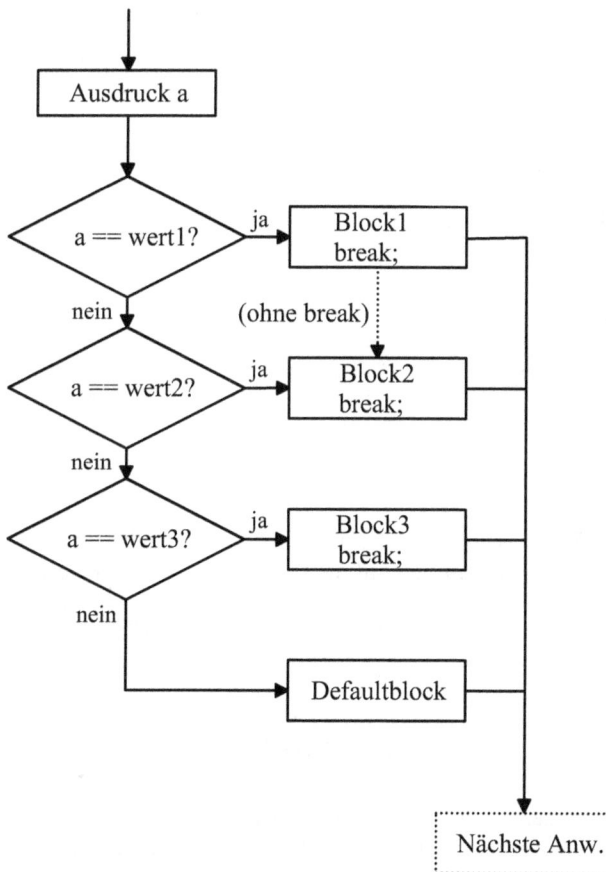

Abb. 4.8 *switch-Struktur*

Symbolisch für die Lernkurve beim Erlernen von Java soll die Turtle eine Treppe zeichnen, deren erster Tritt eine Stufenhöhe von 80 und deren zweiter Tritt eine Stufenhöhe von 40 aufweist. Nach der hohen Einstiegsschwelle soll die Stufenhöhe nur noch 20 betragen.

```java
// TuEx6.java

import ch.aplu.turtle.*;

class TuEx6
{
  public static void main( String[] args )
  {
    Turtle john = new Turtle();
    for ( int i = 0; i < 5; i++ )
    {
      switch ( i )
      {
        case 0:
          john.forward( 80 );
          break;
        case 1:
          john.forward( 40 );
          break;
        default:
          john.forward( 20 );
          break;
      }
      john.right( 90 );
      john.forward( 20 );
      john.left( 90 );
    }
  }
}
```

Das break im Default-Block ist nicht nötig, wird aber zur Sicherheit hingesetzt, damit die Reihenfolge der case/default ohne Einfluss auf die Programmlogik verändert werden kann.

In switch() sind leider nur Variablen vom Typ int, short, byte oder char zulässig.

4.4   Varianten der for-Struktur

Die for-Struktur gehört zu den wichtigen Programmstrukturen von Java, insbesondere auch, weil sie sehr verschieden aufgebaut werden kann. Obschon es sich um eine lustige intellektuelle Herausforderung handelt, geistreiche for-Strukturen zu erfinden, zählt man exotisch aufgebaute for-Schleifen zum trickreichen Programmieren. War es in den Siebziger- und

Achtzigerjahren des letzten Jahrhunderts unter Studierenden „in", die kürzeste Variante eines Algorithmus durch Anwendung von Programmiertricks zu präsentieren, sind vielfach aus den Tricks Stolpersteine geworden, die man besser meidet.

> ☞ **Die Verwendung von Programmiertricks ist nicht Zeichen für fortgeschrittene professionelle Programmierung, sondern führt zu schwierig les- und wartbaren Programmen und macht deshalb nur in gut dokumentierten Ausnahmefällen Sinn.**

Da wir aber auch in der Lage sein müssen, Programme, die von anderen Programmierern geschrieben wurden, zu lesen und zu verstehen, besprechen wir hier die bekanntesten Varianten der for-Struktur. Sie gehen davon aus, dass sie die allgemeine Form

```
for (Startweisung; Laufbedingung; Schleifenanweisung)
{
    Schleifenkörper
}
```

besitzt, die als Ablaufschema in Abb. 4.9 dargestellt ist.

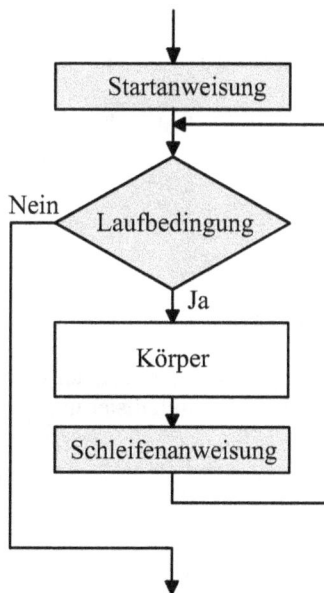

Abb. 4.9   Allgemeine for-Strukur

4.4.1   Mehrere Schleifenvariable

Schreiben wir mehrere Anweisungen, nur durch den **Kommaoperator** getrennt, hintereinander, so wird dies als eine einzige Anweisung betrachtet, die von links nach rechts abgearbeitet wird. In der for-Klammer muss der erste und letzte Term eine einzige Anweisung sein. Setzen wir hier den Kommaoperator ein, so können wir bereits in der for-Klammer komplizertere Operationen ausführen lassen. Typisch ist die Verwendung von zwei Schleifenvariablen, beispielsweise ergibt Programm ForEx1 folgendes Resultat:

```
i: 0 k: 10
i: 1 k: 9
i: 2 k: 8
i: 3 k: 7
i: 4 k: 6
```

```java
// ForEx1.java

import ch.aplu.util.*;

class ForEx1
{
  public static void main(String[] args)
  {
    int i, k;
    for (i = 0, k = 10; i < k; i++, k--)
    {
      Console.println("i: " + i + " k: " + k);
    }
  }
}
```

4.4.2   Weglassen einzelner Teile

Es ist erlaubt, in der for-Klammer einzelne Teile wegzulassen oder durch eine Leeranweisung zu ersetzen. Beispielsweise kann man die Initialisierung der Schleifenvariablen vor Eintritt in die Klammer erledigen:

```java
int i = 0;
for (; i < 5; i++ )
```

oder die Schleifenanweisung in den Körper verlegen

```java
for (i = 0; i < 5)
{
  ...
  i++;
}
```

4.4.3   Endlosschleife

Auf den ersten Blick mag eine Endlosschleife als unsinnig betrachtet werden, da man damit
ein Programm erhält, das nie abbricht. Es gibt aber durchaus Möglichkeiten, eine Endlosschleife abzubrechen, beispielsweise durch eine break-Anweisung oder in ereignisgesteuerten Programmen durch einen Event. Im folgenden Programm versucht die Turtle verzweifelt
nach Hause zu kommen, wobei sie sich nach jedem Schritt in einer zufälligen Richtung wei-
terbewegt. Das folgende Programm bricht ab, sobald die Turtle die Ziellinie y = 100 überschreitet. Sie gibt die Suche nach 20 Schritten auf. Es wird die Methode Math.random()
verwendet, die bei jedem Aufruf eine Zufallszahl zwischen 0 und 1 liefert.

```java
// ForEx2.java

import ch.aplu.turtle.*;

class ForEx2
{
  public static void main(String[] args)
  {
    Turtle john = new Turtle();

    int n = 0;
    for (;;)
    {
      john.forward(10);
      john.right(180 * (Math.random()-0.5));
      if (john.getY() > 100)
      {
        john.label("   Got home");
        break;
      }
      if (n++ == 20)
      {
        john.label("   Got lost");
        break;
      }
    }
  }
}
```

4.4.4   for-Schleife ohne Körper

Da die Schleifenanweisung am Ende des Wiederholblocks ausgeführt wird, kann man sie
dazu benützen, Anweisungen auszuführen, die sich normalerweise im Schleifenkörper befinden. Dies macht natürlich, wenn überhaupt, nur bei sehr einfachen Anweisungen einen Sinn.
Will man beispielsweise die Summe der Quadratzahlen von 1 bis 4 berechnen, so schreibt
man klassisch

```
int sum = 0;
for (int i = 1; i <= 4; i++)
{
  sum = sum + i*i;
}
```

Zieht man alle Trickregister, so könnte man das Programm wesentlich kürzer, aber damit
wesentlich unleserlicher schreiben. Das folgende Beispiel ist deshalb lustig, aber nicht nach-
ahmenswert.

```
// ForEx3.java

import ch.aplu.util.*;

class ForEx3
{
  public static void main(String[] args)
  {
    int sum = 0;
    for (int i = 1; i <= 4; sum += i*i++);
    Console.println("Summe der Quadratzahlen 1..4: "
                        + sum);
  }
}
```

5 Elementare Klassenkonstruktionen

5.1 Objektorientiertes Konstruieren

Obschon wir bereits eine Applikationsklasse deklariert und Objekte verwendet haben, waren unsere Beispiele vom Standpunkt der objektorientierten Programmierung noch mager. Java-Programme in diesem Programmierstil unterscheiden sich nur unwesentlich von Programmen in klassischen prozeduralen Programmiersprachen. Dabei verzichtet man bewusst auf einen wesentlichen Bestandteil der modernen Softwaretechnologie, was sich spätestens bei größeren Projekten rächen wird. Zudem ist uns der Zugang zu modernen Klassenbibliotheken verwehrt, da deren Verwendung gute Kenntnisse der OOP voraussetzen. Aus diesen Gründen versuchen wir, uns bereits jetzt in die objektorientierte Methodik einzuarbeiten, obschon wir uns dabei besonders anstrengen müssen.

Um den fundamentalen Unterschied zwischen klassischer Programmierung und OOP zu illustrieren, greifen wir das Problem der Zinsrechnung aus Kap. 4.2 noch einmal auf und lösen es objektorientiert. Dabei ist bereits der Einstieg völlig unterschiedlich. Statt uns nämlich zu Begin auf den Algorithmus zu konzentrieren, **modellieren** oder **abstrahieren** wir zuerst die Wirklichkeit auf der Suche nach Objekten mit Eigenschaften und Verhalten. Zwar tönt dies sehr anspruchsvoll, es ist aber nahe liegend, dass wir ein Bankkonto als ein Objekt auffassen. Eigenschaften sind *Kapitalstand*, *Anlagejahre* und *Zinssatz* und die Verhalten geben uns die Möglichkeit, diese Eigenschaften „abzufragen" sowie das Geld ein weiteres Jahr zinsbringend anzulegen.

Mit einer speziellen Methode, **Konstruktor** genannt, setzen wir die Eigenschaften, d.h. die Instanzvariablen, beim Erzeugen des Objekts auf gewünschte Anfangswerte. Um den Konstruktor von den anderen Methoden zu unterscheiden, müssen wir ihm den Klassennamen (unter Beachtung der Groß-Kleinschreibung) geben. Der Konstruktor unterscheidet sich von anderen Methoden auch noch dadurch, dass er keinen Rückgabetyp besitzt. Er wird nämlich nie wie eine gewöhnliche Methode aufgerufen, sondern beim Erzeugen des Objekts mit dem Operator new automatisch ausgeführt.

Wir packen das Problem am besten so an, dass wir zuerst in einem **Programmskelett** nur die **Instanzvariablen** und die **Methodenköpfe** mit leeren **Methodenkörpern** hinschreiben. Sowohl für die Instanzvariablen wie für die Methoden verwenden wir möglichst aussagekräftige Bezeichner. Wir gewöhnen uns bereits jetzt daran, Variablen, deren Anfangswert bei ihrer Deklaration bekannt ist, gerade dort zu initialisieren.

```java
// Bankkonto.java

class Bankkonto
{
  double kapital;
  double zinssatz;
  int anlagejahre = 0;

  Bankkonto(double kap, double zs)
  // Konstruktor
  {
  }

  double kontostand()
  // Gibt aktuellen Kontostand zurück
  {
  }

  int laufzeit()
  // Gibt die Anlagezeit in Jahren zurück
  {
  }

  void jahresabrechnung()
  // Führt die Jahresabrechung durch
  // Setzt neues Kapital, neue Laufzeit
  {
  }
}
```

Die Methoden kontostand() und laufzeit() geben einen Wert zurück. Der Datentyp des Rückgabewerts ist gleichzeitig der Datentyp der Methode und wird bei der Deklaration angegeben. Für die Rückgabe verwenden wir das Schlüsselwort return, welches bewirkt, dass der hinter return stehende Ausdruck ausgewertet, dieser Wert an den Aufrufenden zurückgeliefert und die weitere Verarbeitung der Methode abgebrochen wird. Grundsätzlich braucht return nicht die letzte Anweisung der Methode zu sein und eine Methode kann sogar mehrere return enthalten. Um ein übersichtlich strukturiertes Programm zu erhalten, werden wir aber nur in Ausnahmen von der Regel abweichen, ein einziges return als letzte Anweisung einer Methode zu verwenden.

Die Methode jahresrechnung() ermittelt das neue Kapital nach einem weiteren Jahr Laufzeit und verändert die Instanzvariablen dementsprechend. Da sie keinen Wert zurückgibt, setzt man als Rückgabetyp **void** (leer). (Dies ist eigentlich überflüssig und nur als Tribut an die Herkunft von Java zu verstehen.) Wir können darauf verzichten, am Ende der Methode ein return zu schreiben, da die Methode sowieso an dieser Stelle zurückkehrt.

Der Konstruktor Bankkonto() besitzt eine Parameterliste mit den zwei Parametern kap und zs. Man nennt diese auch **formale Parameter**, da sie bei der Deklaration lediglich als **Platzhalter** dienen und ihre Bezeichnung (aber nicht ihre Reihenfolge und ihr Datentyp) willkürlich ist.

Das Skelett legt die **Schnittstelle** *nach außen* fest oder anders gesagt, wie die Klasse *von außen gebraucht* werden kann. Wir nennen ein solches Skelett auch das *Klasseninterface* (in Java wir das Schlüsselwort interface noch in einem engeren Sinn verwendet, den wir erst später kennen lernen).

Im Weiteren können zwei Wege beschritten werden. Stellen wir uns für den Moment vor, dass jemand die Klasse Bankkonto bereits ausprogrammiert (**implementiert**) hat. Auf Grund der festgelegten Methodenköpfe (des Klasseninterfaces) sind wird in der Lage, die Klasse für eine Applikation einzusetzen. Man nennt dieses Vorgehen **Top-Down-Design**, da man sozusagen vom Allgemeinen (von oben) zum Speziellen (nach unten) vordringt. Diese Arbeitsweise wird auch **schrittweise Verfeinerung (stepwise refinement)** genannt. Bevor wir allerdings die Applikation verwenden können, müssen wir natürlich Bankkonto nun doch implementieren.

Beim umgekehrten Weg, genannt **Bottom-Up-Design**, wird zuerst die Klasse Bankkonto implementiert (und ausgetestet) und erst nachher eine Applikation geschrieben, in der man sie verwendet. Beide Vorgehensweisen haben Vor- und Nachteile und werden in der Praxis nebeneinander verwendet. Wir wollen hier aber bereits ein wichtiges Gütekriterium festhalten:

> ☞ **In einem guten Klassenentwurf genügt es, das Klasseninterface zu kennen, um die Klasse zu verwenden. Für die Verwendung der Klasse sollten die Einzelheiten der Implementierung keine Rolle spielen.**

Wir entscheiden uns hier für das Bottom-Up-Design und implementieren zuerst eine Klasse Bankkonto in der Quelldatei Bankkonto.java.

```java
// Bankkonto.java

class Bankkonto
{
  double kapital;
  double zinssatz;
  int anlagejahre = 0;

  Bankkonto(double kap, double zs)
  // Konstruktor
  {
    kapital = kap;
    zinssatz = zs;
  }
```

```
double kontostand()
// Gibt aktuellen Kontostand zurück
{
   return kapital;
}

int laufzeit()
// Gibt die Anlagezeit in Jahren zurück
{
   return anlagejahre;
}

void jahresabrechnung()
// Führt die Jahresabrechung durch
// Setzt neues Kapital, neue Laufzeit
{
   kapital = kapital * (1 + zinssatz / 100);
   anlagejahre++;
}
}
```

Diese Klasse Bankkonto ist bereits compilierbar, kann aber natürlich nicht ausgeführt werden, da die Methode main() fehlt. Wir könnten main() zwar in der Klasse Bank-konto hinzufügen, entscheiden uns aber dafür, eine Applikationsklasse in einer zweiten Datei BankEx1.java zu schreiben, welche eine Instanz der Klasse Bankkonto erzeugt und diese sinnvoll verwendet. Wir halten uns dabei auch bereits an folgende Regel professio-neller Java-Projekte:

┌───┐
│ ☞   **Jede Klassendeklaration gehört in eine eigene Quelldatei, wobei**   │
│   **Dateiname (ohne Dateierweiterung) und Klassenname überein-**   │
│   **stimmen müssen.**   │
└───┘

In der Applikationsklasse wollen wir die interessante Aufgabe lösen, wie lange das Kapital von 200 bei einem Zinssatz von 2.5% anzulegen ist, bis es sich durch die Verzinsung ver-doppelt. Es sind aber auch viele andere Applikationen der Klasse Bankkonto denkbar und deshalb ist die Trennung in zwei Klassen mit zwei Dateien überaus sinnvoll. In BankEx1 erzeugen wir mit new eine Instanz des Bankkontos, wobei wir dem Konstruktor die **aktuel-len Parameterwerte** des Kapitals und des Zinssatzes übergeben. Nachher lassen wir die Bank in einer Wiederholschleife Jahr um Jahr wirtschaften, solange der Kontostand kleiner als 400 ist.

```
// BankEx1.java

import ch.aplu.util.*;

class BankEx1
{
```

```
public static void main(String[] args)
{
  Console.init();
  Bankkonto konto = new Bankkonto(200, 2.5);

  while (konto.kontostand() < 400)
    konto.jahresabrechnung();

  System.out.println("Laufzeit mindestens "
      + konto.laufzeit() + " Jahre");
}
}
```

Wir können nun BankEx1 compilieren und ausführen, wobei zur Laufzeit die vorher compilierte Klasse Bankkonto automatisch verwendet (geladen) wird.

Bemerkungen:

- Vergleichen wir unseren Lösungsansatz mit dem Programm zins.java, so erkennen wir fundamentale Unterschiede zwischen objektorientiertem und prozeduralem Programmieren
- Der Konstruktor versetzt das Bankkonto durch die Initialisierung der Instanzvariablen in einen definierten Anfangszustand. Die explizite Initialisierung der Instanzvariablen auf 0 könnte man weglassen, da Instanzvariablen automatisch auf 0 initialisiert werden. Wir wollen aber mit der expliziten Angabe des Initialisierungswerts darauf hinweisen, dass wir an die richtige Initialisierung gedacht haben
- Es gibt einen wesentlichen Unterschied zwischen Methoden, die auf das Bankkonto nur lesend zugreifen (**Akzessor, accessors, getter-Methoden**) und solchen, die den Zustand des Kontos verändern (**Mutator, mutator, setter-Methoden**). Die Verwendung von Akzessoren ist völlig unkritisch, die Verwendung von Modifikatoren aber prinzipiell gefährlich. Sie führen zu Veränderungen der Eigenschaften, auch **Seiteneffekte** genannt, und beeinflussen dadurch die Objekte grundlegend. In unserem Beispiel verzichten wird daher vollständig auf Mutatoren
- Man muss sich gut überlegen, ob das Programm die Laufzeit nicht um 1 Jahr falsch berechnet. Man spricht vom **Plus-Minus-Eins-Syndrom (off-by-one error)**
- Man sollte dokumentieren, für welche Anfangswerte das Programm richtig läuft. Beispielsweise verhält es sich für den Zinssatz 0 katastrophal. Man spricht von der Angabe der **Vorbedingungen (Preconditions)**.

Der Vorteil des objektorientierten Vorgehens wird dann offensichtlich, wenn wir mehr als ein Bankkonto betrachten. Wollen wir mal eine Stadtbank, die einen Zinssatz von 2.5 % anbietet, mit einer Dorfbank mit dem höheren Zinssatz von 3.5% in Konkurrenz treten lassen und uns fragen, wie lange es dauert, bis wir bei der Dorfbank trotz einer kleineren Einlage einen höheren Kontostand erreicht haben, so können wir die Klasse Bankkonto unverändert lassen und in einer neuen Applikationsklasse BankEx2.java einfach zwei Instanzen davon erzeugen. Wir werden dabei einen großen Teil des Codes **wiederverwenden**, wodurch wir das neue Problem wesentlich schneller und ohne neue Fehlerquellen lösen können.

```java
// BankEx2.java

import ch.aplu.util.*;

class BankEx2
{
  public static void main(String[] args)
  {
    Console c = new Console();
    Bankkonto stadtbank = new Bankkonto(200, 2.5);
    Bankkonto dorfbank = new Bankkonto(180, 3.5);

    while (dorfbank.kontostand()< stadtbank.kontostand())
    {
      dorfbank.jahresabrechnung();
      stadtbank.jahresabrechnung();
    }

    c.println("Laufzeit: " + stadtbank.laufzeit()
                        + " Jahre");
    c.println("Kontostand bei der Stadtbank: "
                        + stadtbank.kontostand());
    c.println("Kontostand bei Dorfbank: "
                        + dorfbank.kontostand());
  }
}
```

Wie wir sehen, wird das mühsame Wiederholen von `System.out` vermieden, indem wir mit `new Console()` eine Instanz `c` der Console erzeugen und diese für den Aufruf von `print()` bzw. `println()` verwenden.

5.2   Methoden in der Applikationsklasse

Bereits jetzt erkennen wir, dass es beim Programmieren sehr viele Freiheiten gibt, und es dem Einfallsreichtum des Programmierers überlassen bleibt, wie ein Problem gelöst wird. Meist wird erst eine langjährige Erfahrung zeigen, warum ein gewisses Konzept einem anderen überlegen ist, aber Programme werden glücklicherweise, ein wenig wie Kunstwerke, immer eine persönliche Note tragen, auf die wir hoffentlich stolz sein können. Arbeitet man allerdings in einem Team, so sind der Phantasie enge Grenzen gesetzt, denn die Konzepte müssen von allen Partnern getragen werden, damit Programmteile ausgetauscht und von mehreren Partnern gewartet werden können.

Haben wir die Wahl, so werden wir in jedem Fall immer einen objektorientierten Ansatz vorziehen. Wir zeigen dies an folgendem Beispiel, das die Fakultät n! einer natürlichen Zahl berechnet. Diese ist bekanntlich wie folgt definiert:

```
f(n) = n! = 1*2*...*n
```

Die Zahl n soll der Benutzer mit einem Eingabedialog wählen können. Wir verwenden dazu die Klasse InputDialog aus dem Package ch.aplu.util. In unserem ersten Ansatz, der bereits zum Erfolg führt, wird der Algorithmus in der Methode main() ausgeführt.

```
// FacEx1.java

import ch.aplu.util.*;

class FacEx1
{
  public static void main(String[] args)
  {
    InputDialog id =
        new InputDialog("Fakultät",
                        "Gib eine natürliche Zahl ein");
    int n = id.readInt();
    int fak = 1;
    for (int i = 1; i <= n; i++)
      fak = fak * i;
    Console.println( n + "! = " + fak);
  }
}
```

Das Programm funktioniert zwar, verstößt aber gegen die Regel der strukturierten Programmierung, dass in sich abgeschlossene Teilaufgaben in eigenen Methode zu kapseln sind. Darum verbessern wir das Programm und deklarieren die Methode f(), welche die Zahl n als Parameterwert übernimmt, die Fakultät berechnet und den berechneten Wert zurückgibt.

```
// FacEx2.java

import ch.aplu.util.*;

class FacEx2
{
  int f(int n)
  {
    int fak = 1;
    for (int i = 1; i <= n; i++)
      fak = fak * i;
    return fak;
  }
```

```
public static void main(String[] args)
{
  InputDialog id =
      new InputDialog("Fakultät",
                        "Gib eine natürliche Zahl ein");
  int n = id.readInt();
  Console.println(n + "! = " + f(n));
}
}
```

Das Programm sieht nun wesentlich besser aus. Aber leider compiliert es mit einer Fehlermeldung der Art: *Nicht-statische Methode f(int) kann nicht aus einem statischen Kontext heraus referenziert werden.* Dieser Fehler ist zwar auf den ersten Blick unerwartet, denkt man aber ein bisschen darüber nach, so leuchtet ein, warum der Compiler „ausruft". Die neu hinzugefügte Methode f() gehört zu jeder einzelnen Instanz der Klasse FacEx2. Da es im Programm gar keine Instanz dieser Klasse gibt, kann die Methode f() auch nicht verwendet werden.

Aus diesem Dilemma gibt es zwei Auswege: Man deklariert die Methode f() ebenfalls static. Damit ist f() nur einmal in der Klasse vorhanden und kann somit problemlos in main() aufgerufen werden. Die Verwendung von statischen Methoden wird aber in der OOP als schwerer Rückschritt hin zur prozeduralen Programmierung aufgefasst.

Da wir den Prinzipien der OOP treu bleiben wollen, wählen wir in diesem Buch einen anderen Weg, der auf den ersten Blick etwas komplizierter (oder sogar trickreich) erscheint. Dazu erzeugen wir in main() eine Instanz der Applikationsklasse selbst (also der Klasse, in der sich main() befindet) und verlagern den Code in den Konstruktor. Da der Konstruktor im Gegensatz zu main() keine statische Methode ist, können alle Methoden der Klasse (also auch nicht statische) problemlos verwendet werden.

```
// FacEx3.java

import ch.aplu.util.*;

class FacEx3
{
  FacEx3()        // Konstruktor
  {
    InputDialog id =
          new InputDialog("Fakultät",
                            "Gib eine natürliche Zahl ein");
    int n = id.readInt();
    Console.println(n + "! = " + f(n));
  }

  int f(int n)
  {
```

```
    int fak = 1;
    for (int i = 1; i <= n; i++)
        fak = fak * i;
    return fak;
    }

    public static void main(String[] args)
    {
        new FacEx3();
    }
}
```

Es ist völlig unnötig, in `main()` mit

```
FacEx3 f = new FacEx3();
```

eine Variable f einzuführen, da diese nirgends gebraucht wird.

5.3 Instanzvariablen und lokale Variablen, Sichtbarkeit, Geltungsbereich

Wir wollen die bisher erarbeiteten Konzepte an einigen Beispielen vertiefen. Dazu verwenden wir die Klasse `GPanel` aus dem Package `ch.aplu.util`, welche ein Grafikfenster mit frei wählbaren double-Koordinaten (**Windowkoordinaten** genannt) zur Verfügung stellt. Die Fensterdimensionen können durch Ziehen mit der Maus verändert werden (zoomen), wobei die im Fenster enthaltenen Grafikelemente automatisch neu gezeichnet werden. Standardmäßig ist das Koordinatensystem x = 0..1, y = 0..1 mit dem Nullpunkt in der unteren linken Ecke des Fensters. Wie bei der Turtleklasse besitzt das `GPanel` ein „Erinnerungsvermögen" an den letzten gezeichneten Punkt (**Zeichnungsposition**). Man nennt diesen auch den **Grafik-Cursor**, obschon er nicht sichtbar ist. Mit `draw(x,y)` wird beispielsweise eine Linie vom aktuellen Grafik-Cursor bis zum Punkt (x,y) gezeichnet und der Grafik-Cursor an die neue Stelle (x,y) gesetzt.

In der Tab. 5.1 sind einige Methoden der Klasse `GPanel` aufgeführt.

`move(double x, double y)`	setzt die aktuelle Zeichnungsposition
`draw(double x, double y)`	Linie von der aktuellen Position zu (x, y)
`line(double x1, double y1, double x2, double y2)`	Linie (x1, y1) – (x2, y2)

point(double x, double y)	Punkt (x, y)
rectangle(double width, double height)	Rechteck mit Zentrum an der aktuellen Position
fillRectangle(double width, double height)	gefülltes Rechteck, Zentrum an der aktuellen Position
circle(double Radius)	Kreis mit Zentrum an der aktuellen Position
fillCircle(double Radius)	Kreis gefüllt
arc(double Radius, double α1, double α2	Kreisbogen, Startwinkel α1, Öffnungswinkel α2
fillArc(double Radius, double α1, double α2)	gefüllter Kreisbogen
triangle(double x1,double y1, double x2, double y2, double y3)	Dreieck bestimmt durch Eckpunkte
text(String)	String an der aktuellen Position
image(bild gif, double x, double y)	Bild an der Stelle (x,y)
color(Color color)	Zeichenstiftfarbe auf color
clear()	löscht das Grafikfenster
enableRepaint(boolean doRepaint)	false: schaltet das automatische repaint aus
getCharWait()	wartet auf Tastendruck

Tab. 5.1   *Die wichtigsten Methoden der Klasse* GPanel

Beim Konstruieren einer Instanz von GPanel wird das Grafik-Fenster automatisch auf dem Bildschirm sichtbar. Zur Einstimmung und zum Spaß erstellen wir ein Zufallsgemälde aus 100 farbigen Rechtecken. Dazu beschaffen wir uns mit Math.random() drei Zufallszahlen zwischen 0 und 1 und erzeugen damit eine Zufallsfarbe (vom Farbtyp sRGB). Das Zentrum und die Größe des Rechtecks werden ebenfalls zufällig ausgewählt.

```
// Painting.java

import ch.aplu.util.*;
import java.awt.*;

class Painting
{
  Painting()
```

```
{
  GPanel p = new GPanel();
  for (int i = 0; i < 100; i++)
  {
    float r = (float)Math.random();
    float g = (float)Math.random();
    float b = (float)Math.random();
    p.color(new Color(r, g, b));
    p.move(Math.random(), Math.random());
    p.fillRectangle(0.5 * Math.random(),
                    0.5 * Math.random());
  }
  p.color(Color.black);
  p.lineWidth(20);
  p.move(0.5, 0.5);
  p.rectangle(1, 1);
}

public static void main(String[] args)
{
  new Painting();
}
}
```

Das Resultat ist zwar kein Kunstwerk, gemessen am Aufwand aber durchaus sehenswert (Abb. 5.1).

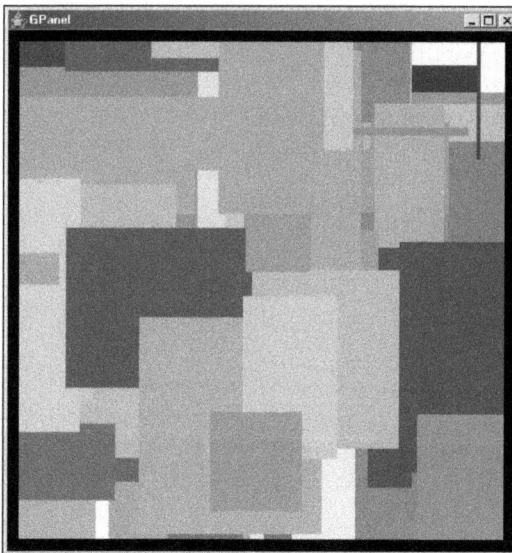

Abb. 5.1 *Das Zufallsgemälde (als Graustufenbild)*

Zur Erläuterung wichtiger neuer Begriffe betrachten wir wiederum eine Treppe mit 7 Stufen. Gemäß den Regeln der strukturierten Programmierung deklarieren wir eine Methode step(double size), welche eine einzelne Stufe mit der Höhe und Breite size an der aktuellen Grafik-Cursorposition zeichnet. Im Konstruktor der Applikationsklasse rufen wir diese Methode mit einer for-Schleife 7 Mal auf. Da die Methode step() das GPanel verwendet, deklarieren wir die GPanel-Referenz als Instanzvariable. Diese sind in der ganzen Klasse sichtbar und haben damit die Eigenschaft von **klassenglobalen Variablen**. (Als Alternative könnte man step() eine GPanel-Referenz als Parameter übergeben.)

In fast allen Programmiersprachen gibt es globale Variablen, die im ganzen Programm sichtbar sind. Diese sind zwar praktisch und beim Anfänger sehr beliebt, die missbräuchliche Verwendung solcher Variablen führt aber zu schwerwiegenden Programmierfehlern. In Java gibt es keine von der Syntax vorgesehenen globalen Variablen, sie können aber durch Instanzvariablen (insbesondere durch statische Variablen) simuliert werden und sind dann genau so gefährlich. Instanzvariablen werden auch Feldvariablen (field variables, field member, data member) genannt. Wir vermeiden diese Bezeichnung wegen der Verwechslungsgefahr mit dem Begriff Feld (Array).

Da gemäß Vorgabe die Stufe an der aktuellen Cursor-Position gezeichnet werden muss, holen wir in step() die x-Koordinate mit getPosX() zurück.

```
// Treppe.java

import ch.aplu.util.*;

class Treppe
{
  GPanel p = new GPanel();

  Treppe()
  {
    double size = 0.1;
    int nbSteps = 7;
    for (int i = 0; i < nbSteps; i++)
      step(size);
  }

  void step(double size)
  {
    double x = p.getPosX();
    p.draw(x, x + size);
    p.draw(x + size, x + size);
  }

  public static void main(String[] args)
  {
    new Treppe();
  }
}
```

In diesem Programm wird der Vorteil, in main() lediglich eine Instanz der Applikationsklasse zu erzeugen, noch einmal offensichtlich. Der Konstruktor und die Methoden können problemlos auf die Instanzvariablen zugreifen. Im Gegensatz dazu kann main(), da es statisch ist, nur statische Instanzvariablen verwenden.

Die Variable `size` in `Treppe()` nennen wir eine **lokale Variable**, da sie nur in der Methode sichtbar ist, in der sie deklariert wird. Wir sprechen dabei auch vom **Geltungsbereich (Scope)** einer Variablen. Eine lokale Variable entsteht bei ihrer Deklaration und ihre **Lebensdauer** endet spätestens beim Verlassen der Methode. Im Gegensatz zu lokalen Variablen sind Instanzvariablen in der ganzen Klasse, falls keine besonderen Vorkehrungen durch **access specifiers** getroffen werden, sogar in allen Klassen desselben Packages sichtbar. Das Verständnis der Geltungsbereiche von Variablen ist in allen Programmiersprachen von großer Wichtigkeit, und es gilt ein wesentlicher Grundsatz:

☞ **Der Geltungsbereich (Scope) von Variablen sollte immer so klein wie möglich gemacht werden.**

Lokale Variablen können auch innerhalb von Anweisungsblöcken deklariert werden und sind dann nur im entsprechenden Block sichtbar. Es ist daher nicht immer gleichgültig, ob zusätzliche Blockklammern gesetzt werden, weil im Block deklarierte Variablen nur dort sichtbar sind. Wie wir bereits wissen, ist Schleifenvariable `i` ebenfalls eine blocklokale Variable, die nur im Schleifenkörper sichtbar ist. In Abb. 5.2 sind die Geltungsbereiche grafisch dargestellt.

```java
// Treppe.java

import ch.aplu.util.*;

class Treppe
{
  GPanel p = new GPanel();

  Treppe()
  {
    double size = 0.1;
    int nbSteps = 7;
    for (int i = 0; i < nbSteps; i++)
    {
      step(size);
    }
  }

  void step(double s)
  {
    double x = p.getPosX();
    p.draw(x, x + s);
    p.draw(x + s, x + s);
    s = 10;
  }

  public static void main(String[] args)
  {
    new Treppe();
  }
}
```

`i`   `size`   `p`

Abb. 5.2 *Geltungsbereich (Scope) von Variablen*

In der Regel sollte man Variablen mit gleich lautendem Namen vermeiden. Deklariert man zwei Variablen mit demselben Namen in einem Block mit gleicher Sichtbarkeit, so ergibt sich ein Compilationsfehler. In verschiedenen Sichtbarkeitsblöcken stören sich aber die Variablen mit demselben Namen grundsätzlich nicht. So wird oft i als Schleifenvariable an mehreren Stellen des Programms ohne gegenseitige Beeinflussung verwendet. Wird in einem inneren Block eine Variable mit demselben Namen deklariert, so **überdeckt** diese die Variable des äußeren Blocks. Darunter versteht man die Eigenschaft, dass die äußere Variable im inneren Block nicht ansprechbar ist. Ihr Wert und ihre Sichtbarkeit bleiben aber im Äußern des Block erhalten.

Beim Aufruf der Methode step() werden die aktuellen Parameterwerte in die formalen Parameter kopiert und dadurch der Methode übergeben. (Man nennt solche Parameter auch **Werteparameter** und diese Übergabeart **call-by-value**). Im Innern der Methode verhalten sich formale Parameter wie lokale Variable, d.h. sie können verändert werden, was aber selten nützlich ist. Es ist sehr wichtig, sich bewusst zu sein, dass beim Aufruf einer Methode immer nur die Werte und nicht etwa die Variablen übergeben werden. Ein Veränderung der Werte der formalen Parameter innerhalb der Methode hat also keine Auswirkungen auf die Übergabevariablen. Man kann dies leicht nachprüfen, indem man am Ende der Methode step()

```
s = 10;
```

setzt, was keinerlei Auswirkungen hat.

Da der Name des formalen Parameters unwesentlich ist, kann man den Parameter von step() statt s auch size nennen, was üblicherweise in solchen Fällen auch gemacht wird. Dabei sollte man sich aber bewusst sein, dass dieser formale Parameter mit der gleichlautenden lokalen Variablen in Treppe() nichts zu tun hat.

Man ist versucht, für die for-Schleife die Koordinate x zu verwenden und die Schleife abzubrechen, sobald diese bei einer siebenstufigen Treppe mit der Stufengröße 0.1 den Wert 0.7 erreicht. Wir verwenden den Operator !=, der zwei Größen auf Ungleichheit prüft.

```
for (double x = 0; x != nbStep*size; x += size)
{
   step(size);
}
```

Obschon kein logischer Fehler vorliegt, benimmt sich das Programm katastrophal: Für eine size von 0.01 werden tatsächlich 7 Stufen gezeichnet, für eine size von 0.05 oder 0.1 hingegen viel mehr. Offenbar versagt der Computer bereits bei einfachen Rechenaufgaben. Dies hängt damit zusammen, dass er Dezimalzahlen nur mit begrenzter Genauigkeit darstellen kann. Auf Grund dieser schlechten Erfahrungen werden wir uns an folgende Regeln halten:

☞ **Dezimalzahlen nie auf Gleichheit oder Ungleichheit testen**

---

und

☞   **Falls man eine exakte Anzahl von Schleifendurchgängen benötigt,**
     sind ganzzahlige Schleifenzähler zu verwenden.

5.4   Überladen

In Java ist es möglich, mehrere Methoden mit demselben Namen zu deklarieren. Man sagt,
dass diese Methoden **überladen** sind. Damit der Compiler beim Aufruf erkennt, welche der
Methode nun tatsächlich gemeint ist, müssen sich die überladenen Methoden durch die Parameterliste unterscheiden. Dabei werden sowohl Anzahl wie Datentyp der Parameter berücksichtigt, hingegen nicht die Parameternamen und auch nicht der Rückgabetyp. Generell
kann man davon ausgehen, dass der Compiler in dieser Hinsicht ebenso intelligent ist wie der
Programmierer. Kann der Programmierer erkennen, welche Version der überladenen Methoden aufgerufen wird, so ist dies auch dem Compiler möglich.

Vom Überladen sollte man sparsam Gebrauch machen. Es ist nur sinnvoll, Methoden zu
überladen, die einen sehr engen Zusammenhang haben. Überladen ist aber nie eine Notwendigkeit, sondern kann höchstens zur Eleganz eines Programms beitragen. Oft werden Konstruktoren überladen, damit es möglich ist, das Objekt auf verschiedene Arten zu initialisieren. Beispielsweise besitzt der Konstruktor von GPanel die Versionen

```
GPanel()
```

und

```
GPanel(double xmin, double xmax, double ymin, double ymax)
```

In der ersten Version entsteht ein Fenster mit Standard-Koordinaten (0,1,0,1), in der
zweiten ist der Koordinatenbereich frei wählbar. Statt GPanel(0,1,0,1) kann man also
kurz GPanel() schreiben.

Besitzt die Klasse mehrere Instanzvariablen, die initialisiert werden müssen, so ist man versucht, alle
möglichen Initialisierungsarten durch überladene Konstruktoren anzubieten. Man spricht von der
*Konstruktor-Verrücktheit (**constructor madness**).*

Wie bei GPanel werden in der Praxis Konstruktoren oft überladen, damit man häufig vor-
kommende Initialisierungswerte weglassen kann (**Standardwerte, parameter defaulting**).
Betrachen wir als Beispiel die Klasse Bankkonto, so ist es zweckmäßig, für die Konten,
welche bei einem momentan festen Zinssatz von 2.5% erzeugt werden, einen eigenen Konstruktor einzuführen. Es wäre allerdings ein hässlicher Schnellschuss, den Code des allgemeinen Konstruktors mit

```
Bankkonto(double kap, double zs)
{
  kapital = kap;
  zinssatz = zs;
```

```
}

Bankkonto(double kap)
{
  kapital = kap;
  zinssatz = 2.5;
}
```

zu duplizieren. Vielmehr verwendet man in der spezialisierten Methode die allgemeine Methode mit den speziellen Parameterwerten. Allerdings kann man Konstruktoren nicht wie gewöhnliche Methoden aufrufen, sondern muss das Schlüsselwort this verwenden, das zudem an erster Stelle im überladenen Konstruktor stehen muss. Wir schreiben also für den zweiten Konstruktor

```
Bankkonto(double kap)
// Überladener Konstruktor mit festem Zinssatz
{
  this(kap, 2.5);
}
```

Auch in der Klasse Turtle gibt es überladene Konstruktoren. Der Konstruktor

```
Turtle(Turtle t)
```

erzeugt eine neue Turtle im gleichen Fenster (playground) wie die Turtle t. Der Konstruktor

```
Turtle(Color c)
```

erzeugt eine Turtle mit gegebener Farbe. Schließlich kombiniert der Konstruktor

```
Turtle(Turtle t, Color c)
```

beide Möglichkeiten. Im folgenden Beispiel wird davon Gebrauch gemacht.

```
// TuEx7.java

import ch.aplu.turtle.*;
import java.awt.Color;

class TuEx7
{
  TuEx7()
  {
    Turtle john = new Turtle();

    Turtle laura = new Turtle(john, Color.yellow);
```

```
      laura.setPos(0, 100);
      laura.left(90);

      for (int i = 0; i < 5; i++)
      {
        step(john);
        step(laura);
      }
    }

    void step(Turtle t)
    {
      t.forward(20);
      t.left(90);
      t.forward(20);
      t.right(90);
    }

    public static void main(String[] args)
    {
      new TuEx7();
    }
}
```

6   Datentypen, Operatoren

In diesem Kapitel wird eine Vollständigkeit der Themen angestrebt, weil diese zu den Grundlagen der numerischen Datenverarbeitung (in irgendeiner Programmiersprache) gehören. Dabei zeigt sich, dass auch beim Programmieren der Teufel im Detail steckt. Für den ersten Einstieg in das Programmieren können viele der Einzelheiten etwas großzügig durchgelesen werden, um den Leser nicht zu entmutigen.

6.1   Basistypen

Jede Variable besitzt in Java einen eindeutigen Datentyp. Dies ist nicht in jeder Programmiersprache der Fall. Wir sprechen bei Java von einer stark typisierten Programmiersprache oder von **starker Typenbindung**. Die starke Typenbindung ermöglicht es dem Compiler, gewisse schwerwiegende Programmierfehler bereits als Syntaxfehler zu erkennen, erhöht aber den Programmieraufwand. Darum werden nicht typisierte Sprachen vor allem für das *schnelle Prototyping* und als *Scriptsprachen* auf dem Web eingesetzt.

In einer typisierten Programmiersprache kann man sich unter einer Variablen einen Speicherplatz vorstellen, der einen Namen besitzt und von dem man weiß, welche Art von Daten er aufnehmen kann. Der Speicherplatz wird vor dem ersten Gebrauch mit einer **Variablendeklaration** reserviert. Dabei werden Name und Datentyp festgelegt. Damit sind sowohl der Wertebereich, wie auch die erlaubten Operationen bestimmt.

In Java gehören die Variablen zwei grundsätzlich verschiedenen Datentypen an, den **Basistypen** und den **Referenztypen**. Wir werden in Kurzsprechweise sagen, dass eine Variable ein Basistyp oder ein Referenztyp *sei*. In der Variablendeklaration wird zuerst der Typ und dann der Name der Variablen angegeben, beispielsweise

```
double x;
Turtle john;
```

In Kurzsprechweise sagen wir, *x ist ein double, john ist eine Turtle* (an Stelle von: *x hat den Datentyp double, john ist eine Referenz der Klasse Turtle*).

Grundsätzlich handelt es sich bei Referenztypen um Variablen, mit denen man Objekte ansprechen kann. Aus Effizienzgründen gibt es in Java neben den Objekten aber auch Datentypen, die nicht den Regeln der OOP unterworfen sind, die wir **Basistypen** nennen (üblich sind auch: **elementare, simple, primitive oder numerische Datentypen**). Die Tab. 6.1 zeigt die

Basistypen mit ihren wichtigsten Eigenschaften. Ein großer Vorteil ist, dass in Java Größe und Format der Basistypen unabhängig von der verwendeten Computerplattform sind.

Datentyp/ Schlüsselwort	Beschreibung	Größe/Format
Ganzzahlen		
Byte	Ganze Zahlen von -128 bis +127 (-2^7 bis 2^7-1)	8-bit Zweierkomplement (1 byte)
Short	Ganze Zahlen von -32768 bis +32767 (-2^{15} bis 2^{15}-1)	16-bit Zweierkomplement (2 bytes)
Int	Ganze Zahlen von -2 147 483 648 bis 2 147 483 647 (-2^{31} bis 2^{31}-1)	32-bit Zweierkomplement (4 bytes)
Long	Ganze Zahlen von -9 223 372 036 854 775 808 bis 9 223 372 036 854 775 807 (-2^{63} bis 2^{63}-1)	64-bit Zweierkomplement (8 bytes)
Fließkommazahlen		
float	Dezimalzahl, ungefähr 7 Ziffern, Exponent $10^{-38}..10^{+38}$	32-bit IEEE 754 (24-bit Mantisse/8-bit Exponent)
double	Dezimalzahl, ungefähr 16 Ziffern, Exponent $10^{-308}..10^{+308}$	64-bit IEEE 754 (53-bit Mantisse/11-bit Exponent)
Andere Typen		
char	Zeichen	16-bit Unicode (kein Vorzeichen)
boolean	Wahrheitswert wahr oder falsch	true/false (1 byte)

Tab. 6.1 Basistypen

Die Werte einiger Basistypen können auf verschiedene Arten mit Hilfe von **Literalen** (konstante symbolische Ausdrücke) wie folgt dargestellt werden:

int

Ziffernfolgen (ohne Dezimalpunkt), die nicht mit 0 beginnen, stellen standardmäßig ganze Zahlen zur Basis 10 dar. Wird eine 0 vorangestellt, so wird die Zahl **oktal** (Basis 8) aufgefasst (0123 steht für 3*1 + 2*8 + 3*64 = 211(dezimal). Ein vorgestelltes 0x oder 0X bezeichnet eine **hexadezimale** Zahl (0x123 steht für 3*1 + 2*16 + 1*256 = 291(dezimal)). Die Hexadezimaldarstellung erlaubt 16 verschiedene Ziffern und zwar 0,1,2,3,4,5,6,7,8,9,A,B,C,D,E,F (Buchstaben auch kleingeschrieben). Die Buchstaben stehen dabei für die dezimalen Werte 10, 11, 12, 13, 14, 15.

Überschreitet ein Zahlenliteral den Integerbereich, so muss es durch ein nachgestelltes l oder L als long bezeichnet werden.

byte/short

Benötigt man explizit einen dieser Datentypen, so muss man den cast-Operator verwenden: (byte)0xff oder (short) 99

long

Da Ganzzahlen standardmäßig als int aufgefasst werden, müssen long mit dem Buchstaben L oder l ausgezeichnet werden: 3L, -99l, 0xf011223344L

float (Fließkommazahlen einfacher Genauigkeit)

Da Zahlen mit einem Dezimalpunkt standardmäßig als doubles aufgefasst werden, müssen floats mit dem Buchstaben F oder f ausgezeichnet werden: 1.0235F, 0.034f, 1.04E-12f, 1.05E13f. Da die meisten Bibliotheksfunktionen für die Dezimalzahlen doubles verwenden, ist es in den meisten Fällen nicht sinnvoll, floats einzuführen. Der Gewinn an Speicherplatz und Rechenzeit durch die Verwendung von floats ist meist unwesentlich, das Risiko von Rundungsfehlern aber groß.

☞ **Für Dezimalzahlen verwende man doubles und nicht floats.**

---

double (Fließkommazahlen doppelter Genauigkeit)

Es ist erlaubt, aber meist unnötig, doubles mit dem Buchstaben D oder d auszuzeichnen: 5.6E-120D, 123.5d

char

Zeichen werden in Java im **Unicode Standard** codiert, und zwar als 16-bit-Wert. Jedes Zeichen kann in einer *Unicode escape sequence* '\uxxxx' dargestellt werden, wobei x eine hexadezimale Ziffer ist. Vorausgesetzt, dass auf dem Rechner der Unicode-Zeichensatz installiert ist, können damit die Zeichen von praktisch allen Landessprachen dargestellt werden. Die untersten 128 Zeichen entsprechen dem US-ASCII-Zeichensatz, die ersten 32 Zeichen und das letzte sind Steuerzeichen. Die druckbaren Zeichen beginnen beim Code 32 mit dem Leerschlag und enden beim Code 126 mit der Tilde.

```
  !  "  #  $  %  &  '  (  )  *  +  ,  -  .  /
0  1  2  3  4  5  6  7  8  9  :  ;  <  =  >  ?
@  A  B  C  D  E  F  G  H  I  J  K  L  M  N  O
P  Q  R  S  T  U  V  W  X  Y  Z  [  \  ]  ^  _
`  a  b  c  d  e  f  g  h  i  j  k  l  m  n  o
p  q  r  s  t  u  v  w  x  y  z  {  |  }  ~
```

Für die mit Umlauten oder Akzenten versehenen Zeichen gibt es neben dem Unicode-Standard verschiedene andere Festsetzungen, insbesondere den ISO 8859-1-Standard (ISO Latin 1), den Windows Zeichensatz WinLatin1, den DOS-Zeichensatz, den Macintosh-Zeichensatz usw. Aus diesem Grund ist es schwierig, ein Programm, welches Akzente und Umlaute verwendet, plattformübergreifend zu schreiben.

char-Variablen können auch mittels Tastaturzeichen zugewiesen werden, indem man dieses zwischen einfache Anführungszeichen setzt, beispielsweise 'A', 'a'. Das Zeichen wird dann im Zeichensatz der verwendeten Plattform codiert. chars können in vielen Belangen wie Ganzzahlen aufgefasst werden, da bei Rechen- oder Vergleichsoperationen automatisch der Unicode des Zeichens (bzw. im unteren Bereich der ASCII-Code) verwendet wird.

Statt der Unicode-Escape-Sequenz '\uxxxx' kann auch eine oktale Darstellung verwendet werden, indem man den u weglässt. Die Zahlen hinter dem Backslash werden dann als oktale Ziffern interpretiert, die im Bereich 0..7 liegen. Die Schreibweise ist besonders geeignet, um das Zeichen mit dem Code 0 zu erzeugen. Welche der folgenden Schreibweisen man vorzieht, ist Geschmackssache:

```
char c = '\0';
char c = '\u0000';
char c = 0;
```

Das folgende Programm schreibt alle druckbaren ASCII-Zeichen in eine Textdatei mit dem Namen ascii.txt (im Verzeichnis von ArithEx1.class). Um immer nach 16 Zeichen eine neue Zeile anzufangen, wird der Modulo-Operator % gebraucht, der den Divisionsrest bei der Ganzzahldivision der beiden Operanden zurückgibt.

```
// ArithEx1.java

import ch.aplu.util.*;

class ArithEx1
{
  ArithEx1()
  {
    char c = 32;

    while (c < 127)
    {
      if (c % 16 == 0)
        System.out.println();
      System.out.print(c);
      c++;
    }
  }

  public static void main(String[] args)
  {
    Console.init("ascii.txt");
    new ArithEx1();
  }
}
```

Wegen der engen Beziehung zwischen einem Zeichen und seinem ASCII-Code kommt es leicht zu Verwechslungen zwischen einer Ziffer und ihrem Code. Die folgenden zwei Zeilen bewirken dasselbe:

```
char c = '0';
char c = 48;
```

Für gewisse Zeichen benötigt man **Escape-Sequenzen** (Tab. 6.2), die mit einem Rückwärts-Bruchstrich (*Backslash*) eingeleitet werden.

Schreibweise	Abkürzung von	Bedeutung
\n	new line	Position des Cursors am Anfang der nächsten Zeile
\t	tab	Position des Cursors beim nächsten Tabulator-Stopp *)
\r	carriage return	Position des Cursors am Anfang der Zeile *)
\f	form feed	Position des Cursors am Anfang der nächsten Seite *)
\b	backspace	Position des Cursors um eine Stelle zurück *)
\\	backslash	Erzeugung des Rückwärts-Bruchstrichs
\'	single quote	Erzeugung des einfachen Anführungszeichens (für chars)
\"	double quote	Erzeugung des doppelten Anführungszeichens (für Strings)

*Tab. 6.2 Escape-Sequenzen. *) sind plattformabhängig und sollten deshalb mit Vorsicht verwendet werden*

Der Basistyp `boolean` kann nur die zwei Werte `true` und `false` annehmen. Es handelt sich dabei weder um die Strings "true" und "false", noch um die Zahlen 0 und 1, sondern um Wahrheitswerte. Häufig werden booleans in Bedingungen verwendet. Ist `flag` eine boolesche Variable, so ist es schlechter Programmierstil,

```
if (flag == true) oder if (flag == false)
```

zu setzen. Vielmehr verwendet man kurz

```
if (flag) bzw. if (!flag)
```

Eine Bedingung liefert auch immer ihren booleschen Wert zurück. Ist `i` ein Integer, so kann man beispielsweise sehr elegant

```
flag = (i == 2);
```

schreiben, wobei die Klammerung eigentlich überflüssig ist, aber zur besseren Lesbarkeit beiträgt.

6.2   Standard-Initialisierung

Bei der Deklaration einer Variablen sollten diese in der Regel auch auf einen dem Programm angepassten Wert gesetzt werden. Die Festlegung der Variablen bei ihrer Deklaration nennt man **Initialisierung**. Bei lokalen Variablen schreibt Java vor, dass die Initialisierung explizit erfolgt, Instanzvariablen werden bei Start des Programms automatisch auf 0 (bzw. `false` bei boolean und `null` bei Referenztypen) initialisiert. Da Initialisierungsfehler zu den meist verbreiteten Programmfehlern gehören, halten wir uns an folgende Regel:

☞   **Instanzvariable werden bei der Deklaration initialisiert, falls sie bei ihrem ersten Gebrauch gelesen und nicht gesetzt werden. Dies gilt auch für die Initialisierung auf 0 bzw. `null`.**

6.3   Zahlendarstellung und Rundungsfehler

Zahlen werden im Computer, wie alle anderen Informationen in einem Digitalrechner, durch duale Bitmuster dargestellt, also durch eine Folge von 0 und 1. Man spricht von einem **dualen Code**. Grundsätzlich werden Ganzzahltypen exakt codiert, Fließkommatypen hingegen nur approximativ, wobei einige Zahlen exakt sein können. Dies führt dazu, dass bei Fließkommatypen auch das Resultat von Rechenoperationen in der Regel einen gewissen Fehler aufweist, den man **Rundungsfehler** nennt. Beispielsweise lässt sich die Zahl $1/3 = 0.333...$ in einer Fließkommazahl nicht exakt darstellen, so dass man mit Recht sagen kann, dass Computer immer ein bisschen falsch rechnen.

Normalerweise spielen Rundungsfehler eine untergeordnete Rolle, da das Resultat für die Praxis von genügender Genauigkeit ist. Hat man Pech, so können aber Rundungsfehler dazu führen, dass ein berechneter Wert völlig falsch ist oder dass sich das Programm nicht bei jeder Ausführung gleich verhält, vielleicht sogar abstürzt. Da sich das Fehlverhalten erst zur Laufzeit und nur unter gewissen Bedingungen auswirkt, sind solche Programmfehler besonders heimtückisch. Einen Algorithmus, der für alle möglichen Bedingungen richtige Resultat liefert, nennt man **stabil** oder **gutartig**. Ein Programm, das sich unter allen Bedingungen, auch wenn diese unerwartet auftreten, richtig verhält, heißt **robust**. Es ist für jeden Programmierer eine Pflicht, darauf bedacht zu sein, dass seine Programme gutartig und robust sind. Die Einhaltung gewisser Regeln garantieren dies zwar nicht, verkleinern aber das Risiko für ein Fehlverhalten.

Im folgenden Beispiel erwartet man eine Treppe mit 4 Stufen, das Programm bricht aber (auf den meisten Plattformen) gar nicht ab, weil nach dreimaliger Addition von 0.1 der Wert von x nicht 0.3, sondern 0.30000000000000004 beträgt.

```
// TuEx8.java

import ch.aplu.turtle.*;
```

```
class TuEx8
{
  public static void main(String[] args)
  {
    Turtle john = new Turtle();
    double x = 0;
    double xEnd = 0.3

    while (x != xEnd)
    {
      john.forward(20);
      john.right(90);
      john.forward(20);
      john.left(90);
      x = x + 0.1;
    }
  }
}
```

Dieser Fehler ist deswegen schwierig zu entdecken, da der Programmierer das Programm möglicherweise für verschiedene Werte von xEnd testet, beispielsweise für 0.5, und dabei keinen Fehler feststellt. Erst im Ernstfall tritt möglicherweise ein Wert von xEnd auf, der das Programm zum Fehlverhalten führt, was dramatische Konsequenzen haben kann. Man halte sich an folgende Regeln:

- Man mache immer eine besondere Anstrengung, um zu überprüfen, ob Programme trotz der begrenzten Genauigkeit der Zahlendarstellungen korrekt sind

- Es ist verboten, floats und doubles auf Gleichheit oder Ungleichheit zu prüfen, beim Kleiner- oder Größervergleich muss man damit rechnen, dass das Programm einen Schritt zu viel oder zu wenig macht

- Da der Bruchstrich bei ganzzahligem Dividend **und** ganzzahligem Divisior eine Ganzzahldivision durchführt, ist bei **jeder** Division explizit zu überlegen, welchen Datentyp Zähler und Nenner haben und ob die gewählte Notation den Absichten entspricht.

Die Subtraktion von fast gleichen Zahlen kann die Ungenauigkeit drastisch erhöhen und zu sinnlosen Resultaten führen. Da dieser Fehler, genannt **numerische Auslöschung**, unter Umständen nur bei gewissen Bedingungen auftritt, ist er besonders gefährlich. Um die Gefahr zu verringern, verwende man grundsätzlich keine float-, sondern nur double-Variablen, dies auch deshalb, weil die meisten mathematischen Funktionen für doubles geschrieben sind.

6.4   Operatoren und Ausdrücke

Die in Java verfügbaren Operatoren sind in der Tab. 6.3 aufgeführt. Wir werden nicht alle Operatoren einzeln besprechen, da viele davon selbsterklärend sind oder ihre Verwendung in Programmbeispielen studiert werden kann.

Operator	Rangordnung	Typ	Beschreibung
++, --	1	arithmetisch	Inkrement u. Dekrement
+, -	1	arithmetisch	Unäres Plus u. Minus
~	1	int	Bitweises Komplement
!	1	boolean	Logisches Komplement
(type)	1	jeder	Cast
*, /, %	2	arithmetisch	Multiplikation, Division, Modulo
+, -	3	arithmetisch	Addition und Subtraktion
+	3	String	Stringkonkatenation
<<	4	int	Shift links
>>	4	int	Shift rechts mit Vorzeichenerweiterung
>>>	4	int	Shift rechts ohne Vorzeichenerweiterung
<, <=, >, >=	5	arithmetisch	Numerische Vergleiche
instanceof	5	Objekt	Typvergleich
==, !=	6	alle	Gleich-/Ungleichheit
&	7	int	Bitweises Und
&	7	boolean	Logisches Und, Kurzschluss
^	8	int	Bitweises Xor
^	8	boolean	Logisches Xor
|	9	int	Bitweises Oder
|	9	boolean	Logisches Oder, Kurzschluss
&&	10	boolean	Logisches Und

||	11	boolean	Logisches Oder
?	12	alle	Bedingungsoperator
=	13	alle	Zuweisung
`*=`, `/=`, `%=`, `+=`, `-=`, `<<=`, `>>=`, `>>>=`, `&=`, `^=`, `|=`	14	alle	Zuweisung mit Operation

Tab. 6.3 *Operatoren und ihre Rangordnung*

Verknüpft man Variablen mittels Operatoren, so entsteht ein **Ausdruck**. Falls dieser mehrere Operatoren enthält, so stellt sich die Frage nach der Bearbeitungsreihenfolge. Dabei gelten vereinbarte Prioritäten, die aus der **Rangordnung** oder den **Vorrangregeln** der Operatoren hervorgehen. Man sagt auch, dass gewisse Operatoren stärker **binden** als andere. Aus der Elementarmathematik weiß man beispielsweise, dass im Ausdruck 2 + 3 * 4 der Multiplikationsoperator * stärker bindet als der Additionsoperator, das Resultat also 14 ist.

Operationen mit gleicher Rangordnung werden grundsätzlich von links nach rechts ausgewertet. Beispielsweise ergibt 8 / 4 / 2 also 1. Man kann mit einer Klammerung in die Bearbeitungsreihenfolge eingreifen, also beispielsweise 8 / (4 / 2) schreiben. Die Übertragung eines mathematischen Ausdrucks in die Computerschreibweise ist etwas gewöhnungsbedürftig und kann zu schwer aufzufindenden Fehlern führen. Beispielsweise schreibt sich der mathematische Ausdruck für eine Lösung der quadratischen Gleichung

$$x = \frac{-b + \sqrt{b^2 - 4ac}}{2a}$$

```
x = (-b + Math.sqrt(b*b - 4 * a* c)) / (2 * a);
```

Grundsätzlich sollte man keine Ausdrücke schreiben, in denen die Prioritäten unsicher sind. Beispielsweise ist man sich nicht ganz sicher, ob in

```
m = x + y + f(x);
```

zuerst f(x) aufgerufen und dann erst die Additionsoperationen ausgeführt werden. Solche Feinheiten können dann wichtig werden, falls f() einen Seiteneffekt bewirkt, beispielsweise y verändert.

```
// ArithEx2.java

import ch.aplu.util.*;
```

```
class ArithEx2
{
   int x = 2;
   int y = 3;

   ArithEx2()
   {
//      int m = f(x) + x + y;   // 1. Variante
      int m = x + y + f(x);   // 2. Variante
      Console.println(m);
   }


   int f(int x)
   {
      y = 0;  // Böser Seiteneffekt
      return x*x;
   }

   public static void main(String[] args)
   {
      new ArithEx2();
   }
}
```

Programme dieser Art sind sehr trickreich und gefährlich. Man sollte sie entschärfen, indem man f() ohne Seiteneffekte schreibt, die entsprechende Zeile mit einem Kommentar versieht, oder eine Hilfsvariable wie folgt einführt:

```
z = f(x);
m = x + y + z;
```

Sind Ausdrücke ineinander geschachtelt, so wird immer zuerst der innere Ausdruck ausgewertet. Dies gilt insbesondere, falls sich im Inneren Methodenaufrufe befinden. Damit ist es möglich, Methoden mit Rückgabewerten auf elegante Weise ineinander zu schachteln, ohne dass Hilfsvariablen eingeführt werden müssen. Beispielsweise schreibt die Anweisung

```
System.out.println(Math.sin(Math.PI/4));
```

den Sinus des Winkels von 45° auf die Console.

Als einfache Regel kann man sich merken, dass unitäre Operatoren immer am stärksten binden, was dem ästhetischen Gefühl weitgehend entspricht. Für die Praxis wichtig ist die Feststellung, dass das Schlüsselwort return einen Ausdruck schwach bindet. Es ist falsch, den Rückgabewert als Parameter von return aufzufassen. Deshalb können die runden Klammern entfallen, und man schreibt beispielsweise statt

```
return (2 + 3);
```

oder gar

```
return(2 + 3);
```

einfacher

```
    return 2 + 3;
```

6.4.1   Verknüpfungsoperatoren

Man kann **unitäre** (einstellige, unäre), **binäre** (zweistellige) und **trinäre** (dreistellige) Operatoren unterscheiden. Operatoren wirken wie Funktionen, wobei die Operanden die Rolle von Funktionsparametern übernehmen. Operatoren geben (abgesehen von Inkrement und Dekrement) also einen Wert ab, ohne die Operanden zu verändern, Die binären Operatoren verknüpfen in der Regel zwei Variablen vom selben Datentyp. Der Rückgabewert von unitären und binären Operatoren ist immer vom selben Typ wie derjenige der Operanden.

Die Vorstellung, dass die bekannten unitären Operatoren auf die Operanden einwirken, ist falsch. Will man beispielsweise eine Zahl z invertieren, so genügt die Anweisung

```
-z;
```

keinesfalls. Vielmehr muss die inverse Zahl der Variablen wieder zugewiesen werden:

```
z = -z;
```

In dieser Schreibweise wird deutlich, dass das Gleichheitszeichen bei Programmiersprachen eine völlig andere Bedeutung als in der Mathematik besitzt. Die obige Anweisung löst eine Kette von Operationen aus: Zuerst wird der Wert von z geholt. Dabei ist es sinnvoll sich vorzustellen, dass dabei der Wert von z in eine temporäre Variable kopiert wird. Nachher wir das Vorzeichen des Wertes in der temporären Variablen gekehrt und der neue Wert in z zurückgespeichert.

6.4.2   Bedingungen und logische (boolesche) Operatoren

Unter einer Bedingung versteht man einen Ausdruck, von dem man entscheiden kann, ob er wahr oder falsch ist. (Er entspricht einer **Aussage** im Aussagenkalkül.) Man spricht in diesem Zusammenhang auch von **Tests**. Am wichtigsten sind Tests auf Gleich- oder Verschiedenheit. Für die Gleichheit wird das verdoppelte Gleichheitszeichen verwendet, was sehr gewöhnungsbedürftig ist, da es im täglichen Leben üblich ist, das einfache Gleichheitszeichen für Tests auf Gleichheit zu gebrauchen. Da in Java das Gleichheitszeichen bereits für die Zuweisung belegt ist, ist die Verdoppelung nahe liegend. Glücklicherweise fängt der

Compiler in den meisten Fällen den Fehler ab, falls man sich vertippt, allerdings nicht in allen. Im folgenden Beispiel schreibt wegen der fehlenden Verdoppelung des Gleichheitszeichen das Programm fälschlicherweise *alpha ist gleich beta*, obschon die beiden verschieden sind. (Eine Compilerwarnung wäre angebracht.)

```java
// ArithEx3.java

import ch.aplu.util.*;

class ArithEx3
{
  ArithEx3()
  {
    boolean alpha = false;
    boolean beta = true;

    if (alpha = beta)
      System.out.println("alpha ist gleich beta");
    else
      System.out.println("alpha ist verschieden von beta");
  }

  public static void main(String[] args)
  {
    Console.init();
    new ArithEx3();
  }
}
```

Auch der Ungleichheitsoperator ! = ist etwas gewöhnungsbedürftig. Es soll ein durchgestrichenes Gleichheitszeichen andeuten.

Für Referenztypen führt die Verwendung des Gleichheits- oder Ungleichheitsoperators meist zu einem völlig falschen Verhalten. Es werden nämlich gar nicht die Objekte selbst verglichen, sondern nur, ob die Referenzen auf dasselbe Objekt verweisen. Der Compiler „schluckt" den Vergleich ohne weiteres, obschon zumindest eine Warnung willkommen wäre.

☞ **Die Verwendung des Gleichheitsoperators mit Referenztypen ist fast immer falsch.**

Für Basistypen (außer für boolean) stehen auch die Ordnungsoperatoren <, <=, > ,>= zur Verfügung.

Mit den Operatoren && (und) || (oder) und ! (nicht) lassen sich Bedingungen zu komplizierteren Ausdrücken verknüpfen. Es gelten die vom Aussagenkalkül her bekannten Regeln:

Zwei und-verknüpfte Bedingungen sind genau dann wahr, falls beide Bedingungen zutreffen.

Zwei oder-verknüpfte Bedingungen sind genau dann wahr, falls mindestens eine der Bedingungen zutrifft.

Wichtige Bemerkungen:

- Java führt die Evaluation der Bedingungen von links nach rechts durch. Sobald es klar ist, dass der Ausdruck wahr oder falsch ist, wird die weitere Evaluation abgebrochen. Ist also bei einer Und-Verknüpfung die erste Bedingung falsch, so wird die zweite Bedingung nicht mehr ausgewertet. Die zweite Bedingung wird auch nicht ausgewertet, falls in einer Oder-Verknüpfung die erste Bedingung wahr ist

- Und/Oder-Verknüpfung werden mit einer Verdoppelung der Operationszeichen geschrieben. Die einfachen Zeichen haben aber auch ihre Bedeutung: für ints wird ein bitweises Und/Oder durchgeführt, d.h. der Ausdruck liefert einen int, wobei jedes Bit einzeln durch eine Und/Oder-Operation aus den Operandenbits erzeugt wird. Für boolesche Operanden führt dies zum gleichen Effekt wie bei der Verdoppelung der Zeichen, allerdings mit dem subtilen Unterschied, dass die beiden Operanden immer ausgewertet werden. (Man nennt dies einen **Kurzschluss**.) Nur in Ausnahmefällen, in denen die Operanden einen erwünschten Seiteneffekt bewirken, ist dies nötig. Aus diesem Grund verwende man grundsätzlich die verdoppelten Zeichen

- Bedingungen können irgendwelche Ausdrücke oder Methodenaufrufe sein, die einen logischen Wert zurückgeben. In der Bedingung kann ein Methodenaufruf mit einer Zuweisung durchgeführt werden, die allerdings geklammert werden muss, beispielsweise

```
while ((rc = f()) != -1)
```

- Eine boolesche Variable wird oft als ein **Flag** aufgefasst, da der Wert true als Hochhalten einer Flagge verstanden werden kann. Ein Wildwuchs an Flags führt zu schwierig verständlichen Programmen und ist daher verpönt.

Im folgenden Programm wird allerdings das Flag ok sinnvoll eingesetzt. Es zeigt, wie man eine einfache Validierung von Eingabewerten durchführt. Dabei wird ein sehr praktischer Ausgabedialog aus der Klasse JOptionPane verwendet.

```java
// LogicEx1.java

import javax.swing.JOptionPane;
import ch.aplu.util.*;

class LogicEx1
{
  LogicEx1()
  {
    boolean ok = false;
    InputDialog iDlg =
        new InputDialog("Demo",
            "Eine Zahl zwischen 10 und 20 eingeben");
```

```
  while (!ok)
  {
    int n = iDlg.readInt();
    if (n >= 10 && n <= 20)
      ok = true;
    else
      iDlg =
        new InputDialog("Falsche Eingabe!",
        "Nocheinmal eine Zahl zwischen 10 und 20 eingeben");
  }
  JOptionPane.showMessageDialog(null,
                    "Danke, die Eingabe ist richtig");
  System.exit(0);
  }

  public static void main(String[] args)
  {
    new LogicEx1();
  }
}
```

In Java geben Zuweisungen auch immer den zugewiesenen Wert ab. Aus diesem Grund ist es möglich, Zuweisungen zur verketten, beispielsweise ist

```
x = y = 2;
```

Diese Schreibweise ist zwar elegant, aber nicht sehr üblich. Im folgenden Programm macht man aber davon Gebrauch. Dabei soll der beim Einlesen mit readDouble() zurückgegebene Wert darauf geprüft werden, ob 0 eingegeben wurde. Dieser Fall wird als fehlerhafte Eingabe zurückgewiesen.

Die folgende Notation ist etwas trickreich, aber unter professionellen Java-Programmieren weit verbreitet. Man geht davon aus, dass der Aufruf von readDouble() erst zurückkehrt, wenn der Benutzer die Eingabe abgeschlossen hat. Nachher wird der Rückgabewert einer Variablen x zugewiesen und unmittelbar geprüft, ob der Wert korrekt (in diesem Fall verschieden von Null) ist. Bei fehlerhafter Eingabe wird der Eingabedialog erneut angezeigt. Der ganze Prozess kann mit der einzigen Zeile

```
while ( ( x = iDlg.readDouble() ) == 0 ) {}
```

erledigt werden, welche davon ausgeht, dass die Zuweisung von x auch gerade den Wert von x abgibt.

```
// LogicEx2.java

import javax.swing.JOptionPane;
import ch.aplu.util.*;
```

```
class LogicEx2
{
  LogicEx2()
  {
    boolean ok = false;
    InputDialog iDlg =
       new InputDialog("Demo",
            "Eine Zahl verschieden von Null eingeben");

    double x;
    while ( ( x = iDlg.readDouble() ) == 0 ) {}
    JOptionPane.showMessageDialog(null,
        "Der Reziprokwert von " + x + " ist " + 1/x);
    System.exit(0);
  }

  public static void main(String[] args)
  {
    new LogicEx2();
  }
}
```

Die Und/Oder-Operatoren führen ein bitweises Und/Oder zwischen den Operanden durch.
Sind A und B einzelne Bits, so gilt bekanntlich für die logische Und/Oder-Verknüpfung die
Wahrheitstafel aus Tab. 6.4.

A	B	A und B	A oder B
0	0	0	0
0	1	0	1
1	0	0	1
1	1	1	1

Tab. 6.4 *Wahrheitstafel der Und/Oder-Verknüpfung*

Man kann beispielsweise in einem int z das Bit an 4. Stelle von rechts (Wertigkeit $2^3 = 8$)
setzen, indem man z und int m = 8 mit dem Oder-Operator verknüpft. Das Resultat
muss wiederum z zugewiesen werden. m nennt man dabei auch eine **Maske.**

```
z = z | m;
```

Wollen wir das gleiche Bit in z löschen, so bilden wird eine Und-Operation mit dem Einer-komplement von m:

```
z = z & ~m;
```

In beiden Fällen werden die anderen Bits von z nicht beeinflusst.

Insbesondere im Zusammenhang mit Echtzeitanwendungen (Netzwerke, Schnittstellen usw.) muss man häufig prüfen, ob in einer Variable ein einzelnes Bit gesetzt ist. Man verwendet dazu Masken mit geeigneten Namen. Beispielsweise wiederum für das 4. Bit von rechts

```
byte READY = 8;
```

Die Und-Operation der Variablen buffer mit dieser Maske

```
buffer & READY
```

liefert genau dann an der 4. Stelle eine 1, falls dieses Bit in buffer gesetzt ist. Die restlichen Bits bleiben in jedem Fall auf 0.

Daher kann mit

```
if (buffer & READY == READY)
```

geprüft werden, ob in buffer das fragliche Bit gesetzt ist, ohne den Wert von buffer zu verändern.

6.4.3   Binäre arithmetische Operatoren

Für die arithmetischen Operatoren + (Addition), - (Subtraktion), * (Multiplikation), / (Division) gelten die aus der Mathematik bekannten Rechenregeln. Da in Programmen die übliche mathematische Formelschreibweise mit Bruchstrichen und Exponenten nicht möglich ist, werden komplizierte mathematische Ausdrücke rasch unübersichtlich. Man kann die Übersicht verbessern durch

- Verwendung von zusätzlichen (redundanten) runden Klammern

- Verwendung von zusätzlichen Leerschlägen

- Einführung von Hilfsvariablen und damit Aufspaltung der Berechung auf mehrere Zeilen.

Die arithmetischen Operatoren sind auf verschiedene Zahlentypen anwendbar, was in der Sprache der OOP heißt, dass sie überladen sind. Dadurch ergeben sich Gefahren, die Anlass zu den häufigsten Programmierfehlern sind. Da die binären Operationen immer den Typ der Operanden zurückliefern sollen, stellt sich insbesondere die Frage, wie die Division mit Ganzzahlen durchgeführt wird. Im Gegensatz zu den mathematischen Gewohnheiten wird in

Java dabei eine **Ganzzahldivision** durchgeführt, die man sich so vorstellen kann, dass ein bei der Division entstehender Nachkomma-Anteil weggelassen wird. Es ist also

```
7/3 = 2 und -7/3 = -2
```

hingegen

```
7.0/3.0 = 2.5 und -7.0/3.0 = -2.5
```

Dies ist ein weiterer Unterschied zur Mathematik, in der das Schreiben der Nachkommaziffer Null unüblich ist und keinen Einfluss hat. Besondere Vorsicht ist angebracht, wenn der Dividend oder Divisor aus zusammengesetzten Ausdrücken mit Methodenaufrufen besteht. Dann ist oft auf den ersten Blick nicht klar, ob Ganzzahl- oder Fließkommatypen vorliegen. Diese Unsicherheit führt zu einem der häufigsten Programmierfehler. Darum:

> ☞ **Man überlege jedes Mal, ob eine Division als Ganzzahldivision ausgeführt werden soll.**

6.4.3.1 Implizite (automatische) Typenanpassung, Promotion

In vielen Fällen besteht ein Ausdruck aus Operanden von verschiedenen Basistypen (**mixed-mode expression**). Es fragt sich, welche der überladenen arithmetischen Operationen ausgeführt wird, falls die Operanden nicht denselben Datentyp haben. In den meisten Programmiersprachen wird so vorgegangen, dass der Datentyp der Operanden durch den Compiler automatisch angepasst wird. In der Informatik sind eigentlich solche Automatismen verpönt, da die Regeln, nach denen der Compiler vorgeht, oft kompliziert und schlecht nachvollziehbar sind. In den meisten Fällen genügt aber die Kenntnis folgender **Promotionsregel**:

> ☞ **Bei binären Operationen wird der kürzere Operand automatisch in den längeren konvertiert.**

Die Hierarchie der Datentypen von **kurz** nach **lang** (manchmal von **klein** nach **groß** genannt) ist die Folgende

```
byte - short - int - long - float - double
```

Gilt beispielsweise

```
int i;
long n;
double d;
```

so ist

```
i + d
```

ein double und

```
i*n
```

ein long, sowie

```
n/d
```

ein double und die Division eine Fließkommadivision.

Eine der wichtigen Anwendungen besteht darin, eine Ganzzahldivision zu vermeiden, indem man den Dividenden oder Divisor als Fließkommazahl darstellt. Ist beispielsweise

```
int i;
```

so ist

```
i/2
```

eine Ganzzahldivision und

```
i/2.0
```

eine Fließzahldivision, genau genommen eine Doubledivision, da 2.0 als double und nicht als float gespeichert wird.

Die Promotion wird auch beim Zuweisen und Initialisieren von Variablen sowie beim Aufruf von Methoden mit Parametern angewendet. Bei Zuweisungen und Initialisierungen passt der Compiler den Datentyp des Wertes rechts vom Gleichheitszeichen an den Typ der Variablen auf der linken Seite an. Steht rechts ein Ausdruck, so wird dieser zuerst mit den nötigen Typenanpassungen berechnet.

Die Konversion eines kürzeren in einen längeren Typ, das **Erweitern**, geschieht meist ohne Verlust an Genauigkeit, da beispielsweise jeder int auch als long dargestellt werden kann. Lediglich bei der Konversion zwischen Ganzzahl- und Fließkommatypen ist eine gewisse Vorsicht am Platz, da bekanntlich Fließkommazahlen die Ganzzahlen nicht exakt darstellen können.

Die Konversion von längeren Typen in kürzere, das sog. **Verkürzen**, führt meist zu einem Genauigkeitsverlust. Darum ist der Java-Compiler sehr rigoros und verlangt vom Programmierer die Zusicherung, dass er mit diesem Verlust einverstanden ist. Dazu muss er die Verkürzung mit einem **cast**-Operator explizit vornehmen. Es gehört sowieso zum guten Programmierstil, die impliziten Typenwandlungen in Zweifelsfällen durch explizite zu ersetzen, um anzuzeigen, dass die Konversion tatsächlich gewollt ist.

Beim Aufruf von Methoden werden für die formalen Parameter die Werte der aktuellen Parameter eingesetzt. Beide sollten denselben Datentyp haben. Ist dies nicht der Fall, so erfolgt eine Promotion wie bei Zuweisungen. Auch hier ist es guter Stil, die Konversion mit einem cast-Operator explizite anzugeben.

6.4.3.2 Explizite Typenanpassung (Casting)

Gewisse Typenumwandlungen lassen sich durch Angabe eines cast-Operators erzwingen. Dazu wird der neue Datentyp in einer runden Klammer vor den zu konvertierenden Ausdruck geschrieben. Grundsätzlich wird das Casting als eine gefährliche Operation betrachtet, die nach Möglichkeit zu vermeiden ist, weil sie das Prinzip der starken Typenbindung von Java durchlöchert.

> ☞ **Typecasting gehört nicht zum guten Programmierstil, ist aber in gewissen Fällen unumgänglich.**

Um beispielsweise zu erzwingen, dass bei der Division von zwei int-Ausdrücken keine Ganzzahldivision durchgeführt wird, kann der eine Operator explizit in einen double konvertiert werden. Im folgenden Programm ist der Fehler auf der auskommentierten Zeile nicht offensichtlich, da man die Datentypen der Rückgabewerte leicht übersieht. Trotzdem z als double deklariert ist, schreibt es den falschen Wert 1 aus, falls der cast-Operator weggelassen wird, da die Auswertung der rechten Seite mit einer Ganzzahldivision vor der Zuweisung erfolgt.

```java
// ArithEx4.java

import ch.aplu.util.*;

class ArithEx4
{
  ArithEx4()
  {
    int a = 2;
    int b = 3;

//    double z = sum(a, b) / Math.max(a, b);    // Error!
    double z = (double)sum(a, b) / Math.max(a, b);
    Console.println(z);
  }

  int sum(int x, int y)
  {
    return x + y;
  }

  public static void main(String[] args)
  {
    new ArithEx4();
  }
}
```

Im Programm wird die Methode `max()` aus der Klasse `Math` verwendet, welche die größere von zwei ints zurückgibt. Die Klasse `Math` stellt die bekannten mathematischen Funktionen mittels statischer Methoden zur Verfügung. Die Erzeugung einer Instanz entfällt und man ruft die Klassenmethoden mit dem Klassennamen und nachfolgendem Punktoperator auf. Da es in Java keine globalen Methoden gibt, besteht keine Möglichkeit, die mathematischen Funktionen ohne vorgestellten Klassennamen zu verwenden, was den mathematisch geschulten Blick etwas stört.

Für die Umwandlung von Fließkommazahlen in ints oder longs können sowohl der cast-Operator wie Rundungsmethoden (`floor()`, `ceil()`, `round()`, `rint()`) aus der Klasse `Math` verwendet werden. Die zurückgegebenen Werte sind allerdings oft ganzzahlige doubles und müssen nachher noch auf int oder long gecastet werden. Folgende Rundungsverfahren kommen zur Anwendung:

`round()` addiert `0.5` und wendet darauf `floor()` an. Daher ergibt `round(1.1)` 1 und `round(-1.1)` `-1`.

`rint()` ergibt dasselbe wie `round()`, aber als `double` statt als `long` zurück.

Wegen der Promotion ist es heikel, Methoden mit unterschiedlichen Ganzzahl-Typen zu überladen. Ohne ein eingehendes Studium der aktuellen Parameter ist man nie sicher, welche der Methoden aufgerufen wird. Aus diesem Grund kann es durchaus sinnvoll sein, statt Methoden zu überladen, den Methodennamen mit einem Hinweis auf den Datentyp zu versehen, also `fByte()`, `fShort()`, `fInt()`, `fLong()`. In diesem Fall ist es klar, dass `fByte(1)` die Byteversion und `fInt(1)` die Intversion aufrufen.

```java
// ArithEx5.java

import ch.aplu.util.*;

class ArithEx5
{
  ArithEx5()
  {
    f((byte)0xff);
    f((short)077);
    f(1);
    f(1L);
  }

  void f(byte n)
  {
    System.out.println("Calling f(byte n): " + n);
  }

  void f(short n)
  {
    System.out.println("Calling f(short n): " + n);
  }
```

```
void f(int n)
{
   System.out.println("Calling f(int n): " + n);
}

void f(long n)
{
   System.out.println("Calling f(long n): " + n);
}

public static void main(String[] args)
{
   Console.init();
   new ArithEx5();
}
}
```

Das explizite Casting ist auch im Zusammenhang mit chars nötig. Obschon eine Ziffer als 16-bit-Variable (Unicode) gespeichert wird und shorts ebenfalls 16-bit lang sind, ergibt

```
char c = '0';
short i = c;
```

eine Fehlermeldung, hingegen

```
char c = '0';
int k = c;
```

nicht. Wieder eine Fehlermeldung ergibt

```
int n = 48;
char r = n;
```

Wegen diesem etwas unsystematischen Verhalten ist es angebracht, die Konversion in jedem Fall mit dem cast-Operator durchzuführen, also

```
char c = '0';
short i = (short)c;
```

und

```
char c = '0';
int k = (int)c;
```

sowie

```
int n = 48;
char r = (char)n;
```

zu schreiben

Übergibt man die Ziffer einer Methode, so kann diese auf Grund des Typs sehr wohl unterscheiden, ob der char, der short oder der int gemeint ist. Deshalb erscheint mit

```
int n = 48;
char r = (char)n;
System.out.println(n);
System.out.println(r);
```

in der ersten Zeile 48 und in der zweiten Zeile 0.

*Wie wir sehen werden, spielt das Casting auch bei Klassenvererbungen eine große Rolle, und zwar beim **Upcasting** und **Downcasting**.*

6.4.4   Autoinkrement, Autodekrement, Verbundoperatoren

Für Java etwas speziell sind die monadischen Operatoren ++ (Autoinkrement) und -- (Autodekrement), welche lediglich zur Vereinfachung der Schreibweise geschaffen wurden. Man verwendet die Abkürzungen aus Tab. 6.5.

statt	Postfix	Prefix
n = n + 1	n++	++n
n = n - 1	n--	--n

Tab. 6.5 *Abgekürzte Schreibweise für Inkrement und Dekrement*

Zwischen der Postfix- und Prefix-Notation gibt es subtile Unterschiede in der Reihenfolge der Auswertung der Ausdrücke. Beispielsweise besitzen nach den Anweisungen

```
i = 2; k = ++i;
```

i und k den Wert 3. Schreibt man hingegen

```
i = 2; k = i++;
```

so besitzt i ebenfalls den Wert 3, aber k den Wert 2, da i erst nach der Zuweisung inkrementiert wird. Solche Subtilitäten sind sehr trickreich und gehören nicht zum empfehlenswerten Programmierstil.

Es gibt für die meisten numerischen Operationen eine entsprechende Verbundoperation, die gleichzeitig eine Zuweisung durchführt. Auch diese Operatoren dienen lediglich zur Vereinfachung der Schreibweise, gestalten aber das Programm kryptisch und damit schwerer lesbar. Wenn überhaupt, dann verwendet man meist nur die Abkürzungen aus Tab. 6.6.

statt	Verbundschreibweise
x = x + a	x += a
x = x - a	x -= a

Tab. 6.6 *Verbundschreibweise*

Die übrigen Verbundoperatoren entnimmt man aus der Tab 6.3.

6.4.5   Der Bedingungsoperator

Der Bedingungsoperator ? sollte nur in seltenen Fällen eingesetzt werden, da die kompakte Notation schwer lesbar ist. Er wird allerdings von vielen automatischen Codegeneratoren verwendet, insbesondere beim Testen von Spezialfällen. Ein Ausdruck

```
bedingung ? ausdruck1 : ausdruck2
```

liefert den Wert von `ausdruck1` zurück, falls die Bedingung wahr ist, sonst wird der Wert von `ausdruck2` zurückgegeben. Ist b eine Bedingung (ein boolescher Ausdruck), so kann man statt

```
z = b ? x : y;
```

ausführlicher

```
if (b)
   z = x;
else
   z = y;
```

schreiben.

Im folgenden Beispiel wird mit dem ?-Operator geprüft, ob man in der Methode `inverse()` den inversen Wert eines eingelesenen doubles bilden kann. Falls dies zu einer illegalen Division führen würde, wird Null zurückgegeben. In diesem Beispiel wird klar, dass die ausführlichere Schreibweise ohne ?-Operator wegen der besseren Lesbarkeit vorzuziehen ist.

```java
// ArithEx6.java

import ch.aplu.util.*;

class ArithEx6
{
  ArithEx6()
  {
    while (true)
    {
      System.out.print("Gib einen Double ein: ");
      double x = Console.readDouble();
      System.out.println("Inverser Wert: " + inverse(x));
    }
  }

  double inverse(double x)
  {
    double z = x != 0 ? 1 / x : 0;
    return z;
  }

  public static void main(String[] args)
  {
    Console.init();
    new ArithEx6();
  }
}
```

6.5   Unsigned Datentypen, big-endian, little-endian

In Anwendungen im Zusammenhang mit Netzwerken und Echtzeitsystemen werden oft Ganzzahltypen benötigt, bei denen die Bits als reine Dualzahlen mit den Wertigkeiten 2^0, 2^1 usw. interpretiert werden (kein Zweierkomplement mit Vorzeichen). Diese **unsigned** Datentypen gehören leider nicht zu den Java-Basistypen. Man simuliert in Java den Datentyp unsigned byte (8-bit) durch einen int (32-bit), bei dem nur die ersten 8 bit verschieden von Null sind, und den Datentyp unsigned int (32-bit) durch einen long (64-bit), bei dem nur die ersten 32 bit von Null verschieden sind. Zur Umrechnung eignen sich die Shift-Operationen hervorragend.

Im folgenden Beispiel wird zuerst ein unsigned byte, das als Dualzahl interpretiert die Dezimalzahl 129 darstellt, als int dargestellt. Dann werden aus 4 unsigned bytes (mit int-Array simuliert) ein unsigned int erstellt (als long simuliert). Da u[0] das höchstwertige Byte (Most Significant Byte (**MSB**)) und u[3] das niedrigstwertige Byte (Least Significant Byte (**LSB**)) darstellen, erkennt man auch, dass in Java in einem long die höherwertigen Bytes vor den niederwertigen Bytes speichert (dies gilt auch bei int und short). Man nennt dieses Format **big-endian**, das umgekehrte **little-endian**. Der Unterschied ist dann von Wichtigkeit, wenn man binäre Daten mit anderen Computersystemen austauscht oder systemnahe Programme schreibt (Intel Prozessoren rechnen intern im little-endian Format, Mac PowerPC im big-endian Format). Zum Schluss wird zur Kontrolle das Resultat aus Zweierpotenzen berechnet und dargestellt.

```java
// ArithEx7.java

import ch.aplu.util.*;

class ArithEx7
{
  ArithEx7()
  {
    byte b = (byte)0x81;
    int k = b > 0 ? b : 256 + b;
    System.out.println(k);

    int[] u = new int[4]; // Unsigned bytes
    u[0] = 0x80;
    u[1] = 0x04;
    u[2] = 0x02;
    u[3] = 0x01;

    long result = 0; // Unsigned int
    for (int i = 0; i < 4; i++)
      result = (result << 8) | u[i];
    System.out.println(result);

    long r = twoPow(31) + twoPow(18) + twoPow(9) + twoPow(0);
    System.out.println(r);
  }

  long twoPow(long n)
  {
    long y = 1;
    for (int i = 0; i < n; i++)
      y = 2 * y;
    return y;
  }

  public static void main(String[] args)
  {
    Console.init();
    new ArithEx7();
  }
}
```

6.6   Spezielle Werte für doubles

Bei einer Integerdivision durch 0 wird eine Exception `ArithmeticException: / by zero` geworfen, nicht aber bei einer Doubledivision durch 0. In diesem Fall ist das Resultat ein double mit einem speziellen Wert (Tab. 6.7).

a	b	a / b
>0	0	Double.POSITIVE_INFINITY
<0	0	Double.NEGATIVE_INFINITY
0	0	Double.NaN (Not a Number)

Tab. 6.7   Spezielle Werte bei Division durch 0

Enthält ein Ausdruck oder eine mathematische Funktionen einen double mit einem dieser speziellen Werte, werden diese zwar weiter verwertet, was allerdings meist zu undurchsichtigen Resultaten führt. Beispielsweise ist es fraglich, ob d = 1/z, wobei z = Double.POSITIVE_INFINITY ist, wirklich 0 geben soll. Besser wäre es wohl, den Fehler abzufangen.

Die Verwendung des Vergleichsoperators, beispielsweise mit

```
d == Double.NaN
```

ist zwar syntaktisch richtig, ergibt aber immer `false`. Wie sonst nur bei Objekten üblich, muss man den Vergleich mit den Methoden `isNaN()` oder `isInfinite()` durchführen.

Mit dem folgenden Programm kann das Verhalten bei der Eingabe von 0 für a bzw. b untersucht werden.

```java
// ArithEx8.java

import ch.aplu.util.*;

class ArithEx8
{
  ArithEx8()
  {
    while (true)
    {
      System.out.print("Gib einen ersten double ein: ");
      double a = Console.readDouble();
      System.out.print("Gib einen zweiten double ein: ");
      double b = Console.readDouble();
      double d = a / b;
      System.out.println("Der Quotient ist: " + d);

      if (Double.isNaN(d))
        System.out.println("keine Zahl");
```

```
      if (Double.isInfinite(d))
        System.out.println("Zahl unendlich");

      double z = 1 / d;
      System.out.println("Der Reziprokwert ist: " + z);     }
  }

  public static void main(String[] args)
  {
    Console.init();
    new ArithEx8();
  }
}
```

7 Wichtige Standardklassen

7.1 Zeichenketten (Strings)

7.1.1 Erzeugung, Vergleich

Unter einer **Zeichenkette** versteht man eine Aneinanderreihung von einzelnen Zeichen, analog einem Satz aus der Umgangssprache. (Wir werden in diese Buch meist die englische Bezeichnung **String** vorziehen.) In Java sind Strings Instanzen der Klasse String, die gegenüber anderen Java-Klassen einige spezielle Eigenschaften aufweist. Dies wird bereits bei der Erzeugung sichtbar, denn ein String kann nicht nur mit dem Erzeugungsoperator new

```
String s = new String("Dies ist ein String");
```

sondern auch mit einer Zuweisung zu einem Literal erzeugt werden, was der üblichen Schreibweise entspricht.

```
String s = "Dies ist ein String";
```

Das Stringliteral kann auch Escape-Sequenzen enthalten, insbesondere \" und \n.

Das String-Objekt wird dabei allerdings nicht, wie dies bei den anderen Objekten der Fall ist, auf dem Heap, sondern in einem speziellen Speicherbereich erstellt, den man **String-Pool** nennt. Die beiden Erzeugungsmechanismen sind aber leicht verschieden. Mit new wird im Pool immer ein neuer String erzeugt. Um Speicherplatz zu sparen, wird hingegen bei der Initialisierung zum Literal der Pool zuerst dahingehend untersucht, ob der exakt gleiche String nicht bereits vorhanden ist und, falls dies zutrifft, wird s eine Referenz auf den bereits vorhandenen String zugewiesen. Dieser subtile Unterschied macht sich in der Regel nicht bemerkbar (außer, wie wir sehen werden, beim Vergleich von zwei Stringreferenzen).

*Das Laufzeitsystem von Java prüft den String-Pool periodisch, ob ein einmal erzeugter String noch referenziert wird. Ist dies nicht mehr der Fall, so wird der Speicherplatz zur automatischen **Garbage Collection** freigegeben.*

Eine wichtige Operation ist der Vergleich von zwei Strings. Damit wirklich die Zeichenketten und nicht die Referenzen verglichen werden, muss die Methode `equals()` oder `compareTo()` verwendet werden. Dies wird im folgenden Beispiel gezeigt.

```java
// StringEx1.java

import javax.swing.JOptionPane;

class StringEx1
{
  StringEx1()
  {
    String town = "Bern";
    String output;
    String input =
      JOptionPane.
            showInputDialog("Hauptstadt der Schweiz?");
    if (input == null)
      output = "Abgebrochen";
    else
    {
      if (input.equals(town))
        output = "richtig";
      else
        output = "falsch";
    }
    JOptionPane.showMessageDialog(null, output);
    System.exit(0);
  }

  public static void main(String[] args)
  {
    new StringEx1();
  }
}
```

Im String-Pool sind die Strings aus Effizienzgründen als unveränderliche Größen (engl. **immutable**) implementiert. Die Klasse `String` kennt viele Methoden, um auf einzelne Zeichen oder auf Teile des Strings zuzugreifen. Da Strings aber unveränderliche Größen sind, gibt es keine Methoden, um einzelne Zeichen zu verändern. Es ist ein bekannter Fehler zu glauben, dass mit

```java
String s = "hallo";
```

die Anweisung

```java
s.toUpperCase();
```

s in Großbuchstaben verwandelt. Tückischerweise ergibt sich kein Compilationsfehler, da die Anweisung zwar eine Referenz auf einen *neuen* String zurückliefert, der nur aus Groß-buchstaben besteht, dieser aber nicht weiter verwendet wird. Die richtige Schreibweise lautet daher

```
String s = "hallo";
s = s.toUpperCase();
```

Ist der neue String vom alten verschieden, so wird im String-Pool ein neuer String erzeugt, der nur aus den Großbuchstaben besteht, und der alte zur Vernichtung freigegeben.

7.1.2   Stringkonkatenation

Für Strings ist das Additionszeichen überladen und bewirkt, dass die beiden Strings aneinan-der gefügt (konkateniert) werden. Da Strings allerdings unveränderlich sind, wird dabei im String-Pool der zweite String nicht etwa dem ersten hinzugefügt, sondern aus den Teilstrings ein neuer String erzeugt und eine Stringreferenz darauf zurückgegeben. Ebenfalls überladen ist der Verbundoperator +=, der eine Kurzschreibweise ermöglicht.

Im folgenden Beispiel prüfen wir, ob ein Wort ein so genanntes Palindrom ist. Darunter versteht man eine Zeichenkette, die von hinten gelesen mit der ursprünglichen identisch ist. Der Einfachheit halber sind Wörter ausschließlich in Klein- oder Großschreibung und ohne Spezialzeichen zugelassen. Wir werden später eine allgemeinere Version des Programms schreiben.

```
// StringEx2.java
// Wortpalindrom

import javax.swing.JOptionPane;

class StringEx2
{
  StringEx2()
  {
    String reverse = "";
    String input =
      JOptionPane.
        showInputDialog("Wort? Bsp. racecar");
    if (input != null)
    {
      for (int i = input.length(); i > 0 ; i--)
      {
        reverse += input.charAt(i-1);
      }
      if (reverse.equals(input))
        JOptionPane.showMessageDialog(null,
              "Wortpalindrom gefunden");
```

```
      }
    System.exit(0);
  }

  public static void main(String[] args)
  {
    new StringEx2();
  }
}
```

Bei der Verwendung der Java-Klassenbibliothek (JFC) kann davon ausgegangen werden, dass alle Klassen eine Methode toString() haben, die eine Stringreferenz zurückgibt, welche die Instanz als Zeichenkette beschreibt. Das Konkatenationszeichen + und Verbundzeichen += rufen, falls nötig, automatisch diese Konversionmethode auf. Dies wird im nächsten Beispiel gezeigt.

```
// StringEx3.java

import ch.aplu.util.*;
import java.awt.Color;

class StringEx3
{
  StringEx3()
  {
    Console.init();
    Color color = new Color(200, 100, 50);
    String s1 = "Farbe: " + color;

    double d = Math.PI;
    String s2 = "PI: " + d;

    System.out.println(s1);
    System.out.println(s2);
  }

  public static void main(String[] args)
  {
    new StringEx3();
  }
}
```

Man beachte, dass

```
int i = 2;
String s = "i: " + i;
```

richtig ist, hingegen

```
int i = 2;
String s = i;
```

zu einer Fehlermeldung führt, damit die Typensicherheit nicht gefährdet wird.

7.1.3   Null-String und leerer String

Ein String kann gegebenenfalls keine Zeichen enthalten. Wir nennen einen solchen String einen *leeren String*. Er wird mit

```
String s = "";
```

oder

```
String s = new String();
```

erstellt. Solche Strings sind zweckmäßig, um sie später mit anderen Strings zu konkatenieren. Es ist gefährlich, den leeren String mit dem **Nullstring** zu verwechseln. Diesen erzeugt man mit

```
String s = null;
```

Ist s eine Instanzvariable, so wird s bei der Deklaration automatisch auf den Nullstring, aber nicht etwa auf den leeren String initialisiert. Nullstrings sind zweckmäßig, um einen Spezialfall zu kennzeichnen, bergen aber auch Gefahren. Einer der bekanntesten Laufzeitfehler von Java heißt java.lang.NullPointerException. Er tritt immer dann auf, wenn wir versuchen, eine Methode einer Instanz aufzurufen, die den Wert null hat.

Beim Schreiben eigener Methoden, welche Referenzvariablen als Parameter haben, müssen wir uns entweder versichern, dass die Instanz, die wir beim Aufruf übergeben, niemals den Wert null besitzt, oder dass in der Methode dieser Spezialfall durch einen besonderen Codeteil abgefangen wird. Obschon Java keine (expliziten) Zeiger besitzt, zeigt sich an diesen Schwierigkeiten, dass dadurch nicht alle Gefahren der Zeigerprogrammierung verschwunden sind. Immerhin stürzt bei einer NullPointer-Exception weder das Programm noch der Rechner ab.

7.1.4   Begleitende Klasse StringBuffer

Für kompliziertere Stringverarbeitungen ist die Unveränderlichkeit von Stringinstanzen hinderlich und führt zu schwerfälligen, ineffizienten Programmen. Man zieht in diesem Fall die begleitende Klasse StringBuffer bei, wobei man dann allerdings auf die praktische Schreibweise der Stringliterale und der Konkatenation verzichten muss. Das folgende Beispiel zeigt, wie in einem Satz alle Buchstaben in Kleinbuchstaben umgewandelt und alle Zeichen außerhalb des Buchstabenbereichs entfernt werden, damit dieser als Palindrom erkannt werden kann. Allerdings sind nur Texte ohne Umlaute und Akzente zugelassen.

```java
// StringEx4.java
// Satzpalindrom

import javax.swing.JOptionPane;

class StringEx4
{
  StringEx4()
  {
    String reverse = "";
    String input =
      JOptionPane.
          showInputDialog("Satz? Bsp. Rase, ach Caesar!");
    if (input != null)
    {
      StringBuffer text =
            new StringBuffer(input.toLowerCase());
      for (int i = 0; i < text.length(); i++)
      {
        if (text.charAt(i) < 'a' || text.charAt(i) > 'z')
        {
          text.deleteCharAt(i);
          i--;
        }
      }
      StringBuffer textReverse =
            new StringBuffer(text.toString());
      textReverse.reverse();

      if (textReverse.toString().equals(text.toString()))
        JOptionPane.
          showMessageDialog(null, "Palindrom gefunden");
      else
        JOptionPane.
          showMessageDialog(null, "Kein Palindrom");
    }
    System.exit(0);
  }

  public static void main(String[] args)
  {
    new StringEx4();
  }
}
```

Das Beispiel macht deutlich, dass die hier verwendeten Methoden von StringBuffer tatsächlich die Zeichenkette verändern, also einen gewollten Seiteneffekt haben. Im Gegensatz dazu können Methoden der Klasse String sehr wohl einen veränderten String *zurück-geben*, verändern ihn aber nicht.

Die Methode equals() ist gefährlich. Sie ist zwar in der Klasse StringBuffer nicht definiert, wird aber von der Klasse Object geerbt. Deswegen führt die Verwendung dieser Methode für StringBuffer zu keinem Compilerfehler, sondern in der Regel zu einem falschen Laufzeitverhalten, da dabei nicht, wie wohl beabsichtigt, die Zeichen der StringBuffer verglichen werden. Im Programm werden die beiden StringBuffer mit der Methode toString() in Strings verwandelt und diese mit equals() verglichen. Die Schreibweise zeigt die **Eleganz** des **funktionalen Programmierens** und wir wollen versuchen, den auf den ersten Blick etwas ungewohnten Ausdruck

```
textReverse.toString().equals(text.toString())
```

wirklich zu verstehen. Wie andere Operationen, die sich auf derselben Prioriätsstufe befinden, werden mehrere Methodenaufrufe mit dem Punktoperator (ohne zusätzliche Klammerung) von links nach rechts abgearbeitet. Deshalb gehen wir von links nach rechts vor und stellen fest, dass zuerst vom StringBuffer textReverse die Methode toString() aufgerufen wird. Diese liefert eine Stringreferenz zurück und wir verwenden die Methode equals() dieser Klasse für den Vergleich. Da der Parameter von equals() ein String sein muss, müssen wir noch den StringBuffer text mit toString() in einen String überführen.

Die Anpassung i-- des Laufindex in der for-Schleife geht leicht vergessen, ist aber nötig, weil das Wort auch mehrere hintereinander folgende Zeichen außerhalb des Buchstabenbereichs aufweisen kann.

7.2   Arrays (Felder)

7.2.1   Eindimensionale Arrays

Sequentiell oder **linear** angeordnete Daten spielen in der Informatik eine große Rolle, man nennt eine solche Datenstruktur generell eine **Liste**. Bei einer Liste gibt es normalerweise einen Durchlaufsinn und damit ein **erstes Element** und ein **letztes Element**. Abgesehen von diesen beiden Elementen besitzt jedes Element einen **Vorgänger** und einen **Nachfolger** (Abb. 7.1).

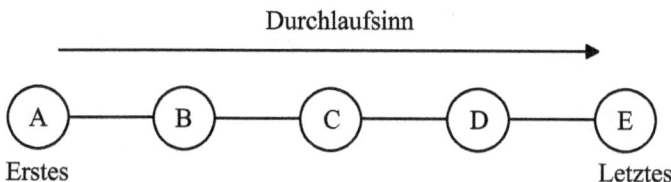

Abb. 7.1 Allgemeine Liste

Bei einem **Array** (auch **Feld** oder **Datenfeld** genannt) handelt es sich um einen Spezialfall einer Liste, deren Listenelemente denselben Datentyp haben und der Zugriff auf ein einzelnes Element mit einer Positionszahl, dem **Index** erfolgt. Ein Zugriff ist unabhängig von der Lage des Elements immer gleich schnell, was für gewisse Algorithmen ein entscheidender Vorteil ist. Einen solchen Zugriffsmechanismus nennt man **random access**. Der Index beginnt in Java leider immer bei 0 (**zero-based indexing**), was historisch zu verstehen ist und als nicht besonders flexibel gilt. Im Gegensatz zu einer allgemeinen Liste, deren Länge sich zur Laufzeit verändern kann und die darum als **dynamische Datenstruktur** bezeichnet wird, ist die Anzahl der Arrayelemente durch die Deklaration fixiert. In vielen Programmiersprachen ist die Arraylänge ein int-Zahlenliteral und man spricht von einer **statischen Datenstruktur**. In Java kann die Arraylänge aber auch eine int-Variable sein, deren Wert zur Laufzeit berechnet wird. Deshalb werden Java-Arrays auch **semistatisch** genannt. Wegen der großen Effizienz gegenüber allgemeinen Listen gehören Arrays zu den wichtigsten Datentypen der Informatik.

Die Deklaration einer Arrayvariablen erfolgt mit Hilfe eines Klammerpaars mit eckigen Klammern. Ein int-Array kann entweder mit

```
int[] a;
```

oder

```
int a[];
```

deklariert werden, wobei die erste Variante konsequenter ist, da `int[]` als eine Typenbezeichnung für einen int-Array aufgefasst werden kann. Dieses Symbol wird auch bei Parametern und Rückgabewerten von Methoden verwendet.

Die zweite Variante ist weit verbreitet und besitzt den Vorteil, dass mehrere Arrays mit dem Kommaoperator deklariert werden können:

> *int a[], b[];*

Da wir den Kommaoperator in diesem Zusammenhang nicht verwenden, entscheiden wir uns für die logisch korrektere erste Version.

Es ist ein weit verbreiteter Irrtum zu glauben, dass bei der Deklaration eines Arrays dieser auch tatsächlich erzeugt wird. Da es sich bei einem Array um einen Referenztyp handelt, erzeugt die Deklaration lediglich eine *Referenz auf einen Array*. Erst bei der Verwendung des Erzeugungsoperator oder einer Initialisierungsliste ensteht das Arrayobjekt. Dabei wird die Anzahl der Komponenten, die **Arraylänge**, festgelegt. Wir deklarieren eine Arrayvariable und erzeugen gleichzeitig einen int-Array mit 6 Elementen mit folgender Schreibweise, die etwas gewöhnungsbedürftig ist:

```
int[] a = new int[6];
```

Statt korrekterweise zu sagen, dass a eine Referenz auf den erzeugten Array ist, werden wir auch hier kurz vom „*Array a*" sprechen.

Als Arraylänge kann sogar 0 gesetzt werden, obschon eine solcher Array keine Werte speichern kann. Man benützt dies machmal, um einen Spezialfall zu kennzeichnen.

Die Werte der Arrayelemente werden bei der Erzeugung standardmäßig initialisiert, und zwar bei numerischen Datentypen auf 0, bei booleschen auf `false`, bei chars auf '\0' und bei Referenzen auf `null`. Mit einer **Initialisierungsliste** in einem geschweiften Klammerpaar umgeht man die Standardinitalisierung.

```
int[] b = {5, 3, 4, 1};
```

In der Klammer können nicht nur Literale, sondern auch Ausdrücke, sogar mit Methodenaufrufen stehen, die erst zur Laufzeit berechnet werden. Beispielsweise für eine Methode `foo()`, die einen int zurückgibt

```
int[] c = {foo(1), 3*foo(3), 5*foo(5)};
```

Die Länge des Arrays wird dabei aus der Anzahl der durch Komma abgetrennten Ausdrücke bestimmt. Sie lässt sich mit Int-Wert

```
a.length;
```

abfragen. Man beachte, dass es sich im Gegensatz zur Stringklasse nicht um einen Methodenaufruf handelt, dass also die Parameterklammern entfallen. Die Größe besitzt natürlich nur Lesezugriff, da eine Zuweisung keinen Sinn macht.

Einzelne Elemente des Arrays werden mit dem Index, der in eckigen Klammern steht, angesprochen, in unserem Beispiel mit

```
a[0], a[1], ... , a[5]
```

In der Klammer kann auch ein Ausdruck stehen, der einen int-Wert abgibt (oder der durch den Compiler durch implizite Typenanpassung in einen int-Wert konvertiert werden kann).

Anschaulich kann man sich einen Array gemäß Abb. 7.2 vorstellen.

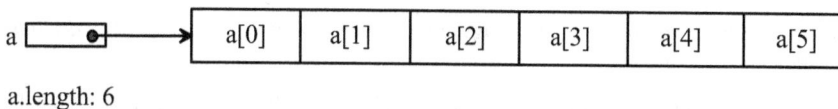

a.length: 6

Abb. 7.2   *Array mit 6 Elementen*

Denkt man eher an die Anordnung im Hauptspeicher des Computers, so kann man die Elemente auch vertikal anordnen (Abb. 7.3).

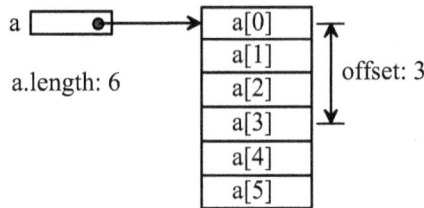

Abb. 7.3 *Array im Hauptspeicher*

Falsche Arrayindizes gehören zu den meistverbreiteten Programmierfehlern. Im täglichen Leben ist man gewohnt, Aufzählungen bei 1 zu beginnen, man spricht vom *ersten Element*, vom *zweiten Element* usw. In Java besitzt aber das *erste* Arrayelement immer den Index 0, das *zweite* den Index 1, was Anlass zu ständiger Verwirrung gibt. Am Ende des Arrays muss man besonders vorsichtig sein: Bei einer Arraylänge (= Anzahl Elemente) von n = a.length, heißt das letzte Element a[n-1].

*Indexfehler auf Grund der Überschreitung der Arraygröße werden durch einen Laufzeitfehler (Exception) abgefangen. Da die Indizes immer bei Null beginnen und man sich vorstellt, dass die (gleichgroßen) Arrayelemente hintereinander oder untereinander angeordnet sind, gibt der Index in einem gewissen Sinn die **Distanz** eines Elements vom Arraybeginn (vom Element mit dem Index 0) an. Man spricht deshalb statt vom Index auch vom **Offset** eines Elements. Arrays sind auch deshalb fundamentale Datenstrukturen, weil sie in einem direkten Zusammenhang mit dem Speichersystem von praktisch allen Computern stehen. Da Arrayelemente im Hauptspeicher sequentiell angeordnet sind, gibt es einen einfachen Zusammenhang zwischen der Hauptspeicheradresse eines Arrayelements und dem Index, und zwar gilt für die Adresse des Elements mit dem Index i:*

$a = a0 + i*size,$

wobei a0 die Adresse des Elements mit dem Index 0 und size die Speicherlänge der Elemente ist. Damit wird besonders deutlich, warum man i auch Offset nennt und warum es vernünftig ist, den Arrayindex immer bei 0 zu beginnen. Der Zugriff auf die Elemente eines Arrays über einen ganzzahligen Index ist gemäß dieser Beziehung sehr einfach. Zudem sind Architektur und Maschinensprache von Prozessoren besonders für Arrays optimiert und man kann mit der sog. indizierten Adressierungsart sehr effizient auf Arrayelemente zugreifen.

In Java ist der Zugriff auf Adressen allerdings unterbunden, wodurch wir von der Welt der Adressrechnung ausgeschlossen sind.

Im folgenden Beispiel wird ein int-Array dazu gebraucht, die Funktionswerte einer Funktion mit ganzzahligem Argument zu speichern. Dies kann dann sinnvoll sein, wenn man die Funktion sehr oft mit den gleichen Argumenten aufrufen muss, denn das Zurückholen eines Arraywerts ist um Größenordnungen schneller als die Ausführung der Funktion. Man nennt einen solchen Array auch eine **Lookup-Tabelle (lookup table)**.

```
// ArrayEx1.java

import ch.aplu.util.*;

class ArrayEx1
{
```

```
ArrayEx1()
{
  int[] a = new int[20];

  int i;
  for (i = 0; i < 20; i++)
    a[i] = i * i;

  for (i = 0; i < 20; i++)
    System.out.println(i + " x " + i + " = " + a[i]);
}

public static void main(String[] args)
{
  Console.init();
  new ArrayEx1();
}
}
```

Arrays können auch Referenztypen enthalten, wie im folgenden Programm Turtlereferenzen. Es wird noch einmal betont, dass bei der Erzeugung des Arrays noch keine Turtles entstehen, sondern lediglich ein „Behälter" mit Turtlereferenzen, die noch alle auf null initialisiert sind. Es ist daher ein zweiter Schritt nötig, in dem die Turtles der Reihe nach mit new erzeugt werden. Natürlich wird erst jetzt der Konstruktor der Turtleklasse ausgeführt.

```
// ArrayEx2.java

import ch.aplu.turtle.*;
import java.awt.Color;

class ArrayEx2
{
  ArrayEx2()
  {
    Turtle[] family = new Turtle[4];

    family[0] = new Turtle(Color.red);
    family[1] = new Turtle(family[0], Color.green);
    family[2] = new Turtle(family[0], Color.blue);
    family[3] = new Turtle(family[0], Color.yellow);

    for (int i = 0; i < 4; i++)
    {
      family[i].left(i * 90);
      family[i].forward(50);
    }
  }
}
```

```
  public static void main(String[] args)
  {
    new ArrayEx2();
  }
}
```

Arrays spielen in der ganzen Datenverarbeitung eine sehr wichtige Rolle, denn Daten lassen sich oft in Sequenzen oder Tabellen anordnen. Im Zusammenhang mit numerischen Problemen wird der Array zur Darstellung von mathematischen Strukturen verwendet, und zwar der eindimensionale Array für **Vektoren** und der mehrdimensionale Array für **Matrizen**.

Werden Arrays als Parameter an Methoden übergeben, so kann in der Methodendeklaration die Arraygröße entfallen. Daher ist es möglich, einer Methode Arrays unterschiedlicher Länge zu übergeben. Dies wird mit dem folgenden Beispiel gezeigt.

```
// ArrayEx3.java

import ch.aplu.turtle.*;
import ch.aplu.util.*;
import java.awt.Color;

class ArrayEx3
{
  ArrayEx3()
  {
    Turtle mother = new Turtle(Color.red);

    InputDialog iDlg =
        new InputDialog("Familie", "Anzahl Kinder?");
    int nbChildren = iDlg.readInt();
    Turtle[] family = new Turtle[nbChildren];
    for (int i = 0; i < nbChildren; i++ )
    {
      Color c = new Color(128, i*256/nbChildren, 128);
      family[i] = new Turtle(mother, c);
    }

    move(family);
  }

  void move(Turtle[] fam)
  {
    int n = fam.length;
    for (int i = 0; i < n; i++)
    {
      fam[i].left(i*360.0/n);
      fam[i].forward(50);
    }
```

```
    }

    public static void main(String[] args)
    {
        new ArrayEx3();
    }
}
```

Man kann dieses Verfahren auch dazu verwenden, um einer Methode eine variable Zahl von (Referenz-)Parametern zu übergeben. Da alle Objekte aus der Klasse `Object` vererbt sind, kann sogar der Typ der Parameter unterschiedlich sein, indem man sie in einen Array `Object[]` verpackt.

7.2.2   Komandozeilen-Parameter

Mit unseren Kenntnissen sind wir nun in der Lage, den Parameter der Methode

```
public static void main(String[] args)
```

die in jeder Applikationsklasse vorkommt, für unsere Zwecke einzusetzen. Es handelt sich um einen Array aus Strings, die beim Start des Programms durch das Betriebssystem mit den übergebenen Kommandozeilen-Parametern (auch Argumente genannt) gefüllt werden. Dabei werden in der Kommandozeile Leerschläge als Trennzeichen zwischen den Arrayelementen aufgefasst. Will man einen String, der Leerschläge enthält, einem bestimmten Arrayelement übergeben, so muss der String in Anführungszeichen gesetzt werden. Wenn keine Parameter angegeben werden, ist args nicht etwa null, sondern ein String-Array mit der Länge 0. Man darf also args.length in jedem Fall aufrufen und erhält dabei die korrekte Anzahl der Parameter.

Im folgenden Beispiel soll eine Applikation standardmäßig mit einem Logo (Splash-Screen) starten. Man möchte aber dem Anwender die Möglichkeit geben, dieses zu unterdrücken, indem er das Programm mit der Option /nologo aufruft. Oft werden solche Parameter auch dazu benützt, die Applikation in einem Debug-Modus zu starten, bei dem zusätzliche Informationen zur Fehlersuche angezeigt oder in eine Log-Datei geschrieben werden. Heißt das Program ArrayEx4, so lässt man folgende Aufrufe zu:

```
ArrayEx4
ArrayEx4 /nologo
ArrayEx4 /debug
ArrayEx4 /nologo /debug
ArrayEx4 /debug /nologo
```

(Falls ArrayEx4 im Bytecode vorliegt, müsste man immer noch den Java-Interpreter voranstellen, also java ArrayEx4 aufrufen.)

Im Programm wird untersucht, welche der 3 Optionen beim Programmstart angegeben wurden. Bei der Untersuchung der Kommandzeile handelt sich um ein **Parsing**-Problem, das auf
unterschiedliche Weise gelöst werden kann. Wir verwenden hier einen einfachen, bekannten
Trick und transferieren die Information in einen String `optionTag`. Dieser enthält die
eingegebenen Optionen als Zeichen 0, 1 oder 2. `optionTag` kann im Anschluss daran
verhältnismäßig einfach zur Programmsteuerung eingesetzt werden.

```java
// ArrayEx4.java

class ArrayEx4
{
  String[] optionList = {"/nologo", "/debug", "/fast"};

  ArrayEx4(String[] cmdline)
  {
    String optionTag = "";
    for (int i = 0; i < cmdline.length; i++ )
      for (int k = 0; k < optionList.length; k++ )
        if (cmdline[i].toLowerCase().equals(optionList[k]))
          optionTag += k;

    System.out.println("OptionTag: " + optionTag);
  }


  public static void main(String[] args)
  {
    new ArrayEx4(args);
  }
}
```

Wenn keine Kommandozeilen-Parameter angegeben werden, ist das an `main()` übergebene
`args` nicht etwa `null`, sondern ein String-Array mit der Länge 0. Man darf also
`args.length` in jedem Fall aufrufen und erhält dabei die korrekte Anzahl der Parameter.

7.2.3   Mehrdimensionale Arrays

Einen n-dimensionalen Array a baut man aus einem 1-dimensionalen auf, der als Elemente
die n-1-dimensionalen Arrays enthält. Der wichtigste Spezialfall ist ein 2-dimensionaler
Array, der wie eine Tabelle aufgebaut ist. Diese besitzt einen Zeilen- und einen Spaltenin-
dex. Wie in der Mathematik üblich, wird der erste Index als Zeilen-, der zweite als Spalten-
index interpretiert.

Beispielsweise wird ein Notenbüchlein für eine Gruppe von 5 Studierenden und 2 Prüfungen
als eine Tabelle m (von marks oder matrix) mit 5 Zeilen und 2 Spalten implementiert und mit

```java
double[][] m = new double[5][2];
```

erzeugt. Auf die Note des vierten Studierenden bei der zweiten Prüfung wird mit m[3][1] zugegriffen, denn auch hier beginnt die Nummerierung immer bei 0.

Oft ist es hilfreich, eine Vorstellung über die computerinterne Darstellung der Tabelle zu haben, insbesondere wenn man die von length zurückgebenen Werte verstehen will. Da die Tabelle zeilenweise gespeichert wird, ist m eigentlich eine Referenz auf einen 1-dimensionalen Array, welcher als Elemente die Referenzen auf die ebenfalls 1-dimensionalen Zeilenarrays enthält. Da es 5 Zeilen gibt, liefert m.length den Wert 5. Mit m[0],...,m[4] erhalten wir die 5 Zeilen als Array; alle haben die Länge 2, also liefert m[0].length bis m[4].length den Wert 2. Abb. 7.4 und Abb. 7.5 veranschaulichen diese Zusammenhänge.

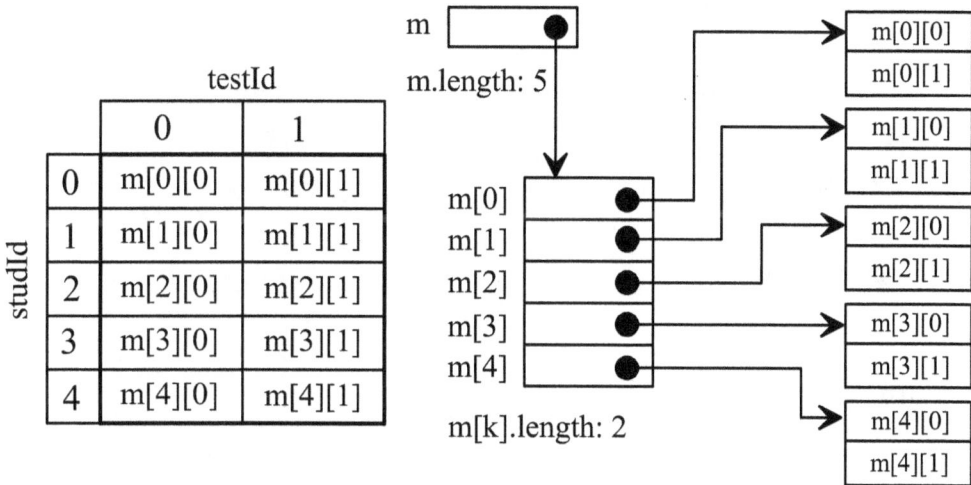

Abb. 7.4   *Tabelle m[studId][testId]*   **Abb. 7.5**   *Implementierung*

```
// ArrayEx5.java

import ch.aplu.util.*;

class ArrayEx5
{
  ArrayEx5()
  {
    Console.init();
    int nbStud = 5;
    int nbTest = 2;

    int[][] marks = new int[nbStud][nbTest];

    // Fill with random marks 1..6
    for( int studId = 0; studId < nbStud; studId++)
```

```
        for( int testId = 0;testId < nbTest; testId++)
          marks[studId][testId] =
              (int)Math.round(1 + 5*Math.random());

     show(marks);
   }

   void show(int[][] marks)
   {
     int nbStud = marks.length;
     int nbTest = marks[0].length;
     for (int i = 0; i < nbStud; i++)
     {
       for (int k = 0; k < nbTest; k++)
         System.out.print(marks[i][k] + "    ");
       System.out.println();
     }
     System.out.println("-------");

     double[] testMean = new double[nbTest];
     for (int k = 0; k < nbTest; k++)
       for (int i = 0; i < nbStud; i++)
         testMean[k] += marks[i][k];

     for (int k = 0; k < nbTest; k++)
       System.out.print(testMean[k]/nbStud + " ");

   }

   public static void main(String[] args)
   {
     new ArrayEx5();
   }
}
```

7.2.4   Character-Arrays

In vielen älteren Programmiersprachen werden Zeichenketten als char-Arrays implementiert. In Java kann man zwar Zeichen auch in char-Arrays abspeichern, diese werden allerdings nur selten gebraucht, da für Zeichenketten die Klassen String und StringBuffer zur Verfügung stehen, die große Vorteile gegenüber char-Arrays haben. Inbesondere besitzen diese Klassen eine reiche Anzahl von Methoden zur Verarbeitung von Zeichenketten. Wichtig ist es, einen String bzw. StringBuffer nicht mit einen char-Array zu verwechseln, selbst wenn beide dieselben Zeichen enthalten.

Man erkauft sich allerdings den Komfort der String-Klasse mit einer Einbuße an Rechenleistung. Operationen mit char-Arrays können um Größenordnungen schneller ablaufen, insbesondere auch weil die Java-String-Klasse nicht optimal implementiert wurde.

Aus einem char-Array lässt sich leicht ein String erstellen, der dieselben Zeichen enthält, denn die Stringklasse besitzt einen Konstruktor, dem man eine char-Arrayreferenz übergeben kann. Beispielsweise kann der String s statt mit

```
String s = "abc";
```

auch mit

```
char[] data = {'a', 'b', 'c'};
String s = new String(data);
```

erzeugt werden.

8 Das Variablenkonzept

8.1 Zuweisung bei Basis- und Referenztypen

Für das erfolgreiche Programmieren in irgendeiner Programmiersprache ist ein solides Verständnis des Variablenbegriffs von zentraler Bedeutung. Dies gilt ganz besonders für Java, das sich in Bezug auf das Variablenkonzept stark von anderen Programmiersprachen unterscheidet. Aus diesem Grund wird in diesem Kapitel der Variablenbegriff in größerer Tiefe behandelt. Dabei sollen auch einige Implementierungsfragen (low level knowledge) angeschnitten werden, die für alle Programmiersprachen bis hin zu Assemblersprachen von Wichtigkeit sind.

Man kann sich eine Variable als ein (nie leeres) Gefäß vorstellen, das einen *Namen* besitzt und einen *Wert* enthält. Der Wert muss in typisierten Programmiersprachen im Bereich des festgelegten *Datentyps* liegen. Dieses Gefäß nennen wir auch *Speicherplatz*. In den meisten Fällen befinden sich Variablen im *Hauptspeicher* des Computers, den man manchmal kurz *RAM* (Random Access Memory) nennt, da an beliebiger Stelle lesend und schreibend auf ihn zugegriffen werden kann.

Die *Variablendeklaration reserviert* einen neuen Speicherplatz und die *Variableninitialisierung* setzt einen vorgegeben Wert an die Speicherstelle. Ohne Initialisierung ist dieser Wert zufällig. Deklarieren und initialisieren wir einen *Basistyp*, beispielsweise die int-Variablen

```
int x = 5;
int y = 2;
int z = 7;
```

so ergibt sich die Situation in Abb. 8.1, wenn wir uns den Hauptspeicher als vertikale Struktur vorstellen, die gerade so „breit" ist, um eine int-Variable aufzunehmen (sonst werden die Variablen über mehrere konsekutive Speicherplätze verteilt).

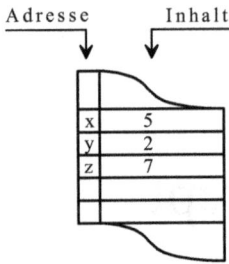

Abb. 8.1 *Hauptspeicher für int-Variable*

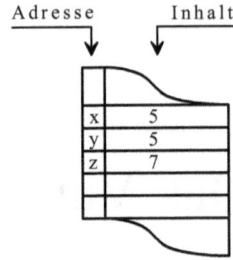

Abb. 8.2 *Hauptspeicher nach der Zuweisung y = 5*

Hauptspeicherstellen werden zur Laufzeit des Programms mit ihren *Adressen* angesprochen. Dabei handelt es sich analog zu Hausnummern um ganzen Zahlen $0, 1, 2, \ldots$ Die Variablen, die wir im Quellcode deklarieren, können daher als *symbolische Adressen* (auch *Aliases* genannt) aufgefasst werden, die beim Übersetzungsprozess in Zahlenadressen umgewandelt werden. In Java werden die Zahlenadressen nur computerintern verwendet, und es ist von der Java-Syntax nicht vorgesehen, die zu einer Variablen gehörende Adresse zu ermitteln oder über die Adresse auf eine Variable zuzugreifen.

Dies ist allerdings eine stark vereinfachte Beschreibung, da die physikalischen Adressen vom Betriebssystem über ein Adress-Mapping verwaltet werden.

Bei der *Zuweisung* einer Variablen

```
y = x;
```

wird der Wert der Variablen x rechts vom Gleichheitszeichen an die Stelle von y *kopiert*. Der Wert von x bleibt dabei unverändert. Besitzt vor der Zuweisung x den Wert 5, so haben nach der Zuweisung sowohl x als auch y denselben Wert 5 (Abb. 8.2). Nach der Zuweisung sind die beiden Variablen selbstverständlich wieder unabhängig voneinander. Verändern wir x, so ist y davon nicht betroffen.

Was für Basistypen einfach und selbstverständlich erscheint, ist für *Referenztypen* viel schwieriger zu verstehen. Bezeichnet T irgendeine vordefinierte Klasse (z.B. Turtle), so deklariert

```
T t;
```

zwar wiederum eine Variable t der Klasse T, wobei auch hier ein Speicherplatz mit dem Namen t reserviert wird, allerdings mit einem fundamentalen Unterschied zu den Basistypen: Diese Speicherstelle wird nicht dazu verwendet, um die Daten selbst, also ein Objekt zu speichern, sondern lediglich, um die Adresse eines Objekts aufzunehmen. In der Informatik nennt man eine solche Variable üblicherweise eine Zeigervariable (Pointer), in Java, hingegen eine **Referenz** (im englischen Sprachbereich auch manchmal **handle**). Damit ist auch klar, dass die Variablendeklaration keine Instanz (kein Objekt) von T erzeugt.

Wir können auch sagen, dass wir mit dieser Deklaration einen Bezeichner t geschaffen haben, der auf Instanzen *zeigen* oder darauf *verweisen* kann. Etwas anschaulicherer ist die Vorstellung, dass wir mit Hilfe von t Instanzen von T ansprechen bzw. mit ihnen kommunizieren können.

☞ **Referenzvariablen (kurz Referenzen) dienen nicht dazu, Objekte zu speichern, sondern mit ihnen zu kommunizieren.**

Eine Referenzvariable kann auch einen speziellen Wert null haben, der ausdrückt, dass sie noch auf keine Instanz verweist. Ist die Referenz eine Instanzvariable, so wird sie bei der Deklaration automatisch auf null initialisiert. Es liegt nach der Variablendeklaration die Situation in Abb. 8.3 vor.

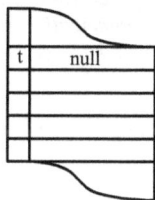

Abb. 8.3 *Hauptspeicher für eine Referenz-variable*

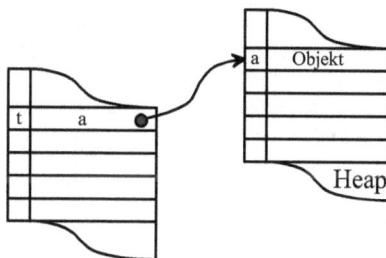

Abb. 8.4 *Hauptspeicher nach Objekterzeugung (vereinfacht)*

Wir müssen Instanzen (Objekte) bekanntlich mit dem Erzeugungsoperator new erzeugen. Dabei laufen mehrere Prozesse ab, unter anderem wird in einem Speicherbereich, **Heap** genannt, Platz für das Objekt reserviert und der Konstruktor aufgerufen. Gleichzeitig liefert new die Adresse auf das neu erzeugte Objekt zurück, die wir in der Regel einer Referenzvariable zuweisen, um das Objekt überhaupt ansprechen zu können. (Wenn wir uns nur auf die Auswirkungen des Konstruktors beschränken, ist eine Zuweisung allerdings nicht nötig.)

Nach den zwei Anweisungen

```
T t;
t = new T();
```

liegt also (etwas vereinfacht) die Situation aus Abb. 8.4 vor, wobei die Adresse a computerintern vergeben und vom Java Programm **geheim** gehalten wird. Normalerweise zieht man die kompaktere Schreibweise

```
T t = new T();
```

vor, die genau das Gleiche bewirkt.

Wir müssten in Java eigentlich immer begrifflich sauber zwischen der Referenz t und der Instanz, auf die t verweist, unterscheiden. Wie wir bereits erfahren haben, verwenden wir Java-Programmierer eine etwas nachlässige Ausdrucksweise und sprechen auch vom „*Objekt t*" oder von der „*Instanz t*" und sagen häufig, dass einer Methode eine „*Instanz t übergeben wird*". Ist foo() eine Methode der Klasse T, so rufen wir mit dem Punktoperator

```
t.foo();
```

eigentlich eine Methode der Instanz auf, auf die t verweist. Vielfach sagen wir aber auch kurz, dass wir damit eine „*Methode von t aufrufen*".

Die tatsächliche Situation bei der Objekt-Erzeugung ist etwas komplizierter und von der Implementierung der JVM abhängig. Üblicherweise befinden sich von einer Instanz auf dem Heap die Instanzvariablen und eine Tabelle mit Funktionszeigern auf die Methoden der Klasse, damit diese nur einmal und nicht für alle Objekte implementiert sein müssen. Beide werden über einen Zeiger (Handle) angesprochen, der sich ebenfalls auf dem Heap befindet. Die Referenzvariable zeigt auf diesen Handle und nicht auf das Objekt selbst. Damit sich die Methoden, die für die Klasse nur einmal implementiert sind, doch wie individuelle Methoden jeder Instanz verhalten, werden sie mit einem zusätzlichen versteckten Parameter this versehen.

Bei der Zuweisung von Referenzvariablen wird der fundamentale Unterschied zu Basistypen besonders deutlich. Deklarieren wir zwei Referenzen t und u mit

```
T t = new T();
T u;
```

so liegt die Situation in Abb 8.5 vor. Wir verstehen, dass bei der Zuweisung der Referenzen

```
u = t;
```

der Wert von t in u kopiert wird, was gleichbedeutend damit ist, dass nun in t und u dieselben Adressen enthalten sind und sie somit auf **dieselbe Instanz verweisen** (Abb. 8.6). Dies führt zu einer sehr gefährlichen und für viele Programmierer ungewohnten Situation. Im Gegensatz zu Basistypen sind nämlich jetzt t und u sehr eng miteinander verknüpft. Verändern wir beispielsweise mit t das Objekt, so ist u gleichermaßen davon betroffen.

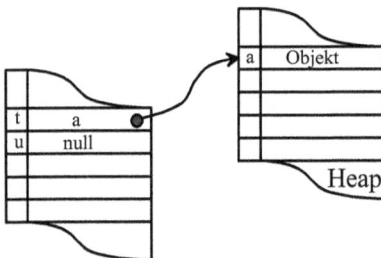

Abb. 8.5 *Hauptspeicher für zwei Referenzen*   **Abb. 8.6** *Hauptspeicher nach der Zuweisung u = t*

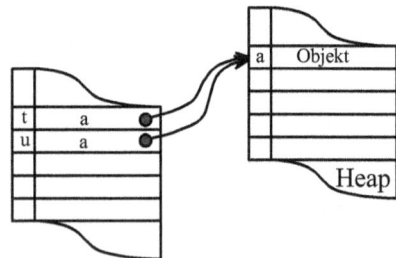

Da uns intuitiv der einfache Zuweisungsmechanismus von Basistypen näher liegt, müssen wir uns bei der Zuweisung von Referenztypen dieser besonderen Gefahr bewusst sein.

☞ **Zugewiesene Referenztypen sind sehr eng miteinander verknüpft, da sie dieselbe Instanz referenzieren.**

Das Programm RefType1.java demonstriert diesen Sachverhalt.

```
// RefEx1.java

import ch.aplu.util.*;

class T
{
  int n = 2;
}

class RefEx1
{
  RefEx1()
  {
    int x = 2;
    int y = x;
    System.out.println("Basistypen:");
    System.out.println("x: " + x);
    y = 3;
    System.out.println("x: " + x);


    T t = new T();
    T u = t;
    System.out.println("\nReferenztypen:");
    System.out.println("t.n: " + t.n);
    u.n = 3;
    System.out.println("t.n: " + t.n);
  }

  public static void main(String[] args)
  {
    Console.init();
    new RefEx1();
  }
}
```

8.2   Sprechweise bei Referenztypen

Unter Java-Programmieren ist es nicht üblich, in Dokumentationen und im Gespräch im jedem Fall konsequent zwischen der Referenz und der Instanz, auf welche die Referenz verweist, zu unterscheiden. Dieser etwas nachlässige Sprachgebrauch führt aber selten zu wirklichen Verständnisproblemen, sondern kann als eine Kurzsprechweise aufgefasst werden. Die Sprechweise hat sich besonders bei Parameterübergaben und Rückgabewerten durchgesetzt. Ist beispielsweise eine Methode `move()` durch

```
Point move(Point pt)
{
   return new Point(pt.x + 1, pt.y +1);
}
```

deklariert, wobei mit `Point` die Klasse `java.awt.Point` gemeint ist, so sagt man üblicherweise, dass man `move()` einen *Point übergibt* (oder dass `move()` einen *Point erhält*) und dass `move()` einen *Point zurückgibt*, statt dass man richtigerweise in beiden Fällen von einer Referenz auf einen Point oder einer Pointreferenz spricht.

Die abkürzende Sprechweise ist auch im Zusammenhang mit Instanzvariablen üblich. Ist die Klasse `Circle` durch

```
class Circle
{
   Point center = new Point(0, 0);
   ...
}
```

deklariert, so sagt man oft, dass sie einen *Point enthält*. Gemeint ist, dass sie eine Instanzvariable vom Typ `Point` besitzt und diese auf eine Pointinstanz verweist. Die analoge Sprechweise ist auch im Zusammenhang mit Klassenhierarchien und UML-Diagrammen gebräuchlich, wo man sagt, Circle steht in *einer has-a-Relation zur Klasse Point.* (*Circle has-a Point, Circle contains-a Point*) Dabei sieht man meist etwas großzügig davon ab, dass Circle eigentlich nicht einen Point, sondern lediglich eine Referenz auf einen Point enthält.

In Java wird auch nicht verbal zwischen dem Datentyp einer Instanz und dem Datentyp einer Referenzvariablen, die auf diese Instanz verweist, unterschieden. So spricht man im vorher gesehen Beispiel davon, dass die Variable `center` den Datentyp `Point` hat, aber auch dass die mit `new` erzeugte Instanz den Datentyp `Point` hat.

Ebenfalls vereinfachend spricht man meist davon, dass man einen Point in einen Array kopiert oder dass der Array den Point enthält, statt richtigerweise immer von einer Referenz auf einen Point zu sprechen.

Die abkürzende Sprechweise ist in Java problemlos, weil man die Instanzen ausschließlich über Referenzen anspricht. In anderen Programmiersprachen ist das Variablenkonzept wesentlich komplizierter, beispielsweise kann es neben den Referenztypen noch Objekttypen und Zeigertypen geben.

8.3   Vergleich von Referenztypen

Wir sind gewohnt, die Werte von zwei Variablen a und b mit dem Vergleichsoperator ==
auf Übereinstimmung zu prüfen, typischerweise mit

```
if (a==b)
```

Handelt es sich bei a und b um Basistypen, so führt dieser Vergleich zum gewünschten
Ergebnis, für Referenztypen aber überhaupt nicht. Die Bedingung ist zwar syntaktisch richtig, aber für Referenztypen wird nicht die Gleichheit der Instanzen geprüft, sondern lediglich,
ob die Variablen a und b dieselbe Adresse enthalten, also auf dieselbe Instanz verweisen.
Dieser Unterschied wird leicht übersehen und führt zu schwerwiegenden und schwierig aufzufindenden Programmfehlern.

Grundsätzlich gilt:

> ☞ **Sind a und b Referenzvariablen, so prüft a == b, ob a und b auf
> dasselbe Objekt verweisen und nicht, ob die Objekte, auf die a und
> b verweisen, gleich sind. Daher ist a == b meist falsch.**

Es wäre durchaus angebracht, dass der Vergleich von zwei Referenzvariablen zu einer Compilerwarnung führen würde.

Im Zusammenhang mit Strings tritt der Fehler besonders häufig auf, weil man Strings intuitiv gerne mit Basistypen verwechselt. Liest man beispielsweise den String town von der
Tastatur ein und prüft ihn nachher, so ist es zwar verlockend

```
String town;
...
if (town == "München")
```

zu schreiben, was leider weder zu einem Syntaxfehler noch zu einer Warnung führt. Die
Bedingung ist allerdings in jedem Fall false.

*Bei Strings gibt es noch eine zusätzliche Schwierigkeit, da mit einer Zuweisung erstellte Strings auf
dieselbe Instanz im String-Pool verweisen, falls die Zeichen übereinstimmen. Mit*

```
String town = "München";
String anotherTown = "München";
```

ist die Bedingung

```
town == anotherTown
```

deswegen true.

Bei Referenztypen muss der Vergleich immer über eine spezielle Methode, die üblicherweise `equals()` oder `compareTo()` genannt wird, durchgeführt werden.

Dabei werden wir mit einer weiteren Schwierigkeit konfrontiert, denn wir müssen uns zuerst noch klar darüber werden, was es überhaupt heißt, dass zwei Objekte, die ja auch ihrerseits wieder Referenzen auf andere Objekte enthalten können, gleich sind. Wir werden diese heikle Problematik später behandeln.

8.4 Parameterübergabe bei Basis- und Referenztypen

Wie wir bereits festgestellt haben, kennt Java nur **Werteparameter**. Beim Aufruf einer Methode, welche Parameter besitzt, läuft grundsätzlich folgender Mechanismus ab: Die Werte der übergebenen (aktuellen) Parameter werden hintereinander in einen speziellen Speicherbereich kopiert, den man **Stapelspeicher** (das, der **Stack**) nennt. Es handelt sich um eine Datenstruktur mit einer LIFO-Organisation (Last-In-First-Out), in der, analog einem Bücherstapel, immer nur auf das zuletzt gespeicherte Datenelement zugegriffen wird. Ebenfalls mitgespeichert wird die Programmstelle (**Rücksprungadresse**), an dem das Programm nach der Ausführung der Methode weiterlaufen muss, und **Statusinformationen**, damit das Programm beim Rücksprung seinen ursprünglichen Zustand wieder herstellen kann. Die auf dem Stack gespeicherten Werte entsprechen den formalen Parametern, welche die Methode von dort beziehen kann. Für die Methode handelt es sich dabei sozusagen um vorinitialisierte lokale Variablen. Nach der Verarbeitung wird bei `return` der Rückgabewert auf das Stack kopiert, wo ihn das aufrufende Programm abholen kann. Anschließend wird der beanspruchte Speicherbereich des Stacks freigegeben, wobei auch die Parameterwerte und lokalen Variablen verloren gehen.

Die meisten anderen Programmiersprachen kennen neben den Werteparametern auch **Variablenparameter (call by reference)**. Dabei wird beim Aufruf die *Adresse* der Variablen übergeben. Die Terminologie gibt Anlass zu vielen Missverständnissen, da es nahe liegend ist, in Java bei der Übergabe von Referenztypen von *call by reference* und von **Referenzparametern** zu sprechen. Dies ist fragwürdig und bringt uns ins Konflikt mit anderen Programmiersprachen, da bei der Übergabe von Referenztypen nicht die Adresse der Variable (d.h. der übergebenen Referenz), sondern die Adresse der Instanz übergeben wird, auf welche die Variable verweist. Aus diesem Grund werden wir **nicht** von Referenzparametern sprechen, sondern davon, dass wir **Referenzen übergeben** (Abb. 8.7–8.9).

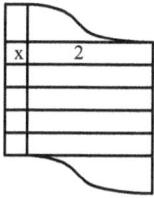

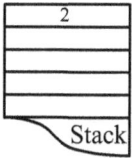

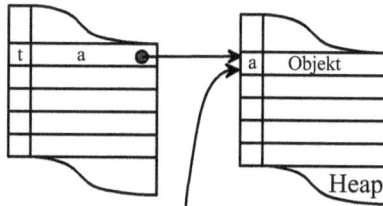

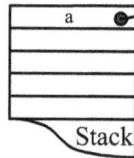

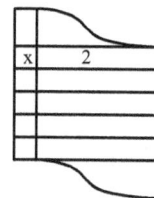

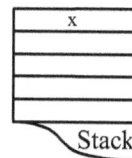

Abb. 8.7 *Werteparameter bei Basistypen* **Abb. 8.8** *Werteparameter bei Referenztypen* **Abb. 8.9** *Variablenparameter*

Variablenparameter werden dafür eingesetzt, um Werte aus einer aufgerufenen Methode zurückzuliefern. Da es in Java keine Variablenparameter gibt, müssen wir im Folgenden alternative Verfahren besprechen, wie man Werte anders als über den Rückgabewert zurückgeben kann.

Die Ideen sind keineswegs neu. In den ersten höheren Programmiersprachen, die in den Sechzigerjahren des letzten Jahrhunderts entwickelt wurden (insbesondere in C), gab es auch nur Werteparameter. Adressen von Variablen (Zeiger, Pointer genannt) wurden aber auch als zulässige Werte angesehen und konnten problemlos übergeben werden. Die Übergabe von Java-Referenzen entspricht genau diesem Mechanismus, wobei der Wert der Adresse geheim gehalten wird.

8.4.1   Rückgabe über Instanzvariablen

Wie wir bereits wissen, haben die Methoden einer Klasse uneingeschränkten Zugriff auf die Instanzvariablen ihrer Klasse. Daher können wir Instanzvariablen wie klassenglobale Variablen auffassen. Die Verwendung von Instanzvariablen zur Datenkommunikation mit den Methoden durchbricht aber das Prinzip der Datenkapselung und ist daher grundsätzlich gefährlich, in klar überblickbaren Fällen aber durchaus sinnvoll.

Im folgenden Beispiel wird ein globaler int-Array mit dem Algorithmus *Bubble Sort* aufsteigend sortiert. Dabei wird der Array mehrmals durchlaufen und es werden dabei benachbarte Elemente vertauscht, wenn sie nicht in der gewünschten Reihenfolge sind. Nach einem Durchlauf ist das größte Element ganz rechts und der Array wird das nächste Mal ohne dieses Elemente durchlaufen. Denkt man sich den Array vertikal angeordnet, so wandern die Elemente wie Blasen in einer Wasserflasche nach oben.

Sortieralgorithmen gehören zu den wichtigsten und am besten untersuchten Algorithmen überhaupt. Bekanntlich ist der Bubble Sort sehr ineffizient und wird daher in einer produktiven Umgebung nicht verwendet.

```java
// RefEx2.java

import ch.aplu.util.*;

class RefEx2
{
  int[] a = {4, 5, 3, 1 };

  RefEx2()
  {
    System.out.println("vorher: ");
    for (int i = 0; i < a.length; i++ )
      System.out.print(a[i] + " ");
    bubblesort();
    System.out.println("\nnachher: ");
    for (int i = 0; i < a.length; i++ )
      System.out.print(a[i] + " ");
  }

  void bubblesort()
  {
    for (int i = a.length-1; i >= 0; i--)
      for (int j = 0; j < i; j++)
      {
        // Swap adjacent elements if necessary
        if (a[j] > a[j + 1])
        {
          int t = a[j];
          a[j] = a[j + 1];
          a[j + 1] = t;
        }
      }
  }

  public static void main(String[] args)
  {
    Console.init();
    new RefEx2();
  }
}
```

8.4.2   Rückgabe über Referenzen

Übergibt man einer Methode eine Referenzvariable, so kann diese zwar innerhalb der Methode nicht verändert werden. Anders gesagt, kann nicht erreicht werden, dass die übergebene Variable nach der Rückkehr auf eine andere Instanz verweist. Es wäre nun aber ein großer Irrtum zu glauben, dass wegen der Beschränkung von Java auf Werteparameter die übergebenen Objekte vor Veränderungen geschützt sind. Das Gegenteil ist der Fall, denn durch die Übergabe einer Referenz auf eine Instanz ist diese innerhalb der Methode völlig offen gelegt, was ein grober Verstoß gegen das Prinzip der Datenkapselung darstellt. Dies lässt sich aber leider in Java nicht umgehen (es gibt keine const Referenzen). Man muss sich deshalb dieser Gefahr bewusst sein und es gehört zum guten Programmierstil, Änderungen am referenzierten Objekt nur in Ausnahmefällen vorzunehmen und gut zu dokumentieren.

In folgendem Beispiel, das den Sortieralgorithmus *Selection Sort* implementiert, ist es durchaus sinnvoll ist, dass der übergebene Array in der Methode selectionsort() sortiert und dann dem aufrufenden Programm wieder zur Verfügung gestellt wird. Der Selection Sort arbeitet nach folgendem Prinzip: Der Array wird nach dem kleinsten Element durchsucht und dieses mit dem Element am Anfang vertauscht. Im nächsten Schritt wird das erste Element ausgelassen und im restlichen Array derselbe Prozess wiederholt.

```java
// RefEx3.java

import ch.aplu.util.*;

class RefEx3
{
  RefEx3()
  {
    int[] a = {4, 5, 3, 1 };

    System.out.println("vorher: ");
    for (int i = 0; i < a.length; i++ )
      System.out.print(a[i] + " ");
    selectionsort(a);
    System.out.println("\nnachher: ");
    for (int i = 0; i < a.length; i++ )
      System.out.print(a[i] + " ");
  }

  void selectionsort(int[] a)
  {
    for (int i = 0; i < a.length; i++)
    {
      int min = i;
      int j;

      // Find the smallest element
      for (j = i + 1; j < a.length; j++)
        if (a[j] < a[min])
          min = j;
      // Swap the smallest element to the beginning
      int t = a[min];
      a[min] = a[i];
      a[i] = t;
```

```
      }
    }

  public static void main(String[] args)
  {
    Console.init();
    new RefEx3();
  }
}
```

Obschon Strings auch Objekte sind, ist es nicht möglich, in einer Methode den übergebenen String zu verändern und zurückzugeben. Dies ist darauf zurückzuführen, dass Strings unveränderlich (immutable) sind. Es wäre daher in folgendem Programm wirklich Zauberei, wenn hexe() das Zauberwort verändern könnte. Wie auch die Basistypen, sind übergebene Strings gegen Seiteneffekte geschützt.

```
// RefEx4.java

import ch.aplu.util.*;

class RefEx4
{
  RefEx4()
  {
    String zauberwort = "simsalabim";
    hexe(zauberwort);
    System.out.println(zauberwort);
  }

  void hexe(String s)
  {
    s = "abrakadabra";
  }

  public static void main(String[] args)
  {
    Console.init();
    new RefEx4();
  }
}
```

Will man Zeichenketten von einer Methode zurückgeben, so muss man nicht Strings, sondern StringBuffer oder char-Arrays verwenden. Im folgenden Beispiel werden einer Methode splitName() ein Personenname bestehend aus Vor- und Nachnamen, getrennt durch Leerschläge, mit der Absicht übergeben, dass sie die Namen voneinander trennt. Dazu verwenden wir zwei StringBuffer, in denen wir die Namen abholen können. Wir zeigen auch, dass es ein guter Programmierstil ist, trotz des relativ großen Aufwands alle Spezialfälle abzufangen. Schon bei diesem einfachen Beispiel müssen wir mit folgenden Fällen rechnen:

- Einer oder beide StringBuffer sind null: Wir melden einen fatalen Programmierfehler zurück
- StringBuffer sind vorher nicht leer: Wir löschen sie
- Der übergebene String s ist leer oder null: Wir geben leere StringBuffer zurück
- Der übergebene String enthält nur 1 Wort: Wir geben diesen als Vornamen und einen leeren StringBuffer als Nachnamen zurück
- Der übergebene String enthält mehr als 2 Wörter: Die ersten zwei werden als Vor- und Nachnamen aufgefasst.

Die Rückmeldung eines fatalen Fehlers in splitName() kann über einen booleschen Rückgabewert erfolgen: Falls die Methode fehlerfrei abläuft, wird true, im Fehlerfall false zurückgegeben. Wenn man verschiedene Arten von Fehler unterscheiden müsste, so könnte ein Fehlercode als int zurückgegeben werden, wobei sich eingebürgert hat, dass der Wert 0 dem fehlerfreien Ablauf (erfolgreich, successful) entspricht.

Wir verwenden die wichtige Methode trim(), um alle Whitespace-Zeichen (Leerschlag, Tabulator und einige andere Steuerzeichen) vor und nach dem Wort zu entfernen.

```java
// RefEx5.java

import ch.aplu.util.*;

class RefEx5
{
  RefEx5()
  {
    while (true)
    {
      Console.print("Gib Vor- und Nachnamen ein: ");
      String fullname = Console.readLine();
      StringBuffer firstname = new StringBuffer();
      StringBuffer lastname = new StringBuffer();
      boolean rc = splitName(fullname, firstname, lastname);
      if (rc)
      {
        Console.println("Firstname: " + firstname);
        Console.println("Lastname: " + lastname);
      }
      else
        Console.println("Fatal error in splitName()");
    }
  }

  boolean splitName(String s,
                    StringBuffer first, StringBuffer last)
```

```
{
  int i;
  if (first == null || last == null)
    return false;  // Fatal implementation error

  first.delete(0, first.length());
  last.delete(0, last.length());

  if (s == null || s.length() == 0)
    return true;                    .

  s = s.trim(); // remove leading and trailing whitespaces
  i = s.indexOf(' ');
  if (i == -1) // only one word
    first.append(s);
  else
  {
    first.append(s.substring(0, i));
    s = s.substring(i+1, s.length()).trim(); // get residual
    i = s.indexOf(' ');
    if (i == -1)  // two words
      last.append(s);
    else // cut everything else
      last.append(s.substring(0, i));
  }
  return true;
}

public static void main(String[] args)
{
  Console.init();
  new RefEx5();
}
}
```

Bereits an diesem einfachen Beispiel wird offensichtlich, wie aufwendig das Untersuchen (Parsen) von Strings sein kann. Nach dieser besonderen Anstrengung ist es der beste Augenblick, um darauf hinzuweisen, dass für das Parsen von Ausdrücken die Welt nicht neu erfunden werden sollte. Die Theorie der **Regulären Ausdrücke (regular expressions)** stellt Verfahren zur Verfügung, wie man Parsing-Probleme sehr elegant lösen kann. In Java sind diese Verfahren im Package *java.util.regex* implementiert. Über die Einzelheiten informiert man sich am besten mit Suchmaschinen im Internet. Das Aufsplitten eines Ausdrucks, dessen Einzelteile durch Kommas oder Whitespaces getrennt sind, kann mit wenigen Zeilen erledigt werden, wie dies in RefEx6 gezeigt wird.

```java
// RefEx6.java

import java.util.regex.*;
import ch.aplu.util.*;

class RefEx6
{
  RefEx6()
  {
    while (true)
    {
      Console.print("Gib Vor- und Nachnamen ein: ");
      String fullname = Console.readLine();
      // Separation by commas or whitespaces
      Pattern p = Pattern.compile("[,\\s]+");
      String[] result = p.split(fullname);
      if (result.length >= 2)
      {
          Console.println("Vorname: " + result[0]);
          Console.println("Nachname: " + result[1]);
      }
    }
  }

  public static void main(String[] args)
  {
    Console.init();
    new RefEx6();
  }
}
```

8.4.3   Rückgabe über den Returnwert

Um mehrere Werte aus einer Methode zurückzugeben, kann man diese in ein Objekt verpacken und eine Referenz darauf zurückliefern. Da sich die in der Methode erzeugten Objekte auf dem Heap befinden, überleben sie die Methodenrückkehr problemlos.

In anderen Programmiersprachen entstehen in diesem Zusammenhang fatale Programmierfehler, die zum Absturz des Programms oder das ganzen Rechners führen können. Oft erstellt man nämlich versehentlich, aber eigentlich in guter Absicht Rückgabeobjekte nicht als dynamische Objekte auf dem Heap, sondern als lokale Objekte auf dem Stack. Gibt man einen Zeiger auf ein lokales Objekt zurück, so zeigt der Zeiger nach der Rückkehr „in den Wald", weil der Stack aufgeräumt wird. Da sich in Java alle Objekte auf dem Heap befinden, tritt dieses Problem nicht auf.

Im folgenden Beispiel wird sorgfältig darauf geachtet, dass die Methode quicksort(), der ein int-Array übergeben wird, den übergebenen Array beim Sortieren nicht verändert. Dazu wird dieser in einen temporären lokalen Array umkopiert, was allerdings voraussetzt, dass genügend Speicherplatz vorhanden ist. Man verwendet den Quicksort-Algorithmus, welcher in der JFC in der Klasse `Arrays` zur Verfügung gestellt wird. Diese Klasse enthält noch weitere, für die Praxis nützliche Methoden.

```java
// RefEx7.java

import ch.aplu.util.*;
import java.util.*;

class RefEx7
{
  RefEx7()
  {
    int[] a = {4, 5, 3, 1};

    Console.println("vorher: ");
    for (int i = 0; i < a.length; i++ )
      Console.print(a[i] + " ");
    int[] b = quicksort(a);
    Console.println("\nnachher: ");
    for (int i = 0; i < b.length; i++ )
      Console.print(b[i] + " ");
  }

  int[] quicksort(int[] a)
  {
    // Clone a[] by hand
    int[] b = new int[a.length];
    for (int i = 0; i < a.length; i++ )
      b[i] = a[i];

    Arrays.sort(b);
    return b;
  }

  public static void main(String[] args)
  {
    Console.init();
    new RefEx7();
  }
}
```

Beim Kopieren des Arrays muss man Vorsicht walten lassen. Da ein Array ein Referenztyp ist, würde die Zuweisung

```java
int[] b = a;
```

lediglich ein Referenz b erzeugen, die auf denselben Array verweist.

Ein **eindimensionaler** Array könnte auch mit der Methode `clone()` kopiert werden. Allerdings liefert die Methode ein `Object` zurück, das nachher mit dem cast-Operator zurückverwandelt wird. Die korrekte Schreibweise lautet

```
int[] b = (int[])a.clone();
```

Wegen diesen Schwierigkeiten ist es oft sicherer, das Kopieren *von Hand* auszuprogrammieren.

8.5 Bezeichner für Instanzvariablen und Parameter

Wir sind bereits daran gewöhnt, die Bezeichner von Methoden-, Instanzvariablen- und Parametern so zu wählen, dass ihre Bedeutung aus dem Namen ersichtlich wird.

☞ **Es gehört zum guten Programmierstil, Bezeichner sinngemäß zu wählen, auch wenn dadurch die Schreibarbeit vergrößert wird.**

Bezeichner mit nur einem Buchstaben sind allerdings üblich im Zusammenhang mit temporären Größen, Laufvariablen, Indizes, Koordinaten und dergleichen. Man verwende dabei wenn möglich die Buchstaben i, j, k, m, n für ints, c,d,e für chars, x, y, z für doubles, s für Strings.

Instanzvariablen sind von besonderer Wichtigkeit, da sie den Zustand des Objekts beschreiben. Es ist sehr sinnvoll, sie durch eine besondere Konvention von lokalen Variablen und Parametern auf den ersten Blick sichtbar zu unterscheiden. In der Windows-Welt üblich ist die konsequente Verwendung eines Prefixes, beispielsweise m_. (Der m steht als Abkürzung für my). Angestrebt wird auch ein Hinweis auf den Datentyp, so dass beispielsweise für eine int-Variable

```
int m_nCount;
```

und für eine double-Variable

```
double m_dFactor;
```

anzutreffen sind. Weil die Bezeichner fremdsprachlich aussehen, wird diese Konvention als **hungarian notation** bezeichnet.

In der Windows-Welt werden zudem Variablen oft großgeschrieben, was wegen der Verwechslung mit Klassenbezeichnern völlig veraltet ist. Bei der Verwendung von deutschen Bezeichnern ist man oft versucht, großgeschriebene Bezeichner zu verwenden, weil das Wort umgangssprachlich groß geschrieben wird. Dies ist einer der Gründe, warum englischsprachige Bezeichner vorzuziehen sind.

Manchmal lässt man den Prefix m auch weg und verwendet für Instanzvariablen konsequent den Underline als Prefix. In Java ist diese an sich sehr sinnvolle Konvention nicht sehr üblich und wir werden sie daher nur bei ausgewählten Beispielen verwenden. Eine etwas komplizierte Bezeichnung von Instanzvariablen ist auch deswegen angebracht, da man sowieso lokale Variablen vorziehen sollte.

☞ **Lokale Variablen sind in jedem Fall gegenüber Instanzvariablen vorzuziehen. Eine konsequente Auszeichnung von Instanzvariablen (beispielsweise mit einem Underline) ist sinnvoll.**

8.6   Namenskonflikte zwischen Variablen und Parametern

In Java sind Methoden, welche die Instanzvariablen setzen, sehr wichtig. Es ist auch eine der wichtigsten Aufgaben der Konstruktoren, die Instanzvariablen zu initialisieren. Gemäß unserer Vereinbarung, die Bezeichner möglichst aussagekräftig zu wählen, ergibt sich dabei allerdings die Schwierigkeit, dass es vernünftig wäre, Parameter und Instanzvariablen gleich zu bezeichnen, was, wie in folgendem Beispiel, zu einem Namenskonflikt führt.

```
class Point
{
  double x;
  double y;

  void setX(double x)
  {
    x = x;    // Syntax error: name clash
  }
}
```

Grundsätzlich gibt es drei Möglichkeiten, diese Schwierigkeit zu umgehen. Es ist Geschmackssache, welche Variante man wählt. Innerhalb desselben Programms sollte man sich aber konsequent an eine der Varianten halten.

(1) Man verwendet für Instanzvariablen spezielle Bezeichner, beispielsweise

```
class Point
{
  double _x;
  double _y;

  void setX(double x)
  {
    _x = x;  // OK
```

```
    }
}
```

Der Nachteil dieser Variante ist, dass bei komplizierteren mathematischen Ausdrücken, in denen _x verwendet wird, der Underline für das Auge störend wirkt.

(2) Man verwendet für den Parameter (besser nicht für die Instanzvariable) einen sehr ähnlich lautenden Bezeichner, beispielsweise

```
class Point
{
  double x;
  double y;

  void setX(double xPos)
  {
    x = xPos;  // OK
  }
}
```

Der Nachteil dieser Variante ist, dass man bei komplizierteren Programmen schnell in einen Notstand für sinnvolle Namensgebungen gerät.

(3) Man verwendet die this-Referenz, beispielsweise

```
class Point
{
  double x;
  double y;

  void setX(double x)
  {
    this.x = x;  // OK
  }
}
```

Unter this, einem oft unverstandenen Sorgenkind von Java, versteht man bekanntlich eine Referenz auf die aktuelle Instanz. Man kann daher die Instanzvariablen immer mit vorgestelltem this ansprechen. Die Verwendung von this als Prefix einer Instanzvariablen kann auch dort nützlich sein, wo es einen Namenskonflikt zwischen Instanzvariablen und lokalen Variablen gibt. Deklarieren wir in einer Methode eine Variable mit demselben Namen wie eine bereits vorhandene Instanzvariable, so **verdeckt** die lokale Variable die Instanzvariable. Beide Variablen sind zwar im Inneren der Methode noch unabhängig voneinander vorhanden, mit dem Variablennamen wird aber immer die lokale Variable angesprochen. Auf die Instanzvariable kann aber auch in diesem Fall durch Vorstellen von this zugegriffen werden.

Die Verwendung von `this` *ist uneinheitlich. Es gibt Programmierer und Programmgeneratoren, welche die Instanzvariablen und Methoden der gleichen Klasse immer mit* `this` *aufrufen. Dies ist zwar nicht falsch, aber unnötig und macht den Code schwerfällig.*

Oft werden wir als Parameterbezeichner den kleingeschriebenen Klassennamen verwenden. Dies entspricht einer weitverbreiteten Konvention (allerdings nicht bei Sun). Wir schreiben beispielsweise statt `parse(Reader r, Callback cb)` *ausführlicher* `parse(Reader reader, Callback callback)`.

9   Hüllklassen (Wrapper-Klassen)

Eigentlich verstoßen die Basistypen gegen die Prinzipien der objektorientierten Programmierung, denn es spricht eigentlich nichts dagegen, auch Zahlen als Objekte aufzufassen. Es gibt aber mehrere Gründe, warum es in Java die Basisklassen gibt. Zum einen ist man aus der Mathematik nicht gewohnt, Zahlen als Objekte im Sinn der OOP aufzufassen, zum anderen ist man in der numerischen Datenverarbeitung nicht gewillt, die Einbuße an Rechenleistung in Kauf zu nehmen, die sich aus der Verwendung von Zahlenobjekten ergäbe. Immerhin hat man sich in Java für einen Kompromiss entschieden und zu allen Basistypen einen entsprechenden Referenztyp, die **Hüllklassen (Wrapper-Klassen)** geschaffen. Diese Klassen werden immer dann eingesetzt, wenn man einen Basistyp als Objekt auffassen möchte. Dies kann vor allem dort sinnvoll sein, wo man Objekte verschiedener Typen in eine gemeinsame Datenstruktur aufnehmen möchte, die vom Typ `Objekt` ist, denn auch die Wrapper-Klassen sind natürlich wie alle anderen Klassen implizit von `Object` abgeleitet.

Die Wrapper-Klassen sind auch der einzig vernünftige Ort, um die Konversionsmethoden zwischen verschiedenen Zahlendarstellungen aufzunehmen. Wir unterscheiden die Darstellung (Repräsentation) einer Zahl als Basistyp, als Referenztyp (Objekt) und als String. Die Konversionsmethoden sind etwas schwierig im Kopf zu behalten, aber für alle Basistypen analog. Eine Übersicht gibt die Abb. 9.1.

Werden Zahlen über einen Eingabedialog eingelesen, so haben diese normalerweise eine Stringdarstellung. Es ist fast immer nötig, den eingelesenen Zahlenstring in den Basistyp umzuwandeln, um damit rechnen zu können. Im folgenden Beispiel wird unter Verwendung der sehr zweckmäßigen, vordefinierten Eingabedialoge aus dem Package `JOptionPane` eine Zahl eingelesen und ihre Quadratwurzel ausgeschrieben. Der Einlesedialog besitzt einen *Abbrechen-Button*. Klickt man darauf, so wird der null-String zurückgegeben. In diesem Fall beenden wir das Programm. Bei der Ausgabe ist eine explizite Konversion mit `toString()` nicht erforderlich, weil dies durch die Stringkonkatenation automatisch geschieht.

Das Programm führt zu einer `NumberFormatException`, falls man einen Wert eingibt, der nicht in einen double konvertiert werden kann. Wir werden später lernen, wie man diesen Fehler abfängt.

```
// ArithEx9.java

import javax.swing.JOptionPane;

class ArithEx9
{
```

```
ArithEx9()
{
  double value, squareroot;

  String prompt = "Gib einen double ein";
  String title = "Quadratwurzel";
  String valueStr = "";

  while (valueStr != null)
  {
    valueStr = JOptionPane.
            showInputDialog(null, prompt, title,
                        JOptionPane.QUESTION_MESSAGE);
    if (valueStr != null)
    {
      value = Double.parseDouble(valueStr);
      squareroot = Math.sqrt(value);
      JOptionPane.
          showMessageDialog(null, "Wurzel aus " + value +
                          " ist " + squareroot);
    }
  }
  System.exit(0);
}

public static void main(String[] args)
{
  new ArithEx9();
}
}
```

Weil Umwandlungen zwischen Strings und ints in der Praxis so oft vorkommen, sollen hier die üblichen Verfahren vorgestellt werden. Für die Umwandlung eines Strings s in einen int sollte man den String vorerst vorsichtigerweise mit trim() von eventuellen Whitespaces (insbesondere Leerschlägen) befreien, da gewisse Konversionsmethoden nicht damit umgehen können.

```
s = s.trim();
int i = Integer.parseInt(s);
```

Ist der String als eine Zahl in einer anderen als der Basis 10 zu interpretieren, so kann man den Radix angeben, beispielsweise für hexadezimale Zahlen

```
int radix = 16;
int i = Integer.parseInt(s, radix);
```

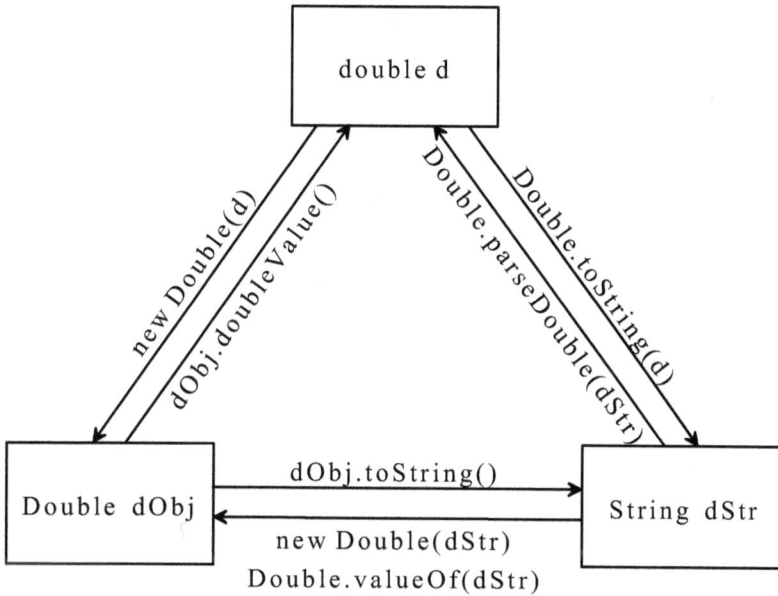

Abb. 9.1 *Konversionsmethoden in der Klasse* Double

Auch der Umweg über ein int-Objekt ist möglich. Mit Integer.valueOf(s) erstellt man ein temporäres Objekt, von dem man die Methode intValue() aufruft.

```
s = s.trim();
int i = Integer.valueOf(s).intValue();
```

Für die Umwandlung eines int i in seine Stringdarstellung gibt es viele Möglichkeiten. In der Praxis wird meist der Umweg über das int-Objekt vermieden und eine der folgenden Varianten verwendet, von denen die letzte ein bisschen trickreich, aber durchaus statthaft ist.

```
String s = String.valueOf(i);
```

oder

```
String s = Integer.toString(i);
```

oder

```
String s = Integer.toString(i, radix);
```

oder

```
String s = "" + i;
```

Muss man einen gegebenen int im Hexformat in einen String kopieren, so verwendet man

```
String s = Integer.toHexString(i);
```

oder für das Binärformat

```
String s = Integer.toBinString(i);
```

Für die anderen Zahlentypen sind die Verfahren analog.

10   Rekursionen

10.1   Direkte Rekursion, Verankerung

Unter Rekursionen versteht man ein fundamentales Lösungsverfahren in der Mathematik und Informatik, bei dem ein Problem derart gelöst wird, dass man es auf dasselbe, aber etwas vereinfachte Problem zurückführt. Ein rekursives Programm besitzt daher die etwas merkwürdige Eigenschaft, dass es sich selbst aufruft. In Java ist eine Methode rekursiv, wenn in ihrem Deklarationteil dieselbe Methode verwendet wird, sei es durch einen direkten Aufruf (**direkte Rekursion**), sei es, dass sie sich in einer anderen aufgerufenen Methode befindet (**indirekte Rekursion**).

Ein rekursives Programm kann sich natürlich nicht endlos aufrufen, sondern muss eine **Abbruchbedingung** haben. Man nennt dies auch die **Verankerung** der Rekursion. In der Programmierpraxis haben Rekursionen den schlechten Ruf, zu ineffizienten und speicherverschwenderischen Programmen zu führen. Diese Vorstellung ist jedoch nur bedingt richtig. Man kann in der Tat jede Rekursion durch eine Iteration ersetzen und es gilt die Regel, dass dies in den Fällen, in denen die iterative Lösung einfach ist, auch tatsächlich zu machen ist. Wie wir sehen werden, gibt es aber Problemstellungen, bei denen die rekursive Lösung dem Algorithmus bestens angepasst ist.

Auf den ersten Blick scheint es seltsam, dass man ein Problem derart lösen will, dass man die Lösung bereits voraussetzt. Dabei übersieht man aber einen wesentlichen Punkt: Es wird nicht genau dasselbe Problem zur Lösung verwendet, sondern eines, das *der Lösung näher liegt*. Bei rekursiven Methoden benötigt man daher vielfach einen Ordnungsparameter n, der in der Regel ganzzahlig ist. Kleinere Werte von n entsprechen dem einfacheren, größere Werte dem komplizierteren Fall. Die rekursive Methode mit dem Parameterwert n wird dabei auf dieselbe Methode mit einem kleineren Parameterwert, meist $n-1$, zurückgeführt.

Jeder Aufruf der rekursiven Methode besitzt damit einen eigenen Parameterwert, der nicht durch Seiteneffekte verändert werden darf. Die Verwendung von klassenglobalen Variablen (Instanzvariablen) als Ordnungsparameter führt meistens zu völlig falschem Programmverhalten, außer wenn der Wert in der rekursiven Methode in eine lokale Variable kopiert wird.

Im ersten rekursiven Programm kehren wir wieder zu der von der Turtle gezeichneten Treppe zurück. Dabei wird der Unterschied zwischen der iterativen und rekursiven Lösung besonders deutlich.

Iterativer Treppenbau:

Man konstruiert eine Treppe mit drei Stufen aus der Wiederholung von drei einzelnen Stufen.

Rekursiver Treppenbau:

Man konstruiert eine Treppe mit drei Stufen aus einer einzelnen Stufe und einer Treppe mit zwei Stufen.

Der Ordnungsparameter n entspricht in der rekursiven Methode treppe(n), welche die n-stufige Treppe zeichnet, der Anzahl der Stufen. Beim rekursiven Treppenbau wird eine drei-stufige Treppe aus einer einzelnen Stufe und einer zweistufigen Treppe aufgebaut, die offen-sichtlich der Lösung näher liegt. Dabei ruft man in Methode treppe(n) dieselbe Methode treppe(n-1) erst am Ende auf, was zu einer besonders einfachen Aufrufverschachtelung führt. Man nennt eine solche Rekursion **tail recursion**.

```java
// RecursEx1.java

import ch.aplu.turtle.*;

class RecursEx1
{
  Turtle john = new Turtle();

  RecursEx1()
  {
    treppe(3);
  }

  void treppe(int n)
  {
    if (n == 0)       // Verankerung
      return;

    stufe();
    treppe(n - 1);
  }

  void stufe()
  {
    john.forward(20);
    john.right(90);
    john.forward(20);
    john.left(90);
  }

  public static void main(String[] args)
  {
    new RecursEx1();
```

```
    }
}
```

In der Praxis hat sich eine besondere Ablaufstruktur bewährt, wo die Verankerung, d.h. der Rekursionsabbruch am Anfang erfolgt. Dabei verlässt man die Methode nach einem Test der Abbruchbedingung mit einem vorzeitigen `return`, obschon Puristen der strukturierten Programmierung dies für hässlich halten. Wem dieser Aussprung mißfällt, kann das `return` im if-Block weglassen, muss aber den übrigen Teil in einen else-Block setzen.

Es ist für das Verständnis von Rekursionen sehr wichtig, eine anschauliche Vorstellung von den verschachtelten Aufrufen zu haben (Abb. 10.1). Man erkennt dabei, dass tatsächlich 3 Stufen gezeichnet werden, aber auch, dass der äußerste Methodenaufruf erst zurückkehrt, nachdem alle inneren Methodenaufrufe zurückgekehrt sind. Da jeder Methodenaufruf beträchtlichen Speicherplatz im dynamischen Speicherbereich des Programms (**Stack**) beansprucht, kann dieser bei einer tiefen Rekursionsverschachtelung überlaufen.

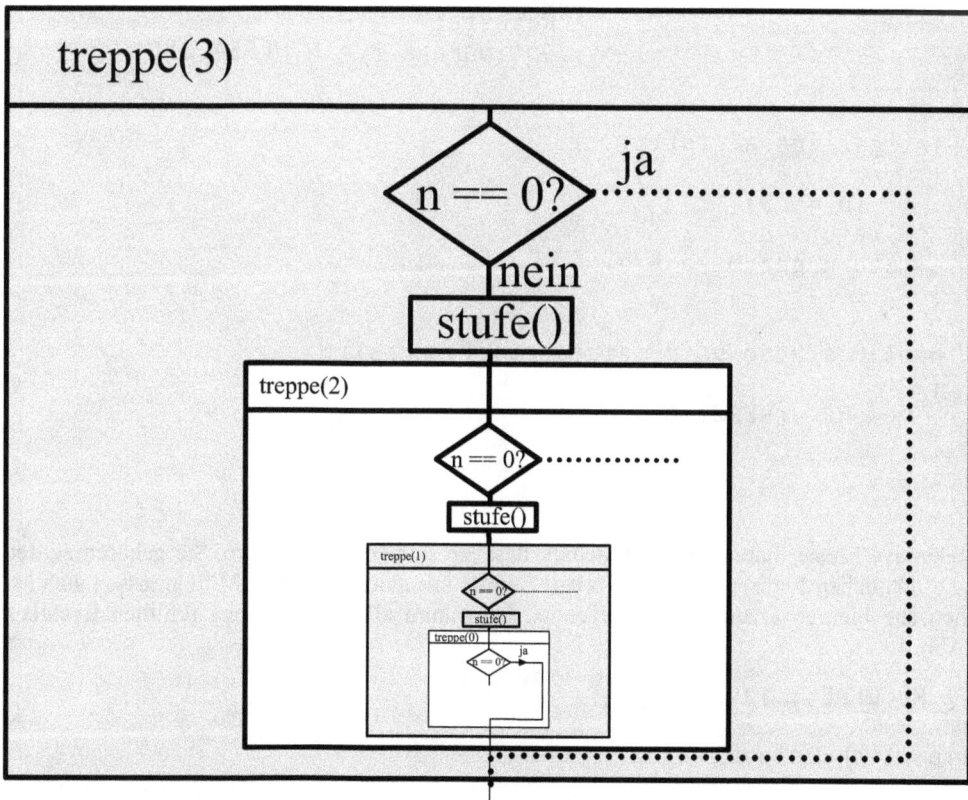

Abb. 10.1 *Verschachtelung der Aufrufe*

Rekursionen sind bereits seit dem Altertum bekannt. Der Divisionsalgorithmus von Euklid (ca. 300 v.Chr.) beruht darauf, dass der größte gemeinsame Teiler (ggT) von zwei Zahlen derselbe ist wie derjenige der einen Zahl und dem Rest bei der Ganzzahldivision der einen Zahl durch die andere. Dieser Divisionsrest wird mit der Modulo-Operation bestimmt. Das rekursive Programm ist in der Tat sehr elegant.

```java
// RecursEx2.java

import javax.swing.JOptionPane;

class RecursEx2
{
  RecursEx2()
  {
    JOptionPane.
        showMessageDialog(null,
                          "Der Ggt von 15 und 9 ist " +
                          ggt(15, 9),
                          "Resultat",
                          JOptionPane.PLAIN_MESSAGE);
  }

  int ggt(int a, int b)
  {
    if (b == 0)
      return a;
    return ggt(b, a % b);
  }

  public static void main(String[] args)
  {
    new RecursEx2();
  }
}
```

Rekursive Muster haben die Eigenschaft, dass sie sich selbst enthalten. Sie gehören zu den selbstähnlichen Figuren oder **Fraktalen**. Bereits mit ganz einfachen Mitteln lassen sich ästhetische Figuren erzeugen, im folgenden Programm allein mit einem gefüllten Rechteck (Abb. 10.2).

```java
// RecursEx3.java

import ch.aplu.util.*;

class RecursEx3
{
  GPanel p = new GPanel( -100, 100, -100, 100);
```

```
RecursEx3()
{
  figure(0, 0, 32);
}

void figure(double x, double y, int r)
{
  if (r > 0)
  {
    figure(x - r, y + r, r / 2);
    figure(x + r, y + r, r / 2);
    figure(x - r, y - r, r / 2);
    figure(x + r, y - r, r / 2);
    p.move(x, y);
    p.fillRectangle(r, r);
  }
}

public static void main(String[] args)
{
  new RecursEx3();
}
}
```

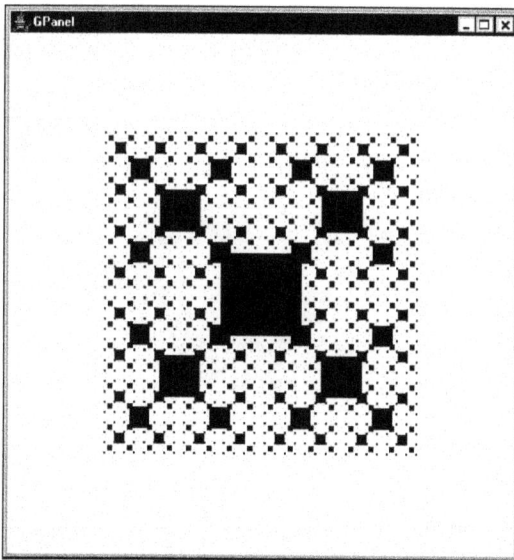

Abb. 10.2 *Rekursiv erzeugtes Muster*

Rekursionen spielen bei vielen Problemen, die sich auf Graphalgorithmen zurückführen lassen, eine wichtige Rolle. Sie stammen oft aus dem Gebiet der künstlichen Intelligenz und der Spieltheorie. Einer der einfachsten Graphen ist der binäre Baum, den man sich rekursiv als einen Stamm mit je einem links- und rechts daran befestigten Baum auffassen kann. Selbst für einen fortgeschrittenen Programmierer ist es immer wieder eine intellektuelle Herausforderung, bei Vorgabe des Bildes (Abb. 10.3) das Programm korrekt zu schreiben. Im vorliegenden Fall wird oft vergessen, dass wir die Turtle wieder mit back() an den Anfang zurückführen müssen. Es ist eine Freude der Turtle zuzusehen, wie sie den rekursiven Baum entsprechend unseren Überlegungen erstellt.

```java
// RekursEx4.java

import ch.aplu.turtle.*;

class RecursEx4
{
  Turtle t = new Turtle();

  RecursEx4()
  {
    t.setY( -64);
    baum(128);
  }

  void baum(int s)
  {
    if (s < 8)
      return;
    t.forward(s);
    t.left(45);
    baum(s / 2);
    t.right(90);
    baum(s / 2);
    t.left(45);
    t.back(s);
  }

  public static void main(String[] args)
  {
    new RecursEx4();
  }
}
```

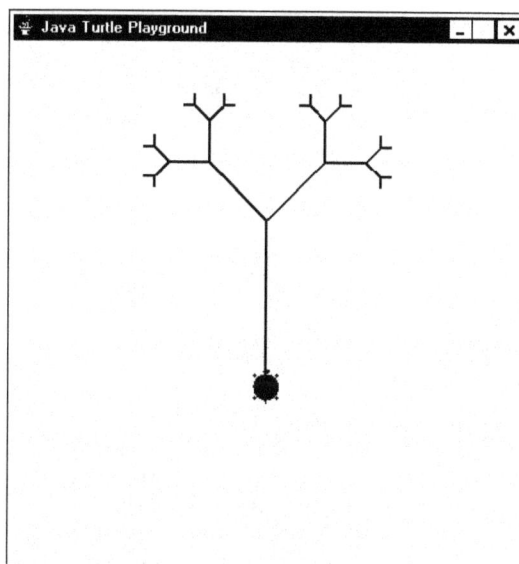

Abb. 10.3 *Rekursiv erzeugter Binärbaum*

10.2 Prinzip von Teile-und-Herrsche

Rekursionen spielen auch bei vielen Suchalgorithmen eine wichtige Rolle. Berühmt ist das binäre Suchverfahren, bei dem ein Array, der geordnet vorliegen muss, mit dem Prinzip von **Teile-und-Herrsche (divide-and-conquer)** sehr effizient nach einem vorgegebenen Wert durchsucht wird. Der Array wird dabei in zwei ungefähr gleich große Teil geteilt, wobei wegen der Ordnung sofort entschieden werden kann, in welchem Teilarray die Suche weiterzuführen ist. Das Verfahren entspricht weitgehend der Art, wie man in einem Telefonbuch nach der Telefonnummer einer Person sucht. Wir setzten voraus, dass der Array von links nach rechts aufsteigend geordnet ist.

```
// RecursEx5.java

import ch.aplu.util.*;

class RecursEx5
{
  RecursEx5()
  {
    // geordneter Array
    int[] a =
        {1, 3, 5, 6, 7, 8, 10, 12, 15};
```

```
  while (true)
  {
    InputDialog iDlg = new InputDialog("Binäre Suche",
                                       "Gib int ein");
    Integer value = iDlg.getInt();
    if (value == null)
      System.exit(0);

    int rc = binSearch(a, 0, a.length, value.intValue());

    String s = "";
    for (int i = 0; i < a.length; i++)
      s = s + a[i] + " ";
    System.out.println("Suche " + value + " in " + s +
                       "...");
    if (rc > -1)
      System.out.println("Gefunden bei Pos.: " + rc);
    else
      System.out.println("Nicht gefunden");
  }
}

int binSearch(int[] a, int first, int last, int value)
{
  if (first > last)
    return -1;
  else
  {
    int mid = (first + last) / 2; // int division
    if (value == a[mid])
      return mid;
    else
      if (value < a[mid])
        return binSearch(a, first, mid - 1, value);
      else
        return binSearch(a, mid + 1, last, value);
  }
}

public static void main(String[] args)
{
  Console.init();
  new RecursEx5();
}
}
```

Wieder liegt die rekursive Lösung nicht auf der Hand, ist aber sehr elegant. Zuerst stellen wir fest, dass `binSearch()` den Arrayindex des gesuchten Elements zurückgibt. Falls das Element im Array gar nicht vorkommt, wird die Suche abgebrochen und ein spezieller Wert, ein **Sentinel**, zurückgegeben, in unserem Fall - 1.

Der Algorithmus beruht auf folgender Überlegung. Wir untersuchen in `binSearch()` das mittlere Element des aktuellen Arrays. Es gibt drei Fälle:

- Das gesuchte Element ist gleich dem mittleren Element: Wir geben den Index zurück und beenden die Suche
- Das gesuchte Element ist kleiner als das mittlere Element: Wir suchen im linken Teil des Arrays mit derselben Strategie weiter
- Das gesuchte Element ist größer als das mittleren Element: Wir suchen im rechten Teil des Arrays mit derselben Strategie weiter.

Wer von der Wichtigkeit und Eleganz rekursiver Algorithmen noch nicht überzeugt ist, konsultiere ein Standardwerk über Algorithmen[1].

---

[1] Sedgewick R., *Algorithms in Java,* Parts 1-4 & Part 5, Pearson Education (2003)

11 Formatierung der Ausgabe

Im Zusammenhang mit numerischen Problemen ist man oft darauf angewiesen, Resultate in einer gut lesbaren Form, häufig als Tabelle, auszuschreiben. Meist werden Dezimalzahlen gleichzeitig auf eine gewisse Genauigkeit gerundet, um nicht-signifikante Dezimalstellen auszublenden. Das Formatieren der Ausgabe kann einen wesentlichen Teil der Programmierarbeit ausmachen und wird meist als mühsame, aber notwendige Tätigkeit aufgefasst. Die Unterstützung durch die Programmiersprache oder durch Standardbibliotheken ist bei verschiedenen Programmiersprachen unterschiedlich gut.

Java gilt in diesem Zusammenhang nur als mittelmäßig und es werden oft externe Formatierungsklassen beigezogen, welche sich an die Formatierung mit printf() in C/C++ anlehnen. Im naturwissenschaftlichen Bereich ist Colt (Open Source Libraries for High Performance Scientific and Technical Computing) eine hervorragende Quelle, welche unter anderem Formatierungsklassen für Tabellen, insbesondere die Klasse Format aus dem Package corejava von Cay Horstmann, enthält. Man findet die Bibliothek mit Web-Suchmaschinen unter den Stichworten java colt cern.

Es ist nahe liegend, eine Tabellendarstellung in einem Console-Fenster mithilfe des Tabulatorzeichens zu erzeugen. Dies führt tatsächlich in einfachen Fällen zum Erfolg. Nach dem Sprung auf die nächste Tabulatorposition (normalerweise im Abstand von 8 Zeichen) wird die Zahl allerdings linksbündig ausgeschrieben, was wegen der unterschiedlichen Längen selten eine besonders schöne Darstellung ergibt. Im folgenden Programm werden zur Demonstration die Quadratzahlen ausgeschrieben. Wir deklarieren iEnd final, um auszudrücken, dass es sich um einen Wert handelt, der nicht verändert werden darf. In anderen Programmiersprachen spricht man von einer Konstanten.

```java
// TabEx1.java

import ch.aplu.util.*;

public class TabEx1
{
  TabEx1()
  {
    final int iEnd = 5;
    System.out.print("i:");
    for (int i = 0; i < iEnd; i++)
      System.out.print("\t" + i);

    System.out.print("\nf(i):");
    for (int i = 0; i < iEnd; i++)
      System.out.print("\t" + f(i));
```

```
  }

  int f(int i)
  {
    return i*i;
  }

  public static void main(String[] args)
  {
    Console.init();
    new TabEx1();
  }
}
```

Ersetzt man f() durch

```
double f(int i)
{
  return Math.sqrt(i);
}
```

so wird die Tabelle vollständig auseinander gerissen, weil die Zahlen mit unterschiedlicher Stellenzahl ausgeschrieben werden. Die einfache Verwendung des Tab-Zeichens genügt also in den wenigsten Fällen.

Im Gegensatz zu vielen anderen Programmiersprachen, bei denen die Formatierung direkt beim Ausschreiben erfolgt, muss man in Java die Zahl im gewünschten Format in einen String kopieren, der dann ausgeschrieben wird. Für doubles verwendet man die Klasse De-cimalFormat, welcher man beim Konstruieren einen *Formatstring* übergibt. Dieser besteht im Wesentlichen aus den Zeichen # und 0, sowie dem Dezimalpunkt. # ist ein Platzhalter für eine Stelle, die nicht gesetzt wird, falls sie Null ist. 0 ist ein Platzhalter für eine Stelle, die immer gesetzt wird, auch wenn sie Null ist. Mit dem Dezimalpunkt wird zwischen Vor- und Nachkommastellen unterschieden. Dabei wird automatisch auf die angegebene Anzahl Nachkommastellen gerundet. Beispielsweise ergibt der Formatstring

```
0.##
```

eine Rundung auf 2 Nachkommastellen. Dabei steht immer mindestens eine Ziffer als Vorkommastelle, hingegen werden endende Nullen nie gesetzt.

Für die Exponentialdarstellung ist im Formatstring der Buchstabe E oder e vorgesehen. Beispielsweise bewirkt der Formatstring

```
0.0##E00
```

eine Rundung auf 3 Nachkommastellen, wobei mindestens eine Stelle ausgeschrieben wird und der Exponent immer 2 Stellen aufweist.

Folgendes Beispiel zeigt das Vorgehen: Zuerst wird mit dem Formatstring eine Instanz der Klasse DecimalFormat erzeugt, von der man anschließend die Methode format() zur Umwandlung der Zahl in einen formatierten String verwendet.

```java
// FormatEx1.java

import ch.aplu.util.*;
import java.text.*;

public class FormatEx1
{
  FormatEx1()
  {
    while (true)
    {
      System.out.print("Enter a double: ");
      double x = Console.readDouble();

      String pattern = "0.##";
      DecimalFormat df = new DecimalFormat(pattern);
      System.out.println("Format pattern " +
                         pattern + ":  " + df.format(x));

      pattern = "0.0##E00";
      df = new DecimalFormat(pattern);
      System.out.println("Format pattern " +
                         pattern + ":  " + df.format(x));
    }
  }

  public static void main(String[] args)
  {
    Console.init();
    new FormatEx1();
  }
}
```

Für das Ausschreiben in einem Console-Fenster muss man die üblichen print-Methoden heranziehen. Zusammen mit Tabulatoren ergeben sich für einfache Fälle bereits gut lesbare Tabellen. Im folgenden Programm missfällt allerdings, dass die Dezimalpunkte nicht vertikal ausgerichtet sind.

```java
// FormatEx2.java

import ch.aplu.util.*;
import java.text.*;

public class FormatEx2
```

```
{
  FormatEx2()
  {
    final int iEnd = 5;
    DecimalFormat df = new DecimalFormat("#0.000");

    System.out.print("i:");
    for (int i = 0; i < iEnd; i++)
      System.out.print("\t" + i);

    System.out.print("\nf(i):");
    for (int i = 0; i < iEnd; i++)
      System.out.print("\t" + df.format(f(i)));
  }

  double f(int i)
  {
    return Math.sqrt(i);
  }

  public static void main(String[] args)
  {
    Console.init();
    new FormatEx2();
  }
}
```

Damit bei variabler Vorkommastellenzahl und fester Nachkommastellenzahl die Dezimalpunkte vertikal ausgerichtet werden, müssen der Zahl in der Stringdarstellung Leerzeichen
vorangestellt werden, um die Strings gleich lang zu machen. In der JFC suchen wir vergeblich nach einer Unterstützung für diese etwas umständliche Aufgabe. Darum ziehen wir die
statische Methode pad(num, fieldWidth) aus der Klasse Console heran, in welcher
man mit fieldWidth die Breite des Feldes angeben kann.

```
// FormatEx3.java

import ch.aplu.util.*;
import java.text.*;

public class FormatEx3
{
  FormatEx3()
  {
    final int iEnd = 5;
    DecimalFormat df = new DecimalFormat("#0.000");

    for (int i = 0; i < iEnd; i++)
```

```
            System.out.print(Console.pad(df.format(i), 5));

      System.out.println();
      for (int i = 0; i < iEnd; i++)
        System.out.print(Console.pad(df.format(f(i)), 5));
    }

  double f(int i)
  {
    return Math.sqrt(i);
  }

  public static void main(String[] args)
  {
    Console.init();
    new FormatEx3();
  }
}
```

Wir erhalten erst jetzt eine befriedigende Darstellung (Abb. 11.1).

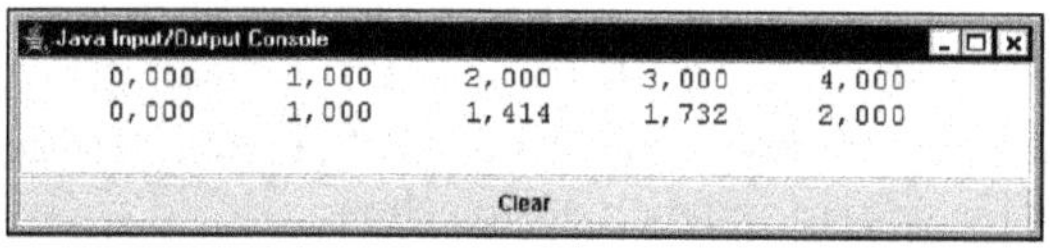

Abb. 11.1   *Formatierte Ausgabe*

Für die Darstellung von Funktionswerten eignen sich oft vertikale Tabellen besser, da diese beliebig lang werden können. Falls man beim DecimalFormat keine feste Nachkomma-Stellenzahl angeben will, muss der String auch rechts mit Leerzeichen gefüllt werden. Dies wird durch eine überladene Version von pad(num, fieldWidth, decimalWith) möglich. Wir wollen den Inhalt des Console-Fensters auch ausdrucken. Dazu benötigen wir eine Referenz der Console-Instanz und rufen die Methode printScreen() auf.

```
// FormatEx4.java

import ch.aplu.util.*;
import java.text.*;

public class FormatEx4
{
  FormatEx4()
  {
    final int iEnd = 20;
    DecimalFormat df = new DecimalFormat("#0.0");
```

```
   System.out.println("              x      y");
   System.out.println("   ----------------");

   for (int i = 0; i <= iEnd; i++)
   {
     System.out.print(Console.pad(df.format(i), 10));
     System.out.println(Console.pad(df.format(f(i)), 10, 3));
   }
 }

 double f(int i)
 {
   return Math.sqrt(i);
 }

 public static void main(String[] args)
 {
   Console cs = new Console();
   new FormatEx4();
   cs.printScreen();
 }
}
```

Die Tabellendarstellung wird sehr oft im Zusammenhang mit Matrizen verwendet. Im folgenden Programm wird eine Zufallsmatrix formatiert ausgegeben.

```
// FormatEx5.java

import ch.aplu.util.*;
import java.text.*;

public class FormatEx5
{
  double[][] rnd = new double[3][5];

  FormatEx5()
  {
    initMatrix();
    displayMatrix("0.00");
  }

  void initMatrix()
  {
    for (int m = 0; m < 3; m++)
      for (int n = 0; n < 5; n++)
        rnd[m][n] = Math.random();
  }
```

```
void displayMatrix(String fmt)
{
  DecimalFormat df = new DecimalFormat(fmt);
  int fieldWidth = fmt.length() + 2;

  for (int m = 0; m < 3; m++)
  {
    for (int n = 0; n < 5; n++)
      System.out.print(Console.pad(df.format(rnd[m][n]),
                       fieldWidth));
    System.out.println();
  }
}

public static void main(String[] args)
{
  Console.init();
  new FormatEx5();
}
}
```

12 Klassendesign

Wie wir bereits wissen, beruht die Verwendung von Klassen auf der Notwendigkeit, die Komplexität eines Problems durch eine geeignete Lösungsstrategie beherrschbar zu machen. Dabei wird auch hier, mehr als 2 Jahrtausende nach Julius Cäsars erfolgreicher Taktik **Teile-und-Herrsche**, das Problem in Teilprobleme aufgeteilt, die sich möglichst unabhängig voneinander lösen lassen. In der OOP nennt man diese Teile **Objekte**, die aus **Daten** und **Methoden** bestehen, die auf diesen Daten operieren. Die Struktur gleichartiger Objekte wird in der **Klassendeklaration** festgelegt und wir fassen Objekte als konkrete Ausprägungen oder **Instanzen** einer Klasse auf.

Zur Erleichterung der Arbeit versuchen wir, eine **Sammlung** von Teilproblemen ähnlicher Art aufzubauen oder, falls schon vorhanden, einzusetzen, da es – außer zu Lernzwecken – unsinnig ist, das Rad immer wieder neu zu erfinden. Diese **Klassenbibliotheken**, von welchen man nur die **Schnittstelle**, das **Interface** nach außen, aber den inneren Aufbau, die **Implementierung** nicht kennen muss, stellen einen ungeheuer wertvollen Erfahrungs- und Wissensschatz dar, den wir in den verschiedensten Situationen **wiederverwenden** können. Auch dieses Vorgehen entspricht weitgehend einer erfolgreichen Strategie in vielen Bereichen des menschlichen Lebens, wo wir verschiedenartige Komponenten und Bausteine zusammen mit erworbenem Wissen und Können dazu einsetzen, immer komplexere Herausforderungen anzupacken.

Leider ist es so, dass wir zu Beginn der Problemlösung vor einem Berg voller heikler Fragen stehen, die unsere Intelligenz arg strapazieren. Meist ohne die Auswirkungen genau zu überblicken, müssen wir das Problem in Klassen einteilen, die weitgehend voneinander **entkoppelt** sind, aber geeignet interagieren können. Diese Aufgabe, **Klassenentwurf** oder **Klassendesign** genannt, könnte man grundsätzlich ohne Bezug auf eine konkrete Programmiersprache, also auf die Implementierung durchführen. Allerdings zeigt sich in der Praxis, dass dies nur bei sehr großen Problemen sinnvoll ist. Da wir in diesem Zusammenhang keine derart komplexen Probleme betrachten, die nur mit Programmen mit mehreren tausend Programmzeilen gelöst werden können, wollen wir hier den Entwurf und die Implementierung in Java gleichzeitig durchführen.

Wir haben eben festgestellt, dass wir zur Lösung eines Problems nur dann sinnvolle Klassen konstruieren können, wenn wir auch gleichzeitig ihre gegenseitigen Beziehungen betrachten. In der Informatik gibt es grundsätzlich zwei Arten, wie Objekte von verschiedenen Klassen zusammenhängen können. Klassen können eine **Hierarchie** bilden oder aber aus anderen Klassen **aufgebaut** sein. Im ersten Fall spricht man von **Vererbung**, im zweiten Fall von **Komposition** (auch **Delegation**, **Aggregation**). In den Anfangszeiten der OOP wurde die Vererbung als besonders wichtig betrachtet und der Komposition eine untergeordnete Bedeutung zugemessen. Heute weiß man, dass diese Betrachtungsweise falsch ist und in den meisten Programmen **beide** Strukturierungsmethoden, Komposition **und** Vererbung, mit vergleichbarer Wichtigkeit eingesetzt werden müssen. Dadurch wird allerdings der Klassenentwurf keineswegs einfacher.

Das Verständnis von Komposition und Vererbung ist für die Programmierung in Java von großer Wichtigkeit. Die Entwicklung eines Klassenkonzepts auf Grund eines vorliegenden Problems ist ein komplexer Prozess, der sogar fortgeschrittenen Programmierern selten auf Anhieb gelingt. Wir müssen darum davon ausgehen, dass wir ein Programm meist mehrmals neu konzipieren müssen, um schließlich einen befriedigenden Klassenentwurf zu erhalten.

☞ **Ein guter Klassenentwurf gelingt fast nie auf Anhieb. Man muss Mut zum mehrmaligen Re-Engineering aufbringen.**

12.1   Vererbung

Objekte mit ähnlichen Eigenschaften und Verhalten werden auch außerhalb der Informatik systematisch in **Klassen** zusammengefasst. Man bildet dazu eine **Hierarchie** mit übergeordneten und untergeordneten Klassen. Bekannte Beispiele sind die Klassifikation der Pflanzen- und Tierarten (Abb. 12.1), der Nahrungsmittel, der Fahrzeuge, der Musikinstrumente. Klassenhierarchien lassen sich anschaulich in einer Baumstruktur darstellen, die von einer **Wurzelklasse** ausgeht. Untergeordnete Klassen nennen wir **abgeleitete** oder **vererbte Klassen**, manchmal auch **Unterklassen**, übergeordnete Klassen **Superklassen**, **Basisklassen**, manchmal auch **Oberklassen**. Objekte der Unterklassen besitzen normalerweise alle Eigenschaften und Verhalten der Superklasse, können diese aber ergänzen und modifizieren. Wir sprechen in Java von einer **Vererbung** (engl. **Inheritance**) der **Instanzvariablen** und **Methoden**.

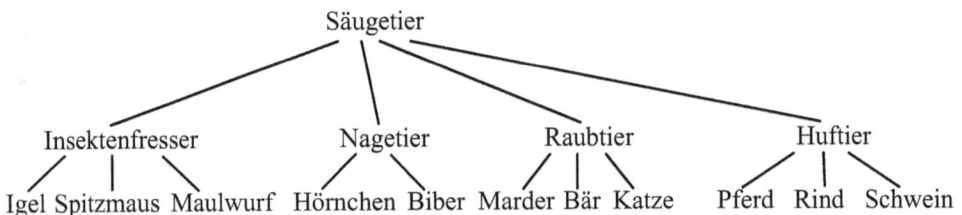

Abb. 12.1   *Vereinfachte Klassifikation der europäischen Säugetiere*
            [Quelle: http://www.tierundnatur.de]

In Java gibt es ausschließlich Klassenhierarchien, in denen jede Klasse (außer der Wurzelklasse) genau eine Superklasse besitzt. Wir nennen dies **Einfachvererbung**. Diese Klassenverwandschaft ist immer vom Typ **Art-von (Ist-Beziehung, is-a-Relation)**, was ausdrücken soll, dass ein Objekt einer abgeleiteten Klasse immer auch gleichzeitig ein Objekt der Superklasse ist.

12.2   Delegation, Aggregation, Komposition

Am besten gehen wir von einem Beispiel aus: Ein Klavier ist ein spezielles Tasteninstrument und wird daher richtigerweise aus der Klasse der Tasteninstrumente abgeleitet. Die Klaviertasten sind allerdings auch Objekte, und es stellt sich die Frage, welches der Zusammenhang zwischen der Klasse der Tasten und der Klasse der Klaviere ist. Es wäre sicher falsch, ein Klavier aus der Klasse der Tasten abzuleiten, denn ein Klavier besitzt zwar Tasten, ist aber keine Taste. Da ein Klavier Tasten besitzt, nennt man den Zusammenhang zwischen dem Klavier und seinen Tasten eine Hat-Beziehung (**has-a-Relation**). Es ist sehr sinnvoll, ein Klavier als einen Zusammenbau (eine **Aggregation**) von Komponenten (Tasten, Saiten usw.) und nicht nur als Teil einer Hierarchie aufzufassen. Die **Komponentenklassen** liefern die für das Funktionieren des Klaviers nötigen Eigenschaften und Verhalten (in der Sprechweise der Informatik: **Daten** und **Dienste**). Anders gesagt: Das Klavier **delegiert** viele seiner Eigenschaften und Verhalten an seine **Komponenten**.

*Die Komponenten können grundsätzlich auch unabhängig von der Aggregation existieren. Im Spezialfall, in dem die Lebensdauer der Komponenten strikt an die der Besitzerklasse gebunden ist, spricht man von einer **Komposition**. In den wenigsten Fällen ist dieser subtile Unterschied aber von Bedeutung, so dass wir die Begriffe Komposition, Aggregation und Delegation der Einfachheit halber synonym verwenden.*

12.3   Klassendiagramme

Man kann den Zusammenhang zwischen Klassen grafisch darstellen, um sich einen anschaulichen Überblick zu verschaffen. Meist verwendet man dazu die **UML-Diagramme** (UML: Unified Modeling Language). Wir benötigen vorderhand nur die Diagramme für Vererbung und Komposition, welche den Pfeil bzw. die Raute verwenden (Abb. 12.2, 12.3).

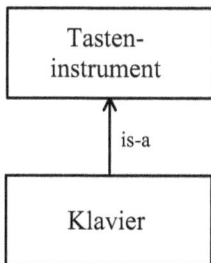

Abb. 12.2 *Vererbung*   *Abb. 12.3* *Komposition*

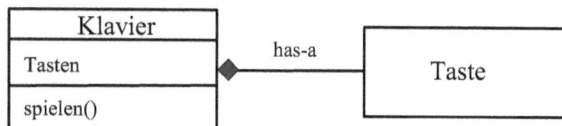

Mit den folgenden Beispielen zeigen wir, dass beide Verfahren, Komposition und Vererbung, ihre Berechtigung haben. Dazu wollen wir mit der Klasse GPanel ein Muster, genannt *Moiré*, zeichnen, das durch die Überdeckung vieler Geraden entsteht.

12.4 Komposition versus Vererbung

Im ersten Beispiel delegieren wir in der Applikationsklasse MoireHas die komplexen Aufgaben für das Grafik-Fenster an die Klasse GPanel, indem wir eine Instanz von GPanel
erzeugen und (die Referenz darauf) einer Instanzvariablen zuweisen. Dadurch steht GPanel
zu MoireHas offensichtlich in einer *has-a-Relation*.

```java
// MoireHas.java

import ch.aplu.util.*;

class MoireHas
{
  GPanel panel = new GPanel(0, 10, 0, 10);

  MoireHas()
  {
    int i, k;
    for (i = 0; i <= 10; i++)
      for (k = 0; k <= 10; k++)
        panel.line(i, 0, k, 10);

    for (i = 0; i <= 10; i++)
      for (k = 0; k <= 10; k++)
        panel.line(0, i, 10, k);
  }

  public static void main(String[] args)
  {
    new MoireHas();
  }
}
```

Es entsteht ein interessantes Muster (Abb. 12.4).

Abb. 12.4   *Ein einfaches Moiré*

Es gibt aber auch einen ganz anderen Standpunkt. Man kann das Moiré als einen Spezialfall der Klasse GPanel auffassen, welches ein Muster enthält. GPanel und MoireIs werden also in einer Klassenhierarchie eingeordnet, in der MoireIs eine Subklasse von GPanel ist, bzw. wo GPanel die Superklasse von MoireIs ist. Die Beziehung zwischen MoireIs und GPanel ist nun eine *is-a-Relation*, wobei alle Eigenschaften und Verhalten von GPanel vererbt werden, d.h. der abgeleiteten Klasse zur Verfügung stehen. Wir drücken die Ableitung mit dem Schlüsselwort extends aus und schreiben:

```
// MoireIs.java

import ch.aplu.util.*;

class MoireIs extends GPanel
{
  MoireIs()
  {
    super(0, 10, 0, 10);

    int i, k;
    for (i = 0; i <= 10; i++)
      for (k = 0; k <= 10; k++)
        line(i, 0, k, 10);

    for (i = 0; i <= 10; i++)
      for (k = 0; k <= 10; k++)
        line(0, i, 10, k);
  }
```

```
public static void main(String[] args)
{
   new MoireIs();
}
}
```

Wir erkennen zwei wichtige Unterschiede zur Klasse MoireHas: Im Konstruktor von
MoireIs wird mit super() der Konstruktor der Superklasse mit den gewünschten Parametern aufgerufen, welche das Koordinatensystem festlegen. Da eine Instanz von MoireIs
gleichzeitig auch eine Instanz von GPanel ist, wird die Methode line() nun von der
Superklasse geerbt und steht daher in MoireIs zum direkten Aufruf zur Verfügung. Damit
entfällt bei allen Grafikmethoden der Punktoperator, was die Schreibarbeit wesentlich ver-
ringert und die Übersichtlichkeit verbessert.

Im UML-Diagramm wird der Klassenzusammenhang in den zwei Fällen anschaulich dargestellt (Abb. 12.5, 12.6).

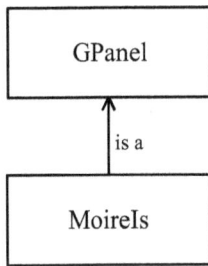

Abb. 12.5   *Moiré mit Vererbung*   **Abb. 12.6**   *Moiré mit Komposition*

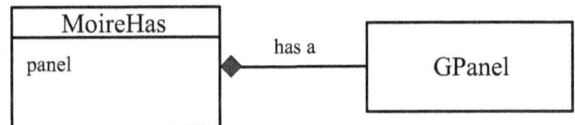

Wir können bereits jetzt einen wichtigen Unterschied zwischen Vererbung und Komposition erkennen.
Erweitern wir die Klassenhierarchie durch eine Ableitung von MoireIs, so ist die abgeleitete Klasse
von Modifikationen der Klasse GPanel stark betroffen, da sie alle Methoden von GPanel erbt. Gibt
man beispielsweise die abgeleitete Klasse MoireIs als Klassenbibliothek weiter, so muss man sicher-
stellen, dass alle Methoden von GPanel auch für MoireIs sinnvoll sind. Dies ist bei MoireHas nicht
nötig, da außerhalb der Klasse die Methoden von GPanel nicht zur Verfügung stehen. Bei Vererbung
wird hingegen die ganze Klassenhierarchie offen gelegt und die Datenkapselung ist daher weit weniger
stark, so dass man von einer schwachen Kapselung spricht (engl. weak encapsulation). GPanel wird in
MoireIs deshalb auch als „white box" (alles sichtbar), in MoireHas hingeben als „black box" (nichts
sichbar) bezeichnet.

12.5   Vererbung des Console-Fensters

Im Zusammenhang mit der Verwendung eines Console-Fensters wird der Unterschied zwischen Komposition und Vererbung besonders deutlich. Bisher haben wir die **Dienste** der

Klasse Console dadurch in Anspruch genommen, dass wir mit Console.init() bzw. mit new Console() eine Console-Instanz erzeugten. Das Ausschreiben erfolgte mit den print-Methoden von System.out oder der Console-Instanz. Wir können uns die mühsame Schreibarbeit mit dem Punktoperator ersparen, falls wir unsere Applikationsklasse von der Klasse Console ableiten. Das Programm Primfactor.java berechnet die Primfaktorzerlegung einer natürlichen Zahl mit einem einfachen, aber nicht sehr effizienten Algorithmus. Wir freuen uns, dass das Java-Programm durch die Vererbung aus Console ebenso einfach wie in einer klassischen prozeduralen Programmier- oder Skriptsprache wird und wir uns damit ganz auf den Algorithmus konzentrieren können.

```java
// Primfactor.java

import ch.aplu.util.*;

class Primfactor extends Console
{
  public Primfaktor()
  {
    println("Primfaktor-Zerlegung");
    while (true)
    {
      print("Gib einen Integer ein: ");
      int n = readInt();
      print(n + " = ");

      while (n != -1)
        n = factor(n);
    }
  }

  int factor(int n)
  // Versucht n mit einer von 2 aufsteigenden Zahl
  // ganzzahlig zu dividieren. Falls dies gelingt,
  // wird die Zahl ausgeschrieben und der Quotient
  // zurückgegeben, sonst wird -1 zurückgeben
  {
    for (int i = 2; i * i <= n; i++)
    {
      if (n % i == 0)
      {
        print(i + " . ");
        return n / i;
      }
    }
    println(n);
    return -1;
  }
```

```
public static void main(String[] args)
{
  new Primfactor();
}
}
```

12.6   Mustervorlage für den Klassenentwurf

Lange Zeit betrachtete man die Modularisierung eines Programms, d.h. seine Einteilung in einzelne Funktionsgruppen (Methoden, Funktionen oder Prozeduren) als genügend, um ein komplexes Problem zu meistern. Wie wir sehen werden, liefert aber die Vererbung eine noch weit größere Flexibilität bei der Wiederverwendung. Eine abgeleitete Klasse erbt (falls wir dies nicht speziell verhindern) die Eigenschaften und das Verhalten der Basisklasse und kann (nicht speziell geschützte) Instanzvariablen und Methoden ohne Wiederholung des Codes so verwenden, wie wenn sie zur eigenen Klasse gehörten. Dies entspricht einem zentralen Prinzip der Informatik, wonach die Codewiederholung unter allen Umständen zu vermeiden ist. Die Gründe sind offensichtlich:

- Der kopierte Code enthält meistens doch einige Teile, die angepasst werden müssen, was leicht übersehen wird
- Ändert man den Code in einem Teil (Verbesserungen, Behebung von Fehlern), so vergisst man meist, dass derselbe Code auch an anderen Stellen modifiziert werden muss.

☞ **Das Wiederholen von Codeteilen (Prinzip von Kopieren und Einfügen) zeugt von äußerst schlechter Programmierkultur.**

Wir wollen die Idee der Wiederverwendung an einem bekannten anschaulichen Beispiel aufgreifen. Dazu betrachten wir die Klassenhierarchie der Vielecke und ihre Verknüpfung mit einer Applikationsklasse, welche Quadrate verwendet (PolyEx2.java). Diese enthält (eine Referenz auf) eine GPanel-Instanz, die ein Grafik-Fenster mit einem benutzerfreundlichen Koordinatensystem zur Verfügung stellt. Die Polygone können sich mit der Methode show() in diesem Fenster darstellen, wobei die GPanel-Referenz als Parameter übergeben wird. Das UML-Diagramm zeigt anschaulich die Zusammenhänge der Klassen (Abb. 12.7).

Offensichtlich ist es richtig zu sagen, dass ein Quadrat ein (spezielles) Rechteck, ein Rechteck ein (spezielles) Parallelogramm und ein Parallelogramm ein (spezielles) Polygon ist. Ebenso ist ein gleichseitiges Dreieck ein (spezielles) Dreieck und dieses seinerseits auch wieder ein Polygon.

Nun packen wir die Implementierung an und deklarieren zuerst die Klasse Polygon. Da ein Polygon durch die Angabe seiner Eckpunkte eindeutig bestimmt ist, verwenden wir einen Array der Punktklasse Point2D.Double, die uns die JFC zur Verfügung stellt. Der Konstruktor kopiert die gegebenen Eckpunkte in den Array, stellt aber das Polygon nicht dar. Um die Übersichtlichkeit nicht zu beeinträchtigen, sehen wir im ganzen Beispiel davon ab, fehlerhafte Situationen und Spezialfälle (Polygone mit nur einer Ecke usw.) abzufangen.

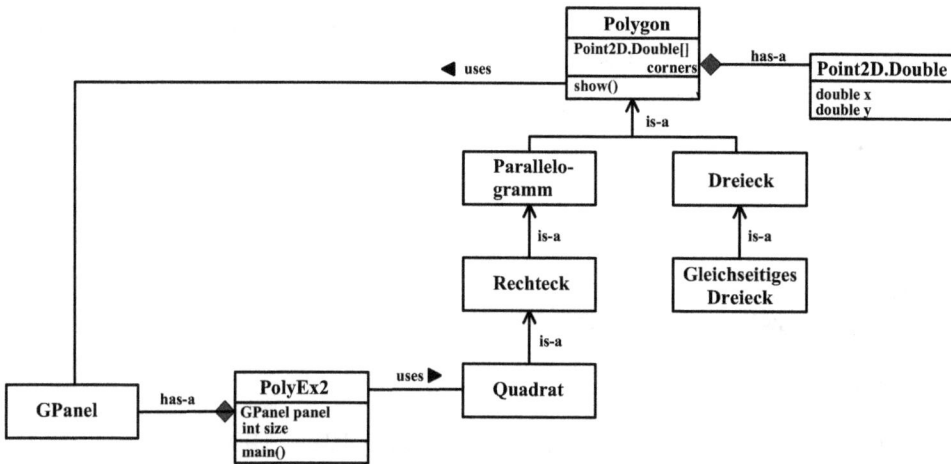

Abb. 12.7   *Klassenhierarchie der Polygone*

```
// Polygon.java

import ch.aplu.util.*;
import java.awt.geom.Point2D;

class Polygon
{
  Point2D.Double[] corners;

  Polygon(Point2D.Double[] points)
  {
    int nbCorner = points.length;
    corners = new Point2D.Double[nbCorner];
    for (int i = 0; i < nbCorner; i++)
      corners[i] = new Point2D.Double(points[i].x,
                                      points[i].y);
  }

  void show(GPanel panel)
  {
    panel.polygon(corners);
  }
}
```

Für das Kopieren der Point2D.Double-Instanzen könnte man an Stelle von

```
corners[i] =
      new Point2D.Double(points[i].x, points[i].y);
```

auch die Methode `clone()` verwenden. Da diese aber eine Instanz der Klasse `Object` zurückgibt, muss man sie noch casten.

```
corners[i] = (Point2D.Double)points[i].clone();
```

Eine erste Applikation stellt ein allgemeines 5-Eck dar.

```
// PolyEx1.java

import ch.aplu.util.*;
import java.awt.geom.Point2D;

class PolyEx1
{
  GPanel panel = new GPanel(-100, 100, -100, 100);

  PolyEx1()
  {
    Point2D.Double[] points = new Point2D.Double[5];
    points[0] = new Point2D.Double(0, 0);
    points[1] = new Point2D.Double(40, 10);
    points[2] = new Point2D.Double(50, 40);
    points[3] = new Point2D.Double(-30, 70);
    points[4] = new Point2D.Double(-80, 20);

    Polygon polygon = new Polygon(points);
    polygon.show(panel);
  }

  public static void main(String[] args)
  {
    new PolyEx1();
  }
}
```

Als Nächstes wollen wir die Klasse der Parallelogramme aus der Polygon-Klasse ableiten. Dabei soll sich der linke untere Eckpunkt im Koordinatenursprung befinden und die zuerst angegebene Seite horizontal liegen.

```
// Parallelogram.java

import java.awt.geom.Point2D;

class Parallelogram extends Polygon
{
  Parallelogram(double a, double b, double phi)
  {
    super(new Point2D.Double[]
```

```
    { new Point2D.Double(0, 0),
      new Point2D.Double(a, 0),
      new Point2D.Double(a + b * Math.cos(phi),
                             b * Math.sin(phi)),
      new Point2D.Double(b * Math.cos(phi),
                             b * Math.sin(phi))
    } );
  }
}
```

Bevor wir den Konstruktor von Polygon aufrufen, müssen wir seine Parameter berechnen. Der nahe liegende Weg, diese Berechnung in einem vorgestellten Codeteil durchzuführen, ist uns leider verbaut, da in Java der Konstruktor der Superklasse als Erstes aufgerufen werden muss. Zwei andere Wege führen aber zum Ziel.

Man kann nämlich, wie im Programm ersichtlich, die Berechnungen direkt in der Parameter-klammer durchführen. Da es sich um einen Array-Parameter handelt, müssen dazu die Ar-ray-Initialisierer mit der geschweiften Klammer verwendet werden, in denen Berechnungen erlaubt sind. Der andere Weg führt über die Einführung einer Methode init() in die Su-perklasse Polygon. Im Konstruktor von Polygon wird allein diese Methode aufgerufen. Im Konstruktor der abgeleiteten Klasse kann nun die Initialisierung der Superklasse mit super.init() durchführt werden, wobei es natürlich erlaubt ist, vorgängig beliebigen Code auszuführen. Da init() nur in der Superklasse deklariert ist, kann super auch ent-fallen.

Einen Nachteil haben wir uns dabei aber eingehandelt: Bei der Erzeugung einer Instanz der abgeleiteten Klasse mit dem angegebenen Konstruktor wird ein explizit deklarierter Stan-dard-Konstruktor (Konstruktor ohne Parameter) der Superklasse benötigt. Man muss diesen etwas trickreich mit einem leeren Anweisungsteil versehen.

Wählt man diesen Weg, so initialisieren wir in Polygon mit

```
Polygon()
{}

Polygon(Point2D.Double[] points)
{
  init(points);
}

void init(Point2D.Double[] points)
{
  int nbCorner = points.length;
  corners = new Point2D.Double[nbCorner];
  for (int i = 0; i < nbCorner; i++)
    corners[i] = new Point2D.Double(points[i].x,
                                     points[i].y);
}
```

In der abgeleiteten Klasse `Parallelogram` wird mit

```
Parallelogram(double a, double b, double phi)
{
   Point2D.Double[] points = new Point2D.Double[4];
   points[0] = new Point2D.Double(0, 0);
   points[1] = new Point2D.Double(a, 0);
   points[2] =
            new Point2D.Double(a + b * Math.cos(phi);
                               b * Math.sin(phi));
   points[3] = new Point2D.Double(b * Math.cos(phi),
                               b * Math.sin(phi));

   init(points);
}
```

initialisiert.

Bei den weiteren Ableitungen tritt diese Schwierigkeit nicht auf. Wir können also in der Klasse `Rectangle` den Konstruktor der Superklasse `Parallelogram` problemlos verwenden.

```
// Rectangle.java

class Rectangle extends Parallelogram
{
   Rectangle(double a, double b)
   {
      super(a, b, Math.PI/2);
   }
}
```

Das Quadrat leiten wir aus dem Rechteck ab.

```
// Square.java

class Square extends Rectangle
{
   Square(double a)
   {
      super(a, a);
   }
}
```

Eine Applikation, welche ein Quadrat darstellt, ist sehr einfach zu schreiben. Man beachte insbesondere, dass `show()` durchaus als eine Methode von `Square` aufgefasst werden kann, obschon sie eigentlich von der Klasse `Polygon` geerbt wird, denn ein Quadrat ist auch ein Polygon.

```
// PolyEx2.java

import ch.aplu.util.*;

class PolyEx2
{
  GPanel panel = new GPanel(-100, 100, -100, 100);

  PolyEx2()
  {
    double size = 80;  // Length of side

    Square square = new Square(size);
    square.show(panel);
  }

  public static void main(String[] args)
  {
    new PolyEx2();
  }
}
```

Völlig analog leiten wir das Dreieck aus dem Polygon ab.

```
// Triangle.java

import java.awt.geom.Point2D;

class Triangle extends Polygon
{
  Triangle(double a, double b, double phi)
  {
      super(new Point2D.Double[]
              { new Point2D.Double(0, 0),
                new Point2D.Double(a, 0),
                new Point2D.Double(b * Math.cos(phi),
                                   b * Math.sin(phi))
              } );

  }
}
```

Das gleichseitige Dreieck ist ein einfacher Spezialfall.

```
// EquilateralTriangle.java

class EquilateralTriangle extends Triangle
```

```
{
  EquilateralTriangle(double a)
  {
    super(a, a, Math.PI/3);
  }
}
```

Die Stärke der Klassenhierarchie wird dann offensichtlich, wenn wir die Funktionalität aller Objekte erweitern wollen, beispielsweise durch die Einführung einer Methode, welche die Figur verschiebt oder dreht. Für die Translation genügt es, die Methode translate() in der Wurzelklasse Polygon zu implementieren. Augenblicklich sind alle daraus abgeleiteten Objekte mit den gleichen Fähigkeiten ausgestattet. Um flexibel zu bleiben, ergänzen wir die Klasse Polygon gleich mit zwei überladenen Methoden translate().

```
void translate(Point2D.Double p)
{
  for (int i = 0; i < corners.length; i++)
  {
    corners[i].x += p.x;
    corners[i].y += p.y;
  }
}

void translate(double x, double y)
{
  translate(new Point2D.Double(x, y));
}
```

Aus Quadrat, Dreieck und Rechteck lässt sich jetzt ein Haus zeichnen, das wir selbstverständlicherweise nicht direkt in der Applikationsklasse ausprogrammieren, sondern als Klasse deklarieren.

```
// House.java

import ch.aplu.util.*;
import java.awt.geom.Point2D;

class House
{
  Square wall;
  EquilateralTriangle roof;
  Rectangle door;

  House(double size, Point2D.Double anchor)
  {
    wall = new Square(size);
    roof = new EquilateralTriangle(size);
    door = new Rectangle(size/10, size/5);
```

```
      wall.translate(anchor);
      roof.translate(anchor);
      roof.translate(new Point2D.Double(0, size));
      door.translate(anchor);
      door.translate(new Point2D.Double(size/2, 0));
   }

   void show(GPanel p)
   {
      wall.show(p);
      roof.show(p);
      door.show(p);
   }
}
```

Damit sind wir in der Lage, mit einem einfachen Applikationsprogramm eine architektonisch noch nicht ganz ausgereifte Wohnsiedlung zu bauen.

```
// PolyEx3.java

import ch.aplu.util.*;
import java.awt.geom.Point2D;

class PolyEx3
{
   GPanel panel = new GPanel(-100, 100, -100, 100);

   PolyEx3()
   {
      double size = 25;
      for (int i = 0; i < 8; i++)
      {
         House house =
            new House(size,
               new Point2D.Double(-100 + i * size, 0));
         house.show(panel);
      }
   }

   public static void main(String[] args)
   {
      new PolyEx3();
   }
}
```

Der übersichtliche Programmcode und die Ausgabe belohnen uns für unsere Anstrengungen (Abb. 12.8).

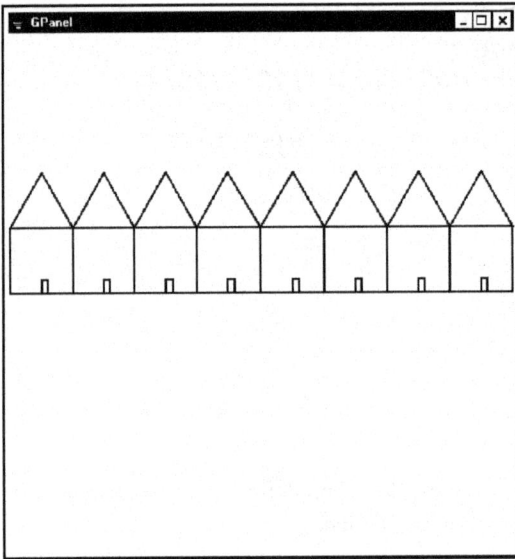

Abb. 12.8 *Ausgabe von PolyEx3*

12.7   Finale Klassen

Es gibt Situationen, in welchen man bereits bei der Deklaration einer Klasse weiß, dass es wenig Sinn macht, die Klasse abzuleiten, beispielsweise, wenn die Klasse ausschließlich aus static Methoden besteht, wie das bei der Klasse Math der Fall ist. Um die Vererbung zu verhindern, kann man bei der Klassendeklaration das Schlüsselwort final hinzufügen. Für die Klasse Math schreibt man beispielsweise

```
public final class Math
{
   ...
}
```

Wie wir bereits festgestellt haben, erhält man durch Vererbung nur eine schwache Datenkapselung. Will man die Dienste einer Klasse nur über die Komposition zur Verfügung stellen, so kann man mit final die Vererbung der Klasse unterbinden.

12.8   Datenkapselung, Abschottung

Wollen wir uns in der Welt der neuen objektorientierten Technologien wohl fühlen, so ist es wichtig, dass wir Klassen und den daraus erzeugten Objekten eine handfeste Wirklichkeit zugestehen und sie nicht nur als Strukturierungshilfsmittel auffassen. Daher sollten wir in Zukunft beispielsweise statt von Sortier*algorithmen* eher von Sortier*objekten* sprechen und uns dabei kleine Wichte vorstellen, die uns die Dienste des Sortierens zur Verfügung stellen. Ihnen teilen wir bei der Erstellung mit, welchen Sortieralgorithmus sie dazu einsetzen sollen. So ganz neu ist diese Sichtweise allerdings nicht, hatten doch viele Pioniere der Informatik seit mehreren Jahrzehnten darauf hingewiesen, dass Daten und Programmstrukturen als reale, in sich geschloßene Einheit zu betrachten sind und die Daten, die *Könige* der Programme, vor Fremdzugriff durch **Datenkapselung (Abschottung)** zu schützen sind[1]. Früher wurde diese noch etwas lose Einheit ein **Verbund** (structure, record) genannt, heute spricht man von einem **Objekt**. Es hat:

- einen **Datentyp**, d.h. es ist Instanz genau einer Klasse

- eine **Identität**, die es von allen anderen Objekten unterscheidet, d.h. es belegt einen Teil des Hauptspeichers (den Heap)

- eine **Lebensdauer**, d.h. es existiert nur während eines bestimmten Teils der Laufzeit des Programms. Ist es vom Programm nicht mehr ansprechbar, so wird der Speicherplatz automatisch durch einen **Garbage collector** freigegeben

- eine **Sichtbarkeit**, d.h. es ist nur in einem wohldefinierten Bereich des Programms zugänglich (*sichtbar*), in anderen ist es unzugänglich (*unsichtbar, verdeckt*)

- einen **Zustand**, welcher durch die inneren Datenelemente, die Instanzvariablen, bestimmt ist

- ein **Verhalten**, beschrieben durch die Methoden, welche Aktionen auslösen und Rückgabewerte liefern können.

---

[1] Niklaus Wirth, *Algorithmen und Datenstrukturen,* Teubner (2000) (1. Auflage 1975)

13   Zugriffsbezeichner

13.1   Package-Konzept

Eine Applikation oder eine Programmbibliothek umfasst normalerweise mehrere Klassen, die in direktem Zusammenhang zueinander stehen. Daher ist auch eine Kapselung auf höherer Stufe nötig, um diese Klassen zusammenzufassen und gegen die Außenwelt abzuschirmen. Dies wird in Java durch das **Package**-Konzept erreicht. Ein Package besitzt einen Namen, der oft wie eine URL (Uniform Resource Locator) aufgebaut ist. Für Klassenbibliotheken gilt die Abmachung, dass der Packagename mit den Teilen der URL der Website des Entwicklers in umgekehrter Reihenfolge aufgebaut wird, wobei `www` wegzulassen ist. Demnach sollten alle Packages der Website `www.aplu.ch` mit dem Bezeichner `ch.aplu` beginnen, und könnten beispielsweise `ch.aplu.turle`, `ch.aplu.util` heissen.

Das Package-Konzept ist besonders wichtig, um Namenskonflikte von Bezeichnern zu vermeiden. Befindet sich beispielsweise im Package `ch.aplu.util` die Klasse `Console`, so könnte sich sehr wohl im einem anderen Package, beispielsweise `com.abcd` ebenfalls eine Klasse mit diesem Namen befinden. Importiert man beide Packages mit

```
import ch.aplu.util.*;
import com.abcd.* ;
```

so wird die Deklaration

```
Console con;
```

zu einer Fehlermeldung führen, da nicht klar ist, welche der Klassen gemeint ist. Man kann in diesem Fall die Klasse vollständig spezifizieren, indem man den Packagenamen voranstellt, wie in

```
ch.aplu.util.Console con;
```

Bei der Entwicklung von Klassen, die einem Package angehören sollen, ist vor allen anderen Programmanweisungen mit dem Schlüsselwort `package` der Name des Packages anzugeben. Dabei muss man darauf achten, dass sich die Quelldateien in einer Verzeichnisstruktur befinden, welche dem Packagenamen entspricht. Dabei werden Punkte im Namen als Unterverzeichnistrennung aufgefasst. Bei der Verwendung des Packages müssen sich die class-Dateien für den Import ebenfalls in einer gleichen Verzeichnisstruktur, befinden.

Das Wurzelverzeichnis des Packages kann bei Verwendung des Kommandozeilen-Compilers $javac$ auch in einer Umgebungsvariablen $CLASSPATH$ angegeben werden. Üblich ist das Wurzelverzeichnis $classes$ auf einer Festplatte. Die Datei $Console.class$ müsste sich dann im Verzeichnis $classes/ch/aplu/util$ befinden. Packages können auch in jar-Dateien verpackt werden, die wir später erläutern.

Zur Festlegung der Zugriffsrechte werden in Java die **Zugriffsbezeichner (access specifiers, access modifiers)** public, protected, private verwendet. Fehlt der Zugriffsbezeichner, so handelt es sich standardmäßig (default) um **package access**. Die Zugriffsbezeichner legen fest, in welchen Klassen auf bestimmte Methoden oder Instanzvariablen zugegriffen werden kann oder allgemeiner ausgedrückt, wo die Methoden oder Instanzvariablen **sichtbar** sind.

Tab. 13.1 zeigt die Definition der Zugriffsrechte von Klassen, Instanzvariablen und Methoden.

Zugriffsbezeichner	Zugriff von Klassen im gleichen Package	Zugriff von Klassen in anderen Packages	Zugriff von Subklassen im gleichen Package	Zugriff von Subklassen in anderen Packages
Public	ja	ja	ja	ja
Protected	ja	nein	ja	ja
Default	ja	nein	ja	nein
Private	nein	nein	nein	nein

Tab. 13.1 *Zugriffsbezeichner (access specifier)*

Die bisher angegebenen Programme wurden der Einfachheit halber weitgehend ohne Zugriffsbezeichner geschrieben. Umfasste die Applikation mehrere Klassen in mehreren Quelldateien, so mussten sie sich dabei im selben Verzeichnis befinden und wurden damit automatisch als ein Package aufgefasst. Der gegenseitige Zugriff war wegen des Standard-Zugriffsbezeichners problemlos gewährleistet. Es ist aber unsere Pflicht, in Zukunft die Klassen und ihre Methoden und Instanzvariablen vor unerlaubtem Zugriff zu schützen.

☞ **Es gehört zur Programmierkultur, die Zugriffsbezeichner bewusst einzusetzen und immer nur den schwächsten Zugriff („so privat wie möglich") zu erlauben.**

Wir werden daher in Zukunft nur in begründeten Ausnahmen von folgenden Regeln abweichen:

- Instanzvariablen werden private deklariert. Sogar die Deklaration als protected ist frag-würdig, da damit auch der package access erlaubt wird und jeder, der die Klasse ableitet, vollen Zugriff auf die Variablen hat

- Methoden und Klassen werden nur dann public deklariert, wenn man wirklich von be-liebigen anderen Klassen (Programmen) darauf zugreifen muss

- Die Applikationsklasse und deren Konstruktoren werden public deklariert.

Als Beispiel für den sinnvollen Einsatz des Klassenkonzepts mit Packages wollen wir unsere wohlbekannte Turtle mit zusätzlichen Fähigkeiten ausstatten. Sie soll ihr Heimatland kennen und eine einfache Figur durch Aufruf der Methode shape() zeichnen. In diesem Augen-blick entdecken wir eine der Stärken der objektorientierten Programmierung. Die neue, ge-scheitere Turtle, TurtleKid genannt, wird aus der Klasse Turtle abgeleitet und erbt damit vorerst alle (nicht privaten) Eigenschaften und Verhalten dieser Klasse, denn Turt-leKid **ist-auch** eine Turtle (is-a). Wir können ihr aber **zusätzliche** Fähigkeiten geben, indem wir **neue** Methoden deklarieren und bestehende Fähigkeiten **verändern**, indem wir bestehende Methoden neu deklarieren, und damit **überschreiben**.

Aus TurtleKid leiten wir zwei spezielle Kids ab, nämlich TurtleBoy und Turtle-Girl. Diese zeichnen beim Aufruf von shape() eine ihnen anpasstere Figur, und zwar die Boys ein Dreieck und die Girls einen Kreis.

Das Klassendiagramm ist in Abb. 13.1 ersichtlich. Dieses enthält neben der hierarchischen Gliederung auch eine Angabe der wichtigsten Methoden.

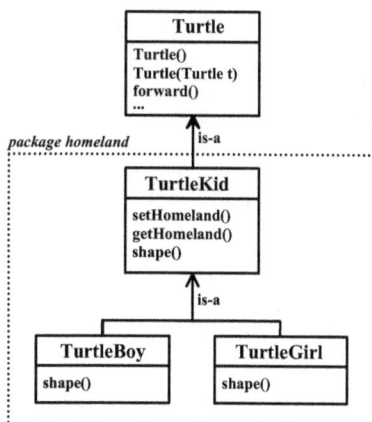

Abb. 13.1 *UML-Diagramm des Packages* home land

Da alle Klassen in einem engen Zusammenhang stehen, ist es angebracht, sie in einem Pa-ckage zusammen zu fassen, das wir homeland nennen.

In TurtleKid wird das Heimatland in einer privaten Instanzvariablen homeland gespeichert. Der Zugriff auf diese Variable von außerhalb der Klasse erfolgt über Methoden, welche das Heimatland lesen oder setzen bzw. modifizieren. Wie wir aus Kap. 5 bereits wissen, werden in Java üblicherweise die Methoden für den lesenden Zugriff mit **get** (getter-Methoden, *Akzessoren*, *accessors*) und die Methoden für den schreibenden Zugriff mit **set** eingeleitet (setter-Methoden, *Mutatoren*, mutators). Die Unterscheidung ist besonders wichtig, weil grundsätzlich die getter-Methoden harmlos, die setter-Methoden hingegen gefährlich sind, da diese den Variablenwert verändern können. Die zusätzliche Methode shape() fordert das TurtleKid auf, sein Heimatland auszuschreiben und ein Quadrat zu zeichnen.

```
// TurtleKid.java

package homeland;

import ch.aplu.turtle.*;

public class TurtleKid
    extends Turtle
{
  private String homeland = "";

  // Mutator
  public void setHomeland(String h)
  {
    homeland = h;
  }

  // Accessor
  public String getHomeland()
  {
    return homeland;
  }

  public void shape()
  {
    label(homeland);
    for (int i = 0; i < 4; i++)
    {
      forward(50);
      left(90);
    }
  }
}
```

In vielen Entwicklungsumgebungen darf in einer Quelldatei nur eine einzige Klasse public deklariert werden. Zudem muss der Dateiname mit dem Klassennamen dieser Klasse übereinstimmen. Diese Forderung mag sinnvoll sein, da es empfehlenswert ist, jede Klasse in einer separaten Quelldatei zu deklarieren. Sie ist aber nicht Teil der Java-Sprachdefinition und dies hat zur Folge, dass sich eine Pro-

grammsammlung, die sich nicht an diese Abmachung hält, nur unter bestimmten Entwicklungsumgebungen compilieren lässt.

Um in der Applikationsklasse das eben erstellte Package zu verwenden, müssen wir es importieren. Unser `TurtleKid` soll einerseits zeigen, dass es noch alle Fähigkeiten einer Turtle besitzt, andererseits aber auch die neu erworbenen Fähigkeiten vorführen.

```java
// OopEx1.java

import homeland.TurtleKid;

public class OopEx1
{
  public OopEx1()
  {
    TurtleKid kid = new TurtleKid();

    // kid inherits all methods from Turtle
    kid.forward(100);
    kid.left(45);

    // kid has new methods
    kid.setHomeland("Galapagos");
    kid.shape();
  }

  public static void main(String[] args)
  {
    new OopEx1();
  }
}
```

In der Deklaration von `TurtleBoy` und `TurtleGirl` überschreiben wir die Methode `shape()` und bewirken damit, dass Instanzen dieser Klasse eine andere Figur zeichnen. Dabei ist besonders zu beachten, dass wir in diesen Klassen keinen Zugriff auf die privat deklarierte Instanzvariable `homeland` der Superklasse besitzen. Wir können daher nur noch mit dem Akzessor darauf zugreifen.

```java
// TurtleBoy.java

package homeland;

public class TurtleBoy extends TurtleKid
{
  public void shape()
  {
    label(getHomeland());
    for (int i = 0; i < 3; i++)
```

```
    {
      forward(50);
      left(120);
    }
  }
}
```

```
// TurtleGirl.java

package homeland;

public class TurtleGirl extends TurtleKid
{
  public void shape()
  {
    label(getHomeland());
    for (int i = 0; i < 18; i++)
    {
      forward(10);
      left(20);
    }
  }
}
```

In diesen beiden Klassen braucht man übrigens die Klassen aus dem Package ch.aplu.turtle nicht zu importieren, da man sie aus TurtleKid erbt. Man beachte auch, dass gleichnamige Methoden nur dann überschrieben werden, wenn die **Parameterliste** betreffend der Parameterzahl und ihres Datentyps **exakt** übereinstimmen und sie denselben Rückgabetyp haben. Man sagt, dass in diesem Fall die Methoden dieselbe **Signatur** besitzen. Die nachfolgende Applikation zeigt, dass tatsächlich diejenige Version von shape() aufgerufen wird, die zur entsprechenden Klasse gehört.

```
// OopEx2.java

import homeland.*;

public class OopEx2
{
  public OopEx2()
  {
    TurtleGirl laura = new TurtleGirl();
    laura.setHomeland("Italian");
    laura.forward(100);
    laura.shape();

    TurtleBoy john = new TurtleBoy(laura);
```

```
    john.setHomeland("Madagaskar");
    john.left(90);
    john.forward(100);
    john.shape();
  }

  public static void main(String[] args)
  {
    new OopEx2();
  }
}
```

Manchmal ist es nötig, in der abgeleiteten Klasse die überschriebene Methode der Superklasse zu verwenden. Dies ist mit dem Schlüsselwort super möglich, allerdings nur für den direkten Vorgänger in der Klassenhierarchie. Man kann also beispielsweise in der Klasse TurtleBoy die Methode shape() aus der Klasse TurtleKid mit

super.shape()

aufrufen.

Der relativ selten verwendete Zugriffsbezeichner protected bietet nur einen geringen Schutz. Besitzt beispielsweise die Klasse A die protected Methode f(), so kann eine Instanz von A nicht auf f() zugreifen. Wird die Klasse B aus A abgeleitet, so kann auch eine Instanz von B nicht auf f() zugreifen, hingegen können Methoden von B die Methode mit super.f() verwenden. Da man in B auch die Möglichkeit hat, f() zu überschreiben und dabei sogar die Zugriffsbeschränkung zu lockern, d.h. auf public zu setzen, ist es mit diesem Trick möglich, dass eine Instanz von B doch auf das scheinbar geschützte f() zugreift (mehr dazu im Kap. 27).

13.2   Garbage Collection, finalize()

Wir sprechen ein Objekt in Java ausschließlich über seine Referenzen an, die von new beim Konstruieren zurückgegeben werden. Referenzen verweisen entweder auf eine gültige Instanz oder haben im Spezialfall der Wert null, der bedeutet, dass es keine Instanz gibt, auf die sie verweisen. Es ist in Java nicht möglich, den Speicherplatz, den ein Objekt beansprucht, durch eigenen Code zu vernichten. Man nennt diesen Prozess Destruktion und eine Methode, die ein Objekt vernichtet einen **Destruktor**. In Java gibt es also keine Destruktoren. Damit vermeidet man die heikle Situation, dass ein Objekt vernichtet wird und damit die Referenz nicht mehr gültig ist (**hängende Referenz**).

Trotzdem müssen Objekte, die nicht mehr referenziert werden, einmal vernichtet werden, damit der beanspruchte Speicherplatz wieder frei wird. Dies wird in Java durch einen automatischen Aufräumvorgang, **Garbage Collector** genannt, durchgeführt, der von Zeit zu Zeit nicht mehr referenzierte Objekte vernichtet. Dieses Prinzip entlastet den Programmierer von einer heiklen und aufwändigen Arbeit, hat aber auch seine Nachteile. Es ist nämlich manchmal nötig, dass bei der Vernichtung des Objekts gewisse Ressourcen explizit freigegeben werden, die der Programmierer bei der Konstruktion (oder im Laufe der Lebensdauer) beansprucht hat, beispielsweise eine zum Objekt gehörende Grafik oder Verbindungen zu Dateien oder einer Datenbank.

In Java wird ein Objekt darüber informiert, dass es nächstens vom Garbage Collector vernichtet wird, und zwar ruft das System die Methode `protected void finalize()` auf, die zur Klasse `Object` und damit zu jedem anderen Objekt gehört. Überschreiben wir in der eigenen Klasse diese Methode, so wird unser Code bei der Garbage Collection ausgeführt und wir könnten dabei gewisse Ressourcen freigeben. Davon wird aber selten Gebrauch gemacht, da in Java nicht vorausgesagt werden kann, ob und wann genau die Garbage Collection ausgeführt wird. Man kann zwar mit der statischen Methode `gc()` der Klasse `System` das System darum *bitten*, das Aufräumen so schnell wie möglich auszuführen, darauf verlassen, dass dies unmittelbar nach diesem Aufruf geschieht, können wir uns aber leider nicht.

Im folgenden Beispiel wird die Verwendung von `finalize()` gezeigt. Eine Klasse für Spielkarten besitzt nur eine einzige Eigenschaft, nämlich den Kartennamen, der bei der Konstruktion gesetzt wird und eine Methode `getName()`, mit der wir den Namen abfragen können. In der Applikationsklasse erzeugen wir zuerst eine Karte *King*. Falls wir nachher den Wert der verwendeten Referenz verändern, indem wir sie auf eine andere Karte verweisen lassen oder ihr den Wert null geben, so ist die Karte *King* ein für allemal verloren. Sie existiert zwar noch und beansprucht Speicherplatz, kann aber nie mehr von unserem Programm verwendet werden. Man sagt auch, dass sie **zur Garbage Collection freigegeben** wird. Je nach Java-System geschieht dies früher oder später oder überhaupt nie. Wir können aber den Prozess in Gang setzen, indem wir `gc()` aufrufen. `finalize()` müssen wir `protected` deklarieren, da die Methode in der Klasse `Object` ebenfalls so deklariert ist.

```
// RefEx8.java

import ch.aplu.util.*;

class PlayingCard
{
  private String name;

  public PlayingCard(String name)
  {
    this.name = name;
    System.out.println("Card " + name + " constructed");
  }

  public String getName()
  {
    return name;
  }

  // Override Object.finalize()
  protected void finalize()
```

```
    {
      System.out.println("Card " + name +
                           " garbage collected");
    }
}

public class RefEx8
{
  public RefEx8()
  {
    PlayingCard pc = new PlayingCard("King");
    pc = new PlayingCard("Queen"); // King lost for ever
    int i = 0;
    while (i < 200)
    {
      Console.delay(100);
      System.out.print(".");
      if (++i % 20 == 0)
      {
        System.out.println(" calling garbage collector ...");
        System.gc();
      }
    }
  }

  public static void main(String[] args)
  {
    Console.init();
    new RefEx8();
  }
}
```

Meist wird Folgendes ausgeschrieben:

```
Card King constructed
Card Queen constructed
.................... calling garbage collector ...
Card King garbage collected
.................... calling garbage collector ...
. . .
```

Es ist aber je nach Systemzustand auch möglich, dass die Zeile Card King garbage collected an einer anderen Stelle erscheint, beispielsweise vor dem ersten ausgeschriebenen Punkt.

14 Polymorphie, dynamische Bindung

Eine objektorientierte Programmiersprache steht auf drei fundamentalen Säulen (Abb. 14.1)

- Kapselung (encapsulation)
- Vererbung (inheritance)
- Polymorphie (polymorphy)

Abb. 14.1 *Die drei Säulen der objektorientierten Programmierung*

Die zwei ersten Begriffe haben wir bereits kennen gelernt. Es bleibt uns nun noch, den letzten, naturgemäß etwas schwierigeren Begriff zu erläutern, wobei wir wiederum ein speziell ausgewähltes Beispiel heranziehen wollen. Sehr geeignet ist die Hierarchie der Turtles aus Abb. 13.1 und die dazugehörenden Klassen `TurtleKid`, `TurtleBoy` und `Turtle-Girl`.

Wörtlich versteht man unter Polymorphie **Vielgestaltigkeit**, und meint damit, dass ein Objekt in verschiedenen Formen auftreten kann. In Java bedeutet dies vorerst, dass eine Variable, die ja immer einen fest definierten Datentyp besitzt, nicht nur eine Referenz auf eine Instanz ihres Datentyps aufnehmen kann, sondern auch eine Referenz auf eine Instanz einer ihrer Subklassen. Dies ist auf den ersten Blick auch nicht erstaunlich, da ja wegen der is-a-Relation eine Instanz der Subklasse auch gleichzeitig eine Instanz der Superklasse ist.

In unserem Beispiel ist es daher statthaft, einer Variable vom Typ `TurtleKid` auch eine Referenz auf ein `TurtleGirl` zuzuweisen.

```
TurtleKid kid = new TurtleGirl();
```

Da die Methode `shape()` sowohl in der Klasse `TurtleKid` als auch in den Klassen `TurtleBoy` und `TurtleGirl` deklariert ist und jeweils eine andere Figur zeichnet, stellt sich die interessante Frage, welche der shape()-Methoden mit

```
kid.shape();
```

aufgerufen wird, mit anderen Worten, ob beim Aufruf das Quadrat von `TurtleKid` oder der Kreis von `TurtleGirl` erscheint.

In Java „erinnert" sich die Variable `kid` gewissermaßen daran, dass sie eigentlich ein `TurtleGirl` referenziert und es wird ein Kreis gezeichnet. Dies ist selbst dann der Fall, wenn man mit einem Casting

```
TurtleKid kid = (TurtleKid)new TurtleGirl();
```

versucht, das `TurtleGirl` explizit in ein `TurtleKid` umzuwandeln. (Da man dabei in eine hierarchisch höher liegende Klasse castet, nennt man dies auch **upcasting**.)

```
// OopEx3.java

import homeland.*;

public class OopEx3
{
  public OopEx3()
  {
    TurtleKid kid = new TurtleGirl();
//    TurtleKid kid = (TurtleKid)new TurtleGirl();
    kid.shape();
  }

  public static void main(String[] args)
  {
    new OopEx3();
  }
}
```

Die Polymorphie kommt aber eigentlich erst zum Tragen, wenn wir eine Methode `trip()` deklarieren, der wir **entweder** einen `TurtleBoy` **oder** ein `TurtleGirl` übergeben, und verlangen, dass sie die Methode `shape()` der entsprechenden Klasse aufruft. Da `TurtleBoy` und `TurtleGirl` auch ein `TurtleKid` sind, wählen wir als Typ des Übergabeparameter `TurtleKid`, schreiben also

```
void trip(TurtleKid kid)
{
  ..
  kid.shape();
  ..
}
```

In einer klassischen Programmiersprache würde dieser Aufruf bereits zu Kompilationszeit mit der Methode `shape()` der Klasse `TurtleKid` verbunden. Nicht aber so in der OOP, in der erst **zur Laufzeit** auf Grund des übergebenen Parameters entschieden wird, ob die Methode `shape()` der Klasse `TurtleKid`, `TurtleBoy` oder `TurtleGirl` aufgerufen wird. Wir sagen, dass `shape()` **dynamisch gebunden** sei und nennen `shape()` eine **virtuelle** Methode, da zur Compilationszeit nicht entschieden werden kann, welche der Methoden aufgerufen wird. Lassen wir `OopEx4` mehrmals laufen, so erscheint zufällig einmal ein `TurtleBoy` und einmal ein `TurtleGirl`. In Java sind **alle** (nicht-statischen) Methoden virtuell.

```
// OopEx4.java

import homeland.*;

public class OopEx4
{
  public OopEx4()
  {
    TurtleKid kid;
    if (Math.random() < 0.45)
    {
      kid = new TurtleGirl();
      kid.setHomeland("Italian girl");
    }
    else
    {
      kid = new TurtleBoy();
      kid.setHomeland("Madagaskar boy");
    }
    trip(kid);
  }

  private void trip(TurtleKid k)
  {
    k.left(90);
    k.forward(100);
    k.shape();
  }

  public static void main(String[] args)
```

```
    {
      new OopEx4();
    }
}
```

Muss man in trip() einen Codeteil ausführen, der nur für ein TurtleGirl definiert ist, so kann man den Datentyp über die Laufzeit-Typeninformation beziehen (Run-time type information, **RTTI**), und zwar am einfachsten über das Schlüsselwort instanceof. Im folgenden Beispiel identifiziert sich das TurtleKid auch noch als TurtleBoy oder TurtleGirl.

```
// OopEx5.java

import homeland.*;

public class OopEx5
{
  public OopEx5()
  {
    TurtleKid kid;
    if (Math.random() < 0.45)
      kid = new TurtleGirl();
    else
      kid = new TurtleBoy();
    trip(kid);
  }

  private void trip(TurtleKid k)
  {
    k.left(90);
    k.forward(100);
    k.shape();
    if (k instanceof TurtleBoy)
      k.label("  Ich bin ein Boy");
    if (k instanceof TurtleGirl)
      k.label("  Ich bin ein Girl");
  }

  public static void main(String[] args)
  {
    new OopEx5();
  }
}
```

In Java werden die Methoden immer dynamisch gebunden, sie sind also immer virtuell. Das verein-facht zwar die Programmierung, da man darauf verzichten kann, explizit anzugeben, wann dynamisch und wann statisch gebunden werden soll. Es verlangsamt aber die Programmausführung.

15 Statische Variablen und Methoden

Wir wollen uns daran erinnern, dass eine Instanz einer Klasse ein eigenständiges Individuum ist, dessen Instanzvariablen und Methoden von anderen Instanzen derselben Klasse unabhängig sind.

Der Code der Methoden einer Klasse ist zwar aus Effizienzgründen nur einmal gespeichert und wird normalerweise über einen versteckten zusätzlichen Parameter, welcher eine this-Referenz auf die aktuelle Instanz erhält, unterschieden. Davon braucht aber der Programmierer nichts zu wissen.

In seltenen Fällen ist es erwünscht, dass eine Variable oder Methode für alle Instanzen einer Klasse dieselbe ist, also in einem gewissen Sinn zur Klasse und nicht zu der einzelnen Instanz gehört. Wie wir bereits wissen, werden solche Variablen oder Methoden **statisch** (static) genannt. Dies ist eine etwas unglückliche Bezeichnung, die nichts mit dem Gegensatz zum Begriff **dynamisch** zu tun hat, mit dem man etwas bezeichnet, das erst zur Laufzeit festgelegt wird. Statische Variablen werden im Gegensatz zu gewöhnlichen Instanzvariablen auch **Klassenvariablen** genannt. Wegen der großen Verwechslungsgefahr verzichten wir auf diese Bezeichnung und sprechen von statischen (Instanz-)Variablen, manchmal auch als Sprachgemisch von **static (Instanz-)Variablen**.

Der Unterschied zwischen nicht-static und static ist nur dann wichtig, wenn von einer Klasse mehrere Instanzen existieren. Will man, aus welchen Gründen auch immer, möglichst wenig mit der objektorientierten Programmierung zu tun haben, so wird man versucht sein, alle Variablen und Methoden static deklarieren. Man muss sich dann allerdings fragen, ob es einen Sinn macht, eine weitgehend objektorientierte Programmiersprache wie Java zu verwenden. Auch wird dadurch der Einsatz von Klassenbibliotheken wie die JFC wesentlich erschwert. Da wir bereits die großen Vorteile der OOP erkannt haben, halten wir uns an den folgenden Grundsatz:

☞ **Statische Variablen und Methoden widersprechen der Objektorientierung und sind nur sehr sparsam einzusetzen.**

Im Folgenden betrachten wir einige Beispiele, bei denen die Verwendung von static durchaus sinnvoll, teilweise sogar nötig ist.

Aus verschiedenen Gründen kann es nötig sein, die Zahl der erzeugten Instanzen einer Klasse zu zählen, beispielsweise, weil man deren Zahl beschränken will. Man könnte natürlich den Instanzenzähler als Variable in derjenigen Klasse deklarieren, welche die Instanzen erzeugt. Vom objektorientierten Standpunkt aus ist es aber viel eleganter, wenn die Klasse selbst „weiß", wie viele Instanzen bereits erzeugt wurden, und man sie danach „fragen" kann. Ein solcher Instanzenzähler gehört aber offensichtlich zur Klasse selbst, und nicht zum einzelnen Objekt. Instanzenzähler sind daher typische Beispiele für static Variablen.

Im folgenden Beispiel soll die Klasse TurtleChild Kinder einer Turtlefamilie modellieren. Damit wir nach der Anzahl Geschwister fragen können, deklarieren wir eine int-Variable counter, die sowohl static als auch, wie es sich gehört, private ist. Mit der statischen Methode howMany(), die public deklariert wird, können wir jederzeit den Wert von counter abfragen. howMany() müsste zwar gar nicht static deklariert werden, da auch nicht-static Methoden auf statische Variablen zugreifen können. Die Initialisierung statischer (wie nicht-statischer) Variablen erfolgt am besten gleichzeitig mit der Deklaration, die explizite Initialisierung auf 0 ist zwar nicht nötig, aber eine gute Programmiergewohnheit.

Da eine Instanz von TurtleChild auch eine Instanz von Turtle ist, muss bei der Konstruktion der TurtleChild-Instanz ein Konstruktor der Superklasse Turtle aufgerufen werden. Da wir wollen, dass alle Turtles im selben Fenster erscheinen, müssen wir denjenigen Konstruktor der Turtle-Klasse verwenden, dem man eine Referenz auf eine bereits vorhandene Turtle übergibt. Der Aufruf des Konstruktors der Superklasse erfolgt in Java durch Verwendung von super(). Da howMany() eine statische Methode ist, kann sie auch ohne Verwendung eines Variablennamens aufgerufen werden. Man verwendet an Stelle eines Variablennamens den Klassennamen und schreibt

```
TurtleChild.howMany();
```

```
// TurtleChild.java

import ch.aplu.turtle.*;

public class TurtleChild extends Turtle
{
  private static int counter = 0;

  public TurtleChild(Turtle t)
  {
    super(t);
    counter++;
    setPos(0, 30*counter) ;
  }

  public static int howMany()
  {
    return counter;
  }
}
```

In der Applikationsklasse erzeugen wir zuerst eine Mutterturtle und dann einige Geschwister, die sich auf einer vertikalen Achse anordnen sollen. Am Schluss bitten wir die Mutter, die Zahl ihrer Kinder auszuschreiben.

```
// StaticEx1.java

import ch.aplu.turtle.*;
import java.awt.Color;

public class StaticEx1
{
  public StaticEx1()
  {
    Turtle mama = new Turtle(Color.red);
    TurtleChild laura = new TurtleChild(mama);
    TurtleChild mary = new TurtleChild(mama);
    TurtleChild peter = new TurtleChild(mama);
    mama.label("  Kinderzahl " + TurtleChild.howMany());
  }

  public static void main(String[] args)
  {
    new StaticEx1();
  }
}
```

Unter **globalen** Variablen versteht man Variablen, die in allen Programmteilen sichtbar sind und damit auch überall verändert werden können. Es gehört schon seit langem zur Programmierkultur, globale Variablen, wenn immer möglich, zu vermeiden, da sie gegen die **Datenkapselung** verstoßen. In gewissen Fällen ist es aber sehr sinnvoll, globale Größen zur Verfügung zu stellen, damit diese uneingeschränkt in allen Klassen und Methoden verwendet werden können. Falls ausschließlich lesend auf Variablen zugegriffen wird oder es sich um Methoden ohne Seiteneffekte handelt, sind globale Größen problemlos.

Die Syntax von Java kennt zwar keine globalen Variablen und Methoden. Diese lassen sich aber mit statischen Variablen und Methoden simulieren. Die Schreibarbeit wird dadurch zwar etwas größer, was aber nicht unbedingt ein Nachteil ist, werden wir doch dadurch gezwungen, globale Größen ihrer Bedeutung gemäß durch einen sinnvollen Klassennamen zusammenzufassen, wobei sich damit auch Namenskonflikte besser vermeiden lassen. Typisch in der JFC ist die Klasse Math, die gänzlich aus statischen Elementen besteht. Will man beispielsweise wichtige physikalische Konstanten zur Verfügung stellen, so ist eine Klasse Phys sinnvoll, in welcher die Konstanten static und zudem final deklariert werden, um jede Veränderung zu unterbinden.

```
// Phys.java

public class Phys
{
  public static final double Boltzman = 1.380658E-23;
  public static final double c = 2.997924580E+8;
  public static final double ElectronCharge = 1.60217733E-19;
  public static final double ElectronMass = 9.1093897E-31;
  public static final double ProtonMass = 1.6726231E-27;
  public static final double Gas = 8.314510;
  public static final double Gravity = 6.67259E-11;
  public static final double Planck = 6.6260755E-34;
  public static final double MeV = 1.60217733E-13;

  private Phys()
  {}
}
```

In Phys weichen wir einmal bewusst von den Regeln ab, Instanzvariablen klein zu schreiben und privat zu deklarieren. Um zu verhindern, dass von der Klasse Phys eine Instanz erzeugt wird, was wenig Sinn machen würde, deklarieren wir einen leeren Konstruktor, der private ist. Der Versuch einer Instanzierung mit

```
Phys p = new Phys();
```

führt damit zu einer Syntaxfehlermeldung.

Dasselbe kann man erreichen, indem man die Klasse Phys abstract deklariert. Eine andere Möglichkeit, Konstanten zu definieren, wird im Zusammenhang mit Interfaces erläutert. Beide Verfahren werden später ausführlich beschrieben.

Die Testapplikation berechnet mit der bekannten Formel von Einstein $E = mc^2$ die Ruheenergie des Elektrons.

```
// StaticEx2.java

import ch.aplu.util.*;
import java.text.*;

public class StaticEx2
{
  public StaticEx2()
  {
    DecimalFormat df = new DecimalFormat("0.###E00");
    double e = Phys.ElectronMass * Phys.c * Phys.c;
    System.out.println("Ruhenergie des Elektrons: " +
                       df.format(e) + " J");
    System.out.println("entsprechend: " +
```

```
                        df.format(e / Phys.MeV) + " MeV");
  }

  public static void main(String[] args)
  {
    Console.init();
    new StaticEx2();
  }
}
```

Statische Methoden können auch dazu verwendet werden, von einer Klasse eine Instanz zu erzeugen. Man nennt diese **Factory-Methoden**. Beispielsweise verwenden wir schon lange die Methode init() der Klasse Console, welche genau diese Aufgabe hat. Ein Instanzzähler sorgt zudem dafür, dass der Versuch eine zweite Console zu erzeugen, zu einer Fehlermeldung führt.

Eine wichtige Anwendung von statischen Instanzvariablen zeigen wir im folgenden Beispiel. Wir wollen die fünf Kontinente als Objekt auffassen und deklarieren eine Klasse Continent mit einem Deskriptor, der hier lediglich den Namen des Kontinents enthält. Es ist unsere Absicht, den Anwender der Klasse zu zwingen, einen der fünf Kontinente zu wählen. Daher verbieten wir die Verwendung des Konstruktors und deklarieren diesen deshalb private. Das heißt aber noch lange nicht, dass wir damit vollständig ausschließen, dass eine Instanz dieser Klasse erzeugt wird. Wir können nämlich public Instanzvariablen deklarieren, die den Namen des Kontinents besitzen und bei Programmstart automatisch eine Instanz der eigenen Klasse mit dem entsprechenden Deskriptor erzeugen, auf die wir über die statische Variable Zugriff haben.

```
public class Continent
{
  public static Continent asia =
      new Continent("asia");
  public static Continent europe =
      new Continent("europe");
  public static Continent northamerica =
      new Continent("northamerica");
  public static Continent southamerica =
      new Continent("southamerica");
  public static Continent australia =
      new Continent("australia");

  private String description;

  private Continent(String cont)
  {
    description = cont;
  }

  public String getDescription()
```

```
  {
    return description;
  }
}
```

Die Verwendung der Klasse gestaltet sich sehr einfach. Benötigen wir beispielsweise den Kontinent Europa, so verwenden wir die statische Referenz europa auf die bereits beim Programmstart erzeugte Instanz.

```
// StaticEx3.java

public class StaticEx3
{
  public StaticEx3()
  {
    Continent continent = Continent.europe;
    System.out.println("Der Kontinent ist: " +
                        continent.getDescription());
  }

  public static void main(String[] args)
  {
    new StaticEx3();
  }
}
```

Nach diesem Muster ist beispielsweise die Klasse Color (aus dem Package java.awt) aufgebaut. Man kann beispielsweise eine Instanz einer Farbe mit

```
Color c = Color.red;
```

benützen, was für viele Programmierer etwas ungewohnt erscheint, da ja üblicherweise eine Instanz mit new erzeugt werden muss.

Der Vollständigkeit halber sei erwähnt, dass auch Klassen mit dem Modifier static *deklariert werden können, allerdings nur, falls sie im Inneren einer anderen Klasse deklariert werden (**innere Klassen**). Sie sind dann auch außerhalb der umschließenden Klasse sichtbar, was nur in Ausnahmefällen wünschenswert ist.*

16 Dynamische Datentypen, abstrakte Klassen

16.1 Beispiel eines typischen Klassendesigns

Oft ist es schwierig, bereits während der Programmentwicklung vorauszusagen, wie groß der Speicherbedarf für die während der Laufzeit anfallenden Daten sein wird. In diesen Fällen benötigen wir **dynamische** Datenstrukturen, deren Größe zur Laufzeit nach Bedarf zu- und wieder abnehmen kann. Typisch für dynamische Datenstrukturen sind Listen. Zwar ist die Erstellung eigener Listenklassen nicht ganz einfach. Sie gehört aber zu den Grundfähigkeiten des professionellen Programmierers. In der Praxis werden meist vorhandene Klassenbibliotheken hinzugezogen, für einfache Fälle die Klassen Vector und ArrayList aus der JFC.

Bei der Entwicklung von Listentypen stellt sich ein grundsätzliches Problem. Man möchte die Implementierung so vornehmen, dass sie für die Speicherung von beliebigen Datentypen verwendet werden kann. Das Problem ergibt sich in allen streng-typisierten Programmiersprachen, da Variablen und Parameter einen fest vorgegebenen Datentyp besitzen und damit ein Algorithmus nicht so formuliert werden kann, dass er für verschiedene Datentypen verwendet werden kann.

Wegen dieser Problematik hat man in mehreren modernen Programmiersprachen variable Typen, die ***templates*** *heißen, eingeführt. Damit lassen sich Klassen und Methoden schreiben, ohne dass man sich vorerst auf den Datentyp bestimmter Parameter, Variablen und Rückgabewerte festlegen muss. Man nennt templates auch generische Datentypen, da sie allgemeine Muster oder Vorlagen darstellen, die erst bei der Verwendung der Klasse oder der Methode mit dem konkreten Datentyp gefüllt werden. In Java wurde der Einfachheit halber auf templates verzichtet. Es ist aber nicht sicher, ob dies in zukünftigen Java-Versionen so bleiben wird.*

Um auch in Java eine gewisse Unabhängigkeit vom Datentyp zu erhalten, hat man zu einem einfachen Kniff gegriffen und eine Wurzelklasse Object eingeführt, aus der alle anderen Klassen **implizit**, d.h. ohne dass man dies mit einem extends angeben müsste, abgeleitet werden. Eine Instanz einer beliebigen Klasse ist also auch immer Instanz der Klasse Object und kann damit mit einer Variablen vom Typ Object referenziert werden. Wegen der Polymorphie bleibt die ursprüngliche Typenzugehörigkeit erhalten und kann mit einem Typecasting wieder zurückgewonnen werden. Haben wir beispielsweise eine Instanz der Klasse java.awt.Point, so kann der Rückgabewert von new einer Objectreferenz zugewiesen werden, da ja ein Point auch ein Object ist.

```
Object obj = new Point(0, 0);
```

Die Pointreferenz lässt sich wegen der Polymorphie jederzeit mit einem Casting wieder aus `obj` zurückholen. Da die Klasse `Point` in der Klassenhierarchie „tiefer" als die Klasse `Object` liegt, nennt mit dies auch **downcasting**.

```
Point pt = (Point)obj;
```

Obschon die Basistypen keine Objekte sind, können sie ebenfalls als `Object` abgespeichert und wieder zurückgeholt werden, wenn man sie vorher mittels der Hüllklassen in Objekte umwandelt.

Zum Speichern von zusammengehörenden Objekten wird oft die Klasse `Vector` aus dem Package `java.util` herangezogen. Wie man aus der Dokumentation der JFC entnimmt, handelt es sich um einen dynamischen Datentyp, der zur Laufzeit beliebig wachsen und schrumpfen kann. Dabei verwendet man die Methoden `add()` bez. `remove()`. Der Zugriff auf ein einzelnes Element an einer bestimmten Position erfolgt mit `elementAt()`. Da die Elemente von `Vector` den Datentyp `Object` haben, lassen sich Elemente mit beliebigem Datentyp abspeichern. Es ist sogar möglich, dass in einem Vector mehrere verschiedene Datentypen enthalten sind.

Das folgende Beispiel zeigt exemplarisch, wie man die Klasse `Vector` zusammen mit der Polymorphie sehr gewinnbringend einsetzen kann. Es handelt sich um ein bekanntes Musterbeispiel für objektorientiertes Programmieren und es ist ratsam, ihm die nötige Aufmerksamkeit zu schenken. Wir gehen davon aus, dass wir einen Vogelpark (eine Volière) mit verschiedenen Vögeln modellieren wollen. Die Vögel sollen einer bestimmten Klasse der Singvögel angehören und sich durch unterschiedliches Pfeifen voneinander unterscheiden. Damit wir das Gemeinsame der Vögel zusammenfassen können, ist es nahe liegend, die verschiedenen Sorten von Vögeln aus einer gemeinsamen Klasse `Bird` abzuleiten (Abb. 16.1).

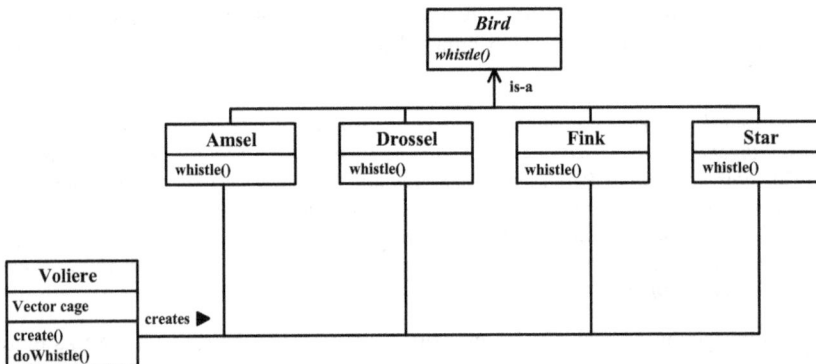

Abb. 16.1   *UML-Diagramm der Singvögel (abstrakte Klassen/Methoden kursiv)*

Oft ist es wenig sinnvoll, von der übergeordneten Klasse, also der Superklasse `Bird` eine Instanz zu erstellen, denn es gibt keine Vögel, die nicht einer spezifischen Vogelklasse angehören. Wir verbieten das Erstellen einer Instanz, indem wir die Klasse `Bird` mit dem Schlüsselwort `abstract` versehen und nennen sie eine **abstrakte Klasse**. In einer abstrakten Klasse kann man auch Methoden mit dem Schlüsselwort `abstract` deklarieren. Dabei handelt es sich um Methoden, von denen nur der **Methodenkopf (Signatur)** angegeben ist (Name, Rückgabetyp und Parameterliste), die also keinen **Anweisungsteil (Rumpf, body)** enthalten. Eine abstrakte Methode muss aber in einer abgeleiteten Klasse implementiert werden (oder die abgeleitete Klasse muss auch wieder abstrakt sein), sonst wird ein Compilationsfehler erzeugt. Abstrakte Methoden entsprechen einer **Garantieerklärung** der Superklasse, dass die abgeleitete Klasse die Methode auch tatsächlich implementiert (oder abstrakt deklariert). Eine abstrakte Methode kann daher auch als eine **Vorlage** aufgefasst werden.

Da es keine Instanz der Klasse `Bird` geben soll, deklarieren wir sie und auch die Methode `whistle()` abstract.

```
// Bird.java

abstract public class Bird
{
   abstract public void whistle();
}
```

Die Klassen der Vogelarten sind alle gleich aufgebaut und implementieren die Methode `whistle()` jede auf ihre Art.

```
// Amsel.java

public class Amsel extends Bird
{
   public void whistle()
   {
      System.out.println("Amsel pfeift: uiuiii...");
   }
}
```

```
// Drossel.java

public class Drossel extends Bird
{
   public void whistle()
   {
      System.out.println("Drossel pfeift: zwawaaa...");
   }
}
```

```
// Fink.java

public class Fink extends Bird
{
   public void whistle()
```

```
  {
    System.out.println("Fink pfeift: zrzrrr...");
  }
}


// Star.java

public class Star extends Bird
{
  public void whistle()
  {
    System.out.println("Star pfeift: kiukuu...");
  }
}
```

Es liegt in der Absicht eines guten Klassenentwurfs, die Klassen möglichst stark voneinander **abzuschirmen** und zu **entkoppeln**, um eine gute Datenkapselung zu erreichen. Der Applikationsklasse sollen also nur diejenigen Methoden der Vogelklassen zur Verfügung stehen, die sie wirklich braucht. Aus diesem Grund soll in unserem Beispiel die Applikationsklasse nicht einmal den Konstruktor der Vögel verwenden dürfen. Wir überlassen das Erzeugen der Vögel daher der Methode create(). Diese ist in der Klasse Voliere deklariert, welche enger mit den Vögeln umgehen darf und insbesondere auch den (privaten) Vogelkäfig cage zur Verfügung stellt. Beim Erzeugen eines neuen Vogels wird der Vogel gleichzeitig in den Käfig gesetzt, d.h. mit add() im Vektor hinzugefügt. Wegen der Polymorphie geht dabei die Klassenzughörigkeit zur entsprechenden Vogelklasse nicht verloren.

```
// Voliere.java

import java.util.*;

public class Voliere
{
  private Vector cage = new Vector();

  public void create(String kindOfBird)
  {
    Bird bird = null;
    if (kindOfBird.equals("Amsel"))
      bird = new Amsel();
    if (kindOfBird.equals("Drossel"))
      bird = new Drossel();
    if (kindOfBird.equals("Fink"))
      bird = new Fink();
    if (kindOfBird.equals("Star"))
      bird = new Star();

    if (bird != null)
```

```
      cage.add(bird);
  }

  public void whistleAll()
  {
    for (int i = 0; i < cage.size(); i++)
      ((Bird)cage.elementAt(i)).whistle();
  }
}
```

Damit mit `whistleAll()` alle Vögel pfeifen, rufen wir der Reihe nach das `whistle()` der entsprechenden Vogelklasse auf. Dabei müssen wir den Rückgabewert von `elementAt()`, der den Typ `Object` hat, auf den Typ `Bird` downcasten, denn die Klasse `Object` besitzt keine Methode `whistle()`. Wegen der Polymorphie wird aber der Vogel gemäß seiner Vogelart pfeifen, d.h. es wird das `whistle()` der entsprechenden Klasse aufgerufen.

Die Applikationsklasse erzeugt die Volière und einige Vögel. Dann lässt sie die erzeugten Vögel pfeifen.

```
// MorphyEx1

import ch.aplu.util.*;

public class MorphyEx1
{
  public MorphyEx1()
  {
    Voliere v = new Voliere();
    v.create("Fink");
    v.create("Amsel");
    v.create("Star");
    v.create("Drossel");
    v.whistleAll();
  }

  public static void main(String[] args)
  {
    Console.init();
    new MorphyEx1();
  }
}
```

Der vorgestellte Lösungsansatz soll zeigen, dass objektorientiertes Programmieren bereits bei einfachen Problemen sehr elegant und motivierend ist, das Vorgehen sich aber deutlich von einem nicht-objektorientierten Ansatz unterscheidet.

16.2   Collections: Hashtable und Enumeration

Unter einer Collection versteht man allgemein einen Datentyp, der mehrere Objekte zu einer Gruppe zusammenfasst, wie wir dies bereits von den Klassen array und Vector kennen. Im modernen Programmiersprachen gibt es häufig eine umfangreiche Klassenbibliothek (manchmal auch **Framework** genannt), welche elegante Verfahren für den Umgang mit solchen Datentypen zur Verfügung stellt. Collections stellen zwar keine Notwendigkeit dar, können aber den Programmieraufwand wesentlich reduzieren und die Übersicht verbessern, da man weniger das Einzelobjekt als vielmehr die ganze Gruppe ins Auge fasst.

Die bekanntesten Collection-Frameworks sind die Standard Template Library (STL) in C++ und die Collection-Klassen in Smalltalk. Auch Java stellt ein Collection-Framework zur Verfügung, das hier nicht systematisch behandelt wird. Eine gute Einführung findet man unter http://java.sun.com/docs /books/tutorial/collections/

Für die Praxis wichtig sind Sammlungen von Objekten, die durch einen eindeutigen **Schlüssel (Key)** gekennzeichnet werden. Da der Schlüssel irgend einen Datentyp aufweisen kann, handelt es sich offensichtlich um eine Erweiterung der Datentypen array, bzw. Vector, bei denen die Kennzeichnung der Objekte durch einen Index (von 0 aufsteigender int) erfolgt. In der Klasse Hashtable werden Schlüssel/Werte-Paare (key/value-pairs) gespeichert, die beide den Datentyp Object haben. Der Klassenname soll darauf hinweisen, dass die Suche und damit der Zugriff auf die Werte über einen vorgegebenen Schlüssel durch die Verwendung eines **Hashcode-Algorithmus** sehr effizient ist.

Im folgenden Beispiel wird eine Hashtable dafür eingesetzt, Objekte unter ihrem Namen zu verwalten. Da wir Turtleobjekte aufbewahren wollen, besitzt der Schlüssel den Datentyp String und die Werte den Datentyp Turtle. Wir fassen die gespeicherten Turtles als Mitglieder einer Tanzgruppe auf, deren Namen wir über eine einfache Benutzereingabe erfassen. Beim Abbruch des Eingabedialogs wird nach dem Namen eines Mitgliedes gefragt. Falls es ein Mitglied mit diesem Namen gibt, tanzt dieses eine Pirouette und schreibt seinen Namen aus, sonst werden alle Mitgliedernamen aufgelistet.

Mit der Methode put() kann ein neues Schlüssel/Werte-Paar in die Hashtable aufgenommen werden. Falls der Schlüssel bereits existiert, wird der alte Wert durch den neuen überschrieben. Mit get() holt man einen Wert bei vorgegebenem Schlüssel zurück. Dabei ist allerdings darauf zu achten, dass die Rückgabewerte immer vom Typ Object sind und daher eine Cast auf den ursprünglichen Datentyp nötig ist. Ist der Rückgabewert null, so gibt es keinen Wert mit dem vorgegebenen Schlüssel.

Im Beispiel wollen wir auch alle Schlüssel der Hashtable auflisten. Dazu verwendet man zweckmäßigerweise die Klasse Enumeration und kann mit minimalem Aufwand die Collection durchlaufen, indem man in einer while-Schleife mit nextElement() den Schlüssel zurückholt, solange hasMoreElements() nicht false zurückliefert.

```
// HashEx1.java

import java.util.*;
import javax.swing.JOptionPane;
import ch.aplu.turtle.*;
```

```java
public class HashEx1
{
  private Hashtable ht = new Hashtable();

  public HashEx1()
  {
    String name = "";
    Turtle head = new Turtle();
    Turtle member;

    while (name != null)
    {
      name = JOptionPane.
          showInputDialog("Mitglied der Tanzgruppe?");
      if (name != null)
      {
        member = new Turtle(head);
        ht.put(name, member);
      }
    }

    name =
        JOptionPane.showInputDialog("Wer soll tanzen?");
    dance(name);
  }

  void dance(String name)
  {
    Turtle t = (Turtle)ht.get(name);
    if (t != null)
    {
      t.forward(100);
      t.label("  " + name + " tanzt");
      for (int i = 0; i < 360; i += 10)
        t.left(10);
    }
    else
    {
      String names = "";
      Enumeration enum = ht.keys();
      while (enum.hasMoreElements())
        names += " " + (String)enum.nextElement();
      JOptionPane.showMessageDialog(null,
          "Kein Mitglied mit diesem Namen gefunden.\n" +
          "Vorhandene Mitglieder:" + names);
      System.exit(0);
    }
```

```
    }

    public static void main(String[] args)
    {
        new HashEx1();
    }
}
```

16.3   Verwendung von Entwurfsmustern: Abstract-Factory

Entwurfsmuster (design patterns) stellen eine wichtige Entwicklung im objektorientierten Software-Design dar. Die grundlegenden Überlegungen wurden im Buch „Design-Patterns" von Gamma, Helm, Johnson und Vlissides bereits 1995 vorgestellt, das als Klassiker der Informatik gilt[1]. Die vier Autoren werden auch als „Gang of Four" (**GoF**) bezeichnet. Unter Design-Patterns versteht man Konzepte für einen standardisierten Entwurf von größeren Software-Projekten auf der Basis der OOP. Wegen der Weitläufigkeit des Themas wird hier exemplarisch nur ein einziges Muster vorgestellt, das in der Klasse Toolkit auch Eingang in die JFC gefunden hat, nämlich die **Abstract-Factory**. Es vereint in einer nicht ganz einfachen Struktur viele der bisher erarbeiteten Begriffe wie Vererbung, abstrakte Klassen, statische Methoden und Polymorphie und kann als Test für ein erfreuliches Grundwissen der OOP gelten.

Wichtige Zielsetzung bei der Entwicklung von Software-Projekten ist es, ein Konzept auszuarbeiten, bei dem die Schnittstellen (Interfaces) und die Implementierung weitgehend getrennt sind. Man meint damit, dass ein Anwender einer Klasse oder einer Klassenbibliothek in keiner Weise von den Einzelheiten der Codierung der Klassen betroffen ist und er in der Lage ist, allein auf Grund der Klassen-Spezifikationen bzw. -Dokumentationen die Klassen zu verwenden. Der Implementierer erhält dadurch weitgehende Freiheiten, den Code jederzeit zu verändern, beispielsweise um die Ausführung zu beschleunigen. Für die problemlose Wiederverwendung von Software-Komponenten ist die Einhaltung dieses Konzepts von großer Wichtigkeit. Das Vererbungsprinzip in Klassenhierarchien eignet sich leider nur bedingt dazu, die geforderte Unabhängigkeit von Interface und Implementierung zu erreichen. Leitet nämlich ein Anwender eine Klasse aus einer bestehende Klassenhierarchie ab, so ist diese sehr eng mit der Superklasse verbunden, da sie Zugriff auf alle nicht privaten Instanzvariablen und Methoden besitzt. Auch eine Veränderung der Konstruktoren der Superklasse kann große Auswirkungen auf die abgeleitete Klasse haben. Mit dem vorgestellten Entwurfsmuster wird angestrebt, die gegenseitige Kopplung zwischen Anwender und Entwickler (bzw. in größeren Softwareprojekten zwischen den verschiedenen Entwicklerteams) zu reduzieren. Wir gehen davon aus, dass wir als Software-Entwickler eine Bibliotheksklasse entwickeln wollen, die dem Anwender gewisse Dienste zur Verfügung stellt. Exemplarisch soll es sich um eine Stoppuhr handeln, mit der sich die Laufzeiten kritischer Programmteile

---

[1] Gamma et al., *Design Patterns,* Addison-Wesley (1995)

messen lassen. Der Einfachheit halber soll die Dienstleistung lediglich aus der Methode `start()`, welche die Uhr startet, und `show()` bestehen, welche die abgelaufene Zeit in Millisekunden als long zurückgibt.

Wir schreiben im Package `watch` zuerst eine abstrakte Klasse `WatchFactory`, die dem Entwurfsmuster seinen Namen „Abstract-Factory" gibt. Diese enthält neben den `abstract` deklarierten Dienstleistungs-Methoden eine statische Methode `getFactory()` mit der man eine konkrete Uhrenfabrik herstellen kann.

```
// WatchFactory.java
// Abstract factory

package watch;

abstract public class WatchFactory
{
  public static WatchFactory getFactory()
  {
    return new ConcreteFactory();
  }

  abstract public void start();

  abstract public long show();
}
```

Es genügt, dem Anwender diese drei Methoden bekannt zu geben, damit er eine Applikation schreiben kann. Will er beispielsweise die Laufzeit zur Berechnung von Sinus-Werten bestimmen, so ruft er die Factory-Methode `getFactory()` auf und weist den Rückgabewert einer Referenzvariable des Typs `WatchFactory` zu. Auf den ersten Blick scheint dies merkwürdig, da ja `WatchFactory` abstract deklariert ist, es also nicht möglich ist, davon eine Instanz zu erzeugen. In der Tat erzeugt die Factory-Methode auch gar keine WatchFactory-Instanz, sondern eine Instanz der Klasse `ConcreteFactory`, die aus `WatchFactory` abgeleitet ist.

```
// FactoryEx1.java

import watch.*;

public class FactoryEx1
{
  public FactoryEx1()
  {
    WatchFactory a = WatchFactory.getFactory();
    System.out.print("Berechne 1 Mio. Sinuswerte... ");
    a.start();
    for (int i = 0; i < 1000000; i++)
      Math.sin(i);
```

```
      System.out.println("OK. Laufzeit " + a.show() + " ms");
  }

  public static void main(String[] args)
  {
    new FactoryEx1();
  }
}
```

Dem Implementierer steht es nun völlig frei, wie er die Uhr tatsächlich konstruieren will. Eine Möglichkeit besteht darin, die Klasse Date aus java.util zu verwenden, eine andere, Maschinencode des betreffenden Rechnertyps heranzuziehen, um direkt die Clock des Computers zu lesen. Wir entscheiden uns für die erste Variante.

```
// ConcreteFactory.java

package watch;

import java.util.*;

final class ConcreteFactory extends WatchFactory
{
  private long time;

  ConcreteFactory() // Package access only
  {
    time = -1; // Stopped
  }

  public void start()
  {
    time = new Date().getTime();
  }

  public long show()
  {
    if (time == -1)
      return -1; // Stopped
    return new Date().getTime() - time;
  }
}
```

Da die Klasse ConcreteFactory nicht public ist, kann der Anwender keine Instanz davon erzeugen. Sie ist daher vor der direkten Verwendung geschützt. Da wir sie zudem final deklariert haben, kann er sie auch nicht ableiten. Im UML-Diagramm ist besonders gut ersichtlich, dass die Implementierung in ConcreteFactory vollständig vom Anwender in FactoryEx1 isoliert ist. (Abb. 16.2).

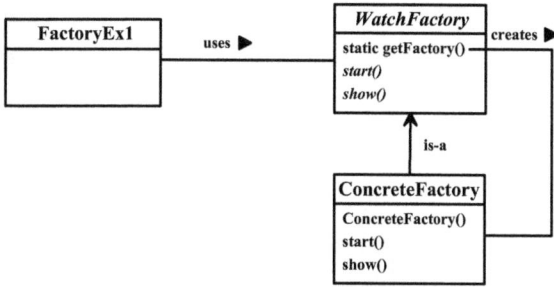

Abb. 16.2 *UML-Diagramm der WatchFactory (kursiv: abstrakte Klassen und Methoden)*

17   Interfaces

In Java wird der Begriff **Interface** für eine spezielle Klassenkonstruktion eingesetzt. In vielerlei Hinsicht verhält sich ein Interface wie eine Klasse, in der alle Methoden `abstract` sind, und daher nur die Methodenköpfe (Bezeichner, Rückgabetyp und Parameterliste, **Methodensignatur** oder kurz **Signatur** genannt) enthalten. Auch ohne explizite Angabe sind die Methoden standardmäßig `abstract public` und die Instanzvariablen `public static`. Abstrakte Klassen und Interfaces haben die gemeinsame Eigenschaft, dass man keine Instanzen davon erstellen kann. An Stelle von Vererbung spricht man bei Interfaces von **implementieren**. Trotz diesen gewaltigen Einschränkungen im Vergleich zu den Klassen haben Interfaces einen wichtigen Vorteil: Während eine Klasse nur aus einer Superklasse abgeleitet werden kann, ist es möglich, dass eine Klasse mehrere Interfaces implementiert. Es handelt sich dabei um eine einfache Art von **Vielfachvererbung (multiple inheritance)**. Da auch für abstrakte Klassen in Java die Einfachvererbung gilt, musste neben den abstrakten Klassen ein neuer Begriff geschaffen werden.

Es ist in Java üblich, auch im Fall, in welchem die Vielfachvererbung keine Rolle spielt, statt von abstrakten Klassen, die ausschließlich aus abstrakten Methoden bestehen, Interfaces zu verwenden. In der implementierenden Klasse müssen **alle** Methoden des Interfaces implementiert werden, ausgenommen die Klasse sei abstract.

Gemäß dieser Gepflogenheit müsste man `Bird.java` aus dem vorhergehenden Kapitel als Interface deklarieren. Um mit der Syntax von Interfaces vertraut zu werden, führen wir die Änderung durch. Sie betrifft die Datei `Bird.java`, in der anstelle von `class` das neue Schlüsselwort `interface` stehen muss:

```
// Bird.java

public interface Bird
{
  void whistle();
}
```

Die Vogelklassen werden nun nicht mehr aus `Bird` abgeleitet, sondern „sie implementieren das Interface `Bird`". Um dies durch die Syntax auszudrücken, muss `extends` durch das neue Schlüsselwort `implements` ersetzt werden. Beispielsweise steht dann in der Datei `Amsel.java`:

```
// Amsel.java

public class Amsel implements Bird
```

```
{
  public void whistle()
  {
    System.out.println("Amsel pfeift: uiuiii...");
  }
}
```

Obwohl man von einem Interface keine Instanz erzeugen kann, ist es sehr wohl möglich, eine Referenzvariable vom Datentyp des Interfaces zu deklarieren und ihm eine Referenz einer implementierenden Klasse zuzuweisen, denn es gilt nach wie vor die is-a-Relation, wonach eine Amsel auch ein Bird ist. Wie bei Klassen bleibt also

```
Bird bird;
bird = new Amsel();
```

oder kurz

```
Bird bird = new Amsel();
```

richtig.

Daher können wir alles übrige, sowohl `Voliere.java` und `MorphyEx1.java` ohne Änderung übernehmen.

17.1   Interfaces zur losen Kopplung

Interfaces eignen sich hervorragend, um Klassen bzw. Klassenbibliotheken weitgehend voneinander zu isolieren und sie allein über ein Interface miteinander zu verbinden. Man nennt dies auch eine **schwache Koppelung** (loose coupling). Wir zeigen dies an einem typischen Beispiel. Wir können davon ausgehen, dass die Hersteller von Münzen und die Hersteller von Portemonnaies wenig miteinander zu tun haben. Immerhin dienen aber Portemonnaies dazu Münzen aufzubewahren. Modellieren wir beide Objekte, so muss ein Portemonnaie daher „gefragt" werden können, wie groß die Geldsumme ist, die es enthält. Wir deklarieren dazu in der Klasse `Purse` eine Methode `getAmount()`. Diese ist aber nur dann in der Lage, ihre Aufgabe zu erfüllen, wenn sie ihrerseits die Münzen nach ihrem Wert „fragen" kann. Unabhängig davon, um welche Art von Münze es sich handelt, müssen alle Münzen eine Methode `getValue()` anbieten, welche ihren Wert zurückgibt. Wie sie dies bewerkstelligen und welche Eigenschaften die Münzen sonst noch besitzen, ist für das Portemonnaie unwichtig. Nicht einmal der Name ihrer Klasse, der vernünftigerweise im Zusammenhang mit der Währung steht, ist von Bedeutung.

Aus diesem Grund „verlangen" die Portemonnaiehersteller, dass die Münzenhersteller eine **Garantieerklärung** abgeben, die besagt, dass sie das Interface `GenericCoin` implementieren, welches die Methode `getValue()` enthält. In juristischer Terminologie handelt es sich um einen **Kontrakt**. (Betrand Meyer hat das Prinzip des „programming by contract" bereits 1992 im Zusammenhang mit der Programmiersprache Eiffel vorgestellt[1].) Die Klasse Purse stellt dem Anwender zudem eine Methode put() zur Verfügung, mit welcher er Münzen aller Art in das Portemonnaie stecken kann. put() lässt aber nur Münzen zu, die sich gemäß der Vereinbarung verhalten und GenericCoin implementieren. Ist dies nicht der Fall, so werden die Münzen durch eine Compilerfehlermeldung zurückgewiesen. Im UML-Diagramm (Abb. 17.1) wird besonders deutlich, wie gut die beiden Klassenhierarchien der Münzen und der Portemonnaies getrennt sind. Damit haben beide Hersteller die maximale Freiheit in der Gestaltung der Klassen und deren Implementierung. Sie können ohne Probleme die Klassenhierarchie auch erweitern.

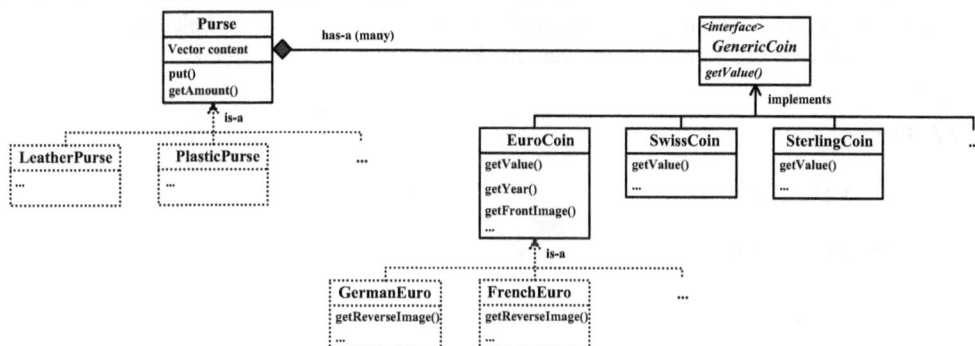

Abb. 17.1 *UML-Diagramm Münzen-Portemonnaie*

Wir notieren zuerst das Interface GenericJoin und die Klasse EuroCoin, die das Interface implementiert.

```
// GenericCoin.java

public interface GenericCoin
{
   int getValue();
}
```

```
// EuroCoin.java

public class EuroCoin implements GenericCoin
{
   private int value;

   public EuroCoin(int cents)
   {
```

---

[1] Bertrand Meyer: *Applying "Design by Contract"*, in Computer (IEEE), vol. 25, no. 10 (1992)

```
      value = cents;
  }

  public int getValue()
  {
    return value;
  }
}
```

Als Portemonnaiehersteller vereinfachen wir das Füllen mit Münzen, indem wir in put()
eine Referenz auf das aktuelle Portemonnaie zurückgeben. Mit diesem bekannten Trick können mehrere Aufrufe konkateniert werden. Wir machen in der Applikationsklasse davon
Gebrauch.

```
// Purse.java

import java.util.*;

public class Purse
{
  private Vector content = new Vector();

  public Purse put(GenericCoin coin)
  {
    content.add(coin);
    return this;
  }

  public double getAmount()
  {
    double amount = 0;
    for (int i = 0; i < content.size(); i++)
      amount +=
          ((GenericCoin)content.elementAt(i)).getValue();
    return amount / 100;
  }
}
```

Wie man sieht, erhält put() einen Parameter mit dem Datentyp GenericCoin, obschon
man keine Instanzen dieses Datentyps erstellen kann. Dies ist auch nicht nötig, da ja jede
Münzeninstanz beispielsweise vom Typ EuroCoin auch eine Instanz von GenericCoin
ist.

```
// InterfaceEx1.java

public class InterfaceEx1
{
```

```
public InterfaceEx1()
{
  Purse purse = new Purse();
  EuroCoin oneCent = new EuroCoin(1);
  EuroCoin twoCent = new EuroCoin(2);
  EuroCoin fiveCent = new EuroCoin(5);
  EuroCoin tenCent = new EuroCoin(10);
  EuroCoin twentyCent = new EuroCoin(20);
  EuroCoin fiftyCent = new EuroCoin(50);
  EuroCoin oneEuro = new EuroCoin(100);
  EuroCoin twoEuro = new EuroCoin(200);

  purse.put(fiveCent).put(oneEuro).put(fiftyCent);
  System.out.println("Im Portemonnaie sind " +
                       purse.getAmount() + " Euro");
}

public static void main(String[] args)
{
  new InterfaceEx1();
}
}
```

17.2   Das Interface Comparable

Von der Möglichkeit, Interfaces als Garantieerklärungen zu verwenden, macht auch die JFC an mehreren Stellen Gebrauch, beispielsweise in der Klasse Collections, die ausschließlich statische, für die Praxis hilfreiche Methoden enthält. So kann die Methode sort() den Inhalt eines gegebenen Vektors (Instanz der Klasse Vector) sortieren. Da die Elemente einer Vektor-Instanz den Typ Object haben, kann man mit sort() beliebige Objekte sortieren. Doch so einfach ist dies nicht. Um Objekte zu sortieren, muss für zwei beliebige Objekte festgelegt sein, welches vor dem anderen einzuordnen ist und wann sie auf gleicher Ordnungsstufe stehen. In der üblichen Sprechweise ausgedrückt muss klar sein, welches der zwei Objekte **kleiner** bzw. **größer** ist und wann sie (bezüglich der Ordnung) **gleich** sind. Man drückt dies formal mit den Zeichen <, >, = aus.

*Mathematisch ausgedrückt, muss eine **Ordnungsrelation** definiert sein, die für zwei gegebene Elemente a und b angibt, ob a < b, a > b oder a = b ist. Genau genommen muss eine **Wohlordnung** vorliegen, die noch einigen anderen Kriterien genügt.*

Die Methode sort() muss sich also darauf verlassen können, dass in der Klasse der eingespeisten Vektorelemente eine Vergleichsmethode existiert. Diese Forderung lässt sich elegant so formulieren, dass die zu sortierenden Instanzen einer Klasse angehören müssen, welche das Interface mit dem Namen Comparable implementiert, das einzig die Vergleichsmethode

```
public int compareTo(Object o)
```

enthält. Da der Parameter vom Typ Object ist, kann man diese Methode in jeder Klasse implementieren.

Wir zeigen dies exemplarisch, indem wir einen Vektor mit Turtles ordnen wollen. Dabei sollen die Turtles auf Grund ihrer Farbe geordnet werden. Zuerst deklarieren wir eine Klasse ColorTurtle, welche die Klasse Turtle ableitet und das Interface Comparable implementiert. Für den Farbvergleich ziehen wir die Methode getRGB() heran, die eine Farbzahl als int zurückgibt. Bei der Deklaration von compareTo() müssen wir den Parameter obj zuerst auf eine ColorTurtle casten, damit wir die Methode getColor() aufrufen können. (Wir könnten auch auf Turtle casten.) Zudem wollen wir einen Konstruktor deklarieren, der eine bereits vorhandene Turtlereferenz und eine Farbe übernimmt, damit die ColorTurtles mit der angegebenen Farbe alle im selben Fenster erscheinen. Wir verwenden dazu mit super() den entsprechenden Konstruktor der Superklasse.

```java
// ColorTurtle.java

import java.awt.Color;
import ch.aplu.turtle.*;

public class ColorTurtle extends Turtle implements Comparable
{
  public ColorTurtle(Turtle t, Color c) // Constructor
  {
    super(t, c);
  }

  public int compareTo(Object obj)
  {
    if (getColor().getRGB() >
        ((ColorTurtle)obj).getColor().getRGB())
      return -1;
    if (getColor().getRGB() <
        ((ColorTurtle)obj).getColor().getRGB())
      return 1;
    return 0;
  }
}
```

In einem Testprogramm erzeugen wir 3 Turtles mit den Farben grün, blau und rot und ordnen sie dann gemäß dem sRGB-Colormodell an (Reihenfolge rot, grün, blau). Zur Verbesserung der Übersicht ist es angebracht, in der for-Schleife von show() eine temporäre lokale Variable Turtle t einzuführen.

```java
// InterfaceEx2.java

import java.util.*;
import java.awt.Color;
import ch.aplu.turtle.*;

public class InterfaceEx2
{
  private Vector vector = new Vector();

  public InterfaceEx2()
  {
    Turtle zero = new Turtle(); // To create playground
    ColorTurtle turtle = new ColorTurtle(zero, Color.green);
    vector.add(turtle);
    turtle = new ColorTurtle(zero, Color.blue);
    vector.add(turtle);
    turtle = new ColorTurtle(zero, Color.red);
    vector.add(turtle);
    show(-50);
    Collections.sort(vector);
    show(50);
  }

  private void show(double x)
  {
    for (int i = 0; i < vector.size(); i++)
    {
      Turtle t = (Turtle)(vector.elementAt(i));
      t.setPos(x, -100 + 100 * i);
      t.stampTurtle();
    }
  }

  public static void main(String[] args)
  {
    new InterfaceEx2();
  }
}
```

Für die Hüllklassen der Basistypen und für Strings ist das Interface Comparable bereits implementiert, sodass sich Vektoren mit diesen Datentypen mit sort() sehr einfach sortieren lassen.

17.3   Interfaces zur Definition von Konstanten

Interfaces können dazu verwendet werden, auf elegante Weise Konstanten zu definieren. Dies kann im Zusammenhang mit naturwissenschaftlichen Berechnungen interessant sein, aber auch zur Festlegung von gewissen Werten, die überall im Programm zur Verfügung stehen sollen (analog zu den *defines* in C/C++ Programmen). Im Gegensatz zu abstrakten Klassen entfällt das `public static`.

```java
// PhysConst.java

public interface PhysConst
{
  double Boltzman = 1.380658E-23;
  double c = 2.997924580E+8;
  double ElectronCharge = 1.60217733E-19;
  double ElectronMass = 9.1093897E-31;
  double ProtonMass = 1.6726231E-27;
  double Gas = 8.314510;
  double Gravity = 6.67259E-11;
  double Planck = 6.6260755E-34;
  double MeV = 1.60217733E-13;
}
```

Jede Klasse, welche die Konstanten benützen will, implementiert dieses Interface. Da eine Klasse mehrere Interfaces implementieren kann, ist das Verfahren sehr flexibel.

```java
// InterfaceEx3.java

import ch.aplu.util.*;
import java.text.*;

public class InterfaceEx3 implements PhysConst
{
  public InterfaceEx3()
  {
    DecimalFormat df = new DecimalFormat("0.###E00");
    double e = ProtonMass * c * c;
    System.out.println("Ruhenergie des Protons: "
                       + df.format(e) + " J");
    System.out.println("entsprechend: "
                       + df.format(e/MeV) + " MeV");
  }

  public static void main(String[] args)
  {
    Console.init();
    new InterfaceEx3();
```

```
  }
}
```

17.4   Interfaces & Komposition statt Vererbung

Bereits mehrmals haben wir festgestellt, dass es beim Klassenentwurf zwei unterschiedliche Betrachtungsweisen gibt: Vererbung oder Komposition. Obschon sich die Vererbung oft als die natürlichere Variante anbietet, kann sich diese Annahme später als Irrtum erweisen. Wir zeigen dies am Beispiel der Polygon-Klasse, die wir im Kap. 12 sogar als Vorbild für die Vererbung behandelt haben.

Da ein Quadrat und ein Dreieck spezielle Polygone sind, ist es nahe liegend, die Klassen `Square` und `Triangle` aus der Klasse `Polygon` abzuleiten, da wir damit die Dienste der Polygonklasse in den abgeleiteten Klassen verwenden können. Diese Überlegung ist aber nicht zwingend. Wir erhalten nämlich dieselbe Funktionalität auch ohne Vererbung, indem wir in den Klassen `Square` und `Triangle` eine Instanzvariable der Polygonklasse deklarieren. Über Methodenaufrufe können wir dann ebenfalls auf die Dienste der Polygonklasse zugreifen. Wir sagen in diesem Fall, dass wir gewisse Aufgaben an die Polygonklasse **delegieren**. Quadrat bzw. Dreieck stehen dann in einer has-a-Relation statt in einer is-a-Relation zur Polygonklasse. Allerdings wird die Sprechweise etwas strapaziert, wenn wir sagen, dass ein Quadrat bzw. ein Dreieck ein Polygon *hat*.

Ohne genauere Analyse ist es nicht klar, warum die Komposition Vorteile gegenüber der Vererbung aufzuweisen hat. Offensichtlich ist, dass die Vererbung zu einer viel engeren Kopplung der Klassen führt als die Komposition, was im Bezug auf die Datenkapselung oft als Nachteil angesehen wird. Als großer Vorteil der Komposition kann sich erweisen, dass noch zur Laufzeit ein Quadrat bzw. Dreieck die benötigten Dienste statt an die Polygone an eine andere Klasse delegieren kann. Dies ist bei der Vererbung nicht möglich, da ja in diesem Fall ein Quadrat bzw. ein Dreieck bereits ein Polygon *ist*. Darum wird im modernen Softwaredesign die Vererbung als stark gekoppeltes, statisches und wenig flexibles, die Komposition hingegen als ein schwach gekoppeltes, dynamisches und flexibles Konzept betrachtet.

Auf den ersten Blick handeln wir uns mit der Komposition einen schweren Nachteil ein: Da die hierarchische Beziehung zwischen den Klassen entfällt, können wir die Polymorphie, die wir als zentrales Element eines guten Klassendesigns kennen gelernt haben, nicht mehr einsetzen. Wir werden aber am folgenden Beispiel sehen, dass diese Vorstellung nur bedingt richtig ist, da Interfaces elegant dazu benützt werden können, polymorphe Beziehungen herzustellen. Dazu deklarieren wir ein Interface `Showable`.

```
// Showable.java

import ch.aplu.util.*;

public interface Showable
{
  void show(GPanel panel);
```

```
}
```

und garantieren damit, dass alle Klassen, welche dieses Interface implementieren, die Methode show() enthalten. Dies betrifft insbesondere die Klasse Polygon

```java
// Polygon.java

import ch.aplu.util.*;
import java.awt.geom.Point2D;

public class Polygon implements Showable
{
  private Point2D.Double[] corners;

  public Polygon(Point2D.Double[] points)
  {
    int nbCorner = points.length;
    corners = new Point2D.Double[nbCorner];
    for (int i = 0; i < nbCorner; i++)
      corners[i] = (Point2D.Double)points[i].clone();
  }

  public void show(GPanel panel)
  {
    panel.polygon(corners);
  }
}
```

und die Klassen Square und Triangle. Wie besprochen enthalten diese eine Referenz auf eine Polygoninstanz und implementieren Showable, werden aber nicht aus Polygon abgeleitet.

```java
// Square.java

import ch.aplu.util.*;
import java.awt.geom.Point2D;

public class Square implements Showable
{
  private Polygon polygon;

  public Square(double s)
  {
    Point2D.Double[] points = new Point2D.Double[4];
    points[0] = new Point2D.Double(0, 0);
    points[1] = new Point2D.Double(s, 0);
    points[2] = new Point2D.Double(s, s);
    points[3] = new Point2D.Double(0, s);
```

```
    polygon = new Polygon(points);
  }

  public void show(GPanel panel)
  {
    polygon.show(panel);
  }
}
```

```
// Triangle.java

import ch.aplu.util.*;
import java.awt.geom.Point2D;

public class Triangle implements Showable
{
  private Polygon polygon;

  public Triangle(double s)
  {
    Point2D.Double[] points = new Point2D.Double[3];
    points[0] = new Point2D.Double(0, 0);
    points[1] = new Point2D.Double(s, 0);
    points[2] = new Point2D.Double(s/2, s * Math.sqrt(3) / 2);
    polygon = new Polygon(points);
  }

  public void show(GPanel panel)
  {
    polygon.show(panel);
  }
}
```

Die Implementierungen von show() rufen die entsprechende Methode show() der Polygonklasse auf, welche dafür besorgt ist, dass die Figur gezeichnet wird. Wir delegieren das Zeichnen der Figur also an die Klasse Polygon. Auch bei der Verwendung von Interfaces kann ein UML-Diagramm den Zusammenhang anschaulich darstellen (Abb. 17.2).

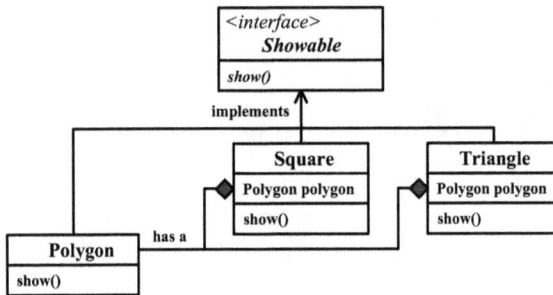

Abb. 17.2   *UML-Diagramm mit einem Interface*

Im nächsten Programm wird die Polymorphe ausgenützt, um der Methode showItem()
zufällig ein Quadrat oder Dreieck zu übergeben, welches dann dargestellt wird. Dazu verwendet man den Datentyp des Interfaces, als ob es sich um den Datentyp einer Klasse handeln würde.

```java
// InterfaceEx2.java

import ch.aplu.util.*;
import java.awt.geom.Point2D;

public class InterfaceEx2
{
  private GPanel panel = new GPanel(-100, 100, -100, 100);

  private InterfaceEx2()
  {
    Showable item;
    if (Math.random() < 0.5)
      item = new Square(50);
    else
      item = new Triangle(50);

    showItem(item);
  }

  private void showItem(Showable item)
  {
    item.show(panel);
  }

  public static void main(String[] args)
  {
    new InterfaceEx2();
  }
}
```

In einem gewissen Sinn haben wir in diesem Beispiel **das Beste zweier Welten** vereinigt, die Komposition unter Beibehaltung der Polymorphie.

Es ist zwar allgemein richtig, dass eine Klasse, die ein Interface implementiert, alle Methoden des Interfaces implementieren muss. Dabei muss man aber bedenken, dass jede Klasse auch automatisch zur Klasse `Object` gehört. Die in der Klasse `Object` vorhandenen Methoden gelten aber als bereits implementiert. Enthält das Interface daher einen solchen Methodenkopf, so braucht sie nicht mehr implementiert zu werden. Interfaces können mit dem Schlüsselwort `extends` analog zu Klassen auch vererbt werden, wobei sogar die Angabe mehrerer Interfaces in einer kommaseparierten Liste möglich ist.

18 Ereignissteuerung (Eventhandling)

18.1 Ereignismodelle, innere und anonyme Klassen

Trotz der objektorientierten Strukturierung erfolgt die Abarbeitung der Anweisungen und Methoden in den bisher betrachteten Programmen nach einem strengen, grundsätzlich voraussehbaren Schema, wobei die zur Laufzeit vorliegenden Daten bestimmen, welchen Lauf das Programm bei Verzweigungen nimmt. Wir sprechen von **daten-** oder **ablaufgesteuerten** Programmen. Es gibt aber ein anderes, wichtiges Programmier-Paradigma, wonach nicht die Daten, sondern **Ereignisse (events)**, welche zu nicht genau vorhersehbaren Zeiten auftreten, den Programmablauf bestimmen. Man nennt solche Programme **ereignisgesteuert** oder **eventgesteuert**. Seit den Anfängen der Computerentwicklung hat man im Prozessor Vorkehrungen treffen müssen, um den normalen Programmablauf durch ein **zeitlich asynchrones** (nicht mit dem Programm gekoppeltes) äußeres Ereignis unterbrechen zu können. Auf der Stufe des Prozessors nennt man ein solches Ereignis **Interrupt** (Abb. 18.1). Der Programmablauf verzweigt in eine spezielle **Interruptroutine**, welche das Ereignis **behandelt**, und kehrt nachher wieder in das Hauptprogramm zurück. Solche Unterbrüche des normalen Ablaufs treten bei modernen Computersystemen sehr häufig auf, insbesondere auch im Zusammenhang mit der **Echtzeitverarbeitung**, wenn der Computer externe Systeme und Prozesse steuert.

Ereignisgesteuerte Programme laufen nicht mehr sequentiell ab, da Ereignisse jederzeit eintreten können. Solche Programme können nicht mehr allein mit den drei Grundstrukturen Sequenz, Selektion und Iteration beschrieben werden, sondern müssen durch ein Konstrukt der Art *Wann immer (Ereignis), dann...* ergänzt werden. Da der Prozessor ein Ereignis nach menschlichem Zeitmaßstab sehr schnell abarbeiten kann, wird in einem ereignisgesteuerten Programm der Eindruck vermittelt, dass mehrere Prozesse gleichzeitig, quasi parallel, ablaufen. Handelt es sich dabei um eigenständige Programme oder Programmmodule, so spricht man von **Multitasking** oder **Multithreading**. In solchen Fällen ist ein Teil des Betriebssystems, der **Scheduler**, für die Umschaltung zwischen den Programmteilen verantwortlich.

*Der Kern des Computers (auf der Stufe des Microprogramms betrachtet) ist immer noch sequentiell. Vor jeder Ausführung eines Maschinenbefehls wird ein Interrupt-Flag abgefragt, das anzeigt, ob ein Interrupt-Ereignis aufgetreten sei. Dieses ständige Abfragen eines Flags nennt man **polling**.*

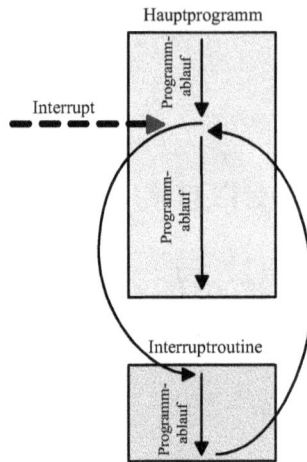

Abb. 18.1   *Interruptgesteuertes Programm*

Die Beherrschung von ereignisgesteuerten Programmen ist auch im Zusammenhang mit graphischen Benutzeroberflächen (GUI) sehr wichtig geworden. Die Eingabegeräte Tastatur und Maus liefern offensichtlich zeitlich asynchrone Ereignisse wie *Tastendruck* und *Mausklick*. Ein GUI-basiertes Programm verbringt die meiste Zeit damit, auf Ereignisse zu warten, sie beim Auftreten zu analysieren (welche Taste?, wo ist der Mauscursor?) und entsprechend darauf zu reagieren. Das Verfahren, wie man dieses Konzept programmtechnisch umsetzt, nennt man das **Ereignismodell** oder **Eventmodell**. Das klassische Eventmodell besitzt eine **Ereignisschlange (event queue)**. Darunter versteht man eine Listenstruktur, bei welcher die neuen Elemente auf der einen Seite angefügt und auf der anderen Seite entfernt werden (First-In-First-Out, FIFO). Alle Ereignisse werden in der Reihenfolge ihres zeitlichen Auftretens in die Ereignisschlange gesteckt und in derselben Reihenfolge abgearbeitet. In einer Wiederholschleife (**Ereignisschleife, event loop**) wird folgender Algorithmus ausgeführt:

```
while (!quitting)
{
   event = getEvent();
   dispatchEvent(event);
}
```

getEvent() holt das zeitlich älteste Ereignis aus der Warteschlage und löscht es dort. dispatchEvent() liest seine Informationen und verarbeitet sie (Abb. 18.2). Da das Programm ständig in der Ereignisschleife „hängt", muss das Einfügen eines neuen Ereignisses in die Ereignisschlange offensichtlich durch einen Interrupt erfolgen. quitting ist eine boolesche Variable (Flag), die zum Abbrechen des Programms auf true gesetzt wird.

Ereignisschlage

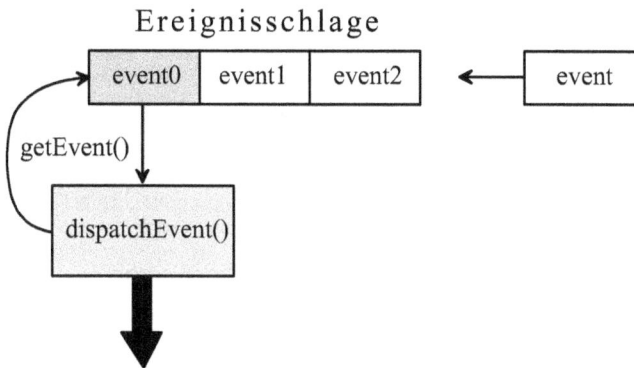

Abb. 18.2 *Ereignisschlange und Ereignisschleife*

Dieses Eventmodell ist einfach und hat sich in der Praxis sehr gut bewährt, hat aber für uns einen offensichtlichen Nachteil: es ist nicht objektorientiert und passt darum schlecht in einen Klassenentwurf. Die Java-Entwickler haben daher in der Java Version 1.1 ein radikal neues Eventmodell entwickelt, das **Delegations-Eventmodell**, welches der objektorientierten Denkweise entspricht. Das alte Modell wird allerdings wegen der Rückwärtskompatibilität immer noch unterstützt.

18.2 Delegations-Eventmodell

Ereignisgesteuerte Programme zeichnen sich dadurch aus, dass die Anordnung der Methodenaufrufe im Quellprogramm nicht mehr der zeitlichen Reihenfolge der Abarbeitung entsprechen muss. Vielmehr besteht das Programm aus speziellen Methoden, **Callbackmethoden (callback methods, callback functions)** genannt, welche über längere Zeit „schlafen", bis ein bestimmter Event sie „weckt" bzw. „auslöst" (trigger), d.h. sie aufruft (in einem gewissen Sinn „rückruft").

Wir entwickeln das Verständnis für ereignisgesteuerte Programme an einer Turtlefamilie, deren Kinder im Hauptprogramm damit beschäftigt sind zu tanzen. Durch einen „Geburtsevent" wird die Familie um ein weiteres Kind reicher. Es bewegt sich in zufälliger Richtung und tanzt mit. Zur Erzeugung des Geburtsevents verwenden wir mit der Klasse `LoRes-AlarmTimer` aus dem Package `ch.aplu.util` eine Uhr vom Typ Countdown, die man beim Start auf die gewünschte Laufzeit einstellen kann. In der Informatik verwendet man solche Uhren gerne, da der Event „die Uhrzeit ist null" besonders ausgezeichnet ist.

Um die Timer-Klasse möglichst weitgehend von der Applikationsklasse zu entkoppeln, verwendet man das bereits in Beispiel `InterfaceEx1` beschriebene Verfahren. Dabei deklarieren wir ein Interface `TimerListener` mit der einzigen Methode `timeElapsed()`, welche von der Timer-Klasse als Callbackmethode aufgerufen wird, wenn die Zeit abgelaufen ist.

Damit man sich mit einer eigenen Methode in diese Events „einklinken" kann, implementiert man in der Applikationsklasse das Interface TimerListener und kann dabei die Methode timeElapsed() bis auf den Namen, die Parameterliste (Datentyp und Reihefolge) und den Rückgabetyp völlig frei codieren. Schließlich übergibt man der Timer-Klasse eine this-Referenz der Applikationsklasse. Dazu stellt die Timer-Klasse eine Registrierungsmethode addTimerListener() mit einem Parameter vom Typ TimerListener zur Verfügung. Die Timer-Klasse initialisiert dabei ihre Instanzvariable timerListener und ruft nun wegen der Polymorphie bei jedem Event mit

```
timerListener.timeElapsed()
```

die entsprechende Callbackmethode auf. Der Zusammenhang der Klassen wird im UML-Diagramm anschaulich dargestellt (Abb. 18.3).

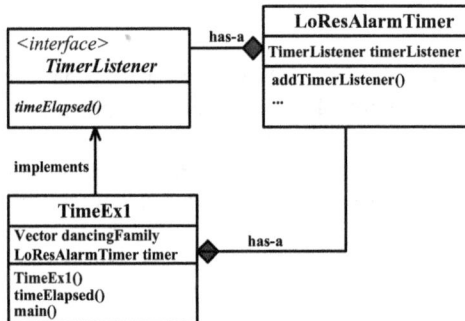

Abb. 18.3 *UML-Diagramm für die Dancing Family (vereinfacht)*

Die Implementierung verwendet eine Instanz der Klasse Vector, damit die Turtlefamilie sich beliebig vergrößern kann. timeElapsed() muss einen boolescher Wert zurückgeben, der darüber entscheidet, ob der Timer wieder gestartet werden soll oder ob er auf Null stehen bleibt.

```java
// TimeEx1.java

import ch.aplu.util.*;
import ch.aplu.turtle.*;
import java.util.*;
import java.awt.Color;
import java.awt.geom.*;

public class TimeEx1 implements TimerListener
{
  private Turtle mother = new Turtle();
  private Vector dancingFamily = new Vector();
  private LoResAlarmTimer timer =
      new LoResAlarmTimer(3000000);
```

```
public TimeEx1()
{
  timer.addTimerListener(this);
  while (true)
  {
    for (int i = 0; i < dancingFamily.size(); i++)
      ((Turtle)(dancingFamily.elementAt(i))).right(10);
  }
}

public boolean timeElapsed()
{
  // Create turtle with random color
  Turtle child = new Turtle(mother,
                  new Color((float)Math.random(),
                            (float)Math.random(),
                            (float)Math.random()));
  child.heading(360 * Math.random());
  child.forward(100);
  dancingFamily.add(child);
  return true;
}

public static void main(String[] args)
{
  new TimeEx1();
}
}
```

Bei der Simulation von physikalischen oder technischen Vorgängen werden oft exakt laufende Uhren benötigt, wobei nach jedem Zeitschritt der neue Zustand aus dem alten berechnet wird. Dadurch erreicht man, dass die Simulation unabhängig von der Rechengeschwindigkeit des gerade verwendeten Computers ist und man kann so die Wirklichkeit bezüglich der geometrischen Dimensionen und der Zeit maßstabsgetreu modellieren. Dabei muss allerdings beachtet werden, dass in Java das exakte Timing nicht garantiert werden kann, weil andere, gleichzeitig aktive Prozesse ihrerseits immer wieder Rechenzeit beanspruchen.

Einer dieser Prozesse ist der in Kap. 8 beschriebene *Garbage collector*, der von Zeit zu Zeit mehrere Millisekunden CPU-Zeit für sich beansprucht. Um ihn in unkritischen Zeitabschnitten ablaufen zu lassen, kann man mit einem Aufruf von System.gc() das System ersuchen, den Garbage collector zu einem gewünschten Zeitpunkt ablaufen zu lassen. Die Entwickler von Java geben leider keine Garantie ab, dass der Garbage Collector unmittelbar nach diesem Aufruf tatsächlich abläuft und man muss damit rechnen, dass er das Programm doch noch an anderen Stellen unterbricht. Ein weiteres Verfahren, Systemressourcen an unkritischen Stellen abzugeben, besteht darin, die Methode Thread.current-Thread().yield() aufzurufen und damit freiwillig Rechenzeit anderen Prozessen zur Verfügung zu stellen.

Als Beispiel einer Simulation, die in Echtzeit und maßstabsgetreu abläuft, betrachten wir einen vertikalen Wurf. Dabei wird der Luftwiderstand vernachlässigt, was für viele Fälle eine gute Approximation ist. Die Simulation setzt an physikalischen Kenntnissen nur die Definitionen der Geschwindigkeit und Beschleunigung voraus. Für kleine Zeitintervalle gilt

Geschwindigkeit	Beschleunigung
$$v = \dfrac{\Delta y}{\Delta t}$$	$$a = \dfrac{\Delta v}{\Delta t}$$

wobei auf der Erde die Fallbeschleunigung $a = g$ ungefähr $9.81 \ \mathrm{m/s^2}$ beträgt. Das Programm soll auch ein Musterbeispiel für übersichtlich dargestellten und gut dokumentierten Quellcode sein. Wir verzichten allerdings darauf, alle Instanzvariablen `private` zu deklarieren.

Die Klassen HiResTimer und HiResAlarmTimer verwenden einen präzisen Timer `J3DTimer` *aus dem Package* `com.sun.j3d.utils.timer`*. Dieser benötigt systemnahe Ressourcen. Unter Windows muss sich die DLL j3dutils.dll in einem Suchpfad befinden, beispielsweise in c:\winnt\system32 oder im bin-Verzeichnis des Java Runtime Environments. Am einfachsten beschafft man sich über das Internet bei Sun das Development Kit für Java3D und installiert dieses gemäß der Anleitung.*

```java
// TimeEx2.java

import ch.aplu.util.*;
import java.awt.Color;

public class TimeEx2 implements TimerListener
{
  // Constants
  final double dt = 0.1;    // Time interval in s
  final double g = 9.81;    // Fall accelaration in m/s^2

  // Initial conditions
  final double x0 = 0;
  final double y0 = 0;
  final double v0 = 20;   // m/s

  // Variables
  double t = 0;
  double y = y0;
  double v = v0;
  double ymax = 0;
  double tmax = 0;
```

```
// Class instances
GPanel p = new GPanel("Senkrechter Wurf,
                       Anfangsgeschw. " + v0 + " m/s",
                       -12, 12, -1, 23);
HiResAlarmTimer swatch =
    new HiResAlarmTimer((long)(1000000*dt));

// Constructor
TimeEx2()
{
  p.move(-5, 0);
  p.text("y = 0 m");
  p.draw(5, 0);
  p.move(-5, 20);
  p.text("y = 20 m");
  p.draw(5, 20);
  p.color(Color.green);
  swatch.addTimerListener(this);
}

// Callback method
public boolean timeElapsed()
{
  p.move(x0, y);
  p.fillCircle(0.3);

  v = v - g*dt;   // New velocity
  y = y + v*dt;   // New position
  t += dt;        // New time

  if (y > ymax)   // Move upwards
  {
    ymax = y;
    tmax = t;
  }
  else            // Move downwards
    p.color(Color.red);

  if (y >= 0)
    return true;  // Rearm timer

  // Terminate simulation
  p.color(Color.black);
  p.move(0, 20);
  p.text("  Flugzeit " + tmax + " s");
  p.move(0, 19);
  p.text("   Wurfhöhe: " + ymax + " m");
  p.move(0, 18);
```

```
    p.text("    Theorie: " + v0 * v0 / 2 / g + " m");
    return false;
  }

  // Main method
  public static void main(String[] args)
  {
    new TimeEx2();
  }
}
```

Die Theorie liefert für die Wurfhöhe die Formel

$$h = \frac{v_0^2}{2g} \quad , \text{wobei } v_0 \text{ die Abschussgeschwindigkeit ist.}$$

Damit lässt sich die Güte der Simulation überprüfen. Diese wird besser, wenn man das Zeit-intervall verkleinert, aber nicht beliebig, da die Callbackmethode zurückgekehrt sein muss, bevor der nächste Event ausgelöst wird. Eine wesentliche Konvergenzverbesserung erreicht man mit sehr wenig Aufwand, indem man für das erste Zeitintervall zur Berechnung der Geschwindigkeit nur den halben Zeitschritt wählt (**Halbschrittbeginn**). Man schreibt

```
if ( t == 0 )
  v = v - g*dt/2;
else
  v = v - g*dt;
```

Das Resultat der Simulation ist in Abb. 18.4 ersichtlich.

Ohne großen Aufwand lässt sich das Programm für schiefe Würfe auch mit Berücksichti-gung des Luftwiderstandes erweitern.

18.3   Erstellen eigener Event-Klassen

Um die grundlegenden Ideen des Delegationsmodells zu durchschauen, wollen wir an einem Beispiel die Eventsteuerung selbst implementieren. Dabei halten wir uns vollständig an das in der JFC verwendete Konzept und an die dort gewählte Terminologie. In unserem Beispiel erweitern wir die Turtleklasse derart, dass ein Event ausgelöst wird, wenn die Turtle über den Rand des Fensters hinauskriecht. Anschaulich denken wir dabei an Schildkröten, die sich in einem Tiergarten befinden, der durch einen Zaun begrenzt ist.

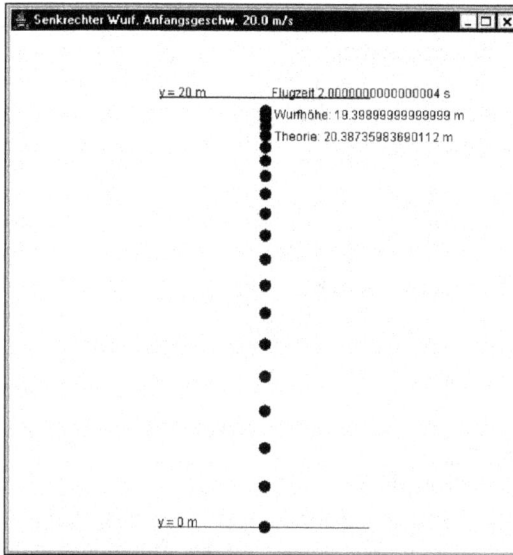

Abb. 18.4 *Simulation des vertikalen Wurfs*

Wir verwenden die vorgegebene Klasse Turtle, aus der wir die Klasse mit dem Namen TurtlePet ableiten, da es sich nicht mehr um wilde, sondern um gezähmte Schildkröten handelt, die nicht mehr weglaufen dürfen. Als Bibliotheksentwickler, den wir nun spielen, ist es sinnvoll, alle neuen Klassen in ein spezielles Package aufzunehmen, das wir turtlepet nennen. (Wir sollten uns eigentlich an die URL-Namensgebung halten, und das Package ch.aplu.turtlepet nennen, wenn www.aplu.ch die URL der Website des Entwicklers ist.) Dadurch werden dem Anwender mit import turtlepet.* die neuen Klassen und Interfaces zur Verfügung stehen.

Das Vorgehen ist das Folgende: Für jede zusammengehörende Gruppe von Events wird ein eigenes Interface mit dem Namen XXXListener geschrieben, wobei XXX die Charakterisierung eines Events ist, in unserem Fall das Interface BorderListener.

```
// BorderListener.java

package turtlepet;

public interface BorderListener
{
  void leftBorderCrossed(double y, double heading);
  void rightBorderCrossed(double y, double heading);
  void topBorderCrossed(double x, double heading);
  void bottomBorderCrossed(double x, double heading);
  void rangeEntered(double x, double y, double heading);
  void rangeExited(double x, double y, double heading);
}
```

Im Interface wird die Signatur (der Methodenkopf) der Callbackmethoden angegeben, welche beim Auftreten des Events aufgerufen werden. Man spricht auch anschaulich davon, dass die Callbackmethoden durch den Event **gefeuert** (**fired**) werden. In der Regel besitzen Callbackmethoden Parameter, die dem Anwender Informationen über den Event zurückgeben, in unserem Fall die Lage und Blickrichtung der Turtle im Moment, in welchem sich diese über den Rand bewegt.

Wir sprechen oft davon, dass ein Event von einer bestimmten **Komponente** (beim GUI durch einen Button, ein Menü usw.) ausgelöst wird, in unserem Beispiel von der Klasse TurtlePet. In dieser Komponentenklasse ist eine Instanzvariable des Interface deklariert, mit welcher die Komponentenklasse bei einem Event die im Interface deklarierten Callbackmethoden aufrufen kann. Um diese Variable zu initialisieren, stellt die Komponentenklasse die Registrierungsmethode addXXXListener() zur Verfügung.

In unserem Beispiel leiten wir die Komponentenklasse TurtlePet zudem noch von Turtle ab, damit wir alle Funktionalitäten der Turtle-Klasse wiederverwenden können und überschreiben die Methode forward(), um die Events auszulösen. Der Anwender der Klasse TurtlePet wird nichts davon merken, dass es sich nicht mehr um das forward() der Turtle-Klasse handelt. Wir verzichten der Einfachheit halber darauf, alle Methoden, welche die Turtle über den Rand bewegen könnten zu überschreiben. Da wir erst merken, dass die Turtle über den Rand gekrochen ist, wenn sie sich bereits jenseits der Abzäunung befindet, setzen wir die Turtle vor der Auslösung des Events auf den Rand zurück.

```java
// TurtlePet.java

package turtlepet;

import ch.aplu.turtle.*;

public class TurtlePet extends Turtle
{
  private BorderListener borderListener;

  public void addBorderListener(BorderListener bl)
  {
    borderListener = bl;
  }

  public Turtle forward(double s)
  {
    boolean isCrossed = false;

    if (getX() < -200)
    {
      setX(-200);
      borderListener.leftBorderCrossed(getY(), heading());
      isCrossed = true;
    }
    if (getX() > 200)
```

```
    {
      setX(200);
      borderListener.rightBorderCrossed(getY(), heading());
      isCrossed = true;
    }
    if (getY() < -200)
    {
      setY(-200);
      borderListener.bottomBorderCrossed(getX(), heading());
      isCrossed = true;
    }
    if (getY() > 200)
    {
      setY(200);
      borderListener.topBorderCrossed(getX(), heading());
      isCrossed = true;
    }

    if (!isCrossed)
    {
      final int range = 50;
      double dist1 = distance(0, 0);
      super.forward(s);
      double dist2 = distance(0, 0);
      if (dist1 <= range && dist2 > range)
        borderListener.rangeExited(getX(),
                                   getY(), heading());
      if (dist1 >= range && dist2 < range)
        borderListener.rangeEntered(getX(),
                                    getY(),heading());
    }

    return this;
  }
}
```

Jetzt wechseln wir zur Sicht des Anwenders des neuen Packages. Dieser schreibt eine Applikationsklasse EventEx1, welche den Eventlistener implementiert. Er muss dabei alle Callbackmethoden dieses Listeners implementieren. Falls er eine davon nicht verwenden will, so schreibt er einen leeren Methodenrumpf.

Der wesentliche Punkt, der gerne vergessen bleibt, besteht darin, dass der Anwender eine Referenz seiner Klasse, die borderListener implementiert, mit der Methode addBorderListener() der Komponentenklasse zur Verfügung stellen muss. Man sagt auch, dass man sich mit

```
addBorderListener(this);
```

bei der Komponentenklasse **registriere**. Es handelt sich dabei um eine der wichtigsten Anwendungen der this-Referenz. Wie wir wissen, wird dadurch in der Komponentenklasse `TurtlePet` die als `BorderListener` deklarierte Instanzvariable initialisiert, wodurch bei einem Event wegen der dynamischen Bindung die vom Anwender implementierte Callbackmethode aufgerufen wird.

> ☞ **Um sich in die Events einer Komponente einzuklinken, schreibt man eine Klasse, welche das EventListener-Interface implementiert, und registriert sich bei der Komponentenklasse.**

Damit haben wir das Ziel erreicht: Die Callbackmethoden können frei programmiert werden und beim Auftreten des Events werden sie automatisch aufgerufen. Wir freuen uns, dass die TurtlePet tatsächlich im Tiergarten bleibt.

```
// EventEx1.java

import ch.aplu.turtle.*;
import turtlepet.*;

public class EventEx1 implements BorderListener
{
  final double step = 10;
  private TurtlePet jane = new TurtlePet();

  public EventEx1()
  {
    jane.addBorderListener(this);
    jane.right(33);
    while (true)
      jane.forward(step);
  }

  public void topBorderCrossed(double x, double dir)
  {
    jane.setHeading(180-dir);
  }

  public void bottomBorderCrossed(double x, double dir)
  {
    jane.setHeading(180-dir);
  }

  public void leftBorderCrossed(double y, double dir)
  {
    jane.setHeading(-dir);
  }

  public void rightBorderCrossed(double y, double dir)
```

```
{
    jane.setHeading(-dir);
}

public void rangeEntered(double x, double y, double dir) {}
public void rangeExited(double x, double y, double dir) {}

public static void main(String[] args)
{
    new EventEx1();
}
}
```

Im UML-Diagramm sind die Zusammenhänge anschaulich dargestellt (Abb. 18.5). Darin wird noch einmal deutlich, dass die Klasse TurtlePet in einer has-a-Relation zum Listener-Interface steht und die Behandlung des Events an die implementierten Callbackmethoden **delegiert.** Dadurch wird verständlich, warum der Begriff **delegation event model** gewählt wurde.

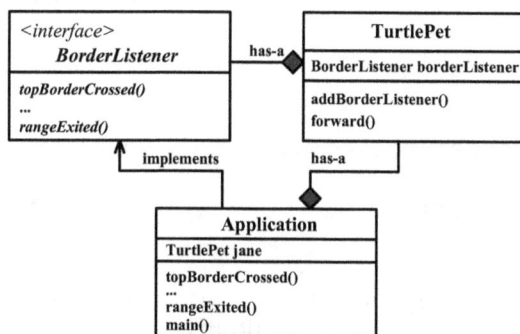

Abb. 18.5   *Ereignissteuerung mit Listener-Interface*

Vom dargelegten Konzept gibt es einige programmtechnische Varianten, von denen wir die wichtigsten besprechen. Es ist eine Frage des Geschmacks, welcher man den Vorzug gibt.

Um in der Applikationsklasse die Callbackmethoden abzutrennen, kann man von **inneren Klassen** Gebrauch machen. Darunter versteht man Klassen, welche im Inneren von anderen Klassen deklariert werden. Da eine innere Klasse sogar auf die privaten Instanzvariablen Zugriff hat, ergibt sich eine sehr enge (hoffentlich freundschaftliche) Beziehung zwischen den Klassen. Falls man die innere Klasse private deklariert, so ist sie von Außen vollständig geschützt. Zur besseren Übersicht schreiben wir innere Klassen grundsätzlich an erster Stelle der Klassendeklaration, sogar noch vor den Instanzvariablen, obschon sie darauf Zugriff haben. Zudem zeichnen wir sie oft noch durch Kommentarzeilen aus. Man pflegt Klassen, welche das XXXListener-Interface implementieren, XXXAdapter zu nennen.

```java
// EventEx2.java

import ch.aplu.turtle.*;
import turtlepet.*;

public class EventEx2
{
  // ---------- Inner class BorderAdapter ------------------
  private class BorderAdapter implements BorderListener
  {
    public void topBorderCrossed(double x, double dir)
    {
      jane.setHeading(180 - dir);
    }

    public void bottomBorderCrossed(double x, double dir)
    {
      jane.setHeading(180 - dir);
    }

    public void leftBorderCrossed(double y, double dir)
    {
      jane.setHeading( -dir);
    }

    public void rightBorderCrossed(double y, double dir)
    {
      jane.setHeading( -dir);
    }

    public void rangeEntered(double x, double y, double dir){}
    public void rangeExited(double x, double y, double dir){}
  }
  // ---------- End of class declaration ---------------------

  final double step = 10;
  private TurtlePet jane = new TurtlePet();

  public EventEx2()
  {
    BorderAdapter ba = new BorderAdapter();
    jane.addBorderListener(ba);
    jane.right(33);
    while (true)
      jane.forward(step);
  }

  public static void main(String[] args)
```

```
    {
      new EventEx2();
    }
}
```

Damit der Anwender davon befreit ist, nicht benötigte Callbackmethoden zu implementieren, ist es üblich, dass jedes Event-Package eine Implementation mit dem Namen XXXAdapter enthält, die nur aus leeren Methodenrümpfen besteht. (Eine solche Methode nennt man auch einen *Stub* (engl. Stumpf)). In der Applikation kann man sich darauf beschränken, diese Klasse abzuleiten und diejenigen Methoden zu überschreiben, die man tatsächlich braucht.

```
// BorderAdapter.java

package turtlepet;

public class BorderAdapter implements BorderListener
{
  public void leftBorderCrossed(double y, double heading) {}
  public void rightBorderCrossed(double y, double heading) {}
  public void topBorderCrossed(double x, double heading) {}
  public void bottomBorderCrossed(double x, double heading){};
  public void rangeEntered(double x, double y, double dir) {};
  public void rangeExited(double x, double y, double dir) {};
}
```

Von den Java-Programmierern wird eine Variante bevorzugt, die Gebrauch von **anonymen Klassen** macht, welche ohne expliziten Bezeichner instanziert werden. Eine anonyme Klasse wird normalerweise in der Parameterklammer einer Methode deklariert und instanziert, was zu einer sehr kompakten, aber nicht sonderlich schönen Schreibweise führt. Man achte auf eine sinnvolle Anordnung der tückischen Klammern und auf vernünftige Einrückungen, um die Übersicht nicht zu verlieren.

```
// EventEx3.java

import ch.aplu.turtle.*;
import turtlepet.*;

public class EventEx3
{
  final double step = 10;
  private TurtlePet jane = new TurtlePet();

  public EventEx3()
  {
    jane.addBorderListener(new BorderAdapter()
      {
          public void topBorderCrossed(double x, double dir)
```

```
            {
              jane.setHeading(180 - dir);
            }
            public void bottomBorderCrossed(double x,double dir)
            {
              jane.setHeading(180 - dir);
            }
            public void leftBorderCrossed(double y, double dir)
            {
              jane.setHeading( -dir);
            }
            public void rightBorderCrossed(double y, double dir)
            {
              jane.setHeading( -dir);
            }
        });
    jane.right(33);
    while (true)
      jane.forward(step);
  }

  public static void main(String[] args)
  {
    new EventEx3();
  }
}
```

Es ist durchaus auch möglich, in der Applikationsklasse Vererbung statt Komposition zu verwenden. Dazu wird die Applikationsklasse aus TurtlePet abgeleitet und darin BorderListener implementiert. Das Programm wird dadurch sogar kurz und übersichtlich, weil bei den Methodenaufrufen keine Referenz mehr nötig ist. Im Beispiel wird zudem optisch und akustisch angekündigt, dass die Schildkröte in die Fremde gezogen ist und später wieder nach Hause zurückkehrt.

```
// EventEx4.java

import ch.aplu.turtle.*;
import turtlepet.*;
import java.awt.*;

public class EventEx4 extends TurtlePet
                      implements BorderListener
{
  final double step = 10;

  public EventEx4()
  {
    addBorderListener(this);
```

```
    right(33);
    while (true)
      forward(step);
  }

  public void topBorderCrossed(double x, double dir)
  {
    setHeading(180-dir);
  }

  public void bottomBorderCrossed(double x, double dir)
  {
    setHeading(180-dir);
  }

  public void leftBorderCrossed(double y, double dir)
  {
    setHeading(-dir);
  }

  public void rightBorderCrossed(double y, double dir)
  {
    setHeading(-dir);
  }

  public void rangeEntered(double x, double y, double dir)
  {
    setFontSize(10);
    label("Welcome at (" + (int)x + ", " + (int)y + ")");
    Toolkit.getDefaultToolkit().beep();
  }

  public void rangeExited(double x, double y, double dir)
  {
    setFontSize(10);
    label("Goodbye at (" + (int)x + ", " + (int)y + ")");
    Toolkit.getDefaultToolkit().beep();
  }

  public static void main(String[] args)
  {
    new EventEx4();
  }
}
```

Die Eleganz dieses Eventmodells wird vollends klar, wenn man bedenkt, dass wir die Klasse TurtlePet ableiten können, um ihr zusätzliche Eigenschaften und Verhalten zu geben,

ohne dass die Ereignisbehandlung in irgend einer Weise betroffen ist. Wir deklarieren beispielsweise die Klasse TurtleCute, welche mit shape() einen Kreis zeichnet.

```
// TurtleCute.java

import turtlepet.*;

class TurtleCute extends TurtlePet
{
  final double step = 10;
  public void shape()
  {
    for (int k = 0; k < 90; k++ )
    {
      forward(step);
      right(4);
    }
  }
}
```

In der Applikation können wir BorderListener und BorderAdapter unverändert
übernehmen, da ja ein TurtleCute auch ein TurtlePet ist. Wir verwenden hier die
Version mit einer inneren Klasse, welche von BorderAdapter abgeleitet ist.

```
// EventEx5.java

import ch.aplu.turtle.*;
import turtlepet.*;
import java.awt.*;

pubblic class EventEx5
{
  private class MyBorderAdapter extends BorderAdapter
  {
    public void topBorderCrossed(double x, double dir)
    {
      mandy.setHeading(180-dir);
    }

    public void bottomBorderCrossed(double x, double dir)
    {
      mandy.setHeading(180-dir);
    }

    public void leftBorderCrossed(double y, double dir)
    {
      mandy.setHeading(-dir);
    }
```

```
    public void rightBorderCrossed(double y, double dir)
    {
      mandy.setHeading(-dir);
    }
  }

  private TurtleCute mandy = new TurtleCute();

  public EventEx5()
  {
    MyBorderAdapter mba = new MyBorderAdapter();
    mandy.addBorderListener(mba);
    while (true)
      mandy.shape();
  }

  public static void main(String[] args)
  {
    new EventEx5();
  }
}
```

Wir freuen uns, dass die Turtle tatsächlich ihre Spielwiese nie verlässt (Abb. 18.6).

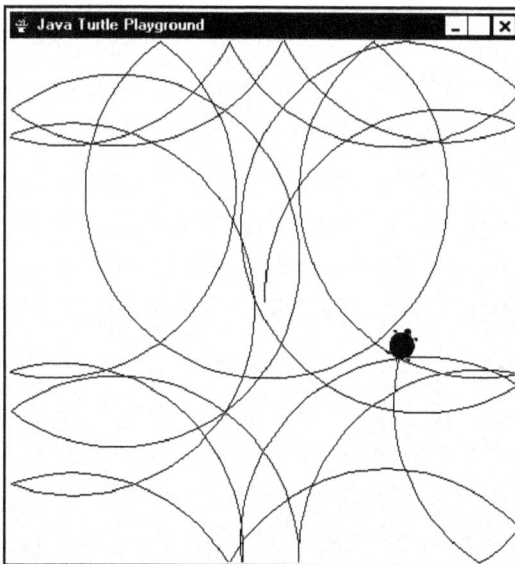

Abb. 18.6   *Ausgabe von EventEx5 nach einiger Zeit*

18.4   Beispiele von GUI-Events

Eine grafische Benutzeroberfläche (GUI) „lebt" von Events. Jede Benutzeraktion mit Maus oder Tastatur löst einen Event aus, der zu einer bestimmten Reaktion des Systems führt. Dabei handelt es sich offensichtlich um asynchrone Ereignisse, die der Benutzer ziemlich unabhängig vom Programmablauf zu beliebiger Zeit auslösen kann. Darum zieht man in Musterbeispielen eventgesteuerter Programme meist Maus- und Tastaturevents heran. Alle GUI-Events werden in Java gemäß dem besprochenen Delegations-Eventmodell mit der Implementierung eines Listener-Interfaces und nachfolgender Registrierung verarbeitet. Für die Einführung in die Problematik ziehen wir wieder die Klasse GPanel heran, die ein einfaches Grafikfenster mit einem Double-Koordinatensystem in einem frei wählbaren Bereich xmin..xmax, ymin..ymax mit nach rechts bzw. oben zeigenden Achsen zur Verfügung stellt. Wir nennen diese **Windowkoordianten**. Die Klass GPanel ist Teil der folgenden Klassenhierarchie:

```
java.lang.Object
   |
   +--java.awt.Component
          |
          +--java.awt.Container
                 |
                 +--javax.swing.JComponent
                        |
                        +--javax.swing.JPanel
                               |
                               +--ch.aplu.util.GPanel
```

Damit erbt die Klasse GPanel auch alle Methoden der hierarchisch höher liegenden Klassen, viele davon betreffen Events.

18.4.1   Maus-Events

Mit Maus-Events können wir in einem Grafik-Fenster mausgesteuerte Aktionen auslösen. Zur Implementierung stellt die JFC die Interfaces MouseListener und MouseMotion-Listener zur Verfügung. Die Trennung in zwei Interfaces beruht darauf, dass die Verfolgung von Mausbewegungen sehr rechenintensiv ist und aus Effizienzgründen nur dann gemacht werden sollte, wenn man sie tatsächlich benötigt. Alle Methoden dieser Interfaces besitzen einen Parameter vom Typ MouseEvent, mit dem man wichtige Informationen über den Event zurückholen kann. Der Rückgabewert ist void (Tab. 18.1 und 18.2).

mouseClicked()	Maustaste geklickt (schnell gedrückt und losgelassen)
mouseEntered()	Mauscursor tritt in Komponente ein

`mouseExited()`	Mauscursor verlässt die Komponente
`mousePressed()`	Maustaste gedrückt gehalten
`mouseReleased()`	Maustaste losgelassen

Tab. 18.1 *Methoden von* `MouseListener`

`mouseMoved()`	Maus bewegt.
`mouseDragged()`	Maus mit gedrückter Taste bewegt

Tab. 18.2 *Methoden von* `MouseMotionListener`

Die wichtigsten Informationen, die man über den Parameter `MouseEvent` beziehen kann, betreffen die aktuelle Mauscursor-Position in Koordinaten des Bildschirmfensters (**Userkoordinaten**). Man verwendet dazu entweder die Methoden

```
getX();
getY();
```

welche die x- und y-Position als ints zurückgeben oder eleganter die Methode

```
getPoint();
```

die eine Referenz auf eine Instanz der Klasse `Point` (in Kurzsprechweise einen `Point`) zurückgibt. Damit man die Position zum Zeichnen im GPanel weiterverwenden kann, müssen die Rückgabewerte mit den Methoden `toWindowX()`, `toWindowY()` oder `toWindow()` zuerst von Userkoordinaten in die im GPanel verwendeten Windowkoordinaten umgewandelt werden.

Um eine adäquates Gefühl für GUI-Events zu erhalten, betrachten wir ein erstes Beispiel, das bei jedem Mausklick einen kleinen Kreis am Ort des Mauscursors erzeugt. Dabei sind die linke und rechte Maustaste gleichermaßen aktiv. Wir verwenden eine anonyme Klasse, um die Methode `mousePressed()` von `MouseAdapter` zu überschreiben. Man achte darauf, dass die Namen der Callbackmethoden richtig geschrieben werden, weil es leider keine Syntaxfehlermeldung gibt, falls der Name nicht demjenigen in der Adapter-Klasse entspricht. Man sucht aber möglicherweise sehr lange, warum der Event nicht ausgelöst wird.

In der Praxis zeigt sich, dass auf einigen Rechnerplattformen der Event `mousePressed` *ein stabileres Verhalten als* `mouseClicked` *aufweist, der nicht bei jeder Art zu Klicken ausgelöst wird.*

```
// MouseEx1.java

import java.awt.event.*;
import ch.aplu.util.*;

public class MouseEx1 extends GPanel
{
```

```
public MouseEx1()
{
  text("Click mouse to create a circle");
  addMouseListener(new MouseAdapter()
  {
    public void mousePressed(MouseEvent evt)
    {
      move(toWindow(evt.getPoint()));
      fillCircle(0.01);
    }
  });
}

public static void main(String[] args)
{
  new MouseEx1();
}
}
```

Auf den ersten Blick ist es erstaunlich, dass sowohl main() als auch der Konstruktor beendet werden und die Applikation immer noch aktiv bleibt. Der Grund ist der, dass Java für GUI-Komponenten einen eigenen, unsichtbaren Prozess (Thread) erzeugt, der bis zum Aufruf der Methode System.exit() weiterläuft. Daher sind auch alle Callbackmethoden weiterhin aktiv, bis der Benutzer auf den Close-Button der Titelleiste klickt (oder den Prozess allenfalls anders mit Gewalt beendet).

Mit den statischen Methoden

```
SwingUtilities.isLeftMouseButton(evt)
SwingUtilities.isRightMouseButton(evt)
```

können wir herausfinden, welche der Maustasten gedrückt wurde. Mit

```
evt.getClickCount() == 2
```

fangen wir einen Doppelklick ab.

Das zweite Beispiel stellt ein Zeichenbrett zur Verfügung, auf das wir mit gedrückter Maustaste eine Freihandlinie zeichnen können. Während des Zeichnens soll sich der Cursor in ein Fadenkreuz umwandeln. Wir wählen eine andere programmtechnische Variante und implementieren die Interfaces MouseListener sowie MouseMotionListener in der Applikationsklasse. Die nicht verwendeten Methoden müssen mit leerem Körper auch enthalten sein. Wir dürfen auch nicht vergessen, dass wir die Applikationsinstanz sowohl als MouseListener wie als MouseMotionListener registrieren müssen. Zudem leiten wir die Applikationsklasse von GPanel ab und können damit alle Methoden ohne Punktoperator aufrufen.

```java
// MouseEx2.java

import java.awt.event.*;
import java.awt.*;
import java.awt.geom.*;
import ch.aplu.util.*;

public class MouseEx2 extends GPanel
                  implements MouseListener, MouseMotionListener
{
  private Point2D.Double pt;
  private Point2D.Double ptNew;

  public MouseEx2()
  {
    text("Drag mouse to make your painting");
    addMouseListener(this);
    addMouseMotionListener(this);
  }

  public void mousePressed(MouseEvent evt)
  {
    setCursor(new Cursor(Cursor.CROSSHAIR_CURSOR));
    pt = toWindow(evt.getPoint());
  }

  public void mouseReleased(MouseEvent evt)
  {
    setCursor(new Cursor(Cursor.DEFAULT_CURSOR));
  }

  public void mouseDragged(MouseEvent evt)
  {
    ptNew = toWindow(evt.getPoint());
    line(pt, ptNew);
    pt = ptNew;
  }

  public void mouseClicked(MouseEvent evt) {}
  public void mouseEntered(MouseEvent evt) {}
  public void mouseExited(MouseEvent evt) {}
  public void mouseMoved(MouseEvent evt) {}

  public static void main(String[] args)
  {
    new MouseEx2();
  }
}
```

Das nächste Beispiel zeigt, wie man eine **Gummiband-Linie** erzeugen kann. Es handelt sich um einen Technik, die bei vielen Grafikeditoren auch für das Zeichnen anderer Figuren Anwendung findet: Drückt man die Maustaste, so wird an der Stelle des Cursors der Anfangspunkt der Linie, der **Ankerpunkt**, gesetzt. Beim nachfolgenden Ziehen der Maus wird eine temporäre Line ähnlich einem Gummiband (oft gestrichelt oder in einer anderen Farbe) gezeigt, die vom Ankerpunkt bis zur aktuellen Cursorposition gezogen wird. Diese temporäre Linie wird beim Verschieben das Mauscursors immer wieder angepasst, bis die Maustaste losgelassen wird. Erst jetzt wird die temporäre Linie in eine definitive umgewandelt. Beim Aktualisieren besteht das Hauptproblem darin, die bereits gezeichnete temporäre Linie wieder zu löschen. Es wäre sicher keine gute Idee, die Linie durch Überzeichnen mit der Hintergrundfarbe unsichtbar zu machen, da dadurch bereits vorhandene Figuren beschädigt würden.

Meist setzt man zum Löschen den XOR-Modus ein. Dieser lässt sich an einem Schwarz-Weiß-Bild mit schwarzem (dunklen) Hintergrund einfach erklären. Betrachten wir einen Bildschirmpixel, so ist dieser für die Figur A entweder hell (1) oder dunkel (0). Beim Übereinanderlegen einer zweiten Figur im XOR-Modus wird pixelweise folgende Strategie angewendet: Sind beide Pixel dunkel, bleibt er dunkel, ist der eine hell und der andere dunkel, so wird er hell, sind aber beide hell, so wird er dunkel. Dies lässt sich mit einer Wahrheitstafel ausdrücken (Tab. 18.3).

A	B	A XOR B
0	0	0
0	1	1
1	0	1
1	1	0

Tab. 18.3   *XOR-Verknüpfung*

Betrachten wir g als eine bereits vorhandene Linie (mit 1-pixel Dicke) und h als temporär im XOR-Modus gezeichnete Linie, die g schneidet, so sieht das Bild bis auf einen kleinen Fehler völlig normal aus. Einzig der Schnittpunkt der Linien ist dunkel statt hell. Man nimmt dieses Fehlverhalten in Kauf, denn man kann nun die Linie h sehr einfach löschen, indem man sie, immer im XOR-Modus, nochmals zeichnet. Jetzt wird der dunkle Schnittpunkt wieder hell und die ursprüngliche Line ist wieder intakt.

Wir zeichnen die temporäre Linie in roter Farbe. Beim Loslassen der Maustaste wird die rote Gummiband-Linie in schwarzer Farbe dargestellt. Um nochmals eine andere programmtechnische Variante zu zeigen, verwenden wir die Klasse MouseInputAdapter, die alle Methoden von MouseListener und MouseMotionListener implementiert. Wir überschreiben die von uns benötigten Methoden in der daraus abgeleiteten inneren Klasse MyMotionAdapter, und registrieren sie als MouseListener und als MouseMotionListener. Der XOR-Modus wird mit der Methode setXORMode(), der normale Zeichnungsmodus mit setPaintMode() eingestellt.

```java
// MouseEx3.java

import javax.swing.event.*;
import java.awt.event.*;
import java.awt.*;
import java.awt.geom.*;
import ch.aplu.util.*;

public class MouseEx3 extends GPanel
{
  private Point2D.Double anchor;
  private Point2D.Double pt;

  private class MyMouseInputAdapter extends MouseInputAdapter
  {
    public void mousePressed(MouseEvent evt)
    {
      setCursor(new Cursor(Cursor.CROSSHAIR_CURSOR));
      anchor = pt = toWindow(evt.getPoint());
      setXORMode(Color.white);
    }

    public void mouseReleased(MouseEvent evt)
    {
      setCursor(new Cursor(Cursor.DEFAULT_CURSOR));
      setPaintMode();
      color(Color.black);
      line(anchor, pt); // Draw definitely
    }

    public void mouseDragged(MouseEvent evt)
    {
      color(Color.red);
      line(anchor, pt); // Erase line
      pt = toWindow(evt.getPoint());
      line(anchor, pt); // Draw line
    }
  }

  public MouseEx3()
  {
    text("Press and drag to create a rubberband line");
    MyMouseInputAdapter mia = new MyMouseInputAdapter();
    addMouseListener(mia);
    addMouseMotionListener(mia);
  }

  public static void main(String[] args)
```

```
   {
      new MouseEx3();
   }
}
```

18.4.2   Tastatur-Events

Da jeder Tastendruck einen Event auslöst, machen alle Programme von Tastatur-Events Gebrauch. Auch bei Programmen, die vorwiegend mit der Maus bedient werden, sind meist Tastenkürzel (hotkeys, shortcuts) definiert, um spezielle Aktionen oder Menüoptionen auszulösen. Die Verwendung der Tastatur ist auch bei Test- oder Demoprogrammen oder zum Suchen von Fehlern praktisch. Dazu wird das Programm an ausgewählten Stellen, beispielsweise bei jedem Durchlauf einer Wiederholschleife angehalten und beim Drücken einer beliebigen Taste weiter geführt.

Damit man Tastatur-Events auch ohne Kenntnis des Event-Modells einsetzen kann, werden Tastatur-Events in den Klassen `GPanel` und `Console` intern abgefangen. Sie können vom Benutzer der Klassen über spezielle Methoden abgefragt werden. In einem gewissen Sinn werden dabei die asynchronen Events in synchrone Zustandsabfragen (polling) umgewandelt. Die Methoden sind aus Tab. 18.4 ersichtlich.

`char getKey()`	Unicode der zuletzt gedrücken Taste. KeyEvent.CHAR_UNDEFINED, falls kein neues Tastaturzeichen vorliegt. Nicht für Spezialtasten
`int getKeyCode()`	Keycode der zuletzt gedrückten Taste. KeyEvent.CHAR_UNDEFINED, falls kein neues Tastaturzeichen vorliegt. Auch für Spezialtasten
`char getKeyWait()`	Wartet auf einen Tastendruck . Sonst gleich wie `getKey()`
`int getKeyCodeWait()`	Wartet auf einen Tastendruck. Sonst gleich wie `getKeyCode()`
`boolean kbhit()`	`true`, falls ein Zeichen im Tastaturbuffer vorhanden ist, sonst `false`

Tab. 18.4 *Methoden zur Tastatur in den Klassen* `GPanel` *und* `Console`

Wie man aus der API-Dokumentation der Klasse `KeyEvent` entnimmt, sind die Tastencodes der Tasten als Konstanten symbolisch definiert. Gewisse Tasteninformationen von Spezialtasten erhält man nur über so genannte **Modifiers**. Auch darüber macht die API-Dokumentation von `KeyEvent` nähere Angaben (Tab. 18.5).

int getLastModifiers()	Liefert die Modifier-Information der zuletzt gedrückten Taste
String getLastModifiersText()	Liefert diese Information als Text

Tab. 18.5 *Tastatur-Modifiers in den Klassen* GPanel *und* Console

Mit dem folgenden Programm können wir herausfinden, welches die Rückgabewerte beim Drücken einer Taste sind.

```
// KeyEx1.java

import ch.aplu.util.*;

public class KeyEx1
{
  public KeyEx1()
  {
    int keyCode;
    Console c = new Console();
    c.println("Beliebige Taste druecken");

    while (true)
    {
      keyCode = c.getKeyCodeWait();
      c.println("KeyCode: " + keyCode);
      c.println("Modifiers: " + c.getLastModifiers());
      c.println("Text: " + c.getLastModifiersText());
    }
  }

  public static void main(String[] args)
  {
    new KeyEx1();
  }
}
```

Die Cursortasten werden in vielen Grafikprogrammen dazu verwendet, ein Objekt auf dem Bildschirm zu verschieben. Als Beispiel schreiben wir eine Anwendung, bei der wir den Java-Mann mit den 4 üblichen Cursorbewegungstasten in einem Grafikfenster herumschieben können. Die Bilddatei jman.gif muss sich im Verzeichnis der Applikation befinden.

```
// KeyEx2.java

import ch.aplu.util.*;
import java.awt.event.*;
```

```
public class KeyEx2
{
  public KeyEx2()
  {
    GPanel p = new GPanel();
    p.text("Zum Verschieben Cursortasten brauchen");

    double x = 0.5;
    double y = 0.5;
    double step = 0.02;
    p.image("jman.gif", x, y);

    while (true)
    {
      switch (p.getKeyCodeWait())
      {
        case KeyEvent.VK_LEFT:
          x -= step;
          break;
        case KeyEvent.VK_RIGHT:
          x += step;
          break;
        case KeyEvent.VK_UP:
          y += step;
          break;
        case KeyEvent.VK_DOWN:
          y -= step;
          break;
      }
      p.clear();
      p.image("jman.gif", x, y);
    }
  }

  public static void main(String[] args)
  {
    new KeyEx2();
  }
}
```

18.4.3   Tastatur- und Maus-Events mit Turtles

Die Klasse Turtle hat uns bisher vor allem dazu gedient, die abstrakten Begriffe der OOP zu visualisieren, da man das Bild der Turtle als Alltagsobjekt auffassen kann. Wir können die Turtleklasse aber auch heranziehen, um den Umgang mit Events zu üben, da sie Registrierungsmethoden für die meisten Events (Tastatur, Maus usw.) enthält. Events und deren programmtechnische Behandlung erhalten dadurch eine große Anschaulichkeit.

Zuerst schreiben wir ein Programm, bei dem sich die Turtle mit den Cursortasten verschieben und mit einem Mausklick an die Stelle des Mauscursors setzen lässt. Zudem fangen wir den Event beim Klicken des Close-Buttons der Titelleiste ab, damit sich die Turtle mit einem Ton verabschieden kann. Wir verwenden die programmtechnische Variante mit anonymen Klassen, in denen wir die von uns benötigten Callbackmethoden überschreiben.

Der Maus-Event liefert die Koordinaten des Mauscursors in Einheiten des Bildschirmfensters zurück und nicht in den üblichen Turtle-Einheiten (-200..200 in x- und y-Richtung). Wir könnten Bildschirmeinheiten mit Methoden der Turtleklasse in Turtle-Einheiten umwandeln. Noch einfacher ist aber, zur Positionierung der Turtle die Methode setScreen-Pos() zu verwenden, welche einen Bildschirm-Koordinatenpunkt (der API-Klasse Point) übernimmt. Dieser kann mit der Methode getPoint() aus dem Maus-Event bezogen werden. Wir vermeiden damit die umständliche Aufspaltung in x- und y-Koordinaten.

```java
// EventTurtleEx1.java

import ch.aplu.turtle.*;
import java.awt.*;
import java.awt.event.*;

public class EventTurtleEx1
{
  private Turtle ann = new Turtle();

  EventTurtleEx1()
  {
    ann.addKeyListener(new KeyAdapter()
      {
        public void keyPressed(KeyEvent evt)
        {
          int step = 10;
          int keyCode = evt.getKeyCode();
          switch (keyCode)
          {
            case KeyEvent.VK_LEFT:
              ann.setHeading(-90);
              ann.forward(step);
              break;
            case KeyEvent.VK_RIGHT:
              ann.setHeading(90);
              ann.forward(step);
              break;
            case KeyEvent.VK_UP:
              ann.setHeading(0);
              ann.forward(step);
              break;
            case KeyEvent.VK_DOWN:
              ann.setHeading(180);
```

```
                    ann.forward(step);
                    break;
              }
          }
      });

    ann.addMouseListener(new MouseAdapter()
      {
        public void mousePressed(MouseEvent evt)
        {
          ann.setScreenPos(evt.getPoint());
        }
      });

    ann.addWindowListener(new WindowAdapter()
      {
        public void windowClosing(WindowEvent evt)
        {
          ann.beep();
        }
      });

    ann.hideTurtle();
    ann.setColor(Color.red);
    ann.setFontSize(10);
    ann.setPos(-180, 150);
    ann.label("   Use cursor keys to move me around "
            + "and mouse clicks to make me jump.");
    ann.setPos(-180, 130);
    ann.label("   I ring the bell when quitting.");
    ann.home();
    ann.showTurtle();
  }

  public static void main(String[] args)
  {
    new EventTurtleEx1();
  }
}
```

Einen möglichen Weg der Turtle zeigt Abb. 18.7.

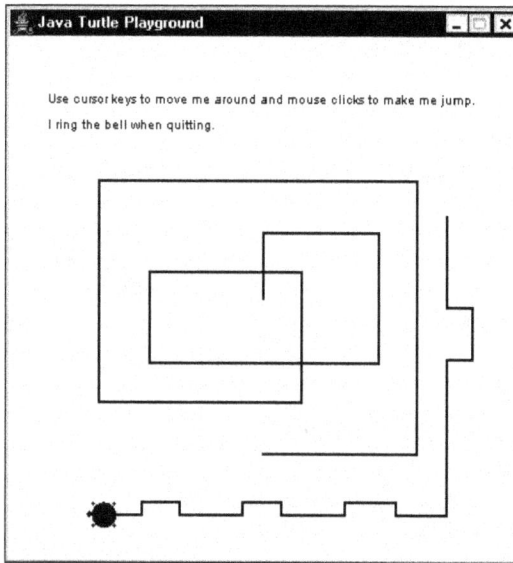

Abb. 18.7 *Interaktive Bewegung der Turtle*

Im nächsten Programm können wir mit einem Mausklick in einer tanzenden Turtlefamilie einen Geburtsevent auslösen. Dabei erscheint eine neue Turtle, die auf immer kleineren und kleineren Kreisen mittanzt. Wir erleben hier wieder die hauptsächliche Eigenschaften eines eventgesteuerten Programms. Die Familie wartet nicht etwa auf ein neues Kind. Sie überprüft auch nicht, ob eine Turtle geschlüpft ist. Der Geburtsevent erfolgt völlig asynchron zum Tanz, eben gerade dann, wenn die Maustaste geklickt wird. Da wir zu Beginn nicht wissen, wie stark die Familie wachsen wird, benötigen wir eine dynamische Datenstruktur. Events und dynamische Datenstrukturen sind wichtige Elemente der Programmierung und werden, wie man an der Einfachheit des Programms erkennt, in Java gut unterstützt.

```
// EventTurtleEx2.java

import ch.aplu.turtle.*;
import java.awt.*;
import java.awt.event.*;
import java.util.*;

public class EventTurtleEx2
{
  private Vector family = new Vector();
  private Turtle mother = new Turtle();

  EventTurtleEx2()
  {
    mother.setFontSize(10);
    mother.label("Click to create new child");
```

```
      mother.setColor(Color.red);
      family.add(mother);

      mother.addMouseListener(new MouseAdapter()
         {
           public void mousePressed(MouseEvent evt)
             {
               Turtle t = new Turtle(mother, false);
               t.setScreenPos(evt.getPoint());
               t.showTurtle();
               family.add(t);
             }
         });

      while (true)
         {
           for (int i = 0; i < family.size(); i++)
             {
             Turtle member = (Turtle)family.elementAt(i);
             member.forward(10);
             member.right(10 + 5*i);
             }
         }
      }

   public static void main(String[] args)
      {
        new EventTurtleEx2();
      }
   }
```

Wegen der immer stärkeren Belastung des Computers wird die Bewegung der Turtles leider merklich langsamer, je mehr die Familie wächst. Mit 5 Kindern ergibt sich das Bild in Abb. 18.8.

18.4.4   Button-Events

Schaltflächen (Buttons) spielen in Programmen mit einer grafischen Benutzeroberfläche eine wichtige Rolle. Auch Symbolleisten und Werkzeugpaletten bestehen üblicherweise aus Buttons. Das Drücken eines Buttons ist ein typisch asynchrones Ereignis, das eine Callbackmethode aufruft. Ein Programm mit Buttons ist daher immer eventgesteuert aufgebaut und verbringt die meiste Zeit in „Wartestellung", bis ein Button-Event ausgelöst wird. Dieser bewirkt eine Aktion und das Programm kehrt üblicherweise wieder in die Wartestellung zurück.

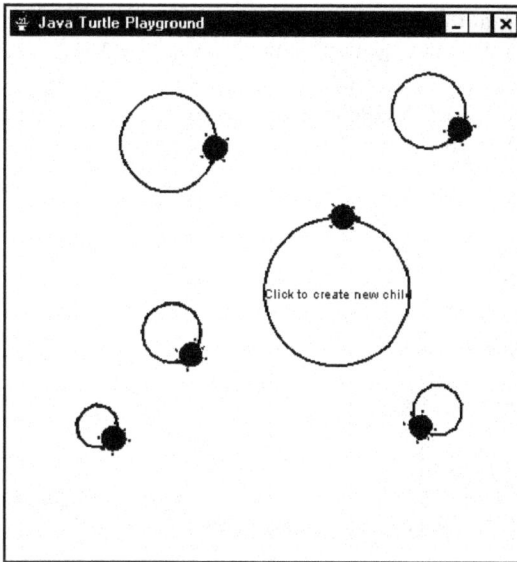

Abb. 18.8 *Dancing Family*

Ein Button wird in der OOP ganz natürlich als ein Objekt aufgefasst, das Eigenschaften (angeschriebener Text, Ikone usw.) und ein Verhalten (Aktion beim Drücken) besitzt. Allerdings existiert dieses Objekt unabhängig davon, ob es auf dem Bildschirm sichtbar ist oder nicht. Bei der Programmierung von buttongesteuerten Programmen sind drei Schritte nötig:

1. Der Button wird instanziert und erhält durch den Konstruktor oder nachfolgend durch setter-Methoden grundlegende Eigenschaften
2. Eine Listener-Klasse wird beim Button registriert, damit der Button Callbackmethoden dieser Klasse aufrufen kann
3. Der Button wird in eine Bildschirm-Komponente „eingefügt", typischerweise in ein Dialogfenster. Diese ist für die richtige Positionierung verantwortlich.

Im folgenden einführenden Beispiel werden in einem GPanel zwei Buttons zur Verfügung gestellt, um ein Rechteck schrittweise zu vergrößern bzw. zu verkleinern. Wir verwenden die programmtechnische Variante mit einer inneren Klasse `ButtonActionAdapter`, die das Interface `ActionListener` implementiert. Dieses besitzt die einzige Methode `actionPerformed()`, die wir als Callbackmethode ausprogrammieren. Wir könnten zwar für jeden Button eine eigene Klasse deklarieren. Viel eleganter ist es aber, Buttons mit ähnlichen Aufgaben, z.B. in derselben Palette als eine Gruppe aufzufassen und sie in derselben Callbackmethode zu behandeln. Mit dem Parameter `evt` der Callbackmethode können wir leicht herausfinden, von welchem Button der Event ausgelöst wurde, denn die Methode `getSource()` liefert eine Referenz auf diesen Button zurück.

Für die Einbettung des Buttons in das GPanel wird die Methode `add()` verwendet, welche die Klasse `JPanel` und damit auch die daraus abgeleitete Klasse `GPanel` zur Verfügung stellen. Für die Darstellung auf dem Bildschirm ergibt sich aber eine kleine Schwierigkeit, weil sich das GPanel beim Aufruf von add() bereits auf dem Bildschirm befindet. Damit das GPanel in der Lage ist, die Buttons richtig einzupassen, muss man sie entweder vor der ersten Darstellung einfügen oder das GPanel muss neu gezeichnet werden. Wir wählen hier die zweite Möglichkeit und rufen zur Neudarstellung die Methode validate() auf.

```java
// ButtonEx1.java

import ch.aplu.util.*;
import java.awt.event.*;
import java.awt.Color;
import javax.swing.*;

public class ButtonEx1 extends GPanel
{
  class ButtonActionAdapter implements ActionListener
  {
    public void actionPerformed(ActionEvent evt)
    {
      Object source = evt.getSource();
      if (source == shrinkButton)
        if (width > 0.1)
          width -= 0.1;
      if (source == enlargeButton)
        if (width < 0.9)
          width += 0.1;
      clear();
      move(0.5, 0.5);
      fillRectangle(width, height);
    }
  }

  private double width = 0.5;
  private double height = 0.5;

  private JButton shrinkButton = new JButton("Shrink");
  private JButton enlargeButton = new JButton("Enlarge");

  public ButtonEx1()
  {
    ButtonActionAdapter adapter = new ButtonActionAdapter();
    shrinkButton.addActionListener(adapter);
    enlargeButton.addActionListener(adapter);

    add(shrinkButton);
    add(enlargeButton);
    color(Color.blue);
    pos(0.5, 0.5);
```

```
    fillRectangle(width, height);
    validate();
  }

  public static void main(String[] args)
  {
    new ButtonEx1();
  }
}
```

Das folgende Problem ist seit Beginn der Computerprogrammierung in unzähligen Varianten gelöst worden. Die Aufgabe besteht darin, von einer gegebenen mathematischen Funktion in einem vorgegebenen Intervall eine Wertetabelle und einen Funktionsplot zu erstellen. Das folgende Programm kann es zwar nicht mit einem kommerziellen Funktionsplotter aufnehmen, ist aber bereits mehr als ein einfaches Demonstrationsbeispiel. Das GUI besteht aus drei Teilen, dem Eingabedialog mit zwei Eingabefeldern für die Eingabe der Intervallgrenzen und zwei Buttons, dem Fenster für die Ausgabe der Wertetabelle und einem eigenen Grafikfenster mit dem Funktionsgrafen.

Mit dem einen Button soll die Berechnung ausgelöst werden können, mit dem anderen kann das Programm beendet werden. Wir wählen die interessante Funktion $y = \sin(x)/x$, die besonders im Nullpunkt spannend ist, da die Berechnung von $0/0$ versagt.

Für die Texteingaben verwenden wir Instanzen der Klasse JTextField, für die Ausgabe eine Instanz von JTextArea. Mit der Klasse JScrollPane wird das Textfeld mit einer vertikalen Bildlaufleiste (Scrollbar) versehen. Die Grafik erstellen wir in einem zweiten GPanel, das automatisch neben dem ersten angeordnet wird.

Im Folgenden wählen wir für die Behandlung der Callbacks eine programmtechnische Variante, die auf den ersten Blick etwas kompliziert erscheint. Viele visuelle GUI-Builder, mit denen man die GUI-Elemente mit einem Grafikeditor einsetzen und verändern kann, erzeugen automatischen Java-Code nach diesem Muster. Da man in jedem Fall diesen Code *von Hand* ergänzen muss, ist es nötig, den automatisch erzeugten Code zu verstehen.

Für jede Eventquelle schreiben wir in der Applikationsklasse eine Methode mit einem Bezeichner, aus welchem hervorgeht, um welche Komponente es sich handelt, beispielsweise für den OK-Button die Methode

```
okButton_actionPerformed(ActionEvent evt)
```

Diese Methode enthält den Code, der beim Auftreten des Events ausgeführt werden soll. Dazu deklarieren wir zu jeder Eventquelle eine externe Klasse mit einem standardisierten Namen, die das Listener-Interface implementiert, beispielsweise für den OK-Button

```
class OkButton_ActionAdapter
```

Wir müssen nun sicher stellen, dass die darin implementierte Callbackmethode actionPerformed(), die beim Auftreten des entsprechenden Events aufgerufen wird,

die von uns vorgesehene Methode okButton_actionPerformed() der Applikationsklasse aufruft. Dazu übergeben wir bei der Konstruktion der Klasse OkButton_Action-
Adapter eine this-Referenz der Applikationsklasse, welche diese in eine Instanzvariable
kopiert.

Wie bereits besprochen, sollten zuerst die GUI-Elemente in das GPanel gefügt werden, bevor
dieses dargestellt wird. Statt wie vorhin mit validate() ein Neuzeichnen zu erzwingen,
verwenden wir einen Konstruktor von GPanel, der das Fenster noch gar nicht anzeigt. Für
die Anzeige rufen wir nach dem Einfügen der GUI-Elemente die Methode vi-
sible(true) auf.

```java
// ButtonEx2.java

import ch.aplu.util.*;
import java.awt.event.*;
import javax.swing.*;
import java.text.*;

class OkButton_ActionAdapter implements ActionListener
{
  private ButtonEx2 app;

  OkButton_ActionAdapter(ButtonEx2 app)
  {
    this.app = app;
  }

  public void actionPerformed(ActionEvent evt)
  {
    app.okButton_actionPerformed(evt);
  }
}

class QuitButton_ActionAdapter implements ActionListener
{
  private ButtonEx2 app;

  QuitButton_ActionAdapter(ButtonEx2 app)
  {
    this.app = app;
  }

  public void actionPerformed(ActionEvent evt)
  {
    app.quitButton_actionPerformed(evt);
  }
}
```

```java
public class ButtonEx2
{
  private GPanel dialog =
      new GPanel("Funktion y = sin(x)/x", false);
  private GPanel graph = new GPanel("Graph");

  private JLabel labelMin = new JLabel("xmin: ");
  private JTextField textFieldMin = new JTextField(10);
  private JLabel labelMax = new JLabel("xmax: ");
  private JTextField textFieldMax = new JTextField(10);

  private JTextArea textAreaOut = new JTextArea(27, 40);
  private JScrollPane scrollPaneOut =
      new JScrollPane(textAreaOut,
          JScrollPane.VERTICAL_SCROLLBAR_ALWAYS,
          JScrollPane.HORIZONTAL_SCROLLBAR_AS_NEEDED);
  private JButton okButton = new JButton("Führe aus");
  private JButton quitButton = new JButton("Ende");

  public ButtonEx2()
  {
    dialog.add(labelMin);
    dialog.add(textFieldMin);
    dialog.add(labelMax);
    dialog.add(textFieldMax);
    dialog.add(okButton);
    dialog.add(quitButton);
    dialog.add(scrollPaneOut);

    textFieldMin.setText("-100");
    textFieldMax.setText("100");
    textAreaOut.setEditable(false);

    okButton.addActionListener(
        new OkButton_ActionAdapter(this));
    quitButton.addActionListener(
        new QuitButton_ActionAdapter(this));

    dialog.visible(true);
  }

  void okButton_actionPerformed(ActionEvent evt)
  {
    DecimalFormat df = new DecimalFormat("#0.000");
    String start = textFieldMin.getText().trim();
    double xMin = Double.parseDouble(start);
    String end = textFieldMax.getText().trim();
    double xMax = Double.parseDouble(end);
```

```
  graph.window(xMin, xMax, -0.3, 1);
  double step = (xMax - xMin) / 500;

  textAreaOut.setText("");
  graph.clear();
  for (double x = xMin; x <= xMax; x += step)
  {
    if (Math.abs(x) > 10E-6)
    {
      double y = Math.sin(x) / x;
      textAreaOut.append("x = "
                        + Console.pad(df.format(x), 10, 3)
                        + "\t\ty = "
                        + Console.pad(df.format(y), 10, 3)
                        + "\n");
      if (x == xMin)
      {
        graph.move(x, y);
      }
      else
      {
        graph.draw(x, y);
      }
    }
  }
}

void quitButton_actionPerformed(ActionEvent evt)
{
  System.exit(0); ;
}

public static void main(String[] args)
{
  new ButtonEx2();
}
}
```

Während der Ausführung des Konstruktors wird die this-Referenz der Applikationsklasse an die Adapterklassen übergeben, welche diese beim Auftreten eines Events benützen. Zu diesem Zeitpunkt ist allerdings die Applikationsklasse gar noch nicht vollständig initialisiert, da der Konstruktor noch nicht beendet ist. Man spricht in diesem Zusammenhang auch davon, dass man eine Klasse *bloßlege*, bevor sie fertig konstruiert ist. Man hält sich an folgende Regel:

☞ **Man lege eine Klasse nie bloß, bevor sie fertig konstruiert ist.**

Ein Event zu dieser Zeit könnte fatale Folgen haben und das Programm zum Absturz bringen. Da solche Timing-Fehler trotz korrektem Benutzerverhalten auf bestimmten Plattformen auftreten können, sind sie schlecht reproduzierbar und äußerst schwierig zu beheben. Als Gegenmaßnahme wird mit der Darstellung des Fensters bis zum Schluss des Konstruktors gewartet, denn die Buttons können erst Events auslösen, wenn sie im Fenster sichtbar sind.

Das Programm müsste noch dahingehend ergänzt werden, dass falsche Benutzereingaben abgefangen werden (**input validation**). Dies verschieben wir allerdings auf später. Das Resultat der Anstrengungen ist in Abb. 18.9 und 18.10 dargestellt.

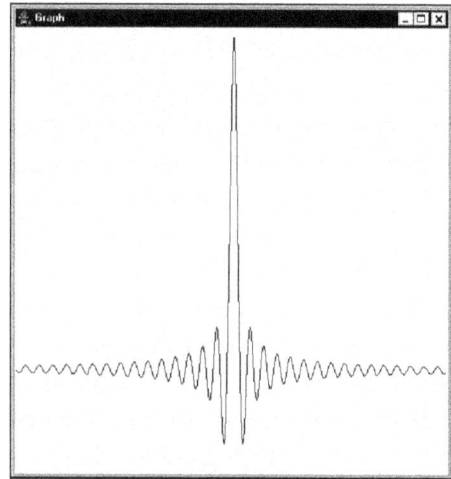

Abb. 18.9 *Ein-Ausgabedialog*

Abb. 18.10 *Darstellung der Kurve*

18.4.5   Menü-Events

Der Anwender eines Programms ist an ein bestimmtes Erscheinungsbild und Verhalten gewohnt, das typisch für das betreffende Betriebssystem ist. Man spricht dabei vom **Look-and-Feel (L&F)** oder in Java vom **Style Guide**. Der Programmierer tut gut daran, sich an diese ungeschriebenen Gesetze zu halten, um den Anwender nicht unnötig zu irritieren.

In einem modernen grafikorientierten Betriebssystem gibt es mehrere Arten von Menüs. Zum L&F gehört sicher, dass jedes Programm eine Menüleiste besitzt, die sich im Aufbau an gewisse Regeln hält. Insbesondere sollte man mit dem Menü das Programm beenden können. Menüs sind typische GUI-Elemente, die Events auslösen, welche mit Callbackmethoden abgefangen werden. Unter einem Popup-Menü versteht man ein Fenster mit einer Liste von Menüoptionen, welche ihrerseits wieder Popup-Menüs sein können. Ein Popup-Menü ist eine Instanz der Klasse `JMenu`, und enthält Menüoptionen, die Instanzen der Klasse `JMenuItem` sind. Da eine Menüoption wieder ein Menü sein kann, wird `JMenu` aus `JMenuI-`

tem abgeleitet. Ein Popup-Menü, welches unter der Bezeichnung *File* erscheinen soll und eine Menüoption mit dem Namen *Exit* enthält, wird in folgenden Schritten implementiert:

Zuerst erzeugt man eine Instanz von `JMenu`

```
JMenu fileMenu = new JMenu("File");
```

Nachfolgend erzeugt man eine Instanz von `JMenuItem`

```
exitItem = new JMenuItem("Exit");
```

und fügt diese dem Menü hinzu

```
fileMenu.add(exitItem);
```

Nachher registriert man für jede Menüoption einen ActionListener. Dieses Interface enthält bekanntlich nur die Methode `actionPerformed()`. Falls die eigene Klasse dieses Interface und damit die Methode `actionPerformed()` implementiert, so erfolgt die Registrierung mit

```
exitItem.addActionListener(this);
```

Schließlich wird das Menü in einer Menüleiste (Instanz der Klasse `JMenuBar`) aufgenommen

```
JMenuBar menuBar = new JMenuBar();
menuBar.add(fileMenu);
```

Damit die Menüleiste im Fenster erscheint, muss sie dem Fensterobjekt, beispielsweise einem `JFrame` mit

```
setJMenuBar(menuBar);
```

übergeben werden. (Bei Verwendung der Klassen `GPanel` und `Turtle` wird die Menüleiste einem speziell dafür vorgesehenen Konstruktor übergeben, der dafür sorgt, dass im angezeigten Fenster diese Menüleiste erscheint.)

Wie wir sehen werden, ist es oft zweckmäßig, die Ablauflogik eines eventgesteuerten Programms als **Automaten (state machine)** zu realisieren. Einfach gesagt, versteht man unter einem Automaten ein System, welches eindeutig durch **Zustände (states)** beschrieben werden kann. Im Laufe der Zeit durchläuft das System auf Grund gewisser Gesetzmäßigkeiten und äußerer **Bedingungen** verschiedene Zustände. In jedem Zustand kann das System etwas bewirken, also gewisse **Aktionen** ausführen. Bei einem GUI handelt es sich bei den Bedingungen um Events, die typischerweise mit einer Button-Palette oder einem Menü ausgelöst werden.

Wir betrachten als erstes Beispiel ein einfaches Spielprogramm, bei dem ein JMan wahllos auf einem Schachbrett herumhüpft. Das System kann sich in 3 Zuständen befinden, die wir mit IDLE, PLAYING und EXITING bezeichnen. Im Zustand IDLE bleibt der JMan dort stehen, wo er gerade ist, im Zustand PLAYING springt er unermüdlich auf dem Schachbrett herum und im Zustand EXITING wird das Programm beendet. Um den Zustand zu beschreiben, wollen wir eine Instanzvariable `state` deklarieren, die genau einen der drei Zustände annehmen kann. Leider haben aus einem unerfindlichen Grund die Entwickler von Java vergessen, einfache Aufzählungstypen zu implementieren, obschon sich diese seit langem in vielen Programmiersprachen bewährt haben. Wir können sie aber leicht durch ints simulieren, wobei wir ihnen auch den entsprechenden Namen geben können. Dazu eignet sich ein Interface `State`, das die 3 Zustände als int-Variablen deklariert.

```
interface State
{
   int IDLE = 0;
   int PLAYING = 1;
   int EXITING = 2;
}
```

Die Werte müssen nur unterscheidbar sein, unterliegen aber sonst keinen weiteren Beschränkungen, da wir immer nur die Aliases `State.STOPPED`, `State.RUNNING`, `State.EXITING` verwenden.

Im Gegensatz zu den bisher betrachteten ereignisgesteuerten Programmen läuft der Konstruktor nicht zu Ende, sondern wird nach einer Initialisierungsphase in eine Ereignisschleife geführt, in der das Programm bis zum Beenden verweilt. Alle Aktionen werden unter Beizug von privaten Methoden in dieser Schleife abgehandelt. Die Callbackmethoden dienen lediglich dazu, das System in den richtigen Zustand zu setzen.

Das als Automat aufgebaute Programm mit einer expliziten Ereignisschleife hat sich aus mehreren Gründen bestens bewährt. Zum einen gehört das Denken in Zuständen und Zustandsänderungen zum natürlichen Denkprozess des Menschen, zum anderen ist es gefährlich, in den Callbackmethoden viel Code auszuführen, weil sich sonst möglicherweise während der Ausführung weitere Events ereignen könnten. Meist ist dies nicht vorgesehen und führt zu einem Fehlverhalten des Programms, das schwer reproduzierbar und damit schwierig zu beheben ist.

```
// MenuEx1.java

import javax.swing.*;
import java.awt.event.*;
import java.awt.Color;
import ch.aplu.util.*;

public class MenuEx1 implements ActionListener
{
   interface State
   {
```

```java
    int IDLE = 0;
    int PLAYING = 1;
    int EXITING = 2;
}

private GPanel p =
    new GPanel(setMenu(), 0, 8, 0, 8);
private JMenuItem playItem, stopItem,
    exitItem, helpItem, aboutItem;
private int state = State.IDLE;

public MenuEx1()
{
    int xold = 0, yold = 0;
    int x, y;
    p.enableRepaint(false);
    drawBoard(xold, yold);
    while (state != State.EXITING)
    {
        Thread.currentThread().yield(); // Pass on to anyone
        while (state == State.PLAYING)
        {
            x = (int)(8 * Math.random());
            y = (int)(8 * Math.random());
            drawBoard(x, y);
            xold = x;
            yold = y;
            Console.delay(500);
        }
    }
    System.exit(0);
}

private JMenuBar setMenu()
{
    JMenu fileMenu = new JMenu("File");
    playItem = new JMenuItem("Play");
    fileMenu.add(playItem);
    playItem.addActionListener(this);
    stopItem = new JMenuItem("Stop");
    fileMenu.add(stopItem);
    stopItem.addActionListener(this);
    exitItem = new JMenuItem("Exit");
    fileMenu.add(exitItem);
    exitItem.addActionListener(this);

    JMenu helpMenu = new JMenu("Help");
    helpItem = new JMenuItem("Help Topics");
```

```
        helpMenu.add(helpItem);
        helpItem.addActionListener(this);
        aboutItem = new JMenuItem("About...");
        helpMenu.add(aboutItem);
        aboutItem.addActionListener(this);

        JMenuBar menuBar = new JMenuBar();
        menuBar.add(fileMenu);
        menuBar.add(helpMenu);

        fileMenu.setMnemonic('F');
        helpMenu.setMnemonic('H');

        playItem.setAccelerator(KeyStroke.
            getKeyStroke('P',
            InputEvent.ALT_MASK));
        stopItem.setAccelerator(KeyStroke.
            getKeyStroke('S',
            InputEvent.ALT_MASK));
        exitItem.setAccelerator(KeyStroke.
            getKeyStroke('X',
            InputEvent.ALT_MASK));
        helpItem.setAccelerator(KeyStroke.
            getKeyStroke('H',
            InputEvent.ALT_MASK));
        aboutItem.setAccelerator(KeyStroke.
            getKeyStroke('T',
            InputEvent.ALT_MASK));

        return menuBar;
    }

    public void actionPerformed(ActionEvent e)
    {
        if (e.getSource() == playItem)
            state = State.PLAYING;
        if (e.getSource() == stopItem)
            state = State.IDLE;
        if (e.getSource() == exitItem)
            state = State.EXITING;
        if (e.getSource() == helpItem)
            JOptionPane.showMessageDialog(null,
                "Select File | Play to (re)start the game\n" +
                "Select File | Stop to stop the game");
        if (e.getSource() == aboutItem)
            JOptionPane.showMessageDialog(null,
                " Application written by\n © Aegidius Plüss\n" +
                " Berne, Switzerland\n" +
```

```
                " http://www.aplu.ch");
    }

    private void drawBoard(double x, double y)
    {
      p.clear();
      for (int i = 0; i < 8; i++)
        for (int j = 0; j < 8; j++)
          if ((i + j) % 2 == 0)
            p.fillRectangle(i, j, i + 1, j + 1);
      p.image("jman.gif", x, y);
      p.repaint();
    }

    public static void main(String[] args)
    {
      new MenuEx1();
    }
}
```

Zum Programm, welches bereits ein professionelles L&F aufweist, ist Folgendes zu bemerken:

- Man kann das Fenster zoomen, Schachbrett und Figur werden automatisch angepasst
- Im Zustand IDLE sollte man aus Effizienzgründen eine Schleife durchlaufen, in der man den Prozessor freiwillig an andere Programme (Threads) abgibt. Dies erreicht man am einfachsten mit einem Aufruf von Thread.currentThread().yield()
- Das Bild wird durch Überzeichnen mit der Feldfarbe gelöscht
- Zum üblichen L&F gehört eine Hilfe- und About-Option
- Die Bilddatei jman.gif muss sich im Programmverzeichnis befinden
- Bevor wir die neue Lage des JMans zeichnen, löschen wir mit clear() die ganze Grafik. Um das Flackern zu verhindern, wird allerdings enableRepain(false) gesetzt. Dadurch erreichen wir, dass mit clear() nur der Bildbuffer gelöscht wird, allerdings müssen wir nun repaint() aufrufen, damit das Bild vom Bildbuffer auf den Bildschirm geschrieben wird
- Die Variablen der Klasse JMenuItem müssen leider als Instanzvariablen deklariert sein, da sie auch in den Callbackmethoden verwendet werden. Alle anderen Menüvariablen sind lokal
- In jeder Menüoption der Menüleiste ist ein bestimmter Buchstaben unterstrichen (**Mnemonics**). Diese werden mit der Methode setMnemonic() festgelegt. Sie ermöglichen eine schnelle Wahl der Menüoption ohne Maus, indem die Tastenkombination Alt-Mnemonic gedrückt wird
- Die Menü-Items reagieren auf Tastenkürzel (auch **Accelerator** genannt). Diese werden mit der Methode setAccelerator() festgelegt. Sie ermöglichen eine schnelle Menüauswahl mit der entsprechenden Tastenkombination.

Menüs lassen sich auch leicht in Turtle-Programme einbauen. Dazu sind die Turtle-Konstruktoren überladen. Beispielsweise können im einfachsten Fall die Menüoptionen auch ohne Submenüs angezeigt werden, so dass man direkt auf die Menüleiste klicken kann, um die Optionen auszulösen. Das folgende ereignisgesteuerte Turtle-Programm lässt die Turtle im Zustand RUNNING auf einem Kreis herumlaufen. Um Prozessorzeit an andere Programme abzugeben, kann auch `Thread.currentThread().sleep()` verwendet werden. `Console.delay()`, bzw. `Turtle.sleep()` bewirken dasselbe.

```java
// MenuEx2.java

import javax.swing.*;
import java.awt.event.*;
import ch.aplu.turtle.*;

public class MenuEx2 implements ActionListener
{
  interface State
  {
    int IDLE = 0;
    int RUNNING = 1;
    int EXITING = 2;
  }

  private Turtle john = new Turtle(setMenu());
  private JMenuItem runItem, stopItem, exitItem;
  private int state = State.IDLE;

  public MenuEx2()
  {
    while (state != State.EXITING)
    {
      Console.delay(1);
      while (state == State.RUNNING)
        john.fd(10).lt(10);
    }
    System.exit(0);
  }

  private JMenuBar setMenu()
  {
    exitItem = new JMenuItem("Exit");
    exitItem.addActionListener(this);

    runItem = new JMenuItem("Run");
    runItem.addActionListener(this);

    stopItem = new JMenuItem("Stop");
    stopItem.addActionListener(this);
```

```
    JMenuBar menuBar = new JMenuBar();
    menuBar.add(exitItem);
    menuBar.add(runItem);
    menuBar.add(stopItem);
    return menuBar;
}

public void actionPerformed(ActionEvent e)
{
    if (e.getSource() == runItem)
        state = State.RUNNING;
    if (e.getSource() == stopItem)
        state = State.IDLE;
    if (e.getSource() == exitItem)
        state = State.EXITING;
}

public static void main(String[] args)
{
    new MenuEx2();
}
}
```

18.5   Reentrance bei Callbackmethoden

Im Zusammenhang mit ereignisgesteuerten Programmen gibt es ein Problem, das oft, selbst von ausgezeichneten Programmierern übersehen wird und zu schwerwiegenden, schlecht reproduzierbaren Fehlern und gar zu Programmabstürzen („Hängen" usw.) führen kann. Grundsätzlich ist es nämlich möglich, dass während der Ausführung einer Callbackmethode wieder ein Event auftritt, der das Programm aus der momentan laufenden Callbackmethode „herausholt" und zu einer anderen Callbackmethode springen lässt. Im Spezialfall kann es dieselbe Methode sein (**reentrance**), die erneut aufgerufen wird. Da Callbackmethoden meist Seiteneffekte bewirken (Modifikation von Instanzvariablen, Ausschreiben oder Zeichnen auf dem Bildschirm usw.), kommen sich die zwei Ausführungen derselben Methode in die Quere und führen zu einem Fehlverhalten. Man hat natürlich die Möglichkeit, die Callbackmethoden bewusst so zu schreiben, dass sie keine Seiteneffekte bewirken. Man sagt dann, sie seien **reentrant**.

Es gibt ein einfaches Verfahren, wie man solche Schwierigkeiten vermeiden kann. Dazu konzipiert man, wie oben beschrieben, das Programm als Automat mit einer expliziten Ereignisschleife und wendet folgende goldene Regel an:

☞ **Callbackmethoden sollen kurz sein und am besten nur aus dem Setzen eines Zustandsflags bestehen.**

In Java wird die Reentrance bei **GUI-Callbackmethoden** durch das System selbst unterbunden. Löst man einen Event mit einer GUI-Komponente aus, so werden weitere GUI-Events, die während des Ablaufs der entsprechende Callbackmethode auftreten, in einer Event-Warteschlage gespeichert und die dazu gehörenden Callbackmethoden erst am Ende der laufenden Methode (der Reihe nach) ausgeführt. Während des Ablaufs einer Callbackmethode scheint das System daher „eingefroren" zu sein. Dies wird von den Benutzern als besonders unangenehm empfunden, kann aber leicht durch die konsequente Programmierung kurzer Callbackmethoden vermieden werden.

19 Grafik mit Java2D und GWindow

19.1 Das Rendern von Grafiken unter Graphics2D

Unter einer Grafik verstehen wir hier ein rechteckiges Raster von Bildpunkten (Pixels), die ein Helligkeits- und ein Farbattribut haben. Das verwendete Farbmodell legt fest, wie Helligkeit und Farbe codiert sind. Auf Bildschirmen üblich ist das RGB-Modell, bei dem die Intensität der drei Farben rot (R), grün (G) und blau (B) je als int zwischen 0 und 255 (8-bit) angegeben wird.

Man kann zusammenhängende Teile der Grafik auch als ein **Grafikobjekt** oder eine **Figur** auffassen, die durch ein Objekt in einer objektorientierten Programmiersprache modelliert wird. Einfache Objekte sind: Linie, Rechteck, Kreis usw., kompliziertere sind GUI-Elemente (controls, widgets), Bilder (images), Ikonen (icons) und Fenster (windows). Da sich bei der Bildschirmdarstellung die Figuren teilweise überdecken und in ihrer Lage und Größe verändert werden, gibt es keine einfache Beziehung zwischen ihnen und dem Pixelraster.

Wegen der großen Zahl verschiedener grafischen Ausgabegeräte, die sich insbesondere in der Größe der Bildfläche und der Anzahl Pixel und damit in der Auflösung (Anzahl Pixel pro Längeneinheit, normalerweise in dots per inch, dpi) unterscheiden, ist man bestrebt, die Erstellung der Grafik von ihrer Darstellung auf einem spezifischen Ausgabegerät zu trennen. Man kann sich dabei vorstellen, dass man die Grafik in einer nicht sichtbaren Datenstruktur, einem Grafikbuffer erstellt, dessen Inhalt anschließend auf dem Ausgabegerät dargestellt wird. Dabei spricht man vom **Rendern** der Grafik. In einfachen Grafiksystemen erfolgt das Rendern auf dem Bildschirm automatisch und jedes erzeugte Pixel oder Grafikobjekt wird auch gleich dargestellt. Unter fensterbasierten Betriebssystemen ist dies aber nicht mehr ohne weiteres möglich, da eine bestehende Grafik oder Teile davon oft neu gezeichnet werden müssen, beispielsweise wenn andere Fenster über die Grafik gezogen und wieder weggezogen werden. Dem Betriebs- bzw. dem Grafiksystem muss der Entscheid überlassen werden, in welchem Augenblick die Grafik neu zu rendern ist. Sie teilt dies ähnlich einem Event dem Applikationsprogramm mit, das seinerseits die Grafik oder auch nur Teile davon neu rendert.

Um diese beträchtliche Komplexität in den Griff zu bekommen, haben sich die Entwickler von Java entschieden, die Erzeugung einer Grafik in 4 Phasen aufzuteilen (Abb. 19.1 bis 19.4). In der ersten Phase bezieht man für das gewünschte Ausgabemedium ein grafisches Umfeld, das man **Grafikkontext (graphic context)** nennt. Bei Java2D handelt es sich um eine Instanz der Klasse Graphics2D, welche umfangreiche Dienste zur Verfügung stellt. In der zweiten Phase setzt man im erhaltenen Grafikkontext gewünschte Attribute, wie Farben, Fonts usw. In der dritten Phase erzeugt man das Bild auf Grund eines Rechenprozesses oder durch Lesen einer Bilddatei. Schließlich wird in der vierten Phase dieses Bild auf dem gewünschten Ausgabemedium dargestellt (gerendert).

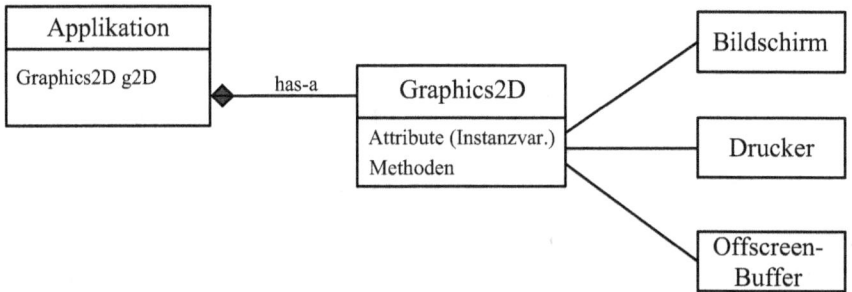

Abb. 19.1   *1. Phase: Zugriff auf den Grafikkontext*

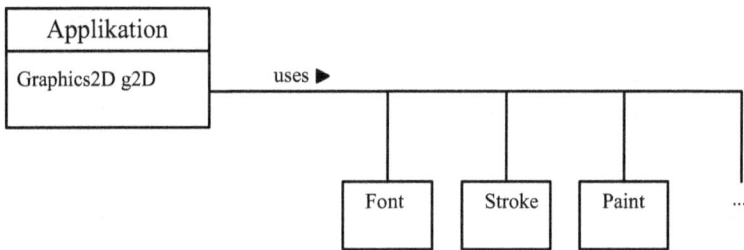

Abb. 19.2   *2. Phase: Setzen der Attribute des Grafikkontexts*

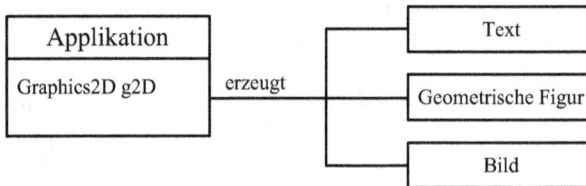

Abb. 19.3   *3. Phase: Erzeugen des Grafikinhalts*

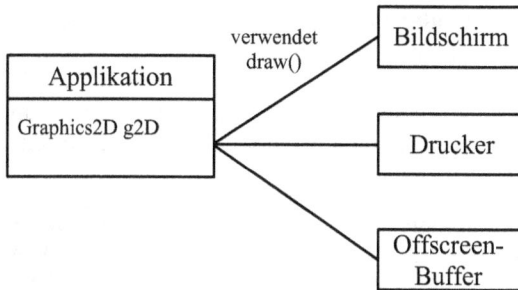

Abb. 19.4 *4 Phase: Ausgabe (Rendern)*

Im Grafikkontext benützt man zur Positionierung ein 2-dimensionales Koordinatensystem mit einer horizontalen nach rechts positiven x-Achse und einer vertikalen nach unten positiven y-Achse. Der Nullpunkt befindet sich im Grafikfenster oben links. Man nennt die x-y-Koordinaten **Userkoordinaten (user coordinates, user space)**. Diese werden beim Rendern auf die **Devicekoordinaten (device coordinates, device space)** des entsprechenden Ausgabegeräts umgerechnet. Im einfachsten Fall entsprechen die Userkoordinaten gerade den relativen Pixelkoordinaten im Bildschirmfenster. Relativ heißt, dass bei einer Verschiebung des Fensters das Koordinatensystem mitgezogen wird (Abb. 19.5). Je nach Auflösung des Bildschirms ist das Bildschirmfenster verschieden groß.

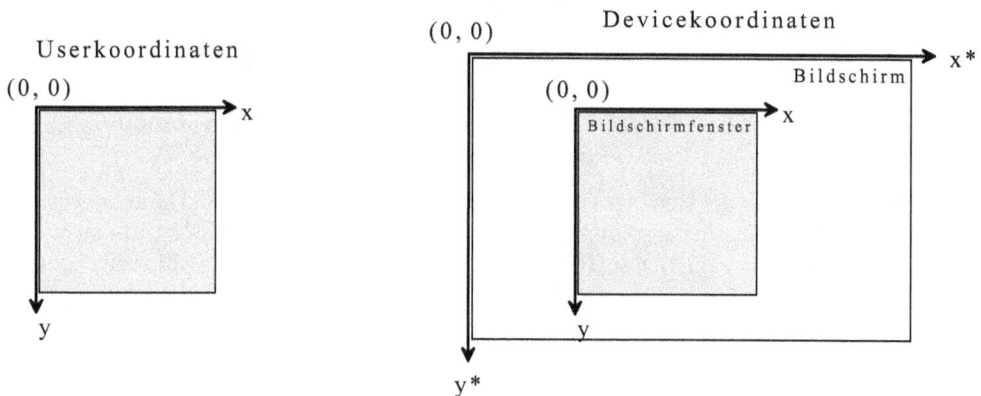

Abb. 19.5 *User- und Devicekoordinaten*

19.2   Grafik mit GWindow

Wie wir gesehen haben, ist es motivierend, beim Erlernen einer Programmiersprache möglichst frühzeitig ein Grafikfenster zur Verfügung zu haben. Die bisher verwendeten Klassen `Turtle` und `GPanel` sind absichtlich so geschrieben, dass die Komplexität im Umgang mit

Grafikfenstern nicht sichtbar wird, allerdings mit dem Nachteil, dass sie im Vergleich zur JFC nur eine beschränkte Funktionalität aufweisen. Wir werden daher im Folgenden sukzessive die Verwendung dieser speziellen Klassen reduzieren und uns auf die Klassen der JFC konzentrieren, wobei wir vorwiegend **Swing** und **Java2D** einsetzen. Vom etwas älteren **AWT (Abstract Windowing Toolkit)** werden wir nur dort Gebrauch machen, wo dies unbedingt erforderlich ist.

Ein Fenster eines GUI kann sehr komplex aufgebaut sein und mehrere andere Grafikkomponenten enthalten. Anschaulich gesprochen stellt es einen Behälter für andere Komponenten zur Verfügung. Unter Swing ist eine der wichtigen Behälterklassen JFrame. Im ersten Schritt verzichten wir auf das GPanel, verwenden aber immer noch eine eigene Klasse GWindow, die aus JFrame abgeleitet ist und als einzige Komponente ein Grafikfenster JPanel enthält. GWindow verfügt damit über alle Methoden der folgenden Klassenhierarchie:

```
java.lang.Object
   |
   +--java.awt.Component
         |
         +--java.awt.Container
               |
               +--java.awt.Window
                     |
                     +--java.awt.Frame
                           |
                           +--javax.swing.JFrame
                                 |
                                 +--ch.aplu.util.GWindow
```

Da auch rein optisch der Behälter GWindow ein Grafikfenster enthält, deklarieren wir in der Klasse GWindow eine Instanzvariable vom Typ JPanel. Die Klasse GWindow steht daher in einer has-a Relation zur Klasse JPanel, die in folgende Klassenhierarchie eingebettet ist:

```
java.lang.Object
   |
   +--java.awt.Component
         |
         +--java.awt.Container
               |
               +--javax.swing.JComponent
                     |
                     +--javax.swing.JPanel
```

Es gilt also:

| ☞ **Ein GWindow ist-ein JFrame und hat-ein JPanel.** |

Wie bereits in der Klasse `GPanel`, stellen wir auch in der Klasse `GWindow` ein benutzerdefiniertes Koordinatensystem zur Verfügung (**Windowkoordinaten**), das mit

```
setWindow(xmin, xmax, ymin, ymax);
```

festgelegt wird, wobei die double-Parameter den Koordinatenbereich angeben. Mit

```
setWinSize(xSize,ySize);
```

können wir die Größe des Fensters auf dem Bildschirm und damit den Bereich der Userkoordinaten angeben. Beispielsweise führen

```
setWindow(-10, 10, -10, 10);
setWinSize(0, 400);
```

zur Situation in Abb. 19.6. GWindow stellt auch die Konversionsmethoden `toWindow()` und `toUser()` zur Verfügung, mit denen man die Koordinaten umrechnen kann.

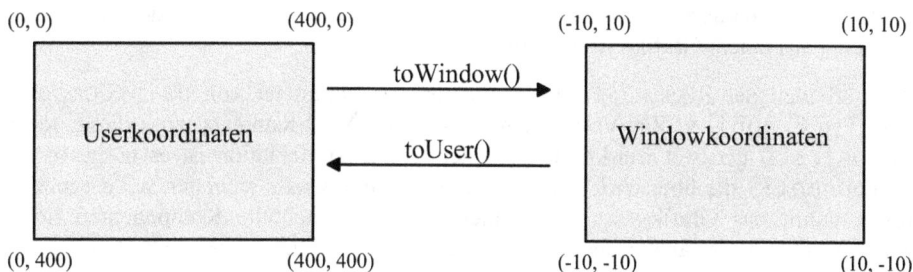

Abb. 19.6   *User- und Windowkoordinaten*

Wie wir bereits festgestellt haben, ist es in allen GUI-basierten Anwendungen von großer Wichtigkeit, dass die Fenster oder Teile davon neu gezeichnet werden, insbesondere wenn

- Komponenten ihr Erscheinungsbild ändern,
- ein überdeckendes Fenster weggezogen oder
- das Fenster verschoben oder gezoomt wird.

Das Neuzeichnen wird jedoch dem Anwender der JFC überlassen, was eine große Herausforderung gegenüber einem einfachen Grafiksystem darstellt, bei denen man sich nicht mehr mit den bereits gezeichneten Figuren beschäftigen muss. In Java wird die Aufforderung zum Neuzeichnen als ein Event betrachtet, damit auch in diesem Zusammenhang das Delegations-Eventmodell eingesetzt werden kann. Wir können daher unsere Kenntnisse aus dem vorhergehenden Kapitel über Ereignissteuerung hier wieder gewinnbringend einsetzen. Der Callback-Mechanismus funktioniert mit Swing wie folgt:

Die Klasse `JComponent` (und damit `JPanel`) ist eigentlich eine Adapterklasse für die Callbackmethode

```
void paintComponent(Graphics g)
```

die vom Grafiksystem immer dann aufgerufen wird, wenn ein Neuzeichnen der Grafik erforderlich ist. Daher ist folgendes Konzept zu befolgen:

☞ **Man leitet eine eigene Klasse von JPanel ab, überschreibt paint-Component() und registriert eine Instanz der eigenen Klasse in einer Behälterklasse, typischerweise in JFrame.**

Es ist klar, dass dieses Konzept zwar elegant ist, aber beträchtliche Kenntnisse von Java voraussetzt. Als Behälterklasse verwenden wir in diesem Kapitel `GWindow`, bei welcher die Registrierung mit der Methode `showComponent()` erfolgt, die gleichzeitig das Fenster auf dem Bildschirm darstellt. Die Behälterklassen von Swing verwenden zur Registrierung die Methode `add()`.

Die hauptsächliche Aufgabe von `paintComponent()` besteht darin, die Grafik auf dem Bildschirm zu rendern. Dies kann entweder durch eine Neuberechung der Figur oder durch Kopieren aus einem Grafikbuffer erfolgen.

Aus Gründen der Rückwärtskompatibilität ist der Parameter von `paintComponent()` vom Typ `Graphics`. Zur Verwendung des Graphics2D-Kontexts muss dieser jeweils auf `Graphics2D` gecastet werden. Gemäß der API-Dokumentation ist es nötig, in `paintComponent()` die überschriebene Methode der Superklasse an erster Stelle explizit aufzurufen, damit das Grafiksystem auch ineinander geschachtelte Komponenten richtig neu zeichnet. Dies ist zwar bei unseren Beispielen nicht nötig, ist aber sicher eine gute Angewohnheit.

Die folgenden Beispiele geben einen Überblick, mit welchen Schwierigkeiten man bei der Realisierung dieses Konzepts zu kämpfen hat. Im ersten Beispiel verwenden wir Userkoordinaten und führen das Rendern der Figur in `paintComponent()` durch eine Neuberechnung mit `drawFigure()` durch. Es wird ein exakt im Fenster eingepasstes Quadrat mit einem Diagonalkreuz gezeichnet. Dabei wird im Gegensatz zu GPanel nicht mehr mit einem Grafik-Cursor, sondern mit **Grafik-Objekten** (hier `Line2D.Double`) gearbeitet, was dem Geist der OOP sowieso viel besser entspricht.

```
// WindowEx1.java

import ch.aplu.util.*;    // for GWindow
import javax.swing.*;     // for JPanel
import java.awt.*;        // for Graphics
import java.awt.geom.*;   // for Line2D

public class WindowEx1 extends JPanel
```

```
{
    private GWindow w = new GWindow();
    private int count = 0;

    public WindowEx1()
    {
        w.setWinSize(401, 401);  // User coordinates 0..400
        w.showComponent(this);
    }

    public void paintComponent(Graphics g)
    {
        super.paintComponent(g);
        drawFigure(g);
        System.out.println(++count);
    }

    private void drawFigure(Graphics g)
    {
        Graphics2D g2D = (Graphics2D)g;

        Line2D[] lines =
          { new Line2D.Double(0, 0, 400, 0),
            new Line2D.Double(400, 0, 400, 400),
            new Line2D.Double(400, 400, 0, 400),
            new Line2D.Double(0, 400, 0, 0),
            new Line2D.Double(0, 0, 400, 400),
            new Line2D.Double(400, 0, 0, 400) };

        for (int i = 0; i < lines.length; i++)
            g2D.draw(lines[i]);
    }

    public static void main(String[] args)
    {
        new WindowEx1();
    }
}
```

Wir müssen uns bewusst sein, dass in diesem Konzept beim Zoomen oder wenn wir ein anderes Fenster über die Grafik ziehen paintComponent() mehrmals aufgerufen wird und dabei die Grafik vollständig neu erzeugt wird, was ein zeitaufwendiger Prozess sein kann. Auf einem schnellen Rechner ist dieser wiederholte Aufruf von paintComponent() bei der vorliegenden einfachen Grafik nur dann nachzuweisen, wenn wir bei jedem Aufruf den inkrementierten Wert eines Zählers count in eine Console schreiben lassen.

Beim Zoomen wird leider die Größe der Grafik nicht der neuen Fenstergröße angepasst, denn die Abbildung der Userkoordinaten auf Devicekoordinaten bleibt dabei unverändert. Wollen wir eine automatische Anpassung erreichen, so muss die Figur einer affinen Transformation unterzogen werden, die sich automatisch der Größe des Fensters anpasst. Affine Transformationen werden unter Java2D gut unterstützt, insbesondere für alle Objekte, welche das Interface Shape implementieren. Dazu gehören: Area, CubicCurve2D, Line2D, Polygon, QuadCurve2D, Rectangle, RectangularShape und GeneralPath. Wir zeichnen unsere Figur daher unter Beizug der API-Dokumentation als GeneralPath. Da die Konversionsmethode toUser() ein übergebenes Shape der aktuell nötigen affinen Transformation unterzieht, genügt es, draw(shape) durch draw(toUser(shape)) zu ersetzen, damit die Figur beim Zoomen automatisch angepasst wird.

```java
// WindowEx2.java

import ch.aplu.util.*;    // for GWindow
import javax.swing.*;     // for JPanel
import java.awt.*;        // for Graphics
import java.awt.geom.*;   // for Line2D

public class WindowEx2 extends JPanel
{

  public GWindow w = new GWindow();

  private WindowEx2()
  {
    w.setWinSize(400, 400);
    w.setWindow(0, 10, 0, 10);
    w.showComponent(this);
  }

  public void paintComponent(Graphics g)
  {
    super.paintComponent(g);
    drawFigure(g);
  }

  private void drawFigure(Graphics g)
  {
    GeneralPath gp = new GeneralPath();
    gp.moveTo(0, 0); gp.lineTo(10, 0); gp.lineTo(10, 10);
    gp.lineTo(0, 10); gp.closePath();
    gp.lineTo(10, 10); gp.moveTo(0, 10); gp.lineTo(10, 0);

    Graphics2D g2D = (Graphics2D)g;
    g2D.draw(w.toUser(gp));
  }
```

```
public static void main(String[] args)
{
  new WindowEx2();
}
}
```

Oft wird ein Bild zuerst in einem nicht sichtbaren, zusätzlichen **Bildbuffer** aufgebaut, den man auch **Offscreen-Buffer** nennt, und erst nachher auf dem Bildschirm gerendert. Da in diesem Fall zwei Bildbuffer verwendet werden, nennt man das Verfahren auch **Double-buffering**. Dies ist besonders bei Animationen hilfreich, da hier, wie bei einem Film, immer erst das vollständig aufgebaute Bild angezeigt wird. Diese Technik führt zu einer weiteren Komplexität, die wir vorerst noch durch den Einsatz von GWindow etwas mildern, das uns einen Offscreen-Buffer von der Größe des eingebetteten JPanels zur Verfügung stellt. Der Bildbuffer ist völlig analog zum Bildschirm ansprechbar. Er besitzt einen Grafik-Kontext, mit dem man eine Grafik mit Hilfe der üblichen Methoden aus Java2D aufbauen kann.

Das Vorgehen ist das Folgende: Man holt mit dem Accessor `getOff2D()` den Grafik-Kontext des Bildbuffer und zeichnet die Grafik in den Bildbuffer. Das Rendern auf dem Bildschirm erfolgt wie üblich in `paintComponent()`, wobei man mit `getBuffered-Image()` eine Referenz auf die Grafik erhält, die man mit `drawImage()` auf dem Bildschirm rendert.

Es ergibt sich nun allerdings ein Problem. In folgendem Programm erzeugen wir die Grafik im Bildbuffer mit der Methode `drawFigure()`, die im Konstruktor aufgerufen wird. Wie erreichen wir aber, dass nachfolgend auch `paintComponent()` aufgerufen wird, damit das Bild auf dem Bildschirm erscheint? Ein direkter Aufruf von `paintComponent()` ist ausgeschlossen, da wir den Parameterwert des Grafik-Kontexts nicht kennen. Es ist aber auch keine gute Idee zu versuchen, sich den Grafik-Kontext zu beschaffen, denn es gilt die wichtige Regel

---
☞ **paintComponen() darf nie direkt aufgerufen werden, sondern immer nur über das Grafiksystem.**

Der Grund dazu ist folgender: Das Grafiksystem muss wegen der Komplexität des GUI das Zeichnen der Komponente zu einem ganz bestimmten Zeitpunkt vornehmen. Die Behälterklasse `JComponent`, stellt uns eine Methode `repaint()` zur Verfügung, mit der wir das Grafiksystem auffordern, möglichst rasch einen Aufruf von `paintComonent()` vorzunehmen. Dieses Konzept kann dann zu einem Problem werden, wenn die von uns aufgerufenen `repaint()` schneller folgen, als das System seinerseits `paintComponent()` aufruft.

```
// WindowEx3.java

import ch.aplu.util.*;      // for GWindow
import javax.swing.*;       // for JPanel
import java.awt.*;          // for Graphics
import java.awt.geom.*;     // for Line2D
import java.awt.image.*;    // for BufferedImage
```

```java
public class WindowEx3 extends JPanel
{
  private GWindow w = new GWindow();

  public WindowEx3()
  {
    w.setWinSize(400, 400);
    w.setWindow(0, 10, 0, 10);
    w.showComponent(this);
    drawFigure();
  }

  public void paintComponent(Graphics g)
  {
    super.paintComponent(g);
    BufferedImage bi = w.getBufferedImage();
    Graphics2D g2D = (Graphics2D)g;
    g2D.drawImage(bi, 0, 0, this);
  }

  private void drawFigure()
  {
    GeneralPath gp = new GeneralPath();
    gp.moveTo(0, 0); gp.lineTo(10, 0); gp.lineTo(10, 10);
    gp.lineTo(0, 10); gp.closePath();
    gp.lineTo(10, 10); gp.moveTo(0, 10); gp.lineTo(10, 0);

    Graphics2D g2D = w.getOffG2D();
    g2D.draw(w.toUser(gp));
    repaint();
  }

  public static void main(String[] args)
  {
    new WindowEx3();
  }
}
```

Dieses Programm führt allerdings keine Anpassung an die aktuelle Größe des Bildschirm-fensters durch, da ja beim Zoomen lediglich das Bild aus dem Bildbuffer neu gerendert, aber nicht affin transformiert wird. GWindow kann aber mit getAffineScale() eine Referenz auf die angepasste affine Transformation zurückgeben und drawImage() kann diese Transformation beim Rendern benützen. Es genügt daher, eine einzige Zeile zu ändern:

```java
g2D.drawImage(bi, w.getAffineScale(), this);
```

Da das Bild bei der affinen Transformation nicht neu berechnet wird, verändert sich die Qualität der Linien (Dicke, Treppenzacken), was nicht in jedem Fall akzeptabel ist.

Affine Transformationen stellen ein mächtiges Hilfsmittel dar und sie können viele geometrische Probleme stark vereinfachen. Das folgende Beispiel zeigt die Verwendung der wichtigsten Operationen, wie Verschieben, Rotieren und Skalieren und Verformen.

```java
// WindowEx4.java

import ch.aplu.util.*;
import javax.swing.*;
import java.awt.*;
import java.awt.geom.*;
import java.awt.image.*;

public class WindowEx4 extends JPanel
{
  private GWindow w = new GWindow();

  public WindowEx4()
  {
    w.setWinSize(401, 401);
    w.showComponent(this);

    GeneralPath square = createSquare(100);
    drawFigure(square);

    translateFigure(square, 200, 200);
    drawFigure(square);

    GeneralPath triangle = createTriangle(50);
    drawFigure(triangle);
    translateFigure(triangle, 200, 200);
    drawFigure(triangle);

    rotateFigure(triangle, Math.PI/2, 200, 200);
    drawFigure(triangle);

    scaleFigure(square, 1.1, 1.3);
    drawFigure(square);

    square = createSquare(100);
    shearFigure(square, 2, 1);
    drawFigure(square);
  }

  public void paintComponent(Graphics g)
  {
    super.paintComponent(g);
```

```
    BufferedImage bi = w.getBufferedImage();
    Graphics2D g2D = (Graphics2D)g;
    g2D.drawImage(bi, w.getAffineScale(), this);
}

GeneralPath createSquare(int size)
{
  GeneralPath gp = new GeneralPath();
  gp.moveTo(0, 0); gp.lineTo(size, 0);
  gp.lineTo(size, size); gp.lineTo(0, size);
  gp.closePath();
  return gp;
}

GeneralPath createTriangle(int size)
{
  GeneralPath gp = new GeneralPath();
  gp.moveTo(0, 0); gp.lineTo(size, 0);
  gp.lineTo(size/2, size); gp.closePath();
  return gp;
}

void drawFigure(GeneralPath gp)
{
  Graphics2D g2D = w.getOffG2D();
  g2D.draw(gp);
  repaint();
}

void translateFigure(GeneralPath gp, int dx, int dy)
{
   AffineTransform t = new AffineTransform();
   t.translate(dx, dy);
   gp.transform(t);
}

void rotateFigure(GeneralPath gp, double angle,
                        int xCenter, int yCenter)
{
   AffineTransform t = new AffineTransform();
   t.rotate(angle, xCenter, yCenter);
   gp.transform(t);
}

void scaleFigure(GeneralPath gp, double xScale,
                        double yScale)
{
   AffineTransform t = new AffineTransform();
```

```
      t.scale(xScale, yScale);
      gp.transform(t);
   }

   void shearFigure(GeneralPath gp, double xShear,
                                    double yShear)
   {
      AffineTransform t = new AffineTransform();
      t.shear(xShear, yShear);
      gp.transform(t);
   }

   public static void main(String[] args)
   {
      new WindowEx4();
   }
}
```

Für das leichtere Verständnis der verschiedenen Transformationen zieht man am besten die API-Dokumentation der Klasse AffineTransform und das Resultat aus Abb. 19.7 heran.

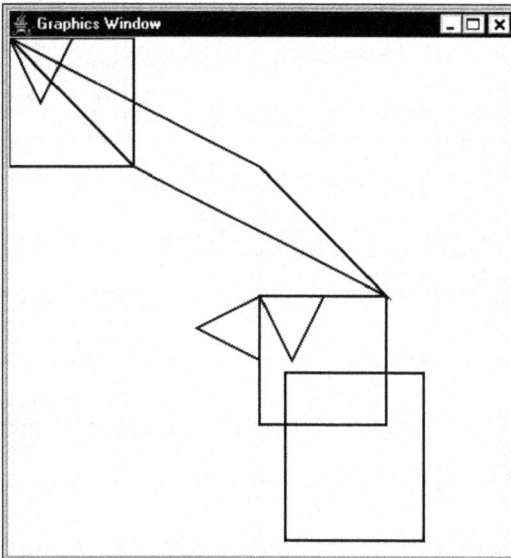

Abb. 19.7   *Affine Transformationen*

19.3   Animierte Grafik bei Simulationen

Mit den erarbeiteten Kenntnissen haben wir den Schlüssel zur Erstellung von animierter Grafik in der Hand. Um zu vermeiden, dass der gelöschte Zustand auf dem Bildschirm sichtbar ist und damit das Bild flackert, bauen wir grundsätzlich das Bild im Bildbuffer auf und rendern es anschließend mit `repaint()` auf dem Bildschirm. Da wir immer das vollständige Bild vom Bildbuffer auf den Bildschirm übertragen, entfällt das Löschen des Bildschirms.

Im Folgenden simulieren wir in Echtzeit ein im homogenen Gravitationsfeld vertikal schwingendes Federpendel. Das Beispiel soll auch zeigen, dass sich die Programmierung bei konsequenter Anwendung objektorientierter Methoden fundamental von der klassischen Programmiertechnik unterscheidet. Wir beginnen mit dem Klassendesign, wobei wir darauf achten, dass es eine natürliche Querverbindung zwischen den tatsächlichen Objekten und den Softwareobjekten gibt. Jedermann wird damit einverstanden sein, dass ein Federpendel aus einer Feder und einer daran befestigten Masse besteht. Daher modellieren wir das physikalische System mit einer Klasse `Pendulum`, die in einer has-a-Relation zu den Klassen `Spring` und `Mass` steht. Das Klassendesign aus Abb. 19.8 ist daher nahe liegend.

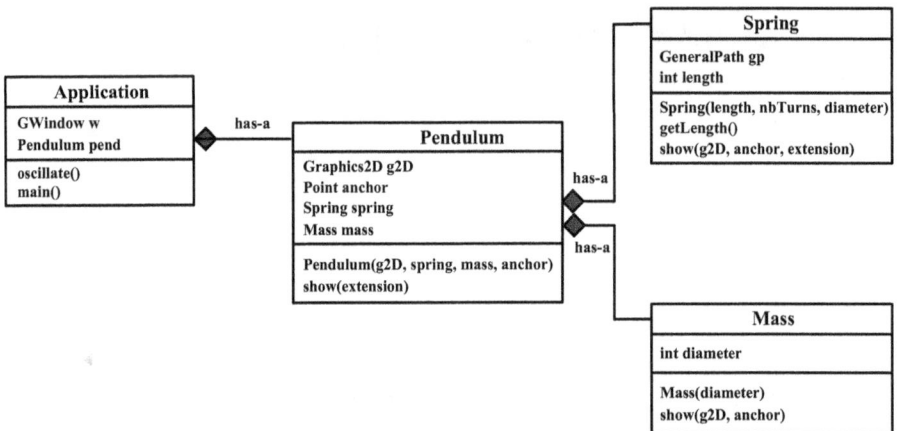

Abb. 19.8   *UML-Diagramm zur Pendelsimulation*

Wieder einmal zeigt sich, dass die Komposition nahe liegender ist als die Vererbung. Wir achten peinlich darauf, dass die Klassen so weit als möglich entkoppelt sind. Beispielsweise „wissen" Federn und Massen nichts voneinander und auch nicht, in welchem Graphik-Kontext sie sich darstellen müssen. Dieser wird erst bei der Aufforderung sich zu zeichnen den Methoden `show()` übergeben. Die Ankerpunkte beziehen sich auf den Aufhängepunkt der Feder bzw. auf den Mittelpunkt der kreisförmig dargestellten Masse. Ebenfalls wichtig, ist, dass weder das Pendel, noch die Feder oder die Masse von ihrer Verwendung im konkreten physikalischen System Kenntnis haben, denn man will sie möglicherweise in ganz anderem Zusammenhang wiederverwenden. Es ist Aufgabe der Applikation mit der Methode `oscillate()` zu bestimmen, wie sich das Pendel zu bewegen hat.

Jede der 4 Klassen wird in einer separaten Datei codiert. Wie üblich erhalten die Konstruktoren die Aufgabe, die Klasseninstanzen zu initialisieren. Grundsätzlich könnten wir mit der Codierung der Applikation beginnen und erst nachher das Pendel, die Feder und Masse implementieren. Dies entspricht der besprochenen Programmierstrategie *vom Großen zum Kleinen* (**Top-Down**). Obschon dieses Vorgehen in der klassischen Programmierung bevorzugt wird, verläuft die Entwicklung in der OOP meist umgekehrt *vom Kleinen zum Großen* (**Bottom-Up**). Der Vorteil besteht darin, dass sie etwas wirklichkeitsnaher und weniger abstrakt ist, da man auch im realen System zuerst die Masse und die Feder beschaffen muss, bevor man daraus ein Federpendel konstruieren kann. Zudem kann man die Einzelteile bereits mit einem kleinen Testprogramm „ausprobieren", was sehr motivierend ist.

```java
// Mass.java

import java.awt.*;
import java.awt.geom.*;

public class Mass
{
  private int diameter;

  public Mass(int diameter)
  {
    this.diameter = diameter;
  }

  public void show(Graphics2D g2D, Point anchor)
  {
    Shape mass = new Ellipse2D.Double(anchor.x - diameter/2,
                                      anchor.y - diameter/2,
                                      diameter,
                                      diameter);
    g2D.fill(mass);
  }
}
```

Bei der Deklaration der Feder können wir uns leicht in einem Dickicht von Koordinaten der einzelnen Windungen verlieren. Noch schlimmer wird es, wenn die Feder ihre Länge verändert. Hier zeigt sich die Eleganz von Java2D, denn wir deklarieren die Feder in ihrer Ruhesituation als `GeneralPath` am Ankerpunkt (0,0). Die gestauchte oder ausgezogene Feder an einem anderen Ankerpunkt entspricht dann einer affinen Transformation. Wir dürfen allerdings nicht vergessen, die Feder vorher zu clonen, damit wir jederzeit wieder auf ihre ursprüngliche Form zugreifen können.

```java
// Spring.java

import java.awt.*;
import java.awt.geom.*;

public class Spring
{
  private int length;
  private GeneralPath gp = new GeneralPath();

  public Spring(int length, int nbTurns, int diameter)
  {
    this.length = length;
    float dm = (float)diameter;
    float ht = (float)length / nbTurns;
    gp.moveTo(0, 0);
    for (int i = 0; i < nbTurns; i++)
    {
      gp.lineTo(dm, i * ht + ht / 4);
      gp.lineTo(-dm, i * ht + 3 * ht / 4);
      gp.lineTo(0, (i + 1) * ht);
    }
  }

  public int getLength()
  {
    return length;
  }

  public void show(Graphics2D g2D, Point anchor,
      int extension)
  {
    GeneralPath currentPath = (GeneralPath)gp.clone();
    double xScale = 1;
    double yScale = (double)(length + extension) / length;
    AffineTransform t = new AffineTransform();
    t.scale(xScale, yScale);
    t.translate(anchor.x / xScale, anchor.y / yScale);
    currentPath.transform(t);
    g2D.draw(currentPath);
  }
}
```

Das Pendel erhält auch noch einen Rechteckbalken, an dem die Feder aufgehängt ist.

```java
// Pendulum.java

import java.awt.*;
```

```java
import java.awt.geom.*;

public class Pendulum
{
  private Graphics2D g2D;
  private Spring spring;
  private Mass mass;
  private Point anchor;

  public Pendulum(Graphics2D g2D, Spring spring,
                     Mass mass, Point anchor)
  {
    this.g2D = g2D;
    this.spring = spring;
    this.mass = mass;
    this.anchor = anchor;
  }

  public void show(int extension)
  {
    g2D.fill(
      new Rectangle2D.Double(anchor.x - 70, anchor.y - 20,
                             140, 20));
    spring.show(g2D, anchor, extension);
    mass.show(g2D,
      new Point(anchor.x,
              anchor.y + spring.getLength() + extension));
  }
}
```

Das Applikationsprogramm geht der Einfachheit halber davon aus, dass man bereits weiß, dass es sich um eine harmonische Schwingung handelt. Für eine echte Simulation (eventuell sogar mit Dämpfung und Fremderregung) auf der Basis der Gesetze der Mechanik können wir uns am Simulationsprogramm TimeEx2.java des vertikalen Wurfs orientieren. Wie dort verwenden wir für das exakte Timing einen HiResAlarmTimer, allerdings hier ohne Events. Damit die Wiederholschlaufe möglichst exakt im vorgegebenen Zeitintervall durchlaufen wird, ist die Reihenfolge der Anweisungen sehr wichtig. Man startet den Timer und führt den Prozess durch, von dem man die Dauer nicht genau kennt. Am Ende wartet man in einer Endlosschleife, bis die restliche Zeit abgelaufen ist. Dabei wird natürlich vorausgesetzt, dass das Zeitintervall lang genug gewählt wurde.

```java
// WindowEx5.java

import ch.aplu.util.*;
import javax.swing.*;
import java.awt.*;
import java.awt.image.*;
```

```java
public class WindowEx5 extends JPanel
{
  private GWindow w = new GWindow("Pendelschwingung",
                                  new Size(401, 401));

  public WindowEx5()
  {
    w.showComponent(this);
    Pendulum pend = new Pendulum(w.getOffG2D(),
                                 new Spring(140, 7, 10),
                                 new Mass(20),
                                 new Point(200, 50));
    oscillate(pend);
  }

  private void oscillate(Pendulum pend)
  {
    double period = 4;     // sec
    double dt = 0.01;      // sec
    double t;
    double amplitude = 50;

    HiResAlarmTimer timer =
        new HiResAlarmTimer((long)(1000000 * dt));

    while (true)
    {
      for (t = 0; t <= period; t += dt)
      {
        int extension =
          (int)(amplitude *
                    Math.sin(2 * Math.PI / period * t));
        pend.show(extension);
        repaint();
        while (timer.isRunning()) {}
        timer.start();
        w.clearBuf();
      }
    }
  }

  public void paintComponent(Graphics g)
  {
    super.paintComponent(g);
    BufferedImage bi = w.getBufferedImage();
    Graphics2D g2D = (Graphics2D)g;
    g2D.drawImage(bi, 0, 0, this);
```

```
  }

  public static void main(String[] args)
  {
    new WindowEx5();
  }
}
```

Zu einem bestimmten Zeitpunkt ergibt sich das Bild in Abb. 19.9. Was bei der Simulation besonders positiv auffällt, hier aber nicht gezeigt werden kann, ist das zeitlich richtige Verhalten: Die Masse bewegt sich in der Mittellage schnell und bei den Umkehrpunkten langsamer. Würde man die Simulation mit vorgegebener Masse m und Federkonstanten k iterativ auf Grund des Newtonschen Gesetzes durchführen, so könnte man die sinusförmige Bewegung und die Schwingungsdauer als Simulationsresultat erhalten.

Abb. 19.9   *Pendelschwingung (Momentaufnahme)*

20   Exceptions

20.1   Robuste Programme

Ein Programm kann erst dann als fertiggestellt betrachtet werden und in Produktion gehen, wenn es nahezu fehlerfrei und **robust** ist. Damit meint man, dass sich das Programm auch in außergewöhnlichen Situationen vernünftig verhält, selbst wenn diese nur selten eintreten. Es darf nicht sein, dass das Programm in gewissen Zuständen oder sporadisch abbricht und dabei vielleicht sogar den Computer zum Absturz bringt. Um Fehlverhalten zu vermeiden, muss der Programmierer bei seiner Tätigkeit laufend an mögliche Spezialfälle denken, die unter gewissen Umständen, beispielsweise durch beabsichtigte oder unbeabsichtigte Fehlmanipulationen des Benutzers auftreten können. Gute Programmierer misstrauen sich und dem System, weil sie wissen, wie komplex und unvorhersehbar die Vorgänge zur Laufzeit des Programms sind. Sie programmieren **defensiv** und nach dem bekannten Gesetz von Murphy: *Wenn etwas schief gehen kann, dann wird es schief gehen.*

Um die Fehler lokalisieren zu können, ist es wichtig, dass im Fehlerfall der Zustand des Systems durch aussagekräftige Bildschirmmeldungen angezeigt oder in Dateien protokolliert wird. Da die Fehler meist an unvorhersehbaren Stellen auftreten, muss ein Mechanismus bereit gestellt werden, um die Fehler im Programm **abzufangen**, ohne dass man im vornherein genau weiß, wo sie auftreten werden.

> ☞ **Die Behandlung von außergewöhnlichen Situationen und Fehlern gehört zu den mühsamen, aber wichtigen Aufgaben eines seriösen Programmierers.**

Es gibt verschiedene Programmiertechniken, um Fehler und aussergewöhnliche Situationen zu behandeln. In klassischen Programmiersprachen und Programmbibliotheken implementiert man beispielsweise Methoden (Functions) grundsätzlich so, dass sie als Rückgabewert einen Fehlercode liefern, der angibt, ob sie fehlerfrei abgelaufen sind oder welche Art von Fehler aufgetreten ist. Üblicherweise ist der Returnwert ein int, mit dem Wert 0 für *Erfolg* und den Werten 1,2,... oder auch -1 für *Fehler*. Wenn man nur *Erfolg* oder *Fehler* zurückgeben will, so genügt auch ein boolean mit true für *Erfolg*.

Diese klassische Fehlerbehandlung weist große Nachteile auf. Um bei einem Fehler geeignete Maßnahmen einleiten zu können, muss bei jedem Methodenaufruf der Rückgabewert kontrolliert werden. Dies führt zu kaskadierten if-Abfragen mit Verzweigungen in andere

Programmteile, **error handler** genannt, die das Programme unstrukturiert, unübersichtlich und damit hässlich machen.

In Java wurde hingegen ein elegantes Konzept für das Abfangen von Fehlern und außergewöhnlichen Situationen implementiert, das sich bereits in anderen OO-Sprachen bewährt hat. Man fasst dabei einen Fehler in einem gewissen Sinn als einen Event auf, der bewirkt, dass der aktuell ablaufende Code unterbrochen und in eine Eventroutine gesprungen wird. Im Gegensatz zu einem Methodenaufruf oder Callback kehrt aber das Programm nicht mehr automatisch an die Sprungstelle zurück.

20.2   Try-catch-Blöcke

Wie nicht anders zu erwarten war, werden auch Fehler und Ausnahmen als Objekte aufgefasst, welche einen bestimmten Fehler- oder Ausnahmezustand charakterisieren. Sie sind in einer hierarchischen Struktur angeordnet, deren Wurzelklasse `Throwable` heißt. Daraus abgeleitet werden die Klassen `Error` und `Exception`, welche ihrerseits Superklasse von mehreren spezifischen Fehlerklassen sind. Ein vereinfachtes UML-Diagramm zeigt Abb. 20.1.

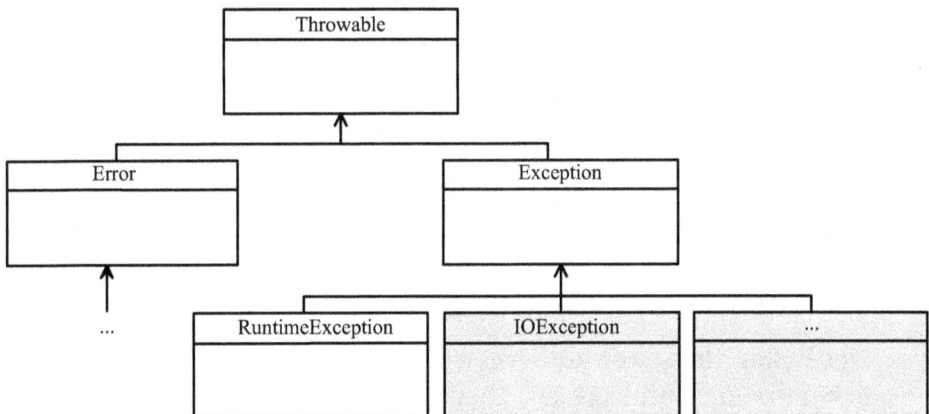

Abb. 20.1   *Vereinfachtes Klassendiagramm der Java-Exceptions (grau hinterlegt: die expliziten Exceptions)*

Für die Praxis wichtig ist die Unterscheidung von **expliziten** und **impliziten** Exceptions (sie werden auch **checked** bzw. **unchecked** genannt). Explizit sind solche, die aus `Exception` abgeleitet sind, aber **nicht** `RuntimeExceptions` sind. Ihre besondere Eigenschaft besteht darin, dass sie abgefangen werden **müssen**, im Gegensatz zu impliziten Exceptions, bei denen das Abfangen nur eine Empfehlung ist.

Ein **try**-Block legt einen Bereich fest, in dem an irgendeiner Stelle eine Exception auftreten kann. Normalerweise wird diese durch eine Methode ausgelöst, die im try-Block aufgerufen wird, kann aber auch mit `throw ex` explizit ausgelöst werden, wobei `ex` eine Instanz einer Eventklasse referenziert. Beispielsweise lösen

```
IllegalArgumentException ex
    = new IllegalArgumentException("Negativer Radikand");
throw ex;
```

oder kurz

```
throw new IllegalArgumentException("Negativer Radikand");
```

eine IllegalArgumentException mit der **Exceptionmessage** *Negativer Radikand*
aus. Exceptions werden also als Objekte betrachtet und wir sagen, dass eine „IllegalArgumentException **geworfen**" wird. Beim Auslösen einer Exception verlässt das Java-
Laufzeitsystem den normalen Ablauf des try-Blocks und startet eine Exception-Behandlung
(**error handler**). Dieser befindet sich in einem **catch**-Block, der unmittelbar nach dem try-
Block stehen muss, und der die geworfene Exception **fängt**. Der dabei übergebene Parameter
ist eine Referenz auf das geworfene Exception-Objekt. In unserem Beispiel schreibt man

```
catch (IllegalArgumentException ex)
{
   ...
}
```

Wir fassen den catch-Block nicht als eine Methode, sondern als ein spezielles Syntax-
Konstrukt auf und lassen daher den Leerschlag nach catch stehen. Nach dem Durchlauf
des catch-Blocks wird die Exception als behandelt betrachtet (falls dabei nicht weitere Exceptions geworfen werden). In Abb. 20.2 wird dieses Verhalten schematisch dargestellt (der
finally-Block ist fakultativ).

Wegen der Polymorphie kann der Parameter von catch () auch den Typ einer hierarchisch höher liegenden Klasse haben. Da Throwable die Wurzelklasse aller Exceptions ist,
wird jede Exception von einem catch-Block mit dem Parametertyp Throwable gefangen.

Es ist wichtig zu wissen, dass sich Exceptions von innen nach außen **propagieren**, bis sie
von einem error handler gefangen werden. Damit meint man, dass, falls in der Methode f()
die Methode g() und in dieser die Methode h() aufgerufen wird, eine Exception in h() an
g() und dann an f() weitergegeben wird. Falls eine Exception nie gefangen wird, so landet
sie schließlich in main(), wo sie zu einer Fehlermeldung auf der Console und zum Abbruch des Programms führt.

Im ersten Beispiel begehen wir wissentlich einen bekannten Fehler, indem wir davon ausgehen, dass der Index eines Arrays der natürlichen Nummerierung der Elemente entspricht, das
erste Element also den Index 1 statt den Index 0 besitzt. Als Folge davon versuchen wir, in
einem Array a, der zwei int-Elemente aufnehmen kann, a[2] einen Wert zuzuweisen. Dies
kann bei gewissen Programmiersprachen, welche die Arraygrenzen nicht kontrollieren, zu
einem fatalen Laufzeitfehler führen, der sogar den Computer zum Absturz bringen kann. In
Java werden alle Arraygrenzen zur Laufzeit überprüft und man nimmt in Kauf, dass die Programme durch den zusätzlichen Rechenaufwand etwas langsamer werden. Zuerst verzichten
wir darauf, den Fehler explizit abzufangen.

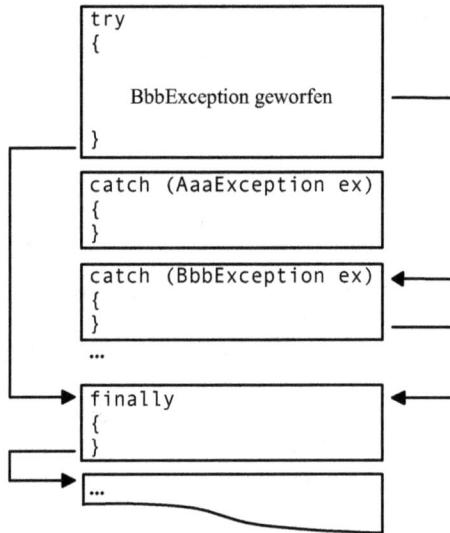

Abb. 20.2 *Ablaufschema bei Exceptions*

```java
// ExceptEx1.java

import ch.aplu.util.*;

public class ExceptEx1
{
  private int[] a = new int[2];

  public ExceptEx1()
  {
    a[2] = 6;
    System.out.println("Normaler Weiterlauf...");
  }

  public static void main(String[] args)
  {
    Console.init();
    new ExceptEx1();
  }
}
```

Das Programm bricht mit einer Fehlermeldung ab, die, wie erwartet, von main() erzeugt wird. Das Laufzeitsystem besitzt offenbar sogar gewisse Informationen über die Zeilennummerierung im Quellcode.

```
java.lang.ArrayIndexOutOfBoundsException: 2

at ExceptEx1.<init>(ExceptEx1.java:11)

at ExceptEx1.main(ExceptEx1.java:18)
```

Wir verbessern das Programm und fangen den Fehler explizit ab. Damit wird die Exception nicht mehr an main() weitergegeben und wir könnten nach der Behandlung des Fehlers das Programm weiterlaufen lassen.

```java
// ExceptEx2.java

import ch.aplu.util.*;

public class ExceptEx2
{
  private int[] a = new int[2];

  public ExceptEx2()
  {
    try
    {
      a[2] = 6;
    }
    catch (Exception ex)
    {
      System.out.println("Exception gefangen");
      System.out.println(ex);
    }
    System.out.println("Normaler Weiterlauf...");
  }

  public static void main(String[] args)
  {
    Console.init();
    new ExceptEx2();
  }
}
```

Die Ausgabe lautet jetzt

```
Exception gefangen

java.lang.ArrayIndexOutOfBoundsException: 2

Normaler Weiterlauf...
```

Als Nächstes erzeugen wir eine Exception in einer Methode f() und fangen diese nicht in f() selbst, sondern in der sie aufrufenden Methode ExceptEx3() ab. Dieses Vorgehen entspricht zwar einem fragwürdigen Programmierstil.

```
// ExceptEx3.java

import ch.aplu.util.*;

public class ExceptEx3
{
  private int[] a = new int[2];

  public ExceptEx3()
  {
    try
    {
      f();
    }
    catch (Exception ex)
    {
      System.out.println("Exception von f() gefangen");
      System.out.println(ex);
    }
    System.out.println("Normaler Weiterlauf...");
  }

  void f()
  {
    a[2] = 6;
  }

  public static void main(String[] args)
  {
    Console.init();
    new ExceptEx3();
  }
}
```

Zuletzt fangen wir die Exception in f() selbst ab, geben sie aber trotzdem noch an die aufrufende Methode weiter, indem wir sie im catch-Block noch einmal werfen. Dies kann dann sinnvoll sein, wenn wir die Ausnahmesituation auch der aufrufenden Methode mitteilen wollen.

```
// ExceptEx4.java

import ch.aplu.util.*;

public class ExceptEx4
{
  private int[] a = new int[2];

  public ExceptEx4()
```

```
{
  try
  {
    f();
  }
  catch (Exception ex)
  {
    System.out.println("Exception von f() gefangen");
    System.out.println(ex);
  }
  System.out.println("Normaler Weiterlauf...");
}

void f()
{
  try
  {
    a[2] = 6;
  }
  catch (ArrayIndexOutOfBoundsException ex)
  {
    System.out.println("Exception von Array gefangen");
    System.out.println(ex.toString());
    throw ex;
  }
  finally
  {
    System.out.println("finally raeumt auf");
  }
}

public static void main(String[] args)
{
  Console.init();
  new ExceptEx4();
}
}
```

Wir haben auch noch einen finally-Block eingefügt, um zu zeigen, wie sinnvoll dieser sein kann. Er wird nämlich ausgeführt, ob in f() eine Exception oder auch keine auftritt. Ebenfalls aufgerufen wird er, wenn im try-Block von f() eine Exception geworfen wird, die wir im catch-Block von f() nicht fangen. Der finally-Block wird sogar dann ausgeführt, wenn wir die Methode im catch-Block mit einem return verlassen, allerdings **nicht**, wenn wir System.exit() aufrufen.

Der finally-Block kann dazu dienen, „Aufräumarbeiten" zu erledigen, die, unabhängig davon wie f() verlassen wird, unbedingt ausgeführt werden müssen. Typischerweise handelt es sich dabei um die Freigabe von reservierten (geöffneten) Ressourcen (Dateien, Ports, Grafik-Kontext usw.).

Falls man mehrere catch-Blöcke verwendet, muss darauf geachtet werden, dass diese gemäß der Klassenhierarchie angesprungen werden. Man muss daher zuerst auf die hierarchisch tiefer liegenden Exceptions testen, da diese sonst unerreichbar würden. Korrekt ist also

```
void f() throws Exception, ArrayIndexOutOfBoundsException
{
  try
  {
    a[2] = 6;
  }
  catch (ArrayIndexOutOfBoundsException ex)
  {
    System.out.println("Exception von Array gefangen");
    System.out.println(ex.toString());
    throw ex;
  }
  catch (Exception ex)
  {
    System.out.println("Allgemeine Exception gefangen");
    System.out.println(ex.toString());
    throw ex;
  }
}
```

Da es sich bei der Klasse Exception um eine explizite Exception handelt und diese in f() wieder geworfen wird, muss dies im Methodenkopf mit dem Schlüsselwort **throws** angegeben werden. Zu Dokumentationszwecken geben wir zudem auch an, dass eine ArrayIndexOutOfBoundsException geworfen werden kann.

Beim Auftreten einer Exception in f () springt das Programm aus dem aktuellen Sichtbarkeitsbereich und verliert dadurch den Zugriff auf lokal deklarierte Objekte. Diese werden später vom Garbage Collector automatisch freigegeben. Da Objekte in Java ausschließlich über Referenzen angesprochen werden, ist das Exception Handling einfacher als in anderen Programmiersprachen, in welchen die Freigabe mit einem so genannten Stack Unwinding durchgeführt werden muss.

20.3   Eigene Exceptions, Parsen von Eingaben

Die meisten Programme verlangen vom Benutzer gewisse Eingaben in Form von Zahlen oder Worten. Bevor das Programm diese Eingaben benützen kann, muss es prüfen, ob die Eingabe korrekt ist, beispielsweise, ob es sich wirklich um eine Zahl im verlangten Bereich handelt. Diese keineswegs triviale Aufgabe, **Parsen** genannt, führt zu einem beträchtlichen zusätzlichen Programmieraufwand. Da die Eingabe vielfach als String übernommen wird, gilt das Parsen von Strings als eine Grundaufgabe der Informatik. Wie wir bereits in Kap. 8

erwähnt haben, gibt es für das Parsen ein sehr elegantes Verfahren, das auf der Theorie von regulären Ausdrücken aufbaut. Wir werden hier einige andere Möglichkeiten zeigen, die in der Praxis eine große Rolle spielen.

Im nachfolgenden Beispiel sollen die Nullstellen des Polynoms 2. Grades

$$P(x) = ax^2 + bx + c$$

d.h. die Lösungen der quadratischen Gleichung

$$ax^2 + bx + c = 0$$

mit der bekannten Lösungsformel

$$x_{1,2} = \frac{-b \pm \sqrt{b^2 - 4ac}}{2a}$$

bestimmt werden. Dazu kann der Benutzer die drei Koeffizienten a, b, und c eingeben. Da wir uns auf reelle Lösungen beschränken, darf der Radikand

$$b^2 - 4ac$$

nicht negativ sein.

Wir gehen davon aus, dass die drei Zahlen auf einer einzigen Zeile eingegeben werden, wobei man sie durch Leerschläge oder Kommas voneinander abtrennt. Es ist bereits eine knifflige Aufgabe, die Eingabezeile in die drei Zahlen zu zerlegen. Im Folgenden verwenden wir dazu die Klasse `StringTokenizer`, mit der wir die einzelnen Teile eines Strings gemäß den angegebenen Trennzeichen (Separatoren) in seine Teile, **Tokens** genannt, trennen.

Noch schwieriger ist es, *von Hand* einen Parser zu schreiben, der überprüft, ob eine Zahl im Stringformat das Format eines doubles besitzt. Wir können aber einen Trick zu Hilfe nehmen, und, ohne vorher das korrekte Format zu überprüfen, versuchen, mit den üblichen Konversionsmethoden den String in einen double umzuwandeln. Falls der String nicht als double interpretiert werden kann, wird nämlich eine `NumberFormatException` geworfen, die wir abfangen können. Wir setzen die drei Umwandlungen in einen einzigen try-Block, weil es nicht darauf ankommt, welcher der Koeffizienten ein falsches Format aufweist. Wir machen auch davon Gebrauch, dass der fakultative **finally**-Block in jedem Fall, mit oder ohne Exception ausgeführt wird. (Da allerdings die catch-Blöcke lediglich Text ausschreiben, wird dieser Teil auch ohne `finally` in jedem Fall durchlaufen.)

Das Beispiel soll auch zeigen, dass nach einer Exception das Programm durchaus normal weiter laufen kann. Man erreicht dies, indem man den try-Block in eine Wiederholschleife setzt. In Java gibt es zwar kein spezielles Sprachkonstrukt, um an die Stelle der Exception zurückzukehren. Unter Verwendung eines Flags ist dies aber trotzdem möglich:

```
boolean isOk = false;
while (!isOk)
{
  try
  {
    //  Anweisung, welche eine Exception werfen kann
    isOk = true;
  }
  catch (Exception ex)
  {
    // Behandlung der Exception
  }
}
```

In unserem Beispiel wird eine Endlosschleife verwendet. Man beachte auch, dass es nötig ist, den String mit `trim()` von Leerzeichen zu befreien, da gewisse Konversionsmethoden nicht mit Leerzeichen umgehen können und eine Exception werfen.

Es gehört zum guten Programmierstil, ein Polynom als Objekt aufzufassen, das durch seine drei Koeffizienten bestimmt wird. Die Koeffizienten a, b, c sind private Instanzvariablen, die der Konstruktor initialisiert. Der objektorientierte Ansatz bietet zudem den Vorteil, dass es ohne Schwierigkeiten möglich ist, mehrere verschiedene Polynome im selben Programm zu verwenden und später andere Berechnungsverfahren für Polynome hinzuzufügen.

```
// ExceptEx5.java

import ch.aplu.util.*;
import java.util.*;

public class ExceptEx5
{
  public ExceptEx5()
  {
    String separator = ", ";
    StringTokenizer st = null;
    String line;
    String token;
    double a, b, c;
    double[] zeros;

    while (true)
    {
      System.out.print("Koeff. des Polynoms 2.Grades ");
      System.out.print("in der Form a, b, c ?");
      line = Console.readLine();
      st = new StringTokenizer(line, separator);
      if (st.countTokens() != 3)
      {
```

```
        System.out.println("Falsche Anzahl Koeffizienten!");
        System.out.println("Bitte nochmals...");
      }
      else
      {
        try
        {
          token = (String)st.nextElement();
          a = Double.parseDouble(token.trim());
          token = (String)st.nextElement();
          b = Double.parseDouble(token.trim());
          token = (String)st.nextElement();
          c = Double.parseDouble(token.trim());

          Polynom2Degree polynom =
              new Polynom2Degree(a, b, c);
          zeros = polynom.getZeros();
          System.out.println("Nullstellen: " +
                          zeros[0] + ", " + zeros[1]);
        }
        catch (NumberFormatException ex)
        {
          System.out.println("Falsches Eingabeformat!");
        }
        catch (IllegalArgumentException ex)
        {
          System.out.println(ex.getMessage());
        }
        finally
        {
          System.out.println("Nochmals...");
        }
      }
    }
  }

  public static void main(String[] args)
  {
    Console.init();
    new ExceptEx5();
  }

}
```

Die Berechnung der Nullstellen führen wir mit der Methode getZeros() aus. Darin wird eine Instanz von IllegalArgumentException mit einer eigenen Fehlermeldung geworfen, falls der Radikand negativ ist. Da `getZeros()` zwei Werte zurückgeben muss, erzeugen wir in der Methode einen Array und geben eine Referenz darauf zurück.

```java
// Polynom2Degree.java

public class Polynom2Degree
{
  private double a, b, c;

  public Polynom2Degree(double a, double b, double c)
  {
    this.a = a;
    this.b = b;
    this.c = c;
  }

  public double[] getZeros()
  {
    double radicand = b*b - 4*a*c;
    if (radicand < 0)
      throw
        new IllegalArgumentException("Negativer Radikand");

    double[] zeros = new double[2];
    zeros[0] = (-b + Math.sqrt(radicand))/(2*a);
    zeros[1] = (-b - Math.sqrt(radicand))/(2*a);
    return zeros;
  }
}
```

Es gehört auch zum guten Programmierstil, eine eigene Exceptionklasse einzuführen, die dem Problem angepasst ist und die sich unten in der Exceptionhierarchie befindet, damit im catch-Block zuerst auf die eigene Exception geprüft werden kann. Wir deklarieren dazu eine Klasse `PolynomException`, die aus der Klasse `Exception` abgeleitet ist. Da sie nicht aus `Error` oder `RuntimeException` abgeleitet ist, handelt es sich um eine explizite Exception. Dies hat zwei Konsequenzen: Erstens muss bei der Deklaration von `getZeros()` mit `throws PolynomException` angegeben werden, dass `getZeros()` diese Exception werfen kann, zweitens muss der Aufruf von `getZeros()` obligatorisch in einem try-Block stehen.

Für die Speicherung unserer eigenen Exception-Mitteilung ist es üblich, den Konstruktor der Superklasse heranzuziehen.

```java
// PolynomException.java

import java.io.*;

public class PolynomException extends Exception
```

```
{
  public PolynomException(String s)
  {
    super(s);
  }
}
```

Die Polynon-Klasse muss wegen der neuen PolynomException nur leicht geändert werden.

```
// Polynom2DegreeX.java

public class Polynom2DegreeX
{
  private double a, b, c;

  public Polynom2DegreeX(double a, double b, double c)
  {
    this.a = a;
    this.b = b;
    this.c = c;
  }

  public double[] getZeros() throws PolynomException
  {
    double radicand = b*b - 4*a*c;
    if (radicand < 0)
      throw new PolynomException("Negativer Radikand");

    double[] zeros = new double[2];
    zeros[0] = (-b + Math.sqrt(radicand))/(2*a);
    zeros[1] = (-b - Math.sqrt(radicand))/(2*a);
    return zeros;
  }
}
```

In der Applikationsklasse fängt man die neue Exception mit

```
catch (PolynomException ex)
{
  System.out.println(ex.getMessage());
}
```

Das Programm ist allerdings noch nicht ganz robust, da es bei der Eingabe von a = 0 versagt und, was viel heikler ist, wegen Rundungsfehlern für gewisse Eingabewerte falsche Resultate liefert (Auslöschung).

Zum Schluss müssen wir zur Kenntnis nehmen, dass es gar nicht zum guten Programmierstil gehört, aus Faulheit mit

```
catch (Throwable t) {}
```

alle Exceptions „aufzuessen", damit man nichts damit zu tun hat. Es ist Ehrensache, im catch-Block den Fehler mit Methoden der Klasse Throwable zumindest anzuzeigen. Dies kann mit einer der folgenden Anweisungen geschehen:

```
System.out.println(ex);
System.out.println(ex.getMessage());
ex.printStackTrace();
```

20.4   Assertions (Zusicherungen)

Seit der Java Version 1.4 ist das Schlüsselwort **assert** Teil des Sprachumfangs. Es handelt sich ausschließlich um ein Debug-Werkzeug, da das Programm bei einer unerfüllten Zusicherung mit einer Fehlermeldung abbricht. Assertions fördern den bereits in Kap. 17 erwähnten Programmierstil **programming by contract**. Dabei werden in den **Preconditions** sehr sorgfältig die Voraussetzungen festgelegt, die erfüllt sein müssen, damit ein Programm oder eine einzelne Methode die gewünschten Resultate liefert, d.h. die **Postconditions** erfüllt.

Man muss meist eine Compiler-Option setzen, damit assert-Anweisungen nicht ignoriert werden. Falls die Quelldatei Demo.java heißt, so lautet der Aufruf des Javac-Compiers javac -source 1.4 Demo.java. Mit dem Befehl java -ea Demo wird das Programm mit eingeschalteten asserts ausgeführt.

Im folgenden Beispiel wird durch Fangen der NumberFormatException eine korrekte Eingabe erzwungen und dann die private Methode invert() aufgerufen, die nur dann korrekte Resultate abgibt, wenn der Parameter nicht Null ist. Da Assertions immer zum Programmabbruch führen, sind sie allerdings zur Überprüfung von kritischen Parameterwerten von public Methoden ungeeignet. Diese sollten vielmehr eine Exception werfen oder, noch besser, mit den kritischen Parameterwerten umgehen können.

```
// ExceptEx6.java

import ch.aplu.util.*;
import java.util.*;

public class ExceptEx6
{
  public ExceptEx6()
  {
    double a = 0;
    boolean ok = false;
    while (!ok)
    {
```

```
    System.out.println("Gib eine Zahl ein");
    try
    {
      a = Console.readDouble();
      ok = true;
    }
    catch (NumberFormatException ex)
    {
      System.out.println("Fehler bei Eingabe");
    }
  }
  System.out.println("Der Reziprokwerte ist: " +inverse(a));
}

private double inverse(double x)
{
  assert x != 0 :
     "Error in inverse() --- Parameter x must not be zero.";
  double y = 1 / x;
  return y;
}

public static void main(String[] args)
{
  Console.init();
  new ExceptEx6();
}
}
```

20.5   Exceptions nach oben werfen

Statt eine Exception beim Aufruf einer Methode mit einem try-catch-Block zu fangen, kann man sie auch *nach oben werfen*, d.h. der übergeordneten Methode zur Behandlung übergeben. Man macht davon in einfachen Demonstrations- oder Testprogrammen Gebrauch, die man nicht durch try-catch-Blöcke unnötig verkomplizieren möchte. Beispielsweise muss die Methode sleep(), welche oft gebraucht wird, um das Programm für eine bestimmte Zeit anzuhalten, in einen Block

```
try
{
  Thread.currentThread().sleep();
}
catch (InterruptedException ex)
{}
```

gesetzt werden. Ergänzt man in der Methode, in der sich der Aufruf von sleep() befindet, den Methodenkopf mit throws InterruptedException, so entfällt der try-catch-Block. Dies funktioniert sogar in der Methode main(), denn die Exceptions in main() werden vom JRE gefangen.

```java
// ExceptEx7.java

import ch.aplu.util.*;

public class ExceptEx7
{
  public static void main(String[] args) throws
      InterruptedException
  {
    Console.init();
    System.out.print("Gehe schlafen... ");
    Thread.currentThread().sleep(1000);
    System.out.println("wieder aufgewacht.");
  }
}
```

Mit diesem Trick könnte man sogar in komplizierteren Fällen die try-catch-Blöcke eliminieren, indem man in allen Methodendeklarationen throws Exception hinzugefügt. Dies ist aber mit Sicherheit kein guter Programmierstil.

21 Klassenbibliotheken von Dritistellern

Außer zum Zweck des Lernens ist es Zeitverschwendung, Programmierprobleme selbst zu lösen, von denen Lösungen in Form von Software-Bibliotheken zur Verfügung stehen. Aus diesem Grund gehören die Verwendung, aber auch die Entwicklung von neuen Klassenbibliotheken und Komponenten zum wichtigen Know-how eines professionellen Programmierers.

> ☞ **Man erfinde das Rad nicht immer wieder neu, sondern verwende vorhandene Bibliotheken und Komponenten.**

Die JFC stellt zwar eine umfangreiche Klassenbibliothek zur Verfügung. Es gibt aber trotzdem mehrere Bereiche, in denen die Verwendung weiterer Softwarebibliotheken angebracht ist. Falls diese nicht von Sun stammen, nennt man sie Bibliotheken von **Drittherstellern**. Wir zeigen dies für drei praxisnahe Beispiele aus dem Bereich der numerischen Datenverarbeitung.

21.1 Plotlibraries

Die Darstellung von Datenreihen, sei es als Graf einer gegebenen Funktion y = f(x), oder sei es als Resultat einer Berechnung oder Echtzeitdatenerfassung, ist von großer Bedeutung. Auf dem Softwaremarkt gibt es viele Applikationsprogramme (**4th generation software**), mit denen man grafische Darstellungen ohne jeglichen Programmieraufwand erstellen kann. Die bekanntesten davon sind die Tabellenkalkulationsprogramme. Oft muss ein Problem aber wegen seiner Komplexität trotz allem mit einer höheren Programmiersprache (**3rd generation software**) gelöst werden und es sollten gewisse Zusammenhänge grafisch dargestellt werden. Ein denkbarer Weg besteht darin, die Daten in eine Datei zu **exportieren** und ein externes Plotprogramm zu starten (**program spawn**), das diese Datei liest und die Daten grafisch darstellt. Dies führt aber sowohl für die Installation wie für das Programm-Handling zu einer unerwünschten Komplexität. Wenn schon eine Applikation in einer höheren Programmiersprache geschrieben wird, so möchte man auch die Darstellung der Daten innerhalb dieses Programms vornehmen.

Die bisher benützen Klassen `GPanel` und `GWindow` stellen zwar einfache Mittel für die grafische Darstellung zur Verfügung. Benötigen wir aber grafische Darstellungen, die professionellen Ansprüchen gerecht werden, so ist der zusätzliche Programmieraufwand beträchtlich. Jetzt ist der Zeitpunkt gekommen, nach vorgefertigten Komponenten von Drittherstellern (**third party components**) Ausschau zu halten, mit denen man grafische x-y-Darstellungen in ein Java-Programm integrieren kann. Solche Komponenten werden meist in Form von Klassenbibliotheken angeboten, die man aus dem Internet herunter lädt. Meist erhält man dabei zwar nicht den Quellcode, sondern die compilierten Java-Klassen mit einer Dokumention im HTML-Format. Viele dieser Java-Komponenten sind meist als jar-Datei verpackt. Da sie oft aus einem akademischen Lehrbetrieb stammen oder von engagierten Java-Fans geschrieben wurden, erhält man sie vielfach kostenlos.

Als Beispiel betrachten wir eine Library mit dem Namen **Ptplot**, die Teil des Projekts **Ptolemy** (Ptolemäus) der University of California ist. (Für den Download der Library verwende man eine Web-Suchmaschine mit den Stichworten *ptolemy ptplot*.) Die von Edward A. Lee und Christopher Hylands entwickelte Bibliothek besteht im Wesentlichen aus einer Klasse Plot, die sich leicht in ein Java-Programm einbetten lässt, da sie (über eine Zwischenklasse) von der Swingklasse JPanel abgeleitet wurde. Wir benötigen dazu eine Behälterklasse für ein JPanel, beispielsweise ein JFrame. Um den Programmieraufwand klein zu halten, verwenden wir hier den aus JFrame abgeleiteten Behälter GWindow. Wir erkennen sogleich, dass die objektorientierte Programmierung die Wiederverwendung von bestehenden Komponenten besonders gut unterstützt.

Bevor wir die Bibliothek verwenden können, müssen wir alle Dateien im Unterverzeichnis plot zusammen mit den Dokumentationsdateien in ein Unterverzeichnis ptolmy des Java-Klassenverzeichnisses kopieren. Nachher lesen wir wichtige Teile der Dokumentation, die sich in plot.pdf und in verschiedenen HTML-Dateien befinden.

Im ersten Beispiel stellen wir die Funktion y = f(x) = sin(x)/x dar, die wir bereits in Kap. 18 angetroffen haben. Wir verwenden als Behälter ein JFrame und leiten die Applikationsklasse der Einfachheit halber gerade von der Klasse JFrame ab, damit wir ihre Methoden direkt aufrufen können. Wir dürfen dabei nicht vergessen, dem JFrame mitzuteilen, dass die Applikation zu beenden ist, wenn wir den Close-Button in der Titelleiste klicken. Die Plot-Instanz wird mit add() allerdings nicht in das JFrame, sondern in seine so genannte Content Pane eingefügt. Mit pack() verlangen wir, dass sich die Komponenten im Behälter korrekt anordnen (ist in diesem einfachen Fall überflüssig).

Die Wertepaare werden mit addPoint() übergeben, wobei der erste Punkt mit einem Flag, das false sein muss, ausgezeichnet wird. Zuletzt rufen wir setVisible() auf, damit der Behälter mit der Grafik auf dem Bildschirm sichtbar wird. Wir freuen uns, dass das Zeichnen des Korrdinatensystems inklusive der Beschriftung und das Einpassen des Grafen vollständig automatisch erfolgen.

```
// PlotEx1.java

import ptolemy.plot.Plot;
import javax.swing.*;

public class PlotEx1 extends JFrame
{
  public PlotEx1()
  {
```

```
   setDefaultCloseOperation(WindowConstants.EXIT_ON_CLOSE);

   Plot plot = new Plot();
   getContentPane().add(plot);
   pack();

   boolean isFirst = true;
   double step = 0.01;
   double x = -15 * Math.PI;
   while (x <= 15 * Math.PI)
   {
      plot.addPoint(0, x, Math.sin(x)/x, !isFirst);
      isFirst = false;
      x += step;
   }
   setVisible(true);
}


public static void main(String[] args)
{
   new PlotEx1();
}
}
```

Das Resultat in Abb. 21.1 ist in Anbetracht des kleinen Programmieraufwands beeindruckend. Man beachte, dass man das Fenster auch beliebig verschieben und zoomen kann.

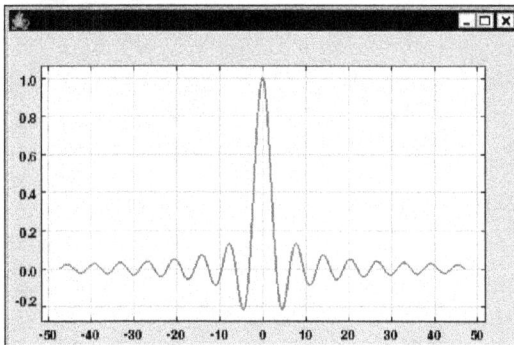

Abb. 21.1   *Die Ausgabe von PlotEx1*

Im zweiten Beispiel werden einige Eigenschaften der grafischen Darstellung explizit angegeben. Zudem wollen wir die Kurve inkrementell entstehen lassen. Dazu rufen wir repaint() in der while-Schleife auf, was bewirkt, dass die Grafik neu gezeichnet wird. Leider ist davon die ganze Grafik betroffen, was entsprechend zeitaufwendig ist. Aus diesem Grund beschränken wir uns darauf, den Aufruf nur alle 100 Punkte auszuführen.

```java
// PlotEx2.java

import ptolemy.plot.Plot;
import javax.swing.*;

public class PlotEx2 extends JFrame
{
  public PlotEx2()
  {
    setDefaultCloseOperation(WindowConstants.EXIT_ON_CLOSE);

    Plot plot = new Plot();
    getContentPane().add(plot);
    setSize(800, 600);
    pack();
    setVisible(true);

    plot.setTitle("y = sin(x)/x ");
    plot.setXRange(-50, 50);
    plot.setYRange(-0.4, 1);
    plot.setXLabel("x");
    plot.setYLabel("y = f(x)");

    boolean isFirst = true;
    int i = 0;
    double step = 0.01;
    double x = -15 * Math.PI;
    while (x <= 15 * Math.PI)
    {
      plot.addPoint(0, x, Math.sin(x)/x, !isFirst);
      isFirst = false;
      x += step;
      if (i++ % 100 == 0)
        repaint();
    }
    repaint();
  }


  public static void main(String[] args)
  {
    new PlotEx2();
  }
}
```

Schließlich zeigen wir noch, dass Ptplot auch in der Lage ist, eine Textdatei mit Daten und Plotanweisungen zu interpretieren. Die Formatvereinbarungen sind einfach und gehen aus der Dokumentation hervor. Beispielsweise besitzt die Textdatei `PlotEx3.plt` folgenden Inhalt:

```
# PlotEx3.plt
# Ptolemy Plot Datei

TitleText: Datensatz mit Fehlerbalken
DataSet:

1, 3, 2.5, 3.5
2, 6, 5.9, 6.1
2.5, 5, 4.6, 5.1
3, 4, 3.9, 4.2
4, 2, 1.8, 2.2
5, 3, 2.8, 3.1
```

Die Datei wird in `PlotEx3` mit einem FileInputStream geöffnet, dessen Referenz unmittelbar der read-Methode zur Darstellung übergeben werden kann (Abb. 21.2).

```java
// PlotEx3.java

import ptolemy.plot.Plot;
import javax.swing.*;
import java.io.*;

public class PlotEx3 extends JFrame
{
  public PlotEx3()
  {
    setDefaultCloseOperation(WindowConstants.EXIT_ON_CLOSE);

    Plot plot = new Plot();
    getContentPane().add(plot);
    pack();

    File file = new File("plotex3.plt");
    try
    {
      plot.read(new FileInputStream(file));
      setVisible(true);
    }
    catch (FileNotFoundException ex)
    {
      System.err.println(
          "File not found: " + file + " : " + ex);
    }
```

```
    catch (IOException ex)
    {
      System.err.println(
          "Error reading input: " + file + " : " + ex);
    }
  }

  public static void main(String[] args)
  {
    new PlotEx3();
  }
}
```

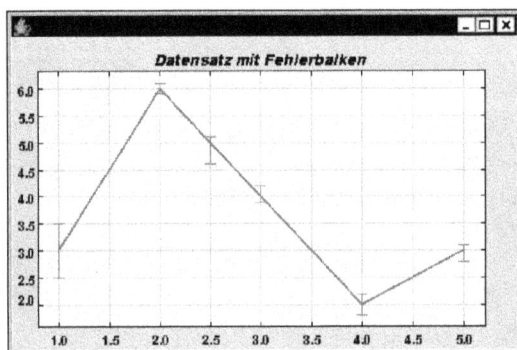

Abb. 21.2 *Darstellung von Daten aus einer Textdatei*

21.2 Komplexe Zahlen

Offenbar haben die Entwickler von Java nicht damit gerechnet, dass viele Anwender der Programmiersprache aus dem mathematischen oder technisch-wissenschaftlichen Bereich stammen. Daher ist die Unterstützung bei der Lösung numerischer Probleme durch die Sprachsyntax und ebenso durch die JFC spärlich ausgefallen. Immerhin ist die Sprache flexibel genug, damit diese Lücke durch Dritthersteller gefüllt werden kann.

Komplexe Zahlen sind in vielen numerischen Verfahren von großer Bedeutung. Sie sind derart wichtig, dass sie sogar einen eigenen, in die Programmiersprache eingebauten Datentyp verdienten. Obschon von der Java-Gemeinschaft mehrmals gefordert, ließ sich Sun bisher nicht davon überzeugen. Da man auch in der JFC vergeblich nach einer Klasse für komplexe Zahlen sucht, ist man auf Dritthersteller angewiesen.

Mit Internet Suchmaschinen ist es einfach, eine Java-Klassenbibliothek für komplexe Zahlen zu finden, beispielsweise unter Verwendung der Stichworte „java class complex". Auf www.netlib.org findet man eine bekannte Sammlung mathematischer Software. Eine kommerzielle Library für die numerische

Mathematik ist bei Visual Numerics erhältlich (URL über Suchmaschinen anfragen). Wir verwenden hier die Klasse ORG.netlib.math.complex.Complex, die sogar als Source von Alexander Anderson im Rahmen einer freien GNU-Lizenz zur Verfügung gestellt wird. Wir müssen sie der IDE, wie bereits mehrmals beschrieben, durch Kopieren in ein entsprechendes Unterverzeichnis des Klassenverzeichnisses oder durch Angabe der jar-Datei bekannt geben.

Komplexe Zahlen besitzen einen Real- und einen Imaginärteil, die als doubles implementiert werden. Der wichtigste der überladenen Konstruktoren nimmt daher den Real- und Imaginärteil und konstruiert daraus eine Instanz. Beispielsweise konstruieren wir die Zahl $z = 2 + 3i$ mit

```
Complex z = new Complex(2, 3);
```

Da komplexe Zahlen nicht zu den Basistypen gehören und es in Java nicht möglich ist, Operatoren zu überladen, kann man leider die 4 Grundoperationen (Addition, Subtraktion, Multiplikation, Division) nicht mit den mathematisch üblichen Operatoren +, -, *, / formulieren. An deren Stelle verwenden viele Bibliotheken die Methoden `add`, `sub`, `mul`, `div` (Tab. 21.1).

Mathematische Notation	Java-Notation
`z1 + z2`	`z1.add(z2)`
`z1 - z2`	`z1.sub(z2)`
`z1 * z2`	`z1.mul(z2)`
`z1 / z2`	`z1.div(z2)`

Tab. 21.1 *Notation der Grundoperationen für komplexe Zahlen*

Wichtig ist es zu beachten, dass die Operationen jeweils eine neue Instanz erstellen und eine Referenz darauf zurück liefern. Es werden nicht etwa die Operanden verändert.

Viele ästhetisch ansprechende Anwendungen von komplexen Zahlen stammen aus der Theorie der **selbstähnlichen Figuren** (**Fraktale**). Zur Darstellung einer **Julia-Menge** iteriert man die Punkte z der komplexen Ebene nach der Vorschrift

$$z = z^2 + c \, ,$$

wobei c eine komplexe Konstante ist. Man untersucht dabei, wie schnell der Betrag von z wächst, indem man sich einen maximalen Wert `maxNorm` vorgibt und die Iteration abbricht, sobald dieser Betrag überschritten wird. Je nach der Anzahl der dazu nötigen Iterationen zeichnet man den betrachteten Punkt der komplexen Ebene mit einer entsprechenden Farbe ein. Im Programm durchläuft man mit zwei ineinander geschachtelten while-Schleifen die komplexe Ebene in einem quadratischen Raster. Die Farben können dem ästhetischen Gefühl angepasst werden.

```java
// Julia.java

import ch.aplu.util.*;
import java.awt.Color;
import ORG.netlib.math.complex.Complex;

class Julia
{
  private int maxIterations = 100;
  private double maxNorm = 50;
  private double step = 0.005;
  private double range = 2;
  private GPanel p = new GPanel(-range, range, -range, range);

  public Julia()
  {
    drawJulia();
  }

  void drawJulia()
  {
    Complex c = new Complex(-0.5, -0.5);
    Complex z0 = new Complex(-range, -range);
    int it;

    while (z0.im() < range) // outer loop in imag direction
    {
      z0 = new Complex(-range, z0.im() + step);
      while (z0.re() < range) // inner loop in real direction
      {
        z0 = z0.add(new Complex(step));

        // Julia iteration
        Complex z = z0;
        it = 0;
        while (z.norm() < maxNorm && it < maxIterations)
        {
          z = z.mul(z).add(c);   // z = z^2 + c
          it++;
        }
        if (it < 3)
          putPixel(z0, Color.darkGray);
        else if (it < 5)
          putPixel(z0, Color.orange);
        else if (it < 8)
          putPixel(z0, Color.red);
        else if (it < 12)
          putPixel(z0, Color.blue);
```

```
        else if (it < 100)
          putPixel(z0, Color.yellow);
        else
          putPixel(z0, Color.black);
      }
    }
  }

  void putPixel(Complex z, Color c)
  {
    p.color(c);
    p.point(z.re(),z.im());
  }

  public static void main(String[] args)
  {
    new Julia();
  }
}
```

Wir sehen das Fraktal wachsen, weil GPanel jeden gezeichneten Punkt sofort darstellt. Im Grunde genommen handelt es sich um eine ziemlich raffinierte animierte Grafik mit einem Offscreen-Buffer, wobei bei jeder Grafik-Operation nur der davon betroffene Bereich neu gezeichnet wird. Das Resultat liefert die bekannte Darstellung der Julia-Menge aus Abb. 21.3 (hier leider ohne Farben).

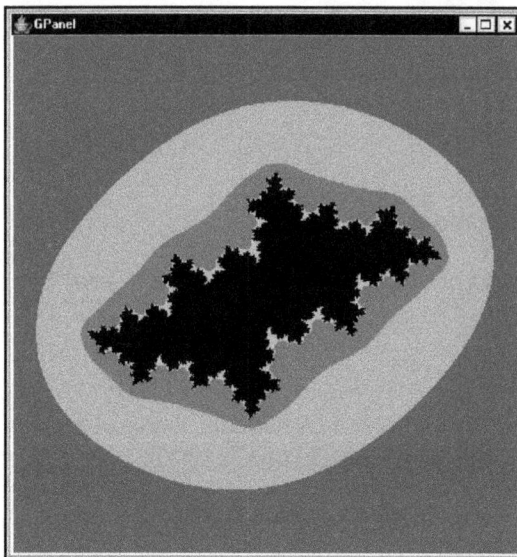

Abb. 21.3 *Julia-Menge (als Graustufenbild)*

21.3   Matrizen

Viele mathematische und physikalische Probleme führen auf lineare Beziehungen, die sich mit Hilfe von Matrizen sehr elegant formulieren lassen. Da es in der JFC leider keine Matrix-Klasse gibt, sind wir auf einen der zahlreichen Dritthersteller angewiesen. Bekannt ist die Klassenbibliothek **Jama**, die sogar als Kandidat für eine Erweiterung der JFC gilt.

Für den Download der Bibliothek sucht man mit einer Web-Suchmachine unter den Stichworten java jama. Die Dateien mit der Endung class im Verzeichnis Jama kopiert man in ein Unterverzeichnis Jama des Klassenverzeichnisses.

Im folgenden Beispiel werden die wichtigsten Matrixoperationen vorgestellt. Man beachte auch die nützliche Ausgabemethode print(), mit der die Matrix auf System.out formatiert ausgeschrieben wird. Verwendet man ein Console-Fenster, so werden alle Ausgaben in dieses Fenster umgeleitet. Um die Schreibarbeit zu vereinfachen, ist hier die Applikationsklasse aus der Klasse Console abgeleitet.

```
// MatrixEx1.java

import Jama.*;
import ch.aplu.util.*;

public class MatrixEx1 extends Console
{
  public MatrixEx1()
  {
    double[][] vals = {
        {1.0, 2.0, 3.0},
        {1.0, 3.0, 5.0},
        {1.0, 4.0, 6.0} };

    Matrix A = new Matrix(vals);
    Matrix B = Matrix.random(3, 3);

    println("Demonstration of matrix package Jama");
    println("Matrix A = ");
    A.print(12, 2);
    println("Matrix B = ");
    B.print(12, 2);

    println("Press any key to continue...");
    getKeyWait();
    println("Matrix C = A + B");
    Matrix C = A.plus(B);
    C.print(12, 2);
```

```
        println("Press any key to continue...");  getKeyWait();
        println("Matrix C = A - B");
        C = A.minus(B);
        C.print(12, 2);

        println("Press any key to continue...");  getKeyWait();
        println("Matrix B = inverse(A)");
        B = A.inverse();
        B.print(12, 2);

        println("Press any key to continue...");  getKeyWait();
        println("Matrix C = A * B");
        C = A.times(B);
        C.print(12, 2);

        println("Press any key to continue...");  getKeyWait();
        println("Vector z");
        Matrix b = new Matrix(3, 1);
        b.set(0, 0, 10);
        b.set(1, 0, 20);
        b.set(2, 0, 30);
        b.print(12, 2);

        println("Press any key to continue...");  getKeyWait();
        println("Solve x from A * x = b");
        Matrix x = A.solve(b);
        x.print(12, 2);

        println("Press any key to quit");
        getKeyWait();
        System.exit(0);
    }

    public static void main(String[] args)
    {
        new MatrixEx1();
    }
}
```

Zum Schluss betrachten wir als Anwendung der Matrizen ein Beispiel, das exemplarisch für eine Vielzahl von Simulationen von Systemen dienen kann, die einer zeitlichen Entwicklung unterworfen sind. Man teilt dazu die Zeit in äquidistante Zeitschritte dt ein (**Diskretisierung**) und berechnet mit den geltenden Gesetzen aus dem Zustand des Systems zur Zeit t den neuen Zustand zur Zeit $t + dt$. Dabei nimmt man an, dass es genügt, die Gesetze in erster (linearer) Näherung anzuwenden. Dies ist eine einfache anschauliche Formulierung der numerischen Integration der im System geltenden Differentialgleichungen.

Im Folgenden untersuchen wir die Entwicklung der Leserschaft von zwei Wochenzeitschriften U und V und treffen folgende Modellannahmen: 80% der Leser von U kaufen auch die nächste Woche wieder die Zeitschrift U, hingegen wechseln 20% zur Zeitschrift V. Die Leser von V sind ihrer Zeitschrift weniger treu, nur 70% kaufen sie wieder, 30% wechseln aber zu U. Zu Beginn seien die Verkaufszahlen für U und V 100000 bzw. 200000. Es stellt sich die interessante Frage, wie sich die Verkaufszahlen von U und V im Laufe der Zeit entwickeln und ob die Zeitschrift V wegen der Abwanderung seiner Leser ihr Erscheinen einstellen muss.

Für die Berechnung der neuen Verkaufszahlen u' und v' aus den vorhergehenden u und v gelten die einfachen Beziehungen:

$$u' = 0.8 * u + 0.3 * v \quad \text{und} \quad v' = 0.2 * u + 0.7 * v$$

Diese lassen sich elegant in Matrixschreibweise mit der Matrix A und den Vektoren x' und x bringen:

$$x' = A * x$$

mit

$$A = \begin{pmatrix} a_{11} & a_{12} \\ a_{21} & a_{22} \end{pmatrix} = \begin{pmatrix} 0.8 & 0.3 \\ 0.2 & 0.7 \end{pmatrix}$$

sowie

$$x = \begin{pmatrix} u \\ v \end{pmatrix} \quad \text{und} \quad x' = \begin{pmatrix} u' \\ v' \end{pmatrix}$$

Das Programm ist für ausnahmsweise wenig objektorientiert und stellt zur Veranschaulichung die Verkaufszahlen in einem einfachen Grafikfenster dar (Abb. 21.4).

```java
// MatrixEx2.java

import Jama.*;
import ch.aplu.util.*;
import java.awt.Color;

public class MatrixEx2
{
  private GPanel p = new GPanel(-1, 11, -10000, 220000);

  public MatrixEx2()
  {
    double[][] vals = {{0.8, 0.3},
                       {0.2, 0.7}};
```

```java
    Matrix A = new Matrix(vals);
    Matrix xOld = new Matrix(2, 1);
    Matrix x = new Matrix(2, 1);
    xOld.set(0, 0, 100000);
    xOld.set(1, 0, 200000);
    drawCoordinateSystem();


    int t = 0;
    int step = 1;

    while (t < 10)
    {
      x = A.times(xOld);
      p.color(Color.red);
      p.line(t, xOld.get(0, 0), t + step, x.get(0, 0) );
      if (t == 9)
        p.text("" + x.get(0, 0));
      p.color(Color.green);
      p.line(t, xOld.get(1, 0), t + step, x.get(1, 0) );
      if (t == 9)
        p.text("" + x.get(1, 0));
      t += step;
      xOld = x;
    }

  }

  private void drawCoordinateSystem()
  {
    p.line(0, 0, 0, 200000);
    p.line(0, 0, 10, 0);
    p.move(0, 0);
    p.text("0");
    p.move(10, 0);
    p.text("t = 10");
    p.move(0, 100000);
    p.text("100000");
    p.move(0, 200000);
    p.text("200000");
  }

  public static void main(String[] args)
  {
    new MatrixEx2();
  }
}
```

Die Verkaufszahlen konvergieren für große Zeiten gegen je einen Grenzwert, den man aus der Simulation erraten kann. Die exakten Werte für das asymptotische Verhalten erhält man aus der Überlegung, dass im Grenzfall

$$u' = u = 0.8 * u + 0.3 * v \quad \text{und} \qquad v' = v = 0.2 * u + 0.7 * v$$

gelten muss, was zu u = 120000 und v = 180000 führt.

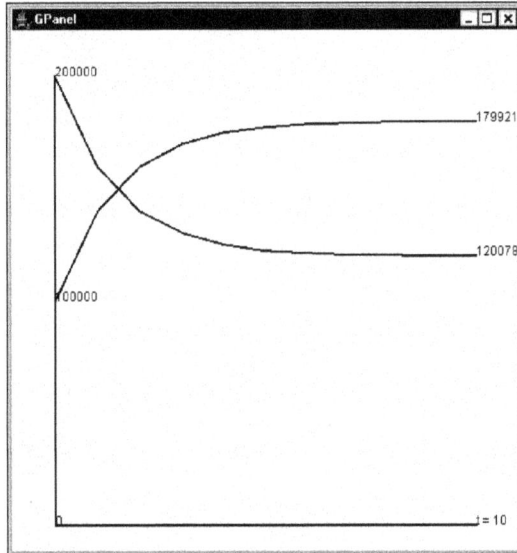

Abb. 21.4   *Der Verlauf der Verkaufszahlen von 2 Zeitschriften*

22   Drucken

22.1   Drucken mit Bildschirmauflösung

Im Zusammenhang mit grafikorientierten Programmen steht man oft vor der Aufgabe, eine vom Programm erzeugte Grafik auch auszudrucken. Meist werden dazu Hilfsprogramme herangezogen, die Screen-Capture ausführen. Dabei werden die bereits auf dem Bildschirm gezeichneten Pixel erfasst und in einem bekannten Bildformat in eine Datei geschrieben oder direkt zum Drucker geleitet. Man handelt sich bei diesem Vorgehen zwei Nachteile ein: Erstens kann das Ausdrucken nicht vom Programm selbst gesteuert werden und zweitens entspricht die Auflösung des gedruckten Bildes derjenigen des Bildschirms, die meist wesentlich schlechter als die des Druckers ist.

Mit den Klassen `Turtle`, `Console` und `GPanel` kann der Screen-Capture auch programmgesteuert ausgelöst werden. Beim Aufruf der Methode `printScreen()` wird ein üblicher Druckerdialog geöffnet und anschließend der Inhalt des Grafikfensters in Standardgröße ausgedruckt.

22.2   Drucken mit Druckerauflösung

Das in Kap. 19 vorgestellte Vierphasenmodell der Java-Grafik ist unabhängig davon, auf welchem Bildschirm- oder Druckertyp die Grafik ausgegeben wird. Einer der großen Vorteile grafischer Betriebssysteme ist es, dass die Unterschiede der Hardware durch spezifische Treiber ausgeglichen werden und die Softwareschnittstelle nach außen dieselbe bleibt. Aus diesem Grund ist es in Java einfach, eine Grafik mit der Auflösung des verwendeten Druckers auszudrucken.

In der JFC gibt es zum Drucken ein älteres und ein neueres Verfahren. Wir zeigen hier nur das neuere, das auf dem in Java weit verbreiteten Eventmodell aufbaut.

Das Vorgehen, um eine Grafik hochauflösend auszudrucken, ist das Folgende: Zuerst deklariert man eine Klasse, welche das Interface `Printable` implementiert. Diese enthält die einzige Methode

```
public int print(Graphics g, PageFormat pf, int pageIndex)
```

die man implementieren muss. Beim Druckvorgang wird diese Methode ähnlich der bespro-
chenenen Methode paintComponent() von Java aufgerufen. Sie liefert als Parameterwerte den Grafikkontext g des Druckers. Mit pf erhält man Informationen über das Druck-
format und pageIndex ist die aktuelle Seitenzahl des Druckjobs. Mit dem übergebenen
Grafikkontext g oder mit einem auf Graphics2D gecasteten g2D lässt sich nun die Grafik
wie im Fall einer Bildschirmgrafik aufbauen.

Im folgenden einfachen Beispiel wird mit der Klasse MyPrintable ein Text im gewählten
Font ausgedruckt. Dabei ist ersichtlich, dass print() ebenfalls einen Rückgabewert abgeben muss, wobei man sich zwei symbolischer Konstanten bedient. NO_SUCH_PAGE bewirkt, dass die betreffende Seite nicht ausgedruckt wird und PAGE_EXISTS teilt dem aufrufenden System mit, dass die Erzeugung der Seite abgeschlossen ist. Da wir nur eine Seite
ausdrucken, geben wir NO_SUCH_PAGE zurück, falls der Seitenindex größer als 0 ist.

```
// MyPrintable.java

import java.awt.*;
import java.awt.print.*;

class MyPrintable implements Printable
{
  public int print(Graphics g, PageFormat pf, int pageIndex)
  {
    if (pageIndex != 0)
      return NO_SUCH_PAGE;

    Graphics2D g2D = (Graphics2D)g;
    g2D.setFont(new Font("Serif", Font.PLAIN, 36));
    g2D.drawString("Drucken ist einfach", 100, 100);
    return PAGE_EXISTS;
  }
}
```

In der Applikationsklasse erstellt man eine Instanz der Klasse PrinterJob und übergibt
dieser mit setPrintable() eine Referenz auf eine Instanz von MyPrintable. Der
Mechanismus ist im Rahmen des Eventmodells einfach zu verstehen: Die Klasse Printer-
Job besitzt ihrerseits eine Methode print(), die den Ausdruck auf dem Drucker verwaltet. Dabei wird dem Benutzer ein üblicher Druckerdialog angezeigt, über welchen dieser den
Drucker und dessen Eigenschaften auswählen kann. Für die Erstellung der Grafik ruft PrinterJob automatisch die von uns implementierte Methode print() als Callbackmethode auf.
Da print() eine explizite Exception wirft, müssen wir diese in einem try-catch-Block
fangen.

```
// PrintEx1.java

import java.awt.print.*;

public class PrintEx1
```

```
{
  public static void main(String[] args)
  {
    PrinterJob pj = PrinterJob.getPrinterJob();
    MyPrintable m = new MyPrintable();
    pj.setPrintable(m);
    if (pj.printDialog())
    {
      try
      {
        pj.print();
      }
      catch (PrinterException ex)
      {
        System.out.println(ex);
      }
    }
  }
}
```

Mit dem Parameter pf der Klasse PageFormat lassen sich verschiedene wichtige Informationen über den Drucker herausholen, beispielsweise die bedruckbare Größe (in Pixel), die
Koordinaten der oberen linken Ecke des druckbaren Bereichs, die Druckerauflösung usw.
Auf Grund dieser Informationen kann man beispielsweise das zu druckende Bild einer affinen Transformation unterwerfen, um es in der Lage und Größe optimal dem Drucker anzupassen. Mit der folgenden Klasse MyDraw wird beispielsweise ein Quadrat mit der Seiten-
länge 300 möglichst groß im bedruckbaren Seitenbereich ausgedruckt.

```
// MyDraw.java

import java.awt.geom.*;
import java.awt.*;
import java.awt.print.*;

class MyDraw implements Printable
{
  public int print(Graphics g, PageFormat pf, int pageIndex)
  {
    if (p    ageIndex != 0)
      return NO_SUCH_PAGE;

    Graphics2D g2D = (Graphics2D)g;

    double printerWidth = pf.getImageableWidth();
    double scale = 600 / printerWidth;
    double xZero = pf.getImageableX();
    double yZero = pf.getImageableY();
```

```
    g2D.translate(xZero, yZero);
    g2D.scale(scale, scale);
    g2D.draw(new Rectangle.Double(0, 0, 300, 300));
    g2D.setPaint(Color.red);
    g2D.fill(new Ellipse2D.Double(0, 0, 300, 300));
    return PAGE_EXISTS;
  }
}
```

Da auf dem Drucker alle Schwierigkeiten mit der grafische Benutzeroberfläche entfallen, ist das Ausdrucken einer Grafik sogar einfacher als deren Darstellung auf dem Bildschirm.

22.3   Drucken in Druckerauflösung mit den Klassen Turtle und GPanel

Die Klassen Turtle und GPanel implementieren das Interface Printable und enthalten damit die Callbackmethode print(). Um das Drucken für den Anwender dieser Klassen möglichst einfach zu gestalten, ruft print() seinerseits die von der Anwenderklasse zu implementierende Methode draw() auf, welche im Interface TPrintable (für die Klasse Turtle) bzw. GPrintable (für Klasse GPanel) deklariert ist. Daraus ergibt sich folgende Anleitung zum hochauflösenden Drucken: Man implementiert in der Anwenderklasse TPrintable bzw. GPrintable, wobei die Methode draw() alle Grafikoperationen enthalten muss. Zum Ausdrucken ruft man die Methode print() der Klasse Turtle bzw. GPanel auf. Im folgenden Beispiel erzeugen wir das Interferenzbild von zwei Kreiswellen (zwei konzentrische äquidistante Kreissysteme, die leicht gegeneinander verschoben sind). Nur auf einem hochauflösenden Drucker wird das Moiré deutlich sichtbar (Abb. 22.1). Man beachte, dass die Window-Koordinaten 0..500, 0..500 gewählt werden müssen, damit sich keine Rundungsfehler beim Umrechnen der Double-Koordinaten auf Pixelkoordinaten ergeben, was zu unregelmässigen Abständen der konzentrischen Kreise führen kann.

```
// PrintEx2.java

import ch.aplu.util.*;
import java.awt.geom.*;
import javax.swing.JOptionPane;

class Wave
{
  final private int nbCrests = 50;
  private double wavelength;

  Wave(double wavelength)
  {
```

```java
      this.wavelength = wavelength;
    }

    void showAt(GPanel p, Point2D.Double center)
    {
      p.move(center);
      for (int i = 1; i <= nbCrests; i++)
        p.circle(i * wavelength);
    }
}

public class PrintEx2 implements GPrintable
{
  // Use special coordinates to avoid rounding errors
  private GPanel p = new GPanel(0, 500, 0, 500);

  public PrintEx2()
  {
    draw();
    if (p.print(this))
      JOptionPane.showMessageDialog(
          null, "Drawing sent to printer");

    System.exit(0);
  }

  public void draw()
  {
    Wave wave = new Wave(3);
    wave.showAt(p, new Point2D.Double(250, 250));
    wave.showAt(p, new Point2D.Double(257, 250));
  }

  public static void main(String[] args)
  {
    new PrintEx2();
  }
}
```

Auch Turtle-Grafiken lassen sich direkt ausdrucken, wobei allerdings die Turtles selbst nicht sichtbar sind. Im folgenden Beispiel zeichnet die Turtle die berühmte Peano-Kurve (Abb. 22.2). Über den interessanten mathematischen Hintergrund dieser Kurve und den verwendeten Algorithmus kann man sich über das Internet orientieren.

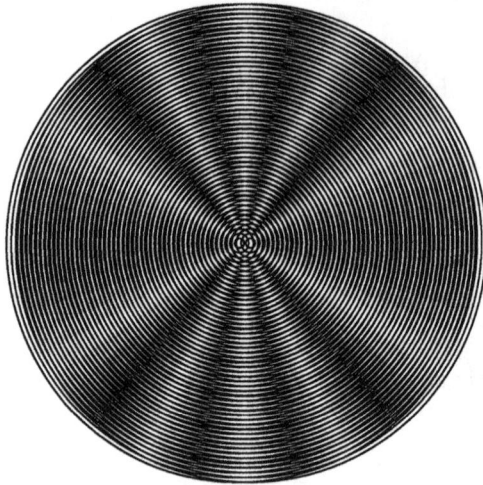

Abb. 22.1   *Interferenz zweier Kreiswellen*

```java
// PrintEx3.java

import ch.aplu.turtle.*;

public class PrintEx3 implements TPrintable
{
  private Turtle t = new Turtle();

  public PrintEx3()
  {
    t.ht();
    draw(); // Draw on screen
    t.print(this); // Draw on printer
  }

  public void draw()
  {
    t.home();
    frame();
    t.setPos(0, 0);
    peano(5, 5, 90);
  }

  private void frame()
  {
    t.setPos( -200, -200);
    for (int i = 0; i < 4; i++)
```

```
        t.fd(400).rt(90);
}

private void peano(int n, int s, int w)
{
    if (n == 0)
        return;
    t.lt(w);
    peano(n - 1, s, -w);
    t.fd(s).rt(w);
    peano(n - 1, s, w);
    t.fd(s);
    peano(n - 1, s, w);
    t.rt(w).fd(s);
    peano(n - 1, s, -w);
    t.lt(w);
}

public static void main(String[] args)
{
    new PrintEx3();
}
}
```

Man beachte, dass die Methode draw() so geschrieben werden muss, dass die Turtle beim wiederholten Aufruf exakt die gleiche Figur zeichnet, da draw() aus java-internen Gründen zweimal aufgerufen wird.

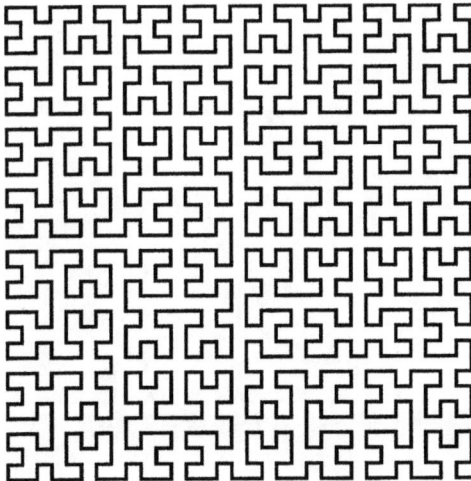

Abb. 22.2   Die Peano-Kurve

23 Streams

23.1 Das Java I/0-System

In jeder Programmiersprache ist das **Input-/Output-System (I/O-System)** von großer Wichtigkeit, stellt aber wegen der Komplexität eine bedeutende Herausforderung für die Softwareentwickler dar. Das I/O-System hat große Flexibilität aufzuweisen, da es mit ganz unterschiedlichen Datenquellen und Speichermedien umgehen muss (Tastatur, Bildschirm, Festplatten, Netzwerkverbindungen usw.) und die Daten unterschiedliche Struktur aufweisen (binär, zeichenorientiert usw.). Die Bestrebungen für ein optimales I/O-System in Java erkennt man daran, dass es von Java Version 1.0 zur Version 1.1 wesentlich überarbeitet wurde. Statt von vorne zu beginnen, hat man allerdings die alten Streamklassen beibehalten und die neuen darauf aufgesetzt, was eine zusätzliche Komplexität zur Folge hat. Wir versuchen, soweit als möglich auf dem neuen Standard aufzubauen. Dies ist aber deshalb nicht durchwegs möglich, da gewisse Java-Klassen der JFC (Zip-Kompression, binäres I/O, Sockets usw.) die alten Klassen verwenden.

Die Bezeichnung **Stream (Datenstrom)** soll anschaulich zum Ausdruck bringen, dass die in Bytes codierten Daten bei I/O-Operationen zeitlich nacheinander (sequentiell), wie das Wasser in einem Strom, transportiert werden. Der Begriff stammt aus der Welt von **Unix**, wo man alle I/O-Operationen, ob es sich um die Tastatur, den Bildschirm, das Netzwerk oder das Dateisystem handelt, mit demselben Formalismus ausdrückt. Die Streams werden in **Input-Streams** und **Ouput-Streams** eingeteilt, je nachdem, ob die Daten in das Programm hinein oder vom Programm hinaus transportiert werden. Beim **Öffnen (opening)** eines Streams wird eine Verbindung eines Input-Streams zu einer Datenquelle bzw. eines Output-Streams zu einer Destination erstellt. Beim Holen der Daten aus dem Input-Stream sprechen wir vom **Lesen (reading)**, beim Senden der Daten in einen Output-Stream vom **Schreiben (writing)** oder **Hinzufügen (appending)**. Die Verbindung wird beim **Schließen (closing)** wieder aufgehoben. Falls man die Datenbytes als Textzeichen im ASCII-Code interpretieren kann, spricht man von **Textstreams**, sonst von **binären Streams**. Oft ist es wichtig, das Ende eines Streams (**End-Of-File**, **EOF**) zu erkennen.

Im Folgenden betrachten wir Streams nur im Zusammenhang mit **Dateien (Files)**, was den weitaus wichtigsten Fall darstellt. In Java können Streams allerdings auch für andere Datenstrukturen eingesetzt werden, beispielsweise für Bytearrays, Strings, Pipes, Folgen von Streams, Internet-Verbindungen usw. Eine Datei ist üblicherweise ein **persistenter** Datenspeicher auf einem physikalischen Datenträger, typischerweise auf einer Festplatte. Im Ge-

gensatz zu programminternen Variablen überleben die in einer Datei gespeicherten Daten das
Programm, sind also bei einem Neustart des Programms oder des Computers wieder verfügbar. Damit ist bereits auch die Hauptanwendung von Dateien klar: Wir schreiben immer
dann Daten in eine Datei, wenn wir sie aufbewahren, „*retten*" wollen.

Gemäß dem Stream-Konzept des Betriebssystems Unix können in Java auch Ein- und Ausgabegeräte wie Dateien betrachtet werden, beispielsweise der Bildschirm (Standard-Ouput),
die Tastatur (Standard-Input), Drucker usw.

23.2   Dateiverwaltung

Die Verwaltung des Dateisystems ist eine der wesentlichen Aufgaben des Betriebssystems
eines Computers. Trotz der Vielfalt der Datenspeicher (Festplatten, Speicherchips, CD-
ROMs usw.) muss das Betriebssystem eine einheitliche Programmierschnittstelle (**API**,
Application Programming Interface) für das Erstellen, Löschen, Lesen und Schreiben von
Dateien zur Verfügung stellen. Die Streams isolieren den Programmierer weitgehend von
den spezifischen Eigenschaften der Computerhardware und stellen ihm eine Programmierschnittstelle zur Verfügung, die weitgehend unabhängig vom Betriebssystem und der Hardware ist.

Dateien haben einen **Dateinamen (filename)**, der aus einem Textbezeichner und einer **Erweiterung (extension)** besteht, die den Dateityp und damit oft auch die Zugehörigkeit zu
einem Applikationsprogramm angibt. Die Erweiterung ist meist mit einem Punkt vom Namen getrennt:

```
filename = name.ext
```

Es ist leider beim Ausdruck *Dateiname* nicht immer klar, ob die Erweiterung inbegriffen sei.
Der Name darf alle druckbaren Zeichen des 7-bit-ASCII-Zeichensatzes enthalten, meist aber
zusätzlich noch Umlaute und Akzentzeichen. Allerdings ist bei der Verwendung von Spezialzeichen die Plattformunabhängigkeit stark in Frage gestellt, da unterschiedliche Betriebssysteme Umlaute und Akzente verschieden codieren. Es ist anzuraten, in Dateinamen, genau
wie bei einem Java-Bezeichner, ausschließlich Zahlen, akzentlose Buchstaben und als Spezialzeichen höchstens noch den Underline zu verwenden.

Dateien werden in **Verzeichnissen (directories)** hierarchisch angeordnet. Es ergibt sich eine
baumartige Struktur, wobei Verzeichnisse sowohl Unterverzeichnisse als auch Dateien
enthalten können. Ein Verzeichnis besitzt einen Verzeichnisnamen, der wie ein Dateiname
aufgebaut ist, allerdings meist ohne Erweiterung. Die hierarchische Anordnung drückt man
durch einen **Verzeichnispfad (directorypath, path)** aus, wobei Unterverzeichnisse durch
ein Trennzeichen voneinander getrennt werden. Üblich sind die Trennzeichen / (unter Unix)
und \ (unter Windows):

```
path = /directory/subdirectory/...
```

oder

```
path = \directory\subdirectory\...
```

Mit dem ersten Trennzeichen wird das **Wurzelverzeichnis (root directory)** bezeichnet. Es befindet sich an oberster Stelle des Datenträgers. Der Pfad kann auch den Datenträgernamen (in einem Netzwerk eventuell sogar den Rechnernamen) enthalten, unter Windows haben die Datenträger einen Buchstaben (**drive letter**). Dieser wird mit einem Doppelpunkt dem Verzeichnispfad vorgestellt, beispielsweise

```
c:\directory\subdir\
```

Das endende Trennzeichen im Verzeichnispfad kann meist auch weggelassen werden. Ein **vollständig qualifizierter Dateiname** besteht aus einem Verzeichnispfad und dem Dateinamen, beispielsweise unter Windows

```
c:\programme\myjava\example1.java
```

Besondere Beachtung schenke man folgenden Punkten

- Gewisse Dateioperationen berücksichtigen die Groß-Kleinschreibung
- Der Begriff Pfad (path) wird nicht einheitlich verwendet. Manchmal umfasst er den qualifizierten Dateinamen, manchmal nur den Verzeichnisnamen
- Verwendet man den Backslash in einem Stringliteral, so muss er verdoppelt werden
- Mit *einem Punkt* wird das aktuelle Verzeichnis bezeichnet, mit *zwei Punkten* das hierarchisch darüber liegende Verzeichnis (**parent directory**)
- Dateien haben Attribute, die eine wichtige Rolle spielen können (Größe, Zeitstempel, Sichtbarkeit, Zugriffsrechte usw.)

In Java wird unterschieden zwischen Dateioperationen, welche sich auf das Dateisystem beziehen und solchen, welche die Daten selbst betreffen. Dateioperationen werden im Wesentlichen durch die Klasse File unterstützt, die allerdings besser FilePath heißen würde. Für das Benutzerinterface eignet sich die Klasse JFileChooser, welche die gewohnten File-Open- und File-Save-Dialoge zur Verfügung stellt.

Im folgenden Beispiel kann der Benutzer in einem vorgegebenen Verzeichnis eine Datei auswählen, deren qualifizierter Pfad dem Programm dann für irgendeine nachfolgende Operation zur Verfügung steht.

```java
// FileEx1.java

import javax.swing.*;
import java.io.*;

public class FileEx1
{
  public FileEx1()
  {
    final String DRIVEDIR = "c:\\scratch\\streams";
    File currentDir = new File(DRIVEDIR);
    JFileChooser chooser = new JFileChooser();
    chooser.setCurrentDirectory(currentDir);
    int rc = chooser.showOpenDialog(null);
```

```
    String s;
    if (rc == JFileChooser.APPROVE_OPTION)
      s = "Gewählte Datei: " +
            chooser.getSelectedFile().getName();
    else
      s = "Abgebrochen";

    JOptionPane.showMessageDialog(null, s);
    System.exit(0);
  }

  public static void main(String[] args)
  {
    new FileEx1();
  }
}
```

Man beachte, dass dieses Programm wegen der Pfadangabe mit Backslashes nicht plattformunabhängig ist. Man kann das Java-System aber nach den Trennzeichen des Betriebssystems
fragen und damit den Pfadbezeichner anpassen. Das folgende Beispiel zeigt die wichtigsten
Abfragemöglichkeiten.

```
// FileEx2.java

import ch.aplu.util.*;

public class FileEx2 extends Console
{
  public FileEx2()
  {
    char c;
    c = System.getProperty("file.separator").charAt(0);
    println("File separator: " + c);
    c = System.getProperty("path.separator").charAt(0);
    println("Path separator: " + c);
    c = System.getProperty("line.separator").charAt(0);
    println("Line separator (ASCII dec): " + (int)c);
    String userDir = System.getProperty("user.dir");
    println("User directory: " + userDir);
    String homeDir = System.getProperty("user.home");
    println("Home directory: " + homeDir);
  }

  public static void main(String[] args)
  {
    new FileEx2();
```

```
  }
}
```

23.3   Textdatei lesen

Im Folgenden werden die für die Praxis wichtigsten Streamoperationen beschrieben, nämlich das Lesen und Schreiben von Text- und Binärdateien. Textdateien enthalten Informationen, die im Zeichensatz der entsprechenden Plattform codiert sind. Nur die unteren 7-bit des 8-bit-Zeichensatzes sind allerdings als 7-bit-ASCII-Zeichensatz standardisiert. Sie können im Gegensatz zu binären Dateien mit irgendeinem Texteditor gelesen und verändert werden. Ihre Nachteile bestehen darin, dass die Zeichencodierung oberhalb des 7-bit-ASCII-Zeichensatzes nicht plattformunabhängig ist und sie in der Regel wesentlich mehr Speicherplatz benötigen als eine binäre Datei mit dem gleichen Informationsgehalt. Überdies ist das Zeilenende von Textdateien nicht einheitlich markiert. Unter Unix ist es üblicherweise ein <lf>, unter anderen Betriebssystemen meist ein <cr><lf>. Zum Lesen erstellt das Programm eine Instanz der Klasse `FileReader`. Dabei wird über das Betriebssystem ein physikalischer Zugang zur Datei geschaffen, wir sagen, dass die Datei **geöffnet (file open)** wird. Das Öffnen der Datei belegt Rechnerressourcen, die man durch Aufruf einer close-Methode explizit wieder freigeben muss. Zudem können geöffnete Dateien für den Zugriff von anderen Programmen gesperrt sein (file locking).

☞   **Geöffnete Dateien müssen explizit wieder geschlossen werden. Nicht einmal das Ende des Programms gibt die belegten Ressourcen und eine Sperre mit Sicherheit frei.**

Der mit `FileReader` geschaffene Zugang zur Datei ist einzelzeichenorientiert und damit sehr ineffizient. Aus diesem Grund wandeln wir ihn mit einer Instanz der Klasse `BufferedReader` in einen blockorientierten Zugang um. Dabei wird ein für den Programmierer weitgehend transparenter Zwischenbuffer verwendet, der meist mehrere tausend Zeichen enthalten kann. Die File-Open-Operation schreibt man in Java meist mit einer etwas sonderbaren Schachtelung oder Verkettung von Konstruktoren. Dabei werden die Rückgabewerte von `new` keiner Variablen zugewiesen, sondern als Parameter des nächsten Konstruktors weiterverwendet. Wir schreiben

```
BufferedReader in =
  new BufferedReader(
    new FileReader(filePath));
```

Die Methoden in den Streamklassen werfen häufig eine I/O-Exception, die wir im Programm mit einem try-catch-Block fangen müssen. Im folgenden Beispiel lesen wir mit der Methode `readLine()` eine Zeile um die andere. Das Ende der Datei ist dann erreicht, wenn `readLine()` null zurückgibt. Wir verwenden einen benutzerfreundlichen File-Open-Dialog, müssen aber den qualifizierten Dateinamen in einer Instanz von `File` noch zusammenstellen.

```
// StreamEx1.java

import javax.swing.*;
import java.io.*;

public class StreamEx1
{
  public StreamEx1()
  {
    JFileChooser chooser = new JFileChooser();
    chooser.
      setDialogTitle("Wähle kurze Datei mit lesbarem Text");
    if (chooser.showOpenDialog(null) ==
                                JFileChooser.CANCEL_OPTION)
      System.exit(1);
    File file = new File(chooser.getCurrentDirectory(),
                    chooser.getSelectedFile().getName());
    String line;
    String text = "";
    try
    {
      BufferedReader in =
        new BufferedReader(
          new FileReader(file));
      while ((line = in.readLine()) != null)
        text = text + line + "\n";
      in.close();
    }
    catch(IOException ex)
    {
      text = "Fatal error. IOException while reading file";
    }
    JOptionPane.showMessageDialog(null, text);
    System.exit(0);
  }

  public static void main(String[] args)
  {
    new StreamEx1();
  }
}
```

Das Programm ist noch nicht ganz perfekt. Die Datei wird nämlich nicht geschlossen, falls sich beim Lesen mit readLine() eine Exception ergibt.

23.4 Textdatei schreiben

Als Nächstes verwenden wir einen Output-Stream, um in eine Textdatei zu schreiben. Hier wird der benutzerfreundliche File-Save-Dialog herangezogen. Wir erzeugen eine Instanz von FileWriter, die eine bereits vorhandene Datei mit demselben Namen ohne Vorwarnung überschreibt. Daher sollte man bei der Ausführung des Programms die nötige Vorsicht walten lassen. Damit wir mit den bekannten print-Methoden in die Datei schreiben können, erzeugen wir eine Instanz von PrintWriter. In der File-Open-Operation schalten wir jetzt 3 Konstruktoren hintereinander und schreiben, wie in Java üblich,

```
PrintWriter out =
  new PrintWriter(
    new BufferedWriter(
      new FileWriter(filePath)));
```

Da die Klasse PrintWriter alle print-Methoden implementiert, die wir von System.out (einer Referenz der Klasse PrintStream) kennen, können wir problemlos in diese Datei schreiben. Zum Schließen der Datei benötigen wir keinen finally-Block, da der Code nach dem try-catch-Block immer ausgeführt wird. Wir müssen allerdings damit rechnen, dass sich bereits beim Öffnen der Datei, d.h. im Konstruktor von FileWriter eine Exception ergibt. In diesem Fall besitzt out den Initialisierungswert null und wir dürfen close() nicht aufrufen.

```
// StreamEx2.java

import javax.swing.*;
import java.io.*;

public class StreamEx2
{
  String[] text =
    {"1. Zeile", "2. Zeile", "3. Zeile"};
  String msg;
  String filename = "streamex2.dat";

  public StreamEx2()
  {
    PrintWriter out = null;
    try
    {
      JFileChooser chooser = new JFileChooser();
      if (chooser.showSaveDialog(null) ==
          JFileChooser.CANCEL_OPTION)
        System.exit(1);
      File file =
          new File(chooser.getCurrentDirectory(),
                  chooser.getSelectedFile().getName());
```

```
        out = new PrintWriter(
            new BufferedWriter(
            new FileWriter(file)));
        for (int i = 0; i < text.length; i++)
          out.println(text[i]);
        msg = "Datei " + file.getPath() +
            " erfolgreich geschrieben";
      }
      catch (Exception ex)
      {
        msg = "Fatal error. Exception while writing file";
      }

      if (out != null)
        out.close();

      JOptionPane.showMessageDialog(null, msg);
      System.exit(0);
    }

    public static void main(String[] args)
    {
      new StreamEx2();
    }
}
```

Da die BufferedStreams die Daten blockweise transferieren, ist man nie ganz sicher, ob sich am Ende einer Read- oder Writeoperation noch Daten im Buffer befinden. Das Schließen des Streams ist hier besonders wichtig, da dabei auch der Buffer automatisch geleert wird. Will man den Buffer leeren, ohne den Stream zu schließen, so muss man dies explizit mit der Methode flush() tun. Man merkt sich darum:

☞   **Ohne flush() können bei BufferedStreams Daten verloren gehen.**

Um Daten am Ende einer bereits bestehenden Datei anzufügen (**append**), verwenden wir den überladenen Konstruktor FileWriter(String filePath, boolean append) und setzen append auf true.

23.5   Textdatei mit Zahlen schreiben

Wir haben bereits die nötigen Kenntnisse, um auch numerische Basistypen in eine Textdatei zu schreiben, was in der Praxis sehr oft vorkommt. Da out aus StreamEx2.java ein PrintWriter ist, übernimmt diese Klasse die nötige Formatierung. Alles, was wir über das formatierte Ausschreiben aus Kap. 11 wissen, gilt somit auch für Textdateien. Wir schreiben beispielsweise die Quadratwurzel von 0 bis 9 in eine Textdatei, indem wir in einer for-Schleife die print-Methoden verwenden:

```
for (int i = 0; i < 10; i++)
  out.println(Math.sqrt(i));
```

23.6   Zahlen aus einer Textdatei lesen

Das Lesen von Textdateien, in welchen Zahlen (doubles) abgespeichert sind, gestaltet sich sehr einfach, wenn wir die Klassen StreamTokenizer heranziehen. Es gibt einen Konstruktor, der einen BufferedReader übernimmt

```
StreamTokenizer st = new StreamTokenizer(in);
```

Der StreamTokenizer zerlegt die Daten in lexikalische Einheiten (tokens). Mit

```
st.nextToken();
```

kann das nächste Token geholt und mit

```
st.nval
```

in einen double konvertiert werden. Die doubles können sich auf einzelnen Zeilen oder durch Leerschläge getrennt auf derselben Zeile befinden. Eine Datendatei streamex4.dat könnte beispielsweise wie folgt aussehen:

```
33.2
45.5
60.1
90.7
```

oder

```
33.2 45.5 60.1 90.7
```

wobei die Anzahl Zahlen pro Zeile auch variieren kann.

```
// StreamEx4.java

import ch.aplu.util.*;
import javax.swing.*;
import java.io.*;

public class StreamEx4
{
```

```
public StreamEx4()
{
  String text = "";
  BufferedReader in = null;

  try
  {
    File file = new File("streamex4.dat");
    in =
        new BufferedReader(
        new FileReader(file));
    StreamTokenizer st = new StreamTokenizer(in);
    st.nextToken();
    while (st.ttype != st.TT_EOF)
    {
      text = text + st.nval + "\n";
      st.nextToken();
    }
  }
  catch (FileNotFoundException ex)
  {
    text = "Fatal error. File not found.";
  }
  catch (IOException ex)
  {
    text = "Fatal error. Exception while reading file";
  }
  try
  {
    if (in != null)
      in.close();
  }
  catch (Exception ex)
  {}
  JOptionPane.showMessageDialog(null, text);
  System.exit(0);
}

public static void main(String[] args)
{
  new StreamEx4();
}
}
```

In diesem Beispiel geben wir uns wieder Mühe, die Datei in jedem Fall mit close() zu schließen. Wir müssen aber etwas vorsichtig sein, denn es wird im Konstruktor von File-Reader eine FileNotFoundException geworfen, falls das File nicht geöffnet werden kann. In diesem Fall bleibt in auf dem Initialisierungswert null. Etwas ungewöhnlich ist es, dass close() für InputStreams auch eine Exception werfen kann, die wir zwar abfangen, aber ignorieren.

23.7 Binärdatei schreiben und lesen

Wie wir bereits festgestellt haben, haben Textdateien im Zusammenhang mit numerischen Basistypen die Tendenz, sehr groß zu werden, wodurch sich das Lesen und Schreiben verlangsamt. Dies ist leicht verständlich, denn eine Textzeile mit einem einzigen double umfasst rund 20 ASCII-Zeichen, also 20 bytes, währenddessen der double im binären Format 8 bytes lang ist. Es empfiehlt sich also, Zahlen im binären Format zu speichern. Das Vorgehen ist nicht wesentlich komplizierter als bei Textdateien, obschon wir eine andere Klassenhierarchie heranziehen müssen. Die entsprechende Konstruktorschachtelung zum Schreiben der Datei lautet

```
DataOutputStream out =
  new DataOutputStream(
    new BufferedOutputStream(
      new FileOutputStream(filePath)));
```

Die Klasse DataOutputStream besitzt die write-Methoden zum Schreiben der Basistypen.

Zum Einlesen stehen die entsprechenden InputStreams zur Verfügung. Die Konstruktorschachtelung lautet hier

```
DataInputStream in =
  new DataInputStream(
    new BufferedInputStream(
      new FileInputStream(filePath)));
```

und die Klasse DataInputStream besitzt die read-Methoden zum Lesen der Basistypen. Im folgenden Beispiel werden die Quadratzahlen in eine Datei geschrieben und nachher wieder ausgelesen. Man vergisst leicht, dass man die Datei nach dem Schreiben schließen muss, bevor man sie zum Lesen öffnen kann.

```
// StreamEx5.java

import javax.swing.*;
import java.io.*;

public class StreamEx5
{
  public StreamEx5()
  {
```

```
DataInputStream in = null;
DataOutputStream out = null;
double[] a = new double[10];
String data = "";

try
{
  JFileChooser chooser = new JFileChooser();
  if (chooser.showSaveDialog(null) ==
      JFileChooser.CANCEL_OPTION)
    System.exit(1);
  File file = new File(chooser.getCurrentDirectory(),
                   chooser.getSelectedFile().getName());
  out =
      new DataOutputStream(
      new BufferedOutputStream(
      new FileOutputStream(file)));
  for (int i = 0; i < 10; i++)
    out.writeDouble(Math.sqrt(i));
  JOptionPane.showMessageDialog(null, "Datei\n" +
                            file.getPath() +
                            "\nerfolgreich geschrieben");
  out.close(); // Must close to reopen for input

  in =
      new DataInputStream(
      new BufferedInputStream(
      new FileInputStream(file)));
  for (int i = 0; i < 10; i++)
    a[i] = in.readDouble();
}
catch (Exception ex)
{
  data = "Fatal error in file operation";
}

try
{
  if (in != null)
    in.close();
  if (out != null)
    out.close();
}
catch (IOException ex)
{}

if (data.equals("")) // File operations successful
  for (int i = 0; i < 10; i++)
```

```
        data = data + Double.toString(a[i]) + "\n";
    JOptionPane.showMessageDialog(null, data);
    System.exit(0);
  }

  public static void main(String[] args)
  {
    new StreamEx5();
  }
}
```

Wiederum schließen wir die Dateien mit der Methode `close()`, müssen aber wiederum dafür sorgen, dass wir sie nie mit einer Nullreferenz aufrufen.

23.8   Dateien mit wahlfreiem Zugriff (Random Access)

Bisher haben wir die Daten sequentiell in eine Datei geschrieben und daraus gelesen. Man kann zwar problemlos zusätzlich Daten am Ende der Datei anfügen (**append**), hingegen können wir einmal geschriebene Daten nicht modifizieren und keine neuen zwischen bestehende einfügen, ohne dass wir die ganze Datei umkopieren. Das Modifizieren (Mutieren) an beliebiger Stelle gehört aber zu den elementaren Dateimanipulationen. Dazu ist ein sog. **wahlfreier Zugriff (random access)** auf die Datenelemente nötig. Die betrachteten Stream-Klassen unterstützen den wahlfreien Zugriff nicht. Die Klasse `RandomAccessFile`, welche Java für den wahlfreien Zugriff zur Verfügung stellt, steht leider auch nicht in einem hierarchischen Zusammenhang mit den anderen Stream-Klassen, sondern ist direkt aus Object abgeleitet. Sie erinnert mehr an althergebrachte I/O-Techniken als an modernes OO-Design.

Der Konstruktor von RandomAccessFile besitzt einen String-Parameter, der den Modus (mode) beschreibt. Für die Praxis am wichtigsten sind die Modi `"r"` (read), falls die Datei nur lesend und `"rw"` (read-write), falls die Datei lesend und schreibend geöffnet werden soll. Existiert eine Datei mit demselben Pfad, so wird sie überschrieben. Der wahlfreie Zugriff erfolgt über einen **Dateizeiger (file pointer)**, der auf ein bestimmtes Element der Datei zeigt. Er kann mit der Methode `seek(long pos)` an eine beliebige Stelle gesetzt werden, wobei man `pos` auch als **Offset** bezeichet. Die nächste write-Operation überschreibt die Daten von genau dieser Stelle an, wobei der Dateizeiger entsprechend vorgerückt wird. Überschreitet der Dateizeiger die bestehende Größe der Datei, so wird diese entsprechend erweitert.

Im folgenden Beispiel werden wieder die 10 Quadratwurzeln von 0 bis 9 in eine Datei geschrieben und dann der Wert des 4. Eintrags geändert. Dabei muss man berücksichtigen, dass doubles 8 bytes lang sind. Wir wollen in jedem Fall eine neue Datei erzeugen und löschen daher zuerst eine bereits vorhandene Datei mit demselben Namen.

```java
// RandomEx1.java

import javax.swing.*;
import java.io.*;

public class RandomEx1
{
  private final static int DOUBLE_SIZE = 8; // in bytes

  public RandomEx1()
  {
    String msg = "";
    RandomAccessFile raf = null;
    double[] a = new double[10];

    try
    {
      JFileChooser chooser = new JFileChooser();
      if (chooser.showSaveDialog(null) ==
          JFileChooser.CANCEL_OPTION)
        System.exit(1);

      File file = new File(chooser.getCurrentDirectory(),
                      chooser.getSelectedFile().getName());

      // Delete old file
      if (file.isFile())
        file.delete();

        // Create and write to file
      raf = new RandomAccessFile(file, "rw");
      for (int i = 0; i < 10; i++)
        raf.writeDouble(Math.sqrt(i));
      raf.close();
      raf = null;
      JOptionPane.showMessageDialog(null, "Datei\n" +
                                file.getPath() +
                                "\nerfolgreich geschrieben");

      // Modify a record
      int nb = 3; // record number
      raf = new RandomAccessFile(file, "rw");
      // At start of 4th record
      long filePointer = nb * DOUBLE_SIZE;
      raf.seek(filePointer);
      raf.writeDouble( -1.23456789);
      raf.close();
      raf = null;
```

```
      // Read all records from file
      raf = new RandomAccessFile(file, "r");
      for (int i = 0; i < raf.length() / DOUBLE_SIZE; i++)
        a[i] = raf.readDouble();
    }
    catch (Exception ex)
    {
      msg = "Fatal error in file operations";
    }

    try
    {
      if (raf != null)
        raf.close();
    }
    catch (IOException ex)
    {}

    if (msg.equals("")) // File operations successfull
      for (int i = 0; i < 10; i++)
        msg = msg + Double.toString(a[i]) + "\n";
    JOptionPane.showMessageDialog(null, msg);
    System.exit(0);
  }

  public static void main(String[] args)
  {
    new RandomEx1();
  }
}
```

Wiederum ist es nicht ganz trivial, mit dem finally-Block dafür zu sorgen, dass die Datei in jedem Fall sicher geschlossen wird, da wir sie mehrmals wieder öffnen.

23.9   Serialisierung

Manchmal ist man darauf angewiesen, dass nicht nur Basistypen, sondern Objekte ein Programm überleben. In Java ist diese Art von Persistenz besonders elegant durch die Klassen ObjectOutputStream und ObjectInputStream gelöst, welche mit ihren Methoden writeObject() bzw. readObject() garantieren, dass alle Instanzvariablen korrekt gespeichert bzw. wiederhergestellt werden. Dies ist besonders dann keine Trivialität, wenn die Instanzvariablen Referenzen auf andere Objekte sind. writeObjekt() wird in diesem Fall auch diese Objekte und die eventuell darin referenzierten weiteren Objekte speichern.

readObject() seinerseits wird den ganzen Satz der Objekte, manchmal auch **Objektnetz** genannt, wieder herstellen. Objekte, welche sich für diese Art von Persistenz zur Verfügung stellen, müssen allerdings das Interface Serializable implementieren.

Serializable enthält zwar überhaupt keine Methoden und dient daher nur zu Dokumentationszwecken. Da man für Objekte, die geschützte Daten enthalten, aus Sicherheitsgründen das Speichern in einer Datei verhindern will, implementieren bei weitem nicht alle Klassen der JFC das Interface Serializable. Der Name drückt aus, dass die gespeicherten Objekte eine Seriennummer erhalten, damit verhindert werden kann, dass sie mehrfach vorkommen.

Durch Serialisierung ist es auch möglich, Objekte auf einem Computer zu erstellen, über das Internet zu transportieren und auf einer anderen Computerplattform wieder herzustellen und zu verwenden. Davon wird bei den Verteilten Systemen Gebrauch gemacht, bei denen gewisse Dienste einer Applikation auf andere Computer verlagert werden.

Auch die Komponententechnologie verwendet die Serialisierung. Beispielsweise werden die Zustandsinformationen (Properties) von JavaBeans bei der Programmerstellung festgelegt und zusammen mit dem Bean abgespeichert. Zur Laufzeit wird der Bean wieder deserialisiert und dabei die Properties zurück geholt.

Im folgenden praxisnahen Beispiel, verwenden wir die Serialisierung, um die Daten eines Arrays zu speichern und wieder zurück zu holen. Dieses Vorgehen ist wesentlich einfacher, als wenn man die Daten in Basistypen zerlegen müsste, um sie mit klassischen Streams zu retten. Das Verfahren ist auch für andere kompliziertere Datenstrukturen einsetzbar.

Wir schreiben die Quadratwurzeln von 1 bis 10 in den Array. Da Arrays die meisten Eigenschaften von Referenztypen haben, sind sie auch serializable Wir speichern die Instanz mit einem ObjectOutputStream in eine Datei, deren Namen wir fest vorgeben.

```
// StreamEx6.java

import javax.swing.*;
import java.io.*;

public class StreamEx6
{
  public StreamEx6()
  {
    String text = "";
    double[] ary = new double[10];
    ObjectOutputStream out = null;

    try
    {
      File file = new File("streamex6.dat");

      for (int i = 0; i < 10; i++)
        ary[i] = Math.sqrt(i + 1);

      out = new ObjectOutputStream(
          new FileOutputStream(file));
```

```
      out.writeObject(ary);
      text = "Datei " + file.getPath() +
          " erfolgreich geschrieben";
    }
    catch (Exception ex)
    {
      text = "Fatal error. Exception while writing file";
    }
    try
    {
      if (out != null)
        out.close();
    }
    catch (IOException ex)
    {}
    JOptionPane.showMessageDialog(null, text);
    System.exit(0);
  }

  public static void main(String[] args)
  {
    new StreamEx6();
  }
}
```

Um den Erfolg zu genießen, schreiben wir ein Programm, das dieses Objekt wieder zurückholt und den Inhalt des Arrays ausschreibt.

```
// StreamEx7.java

import javax.swing.*;
import java.io.*;

public class StreamEx7
{
  public StreamEx7()
  {
    String text = "";
    ObjectInputStream in = null;
    try
    {
      File file = new File("streamex6.dat");
      in = new ObjectInputStream(
          new FileInputStream(file));
      double[] ary = (double[])in.readObject();
      for (int i = 0; i < ary.length; i++)
        text = text + Double.toString(ary[i]) + "\n";
    }
```

```
    catch (Exception ex)
    {
      text = "Fatal error. Exception while reading file";
    }
    try
    {
      if (in != null)
        in.close();
    }
    catch (IOException ex)
    {}
    JOptionPane.showMessageDialog(null, text);
    System.exit(0);
  }

  public static void main(String[] args)
  {
    new StreamEx7();
  }
}
```

Manchmal ist es aus Sicherheitsgründen erwünscht, gewisse Instanzvariablen von der Speicherung auszuschließen, beispielsweise wenn es sich um Namen und Passwörter handelt. Man verwendet dazu das Schlüsselwort transient, das man vor die Variablendeklaration setzt, beispielsweise

```
class StreamData implements Serializable
{
  public int _size = 10;
  public double[] _ary;
  transient String creator = "Michael Kramer";
}
```

Wir haben festgestellt, dass die Objekte, auf welche Instanzvariablen verweisen, bei der Serialisierung ebenfalls abgespeichert werden. Dabei ist eine gewisse Vorsicht am Platz. Besitzen beispielsweise zwei Objekte a und b Referenzen auf dasselbe Objekt, so sollten sie im selben ObjectStream abgespeichert werden, damit sie beim Rückholen wieder auf dasselbe Objekt verweisen. Zur Verwendung eines Objekts, das deserialisiert wird, muss sich selbstverständlich die class-Datei der entsprechenden Klasse im Klassenpfad befinden.

23.10   Programmressourcen

In größeren Applikationen und Bibliotheken ist es angebracht, wichtige Zusatzinformationen wie Texte, Bilder usw. in eigene Dateien auszulagern. Man spricht dabei allgemein von **Programmressourcen**. Daraus ergeben sich zwei Vorteile: Erstens wird die Übersichtlichkeit durch die Strukturierung in mehrere Dateien verbessert und zweitens kann man diese Informationen ohne Neucompilation leicht ändern, indem man den Inhalt der Ressourcedateien modifiziert. Beispielsweise ist es sehr sinnvoll, in einer multilingualen Applikation die Dialogtexte für verschiedene Sprachen in Ressourcedateien auszulagern. Es ist allerdings nicht ganz einfach, den Programmcode so zu verfassen, dass die Ressourcedateien unabhängig von der verwendeten Plattform und unabhängig vom Verzeichnis, in dem die Applikation ausgeführt wird, gefunden werden. Eine absolute Pfadangabe ist sicher ungeeignet, da man die Applikation in irgendeinem Verzeichnis ausführen möchte. Im Folgenden wird ein Verfahren beschrieben, bei dem sich die Ressourcedateien in einem beliebigen Unterverzeichnis der class-Dateien befinden können.

Java stellt mit der Klasse `Class` ein mächtiges Instrument zur Verfügung, mit dem zur Laufzeit wichtige Informationen über die gerade ausgeführte Klasse bezogen werden können. Dazu ruft man zuerst die Factory-Methode `getClass()` auf, die zur Klasse `Object` und damit zu jeder Klasse gehört. Der Aufruf liefert (eine Referenz auf) die aktuelle Class-Instanz zurück, mit der man Zugriff auf alle Methoden der Klasse `Class` erhält. Wir nehmen an, dass wir unsere Applikation in ein Package verpacken, wie dies für professionelle Zwecke üblich ist. Mit

```
String packageName = getClass().getPackage().getName();
```

erhalten wir diesen Package-Namen in der gewohnten Form, beispielsweise `ch.aplu.text`, zur Laufzeit zurück und können ihn verwenden, um auf eine Ressourcedatei zuzugreifen. Man könnte auch den im Sourcecode „hart verdrahteten" Package-Namen verwenden, was etwas weniger elegant wäre.

Wie nicht anders zu erwarten war, öffnen wir einen InputStream zur Ressourcedatei, um die Daten auszulesen. Dazu rufen wird zuerst die Factory-Methode

```
InputStream is = getClass().getResourceAsStream(fileUrl);
```

auf, die uns (eine Referenz auf) den InputStream zurückgibt. Diese Streamklasse stammt aus der alten Version des Java-I/O-Systems und wir wandeln sie mit

```
InputStreamReader ir = new InputStreamReader(is);
```

sofort in einen Stream des neuen I/O-Systems um.

Der String `fileUrl` muss allerdings ein etwas ungewöhnliches Format aufweisen. Befindet sich die Ressourcedatei `zauber.txt`, welche einen Teil von Goethes Gedicht *Der Zauberlehrling* enthält, im Unterverzeichnis `data`, so lautet die `fileUrl`

```
/ch/aplu/text/data/zauber.txt
```

unabhängig davon, ob im Dateisystem Slash- oder Backslash verwendet werden. Wir müssen daher die Punkte im Package-Namen durch Slashes ersetzen. Das folgende Programm zeigt das Vorgehen.

```java
// StreamEx8.java

package ch.aplu.text;

import java.io.*;
import ch.aplu.util.*;

public class StreamEx8
{
  public StreamEx8()
  {
    String text = "";
    text = loadTextResource("data/zauber.txt");
    Console.print(text);
  }

  private String loadTextResource(String relPath)
  {
    String text = "";
    InputStream is = null;
    try
    {
      String packageName = getClass().getPackage().getName();
      String fileUrl = "/" + packageName.replace('.', '/')
          + "/" + relPath;
      is = getClass().getResourceAsStream(fileUrl);
      InputStreamReader ir = new InputStreamReader(is);
      BufferedReader in = new BufferedReader(ir);
      if (in != null)
      {
        String line;
        while ((line = in.readLine()) != null)
          text = text + line + "\n";
      }
    }
    catch (Exception ex)
    {
      text = "Fatal error. Exception while reading file";
    }
    try
    {
      if (is != null)
        is.close();
    }
    catch (IOException ex)
    {}
    return text;
  }
```

```
public static void main(String[] args)
{
   new StreamEx8();
}
}
```

Wir fangen mit einem try-catch-Block die Fehler ab, die bei einer fehlenden Ressourcedatei auftreten. Man beachte, dass sich ausgehend von irgendeinem Wurzelverzeichnis die Applikationsklasse StreamEx8.class und das Verzeichnis data mit zauber.txt in einem Unterverzeichnis von ch.aplu.text befinden müssen und dass der Aufruf mit dem Kommandozeilen-Compiler ausgehend vom Wurzelverzeichnis java ch.aplu.text.StreamEx8 lautet.

Für eine multilinguale Applikation sollte man grundsätzlich keine Strings „hart verdrahten", sondern die Klasse ResourceBundle aus dem Package java.util einsetzen, mit der String/Werte-Paare für verschiedene Sprachen verwaltet werden können. Anleitungen und Beispiele entnimmt man der JFC-Dokumentation.

23.11   Verpacken in jar-Archiven

Verglichen mit Programmiersprachen, deren Compiler in den Maschinencode der Zielmaschine übersetzen, besitzt Java den Nachteil, dass der vom Compiler erzeugte Java-Bytecode nicht direkt ausführbar ist. Er muss vielmehr zur Laufzeit von der Java Virtual Machine (JVM) interpretiert werden. Bei der Ausführung wird zudem der Bytecode aller Klassen benötigt, die das Programm verwendet. Für die Klassen der JFC ist dieser in Archivdateien verpackt, die sich im Verzeichnis jre/lib des JRE befinden.

Da eine Applikation aus vielen class-Dateien und weiteren Ressourcen bestehen kann, ist es sehr zweckmäßig, alle Dateien komprimiert in eine einzige Archive-Datei zu verpacken. Java stellt dazu das Hilfsprogramm **jar** (von **J**ava **ar**chive) zur Verfügung, mit dem man class-Dateien, Ressourcen und Dokumentationen in ein **jar-Archiv** verpacken kann. Enthält eine der Klassen die main-Methode, so lässt sich zudem die jar-Datei von der Kommandozeile mit

```
java -jar file.jar
```

direkt ausführen, wobei natürlich nach wie vor ein installiertes Java Runtime Environment (JRE) vorhanden sein muss. Unter den meisten GUI-Betriebssystemen ist es sogar möglich, einen Programmlink auf die jar-Datei zu erstellen und die Applikation durch Klicken auf die Link-Ikone zu starten.

Das Verpacken einer Applikation mit Ressourcedateien und Bibliotheksklassen wird am vorhergehenden Beispiel mit der Applikationsklasse StreamEx8 und der Ressourcedatei zauber.txt im Unterverzeichnis data beschrieben. Da die Applikationsklasse im package `ch.aplu.text` entwickelt wird, liegt folgende Verzeichnisstruktur ausgehend von irgendeinem Wurzelverzeichnis vor:

```
root
    |
    +--ch
        |
        +--aplu
            |
            +---text
                |
                +--data
```

Die Datei `StreamEx8.java` befinde sich im Verzeichnis `text` und `zauber.txt` im Verzeichnis `data`. Wir nehmen an, dass sich die Bibliotheksklassen aus `ch.aplu.util`, die für das verwendete Console-Fenster verwendet werden, in einer Unterverzeichnisstruktur ausgehend von `c:/classes` befinden. Im Kommandozeilen-Modus geht man in das Wurzelverzeichnis `root` und compiliert mit `javac ch/aplu/text/StreamEx8.java`. Dabei entsteht im Verzeichnis `text` die Datei `StreamEx8.class`. Man kann diese mit `java ch/aplu/text/StreamEx8` ausführen.

Das Verpacken erfolgt immer noch vom Wurzelverzeichnis `root` aus. Man erstellt zuerst eine **Manifest-Datei**, welche die Angabe über die main-Klasse der Applikation enthält. Dazu schreiben wir mit einem Texteditor in die Datei `manifest.txt` die einzige Zeile

```
Main-Class: ch/aplu/text/StreamEx8
```

und rufen `jar` mit folgenden Parametern auf (alles auf einer Zeile):

```
jar cvfm StreamEx8.jar manifest.txt ch/aplu/text
                        -C c:/classes ch/aplu/util
```

Es entsteht eine jar-Datei `StreamEx8.jar`, die alle Dateien ausgehend vom Verzeichnis `text`, also auch die Ressourcedatei `zauber.txt` im Unterverzeichnis `data`, sowie alle Bibliotheksklassen ausgehend vom Verzeichnis `util` zusammenpackt. Ebenfalls mitverpackt wird eine Datei `MANIFEST.MF` im Verzeichnis `META-INF`, welche insbesondere die von uns in `manifest.txt` editierte Zeile enthält. Nachher überprüfen wir mit einem Aufruf von

```
java -jar StreamEx8.jar
```

ob die Applikation tatsächlich ausführbar sei. Wenn wir einen anderen Computer zur Verfügung haben, auf dem das JRE, aber nicht die Klassen aus `ch.aplu.util` installiert sind, muss die Applikation auf die gleiche Art ausführbar sein. Wir könnten auch ein Shell-Script (Kommandozeilen-Batch) mit diesem Aufruf schreiben, mit dem die Applikation gestartet werden kann, ohne dass der Anwender etwas von der installierten JRE bemerkt. Leider bleibt oft ein Fenster der Command-Shell offen, das man höchstens minimieren kann.

Auch das Verpacken einer Programm-Bibliothek ist sinnvoll. Beispielsweise können alle Dateien des Package `ch.aplu.util`, die sich auf `c:/classes/ch/aplu/util` befinden, verpackt werden, indem man im Wurzelverzeichnis `c:/classes` den Befehl

```
jar cvf aplu.jar ch/aplu/util
```

ausführt. Will man allen Java-Applikationen (zur Laufzeit) die Klassen dieses Packages zur Verfügung stellen, so kopiert man die eben erstellte Datei `aplu.jar` in das Verzeichnis `jre/lib/ext` des JRE.

Es gibt noch weitere Möglichkeiten, ein Java-Programm als native Applikation zu starten. Unter Windows beschafft man sich mit einer Web-Suchmaschine das Verpackungsprogramm jexepack. Damit können die Klassen und zusätzlich benötigte Bibliotheken in eine .exe-Programm verpackt werden. Befindet man sich im Wurzelverzeichnis root *der Applikation und sind die benötigten Bibliotheksklassen in* c:\classes\aplu.jar *verpackt, so liefert der Befehl (alles auf einer Zeile)*

```
jexepack /w /minver:1.4 /target:java
      /main:ch.aplu.text.StreamEx8 /r /dir:c:\classes\aplu.jar
```

eine Datei ch.aplu.text.StreamEx8.exe, *die man (auch nach dem Umbenennen) auf jeder Windows-Plattform, welche das JRE Version 1.4 installiert hat, starten kann. Dabei wird natürlich immer noch der Java Bytecode von der installierten JVM interpretiert. Um echten Maschinencode zu erzeugen, müsste man einen Native Compiler einsetzen, beispielsweise* **Jove**.

Für die Distribution von Java-Programmen über das Internet eignet sich **Java Web Start** *(siehe Anhang). Die Vorzüge sind der automatische Update und der Schutz vor Missbrauch durch die Verwendung von Signaturen.*

24   Properties

Es kommt häufig vor, dass ein Programm gewisse Daten verwendet, die bei seiner Installation oder in einen Setup-Dialog gesetzt werden. Diese können als externe Konstanten aufgefasst werden, da sie meistens unabhängig vom Programmcode persistent gespeichert werden. Auf Microsoft-Plattformen werden dazu meist ini-Dateien oder die Registry verwendet, unter Unix/Linux die Dateien .login oder .cshrc. Damit das Programm plattformunabhängig betrieben werden kann, müsste dieses zur Laufzeit die Plattform bestimmen und die auf dieser Plattform üblichen Speichermechanismen verwenden. Um diese Komplexität zu vermeiden, werden in Java externe Programmkonstanten oft in **Property-Dateien** abgelegt. Es handelt sich dabei um einfach aufgebaute Textdateien, in denen die Informationen zeilenweise in der Form

```
schlüssel=wert
```

abgelegt sind. Zudem kann die Datei Kommentarzeilen durch Voranstellen des # enthalten. Es ist üblich, diesen Property-Dateien die Extension `.properties` zu geben, damit man sie leicht von anderen Dateien unterscheiden kann. Die Klasse `Properties` stellt Methoden zur Verfügung, mit denen man die Einträge schreiben, lesen und auflisten kann.

Seit einigen Jahren verwendet man zu diesem Zweck das XML-Format (eXtensible Markup Language). Dabei werden die Informationen in einer Baumstruktur abgelegt. Im Kap. 37.7 zeigen wir, wie man mit XML-Dateien umgeht.

Das Java-Laufzeitsystem besitzt ebenfalls Properties, mit denen man wichtige Systemeigenschaften abfragen kann. Im folgenden Beispiel werden sie mit der Methode `list()` auf `System.out` angezeigt. Mit `Console.init()` lenken wir sie in ein Console-Fenster um.

```java
// PropEx1.java

import java.util.*;
import ch.aplu.util.*;

public class PropEx1
{
  public PropEx1()
  {
    Properties sysProps =
        new Properties(System.getProperties());
    sysProps.list(System.out);
  }
```

```
  public static void main(String[] args)
  {
    Console.init();
    new PropEx1();
  }
}
```

Man erhält auf einer typischen Plattform (Mac OS X) folgende Angaben:

```
-- listing properties --
java.runtime.name=Java(TM) 2 Runtime Environment, Stand...
sun.boot.library.path=/System/Library/Frameworks/JavaVM.fra...
apple.awt.textantialiasing=on
java.vm.version=1.4.1_01-14
awt.nativeDoubleBuffering=true
gopherProxySet=false
java.vm.vendor="Apple Computer, Inc."
java.vendor.url=http://apple.com/
path.separator=:
java.vm.name=Java HotSpot(TM) Client VM
file.encoding.pkg=sun.io
user.country=DE
sun.os.patch.level=unknown
java.vm.specification.name=Java Virtual Machine Specification
user.dir=/Users/admin
java.runtime.version=1.4.1_01-39
java.awt.graphicsenv=apple.awt.CGraphicsEnvironment
java.endorsed.dirs=/System/Library/Frameworks/JavaVM.fra...
os.arch=ppc
java.io.tmpdir=/tmp
line.separator=

java.vm.specification.vendor=Sun Microsystems Inc.
os.name=Mac OS X
sun.java2d.fontpath=
java.library.path=.:/Library/Java/Extensions:/System/Li...
java.specification.name=Java Platform API Specification
java.class.version=48.0
java.util.prefs.PreferencesFactory=java.util.prefs.MacOSXPrefe
rencesFactory
os.version=10.2.6
user.home=/Users/admin
user.timezone=
java.awt.printerjob=apple.awt.CPrinterJob
file.encoding=MacRoman
java.specification.version=1.4
user.name=admin
java.class.path=/Volumes/NO_NAME/PropEx1.jar
```

```
java.vm.specification.version=1.0
sun.arch.data.model=32
java.home=/System/Library/Frameworks/JavaVM.fra...
java.specification.vendor=Sun Microsystems Inc.
user.language=de
awt.toolkit=apple.awt.CToolkit
java.vm.info=mixed mode
java.version=1.4.1_01
java.ext.dirs=/Library/Java/Extensions:/System/Libr...
sun.boot.class.path=/System/Library/Frameworks/JavaVM.fra...
java.vendor=Apple Computer, Inc.
file.separator=/
java.vendor.url.bug=http://developer.apple.com/java/
sun.cpu.endian=big
sun.io.unicode.encoding=UnicodeBig
mrj.version=4.1
sun.cpu.isalist=
sun.awt.exception.handler=apple.awt.CToolkit$EventQueueExce...
```

Wie ersichtlich, verwendet man Schlüsselbezeichner mit Punkten, um eine hierarchische Strukturierung zu erhalten.

Im folgenden Beispiel erstellen wir mit einem Texteditor eine Property-Datei `turtle.properties`, welche folgende Einträge enthält:

```
#File: turtle.properties

turtle.name=john
turtle.startX=50
turtle.startY=0
```

Diese sollen von einem Programm als Setup-Daten verwendet werden, die der Turtle einen Namen und eine Startposition geben. An dieser Stelle soll die Turtle ihren Namen ausschreiben und sich dann auf einem Kreis bewegen. Da Rückgabewerte von `getProperty()` immer Strings sind, muss man sie in numerische Werte umwandeln, wobei man zur Sicherheit die Strings zuerst mit `trim()` von Leerzeichen zu befreit, die beim Editieren der Property-Datei oft zur besseren Lesbarkeit gesetzt werden.

Folgender Punkt verdient eine spezielle Erwähnung: Zur Rückgabe der Property-Werte von der Methode `readProperties()` übergeben wir dieser je eine Referenz von `StringBuffer` und `Point2D.Double`. In `readProperties()` werden die zugehörigen Instanzen entsprechend den neuen Werten modifiziert. Bei Exceptions wird die Fehlermeldung in den Stream `System.err` geschrieben, der allerdings meist mit `System.out` identisch ist.

```
// PropEx2.java

import ch.aplu.turtle.*;
import java.util.*;
```

```java
import java.io.*;
import java.awt.geom.*;

public class PropEx2
{
  public PropEx2()
  {
    Properties prop = new Properties();
    open(prop, "turtle.properties");
    StringBuffer name = new StringBuffer();
    Point2D.Double startPos = new Point2D.Double();
    readProperties(prop, name, startPos);
    Turtle t = new Turtle();
    t.setPos(startPos);
    t.label("   " + name.toString());
    t.leftCircle(50);
  }

  private void readProperties(Properties prop,
                              StringBuffer name,
                              Point2D.Double start)
  {
    name.delete(0, name.length());
    name.append(prop.getProperty("turtle.name"));
    start.x = Integer.
       parseInt(prop.getProperty("turtle.startX").trim());
    start.y = Integer.
       parseInt(prop.getProperty("turtle.startY").trim());
  }

  private void open(Properties prop, String filename)
  {
    String msg = "";
    FileInputStream fis = null;
    try
    {
      fis = new FileInputStream(filename);
      prop.load(fis);
    }
    catch (FileNotFoundException ex)
    {
      msg = "File " + filename + " not found";
    }
    catch (IOException ex)
    {
      msg = "Error reading " + filename;
    }
    if (fis != null)
```

```
  {
    try
    {
      fis.close();
    }
    catch (IOException ex)
    {}
  }
  if (!msg.equals(""))
  {
    System.err.println(msg);
    System.exit(1);
  }
}

public static void main(String[] args)
{
  new PropEx2();
}
}
```

Sollen Property-Dateien in eine jar-Datei verpackt werden, so müssen besondere Vorkehrungen getroffen werden, damit das Programm diese Dateien findet. Das Verfahren ist ähnlich, wie im Kap. 23.11 beschrieben, wir verzichten aber hier auf die Verwendung eines Packages. Wir kopieren zuerst den Code von PropEx2.java in PropEx3.java und ändern alle Bezeichner PropEx2 in PropEx3. Dann ändern wir die Methode open() wie folgt:

```
private void open(Properties prop, String filename)
{
  String msg = "";
  String fileUrl = "/" + filename;
  InputStream is = null;
  try
  {
    is = getClass().getResourceAsStream(fileUrl);
    if (is == null)
      throw new FileNotFoundException();
    prop.load(is);
  }
  catch (FileNotFoundException ex)
  {
    msg = "File " + filename + " not found";
  }
  catch (IOException ex)
  {
    msg = "Error reading " + filename;
  }
  if (is != null)
```

```
{
  try
  {
    is.close();
  }
  catch (IOException ex)
  {}
  }
  if (!msg.equals(""))
  {
    System.err.println(msg);
    System.exit(1);
  }
}
```

Nach der Compilation kopieren wir `PropEx3.class` und `turtle.properties` in ein beliebiges Verzeichnis und erstellen darin die Datei `manifext.txt` mit der einzigen Zeile

```
Main-Class: PropEx3
```

Jetzt rufen wir von diesem Verzeichnis aus `jar` wie folgt auf (alles auf einer Zeile):

```
jar cvfm PropEx3.jar manifest.txt *.class *.properties
   -C c:/classes ch/aplu/turtle
```

Die Applikation lässt sich nun auf irgendeiner Plattform in irgendeinem Verzeichnis mit

```
java -jar PropEx3.jar
```

ausführen.

Wird die Applikation in einem Package entwickelt, so ändert sich der Anfang von `open()` gemäß den Angaben in Kap. 23.11:

```
String packageName = getClass().getPackage().getName();
String fileUrl =
  . "/" + packageName.replace('.', '/') +"/" + filename;
InputStream is =
    getClass().getResourceAsStream(fileUrl);
```

25   Software engineering

25.1   Die Phasen der Software-Entwicklung (design cycle)

Die Entwicklung einer Applikation, ausgehend von einer groben Zielsetzung bis zum fertigen Produkt, ist in der Regel ein komplexer und zeitaufwändiger Prozess. Während kleine Programme binnen einiger Stunden von einem einzelnen Programmierer erstellt werden können, benötigen größere Applikationen einen Aufwand von mehreren hundert oder sogar tausend Arbeitsstunden, die meist nur noch in einem Team erbracht werden können. Die Planung und Organisation von Software-Entwicklungsprojekten ist dementsprechend ein wichtiger Prozess, in dem das Schreiben des Programmcodes nur einen kleinen Teil umfasst. Fehlende Konzepte und zu rasches Codieren können in eine Sackgasse führen und unter Verlust von Hunderten von Arbeitsstunden einen Neubeginn erfordern.

Die Behandlung des Projektmanagements innerhalb eines Programmierteams sprengt den Rahmen dieses Buches. Bereits für kleine Projekte bis zu einigen hundert Programmzeilen sollten aber die grundlegenden Regeln der Software-Entwicklung eingehalten werden, die folgende Phasen umfassen:

- Analyse
- Entwurf
- Implementierung
- Test
- Integration
- Fehlerbehebung
- Produktion
- Unterhalt

Grundsätzlich spielen sich die Phasen zeitlich hintereinander ab, analog zu Wasser, dass über mehrere Wasserfälle zu Tal fließt (**waterfall model**). Es wird sich aber nicht immer vermeiden lassen, dass früher getroffen Entscheide revidiert werden müssen. In solchen Fällen müssen die Konsequenzen auf alle Teile des Projekts mit großer Sorgfalt verfolgt werden.

Die Zielsetzung der **Analyse** ist es, ausgehend von einer klar formulierten Problemstellung einen Anforderungskatalog zusammen zu stellen, der beschreibt, unter welchen Voraussetzungen welche Leistungen erwartet werden. Diese **Programmspezifikationen** bzw. das

Pflichtenheft bilden die Wirklichkeit bereits in Form von Softwarebausteinen und deren Verknüpfungen modellartig ab. Sie sind oft das Produkt einer eingehenden Diskussion zwischen einem Auftraggeber, der in der Regel über wenig Softwarekenntnisse verfügt und Softwarespezialisten, die in der Regel über den Anwendungsbereich wenig wissen.

Die Programmspezifikationen beschreiben in Einzelheiten das **Benutzerinterface** (GUI), das **zeitliche Verhalten**, sowie die **Hardware-** und **Systemanforderungen**. In kommerziellen Projekten führt die Analyse zu einer Aufwand- und Kostenabschätzung und zu einem **Vertrag** zwischen den beteiligten Geschäftspartnern. Dabei spielt die **Wiederverwendung** bestehender Softwarekomponenten und das **Know-how** der Entwickler und Programmierer eine wichtige Rolle.

In der Phase des **Entwurfs** werden die Spezifikationen in einem Modul- und Klassendesign umgesetzt. Wie wir wissen, ist dieser Prozess nicht eindeutig und erfordert ein großes Maß an Erfahrung mit objektorientierter Programmierung. Zuerst wird von den Hauptfunktionen ausgegangen und das Problem in **Module** geteilt. Dabei ist von zentraler Wichtigkeit, dass die Interaktion der Module auf ein Minimum beschränkt wird, anders gesagt, dass die Module möglichst gut voneinander **entkoppelt** sind (**Isolationsprinzip**). Im daraus folgenden Klassendesign werden die beteiligten Klassen, deren Instanzvariablen und die public Methoden aufgeführt, sowie die Vererbungshierarchie und Delegation beschrieben. Als Darstellungsmittel für die **Architektur** können **UML-Diagramme** eingesetzt werden. Bei der Betrachtung der einzelnen Klassen und ihrer Zusammenwirkung spielen die Daten und die Programmlogik eine wichtige Rolle.

Die **Implementierung** umfasst die **Codierung** der Architektur in der gewählten Programmiersprache. Bereits in dieser Phase ist es wichtig, Teile des Projekts auf Grund von **Teilspezifikationen** (**Preconditions/Postconditions**) zu **testen** und Programmteile seriös zu **dokumentieren**, am besten durch weitgehend selbsterklärenden Code und Programmkommentare. Weiter sind eigene Testapplikationen zu entwickeln, um Teilmodule auf ihre Richtigkeit zu prüfen. Fehler in den Teilmodulen müssen weitgehend auf dieser Stufe erkannt und behoben werden (**debugging**), da diese im Gesamtsystem meist viel schwieriger auffindbar sind. Die Phasen Codierung/Test/Debugging gehören also in dieser Phase des Projekts untrennbar zusammen.

Schließlich werden in der **Integrationsphase** die Teilmodule zu einem Programmpaket zusammengesetzt. Bei einem großen Softwareprojekt ist dies eine kritische und schwierige Phase, in der die reibungslose Zusammenarbeit mehrerer Personen äußerst wichtig ist. Hier setzt das Prüfen der Programmspezifikationen ein, bei dem weitere Fehler erkannt und behoben werden müssen. Besonders heikel ist es, ein Fehlverhalten zu beheben, dessen Ursache auf mehrere Fehler zurückzuführen ist. Die übliche Debugstrategie besteht nämlich darin, einen verdächtigen Codeteil zu verändern und die Wirkung auf das Fehlverhalten zu beobachten. Tritt das Fehlverhalten immer noch auf, so wird oft der logisch falsche Schluss gezogen, dass der betreffende Codeteil korrekt sei. Es ist aber durchaus möglich, dass ein bestimmtes Fehlverhalten auf mehrere Ursachen in verschiedenen Codeteilen zurückzuführen ist.

Die **Produktion** umfasst das Verfassen einer ausführlichen Anwenderdokumentation und einer Installationsanleitung, sowie die Organisation des Vertriebs.

Für den Auftraggeber von besonderer Wichtigkeit sind die Wartungsbedingungen (**support**). Dabei unterscheidet man zwischen Installationsproblemen, Fehlverhalten der Applikation (Nichteinhalten der Spezifikationen, Absturz usw.) und Erweiterungswünschen. Für Fragen im Zusammenhang mit der Benützung des Programms kann eine **Hotline** (Help desk) eingerichtet werden. Schließlich regelt man die Verteilung von **Upgrades** (**Patches**) und **Nachfolgeversionen**.

25.2 Die Qualität von Software

Unter Informatikern besteht ein Konsens, welches die Qualitätskriterien eines Softwareprodukts sind. Betrand Meyer[1] fasst sie gemäß Tab. 25.1 zusammen:

Korrektheit	Die Fähigkeit, sich exakt gemäß den Spezifikationen zu verhalten
Robustheit	Die Fähigkeit, in außergewöhnlichen Situationen angemessen zu reagieren
Erweiterbarkeit	Die Einfachheit, sich an Änderungen der Spezifikationen anpassen zu lassen
Wiederverwendbarkeit	Die Fähigkeit, in vielen verschiedenen Applikationen einsetzbar zu sein
Kompatibilität	Die Einfachheit, sich zusammen mit anderen Softwareelementen kombinieren zu lassen
Effizienz	Die Anspruchslosigkeit an Computer-Hardware und Betriebssystem-Ressourcen
Portabilität	Die Leichtigkeit, sich auf verschiedene Plattformen transferieren zu lassen
Einfachheit	Die Leichtigkeit, von Personen mit unterschiedlichen Qualifikationen einsetzbar zu sein

Tab. 25.1   Qualitätskriterien für Software

Selbst wenn diese Qualitätskriterien vor allem bei großen Softwareprojekten zum Tragen kommen, sind es anzustrebende Gütemerkmale für jedes Softwareprodukt.

---

[1] Bertrand Meyer, *Object-Oriented Software Construction,* Prentice Hall (1997)

25.3   Software-Entwicklung im Kleinen

Für kleine Projekte können die Phasen der Entwicklung kurz wie folgt zusammengefasst werden:

- **Formulieren** von Zielsetzung, Ein- und Ausgaben, sowie Anwenderinteraktion
- **Entwerfen** (Klassendesign, Modularisierung, event. mit UML-Diagramm)
- **Implementieren** in einer höheren Programmiersprache
- **Testen** und während des ganzen Prozesses: **Dokumentieren**

An einem etwas ausführlicheren Beispiel als bisher üblich wollen wir diese Entwicklungsphasen durchlaufen. Die Zeit ist auch reif, dass wir zum ersten Mal ein anspruchsvolleres Programm allein unter Bezug der JFC schreiben, auch wenn wir noch nicht alle Eigenschaften der GUI-Programmierung behandelt haben.

25.3.1   Formulieren

Das Beispiel stammt aus der Topologie der Netze. Darunter verstehen wir eine Menge von Punkten, hier Knoten genannt, die der Anwender in einem grafischen Fenster zur Laufzeit mit einem rechten Mausklick als rote Kreise erzeugen kann, und aus Strecken, hier Kanten genannt, die alle vorhandenen Knoten verbinden. Der Anwender kann jederzeit durch Ziehen mit der Maus einen ausgewählten Knoten verschieben, wobei sich die Kanten entsprechend verändern. (Es ist dem Leser überlassen, das Programm so zu erweitern, dass man Knoten auch wieder löschen kann.) Die Kreise der Knoten können sich auch ganz oder teilweise überlappen. Wir betrachten Knoten, die auf bestehende Knoten gezogen werden, als weiter oben liegend. Bei überlappenden Knoten wird immer der oberste Knoten verschoben. Ein typisches Netz ist in Abb. 25.2 dargestellt.

25.3.2   Entwerfen

Im ersten Anlauf ziehen wir für das Grafikfenster die Klasse GWindow heran, nachher werden wir diese aber durch eine eigene Klasse GFrame ersetzen, die nur die JFC verwendet. Damit der Übergang einfach ist, leiten wir zu Beginn GFrame von GWindow ab und erben damit alle Methoden dieser Klasse. Nachfolgend brauchen wir lediglich GFrame neu zu implementieren.

Es liegt auf der Hand, die Knoten und Kanten als eigenständige Klassen Node und Edge zu implementieren. Eine Kante enthält die Referenzen auf seine zwei Endknoten. Das Variablenkonzept von Java kommt uns hier entgegen, denn es wäre wenig sinnvoll, dass ein Kantenobjekt die Endknoten selbst enthält, da dies zu einer unnötigen Vielfachheit der Knoten führen würde. Die Hauptklasse Net verwaltet eine Liste items mit den erzeugten Knoten und Kanten in Form eines Vectors. Als wichtige Gemeinsamkeit von Knoten und Kanten führen wir die Methode draw() ein, mit der sich diese in einem Grafikkontext selbst zeichnen. Es ist vernünftig, diese Gemeinsamkeit so auszudrücken, dass Knoten und Kanten ein Interface Item implementieren, das die Methode draw() deklariert.

Die Klasse Net ist für das Maus-Eventhandling und damit das Neuzeichnen der Grafik ver-antwortlich. In vielen vorhergehenden Beispielen haben wir bei animierten Grafikprogram-men gute Erfahrungen mit der Doppelbufferung gemacht. Wir zeichnen also auch hier in einen Bildbuffer und Rendern diesen auf dem Bildschirm. Das UML-Diagramm (Abb. 25.1) fasst das Klassendesign zusammen, wozu folgende Bemerkungen zu machen sind:

- Node ist aus Point abgeleitet und implementiert Item. In einem gewissen Sinn han-delt es sich also um Mehrfachvererbung (multiple inheritance)
- isHot() der Klasse Node liefert true, falls sich die Mauskoordinaten innerhalb des Knotenkreises befinden. Die Methode wird vom Maus-Eventhandler gebraucht, um zu entscheiden, welcher Knoten ausgewählt ist, und um den Mauscursor zu ändern
- Ein als hot bezeichneter Knoten wird vom Maus-Eventhandler automatisch an den An-fang des Itemvektors gestellt. Durch diesen einfachen Trick erreicht man, dass dieser Knoten bei überlappenden Knoten als oberster (erster) Knoten betrachtet wird, da der Vektor von vorne nach hinten durchlaufen wird.

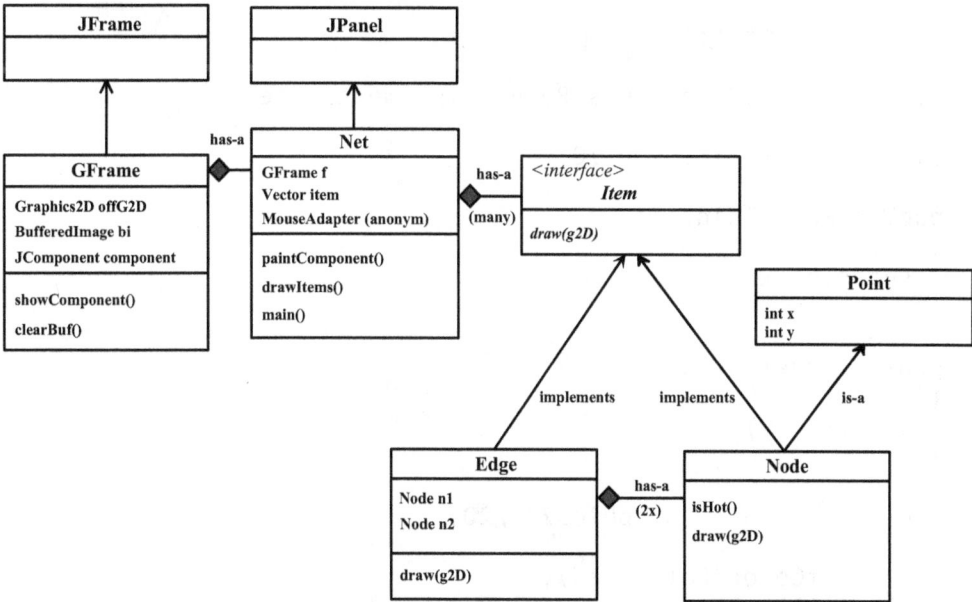

Abb. 25.1 *UML-Diagramm für die Musterapplikation*

25.3.3   Implementieren

Es ist ein gutes Zeichen für ein gelungenes Klassendesign, wenn die Implementierungsphase mit wenig Mühe und Überraschungen durchführbar ist, denn die Codierung sollte nur eine Konkretisierung des allgemein beschriebenen Modells in einer konkreten Programmierspra-che darstellen. In der Praxis verläuft allerdings die Entwicklung fast nie derart linear. Vielmehr gibt es meist ein mehrmaliges Hin und Zurück zwischen Codier- und Designphase, bis das Programm von allen beteiligten Personen als gelungen bezeichnet wird.

Gehen wir Botton-up vor, so schreiben wir zuerst das Interface Item und dann die Klassen Node und Edge.

```java
// Item.java

import java.awt.*;

interface Item
{
  void draw(Graphics2D g2D);
}


// Node.java

import java.awt.*;

public class Node extends Point implements Item
{
  final private int R = 10;

  public Node(Point pt)
  {
    super(pt.x, pt.y);
  }

  public Node(int x, int y)
  {
    super(x, y);
  }

  public void draw(Graphics2D g2D)
  {
    g2D.setColor(Color.red);
    g2D.fillOval(x - R, y - R, 2 * R, 2 * R);
  }

  public boolean isHot(Point pt)
  {
    return (pt.x > x - R &&
            pt.x < x + R &&
            pt.y > y - R &&
            pt.y < y + R);
  }

  public boolean isHot(int x, int y)
```

```
  {
    return isHot(new Point(x, y));
  }
}


// Edge.java

import java.awt.*;

class Edge implements Item
{
  private Node node1;
  private Node node2;

  public Edge(Node n1, Node n2)
  {
    node1 = n1;
    node2 = n2;
  }

  public void draw(Graphics2D g2D)
  {
    g2D.setColor(Color.black);
    g2D.drawLine(node1.x, node1.y,
                 node2.x, node2.y);
  }
}
```

Erst jetzt programmieren wir die Hauptklasse Net, wobei wir vorerst, wie angekündigt, GFrame aus GWindow ableiten, damit wir uns nicht selbst um das Grafikfenster kümmern müssen.

```
// GFrame.java

import ch.aplu.util.*;

public class GFrame extends GWindow
{}


// Net.java

import javax.swing.*;
import java.util.*;
import java.awt.*;
import java.awt.image.*;
```

```java
public class Net extends JPanel
{
  private GFrame f = new GFrame();
  private Vector items = new Vector();
  private int iHot = -1;// Index of hot item (-1: no hot item)

  public Net()
  {
    f.setResizable(false);
    f.showComponent(this);
    f.getOffG2D().setColor(Color.black);
    f.getOffG2D().drawString(
        "Use right click to create new nodes", 10, 40);
    f.getOffG2D().drawString("Use left button to move nodes",
                            10, 60);
    repaint();

    addMouseListener(new MouseAdapter()
    {
      public void mousePressed(MouseEvent evt)
      {
        if (!SwingUtilities.isLeftMouseButton(evt))
          return;
        Node p = null;
        for (int i = 0; i < items.size() && iHot == -1; i++)
        {
          if (items.elementAt(i)instanceof Node)
          {
            p = (Node)items.elementAt(i);
            if (p.isHot(evt.getX(), evt.getY()))
            {
              setCursor(new Cursor(Cursor.CROSSHAIR_CURSOR));
              p.setLocation(evt.getX(), evt.getY());
              iHot = i;
            }
          }
        }
        // Move hot item at start of vector to get it first
        if (iHot != -1)
        {
          items.remove(iHot);
          items.add(0, p);
          iHot = 0;
        }
        drawItems();
      }

      public void mouseReleased(MouseEvent evt)
```

```
    {
      setCursor(new Cursor(Cursor.DEFAULT_CURSOR));
      iHot = -1; // No hot item anymore
    }

    public void mouseClicked(MouseEvent evt)
    {
      if (!SwingUtilities.isRightMouseButton(evt))
        return;
      Node n = new Node(evt.getX(), evt.getY());
      items.add(n);
      for (int i = 0; i < items.size() - 1; i++)
      {
        if (items.elementAt(i) instanceof Node)
          items.add(new Edge((Node)items.elementAt(i), n));
      }
      drawItems();
    }
  });

  addMouseMotionListener(new MouseMotionAdapter()
  {
    public void mouseDragged(MouseEvent evt)
    {
      if (!SwingUtilities.isLeftMouseButton(evt))
        return;
      if (iHot != -1) // Hot item found
      {
        Node p = (Node)items.elementAt(iHot);
        p.setLocation(evt.getX(), evt.getY());
        drawItems();
      }
    }

    public void mouseMoved(MouseEvent evt)
    {
      Node p = null;
      boolean onHot = false;
      for (int i = 0; i < items.size(); i++)
      {
        if (items.elementAt(i) instanceof Node)
        {
          p = (Node)items.elementAt(i);
          if (p.isHot(evt.getX(), evt.getY()))
            onHot = true;
        }
      }
```

```
          if (onHot)
            setCursor(new Cursor(Cursor.HAND_CURSOR));
          else
            setCursor(new Cursor(Cursor.DEFAULT_CURSOR));
      }
    });
  }

  private void drawItems()
  {
    f.clearBuf();
    Graphics2D g2D = f.getOffG2D();
    // Draw edges first, to put the nodes on top
    for (int i = 0; i < items.size(); i++)
      if (items.elementAt(i) instanceof Edge)
        ((Item)items.elementAt(i)).draw(g2D);
    for (int i = 0; i < items.size(); i++)
      if (items.elementAt(i) instanceof Node)
        ((Item)items.elementAt(i)).draw(g2D);
    repaint();
  }

  public void paintComponent(Graphics g)
  {
    super.paintComponent(g);
    BufferedImage bi = f.getBufferedImage();
    Graphics2D g2D = (Graphics2D)g;
    g2D.drawImage(bi, 0, 0, this);
  }

  public static void main(String[] args)
  {
    new Net();
  }
}
```

Das Programm ist bereits voll funktionsfähig. Falls wir unser Programm ausschließlich auf die JFC zurückführen wollen, so bleibt uns jetzt noch die Aufgabe, GFrame neu zu schreiben, statt GWindow zu benützen. Da es sich dabei um die Erstellung einer grafischen Benutzeroberfläche handelt, werden allerdings einige der Schritte erst nach dem Studium von Kap. 29 über GUI vollständig klar.

```
// GFrame.java

import java.awt.*;
import java.awt.image.*;
import java.awt.event.*;
import javax.swing.*;
```

```java
public class GFrame extends JFrame
{
  private final int WIDTH = 500;
  private final int HEIGHT = 500;
  private final Color BACKGROUND_COLOR = Color.white;
  private Container contentPane;
  private Graphics2D offG2D;
  private BufferedImage bi;
  private JComponent component;

  public GFrame()
  {
    setDefaultCloseOperation(WindowConstants.EXIT_ON_CLOSE);
    contentPane = (JPanel)getContentPane();
    setTitle("Net");
    bi = new BufferedImage(WIDTH, HEIGHT,
                            BufferedImage.TYPE_INT_RGB);
    offG2D = bi.createGraphics();
    clearBuf();
  }

  public void showComponent(JComponent jc)
  {
    component = jc;
    component.setPreferredSize(new Dimension(WIDTH, HEIGHT));
    contentPane.add(component, BorderLayout.CENTER);
    pack();
    setVisible(true);
  }

  public Graphics2D getOffG2D()
  {
    return offG2D;
  }

  public BufferedImage getBufferedImage()
  {
    return bi;
  }

  public void clearBuf()
  {
    offG2D.setColor(BACKGROUND_COLOR);
    offG2D.fill(new Rectangle.Double(0, 0, WIDTH, HEIGHT));
  }
}
```

Ein phantasievoll erzeugtes Netz zeigt Abbildung 25.2.

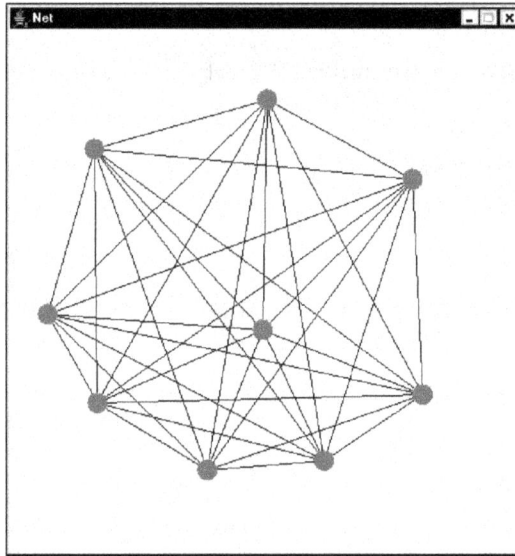

Abb. 25.2   *Knoten und Kanten in einer mit Net erzeugten Grafik*

Welche zusätzlichen Lehren ziehen wir aus dem Beispiel:

- Die Realisierung von Informatikprojekten, selbst mit einem sehr einfachen Pflichtenheft, ist in der Regel aufwändig und benötigt gute Kenntnisse sowohl des Klassenentwurfs wie der Programmiersprache. Programmieren ist für alle Menschen schwierig und verlangt neben Fachkenntnis auch viel Durchhaltevermögen. Auch für professionelle Programmierer sind die Probleme komplex und die Lösungen arbeitsintensiv
- Vordefinierte Klassen (GWindow) und automatische GUI-Builder vereinfachen ein Problem nicht grundlegend. Von zentraler Wichtigkeit ist ein sorgfältiges Klassendesign, bevor mit der Programmierung (Codierung) begonnen wird
- Ein elegantes Klassendesign führt zu einem eleganten Programmcode, zu Spaß am Programmieren und Freude am korrekt laufenden Programm. Es ist falsch, eine möglichst rasche Lösung eines Problems mit miserablem Klassendesign, wild formatiertem Quellcode und fehlender Dokumentation anzustreben, denn wir erinnern uns daran, dass ein Programm nicht nur korrekt laufen, sondern auch schön geschrieben sein muss.

26 Konstruktoren

26.1 Initialisierung mit Konstruktoren

Obschon wir bereits vielfältig von Konstruktoren Gebrauch gemacht haben, wollen wir ihnen ein eigenes Kapitel widmen, da sie in der OOP eine zentrale Rolle spielen, aber oft Anlass zu Schwierigkeiten geben. Konstruktoren können als Methoden mit speziellen Eigenschaften aufgefasst werden. Sie werden bei der Instanzierung eines Objekts mit new aufgerufen und sind dafür zuständig, dass das neue Objekt in einen korrekten Anfangszustand versetzt wird. Konstruktoren haben folgende Eigenschaften:

- Der Name ist derselbe wie der Klassenname
- Sie werden ohne Rückgabetyp deklariert, auch nicht mit void
- Ein Objekt wird erzeugt (instanziert), indem man nach new einen Konstruktoraufruf (mit oder ohne Parameter) hinschreibt. Dabei laufen interne Prozesse ab (Speicherreservation usw.) und der Code des Konstruktors wird ausgeführt. Zuletzt wird eine Referenz auf das neue Objekt zurückgegeben
- Konstruktoren können nicht direkt mit ihrem Namen aufgerufen werden
- Konstruktoren können wie alle anderen Methoden überladen werden, d.h. die überladenen Konstruktoren müssen sich in der Parameterliste unterscheiden.
- Man nennt einen Konstruktor, der keine Parameter besitzt, den **Standard-Konstruktor (default constructor)**. Eine Klasse, welche keinen einzigen Konstruktor definiert, erhält von Java automatisch einen **vordefinierten Standard-Konstruktor** mit leerem Körper zugeordnet. Sobald man einen eigenen Konstruktor (mit oder ohne Parameter) deklariert, gibt es den vordefinierten Standard-Konstruktor nicht mehr. Deklariert man ausschließlich Konstruktoren mit Parametern, so gibt es auch keinen Standard-Konstruktor mehr
- Konstruktoren dienen vorwiegend dazu, neue Objekte in einen wohldefinierten Zustand zu versetzen. Dies betrifft vor allem die Initialisierung von Instanzvariablen mit übergebenen Parameterwerten
- Falls Instanzvariablen für alle Konstruktoren dieselben Initialisierungswerte besitzen, sollte die Initialisierung unmittelbar bei der Variablendeklaration und nicht in den Konstruktoren durchgeführt werden. Bei der Instanzierung läuft der Deklarationsteil vor den Konstruktoren ab.

Etwas komplizierter wird es in einer Klassenhierarchie. Wir gehen davon aus, dass es eine Klasse A und die daraus abgeleitete Klasse B gibt. Ein Objekt der Klasse B ist wegen der is-a-Relation auch ein Objekt der Klasse A. Es wird immer zuerst das Objekt der Superklasse erzeugt. Dabei gelten folgende Regeln:

- Im Konstruktor von B kann mit `super(xxx)` ein bestimmter Konstruktor von A verwendet werden. `xxx` ist die Parameterliste, die auch leer sein kann. Der Aufruf muss immer an erster Stelle stehen
- Fehlt im Konstruktor von B der Aufruf von `super()`, wird automatisch der Standard-Konstruktor von A verwendet, der aber vorhanden sein muss

Wir demonstrieren die wichtigen Regeln mit folgendem Programm, wobei wir der Einfachheit halber die Zugriffsbezeichner weglassen:

```java
// CtorEx1.java

import ch.aplu.util.*;

class A
{
  A()
  {
    System.out.println("A() executing");
  }

  A(int i)
  {
    System.out.println("A(i) executing with i = " + i);
  }
}

class B extends A
{
  B()
  {
    System.out.println("B() executing");
  }

  B(int i)
  {
    System.out.println("B(i) executing with i = " + i);
  }

  B(int i, int k)
  {
    super(i);
    System.out.println("B(i, k) executing with (i, k) = (" +
                        i + ", " + k + ")");
  }
}

class CtorEx1
{
```

```
CtorEx1()
{
  System.out.println("Constructing B using B()");
  B b1 = new B();
  System.out.println("\nConstructing B using B(1)");
  B b2 = new B(1);
  System.out.println("\nConstructing B using  B(1,2)");
  B b3 = new B(1, 2);
}

public static void main(String[] args)
{
  Console.init();
  new CtorEx1();
}

}
```

Die Ausgabe des Programms entspricht genau den Erwartungen:

```
Constructing B using B()
A() executing
B() executing

Constructing B using B(1)
A() executing
B(i) executing with i = 1

Constructing B using  B(1,2)
A(i) executing with i = 1
B(i, k) executing with (i, k) = (1, 2)
```

Vergessen wir, in A den Standard-Konstruktor zu definieren, obschon andere Konstruktoren vorhanden sind, so gibt es in A keinen Standard-Konstruktor mehr. Die ersten zwei Konstruktordeklarationen in B führen dann zu einer Syntaxfehlermeldung, die besagt, dass der Konstruktor A() fehlt.

26.2 Überladene Konstruktoren

Oft möchte man dem Anwender der Klassen verschiedene Initialisierungsvarianten für Objekte anbieten, insbesondere solche mit häufig benötigten Standardwerten. Andererseits sollte auch ein möglichst universeller Konstruktor zur Verfügung gestellt werden, mit dem man das Objekt weitgehend frei initialisieren kann. Daher werden die Konstruktoren häufig überladen, wobei es wenig vernünftig ist, mehr als rund 10 Varianten anzubieten. Beim Überladen kommt man in die Versuchung, den Code in den verschiedenen Konstruktorvarianten zu duplizieren, was, wie wir wissen, schlechter Programmierstil ist. Vielmehr wird man in den speziellen Konstruktoren den universellen Konstruktor heranziehen. Dies ist durch Aufruf von this() möglich, der wieder wie bei super() ganz am Anfang stehen muss.

Im folgenden Programm wird angenommen, dass der Initialisierungswert -1 für die Instanzvariable i ein sinnvoller Standard ist.

```java
// CtorEx2.java

import ch.aplu.util.*;

class A
{
  private int i;

  public A()
  {
    this(-1);
    System.out.println("A() executing");
  }

  public A(int i)
  {
    this.i = i;
    System.out.println("A(i) executing with i = " + i);
  }

  public int getI()
  {
    return i;
  }
}

public class CtorEx2
{
  public CtorEx2()
  {
    System.out.println("Constructing A using A()");
    A a1 = new A();
    System.out.println("Instancevariable i = " + a1.getI());
    System.out.println("\nConstructing A using A(1)");
    A a2 = new A(1);
    System.out.println("Instancevarialbe i = " + a2.getI());
  }

  public static void main(String[] args)
  {
    Console.init();
```

```
    new CtorEx2();
  }
}
```

In der Ausgabe erscheint erwartungsgemäß

```
Constructing A using A()
A(i) executing with i = -1
A() executing
Instancevariable i = -1

Constructing A using A(1)
A(i) executing with i = 1
Instancevarialbe i = 1
```

Falls man this() im Konstruktor einer abgeleiteten Klasse verwendet, so wird entgegen der allgemeinen Regel kein Konstruktor der Superklasse aufgerufen, sondern unmittelbar zum entsprechenden Konstruktor derselben Klasse gesprungen.

Manchmal ist man wenig erfreut, dass der Aufruf von super() bzw. this() an erster Stelle im Konstruktor zu erfolgen hat, insbesondere wenn man die übergebenen Parameter zuerst bearbeiten muss, bevor man sie in einem weiteren Konstruktoraufruf verwenden kann. Einen ersten Ausweg aus diesem Dilemma findet man, falls es möglich ist, die Parameterbehandlung unmittelbar im Aufruf des Konstruktors vorzunehmen. Im folgenden Beispiel soll der universelle Konstruktor auch einen Mitteilungsstring msg erhalten. Im speziellen Konstruktor fehlt dieser Parameter, wird aber im Aufruf von this() mit dem ?-Operator bestimmt.

```
// CtorEx3.java

import ch.aplu.util.*;

class A
{
  private int i;
  private String msg;

  public A(int i)
  {
    this(i, i < 0 ? "Less than zero" : "Greater than zero");
  }

  public A(int i, String msg)
  {
    this.i = i;
    this.msg = msg;
  }
```

```
    public int getI()
    {
      return i;
    }

    public String getMsg()
    {
      return msg;
    }
}

public class CtorEx3
{
  public CtorEx3()
  {
    System.out.println("\nConstructing A using A(1)");
    A a = new A(1);
    System.out.println("Message: " + a.getMsg());
  }

  public static void main(String[] args)
  {
    Console.init();
    new CtorEx3();
  }
}
```

Erwartungsgemäß erhalten wir als Ausgabe:

```
Constructing A using A(1)
Message: Greater than zero
```

Dieser Weg erfordert viel Verständnis für funktionales Programmieren. Einfacher ist es, eine Initialisierungsmethode init() zu deklarieren, die den universellen Konstruktor ersetzt.

```
// CtorEx4.java

import ch.aplu.util.*;

class A
{
  private int i;
  private String msg;

  public A(int i)
  {
```

```
    String s = "";
    if (i < 0)
      s =  "Less than zero";
    else
      s = "Greater than zero";
    init(i, s);
  }

  public A(int i, String msg)
  {
    init(i, msg);
  }

  private void init(int i, String msg)
  {
    this.i = i;
    this.msg = msg;
  }

  public int getI()
  {
    return i;
  }

  public String getMsg()
  {
    return msg;
  }
}

public class CtorEx4
{
  public CtorEx4()
  {
    System.out.println("\nConstructing A using A(1)");
    A a = new A(1);
    System.out.println("Message: " + a.getMsg());
  }

  public static void main(String[] args)
  {
    Console.init();
    new CtorEx4();
  }
}
```

Die Ausgabe bleibt die gleiche. Wie ersichtlich, ist init() private deklariert, denn es gilt folgende wichtige Regel

---

☞   **In Konstruktoren aufgerufene Methoden sollten private sein.**

Es ergeben sich nämlich schwerwiegende Fehler, wenn man aus Unachtsamkeit in einer abgeleiteten Klasse Methoden mit derselben Signatur deklariert. Diese überschreiben die Methoden der Superklasse und bei der Konstruktion wird wegen der Polymorphie die überschriebene Methode aufgerufen.

Im folgenden Beispiel haben wir vergessen init() private zu deklarieren:

```java
// CtorEx5.java

import ch.aplu.util.*;

class A
{
  private int i;
  private String msg;

  public A(int i)
  {
    String s = "";
    if (i < 0)
      s =  "Less than zero";
    else
      s = "Greater than zero";
    init(i, s);
  }

  public A(int i, String msg)
  {
    init(i, msg);
  }

  void init(int i, String msg)
  {
    this.i = i;
    this.msg = msg;
  }

  public int getI()
  {
    return i;
  }

  public String getMsg()
  {
```

```
      return msg;
   }
}

class B extends A
{
   public B(int i)
   {
     super(i);
   }

   void init(int i, String msg)
   {
     System.out.println("I am too lazy to do anything");
   }
}

public class CtorEx5
{
  public CtorEx5()
  {
    System.out.println("\nConstructing B using B(1)");
    B b = new B(1);
    System.out.println("Message: " + b.getMsg());
  }

  public static void main(String[] args)
  {
    Console.init();
    new CtorEx5();
  }
}
```

Falls wir aus irgendeinem Grund in der abgeleiteten Klasse B eine Methode init() mit zufällig derselben Signatur deklarieren, so haben wir ein Problem bei der Konstruktion einer Instanz von B, da der Konstruktor von A nun das init() aus B verwendet.

```
Constructing B using B(1)
I am too lazy to do anything
Message: null
```

Beheben wir den Fehler und deklarieren init() in A private, so ergibt sich die gewünschte Ausgabe:

```
Constructing B using B(1)
Message: Greater than zero
```

26.3   Ablaufreihenfolge bei Konstruktoren

Die Abläufe beim Instanzieren eines Objekts sind viel komplexer als bei der Variablendeklaration eines Basistyps. In gewissen Situationen können sich aus Unkenntnis der Ablaufreihenfolge schwer aufzufindende Laufzeitfehler ergeben. Bei der Instanzierung eines Objekts der Klasse B, die von A abgeleitet ist, werden nacheinander die folgenden Schritte ausgeführt:

- Reservation von Speicherplatz auf dem Heap
- Initialisierung der statischen Variablen zuerst von A, dann von B
- Initialisierung der Instanzvariablen von A und Ausführung des Konstruktors von A
- Initialisierung der Instanzvariablen von B und Ausführung des Konstruktors von B.

Das folgende Beispiel zeigt diesen Ablauf:

```java
// CtorEx6.java

import ch.aplu.util.*;

class A
{
  private static int a = m();
  private int b = f();

  public A()
  {
    System.out.println("A() executing");
  }

  public A(int i)
  {
   System.out.println("A(i) executing with i = " + i);
  }

  public int f()
  {
    System.out.println("f() executing");
    return 2;
  }

  public static int m()
  {
    System.out.println("m() executing");
    return 1;
  }
}

class B extends A
```

```
{
  private int c = g();
  private static int d = n();

  public B()
  {
    System.out.println("B() executing");
  }

  public int g()
  {
    System.out.println("g() executing");
    return 2;
  }

  public static int n()
  {
    System.out.println("n() executing");
    return 3;
  }
}

class CtorEx6
{
  CtorEx6()
  {
    System.out.println("Constructing B using B()");
    B b = new B();

  }

  public static void main(String[] args)
  {
    Console.init();
    new CtorEx6();
  }
}
```

Die Ausgabe ist auf Grund der oben erwähnten Ablaufreihenfolge nachvollziehbar:

```
Constructing B using B()
m() executing
n() executing
f() executing
A() executing
g() executing
B() executing
```

In Kenntnis dieser Reihenfolge wäre es grundsätzlich möglich, in einem Konstruktor von B einen Konstruktor von A mit einem in der Klasse B berechneten Wert aufzurufen. Wir könnten nämlich die statische Variable d dazu verwenden:

```
B()
{
  super(d);
  System.out.println("B() executing");
}
```

Davon ist sicher abzuraten, da es sich um eine sehr trickreiche Programmierung handelt.

In Java ist es leider syntaktisch richtig, eine Methode zu deklarieren, die den Klassennamen trägt, aber einen Returnwert zurückgibt. Es handelt sich dann um eine gewöhnliche Methode und nicht um einen Konstruktor. Sogar void ist als Returntyp erlaubt, so dass man unter Umständen lange sucht, warum im folgenden Programm A() nie aufgerufen wird.

```
// CtorEx7.java

import ch.aplu.util.*;

class A
{
  public void A()
  {
    System.out.println("A() executing");
  }
}

public class CtorEx7
{
  public CtorEx7()
  {
    System.out.println("Constructing A using A()");
    A b = new A();
  }

  public static void main(String[] args)
  {
    Console.init();
    new CtorEx7();
  }
}
```

26.4   Statischer Initialisierungsblock

Zur Initialisierung von statischen Variablen ist in Java ein spezieller Konstruktor mit der Bezeichnung **static** vorgesehen. Man nennt ihn auch einen **statischen Initialisierungsblock (static initialization block)**. Obschon statische Variablen und Methoden meist nicht zum guten Programmierstil gehören, gibt es Ausnahmen, wo sie nützlich sind. Das folgende durchaus praxisbezogene Beispiel verwendet einen statischen Initialisierungsblock und zeigt, dass man mit einem privaten Konstruktor verhindern kann, dass eine Instanz erzeugt wird.

```java
// CtorEx8.java

import ch.aplu.util.*;

class Date
{
  private static int[] dayInMonth;
  private static String[] month =
    {"Januar", "Februar", "Maerz", "April",
     "Mai", "Juni", "Juli", "August",
     "September", "Oktober", "November", "Dezember" };

  static
  {
    dayInMonth = new int[12];
    for (int i = 0; i < 12; i++)
    {
      if (i > 0 && i % 5 == 0 || i % 5 == 3)
        dayInMonth[i] = 30;
      else
        if ( i == 1 )
          dayInMonth[i] = 28;
        else
          dayInMonth[i] = 31;
    }
  }

  private Date()  // Inhibit class instantiation
  {}

  public static String getMonthName(int monthNb)
  {
    return month[monthNb];
  }

  public static int getMonthLength(int monthNb)
  {
    return dayInMonth[monthNb];
```

```
    }
}

public class CtorEx8
{
  public CtorEx8()
  {
    for (int i = 0; i < 12; i++)
      System.out.println("Der Monat " +
                          Date.getMonthName(i) +
                          " dauert " +
                          Date.getMonthLength(i) +
                          " Tage");
  }

  public static void main(String[] args)
  {
    Console.init();
    new CtorEx8();
  }
}
```

26.5   Verwendung von this in Konstruktoren

Man sollte sich bewusst sein, dass ein Objekt erst am Ende des Konstruktors vollständig konstruiert ist. Aus diesem Grund ist es gefährlich, in einem Konstruktor einen Methoden-aufruf mit dem Parameter this durchzuführen, da this zu diesem Zeitpunkt auf ein un-vollständig initialisiertes Objekt verweist. Man sagt anschaulich, dass man ein Objekt nie vor seiner vollständigen Konstruktion *bloßlegen* soll. Wenn man aber die unter Kap. 26.3 disku-tierte Ablaufreihenfolge berücksichtigt, so kann this durchaus verwendet werden, ebenfalls wenn die Methodenaufrufe mit this am Ende des Konstruktors stehen. Das folgende Pro-gramm demonstriert das Fehlerverhalten: Wir möchten gerne, dass beim Klicken mit der Maus rote Punkte erscheinen. Der Konstruktor initialisiert dazu die Stiftfarbe auf rot, aber erst am Ende des Konstruktors, den wir künstlich etwas verzögern. Klickt man während der zwei ersten Sekunden in das Fenster, so erscheinen schwarze statt rote Punkte.

```
// CtorEx9.java

import ch.aplu.util.*;
import java.awt.event.*;
import java.awt.Color;

public class CtorEx9 extends MouseAdapter
{
  private GPanel p = new GPanel();
```

```
public CtorEx9()
{
  p.text("Click mouse to create a red circle");
  p.addMouseListener(this);
  try
  {
    Thread.currentThread().sleep(2000);
  }
  catch (InterruptedException ex)
  {}
  p.color(Color.red);
}

public void mousePressed(MouseEvent evt)
{
  p.move(p.toWindow(evt.getPoint()));
  p.fillCircle(0.01);
}

public static void main(String[] args)
{
  new CtorEx9();
}
}
```

Der Fehler tritt auf, weil die GUI-Callbackmethoden in einem anderen Thread als das Applikationsprogramm ablaufen und bereits nach `addMouseListener(this)` durch einen Maus-Event ausgelöst werden können.

26.6   Fehlerabfang in Konstruktoren

In gewöhnlichen Methoden kann man über den Rückgabewert eine Information an den Aufrufer abgeben, inwiefern die Methode erfolgreich ausgeführt wurde (error code). Dies ist bei Konstruktoren nicht möglich, da sie keinen Rückgabewert besitzen. Die von `new` zurückgegebene Referenz ist nicht etwa ein Rückgabewert des Konstruktors und kann auch nicht im Konstruktor beeinflusst werden. Insbesondere gilt

> ☞ **Was auch immer im Konstruktor geschieht, new gibt nie null zurück.**

Darum werden Fehler in Konstruktoren ausschließlich durch Exception abgefangen. Dadurch wird die Instanzierung abgebrochen, was die gleiche Wirkung hat, wie wenn `new` eine Exception geworfen hätte. Diese lässt sich wie üblich in einem try-catch-Block fangen.

Die in der Praxis bekannte Programmtechnik wird in folgendem Beispiel gezeigt. Man deklariert eine Klasse für gemeine Brüche aus ganzzahligem Zähler und Nenner, die dem Konstruktor übergeben werden. Falls der Nenner 0 ist, handelt es sich um einen illegalen Bruch und der Konstruktor wirft eine `NumberFormatException`. Eine Applikationsklasse, die Brüche vom Console-Fenster einliest, fängt diese Exception und teilt dem Benutzer mit, dass die Eingabe falsch ist. Für das Einlesen wird eine Methode `readFraction()` verwendet, die im Gegensatz zum Konstruktor in der Lage ist, `null` zurückzugeben, falls der Bruch illegal ist.

Da es sich bei der `NumberFormatException` um eine implizite Exception handelt, dient der throws-Teil im Kopf des Konstruktors allein zu Dokumentationszwecken.

```java
// CtorEx10.java

import ch.aplu.util.*;

class Fraction
{
  private int numerator;
  private int denominator;

  public Fraction(int numerator, int denominator) throws
      NumberFormatException
  {
    this.numerator = numerator;
    this.denominator = denominator;
    if (denominator == 0)
      throw new NumberFormatException("denominator is zero");
  }

  public String toString()
  {
    if (denominator == 0)
      return "NaF"; // Not a Fraction
    return Integer.toString(numerator) + "/" +
        Integer.toString(denominator);
  }
}

public class CtorEx10 extends Console
{
  public CtorEx10()
  {
    while (true)
    {
      Fraction p = readFraction();
      if (p != null)
        println("Ok. Bruch p = " + p);
```

```
    }
  }

  public Fraction readFraction()
  {
    Fraction p = null;
    try
    {
      print("Zaehler: ");
      int num = readInt();
      print("Nenner: ");
      int denom = readInt();
      p = new Fraction(num, denom);
    }
    catch (NumberFormatException ex)
    {
      println("Kein Bruch");
    }
    return p;
  }

  public static void main(String[] args)
  {
    new CtorEx10();
  }
}
```

Eine andere bekannte Programmtechnik verwendet das Factory-Pattern, das bereits mehrmals besprochen wurde. Da der Konstruktor keine Fehler mehr abfängt, sollte er private
deklariert werden, damit er von außerhalb der Klasse nicht mehr zugänglich ist. Welcher
Technik man den Vorzug gibt, ist Geschmackssache.

```
// CtorEx11.java

import ch.aplu.util.*;

class Fraction
{
  private int numerator;
  private int denominator;

  public
      static Fraction create(int numerator, int denominator)
  {
    if (denominator == 0)
      return null;
    else
      return new Fraction(numerator, denominator);
```

```
    }

    private Fraction(int numerator, int denominator)
    {
      this.numerator = numerator;
      this.denominator = denominator;
    }

    public String toString()
    {
      if (denominator == 0)
        return "NaF"; // Not a Fraction
      return Integer.toString(numerator) + "/" +
          Integer.toString(denominator);
    }
}

public class CtorEx11 extends Console
{
    public CtorEx11()
    {
      while (true)
      {
        Fraction p = readFraction();
        if (p != null)
          println("Ok. Bruch p = " + p);
        else
          println("Kein Bruch");
      }
    }

    public Fraction readFraction()
    {
      print("Zaehler: ");
      int num = readInt();
      print("Nenner: ");
      int denom = readInt();
      return Fraction.create(num, denom);
    }

    public static void main(String[] args)
    {
      new CtorEx11();
    }
}
```

27 Überschreiben von Methoden und Variablen

27.1 Überschreiben von Methoden

Die Vererbung von Klassen dient vor allem dazu, das Verhalten der Objekte durch Hinzufügen von neuen Methoden zu **ergänzen**. Oft möchte man aber ein bestehendes Verhalten auch **verändern** und kann dazu in einer abgeleiteten Klasse eine Methode mit derselben Signatur (gleicher Name, gleiche Parameterliste, gleicher Rückgabetyp) deklarieren. Wir zeigen das Vorgehen in folgender Situation.

In der Klasse A sei eine (nicht statische und nicht private) Methode f() deklariert. Wir leiten daraus eine Klasse B ab. Ist a eine Referenz von A und b eine Referenz von B, so wird sowohl mit a.f() und b.f() diese Methode aufgerufen, da ja eine Instanz von B wegen der is-a-Relation auch eine Instanz von A ist (Abb. 27.1).

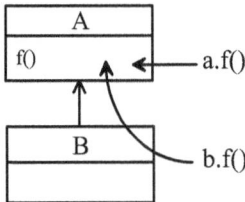

Abb. 27.1 *f() nur in A deklariert*   *Abb. 27.2* *f() in B überschrieben*

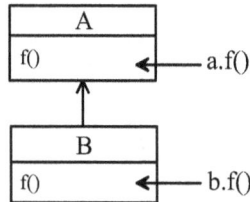

Nun deklarieren wir in B ebenfalls eine Methode f(), welche dieselbe Signatur hat (im Beispiel parameterlos und mit dem Rückgabetyp void). Wir sprechen davon, dass die Klasse B die Methode f() **überschreibt (override)**. Es kann sich bei A um einen direkten Vorgänger von B oder um eine höher in der Klassenhierarchie liegende Klasse handeln. Im Unterschied zu vorher, ruft nun b.f() die überschriebene Methode in B auf, a.f() allerdings immer noch die in A deklarierte (Abb. 27.2). Die Methode f() aus A ist also nicht etwa ersetzt worden, sondern steht lediglich für Instanzen von B (und deren Ableitungen) nicht mehr zur

Verfügung. Man sagt, dass für Instanzen von B die Methode f() aus A **verdeckt (hidden)** sei.

Diese Verdeckung ist in Java derart stark, dass wir keine Möglichkeit haben, mit einer Referenz b von B das verdeckte f() aus A aufzurufen, obschon diese Methode immer noch in b enthalten ist. Es ist verblüffend, dass selbst ein Upcasting von b nichts nützt. Erstellen wir nämlich mit dem Casting

```
A z = (A)b
```

eine Referenz z von A, so ruft z.f() immer noch die Methode in B auf. Offenbar fasst Java die Polymorphie sehr streng auf. Um von B aus doch noch auf die überschriebene Methode zuzugreifen, muss man

```
super.f()
```

verwenden. Damit erhält man aber nur Zugriff auf Methoden in der Superklasse, also im direkten Vorgänger der Klassenhierarchie.

Im Kapitel über Reflection wird gezeigt, dass man auch auf Methoden früherer Vorgänger zugreifen kann, allerdings gehört es nicht zum guten Programmierstil, davon Gebrauch zu machen.

Das folgende Beispiel zeigt das beschriebene Verhalten. Der Einfachheit halber wird auf Zugriffsbezeichner verzichtet.

```java
// OrideEx1.java

import ch.aplu.util.*;

class A
{
  void f()
  {
    System.out.println("f() in A executing");
  }
}

class B extends A
{
  void f()
  {
    System.out.println("f() in B executing");
  }

  void g()
  {
    System.out.println("g() in B executing");
    super.f();
  }
```

```
}

class OrideEx1
{
  OrideEx1()
  {
    System.out.println("Constructing A");
    A a = new A();
    a.f();          // Calls f() in A

    System.out.println("Constructing B");
    B b = new B();
    b.f();          // Calls f() in B

    System.out.println("Upcasting");
    A z = (A)b;
    z.f();          // Calls f() in B!

    b.g();          // Calls f() in A via g()
  }

  public static void main(String[] args)
  {
    Console.init();
    new OrideEx1();
  }
}
```

Die Ausgabe ist wie erwartet:

```
Constructing A
f() in A executing
Constructing B
f() in B executing
Upcasting
f() in B executing
g() in B executing
f() in A executing
```

Es ist interessant sich zu überlegen, was sich ändert, falls wir die Methoden f() sowohl in A wie in B static deklarieren. In diesem Fall wird zwar f() immer noch überschrieben. Da statische Methoden nicht dynamisch gebunden werden, d.h. nicht virtuell sind, ruft nun z.f() aber tatsächlich die Methode f() in A auf und wir erhalten:

```
Constructing A
f() in A executing
Constructing B
```

```
f() in B executing
f() in A executing
g() in B executing
f() in A executing
```

Da die Verwendung von statischen Methoden im Allgemeinen den Absichten der OOP widerspricht, spielt das Überschreiben von statischen Methoden eine untergeordnete Rolle und sollte vermieden werden. Versucht man eine Methode zu überschreiben, welche zwar denselben Namen und dieselbe Parameterliste, aber einen anderen Rückgabetyp hat, so ergibt sich eine Syntaxfehlermeldung.

27.2   Überschreiben und Verdecken von Variablen

Deklariert man in einer Klasse A eine (nicht statische und nicht private) Instanzvariable value und in einer von A abgeleiteten Klasse B eine Variable mit demselben Bezeichner, so sagt man, die Variable werde **überschrieben**. Dies ist selbst dann der Fall, wenn die Datentypen verschieden sind. In der abgeleiteten Klasse ist dann die Variable value der Superklasse **verdeckt** (**hidden**, **shadowed**, **überdeckt**), kann aber mit super.value angesprochen werden.

Im Gegensatz zu überschriebenen (nicht statischen) Methoden, kann man aber mit einem Upcasting auf die Variable der Superklasse zugreifen.

Ein etwas anderer Fall liegt vor, wenn in einer Methode eine **lokale** Variable mit demselben Namen wie eine vorhandene Instanzvariable deklariert wird. Auch in diesem Fall ist die Instanzvariable innerhalb der Methode **verdeckt**. Instanzvariablen können aber überall in der Klasse durch Voranstellen von this, also auch wenn sie verdeckt sind, angesprochen werden. Die Verwendung von lokalen Variablen mit demselben Namen wie Instanzvariablen gehört aber nicht zum guten Programmierstil.

☞ **Wo immer möglich sind Namenskonflikte durch die Verwendung unterschiedlicher Namen zu vermeiden.**

Das folgende Programm bestätigt die gemachten Aussagen. Wieder wird weitgehend auf Zugriffsbezeichner verzichtet.

```
// OrideEx2.java

import ch.aplu.util.*;

class A
{
    int value = 1;

    void f()
```

```
  {
    System.out.println("f() in A executing");
    int value = 2;
    System.out.println("value " + value);
    System.out.println("this.value = " + this.value);
  }
}

class B extends A
{
  double value = 3.14159;

  void g()
  {
    System.out.println("g() in B executing");
    System.out.println("value = " + value);
  }
}

class OrideEx2
{
  OrideEx2()
  {
    System.out.println("Constructing A");
    A a = new A();
    a.f();
    System.out.println("a.value = " + a.value);

    System.out.println("Constructing B");
    B b = new B();
    b.g();
    System.out.println("b.value = " + b.value);

    System.out.println("Upcasting");
    A z = (A)b;
    System.out.println("z.value = " + z.value);
  }

  public static void main(String[] args)
  {
    Console.init();
    new OrideEx2();
  }
}
```

Das Resultat ist erwartungsgemäß

```
Constructing A
f() in A executing
value 2
this.value = 1
a.value = 1
Constructing B
g() in B executing
value = 3.14159
b.value = 3.14159
Upcasting
z.value = 1
```

27.3   Zugriffsrechte bei überschriebenen Methoden

Wir haben verlangt, dass die Zugriffsrechte durch die *Zugriffsbezeichner* (*access specifier*) so restriktiv wie möglich zu vergeben sind. Eine Methode, die private deklariert ist, wird in einer Klassenhierarchie als unabhängig von allen anderen Methoden mit derselben Signatur betrachtet und kann daher nicht überschrieben werden. Will man die Möglichkeit offen lassen Methoden zu überschreiben, so ist der Bezeichner protected angebracht, der den Zugriff innerhalb der Klassenhierarchie (und leider auch im Package) erlaubt. Wird eine Methode in der abgeleiteten Klasse überschrieben, so darf sie die Zugriffsrechte nicht einschränken, sondern kann dieselben oder mehr Rechte vergeben. Dies führt dann zu Unschönheiten, wenn man eine vorgefertigte Klassenbibliothek durch Vererbung wiederverwendet, in der die Methoden public deklariert sind. Es besteht dann keine Möglichkeit mehr, die Zugriffsrechte einzuschränken.

Im folgenden Beispiel zeigen wir, dass eine protected Methode gegen einen Zugriff von außerhalb des Packages nur schlecht geschützt ist. Wir können sie nämlich in einer abgeleiteten Klasse durch eine public Methode überschreiben und sie darin aufrufen. Dies wirkt sich so aus, wie wenn die Methode public deklariert wäre. Im Package conservative ist die Methode f() protected:

```
// A.java

package conservative;

public class A
{
  protected void f()
  {
    System.out.println("f() in A executing");
  }
}
```

Darum können wir sie in `OrideEx3` nicht aufrufen:

```
// OrideEx3.java

import conservative.*;
import ch.aplu.util.*;

public class OrideEx3
{
  OrideEx3()
  {
    System.out.println("Constructing A");
    A a = new A();
    a.f();  // Syntax error: f() has protected access in A
  }

  public static void main(String[] args)
  {
    Console.init();
    new OrideEx3();
  }
}
```

Wir deklarieren im Package `liberal` die aus A abgeleitete Klasse B, in der wir `f()` überschreiben und aufrufen:

```
// B.java

package liberal;

import conservative.*;

public class B extends A
{
  public void f()
  {
    super.f();
  }
}
```

Jetzt können wir problemlos von außen auf das geschützte A.`f()` zugreifen:

```
// OrideEx4.java

import liberal.*;
import ch.aplu.util.*;

public class OrideEx4
```

```
{
  OrideEx4()
  {
    System.out.println("Constructing B");
    B b = new B();
    b.f();
  }

  public static void main(String[] args)
  {
    Console.init();
    new OrideEx4();
  }
}
```

Das Resultat zeigt, dass man tatsächlich das vermeintlich geschützte f() in A ausführen kann.

28   Unstrukturierte Sprachelemente

Ein Computer ist primär eine sequentielle Maschine, die Maschinenbefehl um Maschinenbefehl aus dem Programmspeicher holt, interpretiert und ausführt. Der Programmspeicher ist normalerweise byteorientiert und wird mit positiven ganzen Zahlen **adressiert**. Auf der Stufe der Maschineprogramme gibt es extrem wenig Programmstrukturen. Grundsätzlich genügt neben der Sequenz ein einziger bedingter Selektionsbefehl

```
If <bedingung>
  then goto <adresse>
```

um alle noch so komplizierten Algorithmen zu formulieren.

Es ist verständlich, dass die ersten höheren Programmiersprachen, wie Fortran und Basic noch sehr maschinennahe waren und die goto-Anweisung eine wichtige Rolle spielte. Programme wurden damals sehr maschinennahe geschrieben, was zu einem Wildwuchs von Programmteilen führte, die mit goto angesprungen wurden. Sich in diesem Code-Dschungel zurecht zu finden und korrekt laufende Programme zu schreiben, war mehr eine Kunst als gewissenhafte Arbeit. Man sprach von **unstrukturierten** Programmen und **Spaghetti-Code**. In dieser Situation veröffentlichte 1968 der berühmte Informatiker Edsger Dijkstra einen vielbeachteten Leserbrief unter dem Titel *Goto considered harmful*[1]. In eindrücklichen Worten warnte er darin vor der Verwendung von goto und verlangte, nur noch mit Sequenz, Selektion und Iteration zu programmieren. In vielen heute im Gebrauch stehenden Programmiersprachen ist allerdings goto immer noch implementiert und wird ohne Schaden in speziellen Situationen eingesetzt. Java macht in dieser Beziehung insofern eine Ausnahme, als goto wohl ein reserviertes Wort ist, aber in der Sprache nicht implementiert wurde. Dies ist jedoch ein bisschen scheinheilig, denn andere unstrukturierte Sprachelemente sind auch in Java übernommen worden.

28.1   Vorzeitiges return

Folgendes Beispiel bewährt sich, um den vorteilhaften Einsatz von unstrukturierten Sprachelementen zu zeigen. Wir betrachten dabei einen vorgegebenen Text, der nach einer bestimmten Textstelle abgesucht werden soll. Fasst man die Textstelle als ein Muster (**Pattern**)

---

[1] Letter in CACM 11, 3 (March, 1968)

auf, so handelt es sich um **Pattern matching**. Weil es in der Praxis häufig auftritt, ist man daran interessiert, einen möglichst effizienten Algorithmus zu implementieren. Wir geben uns diesbezüglich wenig Mühe und verwenden das nahe liegendste Verfahren, bei dem wir mit einem Textcursor im Text vorrücken und prüfen, ob von der aktuellen Stelle an eine Übereinstimmung mit dem Pattern vorliegt. Man nennt diesen Algorithmus verständlicherweise **brute-force pattern matching**.

Da wir sowohl den Text als auch das Pattern als String implementieren, kann eine Textposition mit einem positiven Index beschrieben werden. Das Problem ist insofern etwas heikel, als dass man eine gute Übersicht über die verwendeten Indizes bewahren muss. Weiter gilt es, sehr vorsichtig zu sein, damit auch die Spezialfälle richtig behandelt werden, beispielsweise wenn das Pattern am Anfang oder am Ende des Texts liegt oder wenn es länger als der Text ist.

Da wir nur das erste Vorkommen des Pattern im Text erfassen wollen, muss die Suche abgebrochen werden, sobald das Pattern gefunden ist. Dieser Abbruch führt zu einer programmtechnischen Schwierigkeit, die man verschiedenartig angehen kann. Da das Auffinden des Pattern als eine Singularität im Ablauf aufgefasst werden kann, sind auch unstrukturierte Sprachelemente durchaus sinnvoll.

In der ersten Implementierung springen wir bei Übereinstimmung mit einem vorzeitigen `return` aus der Methode und geben gleichzeitig den Wert des Textcursors zurück. Durch Rückgabe eines speziellen Werts (**Sentinel**), der als Index nicht vorkommen kann, zeigen wir an, dass das Pattern nicht gefunden wurde.

```java
// PatternEx1.java

import javax.swing.JOptionPane;

public class PatternEx1
{
  public PatternEx1()
  {
    String text = "Java ist eine schöne Programmiersprache";
    String pattern = "schön";

    int rc;
    if ((rc = match(text, pattern)) != -1)
    {
      JOptionPane.
          showMessageDialog(null, "Gefunden bei " + rc);
    }
    else
    {
      JOptionPane.
          showMessageDialog(null, "Nicht gefunden");
    }
    System.exit(0);
  }
```

```
private int match(String text, String pattern)
// Return index of first substring of text matching pattern
// or -1 if pattern not found
{
  int n = text.length();
  int m = pattern.length();
  int i, j;
  for (i = 0; i <= n - m; i++)
  {
    j = 0;
    while (j < m && text.charAt(i + j) == pattern.charAt(j))
      j++;
    if (j == m) // Found
      return i;
  }
  return -1;  // Sentinel: not found
}

public static void main(String[] args)
{
  new PatternEx1();
}
}
```

Wir setzen im Programm auch eine weit verbreitete Technik ein, bei der sich der Methoden-aufruf in einer Bedingung befindet:

```
if ((rc = match(text, pattern)) != -1)
```

Man kann sich den Methodenaufruf als einen Seiteneffekt der Bedingung vorstellen. Da dabei sehr viel Code ausgeführt werden kann, haben viele Programmierer eine gewisse Hemmung, dieses Verfahren einzusetzen. Es entspricht aber der funktionalen Denkweise und gilt als sehr elegant. Man macht davon Gebrauch, dass eine Zuweisung den zugewiesenen Wert als Rückgabewert abgibt. Allerdings ist die Klammerung etwas gewöhnungsbedürftig.

28.2   break und continue

Mit dem Schlüsselwort break ist es möglich, eine Wiederholschleife (for, while oder do-while) vorzeitig abzubrechen. Nach dem break fährt das Programm unmittelbar nach dem Schleifenkörper weiter. Es handelt sich also um ein verstecktes goto an diese vordefinierte Stelle. Zu beachten ist, dass bei geschachtelten Schleifen nur die innerste Schleife verlassen wird. Schreiben wir die Methode match() mit einem break, so müssen wir nach dem

Verlassen noch prüfen, ob wir tatsächlich eine Übereinstimmung hatten. Vom Programm
`PatternEx2.java` folgt nur der gegenüber `PatternEx1.java` veränderte Teil:

```java
private int match(String text, String pattern)
// Return index of first substring of text matching pattern
// or -1 if pattern not found
{
  int n = text.length();
  int m = pattern.length();
  int i, j;
  for (i = 0; i <= n - m; i++)
  {
    j = 0;
    while (j < m && text.charAt(i + j) == pattern.charAt(j))
      j++;
    if (j == m)   // Found
      break;
  }
  if (i <= n - m)
    return i;
  else
    return -1;
}
```

Das Schlüsselwort `continue` wird dann eingesetzt, wenn wir einen Teil des Schleifenkör-
pers in einer Ausnahmesituation nicht durchlaufen wollen. Beispielsweise könnten wir uns
entscheiden, dass wir keine Pattern zulassen, die mit einem Leerzeichen beginnen. Wir könnten dann in `match()` diesen Spezialfall mit

```java
for (i = 0; i <= n - m; i++)
{
  if (text.charAt(i) == ' ')
    continue;
  j = 0;
  ...
```

überspringen.

28.3   Flags

Unstrukturierte Programme lassen sich immer durch Einführung von zusätzlichen booleschen Variablen in strukturierte überführen. Man nennt solche Variablen auch **Flags**, um
auszudrücken, dass sie einen bestimmten Zustand **markieren**. In der Regel sollte man mit
Flags allerdings sparsam umgehen, denn sie zeugen von einer gewissen Unfähigkeit im Auffinden eleganterer Programmstrukturen.

Mit dem Flag found hissen wir in der Methode match() sozusagen die Flagge, um anzuzeigen, dass wir das Pattern gefunden haben. Dabei müssen wir in der for-Schleife eine zusätzliche Laufbedingung !found einführen. Ausgehend von PatternEx1.java erhalten
wir PatternEx3.java, indem wir die Methode match() ersetzen:

```
int match(String text, String pattern)
{
  int n = text.length();
  int m = pattern.length();
  int i, j;
  boolean found = false;
  for (i = 0; i <= n - m && !found; i++)
  {
    j = 0;
    while (j < m && text.charAt(i + j) == pattern.charAt(j))
      j++;
    if (j == m)
      found = true;
  }
  if (found)
    return i - 1; // Must decrement!
  else
    return -1;
}
```

Auch geübte Programmierer werden wohl erst in der Testphase bemerken, dass nun nicht
mehr i, sondern i-1 zurückzugeben ist, da am Ende der for-Schleife i noch automatisch
inkrementiert wird, bevor !found wirksam wird.

Man sollte sich Mühe geben, die Flags sinnvoll zu bezeichnen, um doppelte Verneinungen
zu vermeiden. Oft leitet man die Bezeichner von Flags mit is ein, damit ihr boolescher
Datentyp sichtbar wird. Beispielsweise erfüllt ein Flag mit dem Namen notQuitting
diese Bedingungen nicht.

Häufige Programmierfehler treten bei zusammengesetzten booleschen Ausdrücken auf, da es
dem Menschen schwer fällt, kombinierte Bedingungen auf Anhieb zu verstehen. Hilfreich
kann dabei sein, den Ausdruck nach gewissen einfachen Regeln der booleschen Algebra
umzuschreiben. Bekannt sind die zwei **Regeln von deMorgan**, die aussagen, dass folgende
Ausdrücke mit den booleschen Variablen a und b äquivalent sind:

```
!(a && b)  äquivalent  (!a || !b)
!(a || b)  äquivalent  (!a && !b)
```

Man kann dies leicht nachprüfen, indem man für a und b alle vier Kombinationen von true
und false durchspielt. Soll beispielsweise eine Schleife nur solange durchlaufen werden,
bis isQuitting wahr oder x größer als 2 ist, so kann statt

```
while (!isQuitting && !x>2)
```

```
{
    . . .
}
```

etwas verständlicher

```
while !(isQuitting || x>2)
{
    . . .
}
```

geschrieben werden.

28.4   Labeled break und labeled continue

Der Vollständigkeit halber sei erwähnt, dass es sogar in Java **Sprungmarken (labels)** gibt, mit denen man aus verschachtelten Wiederholschleifen herausspringen kann. Das Sprungla-bel darf allerdings nur zu einer Wiederholanweisung (for, while, do-while) einer umgeben-den Wiederholstruktur gehören. Im folgenden Beispiel wird eine Turtle innerhalb eines kreisförmigen Gartens mit dem Radius 100 zurückgehalten.

```
// GartenTurtle.java

import ch.aplu.turtle.*;

public class GardenTurtle extends Turtle
{
  public GardenTurtle()
  {
    setPos(100, 0);
    leftCircle(100);

next:
    while(true)
    {
      home();
      setHeading(360*Math.random());
      while(true)
      {
        fd(10);
        if (getX()*getX() + getY()*getY() > 10000)
          continue next;
      }
```

```
      }
    }

  public static void main(String[] args)
  {
    new GardenTurtle();
  }
}
```

Auch Exceptions stellen unstrukturierte Sprachelemente dar, die allerdings salonfähig geworden sind. Sie können leicht dazu missbraucht werden, unübersichtlichen Spaghetti-Code zu erzeugen. Will man aber beispielsweise aus einer tief verschachtelten Aufrufstruktur f(g(h(x))) zurückzukehren, so sind weder breaks noch vorzeitige returns das richtige Mittel. Vielmehr wirft man in h eine Exception, die man erst in f fängt.

29 Grafische Benutzeroberflächen (GUI)

29.1 Grundsätze

Die meisten Programme, die heutzutage geschrieben werden, erfordern eine Interaktion mit dem Benutzer auf der Basis von grafischen Elementen. Die wichtigsten sind

- Fenster (Windows), insbesondere Grafik-, Text- und Listenfenster
- Dialoge, Paletten
- Menüs
- Buttons (Schaltflächen)
- Scrollbalken (Bildlaufleisten).

Man darf aber nicht vergessen, dass es auch viele wichtige Programme gibt, die ohne grafische Interaktion mit dem Benutzer auskommen. Dazu gehören beispielsweise systemnahe Komponenten wie Gerätetreiber (device drivers), aber auch Tools für systemnahe Aufgaben wie Betriebssystemwerkzeuge, Kommandozeilen-Compiler usw.

Die grafische Benutzeroberfläche (Graphics User Interface, GUI) ist die Schnittstelle zwischen dem algorithmischen Teil des Programms und dem Benutzer. Sie hat sich in erster Linie nach den Gewohnheiten und Anforderungen des Benutzers zu richten und nicht nach den Gegebenheiten des Computers oder der verwendeten Programmiersprache. Die These lautet immer:

☞ **Bei der Entwicklung von grafischen Benutzeroberflächen ist der Benutzer der König.**

Aus diesem Grund bedingt die Entwicklung des GUI nicht nur gute Kenntnisse der Programmiersprache, sondern es sind auch folgende Punke einzubeziehen:

- Typisches Verhalten von Computeranwender
- Grafische Darstellung der üblichen Benutzeroberflächen (Anordnung und Bezeichnung von Menüs und Buttons usw.)
- Bedienungslogik der typischen Komponenten

- Erwartungen an die Systemantwort (Antwortzeit, Anzeige von Informationen über den aktuellen Systemzustand usw.)
- Deaktivierung von Komponenten, deren Betätigung in einem gewissen Zustand nicht sinnvoll ist
- Integration von kontextabhängigen Hilfen.

Bei der Entwicklung einer GUI-Anwendung ist es nötig, den Gesichtspunkt des Anwenders gegenüber dem des Programmierers in den Vordergrund zu stellen. Dazu muss der Programmierer in der Lage sein, sich möglichst gut in die Situation des Anwenders zu versetzen, der ohne Vorbereitung und ohne Dokumentation das Programm verwenden möchte und der die Implementierungsproblematik nicht kennt. Da der Programmierer aber selten über seinen eigenen Schatten springen kann, muss der Prototyp des Programms unvoreingenommenen Benutzern zu Testzwecken zur Verfügung gestellt werden. Ihre meist harsche Kritik soll Anlass sein, die Benutzeroberfläche entsprechend zu verbessern.

Mehrere Autoren weisen zu Recht darauf hin, dass die „Responsiveness" den wichtigsten Faktor in der Beurteilung eines Programms durch Computeranwender darstellt. Dazu gehört, dass der Benutzer nach jeder Aktion über den aktuellen Zustand des Systems informiert bleibt, das System also insbesondere nie den Eindruck des „Hängens" vermittelt, währenddem es mit einer Verarbeitung beschäftigt ist. Dies kann durch Änderung des Mauscursors, eine Status- oder Progressbar, einen modalen Informationsdialog (eventuell mit einer Status-Checkliste) usw. geschehen, benötigt aber in jedem Fall einen größeren zusätzlichen Entwicklungsaufwand. Eine sehr professionelle Einführung findet man in zwei Büchern, die Sun herausgegeben hat [1], [2].

Wie in einer objektorientierten Programmiersprache nicht anders zu erwarten ist, werden alle grafischen Elemente der Benutzeroberfläche durch Klassen repräsentiert. In Java gibt es eine ältere Klassenbibliothek, das **Abstract Windowing Toolkit** (**AWT**) und eine modernere mit dem Namen **Swing**. Neben der weit größeren Funktionalität besteht der Vorteil von Swing darin, dass der Programmcode nicht von den entsprechenden Komponenten des verwendeten Betriebssystems Gebrauch macht und dadurch wesentlich flexibler ist. Beispielsweise gibt es in Swing eine plattformübergreifende Darstellung der Komponenten, das *Java Look&Feel*. Im Folgenden werden wir, wo immer möglich, Swing verwenden, müssen aber auch das AWT einbeziehen, da Swing das AWT nicht ersetzt, sondern ergänzt. Die meisten Applikationen enthalten daher ein Gemisch aus AWT- und Swing-Klassen, was das Verständnis etwas schwieriger macht.

Vom programmtechnischen Standpunkt aus besteht ein GUI aus

- Komponenten (components)
- Behältern (containers)
- Layout
- Erscheinungsbild (Look and Feel)
- Ereignissteuerung.

---

[1] Sun, *Java Look and Feel,* Design Guidelines, 2nd edition

[2] Sun, *Java Look and Feel*, Design Guidelines, Advanced Topics

Komponenten (Components) sind die elementaren Bausteine, mit denen grafische Oberflächen aufgebaut werden. Unter Unix (Motif) werden sie auch **Widgets**, unter Windows auch **Controls** genannt. Typisch sind Buttons, Textfelder, Check- und Radioboxes. In Java sind all diese Komponenten Instanzen der Klasse Component oder von deren Subklassen. In Swing sind Buttons, Textfelder usw. aus der Klasse JComponent abgeleitet. Diese befindet sich in der folgenden Klassenhierarchie:

```
java.lang.Object
   |
   +--java.awt.Component
         |
         +--java.awt.Container
               |
               +--javax.swing.JComponent
```

Behälter (Containers) sind spezielle Komponenten, in die andere Komponenten eingefügt werden. Typisch sind: Frames, Panels, Dialoge. Eine GUI-Applikation benötigt auf oberster Stufe immer ein betriebssystemnahes Fenster (**Top-Level-Windows** oder **Top-Level-Container**), in das die anderen Komponenten eingebettet werden können. In Swing gibt es die drei Top-Level-Container JFrame, JDialog und JApplet. Weitaus am häufigsten wird JFrame verwendet, das sich in folgender Hierarchie befindet:

```
java.lang.Object
   |
   +--java.awt.Component
         |
         +--java.awt.Container
               |
               +--java.awt.Window
                     |
                     +--java.awt.Frame
                           |
                           +--javax.swing.JFrame
```

Eine JFrame-Instanz enthält einen speziellen (unsichtbaren) Container, den man **Content Pane** nennt. Alle Komponenten (außer dem Menü), welche das JFrame aufnehmen soll, werden in diesen Container eingefügt. Da wegen der Objekthierarchie ein Container auch eine Komponente ist, lassen sich Container ineinander schachteln, was für den Aufbau von komplexen Benutzeroberflächen notwendig ist.

Das **Layout** legt fest, nach welchem Prinzip die Komponenten in einem Container angeordnet werden. Dazu besitzt jeder Container einen **Layout-Manager**, der die enthaltenen Komponenten (**child components**) automatisch anordnet. Jeder Container besitzt einen **Standard-Layout-Manager** (default layout manager), der immer dann wirksam ist, wenn kein anderer Layout-Manager angegeben wird. Es gibt in der JFC die folgenden wichtigen Layout-Manager:

- **BorderLayout**: Die Komponenten werden in den vier Randbereichen oder in der Mitte angeordnet (Standard-Layout-Manager für `ContentPane`, `Frame`, `Dialog`, `JFrame`, `JDialog` und `JApplet`)
- **GridLayout**: Die Komponenten werden in einem tabellenartigen Gitter angeordnet
- **GridBagLayout**: Wie der GridLayout, aber die Zeilen können verschiedene Anzahl Zellen aufweisen
- **FlowLayout**: Die Komponenten werden der Reihe nach von links nach rechts zeilenweise von oben nach unten angeordnet (Standard-Layout-Manager für `Panel`, `JPanel`, `Applet`)
- **CardLayout**: Jede Komponente befindet sich auf einer Registerkarte. Nur eine davon wird jeweils angezeigt
- **BoxLayout:** Die Komponenten werden ohne zu wrappen entweder horizontal oder vertikal angeordnet
- **null-Layout**: Es wird kein Layout-Manager zugewiesen. Die Komponenten können frei positioniert werden.

Da man auch benutzerdefinierte Layout-Manager erstellen kann, gibt es in gewissen Entwicklungsumgebungen weitere Layouts (beispielsweise XYLayout usw.).

Das **Erscheinungsbild** (**Look-and-Feel**, **L&F**, **LAF**) bestimmt den Stil der Darstellung. Dabei unterscheiden wir im Wesentlichen zwischen einem Erscheinungsbild, das Java-typisch ist und auf den verschiedenen Plattformen gleich bleibt (**Cross platform LAF**) und einem, das sich nach dem Aussehen des Betriebssystems richtet (**System LAF**).

Schließlich legt die **Ereignissteuerung** das Verhalten des Programms im Zusammenhang mit den Benutzeraktionen (Menüwahl, Buttonklick usw.) fest. Dabei wird das bereits mehrfach beschriebene Delegations-Eventmodell verwendet.

Da die Erstellung einer professionellen Benutzeroberfläche sehr aufwändig ist, kann der dafür benötigte zeitliche Aufwand einen unverhältnismäßig großen Teil des Gesamtaufwandes ausmachen. Eine Vereinfachung bringt der Einsatz eines **visuellen GUI-Designers**. Mit ihm kann man die Benutzeroberfläche in einem grafischen Editor entwerfen und anschließend automatisch ein Java-Codegerüst erstellen lassen. Obschon die Verwendung solcher Entwicklungstools zu empfehlen ist, werden wir sie in diesem Buch aus zwei Gründen nicht einsetzen:

- Die Handhabung und der erzeugte Code sind stark produktabhängig
- Der erzeugte Code ist meist komplizierter als *von Hand* geschriebener und hält sich nicht konsequent an unseren Programmierstil

Für eine kommerzielle Anwendung können diese Nachteile in Kauf genommen werden, da es möglich ist, Programmteile unterschiedlichen Stils durch Kommentare voneinander zu trennen. Wichtig ist aber, dass in diesem Buch alle Grundlagen vermittelt werden, damit der vom GUI-Designer generierte Code restlos verstanden wird, da dieser immer mit eigenem Code ergänzt werden muss. Es darf aber festgehalten werden, dass es sich bei der Entwicklung von GUIs weniger um elegante und interessante Programmiertechnik als um *harte Knochenarbeit* handelt. Es gilt

> ☞ **Die Entwicklung der grafischen Benutzeroberfläche darf nicht als die zentrale Programmieraufgabe angesehen werden.**

29.2 Grafik mit Swing

Trotz der eben beschriebenen Komplexität, ist es auf Grund unserer bisherigen Kenntnisse verhältnismäßig einfach, mit den Swing-Klassen ein Programm zu erstellen, das ein voll funktionsfähiges Top-Level-Window zeigt, in dem sich ein JPanel mit einigen wenigen Komponenten befindet. Das JPanel wird mit der Methode add() zu der oben erwähnten Content Pane hinzugefügt, von der man mit getContentPane() eine Referenz holen kann. Mit setSize() wird die Größe in Pixel festgelegt und setVisible(true) stellt das Fenster auf dem Bildschirm dar.

```
// GuiEx1.java

import javax.swing.*;

public class GuiEx1
{
  public GuiEx1()
  {
    JFrame f = new JFrame("Frame Window");
    f.setDefaultCloseOperation(WindowConstants.
                         EXIT_ON_CLOSE);
    JPanel p = new JPanel();
    f.getContentPane().add(p);
    f.setSize(500, 500);
    f.setVisible(true);
  }

  public static void main(String[] args)
  {
    new GuiEx1();
  }
}
```

Mit wenig mehr Aufwand stehen bereits alle Funktionalitäten für das Zeichnen in ein Grafik-fenster zur Verfügung. Wir können dabei auf die Kenntnisse aus Kap. 19 zurückgreifen. Dort haben wir gelernt, dass man für eine grafische Darstellung eine eigene Klasse aus der Klasse JPanel ableiten und die Methode paintComponent(Graphics g) überschreiben muss, die bei jeder Veränderung des Fensters, also auch beim ersten Erscheinen auf dem Bildschirm, automatisch aufgerufen wird. Mit dem Parameter g der Klasse Graphics, den man auch auf Graphics2D casten kann, erhält man Zugriff auf die große Anzahl grafischer

Methoden. An Stelle von setSize() wird hier die Methode setBounds() verwendet, mit der man das JFrame auf dem Bildschirm positionieren kann.

Das folgende Programm kann als Grundgerüst für die Programmierausbildung eingesetzt werden, wenn man darauf verzichten möchte, die für dieses Buch speziell entwickelten Klassen GPanel und GWindow zu verwenden.

```java
// GuiEx2.java

import java.awt.*;
import javax.swing.*;

public class GuiEx2 extends JPanel
{
  public GuiEx2()
  {
    JFrame f = new JFrame("Frame Window");
    f.setDefaultCloseOperation(WindowConstants.
                               EXIT_ON_CLOSE);
    f.getContentPane().add(this);
    f.setBounds(50, 50, 550, 550);
    f.setVisible(true);
  }

  public void paintComponent(Graphics g)
  {
    super.paintComponent(g);
    g.drawOval(0, 0, 500, 500);
    g.drawString("Graphics is simple", 250, 250);
  }

  public static void main(String[] args)
  {
    new GuiEx2();
  }
}
```

29.3   Wichtige Ein- und Ausgabekomponenten, Verwendung des Layout-Managers

Der Benutzer übergibt mit den Eingabekomponenten dem laufenden Programm Daten und Informationen. Er steuert aber damit auch den Ablauf des Programms. Die wichtigsten Komponenten für die Ein- oder Ausgabe sind in Tab. 29.1 zusammengestellt.

Klasse	Zweck
JTextField	Eingabe und Editieren einer einzelnen Textzeile
JPasswordField	Eingabe eines Passworts und Darstellung als *
JLabel	Darstellung von Text
JTextArea	Eingabe und Editieren von mehrzeiligem Text
JEditorPane	Wie JTextArea, unterstützt das HTML-Format
JTextPane	Wie JEditorPane, unterstützt benutzerdefinierte Styles

Tab. 29.1 *Die wichtigsten GUI-Komponenten für die Ein- oder Ausgabe*

Das wichtigste Steuerungselement ist der JButton. Wie wir aus Kap. 18 bereits wissen, wird der Event, der beim Klicken des Buttons ausgelöst wird, in der Callbackmethode action-Performed() eines ActionListener verarbeitet. Im nachfolgenden Beispiel, das überprüft, ob eine eingegebene Zahl eine Primzahl sei, werden die GUI-Elemente als private Instanzvariablen deklariert und mit der Methode init() in den gewünschten Anfangszustand gesetzt. Es empfiehlt sich, die grafischen Komponenten immer in ein JPanel einzufügen. Statt eine neue JPanel-Instanz zu erzeugen, wird die Content Pane des JFrame verwendet, indem man diese auf JPanel castet.

Dieses Konzept entspricht weitgehend der Art, wie der Code von visuellen GUI-Designern erzeugt wird, beispielsweise von Borland's JBuilder.

Die Verwendung des FlowLayout-Managers führt nicht immer zu einer vernünftigen Darstellung der Komponenten, hat aber den Vorteil, dass das Fenster in der Größe verändert werden kann und der Layout-Manager sie derart anordnet, dass sie in jedem Fall sichtbar bleiben.

In vielen Fällen erreicht man ein schönes Layout, indem man mehrere, auch geschachtelte JPanel in ein JFrame einfügt. Dies ist deswegen möglich, weil JPanel zwar Komponenten enthalten kann, aber selbst auch eine Komponente ist. Das folgende Beispiel ist typisch: In das JPanel der Content Pane wird links ein erstes JPanel eingefügt, das als Navigationselemente zwei Radiobuttons und einen Pushbutton enthält, mit dem sich im rechten JPanel ein roter Ball als Grafikelement nach oben und unten bewegen lässt (Abb. 29.1):

Bei der Verwendung von mehreren Radiobuttons muss angegebenen werden, welche Buttons zusammengehören, da pro Gruppe immer genau ein Button ausgewählt ist. Man verwendet dazu eine Instanz der Klasse ButtonGroup, welcher man mit add() die Buttons hinzufügt. Mit dem Konstruktor oder der Methode setSelected() legt man fest, welcher Button zu Beginn ausgewählt ist.

Damit sich die Komponenten im JFrame richtig anordnen, ist es nötig, die Methode pack() aufzurufen. Standardmäßig wird das Fenster nicht auf dem Bildschirm angezeigt, obwohl es als Objekt existiert. Man lässt es durch den Aufruf setVisible(true) sichtbar werden.

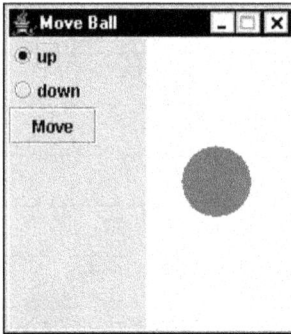

Abb. 29.1 *Ein JFrame mit zwei JPanel*

Es ist üblich, bei Dialogen zu verhindern, dass der Benutzer das angezeigte Fenster in der Größe verändert, da dies zu einer schlechten Darstellung der darin enthaltenen Komponenten führen kann. Man ruft dazu setResizable(false) auf.

```java
// GuiEx3.java

import java.awt.*;
import javax.swing.*;
import java.awt.event.*;

public class GuiEx3 extends JFrame
{
  private class GraphPane extends JPanel
  {
    public void paintComponent(Graphics g)
    {
      super.paintComponent(g);
      drawBall(g, Color.red);
    }
  }

  private JPanel contentPane;
  private JPanel navigationPane = new JPanel();
  private JPanel graphPane = new GraphPane();
  private BorderLayout borderLayout = new BorderLayout();
  private JRadioButton upBtn = new JRadioButton("up", true);
  private JRadioButton dwnBtn = new JRadioButton("down");
  private ButtonGroup buttonGroup = new ButtonGroup();
  private JButton moveBtn = new JButton("Move");
  private int choice = 1;
  private int yImg = 75;

  public GuiEx3()
```

```
{
  super("Move Ball");
  setDefaultCloseOperation(WindowConstants.
                          EXIT_ON_CLOSE);
  init();
  pack();
  setResizable(false);
  setVisible(true);
}

private void init()
{
  contentPane = (JPanel)getContentPane();
  contentPane.setLayout(borderLayout);
  graphPane.setPreferredSize(new Dimension(100, 200));
  navigationPane.setPreferredSize(new Dimension(100, 200));

  graphPane.setBackground(Color.white);
  navigationPane.setLayout(new BoxLayout(navigationPane,
                          BoxLayout.Y_AXIS));

  contentPane.add(navigationPane, BorderLayout.WEST);
  contentPane.add(graphPane, BorderLayout.CENTER);

  buttonGroup.add(upBtn);
  buttonGroup.add(dwnBtn);
  navigationPane.add(upBtn);
  navigationPane.add(dwnBtn);
  navigationPane.add(moveBtn);

  upBtn.addActionListener(new ActionListener()
  {
    public void actionPerformed(ActionEvent evt)
    {
      choice = 1;
    }
  });

  dwnBtn.addActionListener(new ActionListener()
  {
    public void actionPerformed(ActionEvent evt)
    {
      choice = 2;
    }
  });

  moveBtn.addActionListener(new ActionListener()
  {
```

```java
    public void actionPerformed(ActionEvent evt)
    {
      // Erase
      Graphics g = graphPane.getGraphics();
      drawBall(g, Color.white);
      // Draw at new position
      if (choice == 1)
        yImg -= 10;
      if (choice == 2)
        yImg += 10;
      graphPane.repaint();
    }
  });
}

private void drawBall(Graphics g, Color c)
{
  g.setColor(c);
  g.fillOval(25, yImg, 50, 50);
}

public static void main(String[] args)
{
  new GuiEx3();
}
}
```

Text- und Editfelder spielen im Zusammenhang mit der Ein- und Ausgabe von Daten eine wichtige Rolle. Eingaben von einzelnen Werten werden normalerweise in einzeiligen Textfenstern vorgenommen, die durch die Klasse JTextField zur Verfügung gestellt werden. Für konsoleartige Ausgaben wird üblicherweise ein mehrzeiliges Textfenster benötigt, wozu oft eine Instanz der Klasse JTextArea herangezogen wird. Im folgenden Beispiel wird gezeigt, wie man eine mehrzeilige Ausgabe in ein Fenster mit Scrollbalken schreibt. Das Vorgehen ist in Swing ein bisschen komplizierter als in AWT, da JTextArea im Gegensatz zu TextArea über keine Scrollbalken verfügt. Um einer JTextArea einen Scrollbalken zu geben, muss eine Instanz der Klasse JScrollPane herangezogen werden, der man bei der Konstruktion die Referenz auf das Textfenster übergibt. An Stelle der JTextArea wird dann die JScrollPane mit add() in die übergeordnete Komponente, beispielsweise in ein JPanel, gefügt.

Zum Ausschreiben von Text in die JTextArea verwendet man meist die Methode append(), welche den übergebenen String am Ende des bereits vorhandenen Texts in das Fenster schreibt. Wenn der Text länger als das Textfenster wird, erwartet man eigentlich, dass das Fenster automatisch so weit scrollt, dass die letzte Zeile sichtbar bleibt. Dies ist leider nicht so. Der Benutzer kann dann zwar mit der Maus den vertikalen Scrollbalken nach unten schieben, um auch die verborgen Zeilen sichtbar zu machen. Die Klasse JTextArea kennt leider keine Methode, mit der man dieses sonst übliche Scrollverhalten einstellen könnte.

Es sind verschiedene Verfahren bekannt, wie man erreichen kann, dass die letzte Zeile trotzdem sichtbar bleibt. Man spricht in solchen Fällen von einem **Workaround** und versteht darunter in der Informatik ein Verfahren, fehlende oder fehlerhafte Funktionaliäten zu ersetzen. Im folgenden Beispiel besteht der Trick darin, den Textcursor (**caret**) mit der Methode setCaretPosition() an das Ende des Textes zu positionieren. Dabei scrollt das Fenster automatisch so weit, dass dieser und damit die letzte Zeile im Fenster sichtbar sind.

Im folgenden Beispiel verwenden wir für die GUI-Komponenten den kleingeschriebenen Klassennamen, also beispielsweise für zwei Instanzen von JTextArea

```
JTextArea jTextArea1;
JTextArea jTextArea2;
```

Dies hat zwar die Nachteile, dass die Bezeichner lang sind und keinen Hinweis auf ihren Bezug zur Programmlogik geben. Der Vorteil dieser standardisierten Bezeichner ist aber, dass sie leicht von den Codegeneratoren der visuellen GUI-Builder erzeugt werden können. Codegeneratoren erzeugen meist Instanzvariablen, damit diese in allen Methoden, insbesondere in den Callbackmethoden der Komponenten, sichtbar sind. Eigentlich handelt es sich um einen Rückschritt in die alten Zeiten globaler Variablen. Um Konflikte mit lokalen Variablen zu vermeiden, wird darüber hinaus meist konsequent this vorangestellt, was nicht zur Verschönerung des Codes beiträgt.

Der Konstruktor von JScrollPane besitzt Optionsangaben um festzulegen, in welchen Fällen der Scrollbalken erscheinen soll (immer, nie, nur bei Bedarf, d.h. wenn die Textlänge dies erfordert).

```
// GuiEx4.java

import javax.swing.*;
import javax.swing.text.*;

public class GuiEx4 extends JFrame
{
  private JPanel contentPane;
  private JTextArea jTextArea = new JTextArea(20, 30);
  private JScrollPane jScrollPane =
            new JScrollPane(jTextArea,
                            JScrollPane.
                            VERTICAL_SCROLLBAR_ALWAYS,
                            JScrollPane.
                            HORIZONTAL_SCROLLBAR_ALWAYS);

  public GuiEx4()
  {
    super("Primzahl-Fenster");
    setDefaultCloseOperation(WindowConstants.
                             EXIT_ON_CLOSE);
    init();
```

```
    pack();
    setVisible(true);

    for (int i = 1; i <= 30; i++)
    {
      String text;
      if (isPrime(i))
        text = " ist eine Primzahl\n";
      else
        text = " ist keine Primzahl\n";

      jTextArea.append(i + text);
      scrollToEnd();
    }
//    scrollToEnd();
  }

  private void init()
  {
    contentPane = (JPanel)getContentPane();
    contentPane.add(jScrollPane);
  }

  private boolean isPrime(int n)
  {
    for (int i = 2; i * i <= n + 1; i++)
      if (n % i == 0)
        return false;
    return true;
  }

  private void scrollToEnd()
  {
    try
    {
      jTextArea.setCaretPosition(
          jTextArea.getLineEndOffset(
              jTextArea.getLineCount()-1));
    }
    catch (BadLocationException ex)
    {
      System.out.println(ex);
    }
  }

  public static void main(String[] args)
  {
    new GuiEx4();
```

```
      }
}
```

Java wurde ursprünglich vor allem für die Entwicklung von Web-Applikationen eingesetzt. Davon zeugen einige Klassen des JFC, die spezifische Dienste im Zusammenhang mit Web-Seiten anbieten. Daher ist es auch nicht erstaunlich, dass die Textstrings für GUI-Komponenten einfache HTML-Tags zulassen. Man kann sich diese Eigenschaft zu Nutze machen, um Text in einem Fenster formatiert auszuschreiben. Im folgenden Beispiel genügen einige wenige HTML-Tags, um mit der Klasse JEditorPane die Glieder der berühmten Fibonacci-Folge in ansprechender Weise darzustellen (Abb. 29.2). Ausgehend von den zwei ersten Gliedern mit je dem Wert 1, ist in der Fibonacci-Folge der Wert jedes weiteren Glieds die Summe der zwei vorhergehenden. Im Konstruktor wird mit "text/html" angegeben, dass es sich um HTML-formatierten Text handelt. Die verwendeten HTML-Tags entnimmt man einer Anleitung über HTML, die man problemlos mit Suchmaschinen im Internet findet.

```
// GuiEx5.java

import java.util.*;
import java.awt.*;
import javax.swing.*;
import javax.swing.text.*;

public class GuiEx5 extends JFrame
{

  public GuiEx5()
  {
    super("HTML-Fenster");
    setDefaultCloseOperation(WindowConstants.
                        EXIT_ON_CLOSE);
    preparePane();
    setSize(300, 500);
    setVisible(true);
  }

  private void preparePane()
  {
    JEditorPane ep = new JEditorPane("text/html", getText());
    JScrollPane sp = new JScrollPane(ep);
    getContentPane().add(sp);
    ep.setEditable(false);
  }

  private String getText()
  {
    StringBuffer text = new StringBuffer(
```

```
            "<html><body><h1>Fibonacci-Folge</h1><ol>");
    long a = 1;
    long b = 1;

    for (int i = 0; i < 30; i++)
    {
        text.append("<li>");
        text.append(a);
        long temp = b;
        b = a + b;
        a = temp;
    }
    text.append("<ol></body></html>");
    return text.toString();
}

public static void main(String[] args)
{
    new GuiEx5();
}
}
```

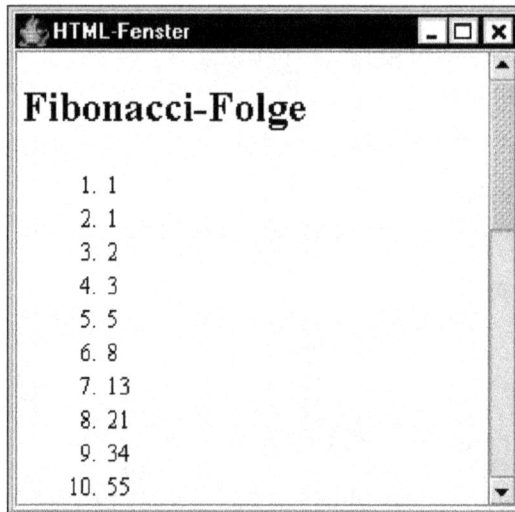

Abb. 29.2   *HTML-formatierte Ausgabe*

Es ist eine Freude, dass unsere bisherigen Java-Kenntnisse ausreichen, mit wenig Aufwand einen einfachen und funktionstüchtigen Web-Browser zu erstellen. Einer der Konstruktoren der Klasse `JEditorPane` nimmt nämlich eine **URL** (Uniform Resource Locator, Web-Adresse) und versucht, eine Verbindung zum Web-Server herzustellen. Gelingt dies, so wird die von Server zurückgesendete HTML-Seite im Fenster des JEditorPane dargestellt. Um auch die als Web-Link markierten Textstellen funktionstüchtig zu machen, ist der zusätzliche Aufwand bescheiden. Man implementiert dazu das Interface HyperlinkListener, das die einzige Methode hyperlinkUpdate() enthält, die als Callbackmethode aufgerufen wird, sobald man auf den markierten Text klickt. Aus dem Parameter dieser Methode kann man mit getUrl() die neue URL zurückholen, die man mit setPage() anfordern kann.

```java
// GuiEx6.java

import java.awt.*;
import java.io.*;
import javax.swing.*;
import javax.swing.event.*;

public class GuiEx6 extends JFrame implements
    HyperlinkListener
{
  private JEditorPane htmlPane;
  private JScrollPane jScrollPane;
  private String urlHome = "http://www.unibe.ch";

  public GuiEx6()
  {
    super("Simple HTML-Browser");
    setDefaultCloseOperation(WindowConstants.
                            EXIT_ON_CLOSE);
    init();
    pack();
    setVisible(true);
  }

  private void init()
  {
    try
    {
      htmlPane = new JEditorPane(urlHome);
    }
    catch (IOException ex)
    {
      System.out.println("Cannot display " + urlHome);
    }

    jScrollPane =
        new JScrollPane(htmlPane,
                        JScrollPane.
                        VERTICAL_SCROLLBAR_ALWAYS,
                        JScrollPane.
```

```
                    HORIZONTAL_SCROLLBAR_ALWAYS);

  jScrollPane.setPreferredSize(new Dimension(1000, 800));
  getContentPane().add(jScrollPane);
  htmlPane.setContentType("text/html");
  htmlPane.setEditable(false);
  htmlPane.addHyperlinkListener(this);
}

public void hyperlinkUpdate(HyperlinkEvent evt)
{
  if (evt.getEventType() ==
      HyperlinkEvent.EventType.ACTIVATED)
  {
    try
    {
      htmlPane.setPage(evt.getURL());
    }
    catch (IOException ex)
    {
      System.out.println("Cannot display " + evt.getURL());
    }
  }
}

public static void main(String[] args)
{
  new GuiEx6();
}
}
```

Es ist selbstverständlich, dass unser einfaches Programm nicht alle Funktionalitäten eines kommerziellen Browser aufweist. Immerhin werden viele Web-Seiten vollständig korrekt dargestellt (Abb. 29.3).

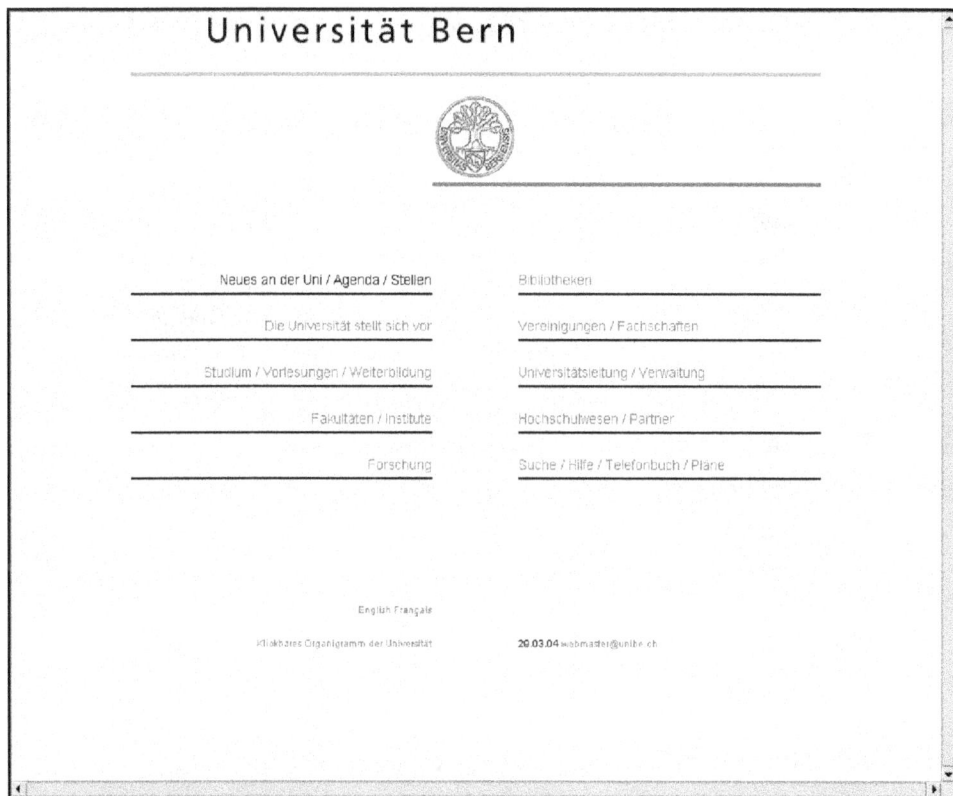

Abb. 29.3   *Ausgabe von GuiEx6 für die URL www.unibe.ch*

29.3.1   Funktionsklassen

Wir führen im Folgenden eine Fallstudie durch, die sich an den Style Guide für Benutzeroberflächen hält und für professionelle Applikationen hilfreich sein könnte. Obschon es sich um ein klassisches Problem der Funktionsdarstellung handelt, unterscheidet sich das objektorientierte Lösungsverfahren grundlegend vom Vorgehen in einer klassischen prozeduralen Programmiersprache.

Abhängigkeiten von Größen werden oft als mathematische Funktionen beschrieben, im einfachsten Fall als Funktionen mit einer Variablen $y = f(x)$. Oft sind sowohl x als auch y reelle Zahlen, die sich am besten durch doubles repräsentieren lassen. Es ist innerhalb und außerhalb der Mathematik üblich, Funktionen als Entitäten zu betrachten, die bestimmte Eigenschaften aufweisen. Daher wäre es nahe liegend, in Java Funktionen als Datenstruktur zu modellieren. Auf den ersten Blick scheint dies aber nicht möglich zu sein, da Funktionen in Java als Methoden einer Klasse aufgefasst werden und nicht als eigenständige Objekte.

Es ist aber eine Eigenschaft einer modernen, universellen Programmiersprache, dass sie genügend Erweiterungsmöglichkeiten für neue Konzepte zur Verfügung stellt. Im Folgenden modellieren wir Funktionen mit einem Java-Interface. Wir beschreiben das Vorgehen am Beispiel von Funktionen $y = a(n)$ mit einem int-Argument und einem double-Rückgabewert, wobei wir verschiedene konkrete Ausprägungen solcher Funktionen zur Verfügung stellen möchten.

Als Erstes deklarieren wir ein Interface Function, das etwas besonders aufgebaut ist: Es enthält den Methodenkopf von a(n). Wie wir wissen, kann das Interface die Methoden nicht direkt implementieren, aber sehr wohl Deklarationen von **inneren Klassen** besitzen, welche ihrerseits das Interface implementieren. Wir bezeichnen diese Klassen mit F0, F1, F2 usw., weil sie die verschiedenen Varianten von a(n) mit einem Bezugsindex 0, 1, 2 usw. implementieren.

```java
// Function.java

public interface Function
{
  public double a(int n);

  class F0 implements Function
  // Ramp
  {
    public double a(int n)
    {
      return 1.0 / n;
    }
  }

  class F1 implements Function
  // Rectangle
  {
    public double a(int n)
    {
      if (n % 2 == 0)
        return 0;
      return 1.0 / n;
    }
  }

  class F2 implements Function
  // Triangle
  {
    public double a(int n)
    {
      double sign = 0;
      if (n % 4 == 1)
        sign = 1.0;
```

```
    if (n % 4 == 3)
        sign = -1.0;
    return sign / (n * n);
    }
 }


 class F3 implements Function
 // Equal harmonics
 {
    public double a(int n)
    {
       return 0.2;
    }
  }
}
```

Mit diesem interessanten Interface können wir Funktionsinstanzen problemlos in einem Array speichern:

```
Function[] func = {new Function.F0(), new Function.F1(),
                   new Function.F2(),  new Function.F3()};
```

Der Funktionsindex spielt nun die Rolle des Arrayindex und wir können für ein beliebiges Argument n die Funktion mit dem Funktionsindex index wie folgt aufrufen:

```
func[index].a(n)
```

*Diese Konstruktion entspricht einem **Funktionszeiger (function pointer)**. In vielen anderen Programmiersprachen ist ein entsprechender Datentyp bereits im elementaren Sprachumfang enthalten.*

29.3.2   Fourier-Reihen

Unter einer Fourier-Reihe verstehen wir Summen von Sinusschwingungen mit Frequenzen, die ein Vielfaches einer Grundfrequenz sind. Die Amplituden der einzelnen Sinusschwingungen stellen die Spektralanteile dar. In der Akustik sprechen wir in diesem Zusammenhang von Grund- und Obertönen. Im folgenden Beispiel betrachten wir die Reihe

$$f(x) = a_1 * \sin(x) + a_2 * \sin(2x) + a_3 * \sin(3x) + ...$$

Da wir keinen konstanten Anteil und keine Phasenverschiebungen vorsehen, ist sie etwas speziell. Unter Anwendung des eben vorgestellten Konzepts von Funktionsklassen implementieren wir mehrere Fourier-Reihen mit der Klasse FourierSeries. Die Klasse kennt eine Methode drawSum(), welche die Summe in einem angegebenen Intervall und eine Methode drawElements(), welche die Summenglieder zeichnet. Beim Konstruieren übergeben wir mit index den Funktionsindex der verwendeten Amplitudenfunktion a(n) und mit order die Anzahl der Glieder, die wir berücksichtigen wollen.

```java
// FourierSeries.java

import ch.aplu.util.*;
import java.awt.Color;

class FourierSeries
{
  private int type;
  private int order;
  private Function[] func =
      {new Function.F0(),
       new Function.F1(),
       new Function.F2(),
       new Function.F3()};

  public FourierSeries(int type, int order)
  {
    this.type = type;
    this.order = order;
  }

  public void drawSum(GPanel panel, double xmin, double xmax)
  {
    double step = 0.01;
    double x;
    double y;

    panel.color(Color.black);
    for (x = xmin; x < xmax; x += step)
    {
      y = 0;
      for (int n = 1; n <= order; n++)
        y += func[type].a(n) * Math.sin(n * x);
      if (x == 0)
        panel.move(0, y);
      else
        panel.draw(x, y);
    }
    panel.repaint();
  }

  public void drawElements(GPanel panel,
                           double xmin, double xmax)
  {
    double step = 0.01;
```

```
    double x;
    double y;

    panel.color(Color.red);
    for (int n = 1; n <= order; n++)
    {
      for (x = xmin; x < xmax; x += step)
      {
        y = func[type].a(n) * Math.sin(n * x);
        if (x == 0)
          panel.move(0, y);
        else
          panel.draw(x, y);
      }
      panel.repaint();
    }
  }
}
```

Ein kurzes Testprogramm mit einer erfreulichen Ausgabe genügt, um uns von der Richtigkeit des Codes zu überzeugen.

```
// FourierEx1.java

import ch.aplu.util.*;

public class FourierEx1
{
  private GPanel p =
      new GPanel("Fourier-Reihen", -1, 4 * Math.PI + 1, -2,
2);

  public FourierEx1()
  {
    drawCoordinateSystem();
    FourierSeries fs = new FourierSeries(1, 10);
    fs.drawElements(p, 0, 4 * Math.PI);
    fs.drawSum(p, 0, 4 * Math.PI);
  }

  private void drawCoordinateSystem()
  {
    p.move(0, 0);
    p.draw(4 * Math.PI, 0);
    p.move(0, -2);
    p.draw(0, 2);
  }
```

```
public static void main(String[] args)
{
  new FourierEx1();
}

}
```

Wir erkennen in Abb. 29.4, dass die Rechteckfunktion als Summe der ungeradzahligen Viel-
fachen der Oberschwingungen mit den Amplituden 1, 1/3, 1/5, ... erhalten werden kann.

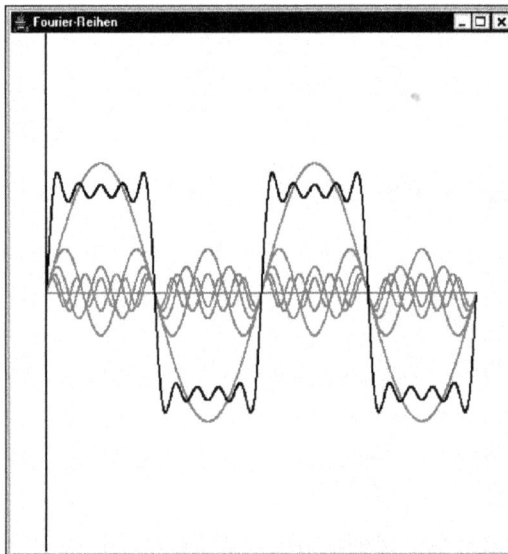

Abb. 29.4 *Entwicklung einer Fourier-Reihe*

29.3.3   Modale Dialoge

Nach diesen Vorbereitungen wollen wir die Darstellung der Fourier-Reihen mit einem Benutzerinterface versehen, das bereits professionellen Ansprüchen genügt. Dieses soll ein
Menü aufweisen, das in der Menüoption *File* neben der Option *Exit* die Option *Draw* enthält,
mit der die Funktion gezeichnet werden kann. Zusätzlich benötigen wir eine Menüoption
Settings, mit der wir die darzustellende Funktion auswählen können. Wir entscheiden uns
dafür, dass dabei ein Dialogfenster mit Radiobuttons erscheint, mit denen man die Wahl
trifft. Dieser Dialog soll zwei Buttons *Ok* und *Cancel* enthalten. Wählen wir *Ok*, so wird die
neue Wahl übernommen, bei *Cancel* bleibt die frühere erhalten. Es ist offensichtlich, dass
jede andere Aktion im Applikationsfenster unterbunden werden muss, solange der Auswahldialog auf dem Bildschirm sichtbar ist. Es ist so, als ob der Dialog von der Applikation Be-

sitz ergreifen würde und sie dabei blockiert. Wir nennen einen solchen blockierenden Dialog einen **modalen Dialog** und das Applikationsfenster, das er blockiert, das **Besitzer-** oder **Elternframe (parent, owner)**.

In größeren Applikationen erscheinen bei der Wahl einer Menüoption sehr oft modale Dialoge, beispielsweise für Drucker-Einstellungen, Datei-Auswahl, Standard-Einstellungen, Bestätigungs-Rückfragen usw. Für Standardaufgaben stellt die JFC die Klasse JOptionPane *zur Verfügung, mit welcher man modale Dialoge mit bemerkenswerter Flexibilität erstellen kann. Weitere vorgefertigte modale Dialoge findet man bei* JColorChooser, JFileChooser *und* InputDialog *im Package* ch.aplu.util.

Grundsätzlich handelt es sich bei einem Dialog um ein gewöhnliches Top-level-Window mit gewissen speziellen Eigenschaften. Es ist daher nicht verwunderlich, dass sich die Klasse JDialog in folgender Klassenhierarchie befindet:

```
java.lang.Object
   |
   +--java.awt.Component
         |
         +--java.awt.Container
               |
               +--java.awt.Window
                     |
                     +--java.awt.Dialog
                           |
                           +--javax.swing.JDialog
```

Da auch die Klasse JFrame aus java.awt.Window abgeleitet ist, haben JDialog und JFrame viele Gemeinsamkeiten. Der hauptsächliche Unterschied zwischen den Klassen JFrame und JDialog besteht darin, dass JDialog auch modal sein kann und zudem ein Elternframe (parent) besitzt. Eine Applikation kann auch nur aus einem JDialog bestehen. In diesem Fall wird automatisch ein Elternframe erzeugt.

Zur Erstellung eines eigenen modalen Dialogs deklarieren wir eine Klasse SettingsDialog, die wir von der Klasse JDialog ableiten, und damit alle ihre Methoden erben. Der Dialog soll das Erscheinungsbild aus Abb. 29.5 haben.

Für die Größe und Anordnung der Komponenten hat Sun einen Standard vorgeschlagen (siehe Buchreferenz im Kap. 29.1), der hier freiheitlich interpretiert wird. Dies ist dann erlaubt, wenn die Abweichungen gering sind und man sich innerhalb derselben Applikation konsequent an dieselben Regeln hält.

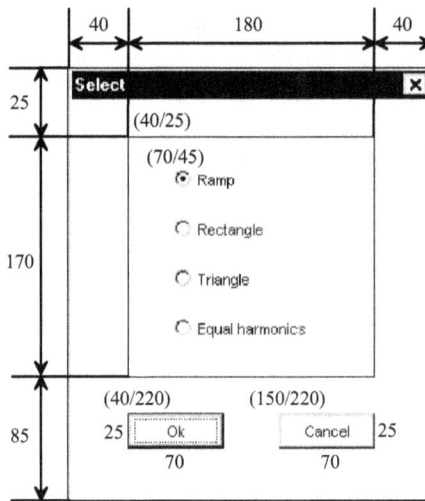

Abb. 29.5 *Layout des Dialogs*

Da Dialoge in der Regel nicht gezoomt werden, eignet sich ein Layout-Manager, der sich auf die exakten Koordinatenwerte der Komponenten stützt. In der JFC sucht man aber vergeblich danach. Wir helfen uns damit, dass wir den Null-Layout-Manager heranziehen und die Lage sowie die Größe der Komponenten mit setBounds() festlegen. Wie wir bereits wissen, ist es günstig, die Content Pane des Top-level-Window, hier des JDialogs, auf ein JPanel zu casten und die Komponenten in dieses JPanel einzufügen.

Um die Funktionalität eines modalen Fensters zu erhalten, erstellt man vorerst eine Instanz des Dialogs, ohne ihn darzustellen. Dabei verwendet man einen Konstruktor, der sowohl eine Referenz des Elternframes (owner), als auch einen booleschen Parameter modal hat, der für einen modalen Dialog true sein muss. Ruft man später die Methode setVisible(true) auf, sorgt das System automatisch dafür, dass das Elternframe blockiert wird. Da das Programm erst von diesem Aufruf zurückkehrt, wenn der Dialog geschlossen wird, nennt man eine solche Methode **blockierend**. Aktiv bleiben allein die Callbackmethoden des Dialogs (die in einem anderen Thread als die Applikation ablaufen). Das Schließen des Dialogs geschieht typischerweise durch Klicken des Ok-, Cancel-Buttons oder des Close-Buttons der Titelleiste. Der Style Guide verlangt, dass die vom Benutzer getroffene Auswahl nur dann übernommen wird, wenn er den Ok-Butten drückt. Drückt er Cancel, so werden alle Veränderungen ignoriert.

Nachdem wir die grundsätzliche Programmlogik für modale Dialoge verstanden haben, stellt sich die interessante Frage, wie man am besten die Information der Benutzeraktionen an das Applikationsprogramm zurückgibt. Da dieses erst weiterläuft, nachdem der Dialog geschlossen wurde, ist es in diesem Moment zu spät, diese Informationen aus dem angezeigten Dialog herauszulesen. Das klassische Verfahren ist das Folgende:

> ☞ **Zur Rückgabe der Benutzeraktionen werden aus modalen Dialogen mit den Callbackmethoden Instanzvariablen gesetzt.**

Üblicherweise deklariert man zu jeder solchen Instanzvariablen eine public getter-Methode, mit der man die Informationen zurückholen, aber nicht verändern kann.

Im unserem Beispiel setzen die Callbackmethoden der Radiobuttons die Instanzvariable `choice`, die man mit der getter-Methode `getChoice()` abfragen kann. Um Code zu sparen, werden die Radiobuttons in einen Array eingefügt, der in Wiederholschleifen durchlaufen werden kann. Als Folge davon werden die Callbackmethoden in einen eigenen `ActionAdapter` aufgenommen, der den Buttonindex kennt.

```java
// SettingsDialog.java

import java.awt.*;
import javax.swing.*;
import java.awt.event.*;

class SettingsDialog extends JDialog
{

  private class BtnActionAdapter implements ActionListener
  {
    private int btnNb;

    private BtnActionAdapter(int btnNb)
    {
      this.btnNb = btnNb;
    }

    public void actionPerformed(ActionEvent evt)
    {
      choice = btnNb;
    }
  }

  private JPanel contentPane = (JPanel)getContentPane();
  private JPanel panel = new JPanel();
  private JPanel borderPanel = new JPanel();

  private JRadioButton[] radioBtn =
      {new JRadioButton("Ramp"),
       new JRadioButton("Rectangle"),
       new JRadioButton("Triangle"),
       new JRadioButton("Equal harmonics")};
  private ButtonGroup buttonGroup = new ButtonGroup();
  private JButton okBtn = new JButton("Ok");
  private JButton cancelBtn = new JButton("Cancel");
```

```
private boolean isOk;
private int choice;

SettingsDialog(Frame owner)
{
  super(owner, "Select", true); // Modal dialog
  init();
  pack();
  setLocationRelativeTo(owner); // Center to owner
}

private void init()
{
  setResizable(false);
  contentPane.setLayout(new BorderLayout());
  contentPane.add(panel, BorderLayout.CENTER);
  panel.setLayout(null);
  panel.setPreferredSize(new Dimension(260, 280));

  for (int nb = 0; nb < radioBtn.length; nb++)
  {
    buttonGroup.add(radioBtn[nb]);
    radioBtn[nb].addActionListener(
        new BtnActionAdapter(nb));
  }

  radioBtn[0].setBounds(new Rectangle(70, 40, 130, 30));
  radioBtn[1].setBounds(new Rectangle(70, 75, 130, 30));
  radioBtn[2].setBounds(new Rectangle(70, 110, 130, 30));
  radioBtn[3].setBounds(new Rectangle(70, 145, 130, 30));
  panel.add(radioBtn[0]);
  panel.add(radioBtn[1]);
  panel.add(radioBtn[2]);
  panel.add(radioBtn[3]);

  borderPanel.setBorder(BorderFactory.createLineBorder(
      Color.black));
  borderPanel.setBounds(new Rectangle(40, 25, 180, 170));
  panel.add(borderPanel);

  okBtn.setBounds(new Rectangle(40, 220, 70, 25));
  cancelBtn.setBounds(new Rectangle(150, 220, 70, 25));
  panel.add(okBtn);
  panel.add(cancelBtn);

  contentPane.add(panel);

  okBtn.addActionListener(new ActionListener()
```

```
  {
    public void actionPerformed(ActionEvent evt)
    {
      isOk = true;
      hide();
    }
  });

  cancelBtn.addActionListener(new ActionListener()
  {
    public void actionPerformed(ActionEvent evt)
    {
      isOk = false;
      hide();
    }
  });
}

int getChoice()
{
  return choice;
}

boolean show(int selection)
{
  radioBtn[selection].setSelected(true);
  choice = selection;
  isOk = false;
  okBtn.requestFocus();
  setVisible(true); // Hang until dialog is hidden
  return isOk;
}
}
```

Nun sind wir endlich soweit, dass wir das Applikationsprogramm schreiben können. Wieder zeigt es sich, dass wir es am besten als Automaten konzipieren, der in einer Ereignisschleife durch die Zustände läuft, die im Interface State festgelegt sind.

Überlegen wir uns, dass das Benutzerinterface in dieser Fallstudie ledliglich dazu dient, eine Auswahl aus 4 Möglichkeiten zu treffen, so ist der Aufwand enorm. Nicht vergessen dürfen wir dabei, dass wir für die grafische Darstellung auch noch die umfangreichen Dienste von GPanel herangezogen haben. Dieses Dilemma ist ein Grund dafür, dass leider je länger desto weniger *von Hand* programmiert wird und man sich zur Lösung solcher Aufgaben nach pfannenfertiger Applikations-Software umsieht.

```
// FourierEx2.java

import ch.aplu.util.*;
```

```java
import java.awt.event.*;
import javax.swing.*;

public class FourierEx2 implements ActionListener
{
  interface State
  {
    int IDLE = 0;
    int DRAWING = 1;
    int SELECTING = 2;
    int EXITING = 3;
  }

  private GPanel p =
      new GPanel("Fourier-Reihen", setMenu(), -1,
                 4 * Math.PI + 1, -2, 2);
  private JMenuItem drawItem, exitItem, selectItem;
  private int state = State.IDLE;
  private int funcNb = 0;

  public FourierEx2()
  {
    SettingsDialog sDlg = new SettingsDialog(p.getWindow());
    drawCoordinateSystem();

    // Event loop
    while (state != State.EXITING)
    {
      Console.delay(1); // For better performance
      if (state == State.DRAWING)
      {
        p.clear();
        drawCoordinateSystem();
        FourierSeries fs = new FourierSeries(funcNb, 5);
        fs.drawElements(p, 0, 4 * Math.PI);
        fs.drawSum(p, 0, 4 * Math.PI);
        state = State.IDLE;
      }
      if (state == State.SELECTING)
      {
        boolean rc = sDlg.show(funcNb);
        if (rc)
          funcNb = sDlg.getChoice();
        state = State.IDLE;
      }
    }
    System.exit(0);
  }
```

```java
private JMenuBar setMenu()
{
  JMenu fileMenu = new JMenu("File");
  drawItem = new JMenuItem("Draw");
  fileMenu.add(drawItem);
  drawItem.addActionListener(this);
  exitItem = new JMenuItem("Exit");
  fileMenu.add(exitItem);
  exitItem.addActionListener(this);

  JMenu settingMenu = new JMenu("Settings");
  selectItem = new JMenuItem("Select Function");
  settingMenu.add(selectItem);
  selectItem.addActionListener(this);

  JMenuBar menuBar = new JMenuBar();
  menuBar.add(fileMenu);
  menuBar.add(settingMenu);

  fileMenu.setMnemonic('F');
  settingMenu.setMnemonic('S');

  drawItem.setAccelerator(KeyStroke.
     getKeyStroke('D', InputEvent.ALT_MASK));
  exitItem.setAccelerator(KeyStroke.
     getKeyStroke('X', InputEvent.ALT_MASK));
  selectItem.setAccelerator(KeyStroke.
     getKeyStroke('O', InputEvent.ALT_MASK));

  return menuBar;
}

public void actionPerformed(ActionEvent e)
{
  if (e.getSource() == drawItem)
    state = State.DRAWING;
  if (e.getSource() == exitItem)
    state = State.EXITING;
  if (e.getSource() == selectItem)
    state = State.SELECTING;
}

private void drawCoordinateSystem()
{
  p.move(0, 0);
  p.draw(4 * Math.PI, 0);
  p.move(0, -2);
```

```
    p.draw(0, 2);
  }

  public static void main(String[] args)
  {
    new FourierEx2();
  }
}
```

Die Bedienungslogik des Programms durch Wahl der Funktion in einem modalen Dialog und nachträgliches Zeichnen mit einer Menüoption ist durchaus akzeptabel. Noch viel schöner wäre es allerdings, wenn der Auswahldialog als Werkzeug-Palette ständig auf dem Bildschirm vorhanden wäre und die Funktion unmittelbar nach einer neuen Wahl dargestellt würde. Diese Verbesserung ist das Ziel des nächsten Kapitels.

29.3.4   Nicht-modale Dialoge

Einen Dialog, der sich beim Erscheinen wie ein gewöhnliches zusätzliches Fenster verhält, also den Programmablauf nicht blockiert, nennt man einen **nicht-modalen Dialog (nonmodal dialog**, **modeless dialog**). Viele Standard-Applikationen verwenden nicht-modale Dialoge als Werkzeug-Paletten, die manchmal am Hauptfenster festgemacht, manchmal aber auch frei beweglich (**floating**) sind. Nicht-modale Dialog schränken die Möglichkeiten des Benutzers wesentlich weniger stark ein und sind im Zweifelfall modalen vorzuziehen. Auch nicht-modale Dialoge werden aus der Klasse JDialog abgeleitet, aber beim Konstruieren erhält der Parameter modal den Wert false. Es gibt auch einen Konstruktor, der diesen Parameter gar nicht enthält und einen nicht-modalen Dialog erzeugt.

Im Folgenden wollen wir für die Darstellung der Fourier-Reihen einen nicht-modalen Dialog einsetzen, mit dem die darzustellende Funktion ausgewählt werden kann. Dazu deklarieren wir eine Klasse SelectionPalette, die von JDialog abgeleitet ist, aber nun einen nicht-modalen Dialog erzeugt. Da der Dialog, wie Abb. 29.6 zeigt, einfach aufgebaut ist, erzeugen wir ihn direkt in der Content Pane mit einem BoxLayout-Manager und lassen auch zu, dass er gezoomt wird. Der Style Guide für nicht-modale Dialoge schreibt vor, dass diese einen Apply-Button besitzen, mit dem der Benutzer anzeigt, dass die im Dialog vorgenommenen Aktionen gültig sind und übernommen werden sollen. Zudem sollen nicht-modale Dialoge auch einen Close-Button (bei uns in der Titelleiste) aufweisen, der ihn zum Verschwinden bringt. Wie bei Standard-Applikationen üblich, enthält der Dialog eine Checkbox *Preview*. Falls diese aktiv ist, wird jede Änderung unmittelbar ausgeführt, in unserem Fall die Funktion neu gezeichnet. Wird der Dialog mit dem Close-Button geschlossen, so kann er mit der Menüoption *Select Function* wieder sichtbar gemacht werden.

Abb. 29.6 *SelectionPalette*

```
// SelectionPalette

import java.awt.*;
import javax.swing.*;
import java.awt.event.*;

class SelectionPalette extends JDialog
{

  private class RadioBtnActionAdapter
      implements ActionListener
  {
    private int btnNb;

    private RadioBtnActionAdapter(int btnNb)
    {
      this.btnNb = btnNb;
    }

    public void actionPerformed(ActionEvent evt)
    {
      app.setChoice(btnNb);
      if (isPreview)
        app.setState(State.DRAWING);
    }
  }

  class CheckBoxActionAdapter implements ActionListener
  {
```

```java
    public void actionPerformed(ActionEvent evt)
    {
      if (checkBox.isSelected())
      {
        app.setState(State.DRAWING);
        isPreview = true;
      }
      else
        isPreview = false;
    }
  }

  class ApplyBtnActionAdapter implements ActionListener
  {
    public void actionPerformed(ActionEvent evt)
    {
      app.setState(State.DRAWING);
    }
  }

  private JPanel contentPane = (JPanel)getContentPane();

  private JRadioButton[] radioBtn =
      {new JRadioButton("Ramp"),
       new JRadioButton("Rectangle"),
       new JRadioButton("Triangle"),
       new JRadioButton("Equal harmonics")};
  private ButtonGroup buttonGroup = new ButtonGroup();
  private JCheckBox checkBox = new JCheckBox("Preview", true);
  private JButton applyBtn = new JButton("Apply");
  private boolean isPreview = true;
  private int choice;
  private FourierEx3 app;

  SelectionPalette(FourierEx3 app)
  {
    super(app.getPanel().getWindow(), "Select"); // Modeless
    this.app = app;
    init();
    pack();
    setLocationRelativeTo(app.getPanel().getWindow());
  }

  private void init()
  {
    contentPane.setLayout(new BoxLayout(contentPane,
                                    BoxLayout.Y_AXIS));
    for (int nb = 0; nb < radioBtn.length; nb++)
```

```
    {
      buttonGroup.add(radioBtn[nb]);
      contentPane.add(radioBtn[nb]);
      radioBtn[nb].addActionListener(
          new RadioBtnActionAdapter(nb));
    }
    contentPane.add(checkBox);
    contentPane.add(applyBtn);
    checkBox.addActionListener(new CheckBoxActionAdapter());
    applyBtn.addActionListener(new ApplyBtnActionAdapter());
  }

  int getChoice()
  {
    return choice;
  }

  void show(int selection)
  {
    radioBtn[selection].setSelected(true);
    choice = selection;
    setVisible(true);
  }
}
```

Die Applikation unterscheidet sich zwar nicht stark, aber in wichtigen Punkten vom vorhergehenden Fall mit einem modalen Dialog. Insbesondere wird der Dialogklasse Selecti-onPalette beim Konstruieren eine Referenz der Applikationsklasse übergeben, damit die Benutzeraktionen im Dialog mit setter-Methoden der Applikationsklasse mitgeteilt werden können, in unserem Fall mit setChoice().

```
// FourierEx3.java

import ch.aplu.util.*;
import java.awt.event.*;
import javax.swing.*;

interface State
{
  int IDLE = 0;
  int DRAWING = 1;
  int SELECTING = 2;
  int EXITING = 3;
}

public class FourierEx3 implements ActionListener
{
```

```
private GPanel p =
    new GPanel("Fourier-Reihen", setMenu(), -1,
               4 * Math.PI + 1, -2, 2);
private JMenuItem drawItem, exitItem, selectItem;
private int state = State.DRAWING;
private int funcNb = 0;

public FourierEx3()
{
  SelectionPalette pal =
      new SelectionPalette(this);
  pal.show(funcNb);
  drawCoordinateSystem();

  // Event loop
  while (state != State.EXITING)
  {
    Console.delay(1); // For better performance
    if (state == State.DRAWING)
    {
      p.clear();
      drawCoordinateSystem();
      FourierSeries fs = new FourierSeries(funcNb, 5);
      fs.drawElements(p, 0, 4 * Math.PI);
      fs.drawSum(p, 0, 4 * Math.PI);
      state = State.IDLE;
    }
    if (state == State.SELECTING)
    {
      pal.show(funcNb);
      state = State.IDLE;
    }
  }
  System.exit(0);
}

GPanel getPanel()
{
  return p;
}

void setState(int state)
{
  this.state = state;
}

void setChoice(int choice)
{
```

```
      funcNb = choice;
    }

    private JMenuBar setMenu()
    {
      JMenu fileMenu = new JMenu("File");
      drawItem = new JMenuItem("Draw");
      fileMenu.add(drawItem);
      drawItem.addActionListener(this);
      exitItem = new JMenuItem("Exit");
      fileMenu.add(exitItem);
      exitItem.addActionListener(this);

      JMenu settingMenu = new JMenu("Settings");
      selectItem = new JMenuItem("Select Function");
      settingMenu.add(selectItem);
      selectItem.addActionListener(this);

      JMenuBar menuBar = new JMenuBar();
      menuBar.add(fileMenu);
      menuBar.add(settingMenu);

      fileMenu.setMnemonic('F');
      settingMenu.setMnemonic('S');

      drawItem.setAccelerator(KeyStroke.
         getKeyStroke('D', InputEvent.ALT_MASK));
      exitItem.setAccelerator(KeyStroke.
         getKeyStroke('X', InputEvent.ALT_MASK));
      selectItem.setAccelerator(KeyStroke.
         getKeyStroke('O', InputEvent.ALT_MASK));

      return menuBar;
    }

    public void actionPerformed(ActionEvent e)
    {
      if (e.getSource() == drawItem)
        state = State.DRAWING;
      if (e.getSource() == exitItem)
        state = State.EXITING;
      if (e.getSource() == selectItem)
        state = State.SELECTING;
    }

    private void drawCoordinateSystem()
    {
      p.move(0, 0);
```

```
    p.draw(4 * Math.PI, 0);
    p.move(0, -2);
    p.draw(0, 2);
  }

  public static void main(String[] args)
  {
    new FourierEx3();
  }

}
```

29.3.5   Look-and-Feel, Closing-Option, Fokus, Inputvalidierung

Es ist eine Besonderheit von Java, dass man den Stil des L&F verändern kann. Man ruft dazu bei Programmbeginn die statische Methode `UIManager.setLookAndFeel()` mit einem gewünschten Parameter auf. Es stehen mehrere Möglichkeiten zur Verfügung, von denen hier nur einige erwähnt werden. Damit der Benutzer nicht schon auf den ersten Blick erkennt, dass das Programm mit Java entwickelt wurde, wählt man ein Erscheinungsbild, das plattformkonform ist. Der Parameter heißt

```
UIManager.getSystemLookAndFeelClassName()
```

Manchmal beabsichtigt man das Gegenteil, nämlich dass das Erscheinungsbild unabhängig von der Plattform dasselbe bleibt. In diesem Fall heißt der Parameter

```
UIManager.getCrossPlatformLookAndFeelClassName()
```

oder

```
"javax.swing.plaf.metal.MetalLookAndFeel"
```

Im folgenden Beispiel wird ein nicht-modaler Eingabedialog mit einem Textfeld für einen int zwischen 1 und 100 angezeigt, welcher beim Erscheinen bereits einen Vorgabewert enthält. Wie es sich auf Grund des Style Guides gehört, besitzt der Dialog einen Apply-Button. Man möchte aber verhindern, dass der Dialog mit dem Close-Button der Titelleiste geschlossen werden kann. Dies erreicht man durch Wahl der **Closing-Option** DO_NOTHING_ON_CLOSE. Standardmäßig ist HIDE_ON_CLOSE eingestellt, was bewirkt, dass der Dialog beim Klicken des Close-Buttons versteckt wird, aber das Dialogobjekt noch vorhanden ist und das Programm nicht terminiert. Dies ist selten ein günstiges Verhalten.

Der Style Guide schreibt vor, dass man einen Dialog allein mit der Tastatur, also auch ohne Maus bedienen können muss. Professionelle Dialoge unterscheiden sich insbesondere in dieser Hinsicht von bastlerartigen Schnellschüssen. Wie man von Standard-Applikationen gewohnt ist, hat immer eine bestimmte Komponente eines Fensters den **Tastaturfokus**. Darunter versteht man die Eigenschaft, dass alle Tastatureingaben an diese Komponente abgegeben werden (außer Eingaben von Spezialtasten oder Tastenkombinationen, welche für das Betriebssystem bestimmt sind). Die Komponente, welche den Tastaturfokus besitzt ist besonders ausgezeichnet, beispielsweise durch einen blinkenden Cursor, eine spezielle Umrandung oder andersfarbige Titelleiste. Mit der Tab-Taste springt der Fokus in einer vorgegebenen Reihenfolge von einer Komponente zur nächsten, in den allermeisten Fällen zeilenweise von oben nach unten.

Es gibt in der JFC viele Methoden, welche den Focus betreffen und es braucht eine besondere Anstrengung des Programmierers, diesen für den Benutzer in jedem Fall befriedigend zu verwalten. Insbesondere ist speziell darauf zu achten, dass der Fokus beim Öffnen des Dialogs vernünftig gesetzt ist, beispielsweise auf dem ersten Editfeld oder auf dem Ok-Button.

Mit der Methode `requestFocus()` setzt man programmgesteuert den Fokus auf eine bestimmte Komponente, beispielsweise beim erstmaligen Erscheinen des Dialogs. Java legt die Fokusreihenfolge standardmäßig recht vernünftig fest. Will man die Reihenfolge ändern, so muss man mit der Methode `setNextFocusableComponent()` bei jeder Komponente die Nachfolgekomponente angeben.

Schließlich gehört es zu den vornehmsten Aufgaben des Programmierers, die Eingaben des Benutzers auf Korrektheit zu prüfen und ihm in einer angemessenen Form und nicht etwa durch einen Programmabbruch mitzuteilen, dass die Eingabe ungültig ist. Diese **Inputvalidierung** kann unter Umständen sehr aufwändig und trickreich sein, beispielsweise bereits dann, wenn es nur darum geht zu prüfen, ob es sich bei der Eingabe um einen int in einem bestimmten zugelassenen Zahlenbereich handelt. Im ersten Anlauf ist man versucht, die Inputvalidierung mit einer Methode durchzuführen, die `true` oder `false` zurückgibt, falls die Eingabe gültig oder ungültig ist. Viel schöner im Sinn der OOP ist es aber, die Validierung als eine Aufgabe anzusehen, die man einer Klasse `InputValidator` delegiert.

Als Beispiel schreiben wir eine Klasse `IntegerValidator`, die prüfen soll, ob ein gegebener String ein int sei. Der Trick besteht darin, die Exception abzufangen, welche von `parseInt()` geworfen wird, wenn der String nicht in einen int umgewandelt werden kann. Die Klasse besitzt zudem einen Konstruktor, mit dem man angeben kann, in welchem Bereich der int liegen muss, und eine boolesche Methode `isValid()`, welche zurückgibt, ob es sich bei der Eingabe tatsächlich um einen int in diesem Bereich handelt.

```java
// IntegerValidator.java

public class IntegerValidator
{
  private int min;
  private int max;

  public IntegerValidator(int min, int max)
  {
    this.min = min;
    this.max = max;
```

```
  }

  public boolean isValid(Object val)
  {
    boolean valid = false;
    if (val != null)
    {
      try
      {
        int n = Integer.parseInt(val.toString());
        valid = (n >= min) && (n <= max);
      }
      catch (NumberFormatException ex) {}
    }
    return valid;
  }
}
```

Das folgende Programm hat zur Aufgabe, alle Primzahlen zwischen 1 und der eingegebenen
Zahl in ein Console-Fenster zu schreiben. Ein Console-Fenster besitzt ein zugehöriges
JFrame als Top-Level-Window, dessen Referenz man mit getFrame() holen kann. Wir
benötigen dieses als Owner der nicht-modalen Dialog-Instanz. Ausnahmsweise wählen wir
den bereits oben eingeführten Standard für Variablenbezeichner mit dem kleingeschriebenen
Klassennamen, der bei Mehrdeutigkeiten durch eine Zahl ergänzt wird. Wir müssen uns ein
bisschen an diese länglichen Bezeichner gewöhnen, da viele visuelle GUI-Builder automatisch Code nach diesem Muster generieren. Die verschiedenen L&F lassen sich durch anderes Auskommentieren der entsprechenden Zeile austesten.

```
// GuiEx7.java

import java.awt.*;
import javax.swing.*;
import java.awt.event.*;
import ch.aplu.util.*;

public class GuiEx7
{
  private Console console = new Console();
  private JDialog jDialog =
      new JDialog(console.getFrame(), "Input");
  private JPanel contentPane;
  private JLabel jLabel = new JLabel();
  private JTextField jTextField = new JTextField();
  private JButton jButton = new JButton();

  public GuiEx7()
  {
```

```
    init();
    jDialog.setVisible(true);
    jButton.requestFocus();
}

private void init()
{
    contentPane = (JPanel)jDialog.getContentPane();
    contentPane.setLayout(new FlowLayout());

    jLabel.setText("Gib einen Integer ein (1..100)");
    jTextField.setColumns(10);
    jTextField.setText("20");
    jButton.setText("Apply");
    contentPane.add(jLabel);
    contentPane.add(jTextField);
    contentPane.add(jButton);
    jDialog.setSize(250, 100);
    jDialog.setResizable(false);
    jDialog.setDefaultCloseOperation(WindowConstants.
                                    DO_NOTHING_ON_CLOSE);
    jDialog.setLocationRelativeTo(console.getFrame());

    jButton.addActionListener(new ActionListener()
    {
      public void actionPerformed(ActionEvent evt)
      {
        String value = jTextField.getText().trim();
        IntegerValidator iv = new IntegerValidator(1, 100);
        if (!iv.isValid(value))
        {
          console.println("Illegal entry");
          return;
        }
        int n = Integer.parseInt(value);
        console.println("Primzahlen <= " + n + " :");
        for (int i = 1; i <= n; i++)
          if (isPrime(i))
            console.println(i);
      }
    });
}

private boolean isPrime(int n)
{
    for (int i = 2; i * i <= n + 1; i++)
      if (n % i == 0)
        return false;
```

```
      return true;
   }

   public static void main(String[] args)
   {
      try
      {
         UIManager.setLookAndFeel(
//             UIManager.getCrossPlatformLookAndFeelClassName()
//             UIManager.getSystemLookAndFeelClassName()
               "javax.swing.plaf.metal.MetalLookAndFeel"
//             "com.sun.java.swing.plaf.motif.MotifLookAndFeel"
//             "com.sun.java.swing.plaf.windows.WindowsLookAndFeel"
//             "javax.swing.plaf.mac.MacLookAndFeel"
               );

      }
      catch (Exception ex)
      {
         System.err.println("Couldn't use the system " +
                             "look and feel: " + ex);
      }
      new GuiEx7();
   }
}
```

29.4   Einbetten eines GPanels

In vielen Applikationen benötigt man ein Grafikfenster als Teil eines Top-Level-Windows oder eines Dialogfensters. Es macht durchaus Sinn, dafür vorgefertigte Komponenten einzusetzen, beispielsweise ein GPanel. Standardmäßig entsteht beim Erzeugen eines GPanels auch gleichzeitig ein Top-Level-Window (ein GWindow, das aus JFrame abgeleitet ist), in welches das GPanel eingebettet ist. Um dies zu vermeiden, muss man den speziellen Konstruktorparameter GPanel.EMBEDDED verwenden. Die Größe des Fensters wird üblicherweise mit setPreferredSize() angegeben. Falls sich das GPanel, wie in unserem Beispiel, in einem anderen JPanel und nicht direkt in der Content Pane eines Top-Level-Windows befindet, kann man auch die Größe dieser Komponente angeben, da die aktuelle Größe des GPanel automatisch beim ersten Erscheinen angepasst wird.

Der zum GPanel gehörende Bildbuffer wird aber erst zu diesem Zeitpunkt entsprechend der Größe des Fensters erstellt. Aus diesem Grund muss man mit dem Zeichnen in das GPanel zuwarten, bis das GPanel auf dem Bildschirm sichtbar wird.

Im folgenden Programm prüfen wir in einer while-Schleife mit isReady(), ob das GPanel für die Zeichenoperation bereit ist. Zur Bedienung stehen zwei Buttons in einem linksseitigen Navigationsfeld zur Verfügung, mit denen man ein einfaches Bild zeichnen und wieder löschen kann.

```java
// GuiEx8.java

import java.awt.*;
import javax.swing.*;
import java.awt.event.*;
import ch.aplu.util.*;

public class GuiEx8
{
  private JFrame frame = new JFrame("GUI with GPanel");
  private JPanel contentPane;
  private JPanel navigationPane = new JPanel();
  private JPanel graphPane = new JPanel();
  private GPanel gPanel = new GPanel(GPanel.EMBEDDED);
  private JButton drawBtn = new JButton("Draw");
  private JButton clearBtn = new JButton("Clear");

  public GuiEx8()
  {
    frame. addWindowListener(new WindowAdapter()
    {
      public void windowClosing(WindowEvent evt)
      {
        gPanel.dispose();
        frame.setVisible(false);
        frame.dispose();
        System.exit(0);
      }
    });
    init();
    frame.pack();
    frame.setVisible(true);
    while (!isReady) {}  // Wait until GPanel is shown
    drawRectangle();
  }

  private void init()
  {
    contentPane = (JPanel)frame.getContentPane();
    contentPane.add(navigationPane, BorderLayout.WEST);
    contentPane.add(graphPane, BorderLayout.CENTER);
    navigationPane.setBackground(Color.lightGray);
    navigationPane.add(drawBtn);
    navigationPane.add(clearBtn);

    graphPane.setBorder(
            BorderFactory.createCompoundBorder(
            BorderFactory.createTitledBorder("Graph Pane"),
```

```
            BorderFactory.createEmptyBorder(5, 5, 5, 5)));
    graphPane.setPreferredSize(new Dimension(300, 200));
    graphPane.setLayout(new BorderLayout());
    graphPane.setBackground(Color.white);
    graphPane.add(gPanel);

    gPanel.bgColor(Color.cyan);
    gPanel.window(0, 100, 0, 100);

    drawBtn.addActionListener(new ActionListener()
    {
      public void actionPerformed(ActionEvent evt)
      {
        draw();
      }
    });

    clearBtn.addActionListener(new ActionListener()
    {
      public void actionPerformed(ActionEvent evt)
      {
        gPanel.clear();
        drawRectangle();
      }
    });
  }

  private void drawRectangle()
  {
    gPanel.move(0, 0);
    gPanel.draw(100, 0);
    gPanel.draw(100, 100);
    gPanel.draw(0, 100);
    gPanel.draw(0, 0);
  }

  private void draw()
  {
    for (double x = 0; x < 100; x += 5)
      gPanel.line(x, 0, 0, 100 - x);
  }

  public static void main(String[] args)
  {
    new GuiEx8();
  }
}
```

Da ein GPanel einen interen Bildbuffer verwendet, wird beim Zoomen des Fensters die Zeichnung automatisch affin angepasst (Abb. 29.7).

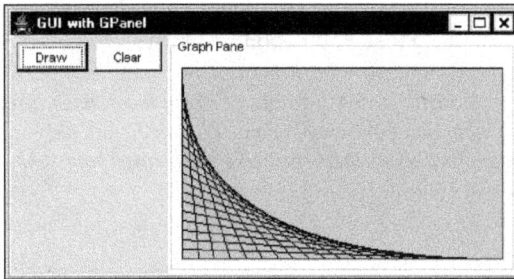

Abb. 29.7 *Ein eingebettetes GPanel*

29.5   GUI-Mustervorlage

In vielen einfachen Anwendungen besteht das GUI aus einem Dialog-Fenster, das Eingabefelder, Ausgabefelder und Bedienungselemente besitzt. Oft ist auch eine Statuszeile hilfreich, die Rückmeldungen über den aktuellen Systemzustand enthält. Um den Aufwand für die Entwicklung des GUI in Grenzen zu halten, geht man am besten von einer bereits vorhandenen Applikation aus, die ähnliche Elemente enthält, und passt diese der neuen Situation an. Dieses „Stehlen" von Programmcode stellt die wichtigste Art der Wiederverwendung dar, ist aber nur dann von Erfolg gekrönt, wenn man den Code weitgehend versteht. Daher sollten Mustervorlagen für ein GUI so geschrieben sein, dass der Code so einfach wie möglich gehalten ist und sich die Zahl der Elemente und ihre Eigenschaften leicht verändern lassen. Eine bekannte Technik besteht darin, die GUI-Komponenten nicht mit einzelnen Variablen zu referenzieren, sondern in Arrays zusammen zu fassen. Dadurch lässt sich nicht nur ihre Anzahl leicht verändern, sondern sie können auch für gleichartige Operationen mit for-Schleifen durchlaufen werden. Im betrachteten Beispiel besteht das GUI aus einem JFrame-Fenster, das 4 JPanels für je eine Texteingabe, eine Textausgabe, einige Buttons und ein einzeiliges Statusfeld enthält (Abb. 29.8).

Um der Mustervorlage auch gleichzeitig einen Sinn zu geben, wird sie zur Simulation einer Population mit 40 Individuen eingesetzt, die folgenden Regeln unterworfen sind:

- Ein Individuum ist entweder gesund oder krank
- Zu Beginn ist eine gewisse vorgegebene Anzahl der Individuen krank
- In jedem Generationsschritt werden 2 Individuen zufällig ausgewählt, die miteinander in Kontakt kommen. Dabei sollen zwei gesunde Individuen gesund bleiben. Ist hingegen mindestens eines der Individuen krank, so sind es nach der Begegnung beide.

Es ergeben sich folgende interessante Fragestellungen:

- Wie verläuft die Zahl der Kranken von Generation zu Generation in einer typischen Simulation, was ist im Mittel zu erwarten?
- Wie lange lebt ein Individuum durchschnittlich (mittlere Lebensdauer)?
- Wie lange geht es im Mittel, bis die ganze Population krank ist?

*Mit Kenntnissen der mathematischen Statistik lassen sich diese Fragen theoretisch beantworten, da es sich um einen **Markhoff-Prozess** handelt. Eine Computersimulation liefert aber einen wesentlich anschaulicheren Zugang und erlaubt Verallgemeinerungen, die theoretisch nur sehr schwierig oder überhaupt nicht mehr behandelt werden können.*

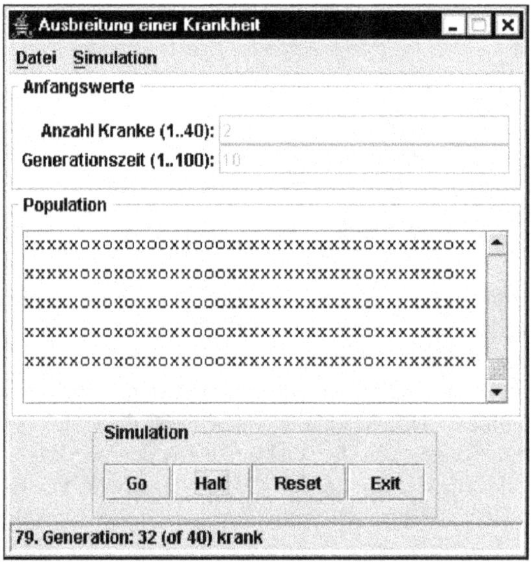

Abb. 29.8 *GUI-Mustervorlage*

Wir gehen von folgender Bedienungslogik aus: Mit dem Button *Go* wird die Simulation gestartet, mit *Halt* angehalten, wobei mit einem nachfolgenden *Go* die Simulation im aktuellen Zustand weitergeführt werden kann. Mit *Reset* wird die Simulation in den Anfangszustand zurückgesetzt. Nur in diesem Zustand kann man die beiden Eingabezeilen editieren. Im Ausgabefenster wird die Population zeilenweise sichtbar gemacht, wobei für ein gesundes Individuum o und für ein krankes x geschrieben wird. Die Statuszeile vermittelt wichtige Informationen zum momentanen Zustand des Systems. Das Menü enthält die gleichen Aktionsmöglichkeiten wie die Buttons.

Die Mustervorlage des Dialogs ist zwar auf den ersten Blick etwas umfangreich, hat aber den Vorteil, dass sie sich leicht an eine andere ähnliche Aufgabenstellung anpassen lässt. Die Programmierung der GUI-Komponenten zeigt nicht viel Neues, außer der trickreichen, von Sun geschriebenen Art, wie die Labels rechtsbündig bei den Eingabefeldern positioniert werden. Das Augenmerk ist vielmehr auf die einheitliche Programmstruktur zu richten: Die Arrays aller GUI-Komponenten und ihre wesentlichen Eigenschaften sind als Instanzvariablen deklariert, damit man sie übersichtlich im ersten Teil des Programms anordnen kann. Die Komponenten selbst werden in der Methode init() instanziert und in einen wohldefinierten Anfangszustand versetzt, was wegen der Verwendung von Arrays elegant mit for-Schleifen durchgeführt werden kann.

Die Klassen erhalten spezifische Aufgaben: Die Applikationsklasse PopSim verarbeitet in einer Ereignisschleife die verschiedenen Zustände, die der Anwender über das Menü oder mit Buttonklicks anwählen kann. Sie bezieht das GUI aus der Dialogklasse PopDialog, von der sie eine Instanz erzeugt, und kann damit problemlos auf nicht-private Methoden der Dialogklasse zugreifen. Die Simulationsalgorithmen werden an die Klasse Population delegiert. Besonders wichtig ist die Ereignissteuerung. Wir stellen uns dabei vor, dass sich die Applikation in jedem Moment in einem gewissen Zustand befindet, der durch die Klasse State beschrieben wird. Ein GUI-Event (Button-Klick, Menü-Wahl) versetzt das System in einen neuen Zustand, indem die Methode next(int x) mit dem Parameter x aufgerufen wird, der den Event charakterisiert. Es handelt sich weitgehend um die Realisierung eines Automaten (state machine). Damit die Klasse PopDialog Zugriff auf den Zustand erhält, wird ihr bei der Konstruktion die Zustandsreferenz übergeben. Das UML-Diagramm vermittelt eine anschauliche Übersicht der Zusammenhänge (Abb. 29.9).

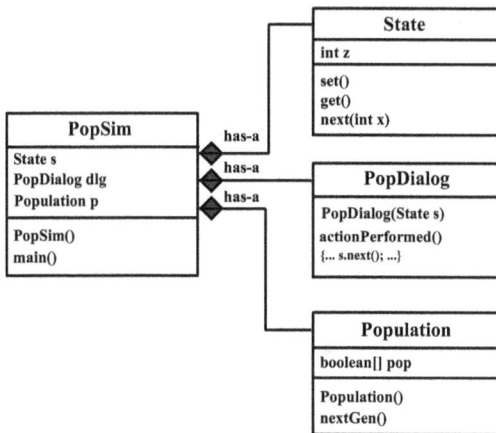

Abb. 29.9   *Der Zusammenhang der Klassen in der Mustervorlage*

In der Klasse State sind die verschiedenen Zustände als Alias deklariert. Sie besitzt setter- und getter-Methoden auf den aktuellen Zustand z und die Methode next(), welche den Folgezustand auf Grund des aktuellen Zustands und des aufgetretenen Events bestimmt. Diese wird in der Automatentheorie auch **Übergangsfunktion** genannt.

```
public class State
{
  final static int IDLE = 0;
  final static int INIT = 1;
```

```java
final static int GO = 2;
final static int HALT = 3;
final static int RESET = 4;
final static int EXIT = 5;

private int z;

public State(int z)
{
  set(z);
}

public void set(int z)
{
  this.z = z;
}

public int get()
{
  return z;
}

public void next(int x)
{
  switch (x)
  {
    case 0:  // Btn "Go"
      if (z == State.IDLE)
        z = State.INIT;
      else
        z = State.GO;
      break;
    case 1: // Btn "Halt"
      if (z == State.GO)
        z = State.HALT;
      break;
    case 2: // Btn "Reset"
      z = State.RESET;
      break;
    case 3: // Btn "Exit"
      z = State.EXIT;
      break;
  }
}
}
```

Um Code zu sparen, empfiehlt sich wiederum die Verwendung von Komponenten-Arrays, die mit for-Schleifen durchlaufen werden können. Oft ist es während der Entwicklungsphase, insbesondere für die Fehlersuche, eine große Hilfe, wenn die vom System ausgelösten Events angezeigt werden. Dazu registriert man am besten einen AWTEventListener, kommentiert den Code aber, wie in PopDialog.java gezeigt, nachher wieder aus oder entfernt ihn vollständig, da er zu einer Verschlechterung des Laufzeitverhaltens führt.

Die eingelesenen Werte müssen als ints interpretierbar sein. Um Fehleingaben abzufangen, verwenden wir wiederum die Klasse IntegerValidator, die auch noch gerade den erlaubten Bereich der eingegebenen Werte überprüft. Wir sind nun in der Lage, den Code der Mustervorlage vollständig zu überblicken.

```java
// PopDialog.java

import javax.swing.*;
import javax.swing.border.*;
import javax.swing.text.*;
import java.awt.*;
import java.awt.event.*;

public class PopDialog extends JFrame implements
    ActionListener
{
  private final int DLG_WIDTH = 360;

  private State s;
  private JPanel contentPane;

  // -------------------- Panes --------------------------
  private final int NB_PANES = 4;
  private JPanel[] panes = new JPanel[NB_PANES];
  private String[] paneTitles =
     {" Anfangswerte ", " Population ", " Simulation ", ""};
  private int[] paneHeights =
     {80, 155, 70, 20};

  // -------------------- TextFields ---------------------
  private final int NB_TEXTFIELDS = 2;
  private JTextField[] textFields = new JTextField[
     NB_TEXTFIELDS];

  // -------------------- Labels -------------------------
  private JLabel[] labels = new JLabel[NB_TEXTFIELDS];
  private String[] labelTexts =
    {"Anzahl Kranke (1..40): ", "Generationszeit (1..100): "};

  // -------------------- TextArea(s) --------------------
  private JTextArea textArea = new JTextArea();
```

```
private JScrollPane scrollPane =
    new JScrollPane(textArea,
                    JScrollPane.
                    VERTICAL_SCROLLBAR_ALWAYS,
                    JScrollPane.
                    HORIZONTAL_SCROLLBAR_AS_NEEDED);

// ------------------- Buttons -------------------------
private final static int NB_BUTTONS = 4;
private JButton[] buttons = new JButton[NB_BUTTONS];
private String[] buttonTexts =
    {"Go", "Halt", "Reset", "Exit"};

// ------------------- Status --------------------------
private JLabel status = new JLabel();

// ------------------- Menu ----------------------------
private final static int NB_MENUS = 2;
JMenu menus[] = new JMenu[NB_MENUS];
private char[] menuMnemonics = {'D', 'S'};
private String[] menuTexts = {"Datei", "Simulation"};

private final static int NB_MENUITEMS = 4;
private JMenuItem[] menuItems = new JMenuItem[NB_MENUITEMS];
private String[] menuItemTexts =
    {"Exit", "Go", "Halt", "Reset"};
private char[] menuItemAccelerators =
    {'X', 'G', 'H', 'R'};

// ------------------- Constructor ---------------------
public PopDialog(State s)
{
  super("Ausbreitung einer Krankheit");
  this.s = s;
  setDefaultCloseOperation(WindowConstants.
                           DO_NOTHING_ON_CLOSE);
  setJMenuBar(setMenu());
  initDialog();
  pack();
  setResizable(false);
  setLocation(200, 200);
  setVisible(true);
}

// ------------------- public Methods ------------------
public void showText(String text)
{
  textArea.append(text);
```

```
    scrollToEnd();
}

public void clear()
{
    textArea.setText("");
}

public void showStatus(String text)
{
    status.setText(" " + text);
}

public int getInputValue(int index, int min, int max)
{
    IntegerValidator iv = new IntegerValidator(min, max);
    String value = textFields[index].getText().trim();
    if (iv.isValid(value))
    {
        return Integer.parseInt(value);
    }
    return 0;
}

public void setTextField(int index, String text)
{
    textFields[index].setText(text);
}

public void enableInput(boolean b)
{
    textFields[0].setEnabled(b);
    textFields[1].setEnabled(b);
}

public void actionPerformed(ActionEvent evt)
{
    Object source = evt.getSource();
    for (int i = 0; i < NB_BUTTONS; i++)
    {
        if (source == buttons[i])
        {
            s.next(i);
            return;
        }
    }

    if (source == menuItems[0])
```

```
  {
    s.next(3);
    return;
  }

  for (int i = 1; i < NB_MENUITEMS; i++)
  {
    if (source == menuItems[i])
    {
      s.next(i - 1);
      return;
    }
  }
}

public void processWindowEvent(WindowEvent evt)
{
  super.processWindowEvent(evt);
  if (evt.getID() == WindowEvent.WINDOW_CLOSING)
  {
    s.next(3);
  }
}

// -------------------- private Methods ------------------
private void initDialog()
{
  contentPane = (JPanel)getContentPane();
  contentPane.setLayout(new BoxLayout(contentPane,
                                      BoxLayout.Y_AXIS));
  GridBagLayout gridBag = new GridBagLayout();

  // ----------------- Panes ------------------------------
  for (int i = 0; i < NB_PANES; i++)
  {
    panes[i] = new JPanel();
    contentPane.add(panes[i]);
    panes[i].setPreferredSize(
        new Dimension(DLG_WIDTH, paneHeights[i]));
    if (i != NB_PANES - 1)
    {
      panes[i].setBorder(
          BorderFactory.createCompoundBorder(
          BorderFactory.createTitledBorder(paneTitles[i]),
          BorderFactory.createEmptyBorder(5, 5, 5, 5)));
    }
  }
```

```
    panes[0].setLayout(gridBag);
    panes[0].setBackground(Color.white);

    panes[1].setLayout(new BorderLayout());
    panes[1].setBackground(Color.white);
    panes[1].add(scrollPane);

    panes[2].setLayout(new BoxLayout(panes[2],
                                    BoxLayout.X_AXIS));

    panes[3].setLayout(new BorderLayout());
    panes[3].setBorder(new BevelBorder(BevelBorder.LOWERED));
    panes[3].add(status);

    // ----------------- TextFields ----------------------
    for (int i = 0; i < NB_TEXTFIELDS; i++)
    {
      textFields[i] = new JTextField(10);
      labels[i] = new JLabel(labelTexts[i]);
    }
    addLabelTextRows(labels, textFields, gridBag, panes[0]);

    // ----------------- TextArea ----------------------
    textArea.setFont(new Font("Courier", Font.PLAIN, 14));

    // ----------------- Buttons ----------------------
    for (int i = 0; i < NB_BUTTONS; i++)
    {
      buttons[i] = new JButton(buttonTexts[i]);
      panes[2].add(buttons[i]);
      buttons[i].addActionListener(this);
    }

/*

    // ----------------- AWTEventListener ----------------
    getToolkit().addAWTEventListener(
        new AWTEventListener()
    {
      public void eventDispatched(AWTEvent evt)
      {
        System.out.println(evt + "\n");
      }
    }

      AWTEvent.FOCUS_EVENT_MASK
//        | AWTEvent.KEY_EVENT_MASK
//        | AWTEvent.MOUSE_EVENT_MASK
```

```
          );
*/
  }

  private JMenuBar setMenu()
  {
    for (int i = 0; i < NB_MENUS; i++)
    {
      menus[i] = new JMenu(menuTexts[i]);
      menus[i].setMnemonic(menuMnemonics[i]);
    }

    menuItems[0] = new JMenuItem(menuItemTexts[0]);
    menuItems[0].setAccelerator(
        KeyStroke.getKeyStroke(menuItemAccelerators[0],
                                  InputEvent.ALT_MASK));

    menus[0].add(menuItems[0]);
    menuItems[0].addActionListener(this);


    for (int k = 1; k < NB_MENUITEMS; k++)
    {
        menuItems[k] = new JMenuItem(menuItemTexts[k]);
        menuItems[k].setAccelerator(
            KeyStroke.getKeyStroke(menuItemAccelerators[k],
                                      InputEvent.ALT_MASK));
        menus[1].add(menuItems[k]);
        menuItems[k].addActionListener(this);
    }

    JMenuBar menuBar = new JMenuBar();
    menuBar.add(menus[0]);
    menuBar.add(menus[1]);
    return menuBar;
  }

  private void scrollToEnd()
  {
    try
    {
      textArea.setCaretPosition(
          textArea.getLineEndOffset(
          textArea.getLineCount() - 1));
    }
    catch (BadLocationException ex)
    {
      System.out.println(ex);
```

```
      }
   }

   // Method from TextSamplerDemo.java
   // Sun, "The JFC Swing Tutorial"
   private void addLabelTextRows(JLabel[] labels,
                                 JTextField[] textFields,
                                 GridBagLayout gridBag,
                                 Container container)
   {
      GridBagConstraints c = new GridBagConstraints();
      c.anchor = GridBagConstraints.EAST;
      int numLabels = labels.length;

      for (int i = 0; i < numLabels; i++)
      {
         c.gridwidth = GridBagConstraints.RELATIVE;//next-to-last
         c.fill = GridBagConstraints.NONE; //reset to default
         c.weightx = 0.0; //reset to default
         gridBag.setConstraints(labels[i], c);
         container.add(labels[i]);

         c.gridwidth = GridBagConstraints.REMAINDER; //end row
         c.fill = GridBagConstraints.HORIZONTAL;
         c.weightx = 1.0;
         gridBag.setConstraints(textFields[i], c);
         container.add(textFields[i]);
      }
   }
}
```

Die Klasse PopDialog ist noch nicht ganz perfekt, da sie den Tastaturfokus nicht gemäß den Vorgaben des Java L&F behandelt. Als Nächstes betrachten wir die Klasse Population, die dafür verantwortlich ist, die Individuen zu verwalten. Den aktuellen Gesundheitszustand speichern wir in einem booleschen Array pop in der Größe der Population, wobei der Wert true bedeuten soll, dass das entsprechende Individuum krank ist. Mit der Methode nextGen() wird die Population in die nächste Generation überführt, wobei zwei zufällig ausgewählte Individuen gemäß den vorgegebenen Regeln wechselwirken. Die Klasse besitzt zudem eine Methode initialize(), welche die vorgeschriebene Anzahl Individuen an zufällig ausgewählten Stellen krank setzt, sowie einige weitere praktische getter- und setter-Methoden.

```
// Population.java

import java.util.*;

public class Population
```

```
{
  private boolean[] pop;
  private int nbPop;
  private int nbGen;
  private int nbSick;

  public Population(int nbPop, int nbSick)
  {
    this.nbPop = nbPop;
    this.nbSick = nbSick;
    nbGen = 0;
    pop = new boolean[nbPop];
    initPop(nbSick);
  }

  public String getPopDescription()
  {
    String s = "";
    for (int i = 0; i < nbPop; i++)
      if (pop[i])
        s = s + "x";
      else
        s = s + "o";
    return s + "\n";
  }

  public String getPopStatus()
  {
    String s = nbGen + ". Generation: " + nbSick +
              " (of " + nbPop + ") krank";
    return s;
  }

  public int getGen()
  {
    return nbGen;
  }

  public int getSick()
  {
    return nbSick;
  }

  public void nextGen()
  {
    Random rnd = new Random();
    int m = 0;
    int n = 0;
```

```
  do
  {
    m = rnd.nextInt(nbPop);
    n = rnd.nextInt(nbPop);
  } while (m == n);
  if (pop[m] != pop[n])
  {
    nbSick++;
    pop[m] = pop[n] = true;
  }
  nbGen++;
}

public void initialize(int nbSick)
{
  for (int i = 0; i < nbPop; i++)
    pop[i] = false;
  Random rnd = new Random();
  int z = 0;
  while (z != nbSick)
  {
    int i = rnd.nextInt(nbPop);
    if (!pop[i])  // not yet sick
    {
      z++;
      pop[i] = true;
    }
  }
}
}
```

Nach all diesen Vorbereitungen ist es nicht mehr sehr schwierig, die Applikationsklasse zu schreiben. Der wichtigste Teil davon ist die Ereignisschleife, in der die Aktionen für die verschiedenen Zustände ausgeführt werden. Im Anschluss an die Ereignisschleife hätten wir die Möglichkeit, noch gewisse Aufräumarbeiten vorzunehmen, beispielsweise Ressourcen wieder frei zu geben, was in unserem Beispiel nicht nötig ist. Wir müssen allerdings darauf bedacht sein, dass die Ausräumaktion in jedem Fall ausgeführt wird, insbesondere auch, wenn der Exit-Button der Titelleiste geklickt wird. Wir setzen darum im Konstruktor von PopDialog

```
setDefaultCloseOperation(WindowConstants.DO_NOTHING_ON_CLOSE);
```

und fangen den Close-Event mit der Callbackmethode processWindowEvent() ab. Dort rufen wir next() mit dem gleichen Parameter auf, wie wenn man das Programm mit dem Exit-Button oder der Exit-Menüoption beendet.

```java
// PopSim.java

public class PopSim
{
  private State s = new State(State.RESET);
  private Population p;  // Could be local in PopSim()
  private PopDialog dlg; // same

  public PopSim()
  {
    int nbPop = 40;
    int nbSick = 2; // Default
    int genTime = 10;   // Default
    dlg = new PopDialog(s);
    dlg.setTextField(0, "" + nbSick);
    dlg.setTextField(1, "" + genTime);

    while (s.get() != State.EXIT)
    {
      switch (s.get())
      {
        case State.IDLE:
        case State.HALT:
          delay(1);
          break;
        case State.INIT:
          dlg.enableInput(false);
          nbSick = dlg.getInputValue(0, 1, 40);
          genTime = dlg.getInputValue(1, 1, 100);
          if (nbSick == 0 || genTime == 0 || nbSick > nbPop)
          {
            dlg.showStatus("Ungültige Anfangswerte");
            dlg.enableInput(true);
            s.set(State.IDLE);
          }
          else
          {
            p = new Population(nbPop, nbSick);
            dlg.showText(p.getPopDescription());
            dlg.showStatus(p.getPopStatus());
            if (nbSick < nbPop)
              s.set(State.GO);
            else
              s.set(State.HALT);
          }
          break;
        case State.GO:
          delay(10*genTime);
```

```
                    p.nextGen();
                    if (p.getSick() == nbPop)
                      s.set(State.HALT);
                    dlg.showText(p.getPopDescription());
                    dlg.showStatus(p.getPopStatus());
                    break;
                case State.RESET:
                    dlg.clear();
                    dlg.enableInput(true);
                    dlg.showStatus(
                      "Anfangswerte eingeben (Anzahl Individuen: " +
                      nbPop + ") ");
                    s.set(State.IDLE);
                    break;
            }
        }
        System.exit(0);
    }

    private void delay(int time)
    {
        try
        {
            Thread.currentThread().sleep(time);
        }
        catch (InterruptedException ex)
        {}
    }

    public static void main(String[] args)
    {
        new PopSim();
    }
}
```

Das behandelte Beispiel stützt sich allein auf die JFC. Wir haben damit das Ziel erreicht, eine voll funktionstüchtige, GUI-basierte Java-Applikation ohne Beizug zusätzlicher Hilfsklassen zu schreiben.

30   Klonen, flache und tiefe Kopie

Unter einer Kopie versteht man eine Reproduktion, die möglichst exakt dem Vorbild entspricht. Aus dem täglichen Leben haben wir eine ziemlich klare Vorstellung, was es heißt, einen Gegenstand, beispielsweise ein Auto zu kopieren. (Die Analogie ist nicht in jeder Beziehung ganz realistisch.) Man meint damit, dass wir ein zweites Auto herstellen, das in allen Teilen genau dem Original entspricht. Für das kopierte Auto werden natürlich auch alle Teile kopiert. Wie steht es aber mit dem Nummernschild? Hier können wir drei Fälle unterscheiden:

- das Nummernschild wird nie mitkopiert
- das Nummernschild wird exakt gleich kopiert
- für das kopierte Auto wird ein neues, anderes Nummernschild erstellt.

Gehen wir davon aus, dass das Nummernschild eindeutig auf einen Besitzer verweist, so entspricht der erste Fall der Herstellung der Autos in einer Fabrik. Solche Autos enthalten in der Regel noch keinerlei Verweise auf einen Besitzer und der Kopiervorgang ist diesbezüglich einfach. Im zweiten Fall müssen wir uns bewusst sein, dass die zwei Autos in einem gewissen Sinn nicht unabhängig voneinander sind, denn sie haben denselben Besitzer. Wechselt dieser beispielsweise seine Adresse, so sind beide Autos gleichermaßen davon betroffen. Im dritten Fall ist die Situation wieder wesentlich einfacher, die beiden Autos können nun völlig unabhängig voneinander betrieben werden.

Diese anschauliche Situation spiegelt sich auch bei Software-Objekten wider, die Verweise entsprechen hier den Referenzvariablen. Enthält ein Objekt als Instanzvariablen nur Basistypen, so ist der Kopiervorgang trivial. Es werden einfach alle Variablenwerte im kopierten Objekt übernommen. Anders bei Referenztypen: das kopierte Nummernschild entspricht dem Fall, in dem wir den Wert der Referenzvariablen unverändert mitkopieren. Beide Objekte verweisen im Anschluss daran auf dasselbe Objekt, sind daher nicht unabhängig. Wir nennen dies eine **flache Kopie (shallow copy)**. Um den dritten Fall zu realisieren, müssen beim Kopieren eines Objekts auch alle Objekte, auf die es verweist, neu erstellt werden. Wir nennen dies eine **tiefe Kopie** (**deep copy**) . Anschaulich sind die drei Fälle in Abb. 30.1-30-3 dargestellt.

Abb. 30.1   *Keine Kopie der Referenz*   **Abb. 30.2**   *Flache Kopie*   **Abb. 30.3**   *Tiefe Kopie*

In höheren Programmiersprachen führt man das Kopieren üblicherweise mit der Zuweisungsoperation durch. Sind a und b zwei Variablen von demselben Basistyp, so wird mit

```
b = a;
```

der Wert von a in b kopiert. Danach sind a und b selbstverständlich völlig unabhängig voneinander. Wie wir wissen, ist für Referenztypen das Verhalten völlig anders. Sind a und b Referenzen, so wird mit der Zuweisung b = a lediglich der Verweis auf das entsprechende Objekte kopiert. Das Objekt, auf das a verweist, bleibt dabei völlig unangetastet, es wird nicht einmal lesend darauf zugegriffen. Die Zuweisung führt also bei Referenzvariablen zu keinerlei Kopie der Objekte. Daher sind nach der Zuweisung die beiden Variablen a und b stark voneinander abhängig. Wird das Objekt, auf das beide verweisen, in irgendeiner Art verändert, so betrifft dies beide Variablen in gleicher Weise.

In Java werden Objekte immer nur über ihre Referenzen angesprochen. Ein Objekt kann damit nie andere Objekte *enthalten*, sondern immer nur Referenzen auf andere Objekte. Aus diesem Grund spielt der Unterschied zwischen dem flachen und tiefen Kopieren in Java eine besonders wichtige Rolle. Man delegiert das Kopieren an die Klasse selbst, zu der das Objekt gehört, denn diese „weiß" am besten, wie sie mit ihren Instanzen umzugehen hat. Üblicherweise nennt man die Methode `clone()` und spricht statt von Kopieren eher von **Klonen**. Andere Methodenbezeichner sind aber auch üblich, beispielsweise `duplicate()`, insbesondere dann, wenn man einen Konflikt mit der Methode `clone()`, die in der Klasse `Object` deklariert ist, vermeiden will. Üblicherweise wird mit `clone()` eine tiefe Kopie erstellt.

Die nicht trivialen Probleme im Zusammenhang mit Objektreferenzen und Klonen ist ein Teil des Preises, den wir durch die Verwendung von objektorientierten Technologien bezahlen müssen. Wir wollen die Problematik an einem einfachen Beispiel erleben. Dazu betrachten wir eine Klasse von Kreisen. Sie besitzen als Eigenschaften die Lage des Mittelpunkts, den Radius und einen Buchstaben, der zu ihrer Identifizierung dient. (Der Einfachheit halber verzichten wir auf Zugriffsbezeichner und greifen ohne Verwendung von setter oder getter-Methoden auf die Instanzvariablen zu.) Neben diesen Eigenschaften besitzt die Instanz von

Circle_1 auch noch eine Methode show(), mit welcher sie in einem übergebenen GPanel dargestellt werden kann.

```
// Circle_1.java

import ch.aplu.util.*;

class Circle_1
{
  double xCenter;
  double yCenter;
  double radius;
  char id;

  void show(GPanel p)
  {
    p.move(xCenter, yCenter);
    p.fillCircle(radius);
    p.text(xCenter + 0.2, yCenter, id);
  }
}
```

Im Applikationsprogramm CloneEx1 erzeugen wir einen Punkt A im Ursprung. Dann erstellen wir mit einer Zuweisung der Referenzen eine Kopie von A mit der Id B und ordnen ihn rechts von A an. Damit erhalten wir erwartungsgemäß Abb. 30.4. Zum Spaß rücken wir B noch weiter nach rechts, ohne den Punkt darzustellen. Vielmehr stellen wir A nochmals dar und erwarten eigentlich immer noch Abb. 30.4. Es erscheint aber Abb. 30.5. Dies kommt daher, dass a und b offensichtlich dasselbe Objekt referenzieren und wir mit der Veränderung der Eigenschaften des von b referenzierten Objekts (Setzen der ID und Verschieben nach rechts) und auch die Eigenschaften des von a referenzierten Objekts verändert haben.

Abb. 30.4   *Erwartetes Bild*

Abb. 30.5   *Tatsächliches Bild*

```
// CloneEx1.java

import ch.aplu.util.*;

class CloneEx1
{
  GPanel p = new GPanel(-5, 5, -5, 5);

  CloneEx1()
  {
```

```
    Circle_1 a = new Circle_1();
    a.id = 'A';
    a.xCenter = 0;
    a.yCenter = 0;
    a.radius = 0.1;
    a.show(p);
    Circle_1 b = a;    // Reference copy
    b.id = 'B';
    b.xCenter = 1;
    b.show(p);
    b.xCenter = 2;
    a.show(p);
  }

  public static void main(String[] args)
  {
    new CloneEx1();
  }
}
```

Wie wir einmal mehr realisieren, ist mit

```
    Circle_1 b = a;
```

das Objekt, auf das a verweist, nicht einmal gelesen, geschweige denn kopiert worden. Wir wollen das Kopieren des Objekts *von Hand* ausprogrammieren und deklarieren dazu in der Klasse Circle_2 die Methode duplicate().

```
// Circle_2.java

import ch.aplu.util.*;

class Circle_2
{
  double xCenter;
  double yCenter;
  double radius;
  char id;

  Circle_2 duplicate()
  {
    Circle_2 c = new Circle_2();
    c.xCenter = xCenter;
    c.yCenter = yCenter;
    c.radius = radius;
    c.id = id;
    return c;
  }
```

```
  void show(GPanel p)
  {
    p.move(xCenter, yCenter);
    p.fillCircle(radius);
    p.text(xCenter + 0.2, yCenter, id);
  }
}
```

Der Code in duplicate() ist nahe liegend: wir erstellen einen neuen Kreis und setzen seine Eigenschaften auf den ursprünglichen. Dann geben wir eine Referenz auf diesen Kreis zurück. Führen wir in CloneEx2 die gleiche Operation wie in CloneEx1 aus, so erscheint das gewünschte Bild aus Abb. 30.4.

```
// CloneEx2.java

import ch.aplu.util.*;

class CloneEx2
{
  GPanel p = new GPanel(-5, 5, -5, 5);

  CloneEx2()
  {
    Circle_2 a = new Circle_2();
    a.id = 'A';
    a.xCenter = 0;
    a.yCenter = 0;
    a.radius = 0.1;
    a.show(p);
    Circle_2 b = a.duplicate();
    b.id = 'B';
    b.xCenter = 1;
    b.show(p);
    b.xCenter = 2;
    a.show(p);
  }

  public static void main(String[] args)
  {
    new CloneEx2();
  }
}
```

Angeregt durch diesen Erfolg, wollen wir in der Klasse Circle_3 den Code verschönern, indem wir für den Mittelpunkt ein Objekt der Klasse Point2D.Double einsetzen. Gleichzeitig müssen wir duplicate() leicht modifizieren.

```java
// Circle_3.java

import java.awt.geom.*;
import ch.aplu.util.*;


class Circle_3
{
  Point2D.Double center;
  double radius;
  char id;

  Circle_3 duplicate()
  // Shallow copy
  {
    Circle_3 c = new Circle_3();
    c.center = center;
    c.radius = radius;
    c.id = id;
    return c;
  }

  void show(GPanel p)
  {
    p.move(center);
    p.fillCircle(radius);
    p.text(center.x + 0.2, center.y, id);
  }
}
```

Voller Zuversicht übernehmen wir in CloneEx3 die Programmlogik von CloneEx2 unverändert.

```java
// CloneEx3.java

import java.awt.geom.*;
import ch.aplu.util.*;

class CloneEx3
{
  GPanel p = new GPanel(-5, 5, -5, 5);

  CloneEx3()
  {
    Circle_3 a = new Circle_3();
    a.id = 'A';
    a.center = new Point2D.Double(0, 0);
    a.radius = 0.1;
```

```
        a.show(p);
        Circle_3 b = a.duplicate();
        b.id = 'B';
        b.center.x = 1;
        b.show(p);
        b.center.x = 2;
        a.show(p);
    }

    public static void main(String[] args)
    {
        new CloneEx3();
    }
}
```

Leider entspricht das Resultat gar nicht den Erwartungen (Abb. 30.6).

Abb. 30.6 *Fehlerhaftes Klonen (shallow copy)*

Wieder sind die Circle-Instanzen von A und B nicht unabhängig voneinander, was bei genauerer Analyse selbstverständlich wird, denn wir verwenden in A und B dasselbe Point2D.Double-Objekt, da wir mit

```
c.center = center
```

nur seine Referenz in das neue Circle-Objekt kopiert haben. Um den Kreis richtig zu duplizieren, müssen wir in der Klasse Circle_4 auch ein neues Mittelpunkt-Objekt erzeugen.

```
// Circle_4.java

import java.awt.geom.*;
import ch.aplu.util.*;


class Circle_4
{
    Point2D.Double center;
    double radius;
    char id;

    Circle_4 duplicate()
    // Deep copy
    {
        Circle_4 c = new Circle_4();
```

```
      c.center = new Point2D.Double(center.x, center.y);
      c.radius = radius;
      c.id = id;
      return c;
   }

   void show(GPanel p)
   {
      p.move(center);
      p.fillCircle(radius);
      p.text(center.x + 0.2, center.y, id);
   }
}
```

Ersetzen wir in CloneEx3.java die Klasse Circle_3 durch die korrekte Klasse Circle_4, so ergibt sich mit CloneEx4.java wieder das korrekte Bild aus Abb. 30.1. Wir nennen die Duplizierung in Circle_3 eine flache Kopie, da wir nur die Referenzen (und Basistypen) kopieren, hingegen die Duplizierung in Circle_4 eine tiefe Kopie, da wir von den referenzierten Objekten neue Instanzen erstellen, die exakt dieselben Eigenschaften wie die alten besitzen.

Es fragt sich, warum wir uns die Mühe nehmen, eine Methode für das Clonen selbst zu schreiben, statt die Methode clone() in der Klasse Object zu verwenden. Der Grund ist einfach: Object.clone() erstellt nur eine flache Kopie des Objekts, was meist nicht dem gewünschten Verhalten entspricht. Damit man die Methode nicht bedenkenlos verwenden kann, wurde sie protected deklariert und sie kann daher nur innerhalb einer Klassenhierarchie verwendet werden. Aber auch hier ist Vorsicht am Platz, so dass man besser ganz darauf verzichtet. Um einen Anwender darauf hinzuweisen, dass in einer Klasse eine Kopiermethode für tiefes Kopieren implementiert ist, pflegt man die Klasse als Implementierung des Interfaces Cloneable zu deklarieren. Dieses Interface dient nur zu Dokumentationszwecken, denn es enthält keine einzige Methode. Die Klasse Circle_5 entspricht, abgesehen von den fehlenden Zugriffsbezeichnern, den üblichen Konventionen.

```
// Circle_5.java

import java.awt.geom.*;
import ch.aplu.util.*;


class Circle_5 implements Cloneable
{
   Point2D.Double center;
   double radius;
   char id;

   public Object clone()
   {
      Circle_5 c = new Circle_5();
```

```
    c.center = new Point2D.Double(center.x, center.y);
    c.radius = radius;
    c.id = id;
    return c;
  }

  void show(GPanel p)
  {
    p.move(center);
    p.fillCircle(radius);
    p.text(center.x + 0.2, center.y, id);
  }
}
```

Das Klonen ist besonders im Zusammenhang mit Parameterübergaben wichtig. Übergibt man einer Methode einen Referenztyp, so erhält die Methode vollen Zugriff auf alle public Instanzvariablen und Methoden des Objekts, was zu gefährlichen, schwer auffindbaren Seiteneffekten führen kann. Um dies zu vermeiden, ist es angebracht, vom Objekt vor der Parameterübergabe eine tiefe Kopie zu erstellen und eine Referenz auf die Kopie zu übergeben.

Auch der Rückgabewert von Methoden kann zu gefährlichen Seiteneffekten führen. Gibt beispielsweise eine getter-Methode einen Referenztyp zurück, so erhält die aufrufende Methode weitgehenden Zugriff auf das Objekt. Auch in diesem Fall ist es angebracht, in der getter-Methode eine Kopie zu erstellen und eine Referenz auf diese Kopie zurückzugeben.

Da es durchaus möglich ist, dass die von den Instanzvariablen referenzierten Instanzen ihrerseits wiederum Referenzen enthalten, handelt es sich bei einer tiefen Kopie grundsätzlich um einen aufwändigen rekursiven Prozess. Um nicht selbst für die korrekte Behandlung verantwortlich zu sein, könnte man das ursprüngliche Objekt serialisieren und als Kopie wieder zurückholen. Wir haben nämlich im Kap. 23.9 festgestellt, dass bei der Serialisierung automatisch eine tiefe Kopie des Objekts erstellt wird. Voraussetzung ist allerdings, dass alle verwendeten Datentypen serializable sind, was beispielsweise für Point2D.Double nicht der Fall ist.

31 Nebenläufigkeit (Multithreading)

31.1 Parallele Datenverarbeitung

Man kann einen Computer modellhaft als eine sequentielle Maschine auffassen, die auf Grund der Programmlogik Anweisung um Anweisung abarbeitet. In diesem Modell gibt es keine gleichzeitig ablaufenden Aktionen, also keine **Parallelverarbeitung**, bzw. keine **Nebenläufigkeit**. Aus der Überlegung, dass das gleichzeitige Ausführen von Rechenoperationen, von Programmteilen oder ganzen Programmen die Verarbeitungsgeschwindigkeit enorm steigern kann, hat man bereits seit Jahrzehnten nach Möglichkeiten gesucht, in einem Computersystem möglichst viele Abläufe zu parallelisieren. Dies ist auf der Stufe der Zentraleinheit (CPU) weit fortgeschritten: Moderne Prozessoren zeichnen sich durch ein hohes Maß an Parallelität aus. Beispielsweise wird während der Ausführung eines Befehls gleichzeitig der nächste Befehl aus dem Hauptspeicher geholt (**Pipelining**). Weit fortgeschritten ist die parallele Datenverarbeitung in Computersystemen mit mehreren Prozessoren (Mehrprozessorsysteme, Parallelrechner), was aber eine komplexe Programmiertechnik nötig macht (**concurrent programming**).

Zur Lösung komplexer algorithmischer Aufgaben (Meteorologie, Hochenergiephysik usw.) sind enorme Rechenleistungen nötig, die man durch Zusammenschalten von weltweit verteilten Computern erreichen will (Grid computing).

Obschon auf einem Einprozessorsystem die CPU zu einer gewissen Zeit immer nur einen Programmteil abarbeiten kann, sind parallele Programmiertechniken auch auf Einprozessormaschinen, zu denen praktisch alle PCs gehören, wichtig. Dafür gibt es vor allem zwei Gründe:

- Viele Programme, insbesondere solche mit einer grafischen Benutzeroberfläche, verharren die meiste Zeit in einem Wartezustand, da die Eingabeaktionen des Benutzers um Größenordnungen langsamer ablaufen als die Rechenoperationen. Statt sinnlos zu warten, kann der Prozessor während dieser Zeit andere Programmteile ausführen. Auch in Echtzeitsystemen spielen parallele Programmiertechniken eine große Rolle. Beispielsweise können bei Überwachungsaufgaben verschiedene quasi-parallel laufende Programmmodule die Informationen der verschiedenen Sensoren verarbeiten

- Besitzt ein Computer die Funktionalitäten eines **Servers**, so muss er die Anfragen seiner **Clients** innerhalb einer akzeptablen Antwortzeit behandeln. Dazu ist es nötig, dass ein gerade ablaufender Prozess durch eine unerwartete Anfrage eines Clients unterbrochen wird und dieser mit hoher Priorität bedient wird. Die Rechenleistung des Servers wird damit gemäß einer intelligenten Strategie auf mehrere Clients aufgeteilt.

Die zweite Aufgabe hatten bereits vor mehreren Jahrzehnten die **Großrechner (Mainframes)** in einem **Multiuser-System** zu erfüllen. Dazu ist ein Betriebssystem nötig, das den verschiedenen Benutzern die Rechenleistung regelmäßig während eines gewissen Zeitintervalls zur Verfügung stellt (time shared operating system), ohne dass sich die Benutzer gegenseitig stören. Dazu wird jedem Benutzer ein **Prozess (process, task)** zugeteilt. Dieser umfasst nicht nur das eigentliche Programm, sondern auch alle nötigen Informationen über dessen Ressourcen und seinen augenblicklichen Zustand (**context**). Das Betriebssystem ist dafür verantwortlich, dass die gemeinsamen Computerressourcen ohne Konflikte geteilt werden und dass beim Umschalten eines Prozesses auf einen anderen (**context switch, task switch**) alle nötigen Informationen gespeichert werden, damit jeder Prozess später an einer genau definierten Stelle weiterlaufen kann.

Warten mehrere Prozesse darauf, ausgeführt zu werden, so gibt es grundsätzlich zwei Strategien: Ein laufender Prozess ist **kooperativ** und gibt aus eigenem Anlass mit einer Programmanweisung, die man üblicherweise **yield** nennt, den Anspruch auf Rechenleistung an andere wartende Prozesse ab, oder das Betriebssystem unterbricht das laufende Programm nach einem gewissen Zeit- und Prioritätenschema und gibt die Ressourcen an einen der wartenden Prozesse ab (**preemptive**). In einem kooperativen System kann ein einzelner Prozess das ganze System lahm legen, wenn er gewollt oder durch einen Programmierfehler seine Rechenzeit nie abgibt. Darum sind die meisten heute verwendeten Betriebssysteme preemtive. Dies hat aber nicht nur Vorteile, denn beispielsweise ist es bei einem solchen Betriebssystem schwierig, gewisse Antwortzeiten zu garantieren, was im Bereich der Echtzeitsteuerung nötig sein kann.

31.2   Threads

In einem Einprozessorsystem können zwar nicht mehrere Programme gleichzeitig ablaufen, aber durch die schnelle Umschaltung zwischen den Prozessen ergibt sich der Eindruck, als ob dies doch der Fall wäre. Wir sprechen darum statt von *gleichzeitig*, genauer von *nebeneinander* oder von **Nebenläufigkeit**. Die Interaktion der verschiedenen, nebeneinander ablaufenden Programme ist in der Regel klein. Nur in Fällen, in welchen die Programme auf gemeinsam benutzte Ressourcen (Bildschirm, Datenträger, Drucker usw.) zugreifen, hat das Betriebssystem dafür zu sorgen, dass keine Zugriffskonflikte entstehen. Dazu werden gewisse Ressourcen gesperrt (**locked**) und später wieder freigegeben (**unlocked**).

Es gibt aber auch Fälle, in denen mehrere Prozesse weit mehr miteinander kommunizieren müssen, insbesondere, wenn

- die Prozesse auf einen intensiven Daten- und Informationsaustausch angewiesen sind. In der Regel schreibt der eine Prozess die Daten in einen gemeinsamen Datenbereich (z.B. in eine Datei) und der andere liest diese Daten. Dabei ist fast immer eine **Synchronisation** der Prozesse nötig: der lesende Prozess muss mit dem Lesen zuwarten, bis ihm der schreibende Prozess mitteilt, dass die Daten verfügbar sind (**Data Ready**). Andererseits muss der schreibende Prozess mit dem nächsten Schreiben warten, bis der lesende Prozess die Daten übernommen hat (**Request Data**). Man nennt einen solchen Synchronisationsprozess auch **Handshaking**.
- die Prozesse fast identischen Programmcode haben. Typisch ist dies bei einem Dateiserver, der mit mehreren Client-Systemen verbunden ist. Für die Verbindung zu den verschiedenen Clients ist ein gleichartiges Service-Programm nötig. Es wäre eine große Verschwendung von Serverressourcen, wenn für jeden Client ein neues Programm bzw. ein neuer Prozess gestartet würde. Viel eleganter ist es, mit einem einzigen Programm alle Clients zu bedienen, also innerhalb desselben Programms parallel ausführbaren Code zu ermöglichen. Wir nennen diese nebeneinander laufenden Programmteile **Threads** (von *Faden* oder *Gedankengang*). Java ist eine der wenigen Programmiersprachen, bei der Threads zum Sprachumfang gehören. Darum ist Java zur Programmierung von Client-/Server-Systemen hervorragend geeignet.

Das Erzeugen eines Threads ist in Java denkbar einfach. Wir zeigen dies exemplarisch, indem wir zwei Turtles je in einem Thread, also quasi gleichzeitig einen Stern zeichnen lassen. Dazu gibt es zwei Vorgehensweisen, die sich nicht grundsätzlich voneinander unterscheiden. Im ersten Fall deklarieren wir eine Klasse `Star`, die aus der Klasse `Thread` abgeleitet ist, im zweiten eine Klasse `StarTurtle`, die das Interface `Runnable` implementiert.

In `ThreadEx1.java` wird die Klasse `Star` aus `Thread` abgeleitet und wir überschreiben dabei die Methode `run()` dieser Klasse. Diese Methode übernimmt sozusagen die Rolle der main-Methode einer Applikationsklasse. Beim Start des Threads ruft das System diese Methode ähnlich einer Callbackmethode auf. Läuft `run()` zu Ende, so verschwindet auch der Thread.

Aus den vorhergehenden Überlegungen zur Nebenläufigkeit geht klar hervor, dass wir den Startzeitpunkt des Threads dem System überlassen müssen, da dieser mehrere nebeneinander laufende Prozesse verwaltet. Mit der Methode `start()` der Klasse `Thread` teilen wir dem System mit, dass dies möglichst rasch erfolgen soll. Da die Klasse `Star` wegen der is-a-Relation auch ein `Thread` ist, können wir zwei Instanzen davon erzeugen und je die Methode `start()` aufrufen.

```java
// ThreadEx1.java

import ch.aplu.turtle.*;

class Star extends Thread
{
  private Turtle turtle = new Turtle();
  private double angle;
```

```
  public Star(double angle)
  {
    this.angle = angle;
  }

  public void run()
  {
    while (true)
    {
      turtle.forward(100);
      turtle.left(angle);
    }
  }
}

public class ThreadEx1
{
  public ThreadEx1()
  {
    Star star1 = new Star(70);
    Star star2 = new Star(110);
    star1.start();
    star2.start();
  }

  public static void main(String[] args)
  {
    new ThreadEx1();
  }
}
```

Wir freuen uns daran, den beiden Turtles bei ihrer gleichzeitigen Wanderung zuzuschauen, aber auch, wie einfach es in Java ist, ein Programm mit **Multithreading**-Fähigkeiten auszustatten. Wir halten zur Sicherheit noch einmal das Folgende fest:

☞ **Um einen Thread zu starten ist start() aufzurufen und nicht etwa run().**

Wir können uns anschaulich auch vorstellen, dass der Thread verschiedene **Zustände** haben kann: Nach seiner Erzeugung mit new wird er mit start() in den Zustand *bereit* (**ready, runnable**) versetzt. Das Laufzeitsystem erstellt dabei eine entsprechende Umgebung und ruft schließlich auf Grund der bereits laufenden Threads und deren Prioritäten die Methode run() auf, was heißt, dass sich der Thread jetzt im Zustand *laufend* (**running**) befindet Der Thread endet dann, wenn run() zu Ende läuft. Jetzt ist der Thread im Zustand *tot* (**dead**).

Mit der zweiten Vorgehensweise vermeiden wir, dass unsere Klasse aus Thread abgeleitet wird. Sie ist immer dann vorzuziehen, wenn wir uns bereits in einer anderen Klassenhierarchie befinden. Im Beispiel `ThreadEx2.java` implementieren wir darum das Interface `Runnable`, welches die einzige Methode `run()` enthält. Diese Methode spielt wieder die Rolle der vorhin verwendeten run()-Methode, wird also beim Start des Threads aufgerufen. Dazu müssen wir analog der Registrierung von Callbackmethoden den Thread mit einem Konstruktor konstruieren, der eine Referenz auf eine Klasseninstanz übernimmt. Mit der bei der Konstruktion zurückgelieferten Thread-Referenz rufen wir anschließend die Methode `start()` auf.

```java
// ThreadEx2.java

import ch.aplu.turtle.*;

class StarTurtle extends Turtle implements Runnable
{
  private double angle;

  public StarTurtle(double angle)
  {
    this.angle = angle;
  }

  public void run()
  {
    while (true)
    {
      forward(100);
      left(angle);
    }
  }
}

public class ThreadEx2
{
  public ThreadEx2()
  {
    StarTurtle s1 = new StarTurtle(70);
    Thread t1 = new Thread(s1);
    StarTurtle s2 = new StarTurtle(110);
    Thread t2 = new Thread(s2);
    t1.start();
    t2.start();
  }

  public static void main(String[] args)
  {
    new ThreadEx2();
  }
}
```

Eleganter ist es, den Thread beim Konstruieren der StarTurtle zu erzeugen und ihn auch gleich zu starten. Zudem wird die Klasse als innere Klasse deklariert. Dies ist besonders dann ein großer Vorteil, wenn wir Daten zwischen dem Thread und der Applikationsklasse austauschen müssen, da beide auf dieselben Instanzvariablen zugreifen können.

```java
// ThreadEx3.java

import ch.aplu.turtle.*;

public class ThreadEx3
{
    // ------------- Inner class StarTurtle -----------
    private class StarTurtle extends Turtle
        implements Runnable
    {
        private double angle;

        public StarTurtle(double angle)
        {
            this.angle = angle;
            new Thread(this).start();
        }

        public void run()
        {
            while (true)
            {
                forward(100);
                left(angle);
            }
        }
    }
    // ------------- End of inner class ---------------

    public ThreadEx3()
    {
        StarTurtle s1 = new StarTurtle(70);
        StarTurtle s2 = new StarTurtle(110);
    }

    public static void main(String[] args)
    {
        new ThreadEx3();
    }
}
```

Benötigt man Zugang zu den Methoden des aktuell laufenden Threads, so kann man sich mit der statischen Methode

```
Thread t = Thread.currentThread();
```

eine Referenz t auf den aktuellen Thread zurückholen. Dies gilt auch für den Thread, in welchem ein beliebiges Applikationsprogramm läuft. Bekannt ist der Aufruf von

```
Thread.currentThread().sleep(millisec);
```

um das laufende Programm eine bestimmte Zeit anzuhalten. Dabei werden natürlich die Prozessorressourcen automatisch an andere wartende Threads abgegeben. Der Aufruf kann eine `InterruptedException` werfen, die man leider immer mit einem try-catch-Block abfangen muss.

31.3 Sichere Threads, Synchronisation kritischer Bereiche

Laufen in einer Applikation mehrere Threads nebeneinander, so kann dies zu einem gewaltigen Durcheinander führen. In der Regel beanspruchen die Threads gemeinsame Ressourcen, wie den Bildschirm, Dateien, Hardware-Ports usw., aber auch gemeinsame Daten. Da das Betriebssystem für die Umschaltung der Threads verantwortlich ist, kann schlecht vorausgesehen werden, an welcher Stelle des Codes die Umschaltung erfolgt, es ist aber gemäß den Gesetzen von Murphy immer davon auszugehen, dass dies in einem denkbar ungünstigen Moment geschieht. Da Threads auf gemeinsame Instanzvariablen zugreifen können, gibt es besonders gefährliche Wechselwirkungen, wenn diese durch die Threads modifiziert werden. Aus diesem Grund gilt im Zusammenhang mit Nebenläufigkeit die wichtige Regel:

☞ **Threads sind möglichst stark voneinander zu entkoppeln.**

Jeder Thread führt seinen eigenen Speicherbereich für Parameter und lokale Variablen, d.h. sein eigenes Stack. Aus diesem Grund ist die Verwendung von lokalen Variablen im Gegensatz zu Instanzvariablen völlig unkritisch. Es ist auch problemlos, Methoden, die ihrerseits nur lokale Variablen ändern, beispielsweise die Methoden der Klasse Math, zu verwenden. Methoden, die man ohne weitere Vorsichtsmaßnahmen in mehreren Threads verwenden kann, nennt man **thread-sicher (thread-safe)**. Wir haben wiederholt betont, dass es zum guten Programmierstil gehöre, wo immer möglich lokale Variablen an Stelle von Instanzvariablen zu verwenden. Diese Anstrengung zahlt sich im Zusammenhang mit Threads auch tatsächlich aus.

Thread-sicher sind normalerweise auch Konstruktoren, die mit den übergebenen Parametern die Instanzvariablen initialisieren. Der Thread wird nämlich in der Regel erst gestartet, nachdem das Objekt konstruiert ist (ob Beispiel ThreadEx2.java besonders gut sichtbar).

In fast allen Programmen mit mehreren Threads ist es aber unumgänglich, dass diese in einer bestimmten Art miteinander kommunizieren. Wir sprechen von einem **kritischen Bereich** (**critical section**) des Codes, wenn in diesem Teil zwei verschiedene Threads auf dieselben Daten oder Ressourcen (Instanzvariablen, Dateien, Ports usw.) zugreifen. Falls dies nur lesend geschieht, sorgt das Betriebssystem dafür, dass es keine fehlerhaften Zugriffe gibt. Verändert hingegen ein Thread die Daten oder sperrt er selbst den Zugriff auf die Daten für längere Zeit, so müssen die beiden Threads miteinander aushandeln, wann der Zugriff zu erfolgen hat. Wir sprechen von einer **Synchronisation** oder vom **gegenseitigen Ausschluss** des kritischen Bereichs. Ein derart geschützter Bereich heißt auch **atomar**.

In Java wurde zu diesem Zweck ein Modell implementiert, das auf C.A.R. Hoare zurückgeht. Der kritische Bereich kann eine ganze Methode oder auch nur ein Programmblock sein, die mit dem Schlüsselwort `synchronized` besonders ausgezeichnet werden. Diese werden durch eingebaute Mechanismen, **Monitore** genannt, überwacht. Beim Eintritt in den derart ausgezeichneten Bereich versucht sich das Programm den Monitor und damit eine **Sperre** (**Lock**) für ein bestimmtes Objekt zu verschaffen. (Handelt es sich um eine Methode, so ist es die aktuelle Instanz des Objekts, bei einem Programmblock wird eine Referenz des gesperrten Objekts dem Schlüsselwort `synchronized` als Parameter übergeben.) Da nur ein einziger Thread den Monitor besitzen kann, ist das Objekt für Zugriffe von anderen Threads **gesperrt** (**locked**). Andere Threads, die den betreffenden Code ausführen möchten, werden in einen Wartezustand, in den Zustand *blockiert*, (**blocked**) versetzt. Es kann sich dabei um mehrere Threads handeln. Erst nachdem der laufende Thread den Monitor abgegeben hat und damit die Speere löst, was automatisch am Ende des ausgezeichneten Bereichs der Fall ist, kann das Betriebssystem einen der blockierten Threads weiterlaufen lassen.

Im folgenden Beispiel betrachten wir einen in der Praxis wichtigen Synchronisationsprozess, der auch im Zusammenhang mit Mehrbenutzer-Datenbanken nötig sein kann. Wir nehmen dabei an, dass die Informationen in einer tabellenartigen Datenbank als Datensätze (records) gespeichert sind, die zur Identifizierung eine eindeutige Nummer besitzen (**record id**). Beim Erstellen eines neuen Datensatzes muss zuerst die Id des letzten Datensatzes geholt und daraus durch Inkrementieren die neue Id erzeugt werden. Der neue Datensatz wird dann mit dieser Id in die Datenbank zurückgespeichert. Das Problem ist in einer Mehrbenutzerumgebung offensichtlich: Holt ein Benutzer die Id des letzten Datensatzes und macht dies kurz darauf ein zweiter Benutzer ebenfalls, bevor der erste Benutzer den neuen Datensatz abgespeichert hat, so werden zwei Benutzer dem neuen Datensatz dieselbe Id geben. Der Fehler und damit eine Katastrophe für die Datenbank, tritt umso wahrscheinlicher auf, je mehr Zeit zwischen dem Holen und Abspeichern der Id vergeht, je mehr Benutzer gleichzeitig auf dem System arbeiten und je langsamer der Rechner arbeitet. Es ist ein Zeichen professioneller Arbeitsauffassung, nicht einfach darauf zu hoffen, dass dieser Konflikt so unwahrscheinlich ist, dass er nach menschlichem Ermessen nie auftritt. (Die Problematik ist exemplarisch zu betrachten. Sie kann für Ids umgangen werden, indem man das Datenbankattribut *AUTO_INCREMENT* verwendet.)

Im folgenden Beispiel wird das beschriebene Problem an folgendem Modell studiert: Ein Schalterbeamter (Instanz der Klasse `Clerk`) stellt die Datenbank dar, die auf Anfrage von Personen (Instanzen der Klasse `Person`) diesen eine eindeutige fortlaufende Id abgibt. Die Personen sind dann verpflichtet, ihre Zufriedenheit mit der neuen Id so auszudrücken, dass sie dem Beamten die nächste verfügbare Id zurückgeben.

Die Klasse Clerk verwaltet die Id in einer privaten Instanzvariablen, auf die man von außen mit der public getter-Methode getId() bzw. der public setter-Methode setId() zugreifen kann. Um die Problematik deutlich zu machen, beziehen die Personen die Id und benötigen dann eine gewisse Überlegungszeit, bevor sie die neue Id zurückgeben. In ThreadEx4.java können wir zuerst ohne besondere Vorsichtsmaßnahme vorgehen und die Zeile mit

```
synchronized (myClerk)
```

weglassen (oder auskommentieren).

```
// ThreadEx4.java

import ch.aplu.util.*;

class Clerk
{
  private int id = 0;

  public int getId()
  {
    return id;
  }

  public void setId(int id)
  {
    this.id = id;
  }
}

class Person extends Thread
{
  private Clerk myClerk;

  Person(Clerk clerk)
  {
    myClerk = clerk;
  }

  public void run()
  {
    int id = 0;
    while (id < 3)
    {
//      synchronized (myClerk)
      {
        id = myClerk.getId();
        System.out.print(getName() + " -> ");
```

```
        System.out.print("Got id: " + id);
        System.out.println(" - thinking about... ");
        try
        {
           sleep(1000);
        }
        catch (InterruptedException ex)
        {}
        System.out.print(getName() + " -> ");
        System.out.println("OK. Increase and give it back.");
        myClerk.setId(id + 1);
      }
    }
  }
}

public class ThreadEx4
{
  private Clerk clerk = new Clerk();

  public ThreadEx4()
  {
    Person p1 = new Person(clerk);
    Person p2 = new Person(clerk);

    new Thread(p1).start();
    new Thread(p2).start();
  }

  public static void main(String[] args)
  {
    Console.init();
    new ThreadEx4();
  }
}
```

Das Resultat ist ernüchternd und zeigt ein ziemliches Durcheinander der vergebenen Ids.

```
Thread-3 -> Got id: 0 - thinking about...
Thread-4 -> Got id: 0 - thinking about...
Thread-3 -> OK. Increase and give it back.
Thread-3 -> Got id: 1 - thinking about...
Thread-4 -> OK. Increase and give it back.
Thread-4 -> Got id: 1 - thinking about...
Thread-3 -> OK. Increase and give it back.
Thread-3 -> Got id: 2 - thinking about...
Thread-4 -> OK. Increase and give it back.
Thread-4 -> Got id: 2 - thinking about...
```

```
Thread-3 -> OK. Increase and give it back.
Thread-3 -> Got id: 3 - thinking about...
Thread-4 -> OK. Increase and give it back.
Thread-4 -> Got id: 3 - thinking about...
Thread-3 -> OK. Increase and give it back.
Thread-4 -> OK. Increase and give it back.
```

Synchronisieren wir aber den kritischen Bereich, so warten die Personen bzw. die Threads geduldig, bis der Schalterbeamte die neue Id von der vorangegangenen Person zurückerhalten hat.

```
Thread-3 -> Got id: 0 - thinking about...
Thread-3 -> OK. Increase and give it back.
Thread-4 -> Got id: 1 - thinking about...
Thread-4 -> OK. Increase and give it back.
Thread-3 -> Got id: 2 - thinking about...
Thread-3 -> OK. Increase and give it back.
Thread-4 -> Got id: 3 - thinking about...
Thread-4 -> OK. Increase and give it back.
Thread-3 -> Got id: 4 - thinking about...
Thread-3 -> OK. Increase and give it back.
```

Das Synchronisierungsverfahren ist einfach und für den Programmierer weitgehend transparent, birgt aber mehrere Gefahren in sich. Zu viele synchronisierte Blöcke machen das Programm extrem unübersichtlich und schwierig zu debuggen. Jeder synchronisierte Block erhöht zudem das Risiko eines **Deadlocks**, bei dem zwei Threads auf Ressourcen warten, die der andere Thread gesperrt hat.

Einen Deadlock können wir erleben, wenn sich zwei Personen A und B, mit einem einzigen Schreibzeug mehrmals in ein Gästebuch eines Hotels eintragen möchten. Falls eine Person sowohl das Buch wie das Schreibzeug von der Empfangsdame kriegt, gibt es keine Schwierigkeiten, da die andere Person dann wartet, bis beides zurück gegeben wird. Erhält aber die eine Person das Buch und die andere das Schreibzeug, so warten beide bis in alle Ewigkeit, da keine der Personen den Eintrag vornehmen kann. Im folgenden Programm wird die Herausgabe der Gegenstände so simuliert, dass für das Buch die Id 1 und für das Schreibzeug die Id 2 abgegeben werden, falls die Ausleihe möglich ist, sonst wird 0 zurückgegeben. Das Programm bleibt auf einer typischen Plattform beim zweiten Versuch, sich im Buch einzutragen mit der Ausgabe

```
Thread-3 -> Got book
Thread-3 -> Got pensil
Thread-3 -> Writing now...
Thread-3 -> Bring items back

Thread-3 -> Got book
Thread-4 -> Got pensil
```

hängen, falls man

```
synchronized (myReceptionist)
```

auskommentiert. Wie befürchtet, hat Thread-3 das Buch und Thread-4 das Schreibzeug erhalten.

```java
// ThreadEx5.java

import ch.aplu.util.*;
import javax.swing.JOptionPane;

class Receptionist
{
  private int bookId = 1;
  private int pensilId = 2;
  private boolean isBookAvailable = true;
  private boolean isPensilAvailable = true;

  public int getBook()
  {
    if (!isBookAvailable)
      return 0;
    isBookAvailable = false;
    return bookId;
  }

  public int getPensil()
  {
    if (!isPensilAvailable)
      return 0;
    isPensilAvailable = false;
    return pensilId;
  }

  public void setBook()
  {
    if (isBookAvailable)
    {
      JOptionPane.showMessageDialog(null,
          "Error: can't bring back book. Already here.");
      System.exit(0);
    }
    isBookAvailable = true;
  }

  public void setPensil()
  {
```

```
      if (isPensilAvailable)
      {
        JOptionPane.showMessageDialog(null,
            "Error: can't bring back pensil. Already here.");
        System.exit(0);
      }
      isPensilAvailable = true;
  }
}

class Guest extends Thread
{
  private Receptionist myReceptionist;

  Guest(Receptionist receptionist)
  {
    myReceptionist = receptionist;
  }

  public void run()
  {
    int bookId = 0, pensilId = 0;
    int count = 0;
    while (count < 2)
    {
//      synchronized (myReceptionist)
      {
        while (bookId == 0 || pensilId == 0)
        {
          if (bookId == 0)
          {
            bookId = myReceptionist.getBook();
            if (bookId == 1)
              showMsg("Got book");
          }
          Console.delay(1000);
          if (pensilId == 0)
          {
            pensilId = myReceptionist.getPensil();
            if (pensilId == 2)
              showMsg("Got pensil");
          }
        }
        showMsg("Writing now...");
        Console.delay(1000);
        showMsg("Bring items back\n");
        myReceptionist.setBook();
        myReceptionist.setPensil();
```

```
          bookId = 0;
          pensilId = 0;
      }
      count++;
    }
  }

  private void showMsg(String msg)
  {
    System.out.print(getName() + " -> ");
    System.out.println(msg);
  }
}

public class ThreadEx5
{
  private Receptionist receptionist = new Receptionist();

  public ThreadEx5()
  {
    Guest p1 = new Guest(receptionist);
    Guest p2 = new Guest(receptionist);

    new Thread(p1).start();
    new Thread(p2).start();
  }

  public static void main(String[] args)
  {
    Console.init();
    new ThreadEx5();
  }
}
```

Um ein Objekt wirkungsvoll vor der Veränderung durch mehrere Threads zu schützen, müssen sich **alle** Zugriffe auf das Objekt in einem mit synchronized geschützten Bereich befinden. Im folgenden Beispiel wird ein Array mit 1'000'000 double-Werten vom Thread init gefüllt. Damit das Füllen eine längere Zeit beansprucht, wird jeweils Math.sin() aufgerufen, um in jedes Element eine 1 zu schreiben. Der Thread sum addiert alle Array-Elemente. Wir wollen die Summe ausschreiben, sobald der Thread sum seine Arbeit erledigt hat. Dazu verwenden wir die Methode join(), welche wartet, bis der Thread beendet ist, also bis die Methode run() von sum zurückkehrt. Wir müssen zu diesem Zweck sowohl in init wie in sum die Instanz data mit synchronized schützen, damit sum nicht auf data zugreift, bevor init den Array vollständig initialisiert hat. Kommentieren wir nämlich in sum das synchronized aus, so ergibt sich (auf den meisten Rechnern) nicht die richtige Summe 1'000'000. Das synchronized in init genügt also nicht, den Array vor einem anderen Zugriff wirkungsvoll zu schützen.

```java
// ThreadEx6.java

import ch.aplu.util.*;

class Data
{
  double[] value = new double[1000000];
  double sum;
}

class Init extends Thread
{
  private Data data;

  public Init(Data data)
  {
    this.data = data;
  }

  public void run()
  {

    synchronized (data) // Schuetzt data nicht vollstaendig!
    {
      data.sum = 0;
      for (int i = 0; i < 1000000; i++)
        data.value[i] = Math.sin(Math.PI / 2);
    }
  }
}

class Sum extends Thread
{
  private Data data;

  public Sum(Data data)
  {
    this.data = data;
  }

  public void run()
  {
//     synchronized (data) // Nun ist data geschuetzt
    {
      for (int i = 0; i < 1000000; i++)
        data.sum += data.value[i];
    }
  }
```

```
}

public class ThreadEx6
{
  private Data data = new Data();

  public ThreadEx6()
  {
    Init init = new Init(data);
    Sum sum = new Sum(data);

    init.start();
    sum.start();

    try
    {
      sum.join();
    }
    catch (InterruptedException ex)
    {}

    System.out.println("Summe: " + data.sum);
  }

  public static void main(String[] args)
  {
    Console.init();
    new ThreadEx6();
  }
}
```

Es wäre ein Irrtum, die beiden run-Methoden mit synchronized zu kennzeichnen, in der
Hoffnung, dass dann die Methoden mit Sicherheit nicht von anderen Threads unterbrochen
werden. Wir versuchen es in ThreadEx6a trotzdem.

```
// ThreadEx6a.java
// Don't think run() will not be interrupted

import ch.aplu.util.*;

class Data
{
  double[] value = new double[1000000];
  double sum;
}

class Init extends Thread
{
```

```
  private Data data;

  public Init(Data data)
  {
    this.data = data;
  }

  synchronized public void run()
  {
    System.out.println("Init in");
    data.sum = 0;
    for (int i = 0; i < 1000000; i++)
      data.value[i] = Math.sin(Math.PI / 2);
    System.out.println("Init out");
  }
}

class Sum extends Thread
{
  private Data data;

  public Sum(Data data)
  {
    this.data = data;
  }

  synchronized public void run()
  {
    System.out.println("Sum in");
    for (int i = 0; i < 1000000; i++)
      data.sum += data.value[i];
    System.out.println("Sum out");
  }
}

public class ThreadEx6a
{
  private Data data = new Data();

  public ThreadEx6a()
  {
    Init init = new Init(data);
    Sum sum = new Sum(data);

    init.start();
    sum.start();

    try
```

```
    {
       sum.join();
    }
    catch (InterruptedException ex)
    {}

    System.out.println("Summe: " + data.sum);
  }

  public static void main(String[] args)
  {
    Console.init();
    new ThreadEx6a();
  }
}
```

Das Resultat ist aber ernüchternd. Auf einer üblichen Plattform ergibt sich:

```
Init in
Sum in
Sum out
Summe: 493059.0
Init out
```

Das Synchronisieren von ganzen Methoden wird allerdings oft bei Callbackmethoden eingesetzt, damit diese nicht während ihres Ablaufs erneut aufgerufen werden. Im folgenden Beispiel verwenden wir zwei LoResAlarmTimer, die in verschiedenen Threads dieselbe
Callbackmethode timeElapsed() aufrufen. Darin beschäftigen wir uns damit, einige
tausendmal einen Sinuswert zu berechnen und geben bewusst mit yield() den aktuellen
Thread ab.

```
// ThreadEx7.java

import ch.aplu.util.*;

public class ThreadEx7 implements TimerListener
{
  private LoResAlarmTimer timer1 =
      new LoResAlarmTimer(1000000, true);
  private LoResAlarmTimer timer2 =
      new LoResAlarmTimer(1500000, true);
  private int count = 0;

  public ThreadEx7()
  {
    System.out.println(Thread.currentThread().getName());
    timer1.addTimerListener(this);
```

```
    timer2.addTimerListener(this);
    while (count < 10)
      Console.delay(10);
  }

  public boolean timeElapsed()
  {
    String s = Thread.currentThread().getName();
    System.out.println("in:   " + s);
    System.out.println(++count);
    for (int i = 0; i < 10000; i++)
    {
      Math.sin(i);
      Thread.currentThread().yield();
    }
    System.out.println("out: " + s);
    if (count < 10)
      return true;   // restart
    else
      return false; // stop
  }

  public static void main(String[] args)
  {
    Console.init();
    new ThreadEx7();
  }
}
```

In der Tat stellen wir fest, dass timeElapsed() reentrant aufgerufen wird. Auf einer üblichen Plattform erhalten wir nämlich:

```
main
in:   Thread-0
1
out: Thread-0
in:   Thread-1
2
out: Thread-1
in:   Thread-0
3
out: Thread-0
in:   Thread-0
4
in:   Thread-1
5
out: Thread-0
out: Thread-1
```

```
in:   Thread-0
6
out:  Thread-0
in:   Thread-1
7
out:  Thread-1
```

Deklarieren wir aber timeElapsed() synchronized, so läuft die Methode immer vollständig durch. Dasselbe könnte man mit einem booleschen Flag inCallback erreichen, auf das man beim Eintritt in die Callbackmethode testet:

```
public boolean timeElapsed()
{
  if (inCallback)
    return true;
  inCallback = true;
  ...
```

Am Ende der Callbackmethode setzt man dieses Flag wieder auf false.

31.4   Laufzeitverhalten, Terminieren von Programmen

Da alle modernen Betriebssysteme preemtive sind, sollte es eigentlich unnötig sein, das Wechseln der Threads durch spezielle Programmanweisungen zu beeinflussen. Selbst eine Endlosschleife

```
while (true) {}
```

führt nicht zu einem Hängen des ganzen Computers. Vielmehr sorgt das Betriebssystem dafür, dass Maus- und Tastatureingaben aktiv bleiben und die zuhörigen Callbackmethoden ausgeführt werden. Allerdings beansprucht eine solche Endlosschleife vielfach unnötig viel CPU-Zeit, was sich dadurch bemerkbar macht, dass die Cursorbewegungen verlangsamt und die Reaktionszeiten verschlechtert werden. Um dies zu vermeiden, sollte man grundsätzlich auf „enge" Wiederholschleifen verzichten oder aber in der Schleife den Prozessor freiwillig an andere wartende Threads abgeben. Am einfachsten geschieht dies, indem wir den eigenen Thread für eine gewisse Zeit in den Zustand *schlafend* (**sleeping**) versetzen. Das System wird während dieser Zeit automatisch andere Threads zur Ausführung bringen. Der Aufruf lautet

```
try
{
  Thread.currentThread().sleep(waitTime);
}
catch (InterruptedException ex) {}
```

wobei sich in der Praxis eine Wartezeit von 1 bis 10 ms bewährt hat. Das Zeitverhalten kann sich dadurch massiv verbessern.

Ein Aufruf der Methode `yield()` der Klasse `Thread` ist eine Aufforderung an das Laufzeitsystem, den aktuellen Thread zu unterbrechen, um andere wartende Threads laufen zu lassen. In vielen Fällen führt daher der Aufruf von

```
Thread.currentThread().yield();
```

im Körper von Wiederholschleifen ebenfalls zu einer merkbaren Verbesserung des Laufzeitverhaltens. Will man einen Thread gegenüber einem anderen bezüglich der vom Laufzeitsystem zugewiesenen CPU-Zeit bevorzugen, lässt sich dies mit der Methode `setPriority()` vornehmen. Allerdings sind die Auswirkungen stark plattformabhängig.

In diesem Zusammenhang ist es wichtig darauf hinzuweisen, dass ein Programm nicht endet, bevor alle Threads beendet sind, die es erzeugt hat. Damit verbunden ist die auf den ersten Blick etwas erstaunliche Tatsache, dass in vielen Fällen ein Programm am Ende von `main()` nicht terminiert, da es, manchmal etwas verdeckt, andere Threads erzeugt hat, die weiterlaufen. Da Callbackmethoden von GUI-Komponenten in einem eigenen Thread ablaufen, muss ein Programm mit einem GUI in der Regel mit einem expliziten Aufruf von `System.exit()` terminiert werden, da dieser auch alle Threads beendet. Damit eine Applikation beim Klicken auf den Close-Button der Titelleiste endet, muss man die Callbackmethode `processWindowEvent()` entsprechend implementieren, wobei man dasselbe auch mit der Methode

```
setDefaultCloseOperation(WindowsConstants.EXIT_ON_CLOSE)
```

der Klasse `JFrame` erreichen kann.

Das folgende Beispiel zeigt, dass `main()` sofort terminiert, hingegen das Programm selbst erst nach einer Wartezeit von 3 Sekunden, nachdem auch der Thread beendet ist.

```java
// ThreadEx8.java

class Handler extends Thread
{
   public void run()
   {
      try
      {
        sleep(3000);
      }
      catch (InterruptedException ex)
      {}
      System.out.println("Thread will die away...");
   }
}
```

```
public class ThreadEx8
{
  public static void main(String[] args)
  {
    System.out.println("main starting...");
    Handler handler = new Handler();
//    handler.setDaemon(true);
    handler.start();
    System.out.println("main exiting...");
  }
}
```

Man kann einen Thread mit $setDaemon(true)$ *auch als* **daemon (Dämon)** *deklarieren. (Standardmäßig sind die Threads keine Daemon-Threads.). Läuft das Hauptprogramm zu Ende und sind nur noch Daemon-Threads vorhanden, so terminiert auch die Applikation, d.h. die Daemon-Threads werden automatisch beendet. Man kann sich davon überzeugen, indem man in* $ThreadEx7.java$ *vor dem Start des Threads die Zeile* $handler.setDaemon()$ *eingefügt. In diesem Fall hat der Thread keine Zeit mehr, sein Ableben mit einer letzten Codezeile anzukünden. Von dieser Möglichkeit wird vor allem bei Server-Programmen Gebrauch gemacht, bei denen gewisse Dienste in einem eigenen Thread sitzen. Meist macht es keinen Sinn, dass diese weiterlaufen, wenn das Hauptprogramm terminiert.*

31.5   Das Schlüsselwort volatile

Gewisse Compiler versuchen, Wiederholschleifen zu optimieren, Werte von Variablen, die sich nicht ändern, nicht immer wieder vom Hauptspeicher holen, sondern in den viel schnelleren CPU-Registern aufbewahren. Verändert ein anderer Thread den Variablenwert, so bleibt diese Optimierung bestehen und der Wert wird im Hauptspeicher, aber nicht im Register verändert, was zu einem völlig falschen Verhalten führen kann. Wir zeigen dies an folgendem Beispiel, in dem der Hauptthread alle 100 ms eine boolesche Instanzvariable isActive prüft und je nachdem, ob sie true oder false ist ein x oder einen Punkt ausschreibt. Ein zu diesem Zweck zusätzlich gestarteter Thread setzt dieses Flag alle Sekunden auf den Wert true.

```
// ThreadEx9.java

import ch.aplu.util.*;

public class ThreadEx9
{
  class Activate extends Thread
  {
    public void run()
    {
      while (true)
```

```
      {
         Console.delay(1000);
         isActive = true;
      }
   }
}

volatile private boolean isActive = false;

public ThreadEx9()
{
   int count = 0;

   new Activate().start();

   while (true)
   {
      Console.delay(100);
      if (isActive)
      {
         System.out.print("x");
         isActive = false;
      }
      else
         System.out.print(".");

      if (++count % 50 == 0)
         System.out.println();
   }
}

public static void main(String[] args)
{
   Console.init();
   new ThreadEx9();
}
}
```

Auf Plattformen, welche die genannte Optimierung durchführen, würden immer nur Punkte ausgeschrieben, da der zusätzliche Thread das in der Schleife verwendete Flag nicht verändert. In der Praxis zeigt sich, dass fast keine Java-Compiler bzw. JREs ein solches Verhalten aufweisen, außer gewissen Java-Compilern, die nativen Maschinencode erzeugen. Um die Optimierung in jedem Fall zu verhindern, kann man die Instanzvariable als volatile deklarieren.

Ein anderer tückischer Fehler kann im Zusammenhang mit Instanzvariablen vom Typ long und double auftreten. Die Verarbeitung solcher 64-bit Variablen erfolgt durch Zerlegung

in zwei 32-bit-Werte. Es ist nun je nach Situation möglich, dass zwischen diesen Verarbei-
tungsschritten eine Umschaltung des Threads erfolgt, was zu völlig falschen Werten führen
kann. Um dies zu verhindern, sollte man Instanzvariablen vom Typ `long` oder `double`, die
von verschiedenen Threads verändert werden, als `volatile` deklarieren.

In Java laufen die Callbackmethoden von GUI-Komponenten in einem von der Applikation
getrennten Thread ab. Für alle GUI-Komponenten eines Dialogs wird dabei derselbe Thread
mit dem Namen AWT-EventQueue-n (n = 0, 1...) verwendet. Während des Ablaufs der
Callbackmethode werden Events von GUI-Komponenten in eine Event-Queue eingefügt und
erst nach Rückkehr aus der Callbackmethode behandelt. Durch dieses Konzept vermeidet
Java das in Kap. 18.5 besprochene Problem der Reentrace in dieselbe Callbackmethode.

In vielen ereignisgesteuerten Programmen wird in der Callbackmethode lediglich eine Instanzvariable verändert, die in einer Ereignisschleife im Thread der Applikationsklasse überprüft wird. Da diese Callbackmethode, wie in GUI-Programmen üblich, in einem eigenen
Thread abläuft, ergeben sich bei der Compiler-Optimierung die oben beschriebenen Schwierigkeiten. Es ist daher eine gute Programmiertechnik, sich an folgende Regel zu halten:

> **☞ Instanzvariablen, die durch Callbackmethoden von GUI-
> Komponenten verändert werden, sollten volatile deklariert wer-
> den.**

Aus Gründen der Einfachheit halten wir uns in diesem Buch nicht immer an diese Regel. Bei
Verwendung der üblichen Java-IDEs und JREs ergeben sich dadurch keine Schwierigkeiten.

32 Debugging-Strategien

32.1 Reproduzierbarkeit, Trial and Error

Es gelingt auch fortgeschrittenen Programmierern selten, ein Programm zu schreiben, das auf Anhieb fehlerfrei compiliert und den Erwartungen gemäß läuft. Die vom Compiler entdeckten **Syntaxfehler** sind meist schnell behoben, besonders weil es heutzutage Entwicklungsumgebungen gibt, die während des Editierens ständig die Syntax überprüfen. Die **semantischen** Fehler auf Grund fehlerhafter **Programmlogik** machen sich erst zur Laufzeit bemerkbar und sind in der Regel viel schwieriger zu finden. Die Fehlersuche kann sehr zeitaufwändig und frustrierend sein, selbst wenn man sich an einen guten Programmierstil gewöhnt hat. Strategien zur Fehlerbehebung sind daher von großer Wichtigkeit, werden aber in der Programmierausbildung oft vernachlässigt.

Gemäß einer Anekdote ist der erste Programmfehler 1947 an der Harvard Universität beim Computer **Mark II** *aufgetreten, der aus einer großen Zahl von mechanischen Relais bestand. Ein Operator vermerkte in seinem Logbuch, dass der Computer falsch rechnete, weil sich eine Motte (**bug**) zwischen zwei Relaiskontakten befand. Seither spricht man bei Computerfehlern generell von Bugs und nennt die Fehlerbehebung* **debugging**. *Zu Beginn der Programmierung in den Fünfzigerjahren des letzten Jahrhunderts war man überzeugt, dass man mit einem vernünftigen intellektuellen Aufwand auf Anhieb korrekte Programme schreiben könne. Heute weiß man, dass dies wegen der beschränkten menschlichen Intelligenz nur bei sehr einfachen Problemstellungen möglich ist. Da große Applikationen bis zu einigen hunderttausend Zeilen Code umfassen, ist anzunehmen, dass sie Hunderte von Fehlern aufweisen. Wir stoßen hier an eine grundsätzliche Grenze der Zuverlässigkeit von Computersystemen, was bei kritischen Applikationen (**mission-critical applications**) lebensgefährdend sein kann.*

Um die Fehlerhäufigkeit von Anfang an zu reduzieren, sind die modernen Programmiersprachen so konzipiert, dass gefährliche Programmstrukturen durch eine eingeschränkte Syntax verunmöglicht werden. Zudem gibt das System bei Laufzeitfehlern von sich aus viele Informationen ab, beispielsweise bei einer aufgetretenen Exception die Zeilennummer im Quellcode. Mit Sicherheit wird die Fehleranfälligkeit durch das Einhalten eines sauberen, übersichtlichen Programmierstils reduziert und die Fehlersuche erleichtert. Besonders wichtig ist dies bei Programmen, die von mehreren Personen geschrieben und gewartet werden. Es kann unter Umständen einfacher sein, ein nicht selbst codiertes Programm gänzlich neu zu schreiben, als in einem ungewohnten Codedschungel nach Fehlern zu suchen. Strategien, wie man in großen Softwareprojekten bei der Verbesserung oder Ergänzung des nicht selbst geschriebenen Codes vorgehen muss, spielen im professionellen Umfeld eine immer größere Rolle. Man spricht dabei von **Reverse-Engineering** oder **Reengineering**[1].

Trotz eines „defensiven" Programmierstils, bei dem gefährlicher und unsicherer Code vermieden wird, werden Programme fast nie im ersten Anlauf fehlerfrei laufen. Darum wird nur derjenige Programmierer längerfristig Freude und Erfolg haben, wenn er neben guten Kenntnissen der Programmiersprache auch ein gehöriges Maß an Ausdauer und einen Hang zum Perfektionismus besitzt.

Um die Ursache von Fehlverhalten zu finden, ist es besonders wichtig, dass diese in **reproduzierbaren** Situationen auftreten. Da es sich bei klassischen Computersystemen grundsätzlich um deterministische Maschinen handelt, die bei gleichen Voraussetzungen immer dieselben Resultate produzieren, sollte Fehlerverhalten immer reproduzierbar sein. Dies ist leider nicht so, da oft Start- oder Anfangsbedingungen nicht genügend genau bekannt sind. Es scheint dann, als ob die Fehler ohne klar ersichtlichen Grund sporadisch auftreten. Auch kann es sich um ein Fehlverhalten handeln, das auf das Zusammenwirken mehrerer Komponenten (Prozesse, Hardwareteile, extern angeschlossene Geräte usw.) und deren unterschiedlichen Zeitverhalten zurückzuführen sind. Immerhin lassen sich meist auch in nicht exakt reproduzierbaren Fällen gewisse Voraussetzungsmuster erkennen, bei denen der Fehler auftritt.

Die meisten Programmierer versuchen, mit dem Prinzip von **Trial und Error** das korrekte Verhalten ihres Codes zu überprüfen. Dabei wird das Programm oder Teile davon mehrmals mit möglichst unterschiedlichen oder extremen Parameterwerten ausgeführt. Tritt ein Bug auf, so wird nach der Ursache gesucht, der Fehler behoben und der Test fortgesetzt. Da die gewählten Parameterwerte immer nur Spezialfälle darstellen, ist es klar, dass man mit diesem Verfahren nicht streng beweisen kann, dass das Programm für alle Fälle korrekt läuft. Ist das Testverfahren aber gut durchdacht und breit angelegt, so lassen sich mit Trial und Error viele Fehler aufdecken.

Bugs können katastrophale Auswirkungen haben, im schlimmsten, aber leider nicht seltenen Fall führen sie zu einem Crash des ganzen Computers. Unakzeptabel ist auch ein Crash oder Hängen der Applikation ohne jede Fehlermeldung. Bereits zum sanfteren Fehlverhalten zählt ein Crash des Programms, bei dem aber noch wertvolle Information über das Fehlverhalten ausgeschrieben werden. Gut konzipierte Programme können immer noch Fehler produzieren, werden aber eine kritische, außergewöhnliche Situation überleben, den Fehler anzeigen und bedingt weiterlaufen, damit der Anwender wichtige Aktionen, beispielsweise das Speichern von Daten, noch ausführen kann.

32.2   Versionsmanagement

Programmierer scheinen sich fast immer zu überschätzen. Selbst wenn sie an einem größeren Projekt arbeiten, glauben sie, noch nach mehreren Arbeitsstunden alle Änderungen und Er-

---

[1] Demeyer, Ducasse, Nierstrasz, *Object Oriented Reengineering Patterns*, Morgan Kaufmann (2002)

weiterungen am Quellcode wieder rückgängig machen zu können, falls sich der eingeschlagene Weg als ungünstig oder falsch erweist. Besonders wenn die Veränderungen einen weiten Bereich des Programms umfassen, gelingt dies meist nur unvollständig und führt zu schweißtreibenden Situationen, in denen überhaupt nichts mehr funktioniert. Aus diesem Grund müssen im Abstand von vernünftig kleinen Zeitintervallen oder beim Vorliegen von einigermaßen funktionstüchtigen Zwischenversionen immer wieder Backups des Quellcodes angelegt werden, die über längere Zeit aufbewahrt werden und auf die man in kritischen Situationen zurückgreifen kann.

Beim Backup auf eine Festplatte ist es ist in der Regel besser, die Dateinamen unverändert zu lassen, damit die Programme ohne Änderung des Namens wieder verwendet werden können. Es hat sich bewährt, die Dateien eines Projekts in Unterverzeichnisse zu kopieren, deren Verzeichnisnamen das Datum, die Version, oder auch eine fortlaufende Nummerierung enthalten.

Um eine minimale Versionskontrolle zu ermöglichen, sollten sich im Kopf des Programms mindestens folgende Angaben befinden:

```
/*
 * Filename :  ............
 *
 * Purpose  :  ...........
 *
 * Author   :  ...........
.* Version  :  ...........
 * Date     :  ...........
 * History  :  ...........
 *
.
*/
```

`Filename` ist der Name der Quelldatei, kann aber auch durch `Classname` ersetzt werden, wenn man sich an die Regel hält, dass sich jede Klasse in einer Datei mit dem gleichen Namen befindet. Unter `Purpose` werden die Zielsetzungen und grundlegenden Funktionalitäten des Programms kurz beschrieben. Unter `Author` steht der Name des Programmierers und eventuell die Bezeichnung der Organisation, der er angehört. Die `Version` enthält eine Versionsbezeichnung, die üblicherweise 2 bis 3 Ziffern in der Form `x.y` oder `x.yy` aufweist, wobei x die `Majorversion` und y die `Minorversion` darstellen. Es ist manchmal sinnvoll, einen Buchstaben anzufügen. Ein typischer Versionsbezeichner wäre beispielsweise `1.67a`. Handelt es sich um produktionsfähige Programme, so spricht man statt von Version auch von **Release**. Unter `Date` wird das Datum der letzten Veränderung der Datei aufgeführt. `History` kann schließlich eine Beschreibung der Modifikationen seit der letzten Version oder aller Versionen (mit Versions- und Datumsangabe) enthalten.

Das Versionsmanagement ist besonders wichtig, wenn ein Projekt viele Dateien (Module, Klassen) umfasst oder durch mehrere Personen bearbeitet wird. Die Verwechslung von Programm- oder Modulversionen kann nämlich dazu führen, dass für ein Fehlverhalten irrtümlicherweise ein nicht vorhandener Bug verantwortlich gemacht wird, nach dem man längere Zeit vergeblich sucht. Für große Projekte ist der Einsatz spezieller Projekt- und Versionsmanagement-Systeme (**Version Control System**, **VCS**) sinnvoll, die auch gewährleisten, dass sich in einem Projekt nur Module der aktuellen Version befinden[1].

Es empfiehlt sich, in Applikationen, die für die Produktion geschrieben werden, die Versionsnummer in geeigneter Form anzuzeigen, beispielsweise auf einem Splash-Screen beim Start des Programms, in der Titelzeile des Hauptfensters oder in einem About- bzw. Help-Dialog.

32.3   Tracen, Debuggen

Da der Computer grundsätzlich eine sequentielle Maschine ist, die Anweisung um Anweisung abarbeitet, lassen sich viele logische Fehler dadurch auffinden, dass man den für Menschen unvorstellbar schnellen Programmablauf soweit verlangsamt, dass er schrittweise verfolgt werden kann. Man spricht dabei vom **Verfolgen (tracen)**, wobei eine Programmzeile üblicherweise einem einzelnen **Schritt (step)** entspricht. Es gibt Programmierwerkzeuge, die **Debugger**, mit denen man ohne Änderung des Quellcodes ein Programm tracen kann. Sie sind oft Teil der Entwicklungsumgebung und damit produktspezifisch, haben aber gewisse Ähnlichkeiten, die kurz beschrieben werden.

Ein Kommandozeilen-Debugger jdb wird auch mit dem JDK ausgeliefert. Da es sich nicht um ein GUI-basiertes Programm handelt, ist seine Verwendung etwas komplizierter als bei den Debuggern, die in den Entwicklungsumgebungen eingebaut sind. Anleitungen zum Gebrauch von jdb findet man am besten im Internet.

Eine Debug-Session beginnt normalerweise damit, dass man an bestimmten Stellen des Programms **Haltepunkte (breakpoints)** setzt. Beim Eintreten der Haltepunkt-Bedingung stoppt die Programmausführung und das Programm geht in einen Haltezustand (pause) über. Typische Haltepunkte sind:

- Zeilenhaltepunkte: das Programm stoppt, bevor die Zeile ausgeführt wird
- Methodenhaltepunkte: das Programm stoppt vor dem Aufruf der Methode
- Zählerhaltepunkte: das Programm stoppt, sobald ein Zählerwert erreicht wird
- Bedingungshaltpunkte: das Programm stoppt, sobald ein boolescher Ausdruck wahr wird
- Exceptionhaltepunkte: das Programm stoppt, sobald eine bestimmte Exception geworfen wird.

Nach dem Erreichen des Haltepunkts kann man den Zustand des Programms untersuchen, insbesondere indem man mit einem **Inspektor** die Werte von ausgewählten Variablen in einem **Watch-Fenster** inspiziert. Von einem Haltepunkt aus lässt man das Programm meist schrittweise oder bis zum nächsten Haltepunkt weiterlaufen. Sogar zur Laufzeit können weitere Haltepunkte gesetzt und auch wieder gelöscht werden.

---

[1] Bekannte VCS sind *Concurrent Version System (CVS)*, sowie *ClearCase* von *Rational*.

Der Umgang mit Debuggern ist gewöhnungsbedürftig und das Vorgehen stark von der Art des Problems abhängig. Folgende Strategie hat sich in der Praxis bewährt: Als Erstes setzt man einen Breakpunkt kurz vor der Programmstelle, an der sich der Fehler auswirkt, beispielsweise weil eine Exception geworfen wird, und lässt das Programm bis zu diesem Haltepunkt laufen. Nachher untersucht man die Variablen, die für das fehlerhafte Verhalten verantwortlich sind. Eventuell setzt man den Breakpunkt etwas zurück, und beobachtet im Einzelschritt die Veränderung der verdächtigen Variablen, bis die Stelle des Fehlverhaltens wieder erreicht ist. Leider gibt es (noch) keine Möglichkeit, ein Programm rückwärts zu verfolgen.

Um das Vorgehen beim Debuggen einzuüben, betrachten wir ein Programm, welches ganze Zahlen in einem int-Array sortiert. Wir verwenden dabei den bereits in Kap. 8.4 eingeführten *Bubble Sort*, bei dem die größte Zahl jeweils nach rechts verschoben wird.

Die vorgeschlagene fehlerhafte Implementierung in `BubbleSort.java` sieht gar nicht so schlecht aus. Wir prüfen zwei benachbarte Zahlen und vertauschen sie, falls die linke Zahl größer als die rechte ist.

```java
// BubbleSort.java
// Find the bug!

public class BubbleSort
{
  BubbleSort()
  {
    int a[] =
        {21, 9, 45, 17, 33, 72, 50, 12, 41, 39};

    for (int i = a.length; i > 0; i--)
    {
      for (int j = 0; j < i; j++)
      {
        if (a[j] > a[j + 1])
        {
          int temp = a[j];
          a[j] = a[j + 1];
          a[j + 1] = temp;
        }
      }
    }

    for (int k = 0; k < a.length; k++)
    {
      System.out.println("a[" + k + "]: " + a[k]);
    }
  }

  public static void main(String[] args)
  {
```

```
   new BubbleSort();
  }
}
```

Leider crashed das Programm mit folgender Exception:

```
java.lang.ArrayIndexOutOfBoundsException: 10
    at BubbleSort.<init>(BubbleSort.java:15)
    at BubbleSort.main(BubbleSort.java:32)
```

Die Zeile 15 enthält die Anweisung

```
if (a[j] > a[j + 1])
```

Haben wir eine IDE mit einem Debugger zur Verfügung, so werden wir einen Breakpoint auf diese Zeile oder auf einige Zeilen davor setzen und die Variablen i, j und a während der nächsten Schritte beobachten. Sehr schnell finden wir heraus, dass der Überlauf der Arraygrenzen zustande kommt, weil j am Anfang 10 ist. Wir müssen die äußere for-Schleife wie folgt abändern:

```
for (int i = a.length-1; i >= 0; i--)
```

oder eleganter, aber etwas trickreicher durch

```
for (int i = a.length; --i > 0;)
```

Wir haben uns wieder einmal bei der Initialisierung eines Arrayindex um 1 geirrt, sind also dem *Plus-Minus-Eins-Syndrom* erlegen.

32.4   Debuggen mit print-Anweisungen

Beim Debuggen von einfachen Programmen oder kurzen Programmteilen ist es unnötig, das mächtige Werkzeugs eines Debugger einzusetzen. Vielmehr genügt es, an strategisch wichtigen Stellen die Werte von bestimmten Variablen in einem geeigneten Debug-Fenster auszuschreiben, wozu sich üblicherweise die Console (stdout) eignet. Crashed oder hängt das Programm, so kann man durch das Einfügen von einem oder mehreren

```
System.out.println("ok");
```

herausfinden, bis an welche Stelle das Programm noch korrekt läuft. Nach der Behebung des Fehlers werden diese zusätzlichen Zeilen wieder aus dem Quellcode entfernt oder wenigstens auskommentiert.

Dieses Vorgehen ist zwar nicht besonders elegant, besitzt aber den entscheidenden Vorteil, dass es auf jeder Plattform und mit jeder Programmiersprache durchführbar ist. Das Ausschreiben von Debug-Information auf den Bildschirm oder in eine Datei ist sogar in professionellen Programmen sowohl in der Entwicklungs- wie in der Produktionsphase ein wichtiges Hilfsmittel, um Programmfehler zu lokalisieren. Das Verfahren ist grundsätzlich einfach: Beim Schreiben von Programmteilen und Methoden weiß der Programmierer meist, welche Bedingungen erfüllt sein müssen, damit der Code korrekt läuft (**Preconditions**). Gewissenhafte Programmierer werden daher die Preconditions prüfen und Fehlermeldungen ausschreiben, falls diese nicht erfüllt sind, insbesondere beim Eintritt in eine Methode. Bei der Rückkehr aus der Methode werden die erwarteten Resultate oder ein Returncode (**Postconditions**) wiederum geprüft und im Fehlerfall entsprechende Fehlermeldungen ausgegeben. Wie wir aus dem Kap. 20 wissen, lässt sich mit selbst deklarierten Exceptions die Fehlerbehandlung wesentlich effizienter gestalten.

Um die Fehlersuche zu erleichtern, ist es oft günstig, dass die Ausgabe von Debug-Informationen ein- und wieder ausgeschaltet werden kann. Es liegt auf der Hand, zu diesem Zweck an gut sichtbarer Stelle ein boolesches Flag beispielsweise mit dem Namen `debug` zu deklarieren und das Ausschreiben von Debug-Informationen einzuschalten, indem man dieses Flag auf `true` setzt:

```
static final boolean debug = true;
```

An neuralgischen Punkten des Programms kann man nun mit

```
if (debug)
  System.out.println(...);
```

Debug-Information ausschreiben lassen. Es empfiehlt sich, das Flag `static final` zu machen. Damit geben wir dem Compiler die Möglichkeit, den Code zu optimieren, indem er die if-Blöcke bereits bei der Compilation überspringt, wenn das Flag `false` ist.

Oft ist es erwünscht, dass man auch nach der Fertigstellung des Programms verschiedene Arten von Informationen über den Programmablauf ausgeben kann. Man führt dazu **Debug-Stufen (debug levels)** von **niedrig (low)** bis **hoch (high)** ein, die man vor der Compilation oder sogar zur Laufzeit einstellen kann. Gemäß einer alten Programmiergewohnheit sind Debug-Informationen umso ausführlicher, je höher die Debug-Stufe ist. Bei höheren Debug-Stufen werden also zusätzliche Informationen ausgeschrieben.

Um das Quellprogramm mit dem Debug-Code nicht allzu sehr zu belasten, sollte man sich an ein gewisses Schema halten. Das im Folgenden exemplarisch beschriebene Verfahren hat sich in der Praxis bewährt. Wir gehen davon aus, dass bei größeren Projekten sowieso projektspezifische konstante Werte allen Klassen, also projektglobal, zur Verfügung stehen müssen, beispielsweise die Programmversion oder Copyright-Informationen. Wie wir aus Kap. 17 wissen, deklariert man dazu am besten ein Interface, dem man beispielsweise den Namen `SharedConstants` gibt. Darin deklarieren wir Aliases für die Debug-Stufen und den aktuell verwendeten Level. (An Stelle des Interface könnte man auch eine Klasse verwenden, in der alle Konstanten `public static final` deklariert sind.) Oft pflegt man zur zusätzlichen Auszeichnung die Konstanten in Großbuchstaben zu schreiben.

```
// SharedConstants.java

interface SharedConstants
{
  String COPYWRITE = "(c) Copyright ...";
  String VERSION = "1.74";

  // Debug levels
  int OFF = 0;
  int LOW = 1;
  int MEDIUM = 2;
  int HIGH = 3;

  // Current debug level
  int debugLevel = MEDIUM;
}
```

Dieses Vorgehen hat sich in vielen Programmiersprachen, beispielsweise auch in C/C++ bewährt, bei der in einer Include-Datei, oft global.h genannt, die modulübergreifenden Konstanten als Symbole definiert sind, die von einem Preprocessor vor der eigentlichen Compilation im Quellcode ersetzt werden. In dieser Include-Datei können sich zusätzlich gewisse Compileroptionen befinden, welche die Compilation beeinflussen.

Als Nächstes schreiben wir eine kleine Hilfsklasse Debug, um die Debug-Informationen auf dem Bildschirm oder in einer Log-Datei auszuschreiben. Es kann auch hilfreich sein, wenn diese mit einer Zeitangabe versehen sind, also einen *Zeitstempel* tragen. Zudem deklarieren wir die booleschen Variablen traceLow, traceMedium und traceHigh, welche dann true sind, wenn diese und alle tiefer liegenden Stufen aktiv sind.

```
// Debug.java

import java.text.DateFormat;
import java.util.Date;
import java.io.*;

class Debug
{
  private static DateFormat df = DateFormat.
      getDateTimeInstance(DateFormat.SHORT,
                          DateFormat.MEDIUM);

  public static final boolean traceLow =
      SharedConstants.debugLevel >
      SharedConstants.OFF;
  public static final boolean traceMedium =
      SharedConstants.debugLevel >
      SharedConstants.LOW;
  public static final boolean traceHigh =
```

```
    SharedConstants.debugLevel >
    SharedConstants.MEDIUM;

public static void log(String msg, int debugLevel)
{
  print(null, msg, false, debugLevel);
}

public static void log(String filename, String msg,
                       int debugLevel)
{
  print(filename, msg, false, debugLevel);
}

public static void stamp(String msg, int debugLevel)
{
  print(null, msg, true, debugLevel);
}

public static void stamp(String filename, String msg,
                         int debugLevel)
{
  print(filename, msg, true, debugLevel);
}

// ------------- Non public method -------------
private static void print(String filename, String msg,
                          boolean withDate, int debugLevel)
{
  if (SharedConstants.debugLevel < debugLevel)
    return;
  PrintStream dest = null;
  boolean isFileOpen = false;
  try
  {
    if (filename == null || filename.equals(""))
      dest = System.out;
    else
    {
      dest = new PrintStream(
              new FileOutputStream(
               new File(filename), true)); // append
      isFileOpen = true;
    }
    if (withDate)
      msg = new String(df.format(new Date()) + ":  " + msg);
    dest.println(msg);
  }
```

```
    catch (IOException ex)
    {
      System.out.println(ex.getMessage());
    }
    if (isFileOpen)
      dest.close();
  }
}
```

Mit ShareConstants und Debug sind wir gut ausgerüstet, um in irgendeiner Klasse Debug-Information zu erzeugen. Wir fügen dazu in der Klasse DebugEx1 zu Demonstrationszwecken etwas viele zusätzliche Debug-Informationen hinzu, die auch dazu dienen könnten, die Laufzeit des Programms und damit die Effizienz des Sortieralgorithmus zu untersuchen.

```
// DebugEx2.java

import ch.aplu.util.*;

public class DebugEx2
{
  public DebugEx2()
  {
    int a[] =
        {21, 17, 45, 9, 33, 72, 50, 12, 41, 39};

    Debug.log("Before sorting", SharedConstants.LOW);
    for (int i = 0; i < a.length; i++)
      Debug.log("a[" + i + "] = " + a[i],SharedConstants.LOW);
    Debug.stamp("Sorting now...", SharedConstants.LOW);

    for (int i = a.length - 1; i > 0; i--)
    {
      Debug.log("i = " + i, SharedConstants.MEDIUM);
      for (int j = 0; j < i; j++)
      {
        Debug.log("a[" + j + "] = " + a[j],
                SharedConstants.MEDIUM);
        Debug.log("a[" + (j + 1) + "] = " + a[j + 1],
                SharedConstants.MEDIUM);
        if (a[j] > a[j + 1])
        {
          Debug.log("swapping now...", SharedConstants.HIGH);
          int temp = a[j];
          a[j] = a[j + 1];
          a[j + 1] = temp;
        }
      }
```

```
  }

  Debug.stamp("Sorting done. Result:", SharedConstants.LOW);

  for (int k = 0; k < a.length; k++)
  {
    System.out.println("a[" + k + "]: " + a[k]);
  }
}

public static void main(String[] args)
{
  if (Debug.traceLow)
    Console.init();
  new DebugEx2();
}
}
```

Lassen wir das Programm mit aufsteigenden Debug-Stufen laufen, so erkennen wir, dass immer mehr Information ausgeschrieben wird. Hat die Applikation alle Tests fehlerfrei überstanden, so können wir für die produktive Version die Debug-Informationen abschalten, indem wir in ShareConstants den debugLevel = OFF setzen.

Man kontrolliere, ob der Compiler in diesem Fall tatsächlich allen Debug-Code ignoriert. Dazu kann man den mit javap -c filename disassemblierten Bytecode dahingehend untersuchen, ob er irgendwelche Spuren des Debug-Codes aufweist.

In vielen Fällen ist es sinnvoll, die Debug- und Laufzeitinformationen in eine Log-Datei zu schreiben, die nachträglich untersucht werden kann. Wir verwenden dazu die überladenen Versionen von log() bzw. stamp(), bei denen der Dateinamen der Log-Datei angegeben wird.

Manchmal ist es erwünscht, dass auch mit dem ausgelieferten Programm gewisse Debug- oder Log-Informationen ausgeschrieben werden können, damit der Anwender, der einen Bug feststellt, dem Entwickler entsprechende Hinweise geben kann. In diesem Fall wird üblicherweise der Debug-Level beim Programmstart mit einem Kommandozeilenparameter angegeben. Üblich ist die Option -Dn, wobei n den Debug-Level 0,1,2, usw. darstellt. Um eine Debug-Session von einem entfernten Arbeitsplatz aus zu überwachen, können Debug-Informationen in Echtzeit über eine Internetverbindung an einen Entwickler gesendet werden (Remote Debugging). Dieses Prinzip kann auch beim Debuggen eines komplexen GUI nötig sein, weil sich die GUI- und Debugger-Fenster auf demselben Computer in die Quere kommen.

33 Netzwerk-Programmierung (Sockets)

33.1 Computernetzwerke, Schichtenmodell

Unter einem Computernetzwerk versteht man eine Ansammlung von Computern oder prozessorbestückten Geräten, die miteinander kommunizieren, d.h. Daten versenden und empfangen können. Computernetzwerke spielen in der modernen Industriegesellschaft, die auf den raschen Transport von Daten als Informationsträger angewiesen ist, eine außerordentlich große Rolle. Sie haben sich mit dem **Internet** sowohl weltweit als auch mit dem **Intranet** in einem beschränkten, geschützten Bereich explosionsartig verbreitet. Die meisten Computer sind heutzutage in irgendeiner Form mit anderen Computern oder Peripheriegeräten vernetzt.

Für die Kommunikation in einem Computernetz sind spezielle Programme zuständig, wobei die Programmiersprache Java für Netzwerkanwendungen, die nicht allzu hardwarenahe sind, eine gut ausgebaute, einfach zu benützende Klassenbibliothek innerhalb der JFC zur Verfügung stellt. Dies ist historisch zu verstehen, denn die Spezialisten, die auf dem Gebiet der Web- und Netzwerkprogrammierung tätig waren, bildeten bei der Entwicklung von Java eine bevorzugte Zielgruppe. Anfänglich wurde Java fast ausschließlich für **Applets** verwendet.

Man bezeichnet ein einzelnes Gerät, mit dem in einem Netzwerk kommuniziert werden kann, als einen **Knoten** (**node**). Wenn es sich dabei um einen vollwertigen Computer handelt, spricht man sehr allgemein auch von einem **Host**. Von einem höheren Standpunkt aus betrachtet, den wir als Java-Programmierer einnehmen wollen, spielt es keine Rolle, wie die Knoten physikalisch und elektronisch vernetzt und wie die Daten auf den Übertragungsmedien codiert sind. Oft handelt es sich um Drahtleitungen (Netzwerkkabel), immer häufiger sind im lokalen Bereich aber auch drahtlose Hochfrequenzverbindungen (Wireless Local Area Network, **WLAN**) im Einsatz.

Der Austausch von Daten in einem Computernetzwerk ist ein komplexer Prozess, der durch die Einführung eines Schichtenmodells strukturiert werden kann. Analog zum Softwaredesign „versteckt" man dabei die Komplexität, d.h. die Implementierungsdetails, einer tiefer liegenden Schicht, und legt nur die Schnittstelle zu der darüber liegenden Schicht offen. Obschon in der Netzwerktheorie vom siebenschichtigen **OSI-Modell** (Open System Interconnection-Modell) ausgegangen wird, genügt für die allermeisten Fälle ein **vierschichtiges Netzwerkmodell**, welches nur das Internet-Protokoll (**IP**) berücksichtigt. (Abb. 33.1). Auf jeder Schicht gibt es eine Sammlung von Regeln, **Protokolle** genannt, an die sich die Hersteller von Hard- und Software halten müssen (Request For Comments, **RFC**).

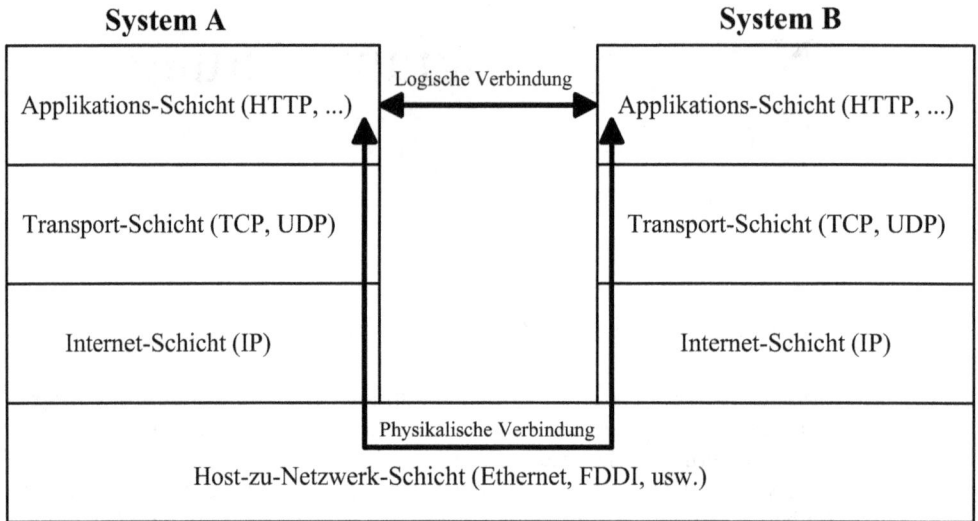

System A   System B

Applikations-Schicht (HTTP, ...)	*Logische Verbindung*	Applikations-Schicht (HTTP, ...)
Transport-Schicht (TCP, UDP)		Transport-Schicht (TCP, UDP)
Internet-Schicht (IP)		Internet-Schicht (IP)
	Physikalische Verbindung	
Host-zu-Netzwerk-Schicht (Ethernet, FDDI, usw.)		

Abb. 33.1   *Vierschichten-Netzwerkmodell*

Vernetzte Computer müssen eine eindeutige Identifikation, eine **Netzwerkadresse** besitzen. Im heute weit verbreiteten **Ethernet-Netzwerk** besitzt jeder Knoten ein Netzwerkinterface mit einer eindeutigen, zwischen den Herstellern vereinbarten **MAC-Adresse (Medium Access Control)**, welche 48 bit umfasst und meist in 12 Hexziffern angegeben wird. Darüber hinaus wird im Internet-Protokoll festgelegt, dass jeder Knoten zur Identifizierung eine eindeutige **Internet-Adresse (IP-Adresse)** besitzen muss, die aus 4 bytes besteht und normalerweise in „gepunkteter" Form (**dotted quad format**) mit 4 Zahlen zwischen 0 und 255 angegeben wird (beispielsweise 130.92.13.177). (Der neue Standard IPv6 sieht für die Internet-Adresse 16 bytes vor.) Der IP-Adresse ist in der Regel ein leichter handhabbarer **Hostname (IP-Alias)** zugeordnet, der weltweit von Domain Name Servern (**DNS**) verwaltet wird, beispielsweise `klnt1.unibe.ch`. Ein Host kann auch mehrere Hostnamen besitzen.

In sich abgeschlossene Teile eines Netzwerks können mit dem Internet auch über einen Router verbunden sein, der die IP-Adressen übersetzt (NAT, Network Address Translation) und nach außen nicht die inneren IP- und MAC-Adressen kommunziert. Eine umfassende Eindeutigkeit der IP-Adressen ist also nicht zwingend nötig.

Das IP-Protokoll legt fest, dass die Daten in Form von **Paketen** übertragen werden. Ein einzelnes Paket (**IP datagram**) besteht aus einem **Kopf** (**header**) von 20 bis 60 bytes und nachfolgend bis zu **65565 Datenbytes**. Der genaue Aufbau spielt für die Netzwerk-Programmierung in Java keine Rolle. Wir halten fest, dass der Kopf genügend Informationen enthält, um die Pakete, auch wenn diese über verschiedene Vermittlungswege laufen und daher nicht in der richtigen Reihenfolge beim Empfänger eintreffen, wieder in der ursprünglichen Reihenfolge zusammen zu setzen und fehlerhafte Pakete zu erkennen. **TCP** (Transmission Control Protocol) ist in hohem Maß **fehlertolerant**, da der Sender auf eine Bestätigung (Acknowledgement) wartet, dass die Pakete beim Empfänger korrekt angekommen sind und andernfalls die Pakete neu versendet. **UDP** (User Datagram Protocol) verzichtet auf eine Fehlerkorrektur und ist dadurch rund um den Faktor 3 schneller als TCP. UDP eignet sich vor allem für die schnelle Datenübertragung von Sound und Video, bei der gewisse Fehler zugunsten eines regelmäßigen Datenstroms in Kauf genommen werden. Java unterstützt beide Protokolle gleichermaßen, hingegen nicht das **ICMP** (Internet Control Message Protocol), das vom bekannten Netzwerkwerkzeug **ping** benützt wird.

Auf der obersten Schicht, jener der Applikationsprotokolle, wird beschrieben, wie einzelne **Dienste** miteinander kommunizieren. Zu den wichtigsten gehören: Web, Mail und Datentransfer. Die Kommunikation zwischen einem Web-Server und einem Web-Browser wird durch das **HTTP** (HyperText Transfer Protocol), zwischen einem Mail-Server und einem Mail-Client durch das **SMTP** (Simple Mail Transfer Protocol) und das **POP3** (Post Office Protocol) und für den Datentransfer durch das **FTP** (File Transfer Protocol) beschrieben.

Es darf nicht vergessen werden, dass die Rechnerkommunikation auch bei Echtzeitsystemen eine große Rolle spielt. Heute wird im Zusammenhang mit industriellen Prozessen und wissenschaftlichen Experimenten oft eine Rechnerhierarchie eingesetzt, wobei dedizierte Prozessrechner (oft Microcontroller) die unmittelbare Steuerung des Prozesses oder Experiments übernehmen. Der Prozessrechner kommuniziert in der Regel mit einem konventionellen Computer, der Statusinformationen vom Prozessrechner erhält, diese verarbeitet und Steuerkommandos an den Prozessrechner zurückgibt. Die Verbindung zwischen den beiden Rechnern kann konventionell über eine serielle oder USB-Schnittstelle erfolgen, immer mehr wird aber auch hier das Ethernet eingesetzt. Der Prozessrechner wird vielfach in Assembler oder C, neuerdings auch in Java (Realtime Java, Java Micro Edition) programmiert, der Steuerrechner in einer höheren Programmiersprache oder Applikationssprache (Mathlab, LabVIEW usw.)

33.2   Client-Server-Modell

In vielen Fällen ist es sinnvoll, gewisse Dienste und Informationen zentral zu verwalten und sie über ein Netzwerk anderen Computern zur Verfügung zu stellen. Daher lassen sich Computer in einem Netzwerk einteilen in **Server**, manchmal auch **Hosts** im engeren Sinn genannt, welche Dienste und Informationen anbieten, und **Clients**, welche diese benützen. Ein einzelner Computer kann aber auch gleichzeitig Client- wie Serverfunktionalitäten haben.

*Diese hierarchische Abhängigkeit ist für die Netzwerk-Programmierung von großer Wichtigkeit, allerdings nicht zwingend. Zwei Computer können auch als gleich gestellte Partner Daten austauschen (**peer-to-peer**). Obschon Java dieses Konzept nicht direkt unterstützt, kann es dadurch realisiert werden, dass ein Computer gleichzeitig die Rolle eines Servers und eines Clients übernimmt.*

Typischerweise wartet ein Serverdienst (in der Sprache von Unix ein **Daemon**) darauf, dass ein Client eine Anfrage (**Request**) startet. Der Server öffnet dazu einen individuellen Datenpfad zum Client (**Socket**), verarbeitet die Anfrage und liefert dem Client über den Datenpfad eine entsprechende Antwort (**Response**). Durch Multitasking bzw. Multithreading ist der Server meist in der Lage, gleichzeitig bzw. nebeneinander mehrere Clients zu bedienen (Abb. 33.2).

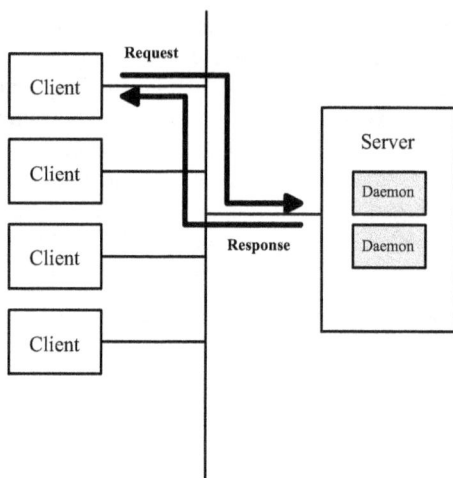

Abb. 33.2   *Client-Server-Modell (Request/response model)*

Die Anfrage und die Antwort müssen gemäß einem zwischen Client und Server vereinbarten Protokoll erfolgen. Obschon der Server seine Dienste ständig zur Verfügung stellen sollte und in diesem Sinn dem Client unterstellt ist, ist es ihm freigestellt, für gewisse Dienstleistungen ein Authentifizierungsverfahren durchzuführen oder sie gänzlich zu verweigern. Daher müssen die Daemons rigorosen Sicherheitsstandards genügen, um zu verhindern, dass ein Client nicht unter Umgehung der Sicherheitsbarrieren über eine **Hintertür** (**backdoor**) Daten einsehen, verändern oder sogar Programme ausführen kann. Das Programmieren von Daemon-Software ist diesbezüglich besonders anspruchsvoll.

Damit auf einem Server mehrere Daemons ihre Dienste anbieten können, gibt es zu einer bestimmten IP-Adresse bis zu 65535 verschiedene **Ports**. Die einzelnen Daemons **binden** beim Starten einen bestimmten Port, an den der Client seine Anfrage richten muss. Bestimmte Portnummern sind standardisiert, die wichtigsten sind in Tabelle 33.1 aufgeführt.

Service	Port	Beschreibung
daytime	13	Liefert aktuelle Tageszeit des Servers
ftp-data	20	FTP-Datentransfer
FTP	21	FTP-Kommando
Telnet	23	Terminal für Kommandozeilen-Befehle
SMTP	25	E-Mail versenden
HTTP	80	Web-Server

| POP3 | 110 | E-Mails abholen |
| RMI Registry | 1099 | Remote Method Invocation für Java |

Tab. 33.1 Standardisierte IP-Ports

33.3 Client- und Server-Sockets

TCP-Sockets sind eine Erfindung von Berkeley Unix und ermöglichen es, eine Netzwerkverbindung wie einen gewöhnlichen Stream mit read- und write-Operationen aufzufassen. Streams sind bekanntlich eine der wichtigsten Erfindungen von Unix mit dem Ziel, alle I/O-Operationen über Tastatur, Bildschirm, Dateien, Netzwerk usw. gleichartig zu behandeln. Sockets schirmen den Programmierer von der enormen Komplexität der tatsächlich auf dem Netzwerk ablaufenden Prozesse ab. Das Verfahren hat sich seit über 40 Jahren bestens bewährt und wurde daher auch in Java übernommen.

Einen **Socket** kann man als Zugangspforte eines IP-Verbindungskanals zwischen einem Host und einem Client auffassen. Für einen Client sind die wichtigsten Socket-Operationen:

- Verbindung erstellen (öffnen, open)
- Daten senden (schreiben, send)
- Daten empfangen (lesen, read)
- Verbindung beenden (schließen, close).

Für einen Server kommen noch folgende Operationen hinzu:

- Bindung eines IP-Ports (binden, bind)
- Verbindungsanforderung annehmen (accept).

Im Zusammenhang mit der Netzwerkprogrammierung benötigen wir immer einen Client und einen Server. In einem ersten Beispiel wollen wir einen Client programmieren, benötigen aber zum Testen des Programms einen bereits vorhandenen Server. Dazu eignet sich ein **Daytime-Server**, der einzig einige Zeilen Text im ASCII-Format mit aktuellem Datum und Uhrzeit an jeden Client zurück schickt, der eine IP-Verbindung auf Port 13 erstellt.

Es gibt mehrere Daytime-Server im Internet, bekannt ist der Server der Physikalisch-Technischen Bundesanstalt mit dem gegenwärtigen Hostnamen: ntp1.ptb.de. Falls man das Client-Programm ohne Zugang zum Internet entwickeln will, so kann auf dem Entwicklungsrechner der später beschriebene Daytime-Server gestartet werden. Dazu compilieren und starten wir `DaytimeServer.java` *und verwenden den Hostnamen 'localhost'.*

Das Client-Programm ist wegen der guten Unterstützung der IP-Sockets im Package `java.net` außerordentlich einfach. Bei der Instanzierung eines Objekts der Klasse `Socket` versucht der Client, eine TCP-Verbindung mit dem Server herzustellen. Falls dies misslingt, wird eine `IOException` geworfen, mit der man den Benutzer über die Schwierigkeiten informieren kann. Kommt die Verbindung zustande, so ist der Socket geöffnet und man kann mit Hilfe der zurückgegebenen Socket-Referenz mit dem Server kommunizieren. Um vom Server gesendete Daten abzuholen, verschafft man sich am besten mit `getIn-putStream()` einen InputStream, den wir zweckmäßigerweise in einen BufferdReader umwandeln, da wir ASCII-codierte Daten in Zeilenform (abgeschlossen mit einem \n) erwarten.

Mit `readLine()` holen wir Zeile um Zeile bis zum Ende des Streams vom Socket ab und schreiben sie in ein Console-Fenster. Es ist wichtig zu wissen, dass `readLine()` den weiteren Programmablauf **blockiert (program stalling)**, solange der Server keine Daten zurückliefert. Nach einer gewissen Wartezeit, die man mit `setSoTimeout()` einstellen kann, wird allerdings eine `SocketTimeoutException` geworfen, die man fangen kann, um den Benutzer über den Fehlschlag zu orientieren. Ebenfalls eine Exception wird geworfen, wenn der Server die Socket-Verbindung beendet.

Wir sind sorgfältig darauf bedacht, alle Ressourcen im Zusammenhang mit dem geöffneten Socket wieder explizit abzugeben, indem wir in einem finally-Block, der in jedem Fall durchlaufen wird, sowohl den Stream als auch den Socket **schließen**.

Im Normalfall gibt zwar das Java Runtime-System, bzw. der Garbage collector, die Ressourcen bei Programmende wieder frei und ein geschlossener Stream schließt auch den Socket. Wir müssen aber auch mit außerordentlichen Umständen rechnen, bei denen an unerwarteten Stellen eine Exception geworfen wird. Da aufgebrauchte Ressourcen zu den sehr schwierig zu behebenden Programmfehlern gehören, programmieren wir immer vorsichtig und defensiv und geben die Ressourcen explizit frei.

```
// DaytimeClient.java

import java.net.*;
import java.io.*;
import ch.aplu.util.*;

public class DaytimeClient
{
  private static final String HOSTNAME = "localhost";
  private static final int PORT = 13;

  public DaytimeClient()
  {
    BufferedReader reader = null;
    Socket socket = null;
    String line;
    try
    {
      socket = new Socket(HOSTNAME, PORT);
      System.out.println("Connection established");
      socket.setSoTimeout(15000); // 15 sec

      reader = new BufferedReader(
          new InputStreamReader(socket.getInputStream()));
```

```
      while ((line = reader.readLine()) != null)
      {
        System.out.println(line);
      }
    }
    catch (IOException ex)
    {
      System.out.println("Error " + ex);
    }
    finally
    {
      try
      {
        if (reader != null)
          reader.close();
        if (socket != null)
          socket.close();
      }
      catch (IOException ex)
      {}
    }
  }

  public static void main(String args[])
  {
    Console.init();
    new DaytimeClient();
  }
}
```

Die Ausführung des Programms für den lokalen Daytime-Server ist in Abb. 33.3 gezeigt.

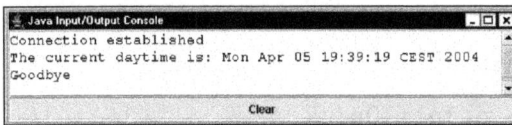

Abb. 33.3   *Die Ausgabe von DaytimeClient für den Hostname 'localhost'*

Als Nächstes wenden wir uns der Programmierung eines Servers zu. Dabei erkennen wir, dass es wohl gewisse Analogien zum Client gibt, einige Aspekte aber neu sind. Als Beispiel entwickeln wir einen Daytime-Server, der einem Client, der eine IP-Verbindung auf Port 13 erstellt, einige Zeilen Text mit dem aktuellem Datum und der momentanen Uhrzeit zusendet. Der Konstruktor der Klasse ServerSocket() öffnet einen Server-Socket und bindet das Server-Programm (den Daemon) an einen bestimmten IP-Port. Clients, welche jetzt eine IP-Verbindung zu diesem Port des Servers aufbauen, erhalten bereits eine Erfolgsmeldung, obschon der Server noch gar keine Dienste zur Verfügung stellt. Die Clients werden dabei in eine Verarbeitungs-Warteschlange gefügt.

Um einen Client zu bedienen, muss der Server mit der Methode `accept()` den zuerst angemeldeten Client übernehmen. Hat sich noch kein Client angemeldet, so **blockiert** der Aufruf von `accept()` den weiteren Ablauf des Programms, da `accept()` erst zurückkommt, wenn ein Client angenommen werden kann. Damit der Server mehrere Clients hintereinander bedienen kann, setzen wir `accept()` in eine Endlosschlaufe. Mit der Socket-Instanz, welche `accept()` zurückgibt, können wir einen `OutputStream` holen, den wir zweckmäßigerweise in einen `PrintWriter` verwandeln, um die Daten in Form von einigen Zeilen ASCII-Code an den Client zurück zu schicken. Wir gewöhnen uns daran, mit `flush()` den Stream zu leeren, damit mit Sicherheit der ganze Inhalt des Streambuffers zum Client übertragen wird, obschon dies beim Schließen des Streams automatisch gemacht würde.

Wir sehen zu Demonstrationszwecken noch vor, den Server künstlich lahm zu legen, indem wir 10 s mit der Antwort zuwarten, wenn wir `isLazy =true` setzen.

```java
// DaytimeServer.java

import java.net.*;
import java.io.*;
import java.util.*;
import ch.aplu.util.*;

public class DaytimeServer
{
  private static final int SERVICE_PORT = 13;
  private boolean isLazy = false;

  public DaytimeServer()
  {
    try
    {
      ServerSocket server = new ServerSocket(SERVICE_PORT);
      if (isLazy)
        System.out.print("Lazy ");
      else
        System.out.print("Quick ");
      System.out.println("daytime service started");

      while (true)
      {
        Socket client = server.accept();
        System.out.println("Received request on " +
                           new Date() + " from " +
                           client.getInetAddress() + ":" +
                           client.getPort());
        PrintWriter pr =
            new PrintWriter(client.getOutputStream()));
```

```
            if (isLazy)
              Console.delay(10000);   // lazy server
            Date now = new Date();
            pr.println("The current daytime is: " + now);
            pr.println("Goodbye");
            pr.flush();
            pr.close();
            client.close();
          }
        }
        catch (BindException ex)
        {
          System.err.println("Service already running on port " +
                             SERVICE_PORT);
        }
        catch (IOException ex)
        {
          System.err.println("Error " + ex);
        }
      }

      public static void main(String args[])
      {
        Console.init();
        new DaytimeServer();
      }
    }
```

Setzen wir isLazy auf true, so ist der Server so faul, dass ein zweiter Client, den man kurz nach einem ersten startet, die gewünschte Verbindung nicht mehr aufbauen kann, da der Timeout von 15 Sekunden, welcher mit setSoTimeout() beim Client eingestellt wird, nicht lange genug ist. Es handelt sich dabei um ein grundsätzliches Problem im Zusammenhang mit dem Client-Server-Modell, da man immer damit rechnen muss, dass kurz hintereinander mehrere Clients die Dienste des Servers beanspruchen wollen, währenddessen dieser noch mit dem vorhergehenden Request beschäftigt ist. Wir lösen dieses Problem durch Multithreading.

33.4   Multithreaded Server

Oft ist die Verarbeitungszeit auf dem Server kurz im Vergleich zur Übertragungszeit der Daten vom Server zum Client. Kann der Server nur einen Client bedienen, so ist während der Datenübertragung für längere Zeit der Server oder zumindest der entsprechende Service blockiert. Dies führt zu einem schlechten Antwortverhalten und zur Verschwendung von Rechnerleistung. Viel effizienter ist es, auf dem Server für jeden Client einen eigenen Prozess zu starten.

Obschon jetzt die Antwortzeiten viel besser werden, verschwenden wir viele Rechnerressourcen, da jeder Prozess als eigenständige Applikation geladen und ausgeführt wird.

Eine elegantere Lösung liegt auf der Hand: Man lässt jeden Client in einem eigenen Thread
derselben Applikation laufen. Dieser wird entweder bei der Anmeldung eines Clients neu
erzeugt oder, um das Programm noch effizienter zu machen, aus einem Pool von bereits
vorher erzeugten Threads bezogen. Die Netzwerkprogrammierung liefert darum auch ein
perfektes Übungsgelände für den sinnvollen Einsatz von Threads. In Java sind die beiden
verwandten Bereiche hervorragend ausgebaut.

Mit unseren guten Kenntnissen über Threads schreiben wir ohne Mühe einen eleganten
`DaytimeThreadedServer`, bei dem nach dem `accept()` für jeden Client eine neue
Instanz der Klasse `OutputThread` erzeugt wird, welche die Verarbeitung des neu angemeldeten Clients übernimmt. Da wir `OutputThread` nicht als innere Klasse der Applikationsklasse deklarieren wollen, müssen wir bei der Konstruktion zwei Parameter übergeben.
Dies ist sowieso besser, da es von der Thread-Klasse mehrere Instanzen geben kann und es
gefährlich wäre, diese auf gemeinsame Instanzvariablen der Applikationsklasse zugreifen zu
lassen. Starten wir diesen Server mit `isLazy = true`, so werden jetzt auch zwei kurz
nacheinander gestartete Clients korrekt bedient.

```java
// DaytimeThreadedServer.java

import java.net.*;
import java.io.*;
import java.util.*;
import ch.aplu.util.*;

class OutputThread extends Thread
{
  private OutputStream os;
  private boolean isLazy;

  OutputThread(OutputStream os, boolean isLazy)
  {
    this.os = os;
    this.isLazy = isLazy;
  }

  public void run()
  {
    PrintWriter pr =
        new PrintWriter(new OutputStreamWriter(os));

    if (isLazy)
      Console.delay(10000); // lazy server
    Date now = new Date();
    try
    {
      InetAddress address = InetAddress.getLocalHost();
```

```
      pr.println("Current daytime at " + address + " is:");
      pr.println(now);
      pr.println("Goodbye");
      pr.flush();
      pr.close();
    }
    catch (Exception ex)
    {
      System.out.println("Error " + ex);

    }
  }
}

public class DaytimeThreadedServer
{
  private static final int SERVICE_PORT = 13;
  private boolean isLazy = false;

  public DaytimeThreadedServer()
  {
    try
    {
      ServerSocket server = new ServerSocket(SERVICE_PORT);
      if (isLazy)
        System.out.print("Lazy ");
      else
        System.out.print("Quick ");
      System.out.println("daytime service started(threaded)");

      while (true)
      {
        Socket client = server.accept();
        System.out.println("Received request on " +
                           new Date() + " from " +
                           client.getInetAddress() + ":" +
                           client.getPort());
        Thread output = new OutputThread(client.
                                          getOutputStream(),
                                          isLazy);
        output.start();
      }
    }
    catch (BindException ex)
    {
      System.err.println("Service already running on port " +
                         SERVICE_PORT);
    }
```

```
    catch (IOException ex)
    {
      System.err.println("Error " + ex);
    }
  }

  public static void main(String args[])
  {
    Console.init();
    new DaytimeThreadedServer();
  }
}
```

33.5   Telnet, Grundlagen von HTTP

Wir sind bereits in der Lage, ein Clientprogramm zu schreiben, das zum Testen von Netzwerkverbindungen von großem praktischem Nutzen ist. Das Programm baut beim Start eine
Socket-Verbindung zu einem vorgegebenen Port des Servers auf und sendet die Tastatureingaben zeichen- oder zeilenweise zum Server. Die vom Server an den Client gesendeten Zeichen werden in einem Console-Fenster des Clients dargestellt.

*Früher hat man Geräte hergestellt, welche an Mini- oder Großrechner angeschlossen waren und aus-
schließlich zur Datenein- und -ausgabe dienten. Da man diese Geräte* **Terminal** *nannte, bezeichnet
man ein zu diesem Zweck entwickeltes Programm als* **Terminalemulator** *oder* **Terminalpro-
gramm**. *Für Terminalemulatoren, welche die Daten mittels TCP/IP übertragen, hat sich der Name*
Telnet *eingebürgert. Sie werden meist zusammen mit dem Betriebssystem ausgeliefert. Beispielsweise
startet man in einem Console-Fenster von Windows-PCs mit dem Befehl* telnet *(unter Angabe des
Hostnamens und des Ports) ein einfaches Telnet-Programm.*

Ein Terminalemulator muss in der Lage sein, quasi gleichzeitig auf Tastatureingaben und auf
Daten, die vom Server eintreffen, zu reagieren. Da davon ausgegangen werden muss, dass
Eingaben und Datenrückgabe unabhängig voneinander zu einem beliebigen Zeitpunkt erfolgen, muss die Programmlogik gut durchdacht sein. Es gehört sich auch, dass ein Telnet-
Programm bei einem Zusammenbruch der Verbindung zum Server normal beendet werden
kann. Es liegt auf der Hand, die zwei Aufgaben in zwei verschiedenen Threads zu behandeln,
wobei einer davon der Applikations-Thread sein kann. Man entscheidet sich ohne wesentliche Vor- und Nachteile, ob die Tastatureingabe oder die Behandlung der Rückgabedaten in
einem eigenen Thread verarbeitet wird.

Im nachfolgenden Beispiel verwenden wir für die Tastatureingaben und Datenausgabe eine
Console-Instanz und verarbeiten die Datenrückgabe vom Server in der run-Methode der
Klasse InputThread, die wir als innere Klasse deklarieren, damit der Zugriff auf gemeinsame Variablen erleichtert wird. Das Lesen der Rückgabedaten erfolgt mit dem InputStream
der Socket-Instanz, den wir in einen BufferedReader verwandeln, um mit readLine()
einzelne Zeilen abholen zu können. Wie wir wissen, ist die Methode readLine() blockierend, was bedeutet, dass das Programm auf dieser Zeile „hängen" bleibt, solange keine Daten
vom Server eintreffen. Falls allerdings die Verbindung zum Server unterbrochen wird, wirft

readLine() eine Exception, die wir dazu verwenden, die run-Methode und damit den
Thread unter Freigabe aller Ressourcen zu beenden. Das Hauptprogramm wird darüber informiert, weil es mit isClosed() den Zustand der Verbindung ständig überprüft.

Wir leiten Telnet aus der Klasse Console ab, damit wir die print-Aufrufe ohne vorgestelltes System.out verwenden können. Jeder von der Tastatur eingelesenen Zeile fügen
wir ein <cr><lf> an, wie es für die meisten Internet-Protokolle üblich ist. Mit flush()
garantieren wir, dass der Zeichenbuffer geleert und damit die Zeile vollständig an den Server
verschickt wird.

```java
// Telnet.java

import java.io.*;
import java.net.*;
import ch.aplu.util.*;

public class Telnet extends Console
{
  private Socket socket;

  // --------------- Inner class ---------------------------
  class InputThread extends Thread
  {
    public void run()
    {
      BufferedReader in = null;
      try
      {
        in = new BufferedReader(
            new InputStreamReader(socket.getInputStream()));
        String line;
        while ((line = in.readLine()) != null)
          println(line);
      }
      catch (IOException ex)
      {}
      try
      {
        if (in != null)
          in.close();
        if (socket != null)
          socket.close();
      }
      catch (IOException ex)
      {}
    }
  }
  // --------------- End of inner class --------------------
```

```java
public Telnet()
{
  print("Host? ");
  String host = readLine();
  print("Port: ");
  int port = readInt();
  try
  {
    socket = new Socket(host, port);
    PrintWriter out =
        new PrintWriter(socket.getOutputStream());
    new InputThread().start();
    println("Verbunden mit " + host +
            " am Port " + port);

    while (!socket.isClosed())
    {
      String line = Console.readLine();
      out.print(line);
      out.print("\r\n"); // Line terminator is <cr><lf>
      out.flush();
    }
    println("\nVerbindung unterbrochen.");
    println("Irgendeine Taste zum Beenden...");
    while (!kbhit())
    {}
    System.exit(0);
  }
  catch (UnknownHostException ex)
  {
    println("Verbindungsaufnahme misslungen.");
  }
  catch (SocketException ex)
  {
    println("Verbindungsaufnahme misslungen.");
  }
  catch (IOException ex)
  {
    ex.printStackTrace();
  }
}

public static void main(String[] args)
{
  new Telnet();
}
}
```

Um den Terminalemulator auszutesten, unternehmen wir einen lehrreichen Versuch und erstellen eine TCP-Verbindung zu irgendeinem Web-Server. Dazu wählen wir beispielsweise die Suchmaschine `www.google.com` auf Port 80. Nachdem die Verbindung zum Web-Server geöffnet ist, müssen wir uns mit dem **HTTP-Protokoll (HyperText Transfer Protocol)** verständigen. Um die Homepage von Google abzuholen, senden wir ihm unter strikter Einhaltung der Groß-Kleinschreibung und der Leerzeichen den Request

```
GET / HTTP/1.0
```

mit einer darauf folgenden Leerzeile (beide müssen mit einem <cr><lf> abgeschlossen sein). Dabei bedeutet GET, dass der Web-Server die Datei, deren URL angegeben wird, an den Client senden soll. Mit dem Slash wird das Wurzelverzeichnis des Web-Servers angesprochen und ohne weitere Dateiangabe sendet der Server üblicherweise die Datei `index.html` (je nach Servereinstellung auch `index.htm`, `default.html` oder `default.htm` o.ä.). Die Web-Seite, welche in der Regel ASCII-Text mit HTML-Tags enthält, wird allerdings im Console-Fenster nur als Text dargestellt. Das Beispiel zeigt aber, dass das Web auf sehr einfachen Prinzipen aufbaut: Das Client-Programm, üblicherweise Web-Browser genannt, öffnet mit der angegebenen URL beim Web-Server einen IP-Socket und sendet einen HTTP-Request, mit einer relativen oder impliziten Angabe der gewünschten HTML-Datei. Der Server sendet dem Client diese Datei zurück, die der Web-Browser durch Interpretation der HTML-Tags dargestellt.

Wir erkennen auch, dass der Web-Server nach der Datenrückgabe die Socket-Verbindung sofort schließt und damit „vergessen" hat, welcher Client gerade eben mit ihm in Verbindung war. Man nennt daher das HTTP-Protokoll in der Version 1.0 auch **zustandslos (stateless)**. Für viele Client-Server-Applikationen ist es wichtig, über längere Zeit eine Kommunikation zwischen einem bestimmten Client und dem Server aufrecht zu erhalten, beispielsweise für Bestell- und Reservationssysteme. Wie wir in Kap. 41 sehen werden, lässt sich eine Session mit dem HTTP-Protokoll nur mit größerem zusätzlichem Aufwand realisieren.

*Die HTTP Version 1.1 erlaubt, eine Verbindung offen (**keep-alive**) zu halten, bis eine der beiden Partner einen close-Request sendet. Besteht eine Web-Seite beispielsweise aus mehreren Bildern, so muss nicht mehr für jedes Bild ein neuer Socket geöffnet werden. Von dieser Technik wird aber noch wenig Gebrauch gemacht.*

Von diesem Erfolg ermutigt, schreiben wir zur Übung ein Programm, mit dem wir die gesellschaftliche Relevanz einiger Begriffe untersuchen können. Wir lassen dazu die Suchmaschine *Google* nach den Links zu einem vorgegebenen Wort suchen, schreiben aber nur die Anzahl Treffer aus. Da in diesem Fall das Senden der Anfrage und das Abholen der Antwort zeitlich hintereinander erfolgen, können wir auf einen eigenen Thread verzichten. Wir schreiben die Antwort des Web-Servers, die ziemlich lang sein kann, zuerst in einen ByteArrayOutputStream, der wesentlich effizienter als ein String ist und die angenehme Eigenschaft besitzt, selbständig bei Bedarf zu wachsen.

Um herauszufinden, welchen Request wir Google bei einer Suche nach einem einzigen Suchwort senden müssen, führen wir eine Abfrage mit einem Browser durch und analysieren die angezeigte URL. Dabei entdecken wir durch einige weitere Versuche, dass beispielsweise für das Suchwort *ferien* die URL

```
http://www.google.com/search?q=ferien
```

genügt. Dies könnte sich zwar ändern, falls Google die Logik der Web-Seite wesentlich überarbeitet. Wir erkennen auch, dass sich die Anzahl Treffer auf einer der obersten Zeilen hinter *of about* befindet, wobei die Zahl in Fettschrift, d.h. zwischen den HTML-Tags <b> und </b>, dargestellt wird. Unser Programm besteht im Wesentlichen aus vier Teilen: Zuerst muss das Suchwort eingelesen werden, nachfolgend wird der HTTP-Request an den Server gesendet und der HTTP-Response abgeholt. Zuletzt müssen die erhaltenen Daten nach der Trefferzahl geparst werden.

```java
// ParseHtml.java

import java.io.*;
import java.net.*;
import ch.aplu.util.*;

public class ParseHtml extends Console
{
  private String host = "www.google.com";
  private int port = 80;
  private String startTag = "of about <b>";
  private String endTag = "</b>";

  public ParseHtml()
  {
    ByteArrayOutputStream reply = new ByteArrayOutputStream();
    PrintWriter writer = new PrintWriter(reply, true);
    try
    {
      while (true)
      {
        print("Suchwort: ");
        String searchString = Console.readLine();

        // Send client request
        Socket socket = new Socket(host, port);
        PrintWriter out =
            new PrintWriter(socket.getOutputStream());
        String httpMsg = "GET /search?q=" +
            searchString +
            " HTTP/1.0\r\n\r\n";
        out.print(httpMsg);
        out.flush();

        // Get server response
        reply.reset();
        BufferedReader in = new BufferedReader(
```

```
            new InputStreamReader(socket.getInputStream()));
        String line;
        while ((line = in.readLine()) != null)
          writer.println(line);

        // Parse response
        String dataStr = reply.toString();
        String nbHits = "0";
        int startIndex = dataStr.indexOf(startTag, 0) +
            startTag.length();
        if (startIndex > -1)
        {
          int endIndex = dataStr.indexOf(endTag, startIndex);

          if (endIndex - startIndex < 15 )  // For security
            nbHits = dataStr.substring(startIndex, endIndex);
        }
        println("Trefferzahl: " + nbHits);

        // Release resources
        socket.close();
        in.close();
        out.close();
      }
    }
    catch (IOException ex)
    {}
  }

  public static void main(String[] args)
  {
    new ParseHtml();
  }
}
```

Wir verwenden unser Programm, um einen Anhaltspunkt über die Wichtigkeit einiger gesellschaftsrelevanter Wörter zu erhalten (Abb. 33.4). Das Resultat löst allerdings Unbehagen aus.

```
Java Input/Output Console         _ □ ✕
Suchwort: war
Trefferzahl: 95,600,000
Suchwort: peace
Trefferzahl: 28,700,000
Suchwort: krieg
Trefferzahl: 3,970,000
Suchwort: frieden
Trefferzahl: 1,020,000
                    Clear
```

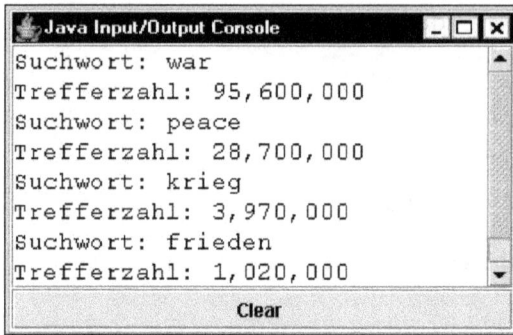

Abb. 33.4   *Trefferquote einiger Suchwörter*

33.6   Echo-Server

Für den Test von Netzwerk-Verbindungen zwischen zwei Hosts ist es sehr zweckmäßig, auf dem einen Host ein Serverprogramm zu starten, dessen einzige Aufgabe darin besteht, empfangene Zeilen ohne Veränderung wieder an einen Client zurückzusenden. Ein Telnet-Programm auf dem anderen Host sollte dann jede gesendete Zeile wie ein Echo wieder empfangen. Es ist mit unseren Kenntnissen nicht schwierig, einen solchen Echo-Server zu schreiben, der auch gleich multithreaded ist und damit mehrere Clients nebeneinander bedienen kann. Wenn wir ihn in einem Kommando-Fenster starten, können wir auch den Port angeben, auf dem der Server „hören" soll, beispielsweise für Port 333:

```
java EchoServer 333
```

In der Applikationsklasse erzeugen wir eine Instanz von `ServerSocket` und fangen dabei die Exception ab, falls der Port bereits durch einen anderen Dienst verwendet wird. Für jeden neuen Client wollen wir mit der Klasse `SocketHandler` einen neuen Thread erzeugen, der sich dem Client annimmt. Dazu wäre es am einfachsten, in die Applikationsklasse eine Endlosschleife

```
while (true)
{
  Socket s = serverSocket.accept();
  new SocketHandler(s).start();
}
```

zu setzen, da bekanntlich `accept()` blockiert, bis sich ein neuer Client anmeldet. Es ergibt sich dadurch allerdings das Problem, wie wir die Applikation beenden wollen, ohne grobe Maßnahmen wie das „Abschießen" zu ergreifen. Es gibt dazu zwei Möglichkeiten: wir erstellen ein GUI und rufen zum Beenden der Applikation in einer Callbackmethode `System.exit()` auf. Dabei werden zwar möglicherweise nicht alle Socket-Ressourcen freigegeben. Eine sanfte Variante, um blockierende Methoden in den Griff zu bekommen, besteht darin, sie in einem eigenen Thread aufzurufen. Dadurch läuft das Programm trotz der blockierenden Methode weiter und kann den Abbruch mit geeigneten Maßnahmen veranlassen. In unserem Fall schließen wir mit `close()` den ServerSocket, wodurch `accept()` eine Exception wirft.

Damit alle Threads mit Sicherheit abbrechen, wenn wir die Applikation beenden, lassen wir sie mit `setDeamon()` als Daemon laufen. Um die Wirksamkeit des Verfahrens zu zeigen, beenden wir den Server, falls sich mehr als 3 Clients anmelden. Dazu verwenden wir den int `nbClients`, der die angemeldeten Clients zählt.

Wirft die run-Methode des Threads `ServerHandler` eine Exception, so können wir dies nicht ohne weiteres der Applikationsklasse mitteilen, da sich Exceptions nicht von einem Thread zum anderen propagieren lassen. Wir setzen daher im catch-Block des Threads eine boolesche Instanzvariable `isRunning` auf `false`, die in der Applikationsklasse ständig geprüft wird.

```java
// EchoServer.java

import java.net.*;
import java.io.*;

public class EchoServer
{
  // --------------- Inner class SocketHandler -------------
  private class SocketHandler extends Thread
  {
    private Socket socket;

    public SocketHandler(Socket socket)
    {
      this.socket = socket;
      setDaemon(true);
      nbClients++;
      System.out.println("# of clients: " + nbClients);
    }

    public void run()
    {
      BufferedReader in = null;
      PrintWriter out = null;
      try
      {
        in = new BufferedReader(
            new InputStreamReader(socket.getInputStream()));
        out = new PrintWriter(socket.getOutputStream());
        String line;
        while ((line = in.readLine()) != null)
        {
```

```java
            System.out.println("Received from " +
                               socket.getInetAddress() + " : " +
                               line);
          out.println(line);
          out.flush();
        }
      }
    catch (IOException ex)
    {}
    try
    {
      if (in != null)
        in.close();
      if (out != null)
        out.close();
      socket.close();
    }
    catch (IOException ex)
    {}
    System.out.println("Client socket closed");
    nbClients--;
    System.out.println("# of clients: " + nbClients);
  }
}

// --------------- Inner class ServerHandler -------------
class ServerHandler extends Thread
{
  private ServerSocket serverSocket;

  ServerHandler(ServerSocket serverSocket)
  {
    this.serverSocket = serverSocket;
    setDaemon(true);
  }

  public void run()
  {
    try
    {
      while (true)
      {
        Socket socket = serverSocket.accept();
        System.out.println("Connection to " +
                           socket.getInetAddress() +
                           " established");
        new SocketHandler(socket).start();
      }
```

```
      }
      catch (IOException ex)
      {
        isRunning = false;
      }
    }
  }
}
// -------------- End of inner classes ------------------

  private static int port = 23; // Default telnet port
  private int maxNbClients = 3;
  private int nbClients = 0;
  private boolean isRunning = true;

  public EchoServer()
  {
    try
    {
      ServerSocket serverSocket = new ServerSocket(port);
      System.out.println("Server running on port " + port);
      new ServerHandler(serverSocket).start();
      while (isRunning && nbClients <= maxNbClients)
        Thread.currentThread().yield();
      serverSocket.close();
      System.out.println("Server socket closed");
    }
    catch (Exception ex)
    {
      System.out.println("Port already in use");
    }
    System.out.println("Host exiting...");
  }

  public static void main(String[] args)
  {
    if (args.length > 0)
      port = Integer.parseInt(args[0]);
    new EchoServer();
  }
}
```

Nach dem Start des Echo-Servers freuen wir uns am richtigen Funktionieren, indem wir mit dem vorhin geschriebenen Telnet-Programm eine IP-Verbindung herstellen und eine Zeile eintippen, die vom Server identisch zurückgesendet wird (Abb. 33.5).

```
╔═══════════════════════════════════════════════╗
║ ⚏ Java Input/Output Console        _ □ ✕        ║
║ Host? localhost                              ▲  ║
║ Port: 23                                        ║
║ Verbunden mit localhost am Port 23              ║
║ Dies ist ein Test                               ║
║ Dies ist ein Test                            ▼  ║
║ ─────────────────────────────────────────────  ║
║                    Clear                         ║
╚═══════════════════════════════════════════════╝
```

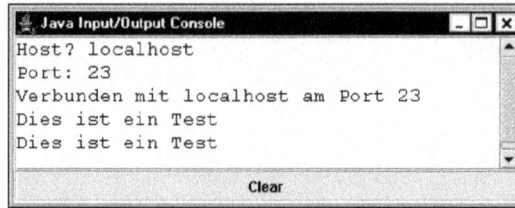

Abb. 33.5   Verbindung mit dem Echo-Server

33.7   Chat-Client und -Server

Im Zusammenhang mit der Kommunikation zwischen zwei Computern ergeben sich immer wieder heikle Probleme, die mit der Synchronisierung der zwei unabhängigen Prozesse und der Datenübertragung zusammenhängen, insbesondere wenn genauere Angaben über die Geschwindigkeit der Rechner und die Dauer der Datenübertragung fehlen oder die Werte stark variieren. Dies ist bei Client-Server-Systemen häufig der Fall, da sowohl das Internet wie der Server unterschiedlich ausgelastet sind. Client- und Server-Applikationen ohne Berücksichtigung des Zeitverhaltens der beteiligten Hosts und der Übertragungsstrecke führen zu katastrophalem Fehlverhalten. Berüchtigt ist das „Hängen" der Applikation oder sogar des ganzen Computers. Meist ist dieses auf die schlechte Implementierung von Methoden zurückzuführen, die beim Aufruf blockieren, wie die read-Methoden von Streams und `accept()`.

Wie wir beim EchoServer gelernt haben, müssen blockierende Methoden grundsätzlich in einem eigenen Thread aufgerufen werden. Da der Applikationsthread weiterläuft, hat er die Möglichkeit, die blockierende Methode zu überwachen und bei Bedarf nach einem gewissen Timeout einzugreifen.

Als klassische Anwendung der Netzwerkprogrammierung gelten Chat-Systeme, bei denen sich zwei Partner in Echtzeit eingetippten Text zusenden. Das Benutzerinterface besteht üblicherweise aus einem Doppelfenster, wobei im einen Fenster die eigenen Tastatureingaben und im anderen Fenster der empfangene Text des Partners dargestellt werden. Wegen der besseren Effizienz werden bei Internet-Chat-Systemen meist nicht einzelne Zeichen, sondern jeweils nur ganze Zeilen übertragen.

Die Programmierung von Chat-Systemen ist wegen des sozialen Aspekts motivierend, aber auch lehrreich, da die Socketprogrammierung mit Threads, aber auch die Einbettung der Applikation in ein benutzerfreundliches GUI für eine Vielzahl von Anwendungen gleichermaßen wichtig ist. Obschon die beiden Verbindungsknoten vom Benutzer aus gesehen gleiche Funktionalitäten aufweisen, müssen wir wegen des asymmetrischen Client-Server-Modells einen Chat-Server und einen Chat-Client entwickeln, wobei der Server als Erstes gestartet werden muss und der Client nachträglich die Verbindung zum Server aufbaut.

Damit die Applikationsklasse von der Behandlung der Tastatureingaben befreit ist, werden diese in der Klasse ChatPanel durch Tastatur-Callbacks behandelt, die bekanntlich in einem weiteren internen Thread ablaufen. Beim Drücken der Enter-Taste wird die eingegebene Zeile zum Partnerknoten gesendet. Dieses Programmkonzept zeigt, dass die Nebenläufigkeit von bestimmten Aufgaben durch die Verwendung von Callbacks und Threads zu einer Entflechtung des Codes führt. Um den Umfang des Codes in vernünftigen Grenzen zu halten, beenden wir Client und Server mit dem Close-Button der Titelleiste und nehmen dabei in Kauf, dass je nach Situation nicht alle Netzwerk-Ressourcen (Sockets, Streams) vollständig freigegeben werden. Immerhin enden damit mit Sicherheit auch alle zur Applikation gehörende Threads.

Wir wenden uns zuerst dem Client-Programm zu. Für den Empfang der übertragenen Zeilen verwenden wir einen eigenen Thread, welcher in der run-Methode solange auf readLine() hängt, bis eine Zeile vom Partnerknoten empfangen wird. Da wir nicht wissen, wie lange das Warten dauert, muss der Timeout der blockierenden readLine-Methode mit setSoTimeout(0) auf unendlich gestellt werden. Die erhaltene Zeile wird in eine Instanzvariable line kopiert, die vorher auf null gesetzt ist. Durch ständiges Überprüfen des Stringwerts erfährt der Applikationsthread, dass eine neue Zeile angekommen ist und er diese im unteren Fenster, dem Empfangsfenster, anzeigen muss. Wird die Verbindung unterbrochen, weil beispielsweise der Server ausfällt, so wirft readLine() eine IOException, mit der man ein Flag isConnected auf false setzt. Dadurch wird die Wiederholschleife beendet und man kann anschließend im finally-Block die Ressourcen frei geben. Nach der Rückkehr des Konstruktors wird die Applikation in main() mit System.exit() beendet.

Die Applikation kann mit einer Kommandozeile gestartet werden, die optional die IP-Adresse des Chat-Servers und den verwendeten IP-Port enthält. Standardmäßig wird localhost mit Port 3000 benützt.

```
// ChatClient.java

import java.net.*;
import java.io.*;

public class ChatClient
{
  class InputThread extends Thread
  {
    public void run()
    {
      try
      {
        while (true)
          line = netIn.readLine(); // Blocking
      }
      catch (IOException ex)
      {
        isConnected = false;
```

```java
        }
      }
    }

    private BufferedReader netIn = null;
    private PrintWriter netOut = null;
    private Socket socket = null;
    private String line = null;
    private boolean isConnected = false;
    private ChatPanel p = null;

    public ChatClient(String hostname, int port)
    {
      try
      {
        socket = new Socket(hostname, port);
        socket.setSoTimeout(0);

        netIn = new BufferedReader(
            new InputStreamReader(socket.getInputStream()));
        netOut = new PrintWriter(
            new OutputStreamWriter(socket.getOutputStream()));

        p = new ChatPanel("Simple Chat (Client)");
        p.setOutput(netOut);
        p.appendLine("Connection to '" + hostname +
                     "' on port " + port + " established");

        new InputThread().start();
        isConnected = true;
        p.enableEntry(true);

        while (isConnected)
        {
          try
          {
            Thread.currentThread().sleep(1);
          }
          catch (InterruptedException ex)
          {}
          if (line != null)
          {
            p.appendLine(line);
            line = null;
          }
        }
      }
      catch (IOException ex)
```

```
    {}
    finally
    {
      try
      {
        if (netIn != null)
          netIn.close();
        if (netOut != null)
          netOut.close();
        if (socket != null)
          socket.close();
      }
      catch (IOException ex)
      {}
    }
  }

  void dispose()
  {
    if (p != null)
      p.dispose();
  }

  public static void main(String args[])
  {
    String hostname = "localhost";
    int port = 3000;
    if (args.length > 0)
      hostname = args[0];
    if (args.length == 2)
      port = Integer.parseInt(args[1]);
    new ChatClient(hostname, port);
    System.out.println("Connection to '" + hostname +
                       "' on port " + port + " failed");
    System.exit(0);
  }
}
```

Die graphische Benutzeroberfläche ist in Abb. 33.6 und 33.7 dargestellt und besteht aus einem JFrame mit zwei JTextAreas. Für die Tastatureingabe müsste eigentlich ein Editor-Fenster herangezogen werden. Da die Eingabe aber zeilenorientiert ist, wird der Einfachheit halber eine JTextArea verwendet und ein KeyListener registriert, der die Zeichen einzeln erfasst, wobei mit der Backspace-Taste einzelne Zeichen auch wieder gelöscht werden können. Das Drücken der Enter-Taste wird mit getKeyCode() abgefangen und führt zum Abschicken der eingegebenen Zeile.

Abb. 33.6   *Chat-Client*   **Abb. 33.7**   *Chat-Server*

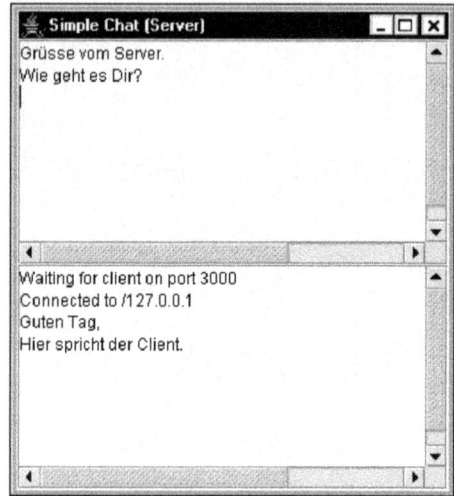

```
// ChatPanel.java

import javax.swing.*;
import javax.swing.text.*;
import java.awt.*;
import java.awt.event.*;
import java.io.*;

public class ChatPanel extends JFrame implements KeyListener
{
  private PrintWriter netOut;
  private String line = "";
  private JPanel contentPane;
  private JTextArea inputArea = new JTextArea(10, 40);
  private JScrollPane inputScrollPane =
      new JScrollPane(inputArea,
                      JScrollPane.
                      VERTICAL_SCROLLBAR_ALWAYS,
                      JScrollPane.
                      HORIZONTAL_SCROLLBAR_AS_NEEDED);

  private JTextArea outputArea = new JTextArea(10, 40);
  private JScrollPane outputScrollPane =
      new JScrollPane(outputArea,
                      JScrollPane.
                      VERTICAL_SCROLLBAR_ALWAYS,
                      JScrollPane.
                      HORIZONTAL_SCROLLBAR_AS_NEEDED);
```

```
  public ChatPanel(String title)
  {
    super(title);
    setDefaultCloseOperation(WindowConstants.
                             EXIT_ON_CLOSE);
    init();
    pack();
    setVisible(true);
  }

  private void init()
  {
    contentPane = (JPanel)getContentPane();
    contentPane.setLayout(new BorderLayout());
    contentPane.add(outputScrollPane, BorderLayout.NORTH);
    contentPane.add(inputScrollPane, BorderLayout.SOUTH);
    inputArea.setEditable(false);
    outputArea.addKeyListener(this);
    enableEntry(false);
  }

  public void appendLine(String text)
  {
    inputArea.append(text);
    inputArea.append("\n");
    scrollToEnd(inputArea);
  }

  public void setOutput(PrintWriter netOut)
  {
    this.netOut = netOut;
  }

  public void enableEntry(boolean b)
  {
    outputArea.setEnabled(b);
    if (b)
      outputArea.requestFocus();
  }

  private void scrollToEnd(JTextArea ta)
  {
    try
    {
      ta.setCaretPosition(
          ta.getLineEndOffset(
          ta.getLineCount() - 1));
```

```
      }
      catch (BadLocationException ex)
      {
        System.out.println(ex);
      }
    }

    public void keyPressed(KeyEvent evt)
    {
      char ch;
      if (evt.getKeyCode() == 8 && line.length() > 0)
        line = line.substring(0, line.length() - 1);
      else
      {
        if (evt.getKeyCode() == 0 || evt.getKeyCode() > 31)
        {
          ch = evt.getKeyChar();
          line += ch;
        }
      }

      if (evt.getKeyCode() == '\n')
      {
        netOut.println(line);
        netOut.flush();
        line = "";
      }
    }

    public void keyReleased(KeyEvent evt)
    {}

    public void keyTyped(KeyEvent evt)
    {}
}
```

Der Chat-Server ist ähnlich wie der Chat-Client aufgebaut. Um gewisse Codeduplikationen zu vermeiden, könnte man die Server- und Client-Programme zusammenlegen, was aber hier aus Gründen der Übersichtlichkeit nicht gemacht wird. Der Server wartet auf die Verbindung mit einem Client, begrenzt aber mit dem Konstruktor ServerSocket(port, nbConnections) die Anzahl der Clients auf 1 (für den localhost funktioniert diese Begrenzung nicht). Mit dem Flag isConnected wird sicher gestellt, dass sich der Server erneut in den Wartezustand begibt, wenn der Client die Verbindung beendet. Gleichzeitig wird im nicht verbundenen Zustand die Benutzereingabe gesperrt. Der Chat-Server kann optional wie der Client mit einer Kommandozeile gestartet werden, die den IP-Port enthält. Standardmäßig wird Port 3000 benützt.

```
// ChatServer.java

import java.net.*;
import java.io.*;

public class ChatServer
{
  class InputThread extends Thread
  {
    public void run()
    {
      try
      {
        while (true)
          line = netIn.readLine(); // Blocking
      }
      catch (IOException ex)
      {
        p.appendLine("Connection lost");
        isConnected = false;
      }
    }
  }

  private static int nbConnections = 1;
  private BufferedReader netIn = null;
  private PrintWriter netOut = null;
  private String line = null;
  private boolean isConnected = false;
  private ChatPanel p = new ChatPanel("Simple Chat (Server)");

  public ChatServer(int port)
  {
    try
    {
      ServerSocket server =
          new ServerSocket(port, nbConnections);
      while (true)
      {
        p.appendLine("Waiting for client on port " + port);
        Socket socket = server.accept(); // Blocking
        isConnected = true;
        p.enableEntry(true);

        netIn = new BufferedReader(
            new InputStreamReader(socket.getInputStream()));
        netOut = new PrintWriter(
            new OutputStreamWriter(socket.getOutputStream()));
```

```
              p.setOutput(netOut);
              p.appendLine("Connected to " +
                          socket.getInetAddress());

              new InputThread().start();

              while (isConnected)
              {
                try
                {
                  Thread.currentThread().sleep(1);
                }
                catch (InterruptedException ex)
                {}
                if (line != null)
                {
                  p.appendLine(line);
                  line = null;
                }
              }
              p.enableEntry(false);
              netIn.close();
              netOut.close();
              socket.close();
          }
        }
        catch (BindException ex)
        {
          p.appendLine("Service already running on port " + port);
        }
        catch (IOException ex)
        {
          p.appendLine("Error " + ex);
        }
    }

    public static void main(String args[])
    {
      int port = 3000;
      if (args.length > 0)
        port = Integer.parseInt(args[0]);
      new ChatServer(port);
    }
}
```

Es ist wenig benutzerfreundlich, dass der eine der beteiligten Partner zuerst den Server und
der andere nachher den Client starten muss. Mit sehr wenig Aufwand lässt sich dieser Man-
gel aber beheben. Dazu schreibt man ein Applikationsprogramm SimpleChat.java, das
zuerst versucht, als Client mit einem Server in Verbindung zu treten. Misslingt dies, so wird
automatisch der Server gestartet. Um den Client zu beenden, rufen wir die Methode dispo-
se() auf, welche das JFrame des Clients schließt, was dieselbe Wirkung wie das Klicken
des Close-Buttons hat. Verabschiedet sich ein Server als erster von einem Client, so übernimmt dieser automatisch die Server-Funktion.

```java
// SimpleChat.java

public class SimpleChat
{
  public static void main(String[] args)
  {
    String hostname = "localhost";
    int port = 3000;
    if (args.length > 0)
      hostname = args[0];
    if (args.length == 2)
      port = Integer.parseInt(args[1]);

    ChatClient cc = new ChatClient(hostname, port);
    cc.dispose();
    new ChatServer(port);
  }
}
```

Auf der Grundlage der erarbeiteten Kenntnisse ist es eine interessante Herausforderung, ein
professionelles Chat-System zu entwickeln, bei dem sich beliebig viele Clients mit einem
ständig laufenden Chat-Server verbinden können, der lediglich die Aufgabe hat, den emp-
fangenen Text an alle oder ausgewählte Clients weiterzuleiten.

34   Serielle und parallele Schnittstellen

34.1   Installation des Communication-API

Obschon für die Kommunikation zwischen einem Computer und Peripheriegeräten immer häufiger die Ethernet-, USB- oder Firewire-Schnittstelle eingesetzt wird, ist auch in Zukunft die Kommunikation über die serielle Schnittstelle (nach **RS-232C**) und die parallele Schnittstelle (nach **IEEE-1284**, früher **Centronics**) in gewissen Spezialfällen die bessere Lösung, da der Aufwand auf Seiten des Peripheriegeräts wesentlich kleiner ist. Darum wird die serielle Schnittstelle häufig zum Anschluss von Messgeräten (Voltmeter, Kathodenstrahl-Oszillografen usw.), zur Steuerung von Apparaten und Robotern und zur Kommunikation mit Microcontrollern (oft eingebaut in Kleingeräte, PDA usw.) eingesetzt.

In Java wird die serielle Schnittstelle durch eine Klassenbibliothek, das **Communication-API**, welche als Java Standard-Extension von Sun bezogen werden kann, gut unterstützt. Wesentlich schlechter steht um die parallele Schnittstelle, welche im Communication-API nur als Druckerport angesprochen werden kann. Für die anderen Schnittstellen-Standards ist leider die Unterstützung durch Sun noch ausstehend.

Es besteht zwar bereits die Möglichkeit, mit Hilfe von zusätzlichen Treibern, die aber plattformspezifisch sind, die USB-Schnittstelle von Java aus zu verwenden. Man informiere sich mit Hilfe einer Internet-Suchmaschine unter Verwendung der Stichworte java usb driver. *Für Notebook-Rechner, die über keine serielle Schnittstelle mehr verfügen, können Adapter eingesetzt werden, die entweder als PC-Card oder als USB-to-Serial-Converter angeboten werden. Nach Installation der mitgelieferten Treiber kann die Schnittstelle wie ein üblicher serieller Port angesprochen werden.*

Die Installation des Communcation-APIs erfolgt nach dem bekannten Muster: Man holt sich die Distribution vom Internet und packt sie aus. Damit die neuen Klassen zur Laufzeit zur Verfügung stehen, kopiert man `comm.jar` in das Verzeichnis `...\jre\lib\ext` des verwendeten Java Runtime Environments. Sehr **wichtig** ist es, die Datei `javax.comm.properties` in das Verzeichnis `...\jre\lib` zu kopieren, da sonst die Ports nicht gefunden werden. Damit die Klassenbibliothek auch der Entwicklungsumgebung zur Verfügung steht, muss entweder der Pfad zu `comm.jar` in den `CLASSPATH` aufgenommen oder als zusätzliche Bibliothek der Entwicklungsgebung hinzugefügt werden. Als Letztes muss unter Windows die native Bibliothek `win32com.dll` in ein Verzeichnis kopiert werden, das im Pfad des Betriebssystems liegt, beispielsweise in das Windows-

Verzeichnis ...\system32. (Die drei Punkte bezeichnen einen Laufwerks-/Verzeichnis-pfad, der von der Computerinstallation abhängig ist, am besten sucht man mit einem Such-programm nach den angegebenen Verzeichnissen.) Die Dokumentation befindet sich im Distributionsverzeichnis ...\commapi\javadocs und kann mit einem Web-Browser angezeigt werden.

Um die Installation zu testen, compiliert man am besten eines der Programme im Distributi-onsverzeichnis ...\samples, beispielsweise BlackBox.java. Es sollte ohne Fehler-meldung starten und die auf dem Rechner vorhandenen seriellen Ports anzeigen.

34.2   Verwendung der seriellen Schnittstelle

Es macht nur dann Spaß, sich mit der Programmierung der seriellen Schnittstelle zu beschäf-tigen, wenn auch tatsächlich ein Gerät an der Schnittstelle angeschlossen ist. Zu Übungszwe-cken ist es sehr instruktiv, einen zweiten Computer zu verwenden und die beiden über ein serielles Kabel miteinander zu verbinden. Dabei ist es von großer Wichtigkeit, dass das Ka-bel richtig verdrahtet ist, da die Schnittstellen sonst beschädigt werden können. Geeignete Kabel sind im Handel unter dem Namen **serielles Link-Kabel** (9F/9F Link) oder **Null-Modem-Kabel** erhältlich. Sie besitzen normalerweise zwei 9-polige (weibliche) Stecker (eventuell kombiniert mit 25-poligen) und sind, wie in Abb. 34.1 gezeigt, verdrahtet.

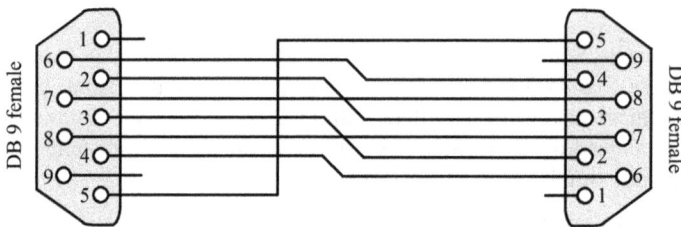

Abb. 34.1   *Serielles Link-Kabel (vollständiger Handshake)*

Für unsere Zwecke genügt ein Kabel, das nur die Datenleitungen führt. Es werden in diesem Fall nur die Leitungen für Pin 2,3,5 benötigt. Man vergewissere sich, dass das Kabel wirklich die **gekreuzten** Leitungen aufweist, und nicht etwa auf beiden Steckern dieselben Pinnum-mern verbindet.

Zum Test des Kabels eignen sich preisgünstige RS-232-Testadapter, welche den Status der Leitungen mit Hilfe von LEDs anzeigen. Man steckt das Kabel mit dem eingefügten Tester zuerst am einen Com-puter an und merkt sich die Pinnummern mit den leuchtenden LEDs. Ihre Farbe spielt dabei keine Rolle. Dann zieht man das Kabel bei diesem Computer wieder aus und steckt die andere Seite des Kabels am zweiten Computer ein. Ist das Kabel richtig verdrahtet, so müssen jetzt andere LEDs leuch-ten und man kann das Kabel gefahrlos an beiden Computern einstecken. Manchmal leuchten die LEDs erst, nachdem man ein Kommunikationsprogramm, beispielsweise das oben erwähnte BlackBox.java gestartet hat.

Für das Verständnis der seriellen Schnittstelle ist es wichtig zu wissen, dass es je eine Datenleitung für das Senden und Empfangen der Daten (TD/RD), zwei Paare von Handshake-Leitungen RTS/CTS bzw. DTR/DSR, zwei Statusleitungen CD/RI und einen Ground gibt (Abb. 34.2). Vom Computer aus gesehen sind die Leitungen TD, RTS, DTR Ausgänge, die Leitungen RD, CTS, DSR, CD, RI Eingänge, RTS und DTR können also programmgesteuert aktiviert und deaktiviert werden, CTS, DSR, CD und RI können nur gelesen werden.

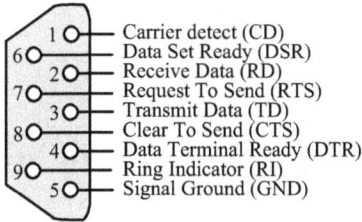

```
1  O—— Carrier detect (CD)
6 O      Data Set Ready (DSR)
   2 O—— Receive Data (RD)
7 O      Request To Send (RTS)
   3 O—— Transmit Data (TD)
8 O      Clear To Send (CTS)
   4 O—— Data Terminal Ready (DTR)
9 O      Ring Indicator (RI)
   5 O—— Signal Ground (GND)
```

Abb. 34.2 *Anschlüsse beim 9-poligen RS232- Stecker*

Das Format der übertragenen Daten ist einfach. Es werden zeitlich hintereinander **Datenbytes** übertragen. Die Übertragung beginnt mit einem **Startbit**, das den Empfänger auf die bevorstehende Datenübertragung aufmerksam macht. Es folgen die **Daten** selbst, die 5, 6, 7 oder (normalerweise) 8 bits umfassen. Um eine Fehlerkorrektur zu ermöglichen, folgt nachher ein **Paritätsbit**, das angibt, ob im aktuell übertragenden Datenbyte eine gerade oder ungerade Zahl von Datenbits gesetzt sind, wobei das Paritätsbit auch entfallen kann. Die Übertragung wird mit einem oder zwei **Stopbits** beendet. Das sendende und empfangende Gerät sind nicht miteinander synchronisiert, d.h. die Datenübertragung kann irgendwann beginnen und wieder enden. Immerhin ist es nötig, dass die beiden Geräte dieselbe zeitliche Dauer eines einzelnen Bits vereinbaren. Diese wird durch die **Baudrate** (in baud, bits/s) angegeben und kann in der Regel nur die standardisierten Werte 300, 600, 1200, 2400, 4800, 9600, 19200, 38400, 57600, 115200 baud annehmen. Die beiden Geräte können zudem noch einen **Handshake (flow control)** vereinbaren, mit dem sie einander mitteilen, ob sie für den Datentransfer bereit sind. Man unterscheidet zwischen Hard- und Software-Handshake, je nachdem ob die Handshake-Leitungen benützt oder ob der Handshake mit speziellen ASCII-Zeichen (**XON/XOFF**) erfolgt, die in den Datenstrom eingebettet werden.

Eine typische **Port-Konfiguration** (oder ein Port-Modus) umfasst daher: Baudrate, Anzahl Datenbits, Anzahl Stopbits, Parity none, odd or even, Handshake none, hard- oder software. Der zeitliche Verlauf der Spannung bei der Übertragung des Buchstabens „B" ist im Modus *7 databit/no parity/1 stopbit* in Abb. 34.3 gezeigt. Das niederwertige Bit (Least Significiant Bit, **LSB**) wird zuerst, das hochwertige Bit (Most Significiant Bit, **MSB**) zuletzt übertragen.

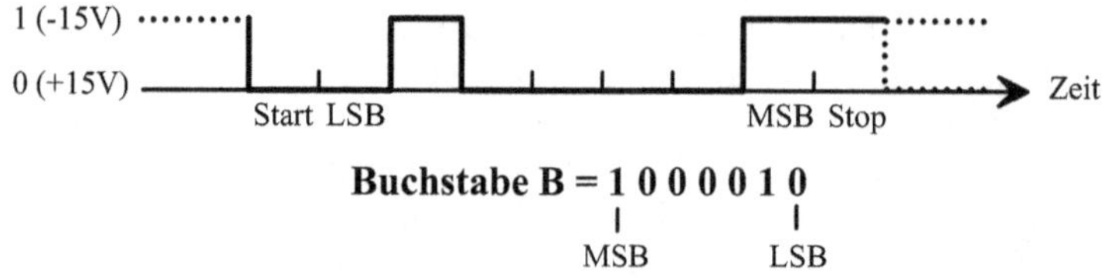

Abb. 34.3 *Spannungsverlauf bei der Übertragung des Buchstabens „B", ASCII 66 (dec)*
(7 Datenbits, keine Parität, 1 Stopbit, die angegebenen Spannungen sind Richtwerte)

34.3   Programmierung der seriellen Schnittstelle

Das Communication-API ist auf der Klasse CommPort und ihren zwei Subklassen SerialPort und ParallelPort aufgebaut. Wie im Zusammenhang mit Treibersoftware
üblich sind diese Klassen abstract und die Konstruktoren nicht public. Daher können
keine Instanzen mit new erzeugt werden. Die Programmierung der seriellen Schnittstelle
wird dadurch etwas komplizierter und besteht aus vier Phasen. In der ersten Phase wird von
der Klasse CommPortIdentifier die statische Factory-Methode getPortIdenti-
fier() aufgerufen, welche prüft, ob der Port mit dem übergebenen Namen existiert. Ist
dies der Fall, wird eine Referenz auf das von der Factory-Methode erzeugte CommPortIden-
tifier-Objekt zurückgegeben

```
CommPortIdentifier portId =
    CommPortIdentifier.getPortIdentifier(portName);
```

In der zweiten Phase kann mit der Methode open() der betreffende Port geöffnet werden.
Zurückgegeben wird (eine Referenz auf) ein CommPort-Objekt, wobei noch ein Downcast
auf SerialPort nötig ist.

```
serialPort = (SerialPort)portId.open("MyAppl", 1000);
```

Die Parameter von open() bestehen aus einer frei wählbaren Applikationsidentifikation,
die selten gebraucht wird, und einem Timeout (in ms) für das Warten auf einen verfügbaren
Port. Mit dem zurückerhaltenen SerialPort können in einer dritten Phase mit

```
InputStream is = port.getInputStream();
OutputStream os = port.getOutputStream();
```

je ein Input- und ein OutputStream bezogen werden, mit denen in der vierten Phase mit den
read- bzw. write-Methoden der Streams in bekannter Art Daten gelesen und geschrieben
werden.

Um den Code im Zusammenhang mit der seriellen Schnittstelle zu vereinfachen, schreiben wir als Erstes eine Klasse `PortCreator` mit zwei überladenen statischen Methoden `openPort()`. Die eine öffnet den angegebenen Port in einem weit verbreiteten Standard-Modus (9600 b/8 databits/1 stopbit/no parity/no handshake), beim anderen kann der Modus durch Parameterwerte eingestellt werden. Die Klasse `PortCreator` ist abstract und besitzt einen privaten Konstruktor, weil es sinnlos wäre, von ihr oder von einer aus ihr abgeleiteten Klasse eine Instanz zu erstellen. Ist das Öffnen erfolgreich, so wird eine Referenz auf das SerialPort-Objekt zurückgegeben, misslingt die Aktion, so werden die dadurch erzeugten Exceptions intern abgefangen und `null` zurückgegeben. Durch dieses Factory-Konzept, das wir bereits in verschiedenen Zusammenhängen angetroffen haben, können wir weitgehend auf try-catch-Blöcke verzichten, erhalten aber im Gegenzug keine genauen Angaben, warum die Aktion misslungen ist.

```java
// PortCreator.java

import javax.comm.*;

public abstract class PortCreator
{
  private PortCreator() {}  // No instance allowed

  public static SerialPort openPort(String portName)
  {
    // Default values
    int baudrate = 9600;
    int databits = SerialPort.DATABITS_8;
    int stopbits = SerialPort.STOPBITS_1;
    int parity = SerialPort.PARITY_NONE;
    char flowControl = 'n';

    return openPort(portName, baudrate, databits, stopbits,
                    parity, flowControl);
  }

  public static SerialPort openPort(String portName,
                                    int baudrate,
                                    int databits, int stopbits,
                                    int parity,
                                    char flowControl)
  {
    SerialPort serialPort = null;

    try
    {
      CommPortIdentifier portId =
          CommPortIdentifier.getPortIdentifier(portName);
      serialPort = (SerialPort)portId.open("MyAppl", 1000);
      serialPort.setSerialPortParams(baudrate, databits,
```

```
                                    stopbits, parity);

    int flowControlMode = SerialPort.FLOWCONTROL_NONE;
    switch (flowControl)
    {
      case 'h':
      case 'H':
        flowControlMode =
            SerialPort.FLOWCONTROL_RTSCTS_IN |
            SerialPort.FLOWCONTROL_RTSCTS_OUT;
        break;
      case 's':
      case 'S':
        flowControlMode =
            SerialPort.FLOWCONTROL_XONXOFF_IN |
            SerialPort.FLOWCONTROL_XONXOFF_OUT;
        break;
    }
    serialPort.setFlowControlMode(flowControlMode);
  }
  catch (NoSuchPortException ex)
  {
    return null;
  }
  catch (PortInUseException ex)
  {
    return null;
  }
  catch (UnsupportedCommOperationException ex)
  {
    return null;
  }
  return serialPort;
  }
}
```

Wir sind nun in der Lage, ohne großen Aufwand eine Standardapplikation zu schreiben, und zwar einen **Terminalemulator**. Wie wir aus dem Kap. 33.5 wissen, handelt es sich um eine Applikation, die auf der Tastatur eingegebene Zeichen wegsendet und von außen empfangene Zeichen auf dem Bildschirm darstellt. Im Gegensatz zu einem Telnet-Programm werden hier Einzelzeichen und nicht nur ganze Zeilen transferiert. Die Programmlogik unterscheidet sich ziemlich stark von einer Client-Server-Applikation und wir können auf eigene Threads verzichten.

Das Programm verwendet der Einfachheit halber ein Console-Fenster und prüft in einer Endlosschleife mit der Methode getKey(), ob ein Zeichen von der Tastatur eingegeben wurde. Im Gegensatz zu üblichen read-Methoden blockiert aber getKey() nicht, sondern kehrt mit dem Wert KeyEvent.CHAR_UNDEFINED zurück, wenn kein Zeichen eingegeben wurde. Dies ist nötig, da wir in der Schleife auch prüfen müssen, ob ein Zeichen von der seriellen Schnittstellen eingetroffen ist. Die hiezu benötigte Stream-Methode read() ist aber blockierend und kehrt nicht zurück, bis ein Zeichen angekommen ist. Um ohne zusätzlichen Thread auszukommen, prüfen wir vor dem Aufruf von read() mit der Methode available(), ob ein Zeichen abholbereit sei.

Mit der Konstanten echo bestimmen wir, ob ein eingegebenes Zeichen auch im Bildschirmfenster angezeigt werden soll oder nur abgesendet wird. Das Ausschreiben ist dann unerwünscht, wenn es zu einer Verdoppelung der Zeichen führt, weil das angeschlossene Gerät von sich aus alle Zeichen als Echo zurücksendet. Mit crlf wählen wir, ob beim Drücken der Enter-Taste nur ein <cr> oder zusätzlich ein <lf> gesendet wird, das bei gewissen Geräten für die Erkennung des Zeilenendes wichtig ist.

```java
// SimpleTerminal.java
// Set portName, echo and crlf as appropriate

import java.io.*;
import javax.comm.*;
import ch.aplu.util.*;
import java.awt.event.*;

public class SimpleTerminal extends Console
{
  private final String portName = "COM1";
  private final boolean echo = false;
  private final boolean crlf = true;

  public SimpleTerminal() throws IOException
  {
    InputStream is;
    OutputStream os;
    SerialPort port = null;
    char ch;
    int nbBytes;
    byte[] readBuffer = new byte[1000];

    System.out.print("Trying to open " + portName + "...");
    port = PortCreator.openPort(portName);

    if (port == null)
    {
      System.out.println("Failed");
      return;
    }
    System.out.println("Ok");

    is = port.getInputStream();
```

```
    os = port.getOutputStream();

    while (true)
    {
      delay(1);
      ch = getKey();
      if (ch != KeyEvent.CHAR_UNDEFINED)
      {
        if (ch == '\n')
        {
          if (echo)
            println();
          os.write('\r');
          if (crlf)
            os.write('\n');
        }
        else
        {
          if (echo)
            print(ch);
          os.write(ch);
        }
      }

      if (is.available() > 0)
      {
        nbBytes = is.read(readBuffer);
        print(new String(readBuffer, 0, nbBytes));
      }
    }
  }

  public static void main(String args[]) throws IOException
  {
    new SimpleTerminal();
  }
}
```

Wir können das richtige Funktionieren des Terminalemulator auf verschiedene Arten überprüfen, beispielsweise indem wir zwei Computer mit dem oben beschriebenen Link-Kabel
verbinden. Nach dem Start der Applikation auf beiden Geräten erscheinen alle Zeichen, die
auf der einen Tastatur eingetippt werden, im Console-Fenster des anderen Computers und
umgekehrt und wir können über die serielle Leitung miteinander chatten.

Terminalemulatoren wurden früher sehr häufig im Zusammenhang mit Modems eingesetzt,
um Verbindungen zu Großrechnern aufzubauen. Besitzt der Rechner ein Modem an einer
seriellen Schnittstelle, wie das bei fast allen Notebooks der Fall ist, so können wir mit einem

Standard-Befehlssatz (Hayes-Standard) mit diesem Modem kommunizieren. Zuerst müssen wir uns allerdings in der Hardware-Konfiguration des Notebooks informieren, an welchem Port das Modem angeschlossen ist und es eventuell noch aktivieren. Wir starten den Terminalemulator und setzen mit

```
at&f
```

das Modem auf den Auslieferungsstandard (factory default). Antwortet das Modem mit OK, wissen wir, dass die Kommunikation möglich ist. Mit

```
ati
```

zeigen wir die Modem-Version an und mit

```
at&v
```

seine aktuellen Einstellungen.

Man verschafft sich den Hayes-Befehlssatz am einfachsten mit einer Internet-Suchmaschine. Es ist damit zu rechnen, dass hardwarebedingt gewisse Methoden der Klasse SerialPort nicht auf allen Plattformen funktionieren. Die Einschränkungen sind in der Distribution des Communication-APIs und auf der entsprechenden Website von Sun beschrieben.

34.4 Robotics

Die serielle Schnittstelle wird auch oft zur Steuerung von Robotern und roboterähnlichen Geräten eingesetzt. Diese enthalten üblicherweise einen Microprozessor oder Microcontroller, der für die Aktivierung und Positionierung der elektromechanischen Komponenten (Roboterarme, Greifer usw.) verantwortlich ist. Über die serielle Schnittstelle nimmt er von einem externen Rechner oder einer Bedienungskonsole Befehle (commands) entgegen und gibt aktuelle Statusinformationen zurück. Wir sprechen im weitesten Sinn von *Steuern und Regeln*. Die Grundaufgabe der Regelungstechnik besteht darin, ein System mit Hilfe einer Regelung derart zu steuern, dass es von einem aktuellen **Ist-Zustand** in einen vorgegebenen **Soll-Zustand** läuft (Abb. 34.4). Man spricht von einem **Regelkreis**.

Im Regelkreis wird das System mit Steuerbefehlen beeinflusst und gibt als Rückmeldung (Feedback) den Ist-Zustand zurück. Die Regelung vergleicht den Ist- mit dem Soll-Zustand und bestimmt, welche Befehle abgegeben werden müssen, damit sich Ist- und Soll-Zustand möglichst nahe kommen.

Wegen der fundamentalen Bedeutung von Regelungsprozessen betrachten wir ein Beispiel, das viele wichtige Eigenschaften einer Robotersteuerung aufweist. Dabei simulieren wir den Roboter durch eine Turtle, die mit einem Steuerungsprogramm an eine vorgegebene Position bewegt werden soll. Das Roboter- und das Steuerungsprogramm laufen auf zwei verschiedenen Rechnern, die über die serielle Schnittstelle (hier COM1) miteinander verbunden sind.

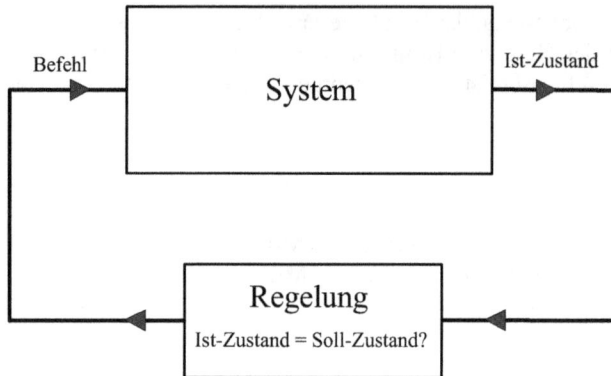

Abb. 34.4   *Der grundsätzliche Regelkreis*

Die beiden Applikationsklassen, `TurtleRobot` und `RobotControl` besitzen ein identisches Grafikfenster. Im Fenster des Roboterprogramms ist eine Turtle mit ihrer Spur sichtbar. Im Fenster des Steuerungsprogramm befinden sich ein grüner Punkt, der die aktuelle Lage der Turtle wiedergibt (Ist-Position), und ein roter Punkt, der die gewünschte Lage zeigt (Soll-Position). Der rote Punkt kann mit der Maus an eine beliebige Stelle im Fenster verschoben werden, wobei die Turtle ständig versucht, diese Soll-Position zu erreichen (Abb. 34.5 und 34.6).

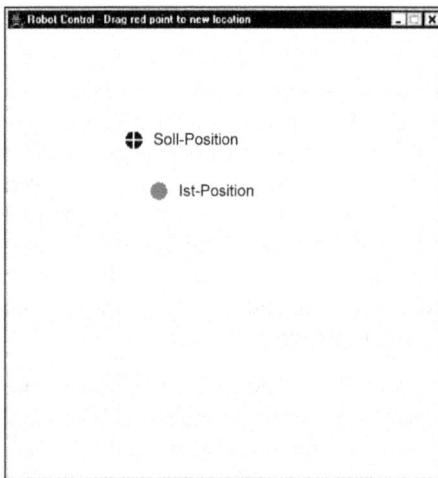

Abb. 34.5   *Roboter-Steuerung*

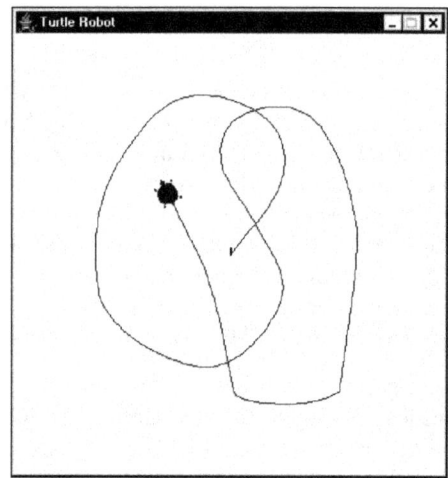

Abb. 34.6   *Turtle-Roboter*

Wie bei jeder Rechnerkommunikation müssen wir als Erstes ein Kommunikationsprotokoll zwischen den beiden Applikationen vereinbaren. Aus Gründen der Einfachheit legen wir Folgendes fest:

- TurtleControl sendet den Befehl für die Bewegungsrichtung der Turtle (heading) und ihre Schrittweite (step) in einer Zeile mit zwei ASCII-codierten doubles, die durch einen Strichpunkt getrennt sind
- RobotTurtle sendet die x- und y-Koordinate der Ist-Position im gleichen Format zurück.

Wir betrachten zuerst das Roboter- und nachher das Steuerungsprogramm. Beide sind ähnlich aufgebaut und verwenden für die Kommunikation über die serielle Schnittstelle die Klasse PortCreator. Auch die serielle Schnittstelle kann als Ereignisquelle für Callbackmethoden programmiert werden. Dies ist hier besonders günstig, da wir in TurtleRobot zwei nebenläufige Prozesse haben, nämlich die Bewegung der Turtle und das „Hören" und Verarbeiten der Daten, die völlig asynchron dazu an der Schnittstelle eintreffen. Wird beim Eintreffen von Daten eine Callbackmethode aufgerufen, so sind wir davon entlastet, durch eigenen Programmcode die Schnittstelle abzufragen, ob neue Daten eingetroffen sind.

Wie im Delegations-Eventmodell üblich müssen wir ein Listener-Interface, hier SerialPortEventListener, implementieren, welches die Callbackmethode serialEvent() enthält, wobei wir den spezifischen Event noch mit notifyOnDataAvailable(true) aktivieren müssen. (Andere mögliche Events sind aus der Dokumentation des Communication-APIs zu entnehmen.) Mit addEventListener() registrieren wir den Listener bei der Komponentenklasse, hier beim SerialPort. In der Callbackmethode weisen wir den Instanzvariablen direction und step die übermittelten doubles zu. Das Programm befindet sich in einer Endlosschleife, welche die Ist-Position der Turtle zurückmeldet und die Turtle mit der mitgeteilten Schrittweite in der mitgeteilten Richtung vorwärtsgehen lässt. Die Turtle wird erst gestartet, nachdem ein erster Befehl eingetroffen ist.

```java
// TurtleRobot.java
// Set portName as appropriate

import ch.aplu.turtle.*;
import javax.comm.*;
import java.io.*;
import java.util.*;

public class TurtleRobot extends Turtle implements
    SerialPortEventListener
{
  private final String portName = "COM1";
  private double direction = 0;
  private double step = 3;
  private boolean go = false;
  private PrintStream ps;
  private BufferedReader br;

  public TurtleRobot() throws IOException
  {
    setTitle("Turtle Robot");
    wrap();
```

```java
    speed(100);
    SerialPort port = PortCreator.openPort(portName);
    if (port == null)
    {
      System.out.println("Cannot open Com port");
      System.exit(1);
    }
    ps = new PrintStream(port.getOutputStream());
    br = new BufferedReader(
        new InputStreamReader(port.getInputStream()));
    try
    {
      port.addEventListener(this);
    }
    catch (TooManyListenersException ex)
    {}

    port.notifyOnDataAvailable(true);
    while (true)
    {
      if (go)
      {
        ps.println(getX() + ";" + getY());
        heading(direction);
        forward(step);
      }
    }
  }

  public void serialEvent(SerialPortEvent event)
  {
    if (event.getEventType() ==
        SerialPortEvent.DATA_AVAILABLE)
    {
      try
      {
        go = true;
        String data = br.readLine();
        int k = data.indexOf(';');
        direction = Double.parseDouble(data.substring(0, k));
        step = Double.parseDouble(data.substring(k + 1));
      }
      catch (Exception ex)
      {}
    }
  }

  public static void main(String[] args) throws Exception
```

```
   {
      new TurtleRobot();
   }
}
```

Das Steuerungsprogramm ist vom Konzept her nicht wesentlich komplizierter, allerdings müssen wir uns etwas anstrengen, damit der rote Punkt durch *Drücken-und-Ziehen* mit der Maus verschoben werden kann. Wir verändern zudem den Mauszeiger, sobald wir auf den Punkt fahren, und verhindern, dass der Punkt über das Fenster hinaus verschoben wird. Um Schwierigkeiten mit animierter Grafik aus dem Weg zu gehen, wird nach jeder Veränderung der Punkteposition in der Methode draw() das Fenster vollständig neu gezeichnet. Da draw() sowohl von Maus-Events als auch von Events der seriellen Schnittstelle in verschiedenen Threads aufgerufen wird, deklarieren wir draw() zur Sicherheit synchronized, damit sich die Zeichenoperationen nicht in die Quere kommen.

Das Programm zeigt ein typisches Verhalten vieler Regelungsprozesse: Die exakte Soll-Position wird nie erreicht, da die rückgemeldete Ist-Position mit einem Fehler behaftet ist, der mindestens gleich der Schrittweite der Turtle ist. Die vom Steuerungsprogramm ermittelte Richtungskorrektur ist daher auch fehlerhaft, so dass die Turtle endlos um die Soll-Position schwingt. Es ist nahe liegend, bei der Annäherung an die Ist-Position die Turtle zu bremsen, was einer Verkleinerung der Schrittweite entspricht. Dazu führen wir die Methode adaptStep() ein. Das Regelungsverhalten kann durch verschiedene Varianten dieser Methode untersucht werden, beispielsweise, indem man die Schrittweite mit der Distanz zwischen Ist- und Sollposition nach Null gehen lässt.

```
// RobotControl.java
// Set portName as appropriate

import ch.aplu.util.*;
import java.io.*;
import java.awt.*;
import java.awt.event.*;
import java.awt.geom.*;
import javax.comm.*;
import java.util.*;

public class RobotControl extends GPanel implements
       MouseListener, MouseMotionListener,
       SerialPortEventListener
{
   private final String portName = "COM1";
   private double radius = 8;
   private double smallStep = 0.5;
   private double bigStep = 5;
   private Point2D.Double soll = new Point2D.Double(0, 0);
   private Point2D.Double ist = new Point2D.Double(0, 0);
```

```java
private PrintStream ps;
private BufferedReader br;
private boolean isHot = false;
private boolean isOutside = false;

public RobotControl() throws IOException
{
  super("Robot Control - Drag red point to new location",
        -200, 200, -200, 200);
  resizable(false);
  draw(ist, soll);
  addMouseListener(this);
  addMouseMotionListener(this);
  SerialPort port = PortCreator.openPort(portName);
  if (port == null)
  {
    System.out.println("Cannot open Com port");
    System.exit(1);
  }
  ps = new PrintStream(port.getOutputStream());
  br = new BufferedReader(
      new InputStreamReader(port.getInputStream()));
  try
  {
    port.addEventListener(this);
  }
  catch (TooManyListenersException ex)
  {}
  port.notifyOnDataAvailable(true);

  while (true)
  {
    Console.delay(200);
    double step;
    ps.println(getDirection(ist, soll) + ";" +
               adaptStep(ist, soll));
  }
}

public void mousePressed(MouseEvent evt)
{
  Point2D.Double pt = toWindow(evt.getPoint());
  if (isHot)
  {
    soll = pt;
    draw(ist, soll);
    setCursor(new Cursor(Cursor.CROSSHAIR_CURSOR));
  }
```

```
}

public void mouseReleased(MouseEvent evt)
{
  Point2D.Double pt = toWindow(evt.getPoint());
  if (isHot)
    setCursor(new Cursor(Cursor.HAND_CURSOR));
}

public void mouseMoved(MouseEvent evt)
{
  Point2D.Double pt = toWindow(evt.getPoint());
  if (checkHot(pt, soll))
  {
    setCursor(new Cursor(Cursor.HAND_CURSOR));
    isHot = true;
  }
  else
  {
    setCursor(new Cursor(Cursor.DEFAULT_CURSOR));
    isHot = false;
  }
}

public void mouseDragged(MouseEvent evt)
{
  if (isOutside)
    return;
  Point2D.Double pt = toWindow(evt.getPoint());
  if (isHot)
  {
    soll = pt;
    draw(ist, soll);
  }
  else
    if (checkHot(pt, soll))
    {
      setCursor(new Cursor(Cursor.CROSSHAIR_CURSOR));
      isHot = true;
    }
}

public void mouseEntered(MouseEvent evt)
{
  isOutside = false;
}

public void mouseExited(MouseEvent evt)
```

```
{
  isOutside = true;
}

public void mouseClicked(MouseEvent evt)
{}

private boolean checkHot(Point2D.Double p1,
                         Point2D.Double p2)
{
  return distance(p1, p2) < radius;
}

private double distance(Point2D.Double p1,
                        Point2D.Double p2)
{
  return Math.sqrt((p1.x - p2.x) * (p1.x - p2.x) +
                   (p1.y - p2.y) * (p1.y - p2.y));
}

synchronized public void draw(Point2D.Double ist,
                              Point2D.Double soll)
{
  clear();
  color(Color.green);
  move(ist);
  fillCircle(radius);
  color(Color.red);
  move(soll);
  fillCircle(radius);
}

public double getDirection(Point2D.Double ist,
                           Point2D.Double soll)
{
  double dir = 180.0 / Math.PI *
      Math.atan2(soll.y - ist.y, soll.x - ist.x);
  return 90 - dir;
}

public double adaptStep(Point2D.Double ist,
                        Point2D.Double soll)
{
  double d = distance(ist, soll);
  if (d > 3 * radius)
    return bigStep;
  else
    return smallStep;
```

```
}

   public void serialEvent(SerialPortEvent evt)
   {
      if (evt.getEventType() ==
          SerialPortEvent.DATA_AVAILABLE)
      {
         try
         {
            String data = br.readLine();
            int k = data.indexOf(';');
            ist.x = Double.parseDouble(data.substring(0, k));
            ist.y = Double.parseDouble(data.substring(k + 1));
            draw(ist, soll);
         }
         catch (Exception ex)
         {}
      }
   }

   public static void main(String[] args) throws IOException
   {
      new RobotControl();
   }
}
```

34.5 Datenakquisition mit Vielfachmessgerät

Die serielle Schnittstelle wird häufig dazu verwendet, Messdaten von einem Messgerät einzulesen, um sie zu protokollieren, grafisch darzustellen oder anderswie weiter zu verarbeiten. Im Handel sind preisgünstige Vielfachmessinstrumente für elektrische Größen erhältlich, mit denen man durch Vorschalten geeigneter Sensoren auch andere physikalische Größen messen kann, beispielsweise Temperaturen. Ein bekanntes Messgerät dieser Art wird unter dem Namen *Metex* o.ä. von mehreren Firmen angeboten. Dieses kommuniziert über die serielle Schnittstelle mit einem überaus einfachen Protokoll: wird irgend ein einzelnes Zeichen an das Instrument gesendet, so meldet dieses im ASCII-Code den aktuellen Messwert mit der zugehörenden Einheit zurück. Da höchstens 1–2 Messungen pro Sekunden gemacht werden können, eignet sich das Gerät allerdings nur für eine langsame Datenakquisition.

Als Musteranwendung wollen wir ein Programm schreiben, das in periodischen Abständen einen Messwert vom Messinstrument holt und ihn auf dem Bildschirm ausschreibt. In der Annahme, dass der Kern des Programms in anderen Situationen mit ganz anderen Messaufgaben eingesetzt werden soll, realisieren wir ein exemplarisches Klassendesign, das auf die Wiederverwendbarkeit besonderen Wert legt. Wir erstellen dazu eine Klasse Metex, deren Instanzen in unserer Vorstellung das softwaremäßige Abbild eines realen Messgeräts darstellen, von denen es auch gleichzeitig mehrere geben kann, falls der Computer über mehrere serielle Schnittstellen verfügt.

Bei der Konstruktion übergeben wird der Instanz den Namen der seriellen Schnittstelle, an der das Messgerät angeschlossen ist. Mit der Methode `getSample()` holt sich eine Applikation in einer Wiederholschleife einen Messwert und stellt ihn in einem Console-Fenster dar. Wir wollen darauf achten, das der Messdatenzyklus periodisch und unabhängig vom verwendeten Computer ist. Um dies zu erreichen, verwenden wir eine Uhr, welche die aktuelle Zeit in irgendeiner Einheit lesen kann. Da wir die Dauer der einzelnen Anweisungen nicht genau kennen und diese zudem von der Rechengeschwindigkeit des Computers abhängt, erreichen wir eine möglichst gute Periodizität mit folgender Schleife:

```
speichere die aktuelle Zeit
wiederhole:
    hole die Daten und verarbeite sie
    warte, bis die aktuelle Zeit um die Periodenlänge
                             größer als gespeicherte Zeit ist
    speichere die aktuelle Zeit
```

Um in Ausnahmesituationen angepasst handeln zu können, sollen sowohl der Konstruktor der Klasse `Metex` als auch die Methode `getSample()` Exceptions werfen, falls der serielle Port oder das Messgerät nicht verfügbar sind. Wir gehen Top-Down vor und schreiben als Erstes das Applikationsprogramm `MetexApp`, das periodisch die Messdaten holt und sie in einem Console-Fenster darstellt. Dabei verwenden wir die Klasse `Date` der JFC. Es handelt sich dabei nicht um eine Uhr, deren Datum/Zeit laufend abgelesen werden kann. Vielmehr wird die aktuelle Zeit beim Instanzieren bestimmt und kann zu irgend einem beliebigen späteren Zeitpunkt mit verschiedenen Methoden, beispielsweise mit `getTime()` in Anzahl Millisekunden seit dem 1. Januar 1970, 0 Uhr, als long zurückgeholt werden.

```java
// MetexApp.java
// Set portName as appropriate

import java.util.*;
import ch.aplu.util.*;

public class MetexApp
{
  private final String portName = "COM1";

  public MetexApp()
  {
    try
    {
      int nbSample = 1;
      int period = 1000;   // milliseconds
      String sample = "";
      Metex metex = new Metex(portName);
      System.out.println("Com port opened successfully");
```

```
      long newTime = new Date().getTime();
      long oldTime = newTime;
      while (true)
      {
        sample = metex.getSample();
        System.out.println("Sample #" + nbSample++ +" : " +
                            sample);
        do
        {
          newTime = new Date().getTime();
        }
        while (newTime < oldTime + period);
        oldTime = newTime;
      }
    }
    catch (MetexException ex)
    {
        System.out.println(ex.getMessage());
    }
  }

  public static void main(String[] args)
  {
    Console.init();
    new MetexApp();
  }
}
```

Als Nächstes gehen wir hinter die Kernaufgabe und codieren die Klasse Metex. Dabei müssen wir besonders darauf achten, dass auch Ausnahmesituationen, in denen das Messgerät während einer Messserie ausgeschaltet oder das serielle Verbindungskabel getrennt wird, vernünftig abgefangen werden und nicht zu einem „Hängen" des Programms führen. Es handelt sich um einen typischen Fall für den sinnvollen Einsatz von Exceptions. Wir deklarieren daher zuerst eine MetexException und daraus abgeleitet MetexPortException und MetexTimeoutException, die dann geworfen werden, wenn der Communication Port nicht verfügbar ist, bzw. wenn das Messgerät nicht binnen einer festgelegten Zeit (Timeout) mit einem Messwert antwortet.

```
// MetexException.java

class MetexException extends Exception
{
  public MetexException(String s)
  {
    super(s);
  }
```

```
}

class MetexPortException extends MetexException
{
  public MetexPortException(String s)
  {
    super(s);
  }
}

class MetexTimeoutException extends MetexException
{
  public MetexTimeoutException(String s)
  {
    super(s);
  }
}
```

Wir müssen die Messdaten an der seriellen Schnittstelle mit der Methode readLine() des geöffneten Streams holen. Da diese Methode blockierend ist, laufen wir Gefahr, dass das Programm auf diesem Aufruf hängen bleibt, wenn keine Daten mehr geliefert werden. Um dies zu vermeiden, gibt es bekanntlich mehrere Möglichkeiten:

- Test vor dem Aufruf, ob Daten vorhanden sind
- Aufruf in einer Callbackmethode, die nur dann getriggert wird, wenn Daten vorhanden sind
- Verwendung eines eigenen Threads.

Wir wählen die dritte Variante und deklarieren in der Klasse Metex eine aus Thread abgeleitete innere Klasse AcquisitionThread, die für das Abholen eines einzelnen Datenstrings verantwortlich ist. In der run-Methode dieses Threads wird dem Messgerät ein Byte zugeschickt, um es zu veranlassen, einen Messwert aufzunehmen und zurück zu senden. Die Methode getSample() startet diesen Thread und wartet mit join() darauf, dass er zu Ende läuft. Ist dies innerhalb einer einstellbaren Timeout-Zeit der Fall, so wurde die run-Methode erfolgreich durchlaufen und der Thread ist gestorben. Im gegenteiligen Fall gibt isAlive() true zurück und es ist davon auszugehen, dass die run-Methode auf readLine() blockiert. Wir beenden den Thread mit interrupt() und versuchen das Messinstrument erneut anzusprechen, bis der voreingestellte retryCount erreicht ist. Erst dann geben wir den Ansprechversuch auf und werfen eine MetexTimeoutException.

Für die serielle Kommunikation mit einfachen Messinstrumenten ist es manchmal nötig, dass gewisse Handshake-Leitungen der seriellen Schnittstelle ständig aktiviert bzw. nicht aktiviert sind. Solche Geräte trennen aus Sicherheitsgründen die serielle Verbindung mit Optokopplern, die der Einfachheit halber mit Spannungen der Handshake-Leitungen versorgt werden. Meist handelt es sich um die Leitung DTR, die aktiviert und RTS, die deaktiviert sein muss. In der Klasse Metex werden die Kommunikationsparameter gemäß den Spezifikationen für Instrumente der Typenreihe Metex M-3650 im Code „fest verdrahtet", selbstverständlich ist auch eine flexiblere Einstellung, beispielsweise über Kommandozeilen-Parameter denkbar.

```java
// Metex.java

import java.io.*;
import javax.comm.*;

public class Metex
{
  // ------------ Inner class AcquisitionThread ----------
  private class AcquisitionThread extends Thread
  {
    private final char SYNCHBYTE = 0; // May be any byte
    public void run()
    {
      try
      {
        os.write(SYNCHBYTE);
        data = br.readLine();
      }
      catch (Exception ex)
      {}
    }
  }
  // ------------ End of inner class --------------------

  private BufferedReader br;
  private OutputStream os;
  private String data = "";

  public Metex(String portName) throws MetexException
  {
    int baudrate = 1200;
    int databits = SerialPort.DATABITS_7;
    int stopbits = SerialPort.STOPBITS_2;
    int parity = SerialPort.PARITY_NONE;
    char flowControl = 'n';

    SerialPort port =
        PortCreator.openPort(portName, baudrate, databits,
                             stopbits, parity, flowControl);
    if (port == null)
    {
      throw new MetexPortException("Unable to open comport " +
                            portName);
    }
    try
```

```
    {
      br = new BufferedReader(
          new InputStreamReader(port.getInputStream()));
      os = port.getOutputStream();
    }
    catch (IOException ex)
    {}

    // The following two lines are mandatory to
    // activate the serial port in Metex instruments
    port.setDTR(true);
    port.setRTS(false);
  }

  public void close()
  {
    try
    {
      br.close();
      os.close();
    }
    catch (IOException ex)
    {}
  }

  public String getSample() throws MetexTimeoutException
  {
    int timeout = 700; //  ms
    int retryCount = 3;
    while (true)
    {
      AcquisitionThread at = new AcquisitionThread();
      at.start();
      try
      {
        at.join(timeout); // Wait for the thread to die
      }
      catch (InterruptedException ex)
      {}

      if (at.isAlive())  // Error, no response
      {
        at.interrupt(); // Stop it by brute force
        retryCount--;
        if (retryCount == 0)
          throw new MetexTimeoutException(
              "Timeout while waiting for data");
      }
```

```
      else
         return data;
   }
 }
}
```

Wie wir feststellen, sind wir mit den erworbenen Kenntnissen durchaus in der Lage, auch professionellen Ansprüchen für die Messwert-Erfassung zu genügen. Selbstverständlich wird es in der Regel nötig sein, das Programm mit einem benutzerfreundlichen GUI zu versehen.

34.6   Auflisten der vorhandenen Ports

Mit dem Java Communication-API ist es leicht, die vorhandenen seriellen und parallelen Schnittstellen aufzulisten und zu prüfen, ob die Ports bereits durch eine andere Anwendung belegt sind. Ein Port-Scan kann in verschiedenen Situationen hilfreich sein, beispielsweise um herauszufinden, welche Ports überhaupt installiert sind oder um ein Messgerät, das an einem unbekannten Port angeschlossen ist, automatisch zu finden. Im folgenden Beispiel werden die vorhandenen Ports mit ihren wichtigsten Eigenschaften in ein Console-Fenster geschrieben. Der Aufruf der statischen Methode

```
CommPortIdentifier.getPortIdentifiers()
```

liefert (die Referenz auf) eine Enumeration zurück, die man schrittweise durchlaufen kann. Dazu holt man sich mit nextElement() das nächste Element der Aufzählung und prüft mit hasMoreElements(), ob man am Ende angelangt ist. Castet man den Rückgabewert von nextElement() auf einen CommPortIdentifier, so kann man damit auf die Eigenschaften des betreffenden Ports zugreifen, insbesondere auf seinen Namen und seinen Typ. Wir versuchen den Port zu öffnen, und wissen dann, ob er bereits belegt ist. Nachher könnten wir mit dem angeschlossenen Gerät eine Kommunikation aufbauen. Anschließend schließen wir den Port wieder, um alle Ressourcen freizugeben.

```
// PortEnumerator.java

import javax.comm.*;
import java.util.Enumeration;
import ch.aplu.util.*;

public class PortEnumerator
{
  public PortEnumerator()
  {
    Enumeration portList;
    CommPortIdentifier portId;
    CommPort commPort = null;
```

```
String portName;
int portType;
String portTypeText;

portList = CommPortIdentifier.getPortIdentifiers();
if (!portList.hasMoreElements())
{
  System.err.print("No ports found - " +
      "Make sure javax.comm.properties file is found");
}

while (portList.hasMoreElements())
{
  portId = (CommPortIdentifier)portList.nextElement();
  {
    portName = portId.getName();
    portType = portId.getPortType();
    switch (portType)
    {
      case CommPortIdentifier.PORT_SERIAL:
        portTypeText = "serial";
        break;
      case CommPortIdentifier.PORT_PARALLEL:
        portTypeText = "parallel";
        break;
      default:
        portTypeText = "unkonwn";
        break;
    }
    System.out.println("\nPort found. Port name: " +
                        portName +
                        " \nPort type: " + portTypeText);

    if (!portTypeText.equals("unknown"))
    {
      try
      {
        System.out.print("Trying to open it...");
        if (portTypeText.equals("serial"))
          commPort = (SerialPort)portId.open("myport",
                                              1000);
        if (portTypeText.equals("parallel"))
          commPort = (ParallelPort)portId.open("myport",
              1000);
        System.out.println("Ok");
        // do something with the port
        try
        {
```

```
            System.out.print("Closing it now...");
            commPort.close();
            System.out.println("Ok");
          }
          catch (IllegalStateException ex)
          {
            System.out.println("failed\n" +
                                ex.getMessage());
          }
        }
        catch (PortInUseException ex)
        {
          System.out.println("failed (port in use)\n" +
                              ex.getMessage());
        }
      }
    }
  }
}

  public static void main(String args[])
  {
    Console.init();
    new PortEnumerator();
  }
}
```

Auf einem typischen Windows-Notebook ergibt sich das Resultat in Abb. 34.7.

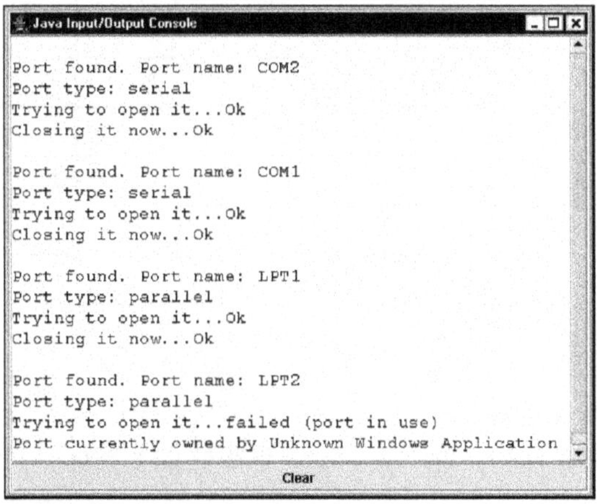

Abb. 34.7   *PortEnumerator auf einem typischen Windows-Notebook*

34.7 Verwendung der parallelen Schnittstelle

Für einfache Steuerungen von externen Geräten eignet sich die parallele Schnittstelle gut, bei der einzelne Leitungen den digitalen Wert 0 oder 1, bzw. die elektrischen Pegel 0V (Ground) oder 5 V aufweisen. Damit lassen sich Geräte (Motoren, Lampen usw.) ein- bzw. ausschalten oder digitale Zustände (Schalter, Lichtschranke usw.) einlesen. Leider ist die Unterstützung der parallelen Schnittstelle durch das Communication-API mangelhaft. Sun ist offenbar davon ausgegangen, dass über diese Schnittstelle lediglich Drucker angesprochen, d.h. 8-bit-Daten parallel ausgeschrieben werden. Mit dem Communication-API kann man weder parallele Daten einlesen, noch die Status-Leitungen lesen oder setzen.

An eine parallele Schnittstelle wird ein 25- oder 36-poliges Kabel angeschlossen, dessen Anschlüsse standardisiert sind. Allgemein unterscheidet man zwischen den **Datenleitungen**, die von Computern aus gesehen, geschrieben und für gewisse Schnittstellenarten auch gelesen werden können, den **Statusleitungen**, die nur gelesen und den **Kontrollleitungen**, die nur geschrieben werden können. Auf PCs entsprechen diesen drei Leitungstypen 8-bit **Register**, die über eine Hardware-Adresse im I/O-Bereich angesprochen werden. Dabei besitzt das Datenregister die **Basisadresse**, und das **Status-** bzw. **Kontrollregister** eine um 1 erhöhte Adresse. Die Basisadresse ist durch die Schnittstellennamen festgelegt und für die Schnittstellen auf PCs normalerweise 0x378, 0x278 oder 0x3BC (hexadezimal). Die Tab. 34.1, 34.2 und 34.3 geben Auskunft über die Pinbelegungen und die zugeordneten Register.

Pin-Nummer 36-polig	Pin-Nummer 25-polig	Bezeichnung	Bit-Nummer
2	2	Data 0	0
3	3	Data 1	1
4	4	Data 2	2
5	5	Data 3	3
6	6	Data 4	4
7	7	Data 5	5
8	8	Data 6	6
9	9	Data 7	7

Tab. 34.1 Datenregister (BaseAddress) PC-Ausgänge, für gewisse Betriebsarten auch Eingänge

Pin-Nummer 36-polig	Pin-Nummer 25-pollig	Bezeichnung	Bit-Nummer	Invertiert	Standardwert
32	15	Error	3	nein	5V
13	13	Select	4	nein	5V
12	12	Paper End	5	nein	GND
10	10	Acknowledge	6	nein	GND
11	11	Busy	7	ja	GND

Tab. 34.2   *Statusregister (BaseAddress + 1). PC-Eingänge*
(Bit 0-2 nicht verwendet, meist als 1 angenommen)

Pin-Nummer 36-polig	Pin-Nummer 25-polig	Bezeichnung	Bit Nummer	Invertiert	Standardwert
1	1	Strobe	0	ja	5V
14	14	Auto Linefeed	1	ja	5V
31	16	Init/Reset	2	nein	5V
36	17	Select In	3	ja	GND

Tab. 34.3   *Kontrollregister (BaseAddress + 2). PC-Ausgänge*

Mit dem Java Communications-API könnte man zwar parallele Daten auf der parallelen Schnittstelle ausschreiben. Einfacher ist es aber, einen OutputStream zu öffnen und mit write() einzelne Zeichen in den Port zu schreiben. Allerdings erscheinen die Zeichen erst auf der Schnittstelle, wenn man den Stream wieder schließt. Mit dem folgenden Programm kann man 8-bit-Zeichen als int von der Tastatur einlesen und am Druckerport ausgeben. Die auf dem PC vorhandenen Ports und ihre Bezeichner kann man mit dem oben beschriebenen Port-Scan ermitteln.

```java
// ParOut.java

import ch.aplu.util.*;
import java.io.*;

public class ParOut
{
  private static final string portName = "LPT1";

  public static void main(String[] args) throws IOException
  {
    Console.init();
    while (true)
```

```
    {
      System.out.println("Enter a byte : ");
      int aByte = Console.readInt();
      FileOutputStream fout = new FileOutputStream(portName);
      fout.write(aByte);
      fout.close();
      System.out.println("Output to data port: " + aByte);
    }
  }
}
```

Es ergibt sich aber eine zusätzliche Schwierigkeit: Damit die in den Port geschriebenen Daten auch wirklich von der Schnittstelle übernommen werden, müssen die Statusleitungen bestimmte Pegel aufweisen, wie sie von einem angeschlossenen, funktionsbereiten Drucker gesetzt werden. Die Pegel sind als Standard-Werte in Tabelle 34.2 aufgeführt.

Den Ground (GND) kann man am 36-poligen Stecker an den Pins 19-30, am 25-poligen Stecker an den Pins 18-25 beziehen, die 5V muss das extern angeschlossene Gerät selbst erzeugen oder man bezieht sie von einer Leitung des Kontrollregisters (Abb. 34.3), beispielsweise Init/Reset.

Ist man auf eine volle Kommunikation über die parallele Schnittstelle angewiesen, so kann man sich Klassenbibliotheken verschaffen, die über ein **JNI (Java Native Interface)** direkt auf Betriebssystem-Routinen bzw. auf die Hardware-Register zugreifen. Man findet für PCs solche Bibliotheken mit einer Internet Suchmaschine unter den Stichworten *java parallel port jni*. Unter den gängigen Betriebssystemen (W2K und höher) ist allerdings der direkte Zugriff auf Hardware-Ports unterbunden und muss mit einem speziellen Programm freigegeben werden. Man findet ein solches im Internet mit den Stichworten *parallel port userport*. Das folgende Beispiel zeigt, wie einfach es ist, unter Windows mit der Klasse `parport.ParallelPort` die Register zu lesen und zu schreiben. Man benötigt dazu allerdings als Hardware einen einfachen Port-Tester, der die Pegel des Daten- und Control-Ports mit LEDs anzeigt und mit dem man die Pegel des Status-Ports mit Schaltern setzen kann.

```java
// ParPortEx1.java

import ch.aplu.util.*;
import parport.ParallelPort;

public class ParPortEx1 extends Console
{
  private final int baseAddress = 0x3BC;
  private final int dataAddress = baseAddress;
  private final int statusAddress = baseAddress + 1;
  private final int controlAddress = baseAddress + 2;

  public ParPortEx1()
  {
    ParallelPort lpt1 = new ParallelPort(baseAddress);
    while (true)
```

```
        {
            print("\nEnter a byte: ");
            int aByte = Console.readInt();
            println("Write it to data port...");
            lpt1.write(aByte);
            println("write it to control port...");
            lpt1.writeOneByte(controlAddress, aByte);
            aByte = lpt1.readOneByte(statusAddress);
            println("and got data from status port: " + aByte);
        }
    }

    public static void main(String[] args)
    {
        new ParPortEx1();
    }
}
```

35 Sound

35.1 Digitalisierung von Sound

Die Verwendung des Computers zum Aufnehmen, Verarbeiten und Abspielen von Sprache und Musik ist weit verbreitet. Praktisch jeder Computer ist mit einer Soundkarte ausgerüstet, die Sound in CD-Qualität aufnehmen und abspielen kann. Die direkte Programmierung der Soundkarte erfordert allerdings systemnahe Softwarekenntnisse und ist dementsprechend komplex. Glücklicherweise gibt es in Java eine gut ausgebaute Klassenbibliothek, das **Sound-API**, die uns von den hardwarenahen Problemen nahezu vollständig abschirmt. Wir werden im Folgenden die wichtigsten Dienste dieser Klassenbibliothek kennen lernen, benötigen dazu allerdings einige grundlegende Begriffe aus der digitalen Akustik.

Stellen wir das elektrische Signal eines Mikrofons oder eines akustischen Abspielgeräts in Abhängigkeit von der Zeit grafisch dar, so ergibt sich eine Soundkurve. Der Zeitverlauf zeigt für viele akustische Signale in einem Zeitbereich von einigen zehn Millisekunden einen ungefähr periodischen Verlauf, d.h. die Soundkurve wiederholt sich in guter Näherung nach einer bestimmten Zeit, die man **Periode T** nennt (in Abb. 35.2 T = 3.8 ms). Ein periodisches Signal nennt man auch eine **Schwingung**. Die Anzahl Perioden pro Zeiteinheit heißt **Frequenz f** (in Abb. 35.2 f = 262 Hz). Diese ist ein Maß für die vom Menschen empfundene **Tonhöhe** (hier der Ton C' der Tonleiter). Die Kurvenform innerhalb einer Periode ist für Sprache und Musik kompliziert und bestimmt den **Klangcharakter**. Die einfachsten Schwingungen können mathematisch durch Sinus-, Rechteck-, Dreieck- und Sägezahnfunktionen dargestellt werden (Abb. 35.1). Bei gleichbleibender Kurvenform ist der Maximalwert des Soundsignals, genannt **Amplitude**, ein Maß für die wahrgenommene **Lautstärke**.

Abb. 35.1 Sinus-, Rechteck,- Dreieck- und Sägezahnsignal (je 2 Perioden)

Um ein Soundsignal im Computer zu verarbeiten, muss es zuerst **digitalisiert** werden. Dazu tastet man es in äquidistanten Zeitschritten ab und wandelt den Wert des Signals in jedem Abtastzeitpunkt in einen binären Wert um, wobei in der Regel 8 oder 16-bit verwendet werden. Aus dem Soundsignal ergibt sich nach dieser **Analog-Digital-Wandlung** eine digitale Zahlenfolge, die im Computer gespeichert und verarbeitet werden kann (Abb. 35.2 und Tab. 35.1). Die **Abtastfrequenz** (oder **Abtastrate**) muss natürlich wesentlich größer als die Signalfrequenz sein, damit aus der digitalen Zahlenfolge das ursprüngliche Signal wieder hergestellt werden kann. Für CD-Qualität üblich ist eine Abtastfrequenz von 44.1 kHz, mit der sich gemäß dem berühmten **Abtasttheorem von Nyquist** Signale mit Frequenzkomponenten bis 22 kHz (halbe Abtastfrequenz) exakt wieder herstellen lassen.

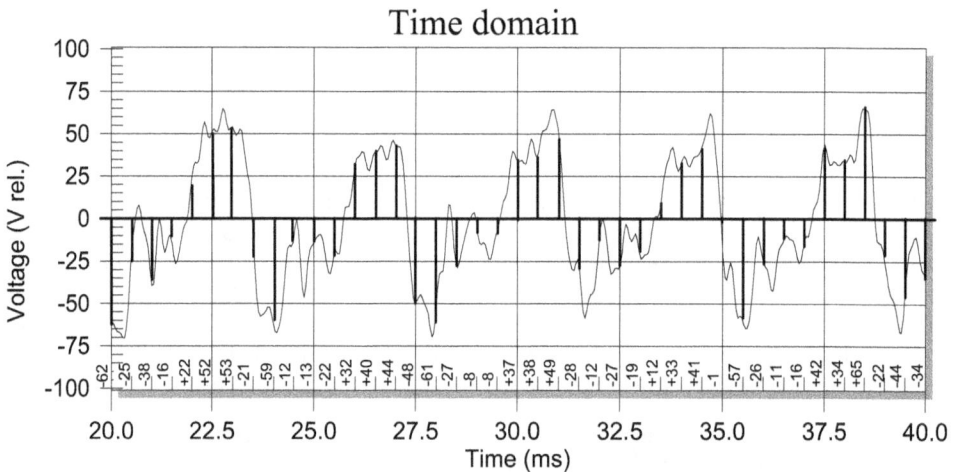

Abb. 35.2   *Zeitverlauf und Digitalisierung eines Piano-Klangs (Ton C', 262 Hz)*

Zeit	20.0	20.5	21.0	21.5	22.0	22.5	23.0	23.5	24.0	24.5	25.0	25.5	26.0
Wert	-62	-25	-38	-16	+22	+52	+53	-21	-59	-12	-13	-22	...

Tab. 35.1   *Zahlenfolge bei der Digitalisierung des Piano-Klangs aus Abb. 35.2*

Der Zahlenstrom bei der Digitalisierung von zwei Stereo-Kanälen mit einer Abtastrate von 44.1 kHz und einer Auflösung von 16 bit beträgt offenbar 44100 x 4 bytes/s = 166.4 kBytes/s. Diese Datenmenge lässt sich stark reduzieren, wenn man Kompressionsalgorithmen einsetzt. Das heute bekannteste Verfahren beruht auf den Spezifikationen der Motion Picture Expert Group (**MPEG**). Mit der **MP3**-Komprimierung lässt sich die Datenmenge von Sound ohne wesentlichen Qualitätsverlust um den Faktor 10 bis 20 reduzieren.

35.2   Das Java Sound-API

Da Java ursprünglich als Programmiersprache für Internet-Anwendungen eingesetzt wurde, bestand schon immer die Möglichkeit, auf einfache Art Ton und Bild in Applets einzubauen.

Für die Programmierung anspruchsvoller Multimedia-Applikationen genügen diese einfachen Mittel nicht. Sun stellt dazu innerhalb der JFC ein umfangreiches **Sound-API** zur Verfügung, das relativ schlecht dokumentiert und deswegen weniger bekannt ist. Wegen der Vielseitigkeit und Eleganz beschreiben wir nur die Verwendung dieser neueren Klassenbibliothek. Um den Umfang in vernünftigen Grenzen zu halten beschränken wir uns auf Sound im **PCM**-Format (Pulse Code Modulation) und verzichten auf die Beschreibung von anderen Soundformaten, der Kompression und des Midi-Standards.

Das verwendete Audio-Format wird in der Klasse AudioFormat festgelegt. Wir verwenden in den Beispielen ausschließlich die Format-Parameter, wie wir sie in der Klasse MyAudioFormat festlegen und mit der statischen Methode getAudioFormat() zurückgeben. Die Formatangabe umfasst die Abtastfrequenz, die Anzahl bits pro Sample und die Angabe, ob wir auf den beiden Stereo-Kanälen (links/rechts) das gleiche oder verschiedene Signale zulassen wollen (mono/stereo). Da die 16 bits pro Sample entweder einer Zahl von 0..65535 (unsigned) oder einer Zahl von -32768..32765 (signed) entsprechen, geben wir an, wie die Zahl zu interpretieren ist. Schließlich müssen wir noch festlegen, ob die beiden Bytes, welche diese 16-bit-Zahl bilden, in der Reihenfolge höherwertig-niederwertig (big-endian) oder umgekehrt (little-endian) angegeben sind.

```java
// MyAudioFormat.java

import javax.sound.sampled.*;

public abstract class MyAudioFormat
{
  private MyAudioFormat(){}  // No instance allowed

  public static AudioFormat getAudioFormat()
  {
    float sampleRate = 44100.0F;
    // 8000,11025,16000,22050,44100
    int sampleSizeInBits = 16;
    // 8,16
    int channels = 1;
    // 1,2
    boolean signed = true;
    // true,false
    boolean bigEndian = false;
    // true,false

    return new AudioFormat(
        sampleRate,
        sampleSizeInBits,
        channels,
        signed,
        bigEndian);
  }
}
```

Im Java Sound-API wird die Soundhardware des Computers durch ein Softwaremodell abstrahiert, in welchem die Klasse Mixer eine zentrale Rolle spielt. Der Mixer hat zur Aufgabe, die Datenströme von mehreren Input- und Outputquellen zu koordinieren, ähnlich wie dies bei einem realen Mischpult der Fall ist. Die Ein- und Ausgänge der Soundkarte werden durch die Klasse Port beschrieben, die eng mit dem Mixer verknüpft ist. Mit dem Applikationsprogramm kommuniziert der Mixer über eine **Linie** (Line), wobei man für die Aufnahme von Sound von Ausgangslinien (Target Data Lines) und für die Wiedergabe von Eingangslinien (Source Data Lines) spricht. Source und Target beziehen sich also nicht auf das Programm, sondern vielmehr auf den Standpunkt des Mixers. Wie wir sehen werden, ist es glücklicherweise in den meisten Fällen nicht nötig, die Klassen Port oder Mixer genauer zu betrachten (Abb. 35.3 und 35.4).

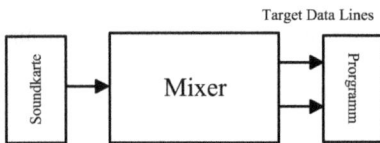

Abb. 35.3 *Aufnahme (capture)*

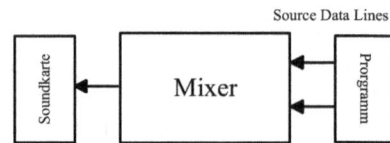

Abb. 35.4 *Wiedergabe (play)*

Die wichtigste Klasse des Sound-API ist AudioSystem, die folgende Dienste zur Verfügung stellt:

- Mixer-Instanzen erzeugen und Zugriff auf Sound-Geräte geben
- Linien-Instanzen erzeugen, um den Audiodatenfluss zu ermöglichen
- Audio-Datenformate konvertieren.

35.2.1   Wiedergabe eines Audioclips

Unter einem Audioclip verstehen wir einen Sound, der so kurz ist, dass er vollständig in den Hauptspeicher geladen werden kann. Bei einer Samplingfrequenz von 44.1 kHz ist dies auf üblichen Computern für Sounds bis zu einigen Minuten Dauer möglich. Wir schreiben eine Klasse ClipPlayer, die zwar ein main() besitzt, aber so allgemein konzipiert ist, dass sie auch in eine Klassenhierarchie aufgenommen werden kann, mit der wir nachher Soundoszillatoren und Musikinstrumente simulieren.

Das Vorgehen bei der Verwendung des Sound-API besteht aus mehreren Schritten: Zuerst müssen wir eine Instanz der Klasse DataLine.Info erstellen, wobei dem Konstruktor neben dem Audioformat die Information übergeben wird, dass es sich um einen Audioclip handelt. Nachher beziehen wir mit der Methode getLine() der Klasse AudioSystem eine Linie (Line) und casten diese auf den Untertyp Clip. Mit open() geben wir an, in welchem AudioInputStream sich die Audiodaten befinden.

```
DataLine.Info dataLineInfo =
    new DataLine.Info(Clip.class, audioFormat);
```

```
clip = (Clip)AudioSystem.getLine(dataLineInfo);
clip.open(audioInputStream);
```

Die Klasse `Clip` stellt uns zum Abspielen mehrere Methoden zur Verfügung. Wollen wir den Audioclip nur einmal anhören, so rufen wir `start()` auf. Da die Methode zurückkehrt, bevor der Clip vollständig abgespielt ist, müssen wir in den meisten Fällen mit Hilfe von `isActive()` auf das Ende warten. Zur einfachen Handhabung deklarieren wir in der Klasse `ClipPlayer` die Methode `start()` mit dem booleschen Parameter `doFinish`, der angibt, ob die Methode bis zum Ende des Soundclips blockiert oder nach dem Start des Clips zurückkehrt.

Wenn wir eine vorhandene Sounddatei abspielen, so werden wir das Soundformat zweckmäßigerweise aus dieser Datei zurückholen. Dazu verschaffen wir uns aus einer File-Referenz `audioFile` mit der statischen Methode von `AudioSystem` einen AudioInputStream

```
AudioSystem.getAudioInputStream(audioFile);
```

und können mit der Methode `getFormat()` das Format zurückholen. Damit wir auch eigene Formate verwenden können, überladen wir den Konstruktor von `ClipPlayer`, dem wir entweder einen Parameter vom Typ `File` oder `AudioFormat` übergeben können. Die Methode `main()` öffnet einen Dateidialog, in dem wir irgendeine wav-Sounddatei auswählen. Falls wir auf dem Computer keine finden, können wir mit einer Internet-Suchmaschine danach suchen und sie herunterladen.

```
// ClipPlayer.java

import javax.sound.sampled.*;
import javax.swing.*;
import java.io.*;

public class ClipPlayer
{
  protected Clip clip = null;
  protected AudioFormat audioFormat = null;
  protected AudioInputStream audioInputStream = null;

  public ClipPlayer(AudioFormat audioFormat)
  {
     this.audioFormat = audioFormat;
  }

  public ClipPlayer(File audioFile)
  {
    try
    {
      audioInputStream =
          AudioSystem.getAudioInputStream(audioFile);
```

```
      audioFormat = audioInputStream.getFormat();
  }
  catch (Exception ex)
  {
    System.out.println(ex);
    System.exit(1);
  }
}

public void start(boolean doFinish)
   throws LineUnavailableException
{
  if (audioInputStream == null)
    return;
  DataLine.Info dataLineInfo =
      new DataLine.Info(Clip.class, audioFormat);

  if (clip == null)  // First invocation
  {
    clip = (Clip)AudioSystem.getLine(dataLineInfo);
    try
    {
      clip.open(audioInputStream);
    }
    catch (IOException ex)
    {
      System.out.println(ex);
      System.exit(1);
    }
  }
  else // replay same clip, put it at start
    clip.setFramePosition(0);
  clip.start();
  if (doFinish)
  {
    waitToFinish();
    clip.close();
  }
}

public boolean isPlaying()
{
  return clip.isActive();
}

private void waitToFinish()
{
  while (clip.isActive())
```

```
    {
      try
      {
        Thread.currentThread().sleep(10);
      }
      catch (InterruptedException ex)
      {}
    }
  }

  public static void main(String[] args)
  {
    File file = null;
    JFileChooser chooser = new JFileChooser();
    int rc = chooser.showOpenDialog(null);
    if (rc == JFileChooser.APPROVE_OPTION)
      file = chooser.getSelectedFile();
    else
      System.exit(0);
    ClipPlayer player = new ClipPlayer(file);
    try
    {
      player.start(true);
    }
    catch (LineUnavailableException ex)
    {
      System.out.println("Soundkarte nicht verfügbar");
      System.exit(1);
    }
    System.out.println("All done");
    System.exit(0);
  }
}
```

35.2.2 Soundgenerator

Im Zusammenhang mit Experimenten zur Signalanalyse oder zu Demonstrationen in der Musiktheorie (Obertöne, Tonleitern usw.) ist es nötig, Töne abzuspielen, die einen vorgegebenen zeitlichen Verlauf aufweisen. Diese können vielfach aus einfachen mathematischen Funktionen, insbesondere der Sinusfunktion aufgebaut werden. Handelt es sich um ein rein periodisches Signal, so benötigen wir nur die Abtastwerte innerhalb einer einzigen Periode (**wavetable**). Damit aber beim Übergang von Periode zu Periode kein Sprung entsteht, was sich als Knacken anhört, muss die Abtastperiode ein ganzzahliger Teil der Signalperiode sein. In Frequenzen ausgedrückt heißt dies, dass die Abtastfrequenz ein ganzzahliges Vielfaches der Signalfrequenz sein muss. Da die möglichen Abtastfrequenzen durch die Hardware vorgegeben sind und für CD-Qualität normalerweise 44.1 kHz beträgt, sind die Signalfrequenzen nicht frei wählbar. Beispielsweise betragen in der Nähe von 500 Hz die möglichen Frequenzen 44100 / 89 = 495.51 Hz und 44100/ 88 = 501.14 Hz.

Um diese Schwierigkeit zu umgehen, kann man die Soundkurve über die ganze Wiedergabezeit berechnen. Damit können Töne mit beliebig vorgebbaren Frequenzen erzeugt werden, die sich allerdings nicht in Echtzeit verändern lassen.

Da die Berechnung der Soundkurve mit dem übrigen Programm wenig gemeinsam hat, erhalten wir ein gutes Klassendesign, wenn wir uns an Kap 29.3.1 erinnern, in dem wir Funktionen in inneren Klassen eines Interfaces implementierten. Aus diesem Grund deklarieren wir das Interface `Waveform` mit der einzigen Methode `double f(double t, double freq)` und den inneren Klassen `F0` bis `F4`.

```java
// Waveform.java

public interface Waveform
{
  public double f(double t, double freq);

  class F0 implements Waveform
  // Sine
  {
    public double f(double t, double freq)
    {
      return Math.sin(2 * Math.PI * freq * t);
    }
  }

  class F1 implements Waveform
  // Square
  {
    public double f(double t, double freq)
    {
      return square(2 * Math.PI * freq * t);
    }

    private double square(double x)
    {
      x = Math.IEEEremainder(x, 2*Math.PI);
      return x > 0 ? 1.0 : -1.0;
    }
  }

  class F2 implements Waveform
  // Sawtooth
  {
    public double f(double t, double freq)
    {
```

```
      return sawtooth(2 * Math.PI * freq * t);
   }

   private double sawtooth(double x)
   {
      return Math.IEEEremainder(x, 2*Math.PI);
   }
}

class F3 implements Waveform
// Beat 5 Hz
{
   public double f(double t, double freq)
   {
      double inc = 5;
      return 0.5 * Math.sin(2 * Math.PI * freq * t) +
         0.5 * Math.sin(2 * Math.PI * (freq + inc) * t);
   }
}

class F4 implements Waveform
// Chirp
{
   public double f(double t, double freq)
   {
      double upTime = 3;
      double maxFreq = 10*freq;
      double f = (maxFreq-freq)/upTime * t + freq;
      return Math.sin(2 * Math.PI * f * t);
   }
}
}
```

Auch einen Funktionsgenerator modellieren wir als Klasse FunctionPlayer, die wir aus
ClipPlayer ableiten und um die Methode initData() erweitern, welche die Sound-
samples berechnet und in einem AudioInputStream dem Clip zur Verfügung stellt. Wir verpacken die Daten zuerst in einen ByteArrayOutputStream, der die angenehme Eigenschaft
besitzt, bei Bedarf automatisch anzuwachsen. Am Schluss erstellen wir daraus einen InputStream und schließlich den AudioInputStream, der als Instanzvariable von ClipPlayer
deklariert ist und beim Abspielen verwendet wird.

```
// FunctionPlayer.java

import javax.sound.sampled.*;
import java.io.*;

public class FunctionPlayer extends ClipPlayer
```

```
{
  private Waveform[] wf =
    {new Waveform.F0(), new Waveform.F1(),
     new Waveform.F2(), new Waveform.F3(),
     new Waveform.F4()};

  public FunctionPlayer(AudioFormat audioFormat)
  {
    super(audioFormat);
  }

  public void initData(int waveformIndex, double duration,
                       double frequency, double amplitude)
  {
    if (clip != null)
    {
      clip.close();
      clip = null;
    }
    ByteArrayOutputStream data = new ByteArrayOutputStream();
    float sampleRate = audioFormat.getSampleRate();
    int nbFrames = (int)(duration * sampleRate);
    amplitude = 32000 * amplitude;
    double t = 0;
    double dt = 1.0 / sampleRate;
    int nbZero = 2 * (int)(sampleRate / 2);
    int soundData;

    for (int i = 0; i < nbFrames; i++)
    {
      soundData =
        (int)(amplitude * wf[waveformIndex].f(t, frequency));
      t += dt;
      byte lowLeft = (byte)(soundData & 0xFF);
      byte highLeft = (byte)((soundData >> 8) & 0xFF);
      data.write(lowLeft);
      data.write(highLeft);
    }

    InputStream is
        = new ByteArrayInputStream(data.toByteArray());
    audioInputStream =
        new AudioInputStream(is, audioFormat,
                             data.size() /
                             audioFormat.getFrameSize());
  }
}
```

Nach diesem Bottom-Up-Design ist ein Applikationsprogrammierer in der Lage, ohne großen Aufwand Anwendungsprogramme zu schreiben, welche die Dienste der Klasse FunctionPlayer einsetzen, ohne dass er die komplexen Implementierungsdetails der Sounder-
zeugung kennen muss. Wir setzen uns an seine Stelle und schreiben ein einfaches GUI, das
ein Panel mit Buttons angezeigt, mit denen die einzelnen Klänge ausgewählt werden können
(Abb. 35.5). Wir ziehen es wiederum vor, die Buttons nicht einzeln zu deklarieren, sondern
in einen Array zu packen, damit wir eine hohe Flexibilität für Ergänzungen erreichen und der
Code durch die Verwendung von for-Schleifen besonders einfach wird.

```java
// SoundGenerator.java

import javax.swing.*;
import java.awt.*;
import java.awt.event.*;
import java.io.*;
import javax.sound.sampled.*;

public class SoundGenerator extends JFrame
    implements ActionListener
{
  private FunctionPlayer fPlayer =
      new FunctionPlayer(MyAudioFormat.getAudioFormat());
  private final JButton[] buttons =
      {new JButton("Sinus"),
       new JButton("Rechteck"),
       new JButton("Sägezahn"),
       new JButton("Schwebung"),
       new JButton("Sweep")};
  private final int nbButtons = buttons.length;

  public SoundGenerator()
  {
    for (int i = 0; i < nbButtons; i++)
    {
      buttons[i].addActionListener(this);
      getContentPane().add(buttons[i]);
    }

    getContentPane().setLayout(new FlowLayout());
    setDefaultCloseOperation(JFrame.EXIT_ON_CLOSE);
    setTitle("Sound Generator");
    setSize(500, 70);
    setLocation(200, 100);
    setVisible(true);
  }

  private void enableButtons(boolean[] b)
  {
```

```
    for (int i = 0; i < b.length; i++)
      buttons[i].setEnabled(b[i]);
  }

  public void actionPerformed(ActionEvent evt)
  {
    Object source = evt.getSource();
    for (int i = 0; i < nbButtons; i++)
    {
      if (source == buttons[i])
      {
        fPlayer.initData(i, 3, 500, 0.3);
        try
        {
          fPlayer.start(true);
        }
        catch (LineUnavailableException ex)
        {
          System.out.println("Sound card not available");
          System.exit(1);
        }
      }
    }
  }

  public static void main(String args[])
  {
    new SoundGenerator();
  }
}
```

Abb. 35.5 *Das GUI des Soundgenerators*

35.2.3   Virtuelles Musikinstrument

Mit relativ geringem Aufwand können wir ein einfaches virtuelles Musikinstrument erstellen, das uns erlaubt, die Tonleitern für verschiedene Stimmungen zu untersuchen. Dazu verwenden wir für jeden Ton eine eigene Instanz eines FunctionGenerators, dessen Audiodaten beim Starten des Programms initialisiert werden. Wir machen davon Gebrauch, dass im Java Sound-API der Mixer die Addition mehrerer Linien übernimmt. Bekanntlich ist die Rauhigkeit der Akkorde bei der wohltemperierten Tonleiter auf Schwebungen zwischen den Obertönen zurückzuführen. Um dies zu demonstrieren, müssen wir einen möglichst obertonreichen Ton abspielen. Wir wählen dazu einen Sägezahn. Die Frequenzen berechnen sich aus dem Ton A der Tonleiter, dessen Frequenz auf 440 Hz festgelegt ist, und dem Halbtonverhältnis $\sqrt[12]{2}$ bei der wohltemperierten Stimmung, bzw. den Verhältnissen 24 : 27 : 30 : 32 : 36 : 40 : 45 : 48 bei der reinen Stimmung. Das GUI ist sehr einfach angelegt und zeigt je 8 Buttons zum Spielen der Töne (Abb. 35.6).

```java
// VirtualInstrument.java

import javax.swing.*;
import java.awt.event.*;
import javax.sound.sampled.*;

public class VirtualInstrument extends JFrame implements
    ActionListener
{
  private double[] equalTemp =
      {261.626, 293.665, 329.628, 349.228, 391.995, 440.000,
       493.883, 523.252};
  private double[] pure =
      {264, 297, 330, 352, 396, 440, 495, 528};
  private int nbTones = 16;
  private FunctionPlayer[] fPlayers =
      new FunctionPlayer[nbTones];
  private final JButton[] buttons =
      {new JButton("C"), new JButton("D"), new JButton("E"),
       new JButton("F"), new JButton("G"), new JButton("A"),
       new JButton("H"), new JButton("C"), new JButton("C"),
       new JButton("D"), new JButton("E"), new JButton("F"),
       new JButton("G"), new JButton("A"), new JButton("H"),
       new JButton("C")};
  private final int nbButtons = buttons.length;
  private JLabel[] labels =
      {new JLabel("Wohltemperierte Stimmung"),
       new JLabel("Reine Stimmung")};
  private JPanel[] panels = new JPanel[4];

  public VirtualInstrument()
  {
    for (int i = 0; i < nbTones; i++)
    {
      fPlayers[i] =
          new FunctionPlayer(MyAudioFormat.getAudioFormat());
      if (i < 8)
        fPlayers[i].initData(2, 6, equalTemp[i], 0.1);
      else
        fPlayers[i].initData(2, 6, pure[i - 8], 0.1);
```

```
      }
      for (int i = 0; i < 4; i++)
      {
        panels[i] = new JPanel();
        getContentPane().add(panels[i]);
      }
      panels[1].add(labels[0]);
      panels[3].add(labels[1]);
      for (int i = 0; i < nbButtons; i++)
      {
        buttons[i].addActionListener(this);
        if (i < 8)
          panels[0].add(buttons[i]);
        else
          panels[2].add(buttons[i]);
      }

      getContentPane().setLayout(
          new BoxLayout(getContentPane(), BoxLayout.Y_AXIS));
      setDefaultCloseOperation(JFrame.EXIT_ON_CLOSE);
      setTitle("Sound Instrument");
      setSize(450, 160);
      setLocation(200, 100);
      setVisible(true);
  }

  public void actionPerformed(ActionEvent evt)
  {
    Object source = evt.getSource();
    for (int i = 0; i < nbButtons; i++)
    {
      if (source == buttons[i])
      {
        try
        {
          if (!fPlayers[i].isPlaying()) // inhibit same tone
            fPlayers[i].start(false);
        }
        catch (LineUnavailableException ex)
        {
          System.out.println("Sound card not available");
          System.exit(1);
        }
      }
    }
  }
}
```

```
  public static void main(String args[])
  {
    new VirtualInstrument();
  }
}
```

Abb. 35.6 *Das virtuelle Musikinstrument*

In der Demonstration können die Schwebung zwischen den gleichen Tonhöhen der beiden Tonleitern, aber auch die Reinheit bzw. Rauhigkeit eines Zweitons (Terz c-e oder Quint c-g) im Vergleich der beiden Stimmungen hörbar gemacht werden.

35.2.4   Wiedergabe von Streaming Sound

Für die Wiedergabe von großen Sounddateien müssen die Audiodaten laufend aus einem Byte-strom gelesen und abgespielt werden (**streaming**). Es handelt sich beim Laden und Spielen um nebeneinander laufende Prozesse, wobei der Prozessor dafür zu sorgen hat, dass sich immer genügend Audiodaten im Buffer der Soundkarte befinden. Auch Tätigkeiten, die mit dem GUI zusammenhängen oder der Garbage collector dürfen nicht zu einer Unterbrechung des Sounds führen. Wir holen daher die Audiodaten mit `read()` in der run-Methoden eines eigenen Threads `PlayerThread` und schreiben sie mit `write()` in den Mixer.

Analog zum `ClipPlayer` beziehen wir in der eigenen Methode `start()` eine Data-Line.Info, dann daraus eine SourceDataLine und starten mit `open()` und `start()` das Abspielen. Mit der booleschen Variable `doFinish` können wir wiederum angeben, ob der Aufruf blockierend ist oder nach Abspielbeginn zurückkehrt.

Um in `isPlaying()` zu prüfen, ob das Abspielen beendet ist, können wir mit `isAlive()` ermitteln, ob der PlayerThread noch lebt. Wenn nämlich alle Daten gespielt sind, endet auch die run-Methode und damit der Thread. Mit dieser Überlegung können wir `start()` blockieren, bis der Sound zu Ende gespielt ist, indem wir mit `join()` auf das Ende des Threads warten.

Wir wollen den StreamingPlayer sowohl zum Abspielen von Audiodaten aus einem internen
Buffer als auch aus einer Sounddatei verwenden. Im ersten Fall wird der AudioInputStream
aus einem ByteArrayOutputStream, im zweiten Fall aus der Datei bezogen, wobei dann auch
das Audio-Format aus der Datei ermittelt wird. Es ist sinnvoll, die beiden Fälle so zu unterscheiden, dass wir sie als Spezialfälle der Klasse StreamingPlayer betrachten, von der
es keine Instanz gibt. Wir deklarieren daher StreamingPlayer abstract und leiten daraus
die beiden Klassen StreamingBufferPlayer und StreamingFilePlayer ab.

```java
// StreamingPlayer.java

import javax.sound.sampled.*;
import java.io.*;

public abstract class StreamingPlayer
{
  private class PlayerThread extends Thread
  {
    public void run()
    {
      byte buf[] = new byte[10000];
      try
      {
        int cnt;
        while ((cnt = audioInputStream.
                read(buf, 0, buf.length)) != -1)
        {
          if (cnt > 0)
            sourceDataLine.write(buf, 0, cnt);
        }
        sourceDataLine.drain();
        sourceDataLine.close();
      }
      catch (IOException ex)
      {
        System.out.println(ex);
        System.exit(1);
      }
    }
  }

  protected AudioFormat audioFormat;
  protected AudioInputStream audioInputStream;
  private SourceDataLine sourceDataLine;
  private PlayerThread playerThread;

  public void start(boolean doFinish) throws
      LineUnavailableException
  {
```

```
        DataLine.Info dataLineInfo =
            new DataLine.Info(SourceDataLine.class, audioFormat);
        sourceDataLine =
            (SourceDataLine)AudioSystem.getLine(dataLineInfo);
        sourceDataLine.open(audioFormat);
        sourceDataLine.start();
        playerThread = new PlayerThread();
        playerThread.start();
        if (doFinish)
          waitToFinish();
    }

    public boolean isPlaying()
    {
      if (playerThread == null)
        return false;
      return (playerThread.isAlive());
    }

    public void waitToFinish()
    {
      if (playerThread == null)
        return;
      try
      {
        playerThread.join();
      }
      catch (InterruptedException ex)
      {}
    }
}
```

Für das Abspielen einer Sounddatei schreiben wir die Klasse StreamingFilePlayer, in welcher der AudioInputStream und das Audio-Format aus einer Datei bezogen wird.

```
// StreamingFilePlayer.java

import javax.sound.sampled.*;
import java.io.*;

public class StreamingFilePlayer extends StreamingPlayer
{
  public StreamingFilePlayer(File audioFile)
  {
    try
    {
      audioInputStream =
          AudioSystem.getAudioInputStream(audioFile);
```

```
        audioFormat = audioInputStream.getFormat();
      }
    catch (Exception ex)
      {}
  }
}
```

Eine einfache Demonstration mit der Klasse AudioPlayer fragt nach dem Dateinamen und spielt die gewählte Sounddatei, die nun sehr groß sein kann, bis zum Ende.

```
// AudioPlayer.java

import javax.swing.*;
import java.awt.*;
import java.io.*;
import javax.sound.sampled.*;

public class AudioPlayer
{
  public AudioPlayer()
  {
    File file = null;
    JFileChooser chooser = new JFileChooser();
    int rc = chooser.showOpenDialog(null);
    if (rc == JFileChooser.APPROVE_OPTION)
      file = chooser.getSelectedFile();
    else
      System.exit(0);
    StreamingFilePlayer sfp = new StreamingFilePlayer(file);
    try
    {
      System.out.print("Playing now...");
      sfp.start(true);
      System.out.println("All done");
      System.exit(0);
    }
    catch (Exception ex)
    {
      System.out.println(ex);
      System.exit(1);
    }
  }

  public static void main(String[] args)
  {
    new AudioPlayer();
  }
}
```

35.2.5   Aufnahme von Sound

Wir sind nun auch in der Lage, Sound über einen der Eingänge der Soundkarte aufzuzeich-
nen. Wir deklarieren dazu in der Klasse SoundRecorder die Methode capture(),
wobei wir beim Erstellen einer Instanz der Klasse DataLine.Info angegeben, dass es
sich um eine Ausgangslinie (Target Date Line) handelt und welches das gewünschte
Audio-Datenformat ist. Als Nächstes wird mit getLine() eine Instanz von TargetDa-
taLine zurückgeholt und diese mit open() geöffnet.

Für das Einlesen verwenden wir einen eigenen Thread RecorderThread, in dessen run-
Methode wir mit read() die Audiodaten holen und in einen ByteArrayOutputStream
schreiben, der bekanntlich nach Bedarf automatisch wächst. Zudem führen wir ein Flag
stopCapture ein, um die Aufnahme zu stoppen. Dieses kann mit der Methode
setStopCapture() von außerhalb der Klasse beeinflusst werden.

```java
// SoundRecorder.java

import javax.sound.sampled.*;
import java.io.*;

public class SoundRecorder
{
  private boolean stopCapture = false;

  private class RecorderThread extends Thread
  {
    public void run()
    {
      byte buf[] = new byte[10000];
      stopCapture = false;
      try
      {
        while (!stopCapture)
        {
          int cnt = targetDataLine.read(buf, 0, buf.length);
          if (cnt > 0)
            data.write(buf, 0, cnt);
        }
        data.close();
      }
      catch (IOException ex)
      {
        System.out.println(ex);
        System.exit(1);
      }
    }
  }
```

```java
protected ByteArrayOutputStream data;
protected AudioFormat audioFormat;
protected TargetDataLine targetDataLine;

public SoundRecorder(AudioFormat audioFormat)
{
  this.audioFormat = audioFormat;
}

public void capture(ByteArrayOutputStream data) throws
    LineUnavailableException
{
  this.data = data;
  DataLine.Info dataLineInfo =
      new DataLine.Info(
      TargetDataLine.class,
      audioFormat);
  targetDataLine =
      (TargetDataLine)AudioSystem.getLine(
      dataLineInfo);
  targetDataLine.open(audioFormat);
  targetDataLine.start();
  new RecorderThread().start();
}

public void setStopCapture(boolean b)
{
  stopCapture = b;
}

void writeWavFile(ByteArrayOutputStream data, File file)
{
  byte[] audioData = data.toByteArray();
  InputStream byteArrayInputStream
      = new ByteArrayInputStream(audioData);
  AudioInputStream audioInputStream =
      new AudioInputStream(byteArrayInputStream,
                           audioFormat,
                           audioData.length / audioFormat.
                           getFrameSize());
  try
  {
    AudioSystem.write(audioInputStream,
                      AudioFileFormat.Type.WAVE, file);
  }
  catch (IOException ex)
  {
    System.out.println(ex);
```

```
      }
    }
}
```

Mit der Methode writeWavFile() können wir die Audiodaten nach erfolgter Aufnahme in eine Datei im Wav-Format speichern. Durch die Verwendung von AudioSystem.write() werden wir von der Arbeit entlastet, uns um Einzelheiten des Wav-Formats kümmern zu müssen. Nachteil dieses Verfahrens ist allerdings, dass wir die Daten nicht bereits während der Aufnahme in die Datei schreiben können.

Zum Abspielen der Audiodaten deklarieren wir die Klasse StreamingBufferPlayer, die aus StreamingPlayer abgeleitet ist. Sie erhält das Audio-Format über den Konstruktor und bezieht die Daten aus dem ByteArrayOutputStream. Dazu wird die Methode start() aus der Klasse StreamingBuffer überschrieben, da wir zuerst aus dem übergebenen ByteArrayOutputStream den AudioInputStream extrahieren, bevor wir die überschriebene Methode aufrufen.

```java
// StreamingBufferPlayer.java

import javax.sound.sampled.*;
import java.io.*;

class StreamingBufferPlayer extends StreamingPlayer
{
  public StreamingBufferPlayer(AudioFormat audioFormat)
  {
    this.audioFormat = audioFormat;
  }

  public void start(ByteArrayOutputStream data,
                    boolean doFinish) throws
     LineUnavailableException
  {
    byte[] audioData = data.toByteArray();
    InputStream byteArrayInputStream
        = new ByteArrayInputStream(audioData);
    audioInputStream =
        new AudioInputStream(byteArrayInputStream,
                             audioFormat,
                             audioData.length / audioFormat.
                             getFrameSize());
    start(doFinish);
  }
}
```

Die Beispielapplikation besitzt ein einfaches GUI mit 4 Buttons, um Sound aufzunehmen, aus dem Speicher wiederzugeben oder in eine Wav-Datei zu schreiben (Abb. 35.7). Die

Bedienungslogik erfordert, dass in jedem Zustand nur bestimmte Buttons aktiv sind. Wie in GUI-gesteuerten Programmen üblich, verwenden wir einen Automaten mit einer Ereignis-schleife und Zuständen, deren Aliases in einem Interface deklariert sind. Die Methode enableButtons(), die als Parameter einen booleschen Array erhält, legt fest, ob die Buttons aktiv (enabled) sind.

```java
// SoundSampler.java

import javax.swing.*;
import java.awt.*;
import java.awt.event.*;
import java.io.*;
import javax.sound.sampled.*;

public class SoundSampler extends JFrame implements
    ActionListener
{
  interface State
  {
    int IDLE = 0;
    int RECORDING = 1;
    int STOPPING = 2;
    int PLAYING = 3;
    int SAVING = 4;
  }

  private SoundRecorder recorder =
      new SoundRecorder(MyAudioFormat.getAudioFormat());
  private StreamingPlayer player =
      new StreamingPlayer(MyAudioFormat.getAudioFormat());
  private AudioFormat audioFormat;
  private final JButton[] buttons =
      {new JButton("Capture"),
       new JButton("Stop"),
       new JButton("Playback"),
       new JButton("Save")};
  private final int nbButtons = buttons.length;
  private int state = State.IDLE;
  private ByteArrayOutputStream data =
      new ByteArrayOutputStream();

  public SoundSampler()
  {
    for (int i = 0; i < nbButtons; i++)
    {
      buttons[i].addActionListener(this);
      getContentPane().add(buttons[i]);
    }
```

```
getContentPane().setLayout(new FlowLayout());
setDefaultCloseOperation(JFrame.EXIT_ON_CLOSE);
setTitle("Sound Sampler");
setSize(350, 70);
setLocation(200, 100);
enableButtons(new boolean[]
              {true, false, false, false});
setVisible(true);

while (true) // Event loop
{
  try
  {
    switch (state)
    {
      case State.IDLE:
        break;

      case State.RECORDING:
        setTitle("Recording...");
        enableButtons(new boolean[]
                      {false, true, false, false});
        data.reset();
        recorder.capture(data); // Returns immediately
        state = State.IDLE;
        break;

      case State.STOPPING:
        setTitle("Stopped");
        recorder.setStopCapture(true);
        enableButtons(new boolean[]
                      {true, false, true, true});
        state = State.IDLE;
        break;

      case State.PLAYING:
        setTitle("Playing...");
        enableButtons(new boolean[]
                      {false, false, false, false});
        player.start(data, true); // Play until finished
        setTitle("Stopped");
        enableButtons(new boolean[]
                      {true, false, true, true});
        state = State.IDLE;
        break;

      case State.SAVING:
```

```java
              enableButtons(new boolean[]
                            {false, false, false, false});
          JFileChooser chooser = new JFileChooser();
          int rc = chooser.showSaveDialog(null);
          if (rc == JFileChooser.APPROVE_OPTION)
          {
            setTitle("Saving...");
            recorder.
             writeWavFile(data, chooser.getSelectedFile());
          }
           setTitle("Stopped");
           enableButtons(new boolean[]
                         {true, false, true, true});
          state = State.IDLE;
          break;
        }
      }
    catch (LineUnavailableException ex)
    {
      System.out.println("Sound card not available");
      System.exit(1);
    }
  }
}

private void enableButtons(boolean[] b)
{
  for (int i = 0; i < b.length; i++)
    buttons[i].setEnabled(b[i]);
}

public void actionPerformed(ActionEvent evt)
{
  Object source = evt.getSource();
  if (source == buttons[0])
  {
    state = State.RECORDING;
  }
  if (source == buttons[1])
  {
    state = State.STOPPING;
  }
  if (source == buttons[2])
  {
    state = State.PLAYING;
  }
  if (source == buttons[3])
  {
```

```
        state = State.SAVING;
      }
    }

  public static void main(String args[])
  {
    new SoundSampler();
  }
}
```

Abb. 35.7   *Aufnahme, Wiedergabe und Speichern von Sound*

36 AWT/Swing, Animation und Bildtransformation

36.1 Schwergewichtige und leichtgewichtige Komponenten

Dieses Kapitel vermittelt einen vertieften Einblick in die Mechanismen im Zusammenhang mit Bildschirmgrafiken. Die Techniken sind besonderes für Applets und animierte Grafik von großer Wichtigkeit. Auf oberster Ebene erzeugt ein Programm mit einem GUI ein Top-Level-Window, das am Grafiksystem des Betriebssystems „andockt" (**native peer**). Das bereits in den frühen Java-Versionen entwickelte **Abstract Windowing Toolkit (AWT)** bezieht aber auch alle anderen grafischen Komponenten vom Betriebssystem. Solche Komponenten nennt man schwergewichtig (**heavyweight**), da sie sozusagen schwer auf dem Betriebssystem aufliegen. Damit ergibt sich eine starke Abhängigkeit vom Betriebssystem und es ist nicht möglich, ein plattformübergreifendes Look&Feel zu erzeugen. Dazu müssen die Komponenten weitgehend in Java geschrieben sein, also nur leichtgewichtig (**light-weight**) auf dem Betriebssystem aufliegen. Um dies zu erreichen wurde die JFC durch die **Swing**-Klassen ergänzt, in denen (außer den Top-Level-Windows) alle Komponenten leichtgewichtig sind.

*Es gibt für Java weitere große und gut ausgebaute Klassenbibliotheken zur Entwicklung von grafischen Benutzeroberflächen. Bekannt sind **SWT** (Standard Widget Toolkit) und darauf aufgesetzt **JFace**, beides Bibliotheken, die von IBM ursprünglich für die Entwicklung der firmeneigenen Programmierumgebung **Eclipse** geschrieben wurden. Im November 2001 hat sie IBM zusammen mit Eclipse der Open-Source-Gemeinschaft zur freien Verfügung gestellt. Diese Bibliotheken sind im Gegensatz zu Swing sehr eng mit dem darunter liegenden Betriebssystem verbunden, was den Vorteil hat, dass die Anwendungen sowohl beim Look&Feel wie im Ansprechverhalten den nativen Anwendungen sehr ähnlich sind. Die Nachteile sind aber nicht zu übersehen: Plattformunabhängige Applikationen sind wesentlich schwieriger zu entwickeln und weisen kein gemeinsames Look&Feel mehr auf. Zum anderen ist es zwar nicht unmöglich, aber schwierig, die auf AWT und Swing aufsetzenden Grafikbibliotheken, wie beispielsweise das Graphics2D-API zusammen mit SWT einzusetzen. Für eine hoch professionelle, komplexe Applikation, die von Grunde auf neu entwickelt wird, müssen Vor- und Nachteile der beiden Varianten in Betracht gezogen werden und es ist nicht zum vorneherein klar, ob man AWT/Swing oder SWT/JFace den Vorzug geben wird.*

36.2   Das Rendern von Grafikkomponenten

Zu einer grafischen Bildschirm-Komponente gehört ein gewisser Pixelbereich, der sorgfältig verwaltet werden muss. Im einfachsten Fall wird die Komponente dargestellt, indem in diesem Bildschirmbereich alle bereits vorhandenen Pixel überschrieben werden. Dies ist aber fast nie ohne Einschränkungen erlaubt, da sich die Komponente kooperativ mit anderen Bildschirmkomponenten verhalten muss. Beispielsweise ist es nicht erlaubt, dass sie außerhalb eines bestimmten Fensters sichtbar ist (**clipping region**). Werden andere Fenster über die Komponente gezogen, so muss sie als Ganzes oder teilweise im Hintergrund verschwinden und beim Wegziehen wieder erscheinen. Die Komponente wird daher gemäß einem komplexen Verfahren neu gerendert. Man unterscheidet dabei zwischen **systemgetriggertem Rendern**, das in folgenden Fällen vom Betriebssystem ausgelöst wird:

- Erstmalige Darstellung
- Veränderung der Größe oder Lage
- Reparatur einer Beschädigung, beispielsweise durch Wegziehen einer darüber liegenden Komponente

und dem **applikationsgetriggertem Rendern**, das vom Java-System ausgelöst wird, wenn beispielsweise:

- ein interner Zustand einer Komponente sich ändert (Bild eines gedrückten Buttons u.Ä.)
- ein Text, eine geometrische Form, ein Bild dargestellt oder verschoben/gelöscht wird.

Es ist nahe liegend, das Triggern als einen Event aufzufassen, der mit dem Delegations-Eventmodell mittels Callbackmethoden behandelt wird. Der Mechanismus läuft für AWT und Swing ähnlich ab, unterscheidet sich aber in einigen wichtigen Einzelheiten.

36.2.1   Callbackmechanismus für systemgetriggertes Rendern

36.2.1.1 Verwendung des AWT

Grundsätzlich sollte man dem Einsatz der Swing-Klassen gegenüber dem AWT den Vorzug geben. Allerdings kann der Einsatz des AWT dort sinnvoll sein, wo eine einfache Grafik mit hoher Effizienz gezeichnet werden soll. AWT besitzt auch eine bessere Kompatiblität zu älteren Systemen und wird darum im Zusammenhang mit Applets bevorzugt.

Das AWT stellt die Klasse Canvas zur Verfügung, welche ein rechteckiges Fenster repräsentiert, in das man mit einfachen Grafikmethoden zeichnen kann. Das Rendern der Grafik erfolgt in der Methode paint(Graphics g), die vom AWT immer dann aufgerufen wird, wenn ein system- oder applikationsgetriggertes Rendern nötig ist. Der übergebene Grafik-Kontext g enthält alle nötigen Informationen für das Rendern. g kann auch in einen Graphics2D-Kontext gecastet werden, falls man Graphics2D einsetzen will. Natürlich wird paint() vom AWT auch aufgerufen, wenn das Fenster zum erstenmal auf dem Bildschirm sichtbar wird.

Der Anwender kann sich in den systemgetriggerten Aufruf von paint() wie folgt **einklinken (hooken)**: Er deklariert eine aus Canvas abgeleitete Klasse und überschreibt darin die Methode paint(). Diese Klasse registriert er beim Top-Level-Window, typischerweise bei einer Instanz der Klasse Frame mit der Methode add(). Wegen der dynamischen Bindung hat dies zur Folge, dass nun die eigene Methode paint() aufgerufen wird. Das überschriebene paint() von Canvas ist allerdings auch für das korrekte Zeichnen von (lightweight) Komponenten zuständig, die sich auch noch im Fenster befinden können. Überschreiben wir paint(), so wird dieser Code nicht mehr ausgeführt, was zu unerwarteten und schlecht reproduzierbaren Fehlern führen kann. Um dies zu vermeiden, sollte das überschriebene paint() explizit aufgerufen werden. Wir halten uns an folgende Regel:

☞ **In paint() muss als erstes super.paint() aufgerufen werden.**

Als Beispiel schreiben wir ein typisches Grafikprogramm, welches auf dem AWT aufbaut. Es soll Dreiecke darstellen, die mit GradientPaint eingefärbt sind und dadurch einen pyramidenähnlichen 3-D-Look erhalten. Wie üblich, schreiben wir mehrere voneinander entkoppelte Klassen, zuerst die Klasse PrettyTriangle, welche einen GeneralPath zur Beschreibung des Dreiecks enthält.

```java
// PrettyTriangle.java

import java.awt.*;
import java.awt.geom.*;

public class PrettyTriangle
{
  private GeneralPath genPath = new GeneralPath();
  private GradientPaint gradPaint;

  public PrettyTriangle(Point2D.Float[] corners,
                        GradientPaint gradientPaint)
  {
    genPath.moveTo(corners[0].x, corners[0].y);
    genPath.lineTo(corners[1].x, corners[1].y);
    genPath.lineTo(corners[2].x, corners[2].y);
    genPath.closePath();
    gradPaint = gradientPaint;
  }

  public void show(Graphics2D g2D)
  {
    g2D.setPaint(gradPaint);
    g2D.fill(genPath);
  }
}
```

In der Klasse `Skyline`, die aus `Canvas` abgeleitet ist, wird `paint()` überschrieben. Besondere Beachtung ist den verwendeten Koordinaten zu schenken. Wir wünschen ein Fenster mit den Koordinaten 0..400 in beiden Richtungen. Um dies zu erreichen, überschreiben wird die Methode `getPreferredSize()`, damit diese dem Top-Level-Window die gewünschte Größe mitteilt. Wir verwenden für die Dreiecke zweckmäßige Benutzerkoordinaten und passen sie mit der Methode `scale()` in das Fenster ein. Zu Demonstrationszwecken schreiben wir bei jedem Aufruf von `paint()` eine Meldung in das Console-Fenster. Wie erwartet, werden wir feststellen, dass das AWT automatisch dafür sorgt, dass beim ersten Anzeigen, beim Verändern der Größe und beim Darüberziehen eines anderen Fensters `paint()` aufgerufen wird.

```java
// Skyline.java

import java.awt.*;
import java.awt.geom.*;

public class Skyline extends Canvas
{
  private GradientPaint blueToBlack = new GradientPaint(0, 0,
      Color.blue,
      0, 40,
      Color.black);
  private Point2D.Float[] corners_1 =
      {
        new Point2D.Float(20, 0),
        new Point2D.Float(40, 40),
        new Point2D.Float(0, 40)
      };
  private PrettyTriangle pt_1 =
      new PrettyTriangle(corners_1, blueToBlack);

  private GradientPaint blackToBlue = new GradientPaint(0, 20,
      Color.black,
      0, 40,
      Color.blue);
  private Point2D.Float[] corners_2 =
      {
        new Point2D.Float(10, 20),
        new Point2D.Float(30, 20),
        new Point2D.Float(20, 40)
      };
  private PrettyTriangle pt_2 =
      new PrettyTriangle(corners_2, blackToBlue);

  private int nb = 0;
```

```
public Dimension getPreferredSize()
{
  return new Dimension(400, 400);
}

public void paint(Graphics g)
{
  super.paint(g);
  System.out.println("Number of calls to paint(): " + nb++);
  Graphics2D g2D = (Graphics2D)g;
  Dimension d = getSize();
  int width = d.width;
  int height = d.height;
  drawBackground(g2D, width, height);
  g2D.scale(10.0 * width / 400, 10.0 * height / 400);
  pt_1.show(g2D);
  pt_2.show(g2D);
}

private void drawBackground(Graphics2D g2D, int width,
                            int height)
{
  g2D.setColor(Color.blue);
  g2D.fillRect(0, 0, width, height);
}
}
```

In der Applikationsklasse verwenden wir als Top-Level-Window eine Instanz von Frame. Wir müssen auch einen WindowListener registrieren, damit wir das Fenster mit dem Close-Button schließen und damit die Applikation beenden können. Mit pack() sorgen wir zudem dafür, dass sich das Frame der gewünschten Größe des Canvas anpasst. Da wir keinen Layout-Manager explizit angeben, wird der Standard-Layout-Manager BorderLayout verwendet.

```
// GraphicsEx1.java

import java.awt.*;
import java.awt.event.*;

public class GraphicsEx1
{
  public GraphicsEx1()
  {
    Frame f = new Frame();
    f.addWindowListener(new WindowAdapter()
    {
      public void windowClosing(WindowEvent evt)
      {
        System.exit(0);
```

```
        }
    });
    Skyline skyline = new Skyline();
    f.add(skyline);
    f.pack();
    f.setVisible(true);
}

public static void main(String[] args)
{
    new GraphicsEx1();
}
}
```

Die Ausführung (Abb. 36.1) zeigt, dass wir eine exakte Einpassung der Grafik erhalten. Zudem passt sie sich auch einer veränderten Größe des Fensters an, da wir mit scale() die neuen Dimensionen berücksichtigen.

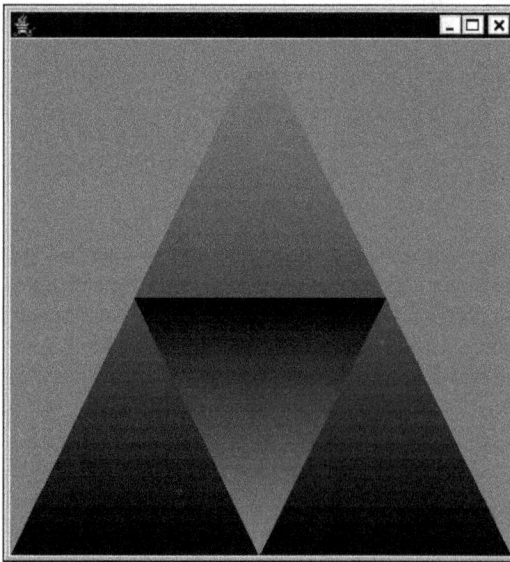

Abb. 36.1   *Ausgabe von GraphicsEx1 (als Graustufenbild)*

Es ist zu beachten, dass bei der Reparatur einer Beschädigung (beispielsweise beim Wegziehen eines darüber liegenden Fensters) nur derjenige Teil des Bildes neu gezeichnet wird, der davon betroffen ist. Beispielsweise darf die Zahl nb, die sich bei jedem Aufruf verändert, nicht als Grafiktext in das Fenster geschrieben werden, da der Teilbereich, in dem sich die Zahl befindet, nicht mit Sicherheit erneuert wird.

36.2.1.2 Verwendung der Swing-Klassen

Das im Folgenden beschriebene Verfahren wurde bereits im Zusammenhang mit GWindow im Kap. 19 angewendet. Hier wird aber ausschließlich von der JFC Gebrauch gemacht.

Bei der Verwendung der Swing-Klassen wird an Stelle von Canvas üblicherweise die Klasse JPanel verwendet, die aus JComponent abgeleitet ist. JComponent besitzt ebenfalls eine Methode paint(), welche das Rendern von Swing-Komponenten übernimmt. Wie bereits erwähnt, ist der Callbackmechanismus für AWT und Swing grundsätzlich derselbe, unterscheidet sich aber in einigen wichtigen Einzelheiten. Insbesondere ruft paint() die drei Methoden paintComponent(), paintBorder() und paintChildren() auf, um das korrekte Rendern aller Grafikelemente zu garantieren. Aus diesem Grund überschreiben wir in Swing nicht paint(), sondern paintComponent() und müssen mit einem Aufruf von super.paintComponent() dafür sorgen, dass die überschriebene Methode der Basisklasse auch ausgeführt wird, da diese für das Zeichnen von (lightweight) Komponenten zuständig ist, die sich im Fenster befinden können.

Zum Vergleich schreiben wir die Applikation GraphicsEx2 mit derselben Funktionalität wie GraphicsEx1, nun aber unter Verwendung von Swing. Dazu deklarieren wird an Stelle von Skyline die Klasse JSkyline, die bis auf drei Unterschiede mit Skyline identisch ist.

Erstens wird sie aus JPanel statt aus Canvas abgeleitet:

```
public class JSkyline extends JPanel
```

Zweitens ersetzen wir die Methode getPreferredSize() durch einen Aufruf von setPreferredSize() im neu eingeführten Konstruktor (obschon die alte Version auch erlaubt ist):

```
public JSkyline()
{
   setPreferredSize(new Dimension(400, 400));
}
```

Drittens wird an Stelle von paint() die Methode paintComponent() überschrieben, wobei analog zum AWT hier die folgende wichtige Regel gilt:

☞ **In paintComponent() muss als Erstes super.paintComponent() aufgerufen werden.**

```
public void paintComponent(Graphics g)
{
   super.paintComponent(g);
   ..
}
```

Die Applikationsklasse verwendet in Swing an Stelle von Frame ein JFrame. Der wichtigste Unterschied besteht darin, dass die Komponente JSkyline zur Content Pane hinzugefügt werden muss. Es wird der Standard-Layout-Manager für die Content Pane verwendet, nämlich BorderLayout.

```java
// GraphicsEx2.java

import javax.swing.*;

public class GraphicsEx2
{
  public GraphicsEx2()
  {
    JFrame f = new JFrame();
    f.setDefaultCloseOperation(WindowConstants.EXIT_ON_CLOSE);
    JSkyline jSkyline = new JSkyline();
    f.getContentPane().add(jSkyline);
    f.pack();
    f.setVisible(true);
  }

  public static void main(String[] args)
  {
    new GraphicsEx2();
  }
}
```

36.2.2   Anwendungsgetriggertes Rendern, animierte Grafik

Applikationsgetriggertes Rendern ist immer dann nötig, wenn man eine Grafik in einem vorhandenen Grafikfenster während des Ablaufs des Programms schrittweise aufbauen oder verändern muss. Dies kann beispielsweise in einer Echtzeitanwendung nötig sein, bei der die darzustellenden Daten erst während des Programmablaufs eintreffen, aber auch bei Simulationen oder Spielprogrammen. Wir sprechen dabei generell von **animierter Grafik**, obschon dieser Begriff im engeren Sinn eigentlich nur für schnell ändernde Grafiken (**Sprite-Animation**) verwendet wird.

36.2.2.1 Animierte Grafik mit AWT

Wir versuchen als Erstes, mit unseren bisherigen Kenntnissen eine Sprite-Animation zu erstellen, in der ein Männchen, das als Grafikdatei jman.gif vorliegt, über das Fenster bewegt wird. Dazu verwenden wir zuerst wieder das AWT und deklarieren die Klasse Man, welche aus Canvas abgeleitet ist. Das Bild wird zuerst in den Hauptspeicher geladen und kann nachher als Instanz der Klasse Image angesprochen werden.

Da Bilder auch über das Internet geladen werden, hat man in Java eine Klasse MediaTra-cker eingeführt, die das Laden überwachen kann. Nach dem Instanzieren meldet man die Bilder mit addImage() zum Laden an, wobei man ihnen eine zusätzliche Id mitgibt. Mit der Methode waitForID() kann das Laden gestartet werden, wobei die Methode nach einem vorgebbaren Timeout zurückkehrt. Die Methode waitForAll() startet das Laden aller angemeldeten Bilder und kehrt erst zurück, nachdem diese geladen sind. Wir deklarieren die Methode loadImage(), die blockiert, bis die angegebene Bilddatei geladen ist. In paint() stellen wir das Bild mit der Methode drawImage() dar, wobei wir auch die Bildposition innerhalb des Fenster angeben können.

```java
// Man.java

import java.awt.*;

public class Man extends Canvas
{
  private Image image;
  private int xPos, yPos;

  public Man(String imagePath, int x, int y)
  {
    image = loadImage(imagePath);
    xPos = x;
    yPos = y;
    setBackground(Color.cyan);
  }

  public Dimension getPreferredSize()
  {
    return new Dimension(400, 400);
  }

  public void paint(Graphics g)
  {
    super.paint(g);
    Graphics2D g2D = (Graphics2D)g;
    g2D.drawImage(image, xPos, yPos, null);
  }

  public void setPos(int x, int y)
  {
    xPos = x;
    yPos = y;
  }
```

```java
  public Image loadImage(String imagePath)
  {
    Image image =
        Toolkit.getDefaultToolkit().getImage(imagePath);
    MediaTracker mt = new MediaTracker(this);
    mt.addImage(image, 1);
    try
    {
      mt.waitForAll();
    }
    catch (Exception ex)
    {
      System.out.println("Exception while loading image.");
    }
    return image;
  }
}
```

In der Applikation übernimmt eine Animationsschleife die Bewegung des Männchens, indem in einigermaßen regelmäßigen Abständen die neue Position der Figur angegeben und mit repaint() der Aufruf von paint() getriggert wird.

```java
// GraphicsEx3.java

import java.awt.*;
import java.awt.event.*;

public class GraphicsEx3
{
  public GraphicsEx3()
  {
    Frame f = new Frame();
    f.addWindowListener(new WindowAdapter()
    {
      public void windowClosing(WindowEvent evt)
      {
        System.exit(0);
      }
    });

    Man man = new Man("jman.gif", 50, 100);
    f.add(man);
    f.pack();
    f.setVisible(true);
    for (int x = 50; x < 300; x++)
    {
      man.setPos(x, 100);
      delay(10);
```

```
      man.repaint();
    }
  }

  private void delay(int ms)
  {
    try
    {
      Thread.currentThread().sleep(ms);
    }
    catch (InterruptedException ex)
    {}
  }

  public static void main(String[] args)
  {
    new GraphicsEx3();
  }
}
```

Die Ausführung ist leider ein bisschen enttäuschend, da auf vielen Rechnern das Bild beim Verschieben des Männchens hin und wieder kurz flackert. Wie wir aus dem Kap. 19.3 bereits wissen, ist dies darauf zurückzuführen, dass zwischen zwei Animationslagen das Fenster gelöscht werden muss und das Neuzeichnen nicht mit dem Refresh des Bildschirms synchronisiert ist, wodurch auch unvollständig aufgebaute Bilder angezeigt werden. Abhilfe schafft bekanntlich die **Doppelbufferung (double buffering)** mit einem zusätzlichen **Bildbuffer (offscreen buffer)**, in dem das Bild aufgebaut wird. Rendern wir diesen Bildbuffer mit einem einzigen Aufruf auf dem Bildschirm, so ist das Grafiksystem dafür verantwortlich, dass dies ohne Flackern geschieht.

Für die Doppelbufferung erzeugen wir in der Klasse BufferedMan eine Instanz von BufferedImage, wobei wir darauf achten müssen, dass der Buffer die richtige Größe aufweist. Da wir bei der ersten Darstellung und einem Resize des Fensters einen systemgetriggerten Aufruf von paint() erhalten, können wir, falls nötig, innerhalb von paint() mit der Methode checkOffScreenBuffer() den Buffer mit der richtigen Größe erzeugen. Bevor wir das Männchen in der neuen Lage in den Bildbuffer setzen, müssen wir den Inhalt löschen, indem wir ihn mit einem gefüllten Rechteck, das die Größe des Buffers und die Hintergrundfarbe hat, überschreiben.

Trotz des beträchtlichen zusätzlichen Aufwands mit der Doppelbufferung wären wir vom Resultat enttäuscht, da das Flackern eher noch schlimmer geworden ist. Der Grund ist keineswegs evident, sondern hängt mit einem internen Mechanismus des AWT zusammen. Das AWT ruft nämlich bei einem anwendungsgetriggerten Rendern, d.h. beim Aufruf von repaint() zuerst die Methode update() auf, welche das Bildschirmfenster automatisch löscht, d.h. mit der Hintergrundfarbe überschreibt, bevor paint() aufgerufen wird. Um das unerwünschte Löschen zu verhindern, greifen wir zu einem Kniff. Wir setzen update() außer Kraft, indem wir die Methode in der abgeleiteten Klasse überschreiben und selbst

paint() aufrufen. Entgegen unseren sonstigen Gewohnheiten dürfen wir in paint()
auch nicht die überschriebene Methode der Superklasse aufrufen.

```java
// BufferedMan.java

import java.awt.*;
import java.awt.image.*;

public class BufferedMan extends Canvas
{
  private Image image;
  private BufferedImage bi;
  private Graphics2D offG2D;
  private int xPos, yPos;

  public BufferedMan(String imagePath, int x, int y)
  {
    image = loadImage(imagePath);
    xPos = x;
    yPos = y;
    setBackground(Color.cyan);
  }

  public Dimension getPreferredSize()
  {
    return new Dimension(400, 400);
  }

  // Inhibit clearing of screen by overriding update()
  public void update(Graphics g)
  {
    paint(g);
  }

  public void paint(Graphics g)
  {
    // Don't call super.paint(g);
    Dimension d = getSize();
    Graphics2D g2D = (Graphics2D)g;
    // Create new offscreen buffer if necessary
    checkOffScreenBuffer();
    // Clear offscreen buffer
    offG2D.setColor(getBackground());
    offG2D.fillRect(0, 0, d.width, d.height);
    // Draw in offscreen buffer
    offG2D.drawImage(image, xPos, yPos, null);
    // Put offscreen buffer on screen
    g.drawImage(bi, 0, 0, null);
```

```
   }

   private void checkOffScreenBuffer()
   {
      Dimension d = getSize();
      if (bi == null // no buffer yet
          // Size changed due to resizing
          || bi.getWidth(null) != d.width
          || bi.getHeight(null) != d.height)
      {
         bi = new BufferedImage(d.width, d.height,
                              BufferedImage.TYPE_INT_RGB);
         offG2D = bi.createGraphics();
      }
   }

   public void setPos(int x, int y)
   {
      xPos = x;
      yPos = y;
   }

   public Image loadImage(String imagePath)
   {
      Image image = Toolkit.getDefaultToolkit().getImage(
          imagePath);
      MediaTracker mt = new MediaTracker(this);
      mt.addImage(image, 1);
      try
      {
         mt.waitForAll();
      }
      catch (Exception ex)
      {
         System.out.println("Exception while loading image.");
      }
      return image;
   }
}
```

Mit einem beträchtlichen Know-How haben wir unser Ziel erreicht, denn mit GraphicsEx4.java flackert das Bild nicht mehr.

```
// GraphicsEx4.java

import java.awt.*;
import java.awt.event.*;
```

```
public class GraphicsEx4
{
  public GraphicsEx4()
  {
    Frame f = new Frame();
    f.addWindowListener(new WindowAdapter()
    {
      public void windowClosing(WindowEvent evt)
      {
        System.exit(0);
      }
    });

    BufferedMan bMan = new BufferedMan("jman.gif", 50, 100);
    f.add(bMan);
    f.pack();
    f.setVisible(true);
    for (int x = 50; x < 300; x++)
    {
      bMan.setPos(x, 100);
      delay(10);
      bMan.repaint();
    }
  }

  private void delay(int ms)
  {
    try
    {
      Thread.currentThread().sleep(ms);
    }
    catch (InterruptedException ex)
    {}
  }

  public static void main(String[] args)
  {
    new GraphicsEx4();
  }
}
```

36.2.2.2 Animierte Grafik mit Swing

Swing benützt eine interne Doppelbufferung, welche mit der Methode setDoubleBuffe-red() der Klasse JComponent ein- oder ausgeschaltet werden kann. Dabei wird ein interner Buffer für das ganze Top-Level-Window verwendet. Aus Effizienzgründen und da man oft den Bildbuffer für weiterführende Bildtransformationen benötigt, ist es aber auch hier üblich, die Doppelbufferung explizit auszuführen. Dazu deklarieren wir die Klasse JBufferedMan, die mit BufferedMan bis auf folgende Unterschiede übereinstimmt:

- Das Laden des Bilds erfolgt mit ImageIcon
- Das Überschreiben von update() entfällt, da das Fenster nicht automatisch gelöscht wird
- Es wird paintComponent()überschrieben und der Aufruf von super.paint-Component()sollte beibehalten werden
- An Stelle des Überschreibens von getPreferredSize() wird setPreferredSize() aufgerufen.

```java
// JBufferedMan.java

import java.awt.*;
import java.awt.image.*;
import javax.swing.*;

public class JBufferedMan extends JPanel
{
  private Image image;
  private BufferedImage bi;
  private Graphics2D offG2D;
  private int xPos, yPos;

  public JBufferedMan(String imagePath, int x, int y)
  {
    image = new ImageIcon(imagePath).getImage();
    xPos = x;
    yPos = y;
    setPreferredSize(new Dimension(400, 400));
    setBackground(Color.cyan);
  }

  public void paintComponent(Graphics g)
  {
    super.paintComponent(g);
    Dimension d = getSize();
    Graphics2D g2D = (Graphics2D)g;
    // Create new offscreen buffer if necessary
    checkOffScreenBuffer();
    // Clear offscreen buffer
    offG2D.setColor(getBackground());
    offG2D.fillRect(0, 0, d.width, d.height);
    // Draw in offscreen buffer
    offG2D.drawImage(image, xPos, yPos, null);
    // Put offscreen buffer on screen
    g2D.drawImage(bi, 0, 0, null);
```

```
  }

  private void checkOffScreenBuffer()
  {
    Dimension d = getSize();
    if (bi == null // no buffer yet
        // Size changed due to resizing
        || bi.getWidth(null) != d.width
        || bi.getHeight(null) != d.height)
    {
      bi = new BufferedImage(d.width, d.height,
                             BufferedImage.TYPE_INT_RGB);
      offG2D = bi.createGraphics();
    }
  }

  public void setPos(int x, int y)
  {
    xPos = x;
    yPos = y;
  }
}
```

Die zugehörige Applikation GraphicsEx5 verwendet natürlich jetzt auch Swing und zeigt das gewünschte flackerfreie Verhalten.

```
// GraphicsEx5.java

import java.awt.*;
import javax.swing.*;

public class GraphicsEx5
{
  public GraphicsEx5()
  {
    JFrame f = new JFrame();
    f.setDefaultCloseOperation(WindowConstants.EXIT_ON_CLOSE);
    JBufferedMan jbMan =
        new JBufferedMan("jman.gif", 50, 100);
    f.getContentPane().add(jbMan, BorderLayout.CENTER);
    f.pack();
    f.setVisible(true);
    for (int x = 50; x < 300; x++)
    {
      jbMan.setPos(x, 100);
      delay(10);
      jbMan.repaint();
    }
```

```
  }

  private void delay(int ms)
  {
    try
    {
      Thread.currentThread().sleep(ms);
    }
    catch (InterruptedException ex)
    {}
  }

  public static void main(String[] args)
  {
    new GraphicsEx5();
  }
}
```

36.3   Optimierung bei inkrementellen Grafiken

In vielen Fällen, insbesondere auf Gebiet der Simulationen und Darstellung von Echtzeitda-
ten, wird eine Grafik in Laufe der Zeit aufgebaut und nicht erst nach Vollendung als Ganzes
dargestellt. Solche inkrementellen Grafiken benötigen eine besondere Technik, die wir im
Folgenden am Beispiel eines IFS-Fraktals (Iteriertes Funktionensystem) erläutern. Dabei
werden die Punkte (x, y) iterativ einer affinen Transformation f unterworfen und ver-
schiedenfarbig gezeichnet. Der Einfachheit halber verhindern wir das Zoomen mit setRe-
sizeable(false). Grundsätzlich handelt es sich bei inkrementellen Grafiken auch um
animierte Grafiken, bei denen aber das bestehende Bild nur ergänzt wird. Wir verwenden
daher wieder die Doppelbufferung mit einem Bildbuffer, in dem das Bild aufgebaut und mit
paint() bzw. paintComponent() auf dem Bildschirm gerendert wird. Damit ist sichergestellt, dass der aktuelle Zustand beim systemgetriggerten Rendern korrekt dargestellt
wird, also beispielsweise wenn ein anderes Fenster über die Grafik gezogen wird.

Um nach dem Zeichnen des neuen Bildelements den Bildbuffer auf dem Bildschirm zu rendern, ist es nahe liegend, repaint() aufzurufen. Dies ist jedoch wenig effizient, da meist
nur ein kleines Gebiet des Bildes durch das neue Bildelement verändert wurde und mit
repaint() der ganze Bildbuffer auf dem Bildschirm neu gerendert wird. Die Einbuße ist
besonders groß, wenn man eine Grafik punktweise aufbaut, wie es oft bei Fraktalen der Fall
ist. Mit sehr wenig Aufwand kann man Bildaufbau um Größenordnungen beschleunigen,
wobei sich die Verfahren mit AWT und Swing leicht unterscheiden.

*Oft wird übersehen, dass auch setVisible() zu einem Aufruf von paint() bzw. paint-
Component() führt. Es muss deshalb sichergestellt sein, dass alle nötigen Initialisierungsoperati-
onen vorgängig ausgeführt wurden. Dies gilt insbesondere für einen Bildbuffer, der in paint() bzw.
paintComponent() auf dem Bildschirm gerendert wird. Wie wir aus der Klasse Buffered-
Man bereits wissen, muss manchmal die Größe des Bildbuffers aus dem Grafik-Kontext g bezogen*

werden, den man erst beim Aufruf von paint() *bzw.* paintComponent() *erhält. In diesem Fall können die Initalisierungen in* paint() *bzw.* paintComponent() *erfolgen, wobei man mit einer Bedingung dafür sorgen muss, dass dieser Initalisierungsteil bei weiteren Aufrufen übersprungen wird. Da mehrere kurz hintereinander folgende Aufrufe von* repaint() *vom Grafiksystem in einen einzigen Aufruf zusammengefasst werden, wird ein Aufruf von* repaint() *unmittelbar nach* setVisible() *meist nicht sofort zum erwarteten Aufruf von* update(), paint() *oder* PaintComponent() *führen. Die Missachtung dieser subtilen Zusammenhänge kann zu heiklem Fehlverhalten führen, die nur bei einer bestimmten Belastung des Rechners oder auf einem bestimmten Rechnertyp auftreten und deswegen schwierig zu beheben sind.*

36.3.1   Optimierung bei AWT

Unter AWT geht man von der bekannten Tatsache aus, dass repaint() zuerst update() aufruft. Man führt darum die Grafikoperationen im überschriebenen update() aus und zeichnet das neue Bildelement **sowohl** in den Bildbuffer **als auch** auf den Bildschirm (Abb. 36.2). Da man update() überschreibt, wird paint() nicht mehr automatisch aufgerufen. Die überschriebene Methode paint() wird lediglich dazu benützt, den Bildbuffer auf den Bildschirm zu kopieren, damit bei einem systemgetriggerten Rendern das Bild wiederhergestellt wird.

Wir deklarieren im folgenden Beispiel die Klasse Farn, welche aus Canvas abgeleitet ist. Der Konstruktor ist für die Initialisierung des Bildbuffers zuständig, was hier besonders einfach ist, da die Größe fest vorgegeben ist. Wie oben besprochen, teilt das überschriebene getPreferredSize() dem Top-Level-Window die Größe des Canvas mit. In der Methode update() wird der nächste Bildpunkt des Fraktals berechnet und sowohl in den Bildbuffer wie auf den Bildschirm gezeichnet.

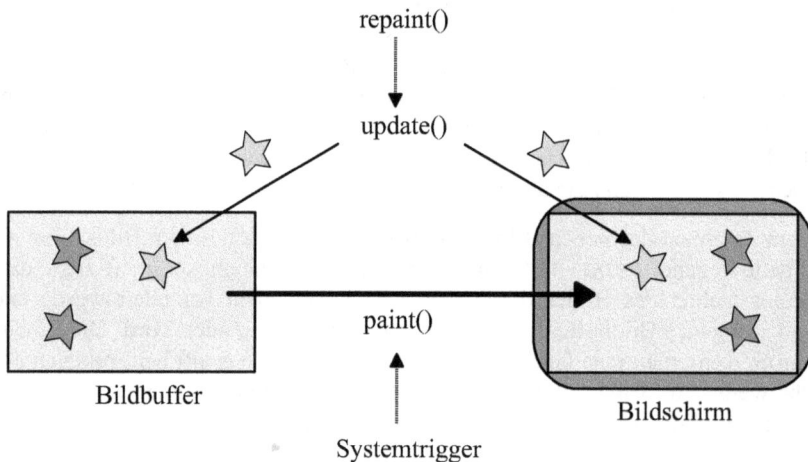

Abb. 36.2   *Optimierte Grafik mit AWT*

```java
// Farn.java

import java.awt.*;
import java.awt.image.*;

public class Farn extends Canvas
{
  private BufferedImage bi;
  private Graphics2D offG2D;
  private Color bkColor = Color.darkGray;
  private double x = 0, y = 0;
  private int width, height;
  private int nbPoints = 0;

  Farn(int width, int height)
  {
    this.width = width;
    this.height = height;
    bi = new BufferedImage(width, height,
                           BufferedImage.TYPE_INT_RGB);
    offG2D = bi.createGraphics();
    offG2D.setColor(bkColor);
    offG2D.fillRect(0, 0, width, height);
  }

  public Dimension getPreferredSize()
  {
    return new Dimension(width, height);
  }

  public void paint(Graphics g)
  {
    g.drawImage(bi, 0, 0, null);
  }

  private void f(double a, double b, double c, double d,
                 double e, double f,
                 Color color, Graphics g)
  {
    double xnew = a * x + b * y + e;
    double ynew = c * x + d * y + f;
    x = xnew;
    y = ynew;
    int xPoint = (int)((x + 5) / 10.0 * width); // x = -5..5
    int yPoint = (int)((11 - y) / 12.0 * height); // y = 0..10

    // Draw on screen
    g.setColor(color);
```

```
    g.drawLine(xPoint, yPoint, xPoint, yPoint);
    // Draw in offscreen buffer
    offG2D.setColor(color);
    offG2D.drawLine(xPoint, yPoint, xPoint, yPoint);
  }

  public int getNbPoints()
  {
    return nbPoints;
  }

  public void update(Graphics g)
  {
    nbPoints++;
    double r = Math.random();
    if (r < 0.01) // Stiel
    {
      f(0, 0, 0, 0.16, 0, 0, Color.green, g);
      return;
    }
    if (r < 0.86) // Obere Blaetter
    {
      f(0.85, -0.04, +0.04, 0.85, 0, 1.60, Color.green, g);
      return;
    }
    if (r < 0.93) // Linkes Blatt
    {
      f(0.20, -0.26, 0.23, 0.22, 0, 1.60, Color.red, g);
      return;
    }
    if (r > 0.93) // Rechtes Blatt
    {
      f( -0.15, 0.28, 0.26, 0.24, 0, 1.44, Color.orange, g);
      return;
    }
  }
}
```

Die Applikation verwendet ein Frame und ruft in einer while-Schleife repaint() auf.
Nahe liegend wäre es, die Anzahl zu zeichnender Bildpunkte in dieser Schleife zu zählen und
beim Erreichen einer gewissen maximalen Zahl den Schleifendurchlauf abzubrechen. Das
Programm verhält sich aber in diesem Fall gar nicht wunschgemäß, denn es werden je nach
Durchlauf und Rechnertyp viel zu wenig Bildelemente gezeichnet. Wir haben nämlich übersehen, dass repaint() lediglich eine Aufforderung an einen Systemthread darstellt, zu
geeigneter Zeit update() aufzurufen und das Grafiksystem mehrere solche Aufforderun-
gen zu einer einzigen zusammenfasst. Um dieses heikle Fehlverhalten zu beheben, zählen
wir die gezeichneten Elemente in der Klasse Farn und geben sie mit einer getter-Methode

getNbPoints() zurück. Diese prüft nach jedem Aufruf von repaint(), ob sich die Zahl verändert hat und ruft nur in diesem Fall repaint() ein nächstes Mal auf. Um die Wirksamkeit der Optimierung für verschiedene Varianten zu untersuchen, wird die Rechenzeit gemessen und am Ende angezeigt. Beispielsweise führt auf den meisten Systemen das Auskommentieren der if-Bedingung zu kaum einer Verschlechterung, hingegen das Weglassen von yield() schon.

```java
// GraphicsEx6.java

import java.awt.*;
import java.util.*;
import java.awt.event.*;

public class GraphicsEx6 extends Frame
{
  private int width = 500;
  private int height = 500;
  private int maxNbPoints = 50000;

  public GraphicsEx6()
  {
    addWindowListener(new WindowAdapter()
    {
      public void windowClosing(WindowEvent evt)
      {
        System.exit(0);
      }
    });

    Farn farn = new Farn(width, height);
    add(farn);
    setResizable(false);
    pack();
    setVisible(true);

    int nbPoints;
    int oldNbPoints = -1;
    long time = new Date().getTime();
    while ((nbPoints = farn.getNbPoints()) < maxNbPoints)
    {
      if (nbPoints != oldNbPoints)
      {
        oldNbPoints = nbPoints;
        farn.repaint();
      }
      Thread.currentThread().yield();
    }
    time = new Date().getTime() - time;
```

```
      System.out.println("All done after " + time + " ms");
   }

   public static void main(String[] args)
   {
      new GraphicsEx6();
   }
}
```

Das erzeugte Bild besitzt erstaunlich große Ähnlichkeit mit einem natürlichen Farnblatt
(Abb. 36.3).

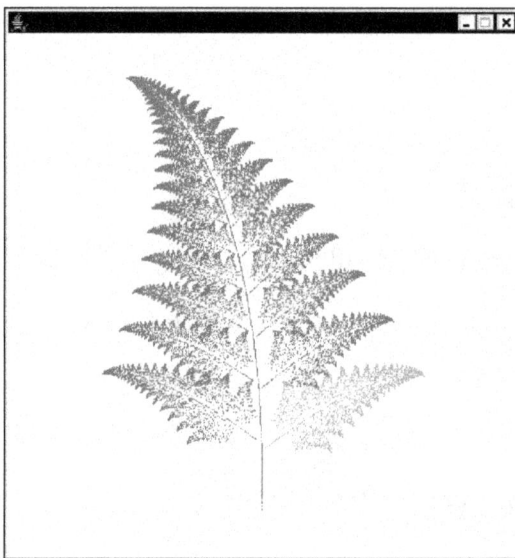

Abb. 36.3   *Das algorithmisch erzeugte Farn (als Graustufenbild)*

36.3.2   Optimierung bei Swing

Wie wir wissen, ruft in Swing `repaint()` nicht mehr `update()`, sondern `paint()` und
dieses `paintComponent()` auf. Um zu verhindern, dass bei jeder Zeichenoperation der
ganze Bildbuffer auf dem Bildschirm gerendert wird, zeichnen wir das neue Bildelement in
den Bildbuffer und rufen eine überladene Methode `repaint(x, y, width, height)`
auf, die nur einen rechteckigen Teilbereich mit dem oberen linken Punkt `(x, y)`, der Breite
`width` und der Höhe `height` rendert (Abb. 36.4). Dabei wählen wir den kleinsten Recht-
eckbereich, der das Bildelement vollständig enthält (**bounding box**). Dieses Verfahren ergibt
dann eine gute Optimierung, wenn die Bildelemente flächenartig sind. Zur Unterstützung der

Operation haben unter Graphics2D die meisten Grafikkomponenten eine Methode `get-Bounds()`, welche das umgebende Rechteck zurückgibt.

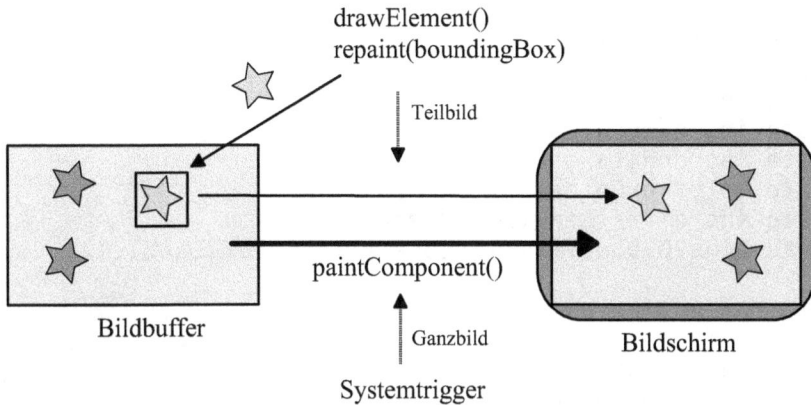

drawElement()
repaint(boundingBox)

Teilbild

paintComponent()

Bildbuffer

Ganzbild

Bildschirm

Systemtrigger

Abb. 36.4   Optimierte Grafik mit Swing

Wir folgen im Beispielprogramm den Spuren des Comte de Buffon, welcher bereits 1777 vorgeschlagen hat, die Zahl π auf folgende interessante Art zu bestimmen: Man wirft viele Nadeln gleichverteilt auf ein liniertes Blatt Papier, wobei der Linienabstand gleich der Länge der Nadeln ist. Wie man aus der elementaren geometrischen Statistik (siehe Web-Suchmaschine mit den Stichworten *buffon statistik pi*) entnimmt, beträgt die Wahrscheinlichkeit, dass eine geworfene Nadel einen Schnittpunkt mit einer Linie aufweist, $2/\pi$ oder ungefähr 0.6366.

Wir können das Buffonsche Nadelexperiment simulieren, indem wir auf eine Fläche zwei horizontale Linien im Abstand d zeichnen und Strecken mit der Länge d darauf werfen, deren Mittelpunkte gleichverteilt bis an d/2 an den linken und rechten Rand reichen und deren Orientierung ebenfalls gleichverteilt ist. Das Verhältnis der Anzahl Strecken, die eine der beiden Linien schneiden zur Gesamtzahl der Strecken ist ein Schätzwert für die oben angegebene Wahrscheinlichkeit.

In der Klasse `Buffon.java` gehen wir nach dem beschriebenen Prinzip vor. In der Methode `throwNeedle()` wählen wir eine Nadel mit zufälligem Mittelpunkt und zufälliger Orientierung aus und prüfen, ob sie eine der Linien schneidet. Wir zeichnen sie mit unterschiedlicher Farbe in den Bildbuffer und rufen nachher `repaint()` mit der zugehörenden BoundingBox auf. Gegenüber dem Aufruf von `repaint()` ohne Parameter gewinnen wir nur etwa den Zeitfaktor 2, da die Geraden je nach Orientierung eine große BoundingBox besitzen.

```
// Buffon.java

import java.awt.*;
import java.awt.image.*;
```

```java
import java.awt.geom.*;
import javax.swing.*;

public class Buffon extends JPanel
{
  private BufferedImage bi;
  private Graphics2D offG2D;
  private int width, height;
  private int nbNeedles = 0;
  private int nbHits = 0;
  private Color bkColor = Color.white;
  private int d; // Length of needles
  private Line2D.Double[] lines = new Line2D.Double[2];

  public Buffon(int width, int height)
  {
    this.width = width;
    this.height = height;
    d = height / 2;
    bi = new BufferedImage(width, height,
                           BufferedImage.TYPE_INT_RGB);
    offG2D = bi.createGraphics();
    setPreferredSize(new Dimension(width, height));
    offG2D.setColor(bkColor);
    offG2D.fillRect(0, 0, width, height);
    lines[0] = new Line2D.Double(0, d / 2, width, d / 2);
    lines[1] = new Line2D.Double(0, 3 * d / 2, width,
                                 3 * d / 2);
    offG2D.setColor(Color.black);
    BasicStroke stroke = new BasicStroke(2);
    offG2D.setStroke(stroke);
    offG2D.draw(lines[0]);
    offG2D.draw(lines[1]);
    stroke = new BasicStroke(1);
    offG2D.setStroke(stroke);
  }

  public void paintComponent(Graphics g)
  {
    super.paintComponent(g);
    g.drawImage(bi, 0, 0, null);
  }

  public int getNbNeedles()
  {
    return nbNeedles;
  }
```

```
public int getNbHits()
{
  return nbHits;
}

public void throwNeedle()
{
  double xm = (width - d) * Math.random() + d / 2;
  double ym = height * Math.random();
  double theta = Math.PI * Math.random();
  double x2 = xm + d / 2 * Math.cos(theta);
  double y2 = ym + d / 2 * Math.sin(theta);
  double x1 = xm - d / 2 * Math.cos(theta);
  double y1 = ym - d / 2 * Math.sin(theta);
  Line2D.Double needle = new Line2D.Double(x1, y1, x2, y2);
  if (needle.intersectsLine(lines[0]) ||
      needle.intersectsLine(lines[1]))
  {
    nbHits++;
    offG2D.setColor(Color.green);
  }
  else
    offG2D.setColor(Color.red);
  offG2D.draw(needle);
  Rectangle r = needle.getBounds();
  repaint(r.x, r.y, r.width, r.height);
  nbNeedles++;
}
}
```

Das Applikationsprogramm wirft die vorgegebene Anzahl von Nadeln, wertet das Resultat aus und schreibt es in die Titelzeile (Abb. 36.5). Für 100000 Nadeln ist die Annäherung von PI ungefähr 1%, es empfiehlt sich also nicht, das Nadelexperiment *von Hand* durchzuführen. Zu Versuchszwecken wird wiederum die Laufzeit des Programms ausgeschrieben.

```
// GraphicsEx7.java

import javax.swing.*;
import java.util.*;

public class GraphicsEx7 extends JFrame
{
  private int width = 500;
  private int height = 500;
  private int totalNbNeedles = 10000;

  public GraphicsEx7()
  {
```

```
    Buffon buffon = new Buffon(width, height);
    setDefaultCloseOperation(WindowConstants.EXIT_ON_CLOSE);
    getContentPane().add(buffon);
    setResizable(false);
    pack();
    setVisible(true);

    long time = new Date().getTime();
    while (buffon.getNbNeedles() < totalNbNeedles)
      buffon.throwNeedle();
    double pi =
      2.0 * buffon.getNbNeedles() / buffon.getNbHits();
    time = new Date().getTime() - time;
    String msg = "Resultat nach " + time +
        " ms: Pi = " + pi + " (" + totalNbNeedles + " Nadeln)";
    setTitle(msg);
  }

  public static void main(String[] args)
  {
    new GraphicsEx7();
  }
}
```

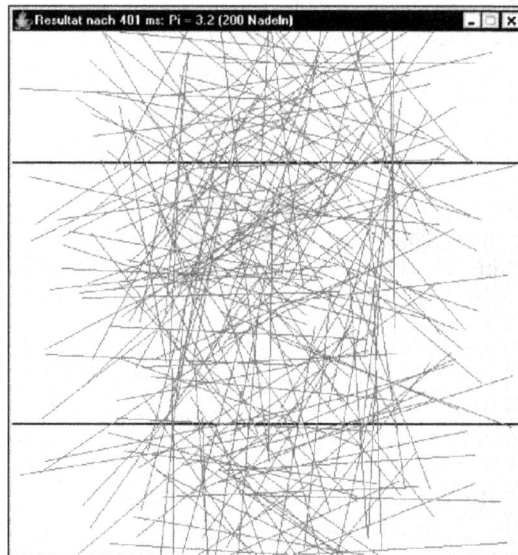

Abb. 36.5   *Das Buffonsche Nadelexperiment zur Bestimmung von Pi*

36.4   Affine Bildtransformationen

Wir sind nun auch in der Lage, zusammen mit Graphics2D komplexe, animierte Bildtransformationen durchzuführen. Im folgenden Beispiel wird durch Kombination von Animation
und affiner Transformation das Bild eines Baseballs in Echtzeit gedreht. Die Klasse Picture können wir ohne größere Probleme mit dem bisher erarbeiteten Wissen schreiben. Neu ist
einzig die Methode AffineTransformFilter(). Ein **Filter** erhält eine Referenz auf
ein BufferedImage und gibt eine Referenz auf einen neu erzeugten Bildbuffer ab, der das
transformierte Bild enthält. Zuerst wird mit einer Instanz von AffineTransform die
Transformation definiert. Durchgeführt wird sie mit der Methode filter() der Klasse
AffineTransformOp. Bei vielen Transformationen müssen die Pixel nach einem schlau-
en Verfahren interpoliert werden, weil es keine 1-zu-1-Relation zwischen ihnen mehr gibt.
Dabei wird der Wert eines Pixels des transformierten Bildes aus mehreren benachbarten
Pixeln des ursprünglichen Bilds berechnet. Wir erhalten eine gute Interpolation, falls wir im
Konstruktor von AffineTransformOp den Typ TYPE_BILINEAR wählen.

```java
// Picture.java

import java.awt.*;
import java.awt.geom.*;
import java.awt.image.*;
import javax.swing.*;

public class Picture extends JPanel
{
   private Image image;
   private BufferedImage bi;
   private Graphics2D offG2D;
   private int imageWidth;
   private int imageHeight;
   private double angle = 0;
   private Color bkColor = Color.blue;

   public Picture(String imagePath)
   {
      image = new ImageIcon(imagePath).getImage();
      imageWidth = image.getWidth(null);
      imageHeight = image.getHeight(null);
      setPreferredSize(
          new Dimension(imageWidth + 100, imageHeight + 100));
      setBackground(bkColor);
      bi = new BufferedImage(imageWidth, imageHeight,
                             BufferedImage.TYPE_INT_RGB);
      offG2D = bi.createGraphics();
      offG2D.drawImage(image, 0, 0, null);
   }
```

```java
  public void paintComponent(Graphics g)
  {
    super.paintComponent(g);
    Graphics2D g2D = (Graphics2D)g;
    g2D.drawImage(AffineTransformFilter(bi), 50, 50, null);
  }

  public
    BufferedImage AffineTransformFilter(BufferedImage img)
  {
    AffineTransform at = new AffineTransform();
    at.rotate(angle, img.getWidth() / 2, img.getHeight() / 2);
    AffineTransformOp rotator = new AffineTransformOp(at,
                              AffineTransformOp.TYPE_BILINEAR);
    return rotator.filter(img, null);
  }

  public void setAngle(double angle)
  {
    this.angle = angle;
  }
}
```

Auch die zugehörige Applikationsklasse zeigt nur wohlbekannte Aspekte. Der Computer wird allerdings zur Laufzeit des Programms stark beschäftigt sein, da er das rotierte Bild in sehr kurzer Zeit neu berechnen muss (Abb. 36.6).

```java
// GraphicsEx8.java

import java.awt.*;
import javax.swing.*;

public class GraphicsEx8
{
  public GraphicsEx8()
  {
    JFrame f = new JFrame("Baseball");
    f.setDefaultCloseOperation(WindowConstants.EXIT_ON_CLOSE);
    Picture pic = new Picture("baseball.gif");
    f.getContentPane().add(pic, BorderLayout.CENTER);
    f.setResizable(false);
    f.pack();
    f.setVisible();

    double angle = 0;
    double inc = 0.01;
    while (true)
    {
```

```
      pic.setAngle(angle);
      angle += inc;
      delay(10);
      pic.repaint();
    }
  }

  private void delay(int ms)
  {
    try
    {
      Thread.currentThread().sleep(ms);
    }
    catch (InterruptedException ex)
    {}
  }

  public static void main(String[] args)
  {
    new GraphicsEx8();
  }
}
```

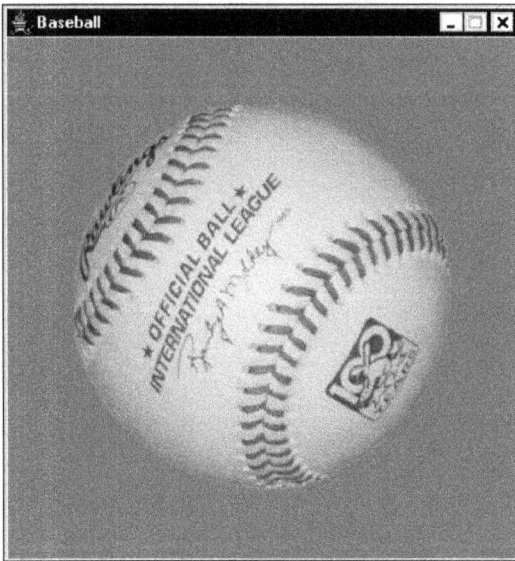

Abb. 36.6   *Momentaufnahme des sich drehenden Baseballs*

37 Applets

Im Zusammenhang mit Client-Server-Applikationen gibt es mehrere Gründe, auf der Client-seite nicht nur einen gewöhnlichen Web-Browser, sondern eigenständigen Programmcode einzusetzen. Insbesondere lässt sich dadurch die Interaktivität mit dem Benutzer weit vielseitiger und individueller gestalten, da alle Möglichkeiten der GUI-Programmierung zur Verfügung stehen. Zudem werden die Antwortzeiten für Operationen, die keinen Zugriff zum entfernten Server benötigen, deutlich besser. Java ist für solche Aufgaben eine geeignete Programmiersprache, da der Bytecode plattformunabhängig ist und es deshalb möglich ist, ihn vom Server auf irgendeine Clientmaschine zu transportieren und dort unter einer lokalen JVM auszuführen. Da der Programmcode zentral auf dem Server verwaltet werden kann, ist zudem die Wartung überaus einfach.

Der Begriff **Applet** wird leider vieldeutig verwendet. Zum einen versteht man darunter ein grafikbasiertes Programm, das von einem Web-Browser gestartet wird und in einem Fenster des Browsers abläuft. Ein Applet kann aber auch ein eigenes Fenster besitzen, zudem kann es so geschrieben werden, dass es auch als Applikationen, also unabhängig von einem Browser ausführbar ist. Wir werden im Folgenden den Begriff Applet immer dann für ein Programm gebrauchen, wenn es mit einem Web-Browser gestartet werden kann, auch wenn es überdies noch die Funktionalität einer Applikation besitzt.

In den frühen Entwicklungsstadien wurde Java fast ausschließlich zur Programmierung von Applets eingesetzt. Mit Applets können statisch aufgebaute Web-Seiten mit dynamischen Elementen ergänzt werden. Heute gibt es mehrere andere Verfahren, dynamische Web-Seiten zu erstellen, ohne dass Kenntnisse einer höheren Programmiersprache nötig sind. Daher sind Applets im Internet nur noch im Zusammenhang mit Spezialanwendungen anzutreffen. Wie wir sehen werden, ist der zusätzliche Aufwand, eine Applikation auch als Applet (und ungekehrt) einzusetzen, gering. Unsachgemäß geschriebene Applets können den Benutzer, der sich gegen den automatischen Download schlecht schützen kann, stark behindern und haben dem Ansehen von Java geschadet. Es handelt sich aber nicht um Fehler der Programmiersprache, sondern um schlechte Implementierungen auf Grund fehlender Grundkenntnisse.

37.1 Java's Sandkasten-Prinzip

Im Folgenden setzen wir einige elementare Grundkenntnisse der Seitenbeschreibungssprache HTML voraus, die man sich leicht über das Internet beschaffen kann. Damit ein Applet unter einem Web-Browser ausgeführt wird, ist in der HTML-Seite ein <applet>-Tag nötig, das mindestens den Dateinamen der Appletklasse und die Größe des Applet-Fensters enthält, beispielsweise

```
<html>
  <head>
    <title>Applet Test</title>
  </head>
  <body>
    <applet code="MyApplet.class" width="600" height="200">
    </applet>
  </body>
</html>
```

Die Parameter width und height beziehen sich auf die Pixelmaße des Applet-Fensters innerhalb des Browserfensters. Falls das Applet ein eigenes Top-Level-Window besitzt, können sie auch auf 0 gesetzt werden. Obschon HTML in der Regel unempfindlich auf Groß-Kleinschreibung ist, muss diese bei der Angabe der Applet-Klassendatei eingehalten werden. Dieses Tag setzt voraus, dass sich die angegebene Klassendatei im aktuellen Dokumentenverzeichnis der Web-Seite befindet. Das <applet>-Tag kann noch weitere Attribute enthalten, insbesondere auch ein <param>-Tag in der Form

```
<param name="region" value="europe">
```

Das in der Web-Seite eingebettete <applet>-Tag bewirkt, dass der Browser die angegebenen class-Dateien vom Server holt und diese unter der lokal installierten JVM lädt. Dafür verantwortlich ist ein Java-Plugin, das bei der Installation des Java Runtime Environments (JRE) für die vorhandenen Browser mitinstalliert wird. Es ist klar, dass das JRE mindestens diejenige Java-Version unterstützen muss, die bei der Entwicklung des Applets verwendet wurde. Da man nicht davon ausgehen kann, dass alle Internet-Nutzer die neuste Version des JRE installiert haben, sollte man im anonymen internationalen Umfeld die neueren Sprach-Features (Swing, Graphics2D usw.) nur mit Vorbehalt einsetzen. Besonders zu beachten ist, dass ein Applet grundsätzlich im Prozess-Kontext des Browsers läuft und darum dessen CPU-Zeit „stiehlt". Rechenintensiver Applet-Code muss deshalb immer in einem eigenen Thread laufen, damit der Benutzer nicht durch die schlechteren Antwortzeiten des Browsers belästigt wird.

Obschon das <applet>-Tag seit HTML 4.0 offiziell unerwünscht ist, wird es immer noch verwendet. Offiziell ist es durch das <object>-Tag ersetzt, das Optionen besitzt, um fehlende Plugins automatisch zu downloaden. Für das vorherige Beispiel besitzt dieses die Form:

```
<object classid="java:MyApplet.class"
        codetype="application/java"
        width="500" height="500">
</object>
```

Es ist empfehlenswert, die Applets auf mehreren Plattformen mit unterschiedlichen Browsern zu testen, damit eventuelle Inkompatibilitäten und Sicherheitseinschränkungen sichtbar werden.

Der wichtigste Unterschied eines Applets zu einer Applikation besteht darin, dass ein Applet grundsätzlich keinen Code ausführen kann, der die Sicherheit oder die Anonymität auf der Benutzermaschine verletzt. Dieses Sicherheitskonzept baut darauf auf, dass ein Applet keinen direkt ausführbaren Maschinencode enthält, sondern durch die JVM interpretiert wird, die für das Einhalten der Sicherheitsgarantien zuständig ist. Insbesondere können ohne besondere Sicherheitsfreigaben keine Daten auf der Festplatte gelesen oder verändert werden. Anschaulich ist es so, als ob der Applet-Code in einem geschlossenen **Sandkasten (Sandbox)** ausgeführt würde. Es ist allerdings möglich, dem Applet ein Zertifikat mit einer digitalen Signatur mitzugeben, mit der authentifizierte Anwender gewisse, sonst verbotene Operationen zulassen können. Dazu sind die Klasse `SecurityManager` und mehrere `Permission`-Klassen zuständig, auf deren Beschreibung aber im Folgenden verzichtet wird. Ob der von Sun eingeführte Sandkasten dicht ist und allen Hackerattacken stand hält, ist nach wie vor umstritten. Wegen diesen Befürchtungen ist davon auszugehen, dass nur ein Teil der Internet-Benutzer die Applet-Unterstützung ihres Browsers eingeschaltet haben.

Es ist möglich, die Sicherheitseinschränkungen von Applets aufzuheben. Dazu kann man im HOME-Verzeichnis des Rechners eine Textdatei `.java.policy` *erstellen, welche den Text*

```
grant
{
  // Allow everyone to everything
  permission java.security.AllPermission;
};
```

enthält. (Unter Windows heißt das HOME-Verzeichnis normalerweise C:\Dokumente und Einstellungen\<benutzername>. Man beachte den vorangestellten Punkt im Dateinamen.) Sollen alle Benutzer des Rechners dieselben Rechte erhalten, so sucht man im aktuellen JRE im Verzeichnis `lib/security` *nach der Datei* `java.security` *und fügt den Zeilen*

```
policy.url.1=file:${java.home}/lib/security/java.policy
policy.url.2=file:${user.home}/.java.policy
```

eine analoge dritte Zeile mit der Pfadangabe auf das eigene `.java.policy` *an, beispielsweise*

```
policy.url.3=file:c:/.java.policy
```

Man sollte sich aber der Sicherheitsgefahren bewusst sein und diese Einstellung nur zu Testzwecken verwenden. Bei der Entwicklung von Applets ist es gut zu wissen, dass der Bytecode heruntergeladener Applets in einem lokalen Cache gespeichert wird, und zwar auch, wenn der Reload-Button gedrückt wird. Im Internet Explorer kann man den erneuten Download erzwingen, indem man gleichzeitig mit dem Reload-Button den Ctrl-Button drückt.

37.2   Callbackmechanismus für Applets

Applets stehen in enger Verbindung zum Browser. Klassische Applets können als eine GUI-Komponente aufgefasst werden, die sich im Top-Level-Window des Browsers befindet. Dies zeigt sich auch an der Klassenhierarchie:

```
java.lang.Object
   |
   +--java.awt.Component
        |
        +--java.awt.Container
             |
             +--java.awt.Panel
                  |
                  +--java.applet.Applet
                       |
                       +--javax.swing.JApplet
```

Da es sich bei einem Applet um ein ereignisgesteuertes GUI-Programm handelt, ist es nicht schwierig, mit unseren soliden Kenntnissen über Events und GUI-Programmierung ein Applet zu schreiben. Wie von ereignisgesteuerten Applikationen gewohnt, stellen wir uns vor, dass sich ein Applet in einem der folgenden **Zuständen** befindet:

- Klassen geladen
- instanziert
- initialisiert
- gestartet
- gestoppt
- zerstört.

Der Browser, der für die Zustandswechsel verantwortlich ist, teilt diese dem Applet über Callbackmethoden mit, die er automatisch aufruft. Die Entwicklung von klassischen Applets gestaltet sich daher folgendermaßen:

Man leitet eine Klasse aus `Applet` oder `JApplet` ab und deklariert bei Bedarf einen Standard-Konstruktor (parameterloser Konstruktor). Dieser wird beim Instanzieren durch den Browser aufgerufen, wird aber selten verwendet, da der Konstruktor keine Methodenaufrufe der Appletklasse enthalten darf, da der Applet-Kontext während des Ablaufs des Konstruktors noch nicht vollständig vorhanden ist. Die Klasse `Applet` besitzt die vier in Tab. 37.1 aufgeführten parameterlosen Callbackmethoden, die keinen Code enthalten. Man nennt sie deshalb auch **stubs** (engl. Stümpfe). Um wirksam zu werden, müssen sie in einer abgeleiteten Klasse überschrieben werden. (Das auslösende Ereignis kann geringfügig von der Browserversion abhängen.)

Methode	Ereignis/Aufruf	Typische Verwendung
void init()	Nach Initialisierungsphase. Informiert, dass die Klassen geladen sind und der Applet-Kontext erstellt ist	• Initialisierung von GUI-Komponenten • Registrierung von Listener • Hinzufügen von Komponenten (Buttons usw.) • Holen von HTML-Parameterwerten
void start()	Nach init() und immer, wenn man auf die HTML-Seite zurückkommt	• Starten oder Reaktivieren eines eigenen Threads, welcher die Hauptarbeit ausführt • Startwert-Initialisierung
void stop()	Beim Verlassen der HTML-Seite	• Stoppen des eigenen Threads • Anhalten des Abspielens von Sound
void destroy()	Beim Beenden des Browsers	(Normalerweise nicht verwendet)

Tab. 37.1 Callbackmethoden der Klasse Applet

Für das Zeichnen in das Applet-Fenster können wir davon Gebrauch machen, dass ein Applet auch eine Instanz der Klasse Container ist, welche die Methoden paint(Graphics g) und update(Graphics g) enthält. Diese verhalten sich völlig analog wie die entsprechenden Methoden in Canvas, so dass wir das gesamte Wissen über Grafikprogrammierung aus dem Kap. 36 wiederverwenden können. Aus diesem Grund wird eine eigene Appletklasse auch fast immer paint() und update() überschreiben (Tab. 37.2).

Methode	Ereignis/Aufruf	Typische Verwendung
void paint(Graphics g)	Wird beim systemgetriggerten Rendern und beim Aufruf von repaint() aufgerufen	• Zeichnen/Schreiben in das Applet-Fenster • Transfer eines Bildbuffers in das Applet-Fenster (Doppelbufferung)
void update(Graphics g)	Wird unter AWT beim Aufruf von repaint() aufgerufen	• (Nur unter AWT) Bei Doppelbufferung das Flackern vermeiden

Tab. 37.2 Callbackmethoden zum Rendern des Applet-Fensters

37.3   Konzept zur Erstellung von klassischen Applets

Ohne großen Aufwand kann ein Applet so konzipiert werden, dass es auch als Applikation, also nicht nur im Fenster eines Browsers ausführbar ist. Diese Vielseitigkeit besitzt viele

Vorteile, beispielsweise kann das Programm auf einer Web-Seite als Applet ausgeführt und gleichzeitig zum Download zur Verfügung gestellt werden. Einmal heruntergeladen, ist der Anwender in der Lage, das Programm als Standalone-Applikation auszuführen. Trotz dieser Einsatzmöglichkeit als Applikation werden wir von einem Applet sprechen. Bei der Entwicklung von Applets halten wir uns an folgende wichtigen Regeln:

- Die Klasse wird aus `Applet` oder `JApplet` abgeleitet und **muss public** sein
- Es gibt nur einen Standard-Konstruktor, der in der Regel keinen Code enthält und damit weggelassen werden kann. Wird der Konstruktor verwendet, so dürfen darin keine Methoden der Klasse `Applet` aufgerufen werden, da die Instanz noch nicht fertig konstruiert ist
- Damit wir das Applet auch als Applikation verwenden können, deklarieren wir eine boolesche Instanzvariable `isStandalone`, die auf `false` initialisiert wird. In `main()` wird dieses Flag auf `true` gesetzt, wodurch jederzeit zwischen der Verwendung als Applet und Applikation unterschieden werden kann
- Als Applikation muss meistens ein Top-Level-Window (Instanz von `Frame`, `JFrame` usw.) erzeugt werden. Wir verwenden dazu eine Methode `initStandalone()`, welche von `main()` aufgerufen wird
- Der Initialisierungsteil, der sowohl als Applet als auch als Applikation ausgeführt werden muss, setzen wir in die Methode `init()` oder `start()`, die wir als Standalone-Applikation explizit aufrufen. Als Applet wird `init()` und `start()` automatisch durch den Browser aufgerufen. Wir müssen dafür sorgen, dass die Methode `start()` nicht blockiert, da `stop()` vom Browser erst nach der Rückkehr von `start()` aufgerufen wird
- Verlässt der Benutzer die Web-Seite, welche das Applet enthält oder schließt er ein eigenständiges Applet-Fenster in der Absicht, das Applet zu beenden, so müssen alle vom Applet verwendeten Ressourcen, insbesondere die CPU-Zeit, möglichst rasch freigegeben werden
- Im Zusammenhang mit dem Rendern wenden wir die im Kap. 36 ausführlich beschriebenen Verfahren an, die sich unterscheiden, ja nachdem, ob man AWT oder Swing einsetzt
- CPU-intensiver Code, insbesondere im Zusammenhang mit Animationen, wird in der Regel in einem eigenen Thread ausgeführt, damit die Antwortzeit des Browsers nicht wesentlich davon betroffen ist. Der Thread muss in der Methode `stop()` angehalten werden, damit er keine Systemressourcen belegt, wenn die Web-Seite verlassen wird. Da die Methode `stop()` der Klasse `Thread` gemäß der JFC-Dokumentation „deprecated" ist, sorgen wir mit einer booleschen Variablen `active` dafür, dass die Methode `run()` zu Ende läuft. Da das Flag `active` von mehr als einem Thread verwendet wird, sollte es `volatile` deklariert sein
- Zur Erhöhung der Flexibilität sollten Applets parametrisierbar sein. Damit erreichen wir, dass durch die Wahl von Parameterwerten im <applet>-Tag das Verhalten des Applets angepasst werden kann. Allerdings muss das Applet auch bei fehlenden Parametern mit sinnvollen Standartwerten korrekt funktionieren. Als Applikation können die Parameter durch die Kommandozeile, aber noch besser über Properties vorgegeben werden
- Man muss sich bewusst sein, dass der Standard-Layout-Manager für die Klasse `Applet` `FlowLayout`, für die Klasse `JApplet` (und der Content Pane) hingegen `Border-Layout` ist

- Mit der Methode `showStatus()` kann eine Textzeile auf einer Statuszeile des Browsers angezeigt werden, allerdings **nicht** in den Methoden `init()`, `start()` und `stop()`, da der Browser in diesen Methoden einen eigenen Text auf der Statuszeile ausschreibt
- Bilder- und Sounddateien müssen wegen der Beschränkung der Zugriffsrechte für lokale Dateien immer über eine URL von einem Server bezogen werden
- Modale Dialoge sind mit Vorsicht einzusetzen, da sie alle Eingaben für sich beanspruchen und damit den Browser blockieren
- Applets dürfen nicht mit `System.exit()` beendet werden, da dieser Aufruf entweder zu einer SecurityException oder zum Abbruch des Browsers führt. Um Dialoge zu schließen und ihre Ressourcen freizugeben, wird `dispose()` verwendet.

Wir zeigen das Konzept an einem bekannten Beispiel aus der Statistik, das auch in der Natur eine große Rolle spielt (Diffusion, Brownsche Bewegung). Es lässt sich anschaulich so beschreiben, dass ein betrunkener Mann aus dem Wirtshaus tritt und sein Zuhause sucht. Dabei bewegt er sich mit gleichbleibender Geschwindigkeit auf gleich großen geraden Wegstücken und entscheidet sich am Ende jedes Wegstücks, in welcher Richtung er weiterlaufen will. Da er den Heimweg nicht mehr erkennt, entscheidet er sich für eine zufällige Richtung zwischen 0 und 360°. Es stellt sich die Frage, ob der Mann im Mittel überhaupt vom Wirtshaus wegkommt, d.h. eine echte Chance hat, das Zuhause zu finden. Die Antwort ist ziemlich überraschend und wurde 1905 von Albert Einstein im Zusammenhang mit der Brownschen Bewegung gegeben: Trotz des Umherirrens nimmt im Mittel die Distanz zum Wirtshaus mit der Wurzel aus der Zeit zu.

Mit dem Applet `Drunken.java`, welches das AWT und nicht Swing verwendet, simulieren wir den Weg des Betrunkenen. Der Code wendet das oben dargelegte Vorgehen konsequent an. Für die Simulation der Wegstücke wird ein eigener Thread herangezogen, wobei unter Verwendung von `sleep()` nicht eine exakte, aber einigermaßen akzeptable Periodizität erreicht wird. Die Wegstücke werden in einen Bildbuffer kopiert, der Kreis hingegen, welcher die aktuelle Lage des Betrunkenen markiert, direkt auf den Bildschirm gezeichnet. Dadurch kann man auf das Löschen der aktuellen Lage verzichten, da in `paint()` immer zuerst der Bildbuffer mit der Zick-Zack-Kurve gerendert und nachher der Kreis an der aktuellen Lage darüber gezeichnet wird.

Das neue Wegstück wird in der run-Methode des Threads berechnet und in den Bildbuffer geschrieben. Das anschließende `repaint()` führt zum Aufruf von `update()`, in dem lediglich `paint()` aufgerufen wird. Das Überschreiben von `update()` ist nötig, da die Methode `update()` aus der Basisklasse den Bildschirm löschen würde, was eine Zeitverschwendung ist, da wir ja den Bildbuffer zurückholen. Zudem vermeiden wir damit das Flackern.

Die Methode `getParameter()` ist so flexibel geschrieben, dass sie bei der Ausführung als Applets oder als Applikation den Wert eines key/value-Paars zurückliefert, falls dieses definiert ist. Andernfalls gibt die Methode einen sinnvollen Standardwert zurück.

Wir sorgen mit der Variablen `time` dafür, dass der Thread abgebrochen wird, wenn der Benutzer die Web-Seite verlässt. Wir deklarieren sie `volatile`, da sie in `stop()` verändert, aber in `run()`, also in einem anderen Thread, gelesen wird.

Der Code ist zwar etwas umfangreich, kann aber als Muster für viele Applets übernommen werden.
Wir sollten mit unseren Kenntnissen in der Lage sein, jeden einzelnen Schritt vollständig zu verstehen.
Die Komplexität zeigt aber auch, dass es ein hoffnungsloses methodisches Unterfangen ist, Applets als
Einstieg in die Programmiersprache Java zu benützen.

```java
// DrunkenMan.java

import java.applet.*;
import java.awt.*;
import java.awt.image.*;
import java.awt.event.*;

public class DrunkenMan extends Applet implements Runnable
{
  private BufferedImage bi;
  private Graphics2D offG2D;
  private int width, height;
  private int size;
  private int x0, y0, x, y, xOld, yOld;
  private int duration; // in msec
  private volatile int time; // in msec
  private int step;
  private int delay; // in msec
  private Color bkColor = new Color(0, 96, 0);
  private Color traceColor = Color.white;
  private Color manColor = Color.red;
  private boolean isStandalone = false;
  private Frame f;

  public String getParameter(String key, String def)
  {
    return isStandalone ? System.getProperty(key, def) :
        (getParameter(key) != null ? getParameter(key) : def);
  }

  public void init()
  {
    // Get parameters
    width = Integer.parseInt(getParameter("width", "300"));
    height = Integer.parseInt(getParameter("height", "300"));
    duration =
        Integer.parseInt(getParameter("duration", "10000"));
    step = Integer.parseInt(getParameter("step", "10"));
    size = Integer.parseInt(getParameter("size", "8"));
    delay = Integer.parseInt(getParameter("delay", "100"));
    // Create offscreen buffer
    bi = new BufferedImage(width, height,
                           BufferedImage.TYPE_INT_RGB);
    offG2D = bi.createGraphics();
```

```
    // Set background color
    offG2D.setColor(bkColor);
    offG2D.fillRect(0, 0, width, height);
    // Initialize variables
    time = 0;
    x0 = width / 2;
    y0 = height / 2;
    x = xOld = x0;
    y = yOld = y0;
  }

  public void initStandalone()
  {
    init();
    f = new Frame();
    f.setTitle("Drunken man's walk");
    f.add(this);
    f.setResizable(false);
    f.pack();
    f.setVisible(true);
    f.addWindowListener(new WindowAdapter()
    {
      public void windowClosing(WindowEvent evt)
      {
        System.exit(0);
      }
    });
    start();
  }

  public void start()
  {
    new Thread(this).start();
  }

  public void stop()
  {
    time = duration;  // Causes thread to stop
  }

  public void run()
  {
    while (time < duration)
    {
      try
      {
        Thread.sleep(delay);
      }
```

```
      catch (Exception ex)
      {}
      double angle = 2 * Math.PI * Math.random();
      x = (int)(xOld + step * Math.cos(angle));
      y = (int)(yOld + step * Math.sin(angle));
      time += delay;
      if (!isStandalone)
        showStatus("Time: " + time);
      offG2D.setColor(traceColor);
      offG2D.drawLine(xOld, yOld, x, y);
      repaint();
    }
    String msg = "Distance after " + time + " ms:    " +
                 Math.sqrt((x - x0) * (x - x0) + (y - y0) *
                           (y - y0));
    if (isStandalone)
      f.setTitle(msg);
    else
      showStatus(msg);
  }

  public void paint(Graphics g)
  {
    g.drawImage(bi, 0, 0, null);
    g.setColor(manColor);
    g.fillOval(x - size / 2, y - size / 2, size, size);
    xOld = x;
    yOld = y;
  }

  public void update(Graphics g)
  {
    paint(g);
  }

  public Dimension getPreferredSize()
  {
    return new Dimension(width, height);
  }

  public static void main(String[] args)
  {
    DrunkenMan man = new DrunkenMan();
    man.isStandalone = true;
    man.initStandalone();
  }
}
```

In der dazu zugehörenden HTML-Datei können die Parameter mit einem <param>-Tag gesetzt werden.

Beim Layout der HTML-Seite ist darauf zu achten, dass beim Resize der Seite durch den Benutzer die Position des Applets innerhalb der Seite nicht verändert wird, da dies bei gewissen Browserversionen zu Darstellungsfehlern führen kann.

```html
<html>
  <head>
    <title>Simulation of Drunken Man's Walk</title>
  </head>
  <body>
    Drunken Man<BR>
    <applet code="DrunkenMan.class" width="400" height="400">
      <param name="duration" value="5000">
      <param name="step" value="20">
      <param name="size" value="12">
      <param name="delay" value="100">
    </applet>
  </body>
</html>
```

Ein typischer Irrweg des Betrunkenen zeigt Abb. 37.1.

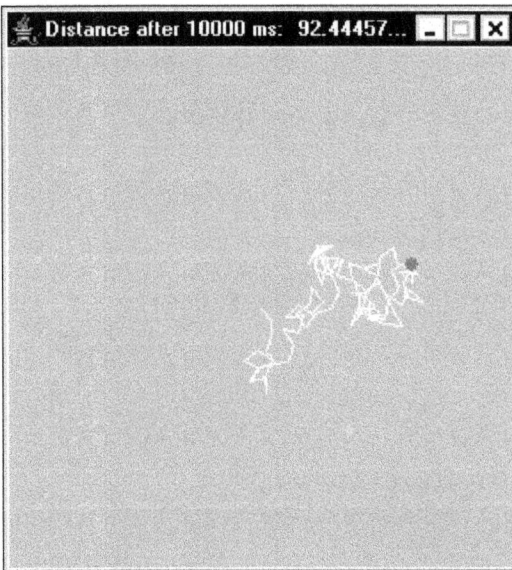

Abb. 37.1   *Der Irrweg des Betrunkenen*

37.4   Verwendung von Swing

Wegen möglicher Kompatibilitätsprobleme mit den vorhandenen Browsern sollte man für Applets nur dann die Swing-Klassen verwenden, wenn die besonderen Eigenschaften von Swing gegenüber dem AWT tatsächlich benötigt werden. Mit Swing werden die Applets aus der Klasse JApplet abgeleitet. Analog zu JFrame besitzt JApplet eine Content Pane, in die man die GUI-Komponenten mit add() einfügt. Das gesamte Know-how zur Entwicklung von Grafikanwendungen mit Swing kann damit problemlos übernommen werden. Für animierte Grafik berücksichtigt man zusätzlich die Konzepte, die im Kap. 36 dargelegt wurden.

Im folgenden Beispiel wird ein animierter Banner einer Web-Seite erstellt, auf dem laufend zufällige farbige Kreise, hier als Konfetti aufgefasst, entstehen. Wie üblich, schreiben wir zuerst eine Klasse ConfettiPanel, die aus JPanel abgeleitet ist, und das bekannte Konzept der animierten Grafik realisiert. Wir verwenden einen Bildbuffer, den wir im Konstruktor auf die übergebene Größe instanzieren. Die Kreise mit zufälliger Lage, Größe und Farbe werden in der Methode draw() in diesen Bildbuffer gezeichnet. Nahfolgend wird repaint() aufgerufen, damit das System seinerseits paintComponent() aufruft. Zur Erhöhung der Effizienz wird dabei der Kreisbereich angegeben, damit nur dieser und nicht der ganze Bildbuffer gerendert wird. Damit die Kreise am Rand nicht abgeschnitten werden, verschieben wir vom Rand geschnittene Kreise ins Innere des Fensters zurück.

```java
// ConfettiPanel.java

import java.awt.*;
import java.awt.geom.*;
import java.awt.image.*;
import javax.swing.*;

public cl    ass ConfettiPanel extends JPanel
{
  private BufferedImage bi;
  private Graphics2D offG2D;
  private int width, height, size;

  ConfettiPanel(int width, int height, int size,
                Color bkColor)
  {
    this.width = width;
    this.height = height;
    this.size = size;
    bi = new BufferedImage(width, height,
                           BufferedImage.TYPE_INT_RGB);
    offG2D = bi.createGraphics();
    setPreferredSize(new Dimension(width, height));
    offG2D.setColor(bkColor);
    offG2D.fillRect(0, 0, width, height);
  }
```

```
public void paintComponent(Graphics g)
{
  super.paintComponent(g);
  g.drawImage(bi, 0, 0, null);
}

public void draw()
{
  int x = (int)(width * Math.random());
  int y = (int)(height * Math.random());
  int r = (int)(size * Math.random());
  Color c = new Color((int)(256 * Math.random()),
                      (int)(256 * Math.random()),
                      (int)(256 * Math.random()));
  offG2D.setPaint(c);
  // Don't clip the circles
  x = x - r < 0 ? r : x;
  x = x > width - r ? width - r : x;
  y = y - r < 0 ? r : y;
  y = y > height - r ? height - r : y;
  Ellipse2D.Double ellipse =
      new Ellipse2D.Double(x-r, y-r, 2*r, 2*r);
  offG2D.fill(ellipse);
  Rectangle rect = ellipse.getBounds();
  repaint(rect.x, rect.y, rect.width, rect.height);
}
}
```

Das Applet wird aus der Klasse JApplet abgeleitet und bezieht wichtige Parameterwerte aus dem <applet>-Tag. Auch die Hintergrundfarbe kann, wie in HTML üblich, als 6-stellige Hexzahl vorgebeben werden. In init() holen wir mit getContentPane() die Content Pane, in die wir das JPanel einfügen müssen. Es liegt nicht auf der Hand, wie wir dafür sorgen, dass dies auch die Content Pane des JFrame ist, falls wir das Applet als Applikation laufen lassen. Der Trick ist aber einfach: wir rufen die Methode setContentPane() der Klasse JFrame mit dem Parameter getContentPane() der Klasse JApplet auf.

Wie üblich, animieren wir die Grafik in einem separaten Thread, um das Antwortverhalten des Browsers nicht zu beeinflussen. Den Standardtext, den der Browser beim Starten des Applets in das Statusfenster schreibt, löschen wir mit showStatus(), dem wir einen Text, der aus einem Leerschlag besteht, übergeben, da der leere String meist nicht als Leerzeile dargestellt wird.

Um die run-Methode und damit den Thread zu beenden, verwenden wir wiederum das boolesche Flag active, das wir bekanntlich volatile deklarieren müssen.

```java
// Confetti.java

import java.awt.*;
import java.awt.geom.*;
import java.awt.image.*;
import javax.swing.*;

public class Confetti extends JApplet implements
    Runnable
{
  private int width, height, size;
  private int delay; // in msec
  private Color color;
  private boolean isStandalone = false;
  private ConfettiPanel panel;
  private volatile boolean active = false;

  public String getParameter(String key, String def)
  {
    return isStandalone ? System.getProperty(key, def) :
        (getParameter(key) != null ? getParameter(key) : def);
  }

  public void init()
  {
    // Get parameters
    width = Integer.parseInt(getParameter("width", "500"));
    height = Integer.parseInt(getParameter("height", "500"));
    size = Integer.parseInt(getParameter("size", "20"));
    delay = Integer.parseInt(getParameter("delay", "10"));
    color = new Color(
        Integer.parseInt(getParameter("color", "FF0000"), 16));
    panel = new ConfettiPanel(width, height, size, color);
    getContentPane().add(panel);
  }

  public void initStandalone()
  {
    init();
    JFrame f = new JFrame();
    f.setTitle("Konfetti");
    f.setContentPane(getContentPane());
    f.setDefaultCloseOperation(WindowConstants.EXIT_ON_CLOSE);
    f.pack();
    f.setResizable(false);
    f.setVisible(true);
    start();
  }
```

```
  public void start()
  {
    new Thread(this).start();
  }

  public void stop()
  {
    active = false; // Causes thread to stop
  }

  public void run()
  {
    active = true;
    if (!isStandalone)
      showStatus(" ");
    while (active)
    {
      try
      {
        Thread.sleep(delay);
      }
      catch (InterruptedException ex)
      {}
      panel.draw();
    }
  }

  public static void main(String[] args)
  {
    Confetti confetti = new Confetti();
    confetti.isStandalone = true;
    confetti.initStandalone();
  }
}
```

Zu Testzwecken verwenden wir eine HTML-Datei Confetti.html mit folgendem Inhalt:

```
<html>
<body bgcolor="#0000FF">
  <applet code="Confetti.class"
      width="1200" height="200">
      <param name="size" value="20">
      <param name="delay" value="10">
      <param name="color" value="0000FF">
    </applet>
  <h1 align="center">Konfetti-Konfetti-Konfetti-Konfetti</h1>
</body>
</html>
```

Wir müssen dafür sorgen, dass sich sowohl `Confetti.class` wie `Confetti-Panel.class` im selben Verzeichnis wie die HTML-Seite auf dem Web-Server befinden (Abb. 37.2).

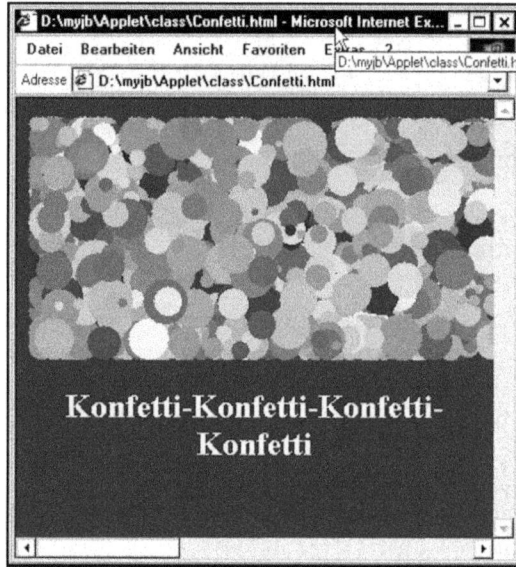

Abb. 37.2   *Das Applet Confetti (als Graustufenbild)*

Um die Zusammenarbeit mit einem Web-Designer zu vereinfachen, ist es angebracht, alle Klassen des Applets in eine Archiv-Datei zu verpacken. Dazu verwendet man die jar-Utility und ruft diese mit

```
jar cvf Confetti.jar Confitti.class ConfettiPanel.class
```

auf. In `Confetti.html` modifiziert man das <applet>-Tag durch

```
<applet code="Confetti.class" archive="Confetti.jar"
  ...
</applet>
```

Mit code wird hier die class-Datei angegeben, die das Applet beim Start instanzieren muss. Sie wird, falls vorhanden, ebenfalls aus der jar-Datei geholt.

37.5   Applets mit eigenständigem Fenster

37.5.1   Mustervorlage für Applets

Bei klassischen Applets spielt das Browserfenster gleichzeitig die Rolle des Top-Level-Windows für das Java-Programm. Dies ist aber keineswegs eine Notwendigkeit. Vielmehr kann ein Applet ein eigenständiges Top-Level-Window (in AWT eine Instanz von `Frame`, in Swing eine Instanz von `JFrame` oder `JDialog`) aufweisen. In diesem Fall muss die Anzeige des leeren Appletfensters im Browserfenster dadurch unterdrückt werden, dass man im Applet-Tag `width` und `height` auf 0 setzt. Besitzt das Applet ein eigenes Fenster, so erhält es eine große Eigenständigkeit und kann praktisch wie eine Applikation entwickelt werden.

Das folgende Beispiel, das Swing verwendet, soll nur der Erläuterung des Konzepts dienen. Beim Klicken auf den Apply-Button wird der String im Eingabefeld ohne sein letztes Zeichen wieder ausgeschrieben (Abb. 37.3).

Abb. 37.3   *GUI von MyApple*

Die Klasse `MyApplet` wird aus `JApplet` abgeleitet. Sie delegiert das GUI an eine zweite Klasse `MyDialog`, die aus einem Top-Level-Window `JDialog` abgeleitet ist. Wie bei Applets üblich, vermeiden wir in der Applet-Klasse den Konstruktor und überschreiben die Methoden `init()`, `start()` und `stop()`, wobei sogar `init()` entfallen kann, falls wir keine Initialisierungsaufgaben erledigen müssen. Damit das Applet vor allem zu Testzwecken auch als Applikation verwendbar ist, deklarieren wir eine main-Methode, die eine Applikationsinstanz erzeugt und eine boolesche Instanzvariable `isStandalone` auf `true` setzt. Da `isStandalone` standardmäßig auf `false` initialisiert wird, können wir bei Bedarf prüfen, ob das Programm als Applikation oder Applet läuft. Nachfolgend rufen wir in `main()` die Methoden `init()` und `start()` auf, um als Applikation die gleiche Programmlogik wie bei der Verwendung als Applet zu erhalten.

```
// MyApplet.java

import javax.swing.*;

public class MyApplet extends JApplet
{
```

```
  private boolean isStandalone = false;
  private MyDialog dialog;

  public void init()
  {
    // do some initialization here
  }

  public void start()
  {
    dialog = new MyDialog(isStandalone);
  }

  public void stop()
  {
    dialog.dispose();
  }

  public static void main(String args[])
  {
    MyApplet applet = new MyApplet();
    applet.isStandalone = true;
    applet.init();
    applet.start();
  }
}
```

Der große Vorteil dieses Konzepts besteht darin, dass wir den Code für das GUI in der Klasse MyDialog ohne Rücksicht darauf schreiben können, ob es sich um ein Applet oder eine Applikation handelt. Das umfangreiche Know-how zur Erstellung von grafischen Benutzeroberflächen lässt sich damit ohne wesentliche Änderungen auf Applets übertragen. Einzig für den Programmabbruch ergibt sich ein kleiner Unterschied. Falls das Programm als Applet läuft, bringen wir den Dialog mit dispose() zum Verschwinden und hoffen, dass die JVM damit auch die registrierten Listener, welche im Event-Thread ablaufen, automatisch freigibt. Als Applikation ist dies kein Problem, da wir das Programm mit System.exit() beenden. Um die beiden Fälle auch in der Klasse MyDialog unterscheiden zu können, übergeben wir dem Konstruktor von MyDialog das Flag isStandalone, dessen Wert wir dort in eine Instanzvariable kopieren.

```
// MyDialog.java

import java.applet.*;
import java.awt.*;
import java.util.*;
import javax.swing.*;
import java.awt.event.*;
```

```
public class MyDialog extends JDialog
{
  private boolean isStandalone;
  private JPanel contentPane = (JPanel)getContentPane();
  private JLabel label = new JLabel();
  private JTextField textField = new JTextField();
  private JButton button = new JButton();

  public MyDialog(boolean isStandalone)
  {
    this.isStandalone = isStandalone;
    initDialog();
    setLocation(400, 400);
    setTitle("Title");
    setResizable(false);
    pack();
    setVisible(true);
  }

  private void initDialog()
  {
    contentPane.setLayout(new FlowLayout());
    label.setText("Enter something");
    textField.setColumns(10);
    textField.setText("abcdefghijklmn");
    button.setText("Apply");
    contentPane.add(label);
    contentPane.add(textField);
    contentPane.add(button);

    addWindowListener(new WindowAdapter()
    {
      public void windowClosing(WindowEvent evt)
      {
        if (isStandalone)
          System.exit(0);
        else
          dispose();
      }
    });

    button.addActionListener(new ActionListener()
    {
      public void actionPerformed(ActionEvent evt)
      {
        String in = textField.getText();
        textField.setText(in.substring(0, in.length() - 1));
      }
```

```
      });
   }
}
```

Als HTML-Datei dient zu Testzwecken MyDialog.html.

```
<html>
  <head>
    <title>MyApplet</title>
  </head>

  <body bgcolor="#0066CC">
    <applet code="MyApplet.class" width="0" height="0">
    </applet>
    <h1 align="center">Explanation of MyApplet</h1>
  </body>
</html>
```

An Stelle eines JDialogs könnten wir auch einen JFrame verwenden. Der Unterschied besteht bekanntlich nur darin, dass ein JFrame als Besitzer für mehrere Fenster dienen kann, die alle automatisch geschlossen werden, wenn das JFrame beendet wird. Dieser Unterschied spielt in unserem Beispiel keine Rolle.

37.5.2   Überführung einer GUI-Applikation in ein Applet

Da wir uns bei der Entwicklung von GUI-Applikationen an ein bewährtes, einheitliches Muster hielten, sind die nötigen Anpassungen gering, um solche Applikation in ein Applet zu überführen. Wir zeigen dies am Beispiel der Applikation PopSim, die wir in Kap. 29 als Mustervorlage für eine GUI-Applikation entworfen haben. Wir freuen uns, dass wir den Quellcode für Population, PopDialog, PopDialogListener ohne jede Änderung wiederverwenden können. Wir müssen lediglich die Datei PopSim.java, die wir in PopSimApplet.java umbenennen, geringfügig ergänzen.

Die Modifikation ergibt sich aus der vorher beschriebenen Mustervorlage für Applets. Als Erstes leiten wir die Hauptklasse PopSimApplet von JApplet ab. Als Nächstes deklarieren wir als Instanzvariable ein boolesches Flag isStandalone, mit der wir zur Laufzeit prüfen können, ob das Programm als Applikation oder Applet gestartet wurde. Da ein Applet die nötigen Initialisierungen üblicherweise nicht im Konstruktor, sondern in der Methode init() durchführt, und wir darauf achten, dass möglichst alle zeitintensiven Operationen in einem eigenen Thread ablaufen, implementieren wir zusätzlich Runnable und setzen die ganze Ereignisschleife in die run-Methode des Threads. Mit start() erzeugen wir den Thread, was zur Ausführung von run() führt, und mit stop() sorgen wir durch Setzen der Zustandsvariablen auf State.EXIT dafür, dass die run-Methode und damit der Thread zu Ende läuft. Wie üblich müssen wir diese Variable volatile deklarieren, da wir sie in einem Thread setzen und in einem anderen lesen.

Um nicht den Unmut der Benutzer heraufzubeschwören, müssen wir peinlich darauf achten, dass zum Abbruch des Applets durch Klicken des Close-Buttons oder mit der entsprechenden Menüoption nicht System.exit(), sondern dispose() aufgerufen wird, da sonst der Browser beendet wird. Schließlich setzen wir in main() isStandalone auf true und rufen start() auf. Nachdem wir diese kleinen Änderungen vorgenommen haben, erhalten wir aus unserer GUI-Mustervorlage ein Programm, dass gleichermaßen als Applet und als Applikation verwendet werden kann.

```java
// PopSimApplet.java

import javax.swing.*;

public class PopSimApplet extends JApplet
    implements PopDialogListener, Runnable
{
  private interface State
  {
    int IDLE = 0;
    int INIT = 1;
    int GO = 2;
    int HALT = 3;
    int RESET = 4;
    int EXIT = 5;
  }

  private volatile int state = State.RESET;
  private boolean isStandalone = false;

  public void start()
  {
    new Thread(this).start();
  }

  public void stop()
  {
    state = State.EXIT;
  }

  public void run()
  {
    int nbPop = 40;
    int nbSick = 2; // Default
    int genTime = 10;  // Default
    Population pop = null;

    PopDialog dlg = new PopDialog(
        "Ausbreitung einer Krankheit", this);
    dlg.setTextField(0, "" + nbSick);
```

```
dlg.setTextField(1, "" + genTime);

while (state != State.EXIT)
{
  switch (state)
  {
    case State.IDLE:
    case State.HALT:
      delay(1);
      break;
    case State.INIT:
      dlg.enableInput(false);
      nbSick = dlg.getInputValue(0, 1, 40);
      genTime = dlg.getInputValue(1, 1, 100);
      if (nbSick == 0 || genTime == 0 || nbSick > nbPop)
      {
        dlg.showStatus("Ungültige Anfangswerte");
        dlg.enableInput(true);
        state = State.IDLE;
      }
      else
      {
        pop = new Population(nbPop, nbSick);
        dlg.showText(pop.getPopDescription());
        dlg.showStatus(pop.getPopStatus());
        if (nbSick < nbPop)
          state = State.GO;
        else
          state = State.HALT;
      }
      break;
    case State.GO:
      delay(10*genTime);
      pop.nextGen();
      if (pop.getSick() == nbPop)
        state = State.HALT;
      dlg.showText(pop.getPopDescription());
      dlg.showStatus(pop.getPopStatus());
      break;
    case State.RESET:
      dlg.clear();
      dlg.enableInput(true);
      dlg.showStatus(
        "Anfangswerte eingeben (Anzahl Individuen: " +
        nbPop + ") ");
      state = State.IDLE;
      break;
  }
```

```
      }
      if (isStandalone)
        System.exit(0);
      else
        dlg.dispose();
    }

    public void doIt(int i)
    {
      switch (i)
      {
        case 0:
          if (state == State.IDLE)
            state = State.INIT;
          else // state == State.HALT
            state = State.GO;
          break;
        case 1:
          if (state == State.GO)
            state = State.HALT;
          break;
        case 2:
          state = State.RESET;
          break;
        case 3:
          state = State.EXIT;
          break;
      }
    }

    private void delay(int time)
    {
      try
      {
        Thread.currentThread().sleep(time);
      }
      catch (InterruptedException ex)
      {}
    }

    public static void main(String[] args)
    {
      PopSimApplet psa = new PopSimApplet();
      psa.isStandalone = true;
      psa.start();
    }
}
```

Für den Aufruf als Applet benötigen wir eine HTML-Datei `PopSim.html`, in welcher das Applet-Fenster mit `width = 0` und `heigth = 0` unsichtbar gemacht wird und in der man üblicherweise die Simulation kurz erläutert. Wir gehen davon aus, dass die Klassen `PopSimApplet`, `PopDialog`, `PopDialogListener` und `Population` wie oben beschrieben in eine jar-Datei `pop.jar` verpackt wurden.

```html
<html>
  <head>
    <title>Ausbreitung einer Krankheit</title>
  </head>

<body bgcolor="#00CCFF">
<applet code="PopSimApplet.class" archive="pop.jar"
width="0" height="0"></applet>

<h1 align="center">Simulation der Ausbreitung einer
Krankheit</h1>

<p>Wir betrachten eine Population mit N Individuen, die
entweder krank oder gesund sein koennen. Zu Beginn sind n
zufaellig ausgewaehlte Individuen krank, die anderen gesund.
In jeder neuen Generation werden aus der Population zwei
Individuen der Population zufaellig ausgewaehlt. Sie werden
nach folgender Regel veraendert:
</p>
<p align="center">Sind beide gesund oder beide krank, so
bleiben sie, wie sie sind.<br>Ist das eine Individuum krank
und das andere gesund, so sind nachher beide krank.
</p>
<p>Es stellt sich die Frage, wie sich Population entwickelt,
konkret wie sich die Zahl der kranken Individuen im Laufe der
Generation veraendert.<br>Weitere interessante Fragen
sind:<br>
- Nach welcher Generationenzahl sind im Mittel alle Individuen
krank?<br>
- Welches ist die mittlere Lebenserwartung (Anzahl
Generationen bis zur Erkrankung) eines Individuum?
</p></body></html>
```

37.5.3   Verwendung von modalen Dialogen

Da modale Dialoge alle Benutzereingaben außerhalb des Dialogfensters unterbinden, stellen sie eine unmissverständliche Aufforderung an den Benutzer dar. Solche Beschneidungen der Benutzerfreiheit sind im Zusammenhang mit dem Web unüblich und man sollte sich gut überlegen, ob der Einsatz modaler Dialog gerechtfertigt ist.

Unter Beizug der Klasse `JOptionPane` lassen sich bekanntlich mit wenigen Codezeilen einfache Programme erstellen, bei denen der Benutzer seine Eingaben mit einem OK-Button quittiert, worauf das Programm bestimmte Werte berechnet und ausschreibt. Der Dialog kann problemlos ohne eigenen Thread in der Methode `start()` erzeugt werden, da er sowieso alle anderen Eingaben im Browserfenster, also auch das Verlassen der Web-Seite, verhindert. Das folgende Beispiel verlangt einen double und berechnet davon die Quadratwurzel. Indem die Konversion des Eingabestrings in einen try-catch-Block gesetzt wird, erhält man eine einfache Eingabevalidierung. Beim Drücken des Buttons `Abbrechen` wird das Programm beendet. Unterlässt man diese Abbruchmöglichkeit, so wird der Benutzer durch das Applet vollständig blockiert, womit man bei ihm sicher keine Sympathien wecken kann.

```java
// OptionPane.java

import javax.swing.*;

public class OptionPane extends JApplet
{
  public void start()
  {
    while (true)
    {
      String xStr;
      double x;
      xStr = JOptionPane.showInputDialog(
          "Gib einen Double ein");
      if (xStr == null)
        return;

      try
      {
        x = Double.parseDouble(xStr.trim());
        JOptionPane.showMessageDialog(null,
                            "Die Wurzel aus " + x +
                            " ist "
                            + Math.sqrt(x),
                            "Resultat",
                            JOptionPane.
                            PLAIN_MESSAGE);
      }
      catch (NumberFormatException ex)
      {
        JOptionPane.
          showMessageDialog(null, "Falsche Eingabe");
      }
    }
  }
}
```

37.5.4   Verwendung von GPanel

Die vielseitigen Dienste der Klasse GPanel, beispielsweise ein leicht anpassbares Koordinatensystem oder ein Bildbuffer zur Animation können auch im Zusammenhang mit Applets nützlich sein, besonders wenn man Applets als Motivationsmittel zum Erlernen von Java möglichst früh einsetzen möchte. Am einfachsten ist es, eine Applet-Grafik in einem eigenen browserunabhängigen Fenster zu erstellen. Dazu erzeugt man eine GPanel-Instanz mit dem Mode-Flag GPanel.APPLETFRAME und führt die Zeichnung in der Methode start() durch. Läuft der Code in Bruchteilen von Sekunden ab, so kann auf das Erzeugen eines besonderen Threads verzichtet werden. Sollte der Benutzer die Web-Seite vorzeitig verlassen, so wird stop() und damit dispose() etwas verzögert aufgerufen, was aber weiter keinen Schaden anrichtet. Beim Schließen des zugehörigen Fensters mit dem Close-Button sorgt die Klasse GPanel selbst dafür, dass dispose() aufgerufen wird.

Im folgenden Beispiel wird mit erstaunlich wenig Code aus den teilerfreien echten Brüchen ein interessantes Bild erzeugt, das auch unter dem Namen *Fairy Mountain* (Zauberberg) bekannt ist.

Um den Code maximal zu vereinfachen, wird sogar weitgehend auf Zugriffsbezeichner verzichtet. Das Programm kommt mit wenig Kenntnissen von Java aus und könnte bereits früh im einem Java-Ausbildungslehrgang behandelt werden.

```
// Fairy.java

import java.awt.*;
import javax.swing.*;
import ch.aplu.util.*;

public class Fairy extends JApplet
{
  GPanel p;

  public void start()
  {
    p = new GPanel(GPanel.APPLETFRAME);
    p.bgColor(Color.black);
    p.color(Color.yellow);
    p.window(0, 1, 200, 0);
    int zaehler, nenner;
    for (nenner = 200; nenner >= 1; nenner--)
    {
      zaehler = 1;
      while (zaehler <= nenner)
      {
        if (ggt(zaehler, nenner) == 1)
        {
          double quotient = (double)zaehler / nenner;
          p.point(quotient, nenner);
        }
```

```
            zaehler++;
        }
      }
    }

    public void stop()
    {
      p.dispose();
    }

    int ggt(int a, int b)
    {
      if (b == 0)
        return a;
      else
        return ggt(b, a % b);
    }
}
```

Um das Applet zu starten, benötigen wir eine einfache HTML-Datei `fairy.html`. Wir müssen als Archiv die Bibliothek `aplu.jar` angeben, welche die Klassen aus dem Package `ch.aplu.util` enthält. Man kann sie ausgehend vom Wurzelverzeichnis des Packages mit

```
jar cvf aplu.jar ch/aplu/util/*.*
```

erzeugen.

```
<html>
  <body>
    <h1>Fairy Mountains</h1>
    <applet code="Fairy.class" archive="aplu.jar"
        width="0" height="0">
    </applet>
  </body>
</html>
```

Das Resultat ist in Abb. 37.4 dargestellt.

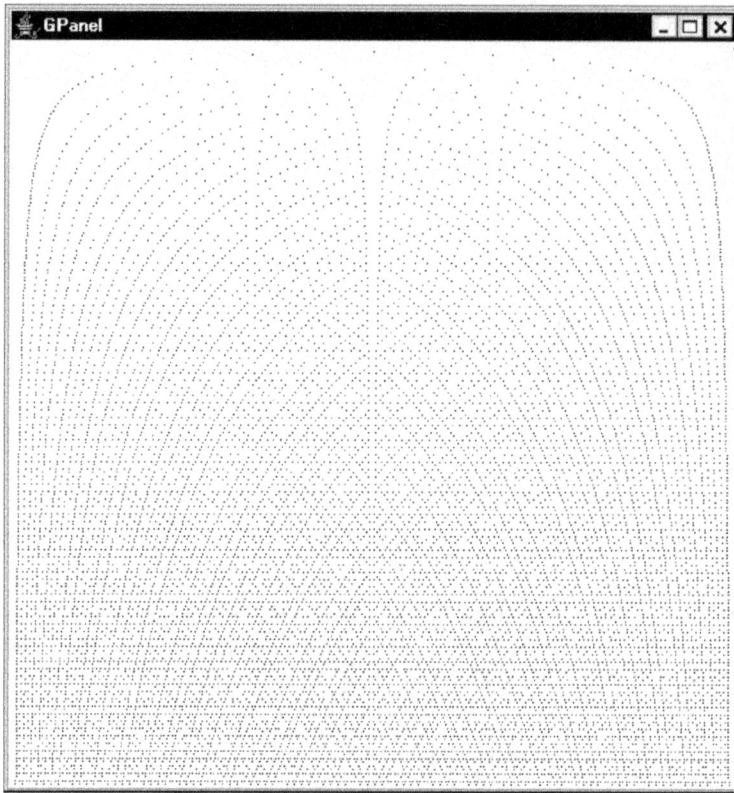

Abb. 37.4 *Der Zauberberg als Applet*

Wollen wir das Applet als Applikation austesten, so genügt es, eine main()-Methode hinzu-zufügen, die `start()` aufruft:

```
public static void main(String[] args)
{
  new Fairy().start();
}
```

37.6   Parsen von XML-Dateien

In einem **XML**-Dokument (**Extensible Markup Language**) werden Informationen übli-cherweise in einer Baumstruktur dargestellt, die aus einzelnen Elementen besteht, welche durch frei wählbare Tags `<tag></tag>` begrenzt werden. Normalerweise gehört zu einer XML-Datei eine **DTD** (Data Type Definition) oder ein **XML-Schema**, in denen die Daten-struktur festgelegt wird. Man erhält dadurch eine sinnvolle Trennung zwischen der Definiti-on der Datenstruktur und den Daten selbst, was sich in höheren Programmiersprachen seit langem bewährt hat. Zudem ist eine einfache Datenvalidierung möglich. In den folgenden Beispielen werden der Einfachheit halber nur sehr einfache XML-Dateien betrachtet.

Personendaten können beispielsweise in folgender Datei `persons.xml` abgelegt werden:

```xml
<?xml version = "1.0" ?>
<collection>
  <person>
    <lastname>Wagner</lastname>
    <firstname>Hans</firstname>
    <sex>männlich</sex>
    <age>30</age>
  </person>
  <person>
    ...
  </person>
  ...
</collection>
```

Da XML eine plattformunabhängige Darstellung von Informationen ermöglicht, ergibt sich zusammen mit der plattformunabhängigen Programmiersprache Java ein mächtiges Werkzeug. Für das Zusammenwirken stehen in Java mehrere Klassenbibliotheken zur Verfügung, die teilweise bereits in der JFC eingebaut sind. Das **XML-API** umfasst als wichtigste Teile **SAX** (Simple API for XML) und **DOM** (Document Object Model).

Zu den Hauptaufgaben einer XML-Applikation gehört das **Parsen** der XML-Datei. Darunter versteht man das Lesen und Interpretieren der Informationen, die sich in der XML-Datei befinden. Im Folgenden erstellen wir eine Beispielapplikation, die auch gleichzeitig als Applet eingesetzt werden kann, welche die Personendaten der XML-Datei in einer Tabelle ausschreibt. Dazu deklarieren wir zuerst eine Hilfsklasse `Person`, welche die Daten einer einzelnen Person in einer Arrayinstanz abspeichert. Da die Daten unterschiedliche Datentypen haben können, wählen wir einen Object-Array. Nahe liegend ist es, eine getter-Methode `getPersonInfo()` und eine setter-Methode `setPersonInfo()` einzuführen, mit denen wir Daten lesen und ändern können.

```java
// Person

import java.util.*;

public class Person
{
  private Object[] info = new Object[4];

  public Object getPersonInfo(int index)
  {
    return info[index];
  }
}
```

```
   public void setPersonInfo(int index, Object obj)
   {
     info[index] = obj;
   }
}
```

Zum Parsen der XML-Datei verwenden wir den in der JFC eingebauten SAX-Parser. Seine Funktionsweise ist auf den ersten Blick etwas ungewöhnlich, verwendet er doch für den Parsingprozess ausschließlich Callbackmethoden. Eine nähere Betrachtung zeigt aber, dass sich dieser Mechanismus hervorragend für das Parsen von XML-Dokumenten eignet, da man davon ausgehen kann, dass der Parser die XML-Datei sequentiell liest und beim Auftreten von Tags eine entsprechende Callbackmethode aufruft, was durchaus als „feuern" eines Events aufgefasst werden kann. Auf Grund unserer guten Kenntnisse über die Ereignissteuerung verstehen wir auch, dass die Callbackmethoden analog zu einem Listener in einem Interface deklariert sind, es aber analog zu einem Adapter auch eine implementierende Klasse gibt, die hier `DefaultHandler` heißt. Wir deklarieren daher eine Klasse `MySaxParser`, welche aus `DefaultHandler` abgeleitet wird und nur diejenigen Callbackmethoden überschreibt, die wir wirklich benötigen. Es handelt sich um die Methoden `startElement()`, die immer dann aufgerufen wird, wenn der Parser ein neues Element findet, also ein Start-Tag liest, und um `endElement()`, die aufgerufen wird, wenn er das dazugehörende End-Tag liest. Hinzu kommt die Methode `characters()`, die nach dem Lesen der Elementdaten aufgerufen wird. Alle wichtigen Informationen beziehen wir über die Parameterwerte dieser Callbackmethoden, beispielsweise bei `endElement()` den Namen des Tags, den so genannten **Qname**, und bei `characters()` die Elementdaten als char-Array.

Damit sich der Code leicht an verschiedene Anbieter von XML-Parsern anpassen lässt, haben sich die Implementatoren für einen relativ komplizierten Factory-Mechanismus entschieden. Zuerst müssen wir mit

```
SAXParserFactory fact = SAXParserFactory.newInstance();
```

eine Referenz einer Factory-Instanz beziehen und können dann mit

```
SAXParser parser = fact.newSAXParser();
```

eine Referenz einer Parser-Instanz holen. Mit

```
parser.parse();
```

starten wir den Parsing-Prozess, wobei wir als Parameter einen Bezug auf den XML-Dateinamen und die Klassenreferenz derjenigen Klasse übergeben, welche den DefaultHandler implementiert. Der Aufruf ist blockierend, d.h. kehrt erst dann zurück, wenn die ganze XML-Datei vollständig geparst ist. Dies kann ein Nachteil sein, wenn wir in einer großen XML-Datei nach einem bestimmten Eintrag suchen.

Das Arbeiten mit den Parser-Callbackmethoden ist etwas gewöhnungsbedürftig, aber interessant. Zu Beginn des Person-Tags erzeugen wir in `startElement()` eine neue Person-

Instanz. Wir lesen die vom Parser in `charactors()` zurückgelieferten Daten in einen temporären StringBuffer `buf`, den wir in `startElement()` am Anfang jedes Elements leeren. Am Ende des Element-Tags schreiben wir in `endElement()` den Inhalt von `buf` in die Person-Instanz, und am Ende des Person-Tags kopieren wir diese in einen Datenvektor `data`, der alle Personendaten umfasst. Wir geben allerdings die Daten in einem doppelten Object-Array an den Aufrufenden zurück, da die Daten in dieser Datenstruktur mit wenig Aufwand weiter verarbeitet werden können.

```
// MySaxParser.java

import javax.xml.parsers.*;
import org.xml.sax.*;
import org.xml.sax.helpers.*;
import java.util.*;
import java.net.*;
import java.io.*;

public class MySAXParser extends DefaultHandler
{
  private Person person;
  private StringBuffer buf = new StringBuffer();
  private Vector data = new Vector();

  public Object[][] processURL(URL url) throws Exception
  {
    InputSource inputSource =
        new InputSource(url.openStream());
    SAXParserFactory fact = SAXParserFactory.newInstance();
    SAXParser parser = fact.newSAXParser();
    parser.parse(inputSource, this); // Execute parsing
    int nbRecords = data.size();
    int nbCols = 4;
    Object[][] persons = new Object[nbRecords][nbCols];
    for (int i = 0; i < nbRecords; i++)
      for (int k = 0; k < nbCols; k++)
        persons[i][k] =
            ((Person)data.get(i)).getInfo(k);
    return persons;
  }

  // ------------- Callback methods ------------------
  public void startElement(String uri, String localName,
                           String qname,
                           Attributes attributes)
  {
    buf.setLength(0);
    if (qname.equals("person"))
      person = new Person();
```

```
  }

  public void endElement(String uri, String localName,
                         String qname)
  {
    if (qname.equals("lastname"))
    {
      person.setInfo(0, buf.toString());
      return;
    }
    if (qname.equals("firstname"))
    {
      person.setInfo(1, buf.toString());
      return;
    }
    if (qname.equals("sex"))
    {
      person.setInfo(2, buf.toString());
      return;
    }
    if (qname.equals("age"))
    {
      person.setInfo(3, Integer.valueOf(buf.toString()));
      return;
    }
    if (qname.equals("person"))
    {
      data.add(person);
    }
  }

  public void characters(char[] chars, int start, int length)
  {
    buf.append(chars, start, length);
  }
}
```

Das zugehörige Applet-Programm, das gemäß unserem Konzept auch immer als Applikation verwendet werden kann, verwendet Swing, um die Daten in einer JTable einfach und elegant darzustellen. Der vom Parser zurückgelieferte doppelte Object-Array ist dem Konstruktor von JTable perfekt angepasst. Wir sehen vor, dass die XML-Datei unter einer beliebigen URL im Internet zur Verfügung gestellt wird (also nicht unbedingt unter der URL des Applets). Für Testzwecke können wir auch eine lokale Datei angeben, müssen bei der Ausführung als Applet aber daran denken, dass wir dem Applet, wie im Kap. 37.1 beschrieben, Leserechte auf dem lokalen Rechner geben müssen. Zur Auswahl der einen oder anderen Variante wird der nicht zutreffende Codeteil auskommentiert.

```java
// XmlReader.java

import java.applet.*;
import java.awt.*;
import java.util.*;
import javax.swing.*;
import ch.aplu.util.*;
import java.net.*;
import java.io.*;

public class XmlReader extends JApplet
{
  private String filename = "persons.xml";
  private boolean isStandalone = false;
  private int width;
  private int height;
  private String[] colNames =
      {"Nachname", "Vorname", "Geschlecht", "Alter"};

  public String getParameter(String key, String def)
  {
    return isStandalone ? System.getProperty(key, def) :
        (getParameter(key) != null ? getParameter(key) : def);
  }

  public void init()
  {
    width = Integer.parseInt(getParameter("width", "400"));
    height = Integer.parseInt(getParameter("height", "100"));
    MySAXParser msp = new MySAXParser();
    try
    {
//    URL url = new URL(
//      "http://www.clab.unibe.ch/javadidactics/" + filename);
      URL url = new File("c:/" + filename).toURL();
      Object data[][] = msp.processURL(url);
      JTable table = new JTable(data, colNames);
      table.setPreferredScrollableViewportSize(
          new Dimension(width, height));
      getContentPane().add(new JScrollPane(table));
    }
    catch (Exception ex)
    {
      ex.printStackTrace();
    }
  }

  public void initStandalone()
```

```
{
  init();
  JFrame f = new JFrame();
  f.setContentPane(getContentPane());
  f.setDefaultCloseOperation(WindowConstants.EXIT_ON_CLOSE);
  f.pack();
  f.setVisible(true);
}

public static void main(String args[])
{
  XmlReader xr = new XmlReader();
  xr.isStandalone = true;
  xr.initStandalone();
}
}
```

Die zugehörige HTML-Datei ist zu Testzwecken so einfach wie möglich.

```
<html>
  <head>
    <title>Person Data</title>
  </head>
  <body>
    <applet code="XmlReader.class" width="300" height="100">
    </applet>
  </body>
</html>
```

Der Aufwand wird durch die Darstellung der Personendaten belohnt, die sich in einer XML-Datei auf irgendeinem Internet-Server befinden können (Abb. 37.5).

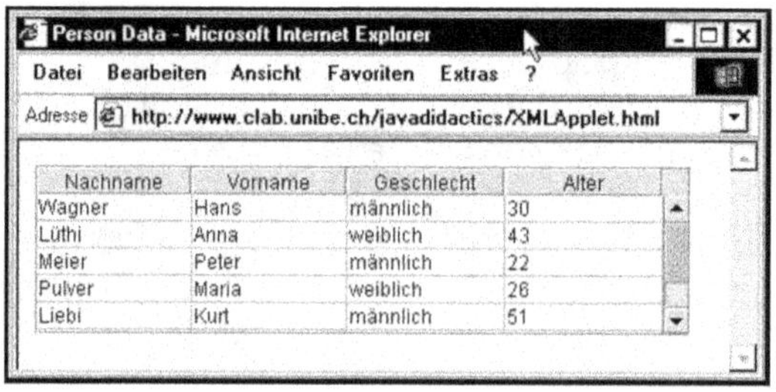

Abb. 37.5   *Personendaten aus einer XML-Datei*

38   JDBC

38.1   Relationale Datenbanken

In der modernen Informationsgesellschaft spielen Datenbanken eine außerordentlich große Rolle. Mit ihnen legt man Informationen strukturiert ab und kann sie gemäß Such- und Verknüpfungskriterien effizient wieder auffinden. Datenbanken werden oft mit einem **Relationalen Datenbank-Management-System** (**RDBMS**) betrieben, bei dem die Daten in **Tabellen** gespeichert sind. Da in vielen Fällen mehrere Benutzer (**Clients**) gleichzeitig auf die Datenbank zugreifen, befindet sich das DBMS in der Regel auf einem **Datenbankserver**, mit dem die Clients über ein Netzwerk verbunden sind. Zum Schutz der Daten muss ein Client ein Authentifizierungsverfahren (in der Regel mit Username/Passwort) durchlaufen, bevor er Zugriff auf die Daten erhält. Für die Kommunikation zwischen dem Client und dem DBMS wird üblicherweise die standardisierte Datenbanksprache **SQL** (**Structured Query Language**) verwendet. Dabei sendet der Client einen **SQL-Befehl** (**SQL statement**) an das DBMS. Die Daten werden als **Result-Set** zurückgeliefert (Abb. 38.1)

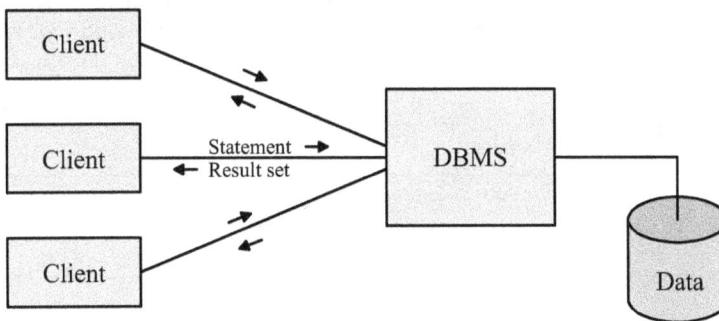

Abb. 38.1   *Database Management System (DBMS)*

Eine Datenbank im engeren Sinn umfasst eine oder mehrere Tabellen, die zu einem bestimmten Projekt gehören. Ein DBMS kann üblicherweise mehrere Datenbanken verwalten. Die Tabellen der Datenbank müssen einen eindeutigen **Tabellennamen** besitzen. Die **Tabellenspalten** (**colums**) haben ebenfalls einen eindeutigen Namen (**Attribut**) und einen vordefinierten **Datentyp**. Die **Tabellenzeilen** (**rows**) entsprechen einem einzelnen **Datensatz** (**record**) und beinhalten in ihren **Feldern** die gespeicherten Informationen (Abb. 38.2). Es bleibt dem DBMS überlassen, die Reihenfolge der Zeilen zu verwalten. Sie darf daher nicht als relevante Information benutzt werden.

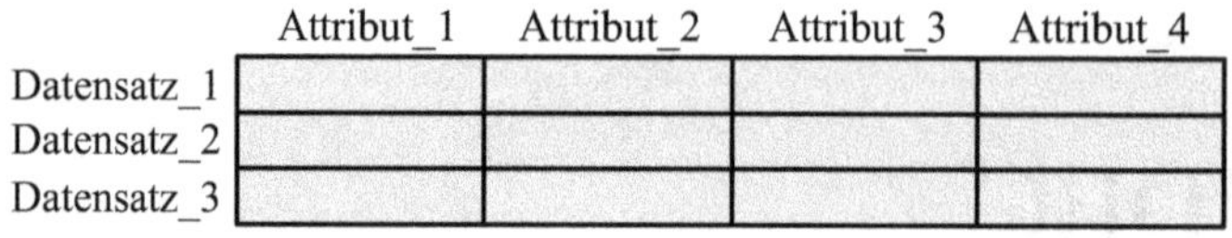

Abb. 38.2   *Tabelle in einer relationalen Datenbank*

Die erlaubten Datentypen sind nicht vollständig standardisiert und müssen daher aus der Dokumentation des verwendeten DBMS entnommen werden. Die wichtigsten Datentypen und ihr Äquivalent in Java sind in Tab. 38.1 zusammengestellt.

SQL Typ	Beschreibung	Java Typ
CHAR(M)	M Zeichen (feste Länge) M <= 255	String
VARCHAR	M Zeichen (angepasste Länge) (M <= 255)	String
INTEGER	Ganzzahl	int
FLOAT	Dezimalzahl	double
DATE	Datum	java.sql.Date

Tab. 38.1   *Die wichtigsten SQL-Datentypen*

Für die Datenbankverwaltung und die Datenmanipulation verwendet man die einfache Scriptsprache SQL, von der einige wichtige Befehle in Tab. 38.2 zusammengestellt sind. Angaben über die Syntax von SQL findet man im Internet mit einer Suchmaschine (Stichworte *sql tutorial*).

Befehl	Beschreibung
INSERT	Einfügen eines neuen Datensatzes
DELETE	Löschen eines Datensatzes
UPDATE	Ändern eines bestehenden Datensatzes
SELECT	Abfragen von Datensätzen
CREATE	Erzeugen einer neuen Tabelle oder einer neuen Datenbank
DROP	Löschen einer Tabelle oder einer Datenbank
ALTER	Ändern des Formats einer Tabelle
GRANT	Setzen/Ändern der Zugriffsrechte auf Datenbanken und Tabellen
USE (*)	Wählen der Datenbank

SHOW DATABA-SES (*)	Auflisten der Datenbanken
SHOW TABLES (*)	Auflisten der Tabellen in der gewählten Datenbank
EXPLAIN (*)	Auflisten der Attribute einer Tabelle

Tab. 38.2   *Die wichtigsten SQL-Befehle ((*) für MySQL)*

Oft enthält eine Tabelle ein Attribut, das den Datensatz eindeutig identifiziert (**Primär-schlüssel**), am einfachsten als positive Ganzzahl (DatensatzId, recordId). Über den Schlüssel lassen sich Tabellen miteinander **verknüpfen**. Dabei kann eine zweite Tabelle über den Schlüssel auf einen Datensatz einer ersten Tabelle verweisen. Durch diese Strukturierung in mehrere voneinander abhängige (relationale) Tabellen wird die Übersichtlichkeit erhöht und vermieden, dass Informationen mehrfach gespeichert sind.

38.2   Verwendung von MySQL

Für die folgenden Beispiele ist es nötig, Zugriff auf eine lauffähige Datenbank zu haben. Dazu eignet sich die Datenbank **MySQL** hervorragend, da sie kostenfrei über das Internet bezogen und auf den meisten Plattformen installiert werden kann.

Wir gehen davon aus, dass MySQL auf demselben Computer installiert wird, auf dem wir auch sonst arbeiten (localhost). Für die Installation befolgt man die Installations-Anleitung, die sich ebenfalls auf dem Web befindet. Meist genügt es, das entsprechende Installationsprogramm auszuführen und einen Pfad auf das bin-Verzeichnis zu erstellen, damit in einer Command-Shell des Betriebssystems alle Hilfsprogramme direkt aufrufbar sind. Da es sich hier lediglich um eine Demonstration handelt, kann man der Einfachheit halber auf die Einschränkung der Zugriffsrechte verzichten. Zum Schutz der Daten vor unerlaubtem Zugriff sind die Rechte für eine produktive Datenbank aber sorgfältig und sehr restriktiv einzustellen!

Nach der Installation können wir mit einem einfachen Client, dem **MySQL-Monitor**, der in der Distribution von MySQL enthalten ist, auf die Datenbank zugreifen. Wir begeben uns dazu in eine Command-Shell des Betriebssystems und rufen die Applikation mysql auf. Eine typische Antwort ist:

```
c:\>mysql
Welcome to the MySQL monitor.  Commands end with ; or \g.
Your MySQL connection id is 3 to server version: 4.0.15-nt

Type 'help;' or '\h' for help. Type '\c' to clear the buffer.

mysql>
```

Der Monitorprompt erwartet von uns Befehle, die wir in der Regel mit einem Strichpunkt und der <Eingabetaste> abschließen. (Im Folgenden wird auf die Nennung der <Eingabetaste> verzichtet.) ? liefert eine Liste der Standard-Befehle und mit exit verlassen wir den

Monitor. Vom Monitorprompt aus können wir auch alle SQL-Befehle absetzen. Wir halten uns dabei an einen weit verbreiteten Konsens und schreiben zur besseren Übersicht die Befehle in Groß- und die eigenen Bezeichner in Kleinbuchstaben.

Da MySQL für einen Multiuser-Betrieb ausgelegt ist, enthält das Datenbanksystem mehrere getrennte Datenbanken. Als Erstes zeigen wir die Namen der vordefinierten Datenbanken an:

```
mysql> SHOW DATABASES;
+----------+
| Database |
+----------+
| mysql    |
| test     |
+----------+
2 rows in set (0.00 sec)
```

Wir erstellen als Nächstes eine eigene Datenbank mit dem Namen demo:

```
mysql> CREATE DATABASE demo;
Query OK, 1 row affected (0.31 sec)
```

und wählen sie als Standard:

```
mysql> USE demo;
Database changed
```

In der neuen Datenbank erzeugen wir eine Tabelle buch mit den Attributen (Feldern) id, autor, titel, jahr, verlag und preis. Der Einfachheit halber verzichten wird auf die ISBN. Wir wollen id als Primärschlüssel zur eindeutigen Identifikation der Datensätze verwenden. Daher geben wir die Option PRIMARY KEY an und verlangen mit NOT NULL, und AUTO_INCREMENT, dass diese Zahl immer vorhanden ist und automatisch für neue Datensätze inkrementiert wird.

```
mysql> CREATE TABLE buch (
    -> id INTEGER NOT NULL AUTO_INCREMENT PRIMARY KEY,
    -> autor CHAR(60),
    -> titel CHAR(60),
    -> jahr YEAR,
    -> verlag CHAR(60),
....-> preis FLOAT);
Query OK, 0 rows affected (0.05 sec)
```

Wir kontrollieren die bisherigen Eingaben, indem wir die Tabellenstruktur anzeigen:

```
mysql> EXPLAIN buch;
+---------+----------+------+-----+---------+----------------+
| Field   | Type     | Null | Key | Default | Extra          |
+---------+----------+------+-----+---------+----------------+
| id      | int(11)  |      | PRI | NULL    | auto_increment |
| autor   | char(60) | YES  |     | NULL    |                |
| titel   | char(60) | YES  |     | NULL    |                |
| jahr    | year(4)  | YES  |     | NULL    |                |
| verlag  | char(60) | YES  |     | NULL    |                |
| preis   | float    | YES  |     | NULL    |                |
+---------+----------+------+-----+---------+----------------+
6 rows in set (0.04 sec)
```

Wir können nun bereits einige Datensätze in die Tabelle eingeben (die Zeilenumbrüche sind beliebig):

```
mysql> INSERT INTO buch
 > (autor, titel,jahr, verlag, preis)
 > VALUES
 > ("Mankell", "Vor dem Frost", 2003, "Zsolnay", 24.90);
Query OK, 1 row affected (0.00 sec)

mysql> INSERT INTO buch
 > (autor, titel, jahr, verlag, preis)
 > VALUES
 > ("Hahn", "Das verborgene Wort", 2002, "DVA", 26.30");
Query OK, 1 row affected (0.00 sec)

mysql> INSERT INTO buch
 > (autor, titel, jahr, verlag, preis)
 > VALUES
 > ("Forsyth", "Der Lotse", 2001, "Piper", 5.90);

mysql> INSERT INTO buch
 >(autor, titel, jahr, verlag, preis)
 >VALUES
 >("Mankell", "Das Auge des Leoparden", 2004,"Zsolnay",34.20);
Query OK, 1 row affected (0.00 sec)
```

Falls uns das Eintippen etwas zu mühsam ist, schreiben wir mit einem Texteditor eine **SQL-Scriptdatei** demo.sql mit dem Inhalt

```
DROP DATABASE demo;
CREATE DATABASE demo;
USE demo;
CREATE TABLE buch (
 id INTEGER NOT NULL AUTO_INCREMENT PRIMARY KEY,
 autor CHAR(60),
 titel CHAR(60),
 jahr YEAR,
 verlag CHAR(60),
 preis FLOAT);
INSERT INTO buch (autor, titel, jahr, verlag, preis)
 VALUES
 ("Mankell", "Vor dem Frost", 2003, "Zsolnay", 24.90);
INSERT INTO buch (autor, titel, jahr, verlag, preis)
 VALUES
 ("Hahn", "Das verborgene Wort", 2002, "DVA", 26.30);
INSERT INTO buch (autor, titel, jahr, verlag, preis)
 VALUES
 ("Forsyth", "Der Lotse", 2001, "Piper", 5.90);
INSERT INTO buch (autor, titel, jahr, verlag, preis)
 VALUES
 ("Mankell","Das Auge des Leoparden", 2004, "Zsolnay", 34.20);
```

und führen diese Scriptdatei in ihrem Verzeichnis mit

```
mysql> \. demo.sql
```

aus (Leerschlag nach \. beachten). Dies ist auch nützlich, um die Datenbank neu zu erstellen, wenn wir sie zu Übungszwecken verändern.

Der wichtigste SQL-Befehl ist SELECT. Wir können damit beispielsweise alle Datensätze der Tabelle buch anzeigen lassen. Wir verwenden dabei den Joker (wildcard) *.

```
mysql> SELECT * FROM buch;
+---+---------+----------------------+------+---------+-----+
|id | autor   | titel                | jahr | verlag  |preis|
+---+---------+----------------------+------+---------+-----+
| 1 | Mankell | Vor dem Frost        | 2003 | Zsolnay |24.9 |
| 2 | Hahn    | Das verborgene Wort  | 2002 | DVA     |26.3 |
| 3 | Forsyth | Der Lotse            | 2001 | Piper   | 5.9 |
| 4 | Mankell | Das Auge des Leoparden| 2001 | Piper   | 5.9 |
+---+---------+----------------------+------+---------+-----+
4 rows in set (0.25 sec)
```

Mit einem bedingten SELECT-Befehl suchen wir die preisgünstigen Bücher und lassen die Ausgabe gleichzeitig nach Autoren alphabetisch sortieren:

```
mysql> SELECT autor, titel, preis FROM buch WHERE preis < 25
    -> ORDER BY autor;
+---------+---------------+-------+
| autor   | titel         | preis |
+---------+---------------+-------+
| Forsyth | Der Lotse     |   5.9 |
| Mankell | Vor dem Frost |  24.9 |
+---------+---------------+-------+
2 rows in set (0.27 sec)
```

38.3 MS-Access als Datenbank-Client, ODBC

Die Verwendung des kommandozeilenbasierten Monitorprogramms mysql ist gewöhnungsbedürftig, aber für die Untersuchung der Datenbank bei auftretenden Problemen sehr hilfreich. Normalerweise zieht man aber einen Client mit einer grafischen Benutzeroberfläche vor.

Für MySQL findet man im Internet mehrere professionelle Clients mit einem GUI, die allerdings nicht alle kostenlos sind. Empfehlenswert ist MySQL-Manager von EMS, den man am einfachsten mit einer Suchmaschine unter den Stichworten ems mysql client *findet.*

Mit wenig Aufwand lässt sich auch MS-Access als MySQL-Client einsetzen. Mit Access lassen sich überdies benutzerfreundliche *Frontends* schreiben, die auf eine MySQL- statt auf eine Access-Datenbank zugreifen. Die Verbindung zwischen Access und der MySQL-Datenbank wird über eine standardisierte Schnittstelle **ODBC (Open DataBase Connectivity)** hergestellt, die zwar nicht sehr performant ist, aber heutzutage für den Datenaustausch zwischen verschiedenen Datenbankprodukten intensiv genutzt wird.

Die Einrichtung der ODBC-Schnittstelle erfordert folgende Schritte. Zuerst wird der **ODBC-Treiber** für MySQL installiert, den man von der Website von MySQL unter dem Namen Connector/ODBC bezieht. Normalerweise genügt dazu das Ausführen des entsprechenden Installationsprogramms. Als Nächstes wird eine ODBC-Datenquelle definiert, welche diesen Treiber verwendet. Das Betriebssystem verfügt dazu über ein Systemwerkzeug, das man beispielsweise unter MS-Windows in der Computerverwaltung findet. Man wählt einen neuen **System-Datenquellennamen** mit dem installierten MySQL ODBC-Treiber. Unter Konfiguration müssen insbesondere Host/Server Name, Database name, User und Password ausgefüllt werden. Da wir noch keine Zugangsbeschränkungen für den lokal laufenden MySQL-Server getroffen haben, wählen wir:

```
Data Source Name: MySQL-Demo
Host/Server Name: localhost
Database Name: demo
User: (leer)
Password: (leer)
```

Nun sind wir in der Lage, von MS-Access aus auf die Datenbank demo zuzugreifen. Dazu starten wir MS-Access. Im Menü *Datei* wählen wir *Öffnen* und im Dialog unter Dateityp *ODBC-Databases*. Auf dem Registerblatt *Datenquelle auswählen* wählen wir *MySQL-Demo* und nachfolgend die Tabelle *buch*. Diese wird in der üblichen Tabellenform dargestellt (Abb.38.3) und kann weiter bearbeitet werden. Die Änderungen werden unmittelbar in der MySQL-Datenbank übernommen.

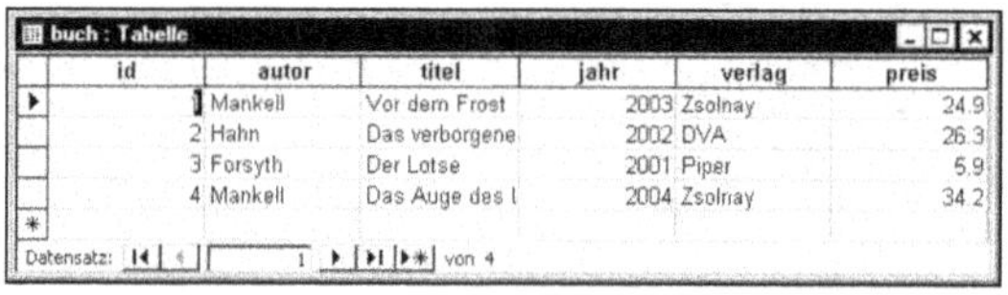

Abb. 38.3   *Darstellung der Tabelle in MS-Access*

38.4   Client-Applikationen mit JDBC

Nach diesen Vorbereitungen wenden wir uns wieder Java zu und lernen, wie einfach es ist, mit Java eine Datenbank-Applikation zu schreiben. Dazu verwenden wir die **Java Database Connectivity (JDBC)**, die es uns ermöglicht, mit SQL auf relationale Datenbanken zuzugreifen. Wir benötigen dazu einen **JDBC-Treiber** als Bindeglied zwischen der Java-Applikation und der Datenbank. Für MySQL gibt es einen kostenlosen JDBC-Treiber, der vom Internet (Suchmaschine mit Stichworten *mysql jdbc*) heruntergeladen werden kann.

Die Installation wird in einer README-Datei beschrieben. Am einfachsten kopiert man die jar-Datei in das Verzeichnis jre/lib/ext der verwendeten JVM. Alternativ kann man auch alle Dateien im com- und org-Pfad in die Wurzel des CLASSPATH kopieren. Viele der in JDBC verwendeten Methoden sind nicht in Klassen, sondern in Interfaces deklariert, damit sie unabhängig vom spezifischen JDBC-Treiber verwendet werden können. Für uns hat dies keine weiteren Konsequenzen, außer dass wir uns daran gewöhnen müssen, Referenzen nicht mit new, sondern mit einer statischen Factory-Methode zu erzeugen.

Damit das Java-Programm auf die Datenbank zugreifen kann, muss man zuerst mit Class.forName() den JDBC-Treibers laden und mit DriverManager.getConnection() eine Verbindung zur Datenbank erstellen. Nachher haben wir (innerhalb der vergebenen Zugriffsrechte) Zugang zu allen Tabellen dieser Datenbank und können diese mit SQL-Befehlen bearbeiten. Dies geht zweistufig: zuerst müssen wir uns mit createStatement() eine Statement-Referenz holen, und mit dieser executeQuery() ausführen. (Für INSERT, UPDATE oder DELETE und für das Datenbankmanagement wird executeUpdate() verwendet.)

Bei der Ausführung von executeQuery() erhalten wir eine Referenz auf eine Instanz von ResultSet zurück, mit der auf die Datensätze der Query zugegriffen werden kann. Dabei wird ein interner Zeiger, **Datensatz-Cursor** genannt, geführt, der zu Beginn **vor** dem ersten Datensatz steht. Mit `next()` wird der Cursor auf den nächsten Datensatz geschoben und gleichzeitig ein boolean zurückgegeben, der `false` wird, sobald der Cursor **hinter** dem letzten Datensatz steht. Man kann deshalb mit einer einfachen while-Schleife

```
while (rs.next())
{
   ...
}
```

alle zurückgegebenen Datensätze durchlaufen. (Ist kein Datensatz im ResultSet vorhanden, so liefert der erste Aufruf von `next()` bereits `false`.) Die Datenbankoperationen werfen eine SQLException, die man in einem try-catch-Block fangen muss. Zudem ist es nötig, am Schluss alle Ressourcen wieder freizugeben, indem man die Connection schließt. Dabei werden automatisch ebenfalls das Statement und der ResultSet geschlossen. Das folgende Programm schreibt Autor, Titel, Jahr und Verlag aller Datensätze der Datenbank demo in ein Console-Fenster. Wir geben uns Mühe, dass auch im Fall, in dem eine Exception geworfen wird, alle Ressourcen wieder freigegeben werden. Dazu ist der finally-Block bestens geeignet. Da allerdings die close()-Methode wieder eine Exception werfen kann, müssen wir sie nochmals in einen try-catch-Block einfügen.

```
// DbEx1.java

import java.sql.*;
import ch.aplu.util.*;

public class DbEx1 extends Console
{
  DbEx1()
  {
    Connection con = null;
    Statement stmt = null;
    try
    {
      println("Trying to load JDBC driver...");
      Class.forName("org.gjt.mm.mysql.Driver");
    }
    catch (ClassNotFoundException ex)
    {
      println("Unable to load driver class");
      return;
    }

    try
    {
      println("Trying to connect to MySQL database");
      println(" on localhost using database 'demo'...");
      con = DriverManager.getConnection(
        "jdbc:mysql://localhost/demo");
```

```
      println("Execute SQL statement 'SELECT * FROM buch'");
      stmt = con.createStatement();
      ResultSet rs = stmt.executeQuery("SELECT * FROM buch");

      println("Display result:\n");
      while (rs.next())
        println(rs.getString("autor") + ", "
              + rs.getString("titel") + ", erschienen "
              + rs.getInt("jahr") + " bei "
              + rs.getString("verlag"));

    }
    catch (SQLException ex)
    {
      println("Sorry. Got SQLException: " + ex.getMessage());
    }
    finally
    {
      try
      {
        println("\nClose connection now");
        if (con != null)
          con.close();
      }
      catch (SQLException ex)
      {}
    }
  }

  public static void main(String[] args)
  {
    new DbEx1();
  }
}
```

Muss man sich bei der Datenbank mit Username/Passwort authentifizieren, so kann man die überladene Version von getConnection(url, username, password) verwenden. Selbstverständlich funktioniert dies auch, wenn sich die Datenbank nicht auf dem localhost befindet. Die Verbindung zum entfernten Datenbank-Server erfolgt dabei für den Benutzer völlig transparent. Falls die Ausführung erfolgreich ist, wird Folgendes ausgeschrieben:

```
Trying to load JDBC driver...
Trying to connect to MySQL database
 on localhost using database 'demo'...
Execute SQL statement 'SELECT * FROM buch'
```

```
Display result

Mankell, Vor dem Frost, erschienen 2003 bei Zsolnay
Hahn, Das verborgene Wort, erschienen 2002 bei DVA
Forsyth, Der Lotse, erschienen 2001 bei Piper
Mankell, Das Auge des Leoparden, erschienen 2004 bei Zsolnay

Close connection now
```

Für die Praxis von großer Wichtigkeit sind folgende Datenbankoperationen:

- Wahl von Datensätzen und Navigation (vor- und rückwärts die Datensätze anzeigen)
- Update (angezeigten Datensatz modifizieren)
- Delete (angezeigten Datensatz löschen)
- Insert (neuen Datensatz eingeben).

Wegen der fundamentalen Bedeutung dieser Operationen nehmen wir es in Kauf, ein etwas längeres Musterprogramm zu erarbeiten, das auch eine ansprechende Benutzeroberfläche aufweist, auf der jeder Datensatz einzeln dargestellt ist (**Formularansicht**) (Abb. 38.4).

Abb. 38.4   *Der Datenbank-Dialog*

Wir halten uns an folgende, weit verbreitete Bedienungslogik:

- Falls eine Änderung der angezeigten Daten vorgenommen wird, so werden diese bei der nächsten Operation automatisch übernommen (auch ohne Save)

- Delete löscht den angezeigten Datensatz (ohne Rückfrage) und es wird der nächste Datensatz gezeigt. Löscht man den hintersten Datensatz, so wird der zweithinterste angezeigt. Gibt es nach dem Löschen keine Datensätze mehr, so wird man in den Insert-Modus versetzt
- Insert wählt den Insert-Modus. Dabei werden leere Datenfelder angezeigt, die man ausfüllen muss. Alle Buttons außer Save werden deaktiviert.
- Mit Save werden die eingegebenen Daten (im Navigations- und Insert-Modus) übernommen
- Falls es beim Start der Applikation keine Datensätze gibt, wird man in den Insert-Modus versetzt.

Wir gehen analog wie in der GUI- Musterapplikation PopSim aus Kap. 29.5 vor und implementieren die Programmlogik und das Benutzerinterface in zwei getrennten Klassen DbEx1 und DbDialog. Das GUI kann von PopDialog.java mit Copy&Paste übernommen und angepasst werden. Auf eine erneute Diskussion wird verzichtet. Für die Ereignisbehandlung wählen wir aber einen anderen Weg ohne die Verwendung einer Ereignisschleife. Im Konstruktor der Applikationsklasse DbEx1 wird lediglich die Datenbankverbindung initialisiert und eine Dialog-Instanz erzeugt. Da diese die Callbackmethoden registriert, kann nun der Konstruktor enden und das Programm bleibt über die GUI-Callbacks aktiv. Diese rufen die Methode doIt() mit einem int- Parameter auf, der den gedrückten Button identifiziert. Da sich doIt() in der Applikationsklasse befindet, um auf ihre Methoden und Instanzvariablen einfach zugreifen zu können, müssen wir der Dialogklasse bei ihrer Konstruktion eine Referenz der Applikationsklasse übergeben.

```java
// DbDialog.java

import java.awt.*;
import javax.swing.*;
import javax.swing.border.*;
import java.awt.event.*;
import java.sql.*;

class DbDialog extends JFrame implements ActionListener
{
  private DbEx2 app;
  private JPanel contentPane;
  private final int DLG_WIDTH = 350;

  // -------------------- Panes --------------------
  private final int NB_PANES = 5;
  private JPanel[] panes = new JPanel[NB_PANES];
  private String[] paneTitles =
    {"", "Navigation", "Mutation", "Suche Autor", ""};
  private int[] paneHeights = {100, 70, 70, 60, 20};

  // -------------------- TextFields --------------------
  private final int NB_TEXTFIELDS = 5;
  private JTextField[] textFields = new JTextField[
    NB_TEXTFIELDS];
```

```
private JTextField searchField = new JTextField(60);
// ------------------- Labels -------------------------
private JLabel[] labels = new JLabel[NB_TEXTFIELDS];
private String[] labelTexts =
   {"Autor: ", "Titel: ", "Jahr: ",
    "Verlag: ", "Preis: "};

// ------------------- Buttons ------------------------
private final static int NB_BUTTONS = 8;
private JButton[] buttons = new JButton[NB_BUTTONS];
private String[] buttonTexts =
    {"First", "Prev", "Next", "Last",
     "Delete", "Insert", "Save", "Search"};

// ------------------- Status -------------------------
private JLabel status = new JLabel();

public DbDialog(String title, DbEx2 app)
{
  super(title);
  this.app = app;
  setDefaultCloseOperation(WindowConstants.
                             DO_NOTHING_ON_CLOSE);
  init();
  pack();
  setResizable(false);
  setLocation(100, 100);
  setVisible(true);
}

private void init()
{
  contentPane = (JPanel)getContentPane();
  contentPane.setLayout(new BoxLayout(contentPane,
                                BoxLayout.Y_AXIS));
  GridBagLayout gridBag = new GridBagLayout();

  // ---------------- Panes --------------------------
  for (int i = 0; i < NB_PANES; i++)
  {
    panes[i] = new JPanel();
    contentPane.add(panes[i]);
    panes[i].setPreferredSize(
        new Dimension(DLG_WIDTH, paneHeights[i]));
    if (i != NB_PANES - 1)
    {
      panes[i].setBorder(
```

```
                BorderFactory.createCompoundBorder(
                BorderFactory.createTitledBorder(paneTitles[i]),
                BorderFactory.createEmptyBorder(5, 5, 5, 5)));
      }
    }

   panes[0].setLayout(gridBag);
   panes[0].setBackground(Color.white);
   panes[1].setLayout(new BoxLayout(panes[1],
                                    BoxLayout.X_AXIS));
   panes[2].setLayout(new BoxLayout(panes[2],
                                    BoxLayout.X_AXIS));
   panes[3].setLayout(new BoxLayout(panes[3],
                                    BoxLayout.X_AXIS));
   panes[4].setLayout(new BorderLayout());
   panes[4].setBorder(new BevelBorder(BevelBorder.LOWERED));
   panes[4].add(status);

   // ----------------- TextFields ----------------------
   for (int i = 0; i < NB_TEXTFIELDS; i++)
   {
     textFields[i] = new JTextField(60);
     labels[i] = new JLabel(labelTexts[i]);
   }
   addLabelTextRows(labels, textFields, gridBag, panes[0]);

   panes[3].add(searchField);

   // ----------------- Buttons ------------------------
   for (int i = 0; i < NB_BUTTONS; i++)
   {
     buttons[i] = new JButton(buttonTexts[i]);
     buttons[i].addActionListener(this);
     if (i < 4)
        panes[1].add(buttons[i]);
     else
       if (i < NB_BUTTONS-1)
          panes[2].add(buttons[i]);
       else
          panes[3].add(buttons[i]);
   }
}

public void actionPerformed(ActionEvent evt)
{
  Object source = evt.getSource();
  for (int i = 0; i < NB_BUTTONS; i++)
    if (source == buttons[i])
```

```
            app.doIt(i);
}

void setButtonsDisabled()
{
  switch (app.getState())
  {
    case State.NAVIGATE:
    case State.SEARCH:
      for (int i = 0; i < NB_BUTTONS; i++)
        if (i != 6)
          buttons[i].setEnabled(true);
      buttons[0].requestFocus();
      break;

    case State.INSERT:
      for (int i = 0; i < NB_BUTTONS; i++)
        if (i != 6)
          buttons[i].setEnabled(false);
      buttons[6].requestFocus();
      break;
  }
}

void showRecord(ResultSet rs)
{
  try
  {
    for (int i = 0; i < NB_TEXTFIELDS; i++)
      textFields[i].setText(rs.getString(i+2));
  }
  catch (SQLException ex)
  {
    System.out.println("Sorry. Got SQLException: " +
                        ex.getMessage());
  }
}

void showStatus(String text)
{
  status.setText(" " + text);
}

String[] getFields()
{
  String[] s = new String[NB_TEXTFIELDS];
  for (int i = 0; i < NB_TEXTFIELDS; i++)
  {
```

```
      s[i] = textFields[i].getText();
      s[i] = s[i].trim();
   }
    return s;
}

String getSearchString()
{
   String s = searchField.getText();
   s = s.trim();
   return s;
}

void setSearchString(String s)
{
   searchField.setText(s);
}

void clearFields()
{
  for (int i = 0; i < NB_TEXTFIELDS; i++)
    textFields[i].setText("");
  searchField.setText("");
}

// Method from TextSamplerDemo.java
// Sun, "The JFC Swing Tutorial"
private void addLabelTextRows(JLabel[] label,
                              JTextField[] textField,
                              GridBagLayout gridbag,
                              Container container)
{
  GridBagConstraints c = new GridBagConstraints();
  c.anchor = GridBagConstraints.EAST;
  int numLabels = label.length;

  for (int i = 0; i < numLabels; i++)
  {
    c.gridwidth = GridBagConstraints.RELATIVE;//next-to-last
    c.fill = GridBagConstraints.NONE; //reset to default
    c.weightx = 0.0; //reset to default
    gridbag.setConstraints(label[i], c);
    container.add(label[i]);

    c.gridwidth = GridBagConstraints.REMAINDER; //end row
    c.fill = GridBagConstraints.HORIZONTAL;
    c.weightx = 1.0;
    gridbag.setConstraints(textField[i], c);
```

```
        container.add(textField[i]);
    }
}

public void processWindowEvent(WindowEvent evt)
{
    super.processWindowEvent(evt);
    if (evt.getID() == WindowEvent.WINDOW_CLOSING)
        app.doIt(8);
}
}
```

Wir diskutieren im Folgenden die Vor- und Nachteile des gewählten Konzepts, um damit die allgemein gültigen Programmiermuster zu erkennen.

- Werden Variablen in mehreren Methoden gebraucht, so stellt sich die Frage, ob man sie als Parameter übergibt oder als Instanzvariable deklariert. Obschon wegen der Gefahr von Seiteneffekten tendenziell der Parameterübergabe der Vorzug zu geben ist, kann die Übersichtlichkeit verbessert werden, wenn Variablen, die für die ganze Klasse von großer Wichtigkeit sind, als Instanzvariablen deklariert werden. Die in dieser Beziehung gefährlichste Variable ist der ResultSet rs mit seinem internen Datensatz-Cursor. Da rs eine Instanzvariable ist, kann jede Methode unerlaubte Seiteneffekte bewirken, beispielsweise den Cursor verschieben oder Daten verändern

- Der DbDialog-Instanz wird mit dem Konstruktor eine Referenz auf die Applikationsklasse übergeben und in eine Instanzvariable kopiert, damit die Callbackmethode action-Performed() die Methode doIt() der Applikationsklasse aufrufen kann. Dieses Verfahren ist sehr üblich, um einer Hilfsklasse den Zugriff auf die Applikationsklasse zu ermöglichen, ist aber nicht ungefährlich, da sich damit die Applikationsklasse stark exponiert. Immerhin bleiben private Instanzvariablen vor dem Zugriff geschützt

- Das Zusammenstellen der SQL-Befehle durch Stringkonkatenation ist immer etwas mühsam und sollte zur besseren Übersicht in einer lokalen Stringvariablen sql erfolgen. Die Variable lässt sich bei fehlerhafter Ausführung zu Debugzwecken ausschreiben oder mit einem Debugger untersuchen. In SQL-Befehlen sind einfache Anführungszeichen zu verwenden, damit man die schlecht lesbare Schreibweise \" für die doppelten Anführungszeichen umgehen kann

- Um try-catch-Blöcke zu vermeiden, werfen mehrere Methoden die SQLException *nach oben*, wo sie im try-catch-Block von doIt() gefangen werden

- Das Interface ResultSet besitzt leider keine Methode, um die Totalzahl der Datensätze zu bestimmen. Der Workaround besteht darin, den Cursor mit last() auf den hintersten Datensatz zu setzen und mit getRow() die Zeilennummer dieses Datensatzes zu holen. Dabei ist aber zu beachten, dass als Seiteneffekt die Position des Cursors verändert wird

- Die Methode executeUpdate() führt zwar den Update in der Datenbank durch, verändert aber den aktuellen ResultSet nicht. Man muss nach dem Update einen neuen ResultSet aus der Datenbank holen. Dabei verliert man allerdings den aktuellen Cursor. Um dies zu vermeiden, kann man den Update des Datensatzes statt über ein SQL-Update mit einer update-Methode von `ResultSet` durchführen. Anschließend daran muss `updateRow()` aufgerufen werden, damit die Änderungen in der Datenbank wirksam werden

- Viele der verwendeten Methoden von `ResultSet` setzen die **JBDC Version 2** voraus, die nicht von allen Datenbanken unterstützt wird
- Man kann interessante Informationen über die aktuelle Tabelle mit den Methoden von `ResultSetMetaData` beschaffen (Anzahl der Attribute usw.). Man holt sich eine Referenz mit der Factory-Methode `getMetaData()` des aktuellen ResultSets
- Es wird der Einfachheit halber auf die nötige Validierung der Eingabedaten verzichtet und damit in Kauf genommen, dass bei fehlerhafter Eingabe das Programm mit einer Exception endet
- Es wäre falsch, die Applikationsklasse bereits bei der Deklaration der Instanzvariablen `dlg` mit `new DbDialog(this)` *bloß zu legen* und dabei die Callbackmethoden zu aktivieren, da zu diesem Zeitpunkt die Applikationsklasse noch nicht vollständig initialisiert ist. Die Instanzierung von DbDialog wird daher erst gegen Ende des Konstruktors vorgenommen
- Wir achten wie üblich sorgsam darauf, dass beim Beenden des Programms mit dem Close-Button, aber auch im Fall, dass eine Exception geworfen wird, die Datenbank-Ressourcen mit der Methode `releaseDb()` wieder freigegeben werden.

```java
// DbEx2.java

import java.sql.*;

interface State
{
   int NAVIGATE = 0;
   int INSERT = 1;
   int SEARCH = 2;
}

public class DbEx2
{

   private int state = State.NAVIGATE;
   private final String host = "localhost";
   private final String database = "demo";
   private final String table = "buch";

   private DbDialog dlg;
   private Connection con;
   private Statement stmt;
   private ResultSet rs;
   private int nbRecords;
   private String searchString = "";

   public DbEx2()
   {
```

```
    try
    {
      Class.forName("org.gjt.mm.mysql.Driver");
    }
    catch (ClassNotFoundException ex)
    {
      System.out.println("Unable to load driver class");
      return;
    }

    try
    {
      String drv = "jdbc:mysql://" + host + "/" + database;
      con = DriverManager.getConnection(drv);
      stmt =
          con.createStatement(ResultSet.TYPE_SCROLL_SENSITIVE,
                              ResultSet.CONCUR_UPDATABLE);
      getRecords();
      dlg = new DbDialog("Bücherdatenbank", this);
      if (nbRecords > 0)
      {
        dlg.showRecord(rs);
        dlg.showStatus(nbRecords + " record(s) selected");
      }
      else
        insertRecord(true);
    }
    catch (SQLException ex)
    {
      System.out.println("Sorry. Got SQLException: " +
                          ex.getMessage());
      releaseDb();
    }
  }

  void doIt(int n)
  {
    try
    {
      switch (n)
      {
        case 0: // First
          updateRecord();
          rs.first();
          dlg.showRecord(rs);
          break;
        case 1: // Prev
          updateRecord();
```

```
            if (!rs.isFirst())
              rs.previous();
          dlg.showRecord(rs);
          break;
        case 2: // Next
          updateRecord();
          if (!rs.isLast())
            rs.next();
          dlg.showRecord(rs);
          break;
        case 3: // Last
          updateRecord();
          rs.last();
          dlg.showRecord(rs);
          break;
        case 4: // Delete
          deleteRecord();
          break;
        case 5: // Insert
          updateRecord();
          insertRecord(true);
          break;
        case 6: // Save
          if (state == State.INSERT)
            saveInsert();
          else
            updateRecord();
          break;
        case 7: // Search
          state = State.SEARCH;
          searchRecord();
          break;
        case 8: // Exit
          releaseDb();
          System.exit(0);
          break;
      }
    }
  }
  catch (SQLException ex)
  {
    System.out.println("Sorry. Got SQLException: " +
                        ex.getMessage());
    releaseDb();
  }
}

private void deleteRecord() throws SQLException
{
```

```
    int row = rs.getRow();
    int id = rs.getInt(1);
    if (rs.isLast())
      row--;

    String sql = "DELETE FROM " + table +
        " WHERE id = " + id;
    stmt.executeUpdate(sql);
    state = State.NAVIGATE;
    dlg.setSearchString("");
    getRecords();
    dlg.showRecord(rs);
    if (nbRecords > 0)
    {
      dlg.showStatus("Record deleted - " + nbRecords +
                     " record(s) selected");
    }
    else
      insertRecord(true);
  }

  private void insertRecord(boolean b)
  {
    if (b)
    {
      state = State.INSERT;
      dlg.clearFields();
      dlg.showStatus("Insert mode");
    }
    else
    {
      state = State.NAVIGATE;
      dlg.showStatus("");
    }
    dlg.setButtonsDisabled();
  }

  private void saveInsert() throws SQLException
  {
    String[] fields = dlg.getFields();
    String sql = "";
    boolean isError = false;
    try
    {
      sql =
          "INSERT INTO " + table +
          "(autor, titel, jahr, verlag, preis) VALUES ('" +
          fields[0] + "', '" +
          fields[1] + "', " +
```

```
            Integer.parseInt(fields[2]) + ", '" +
            fields[3] + "', " +
            Double.parseDouble(fields[4]) + ")";
      stmt.executeUpdate(sql);
   }
   catch (NumberFormatException ex)
   {
      isError = true;
   }
   insertRecord(false);
   getRecords();
   dlg.showRecord(rs);
   if (isError)
   {
      if (nbRecords == 0)
         insertRecord(true);
      dlg.showStatus("Illegal format - record not inserted. "
                     + nbRecords + " record(s) selected");
   }
   else
      dlg.showStatus("Record inserted - " + nbRecords +
                     " record(s) selected");
}

private void updateRecord() throws SQLException
{
   String[] fields = dlg.getFields();
   int row = rs.getRow();
   int id = rs.getInt(1);
   String sql = "";
   try
   {
      sql =
          "UPDATE " + table +
          " SET autor = '" + fields[0] +
          "', titel = '" + fields[1] +
          "', jahr = " + Integer.parseInt(fields[2]) +
          ", verlag = '" + fields[3] +
          "', preis = " + Double.parseDouble(fields[4]) +
          " WHERE id=" + id;
   }
   catch (NumberFormatException ex)
   {
      dlg.showStatus("Illegal format - record not updated");
      return;
   }
   stmt.executeUpdate(sql); // Does not modify current rs
   getRecords();
```

```
    dlg.showStatus(nbRecords + " record(s) selected");
    rs.absolute(row);
}

private void searchRecord() throws SQLException
{
    searchString = dlg.getSearchString();
    int total = nbRecords;
    getRecords();
    if (nbRecords == 0)
    {
        if (searchString.equals("*"))
            dlg.showStatus("All records selected");
        else
            dlg.showStatus(
                "No records found - all records selected");
        dlg.setSearchString("");
        state = State.NAVIGATE;
        getRecords();
        dlg.showRecord(rs);
    }
    else
    {
        dlg.showRecord(rs);
        dlg.showStatus(nbRecords + " of " + total +
            " record(s) selected. Search * to get all records");
    }
}

private void getRecords() throws SQLException
// Set instance variables rs and nbRecords
{
    String sql;
    if (state == State.SEARCH)
        sql = "SELECT * FROM " + table +
            " WHERE autor='" + searchString + "' ORDER BY autor";
    else
        sql = "SELECT * FROM " + table
            + " ORDER BY autor";
    rs = stmt.executeQuery(sql);
    if (rs.last())
        nbRecords = rs.getRow();
    else
        nbRecords = 0;
    rs.first();
}

int getState()
```

```
{
  return state;
}

int getNbRecords()
{
  return nbRecords;
}

void releaseDb()
{
  try
  {
    if (con != null)
      con.close();
  }
  catch (SQLException ex)
  {}
}

public static void main(String[] args)
{
  new DbEx2();
}
}
```

*Oft sind bei Mutationen von Informationen in einer Datenbank mehrere Datensätze betroffen, insbesondere wenn die Datenbank aus mehreren verknüpften Tabellen besteht. Eine solche Mutation erfordert meist mehrere SQL-Befehle, die man in einer **Transaktion** zusammenfassen kann. (Beispielsweise müssen beim Verkauf eines Artikels sowohl der Lagerbestand wie das Rechnungskonto des Käufers geändert werden.) Unter allen Umständen muss verhindert werden, dass nur ein Teil der Transaktion stattfindet, weil beispielsweise der Client-Computer mitten in der Transaktion abstürzt. Im schlimmsten Fall kann dies zu einer korrupten (inkonsistenten) Datenbank führen. Um dies zu vermeiden, gibt es einen Datenbankmechanismus, den man **transaction processing** nennt. Dabei werden mehrere Datenbankoperationen in eine einzige Transaktion zusammengefasst und vorerst noch nicht in der Datenbank selbst, sondern nur in einem Zwischenspeicher vorgenommen. Erst am Ende werden die Operationen mit einem **commit** in die Datenbank übertragen. Wenn nötig, kann man die Operationen mit einem **rollback** auch rückgängig machen.*

*Ein weiteres heikles Problem ergibt sich, wenn mehrere Clients fast gleichzeitig Mutationen am selben Datensatz vornehmen (beispielsweise den Lagerbestand holen und ihn um die gekaufte Stückzahl vermindert zurückspeichern). Um Konflikte bei einem Mehrbenutzer-Zugriff zu vermeiden, kann man einzelne Datensätze oder ganze Tabellen für den exklusiven Zugriff **sperren (locking)**. Man spricht in diesem Fall auch von der **Isolations-Stufe (isolation level)** der Datenbank. Die Programmiertechniken sind zwar nicht besonders schwierig, übersteigen aber den Rahmen dieses Buchs. Eine gute Übersicht und Lösungsvarianten vermitteln Waever, Mukhar[1].*

---

[1] Weaver, Mukhar, *Beginning J2EE 1.4*, wrox (2003)

39   Reflection

39.1   Laufzeit-Typeninformation

In verschiedenen Situationen ist es nötig, zur Laufzeit aus einer compilierten Klasse wichtige Informationen herauszuholen, beispielsweise

- Name, Rückgabetyp, Parametertypen ihrer Methoden
- Namen und Datentyp ihrer Instanzvariablen
- die Vererbungshierarchie.

Man spricht von **Introspection** oder **Reflection**, in der OOP generell von Laufzeit-Typeninformation (Run-time Type Information, RTTI), die wir bereits im Kap. 14 kennengelernt haben. Reflection gibt uns aber noch weit mehr Möglichkeiten, als nur Informationen zurückzuholen, man kann damit auch

- Klasseninstanzen erzeugen
- Variablenwerte von (public) Instanzvariablen verändern
- (public) Methoden mit beliebigen Parametern aufrufen.

Von Reflection machen beispielsweise die Debugger und Bean-Builder Gebrauch, aber auch die RMI (Remote Method Invocation), ein Verfahren, um eine Methode auf einem anderen Rechner auszuführen (Kap. 40).

Da in Java alle Klassen aus `Object` abgeleitet sind, besitzen sie eine Methode `get-Class()`, um eine Referenz auf eine Instanz von `Class` zu holen, mit der man zur Laufzeit viele Informationen über das Objekt beziehen kann.

Im folgenden Beispiel werden Referenzen von Instanzen der Klasse `Alias`, die den Spitznamen einer Person enthält, zusammen mit einem Integer-Wert, der das Alter der Person angibt, paarweise mit `add()` in einen Vector eingefügt. Mit `elementAt()` holen wir diese Referenzen wieder zurück, dürfen aber `getNickname()` nur für Instanzen von `Alias`, nicht aber für Integer aufrufen. Gehen wir zur Übung davon aus, dass wir die spezielle Struktur des Vectors nicht kennen, so müssen wir zuerst die Typenzugehörigkeit der zurückgelieferten Referenzen herausfinden. Wir verwenden dazu die Methode `getName()`.

```java
// ReflectEx1.java

import java.util.*;
import ch.aplu.util.*;

class Alias
{
  private String nickname;

  public Alias(String nickname)
  {
    this.nickname = nickname;
  }

  public String getNickname()
  {
    return nickname;
  }
}

public class ReflectEx1
{
  public ReflectEx1()
  {
    String s = "";
    Class c;
    Object obj;

    Vector data = new Vector();
    data.add(new Alias("Mani"));
    data.add(new Integer(22));
    data.add(new Alias("Heiri"));
    data.add(new Integer(33));

    for (int i = 0; i < data.size(); i++)
    {
      obj = data.elementAt(i);
      c = obj.getClass();
      String name = c.getName();
      System.out.println("Typ: " + name);
      if (name.equals("Alias"))
        s = ((Alias)data.elementAt(i)).getNickname();
      else
        s = ((Integer)data.elementAt(i)).toString();
      System.out.println(s);
    }
  }
```

```
  public static void main(String[] args)
  {
    Console.init();
    new ReflectEx1();
  }
}
```

Das Programm liefert die Ausgabe in Abb. 39.1.

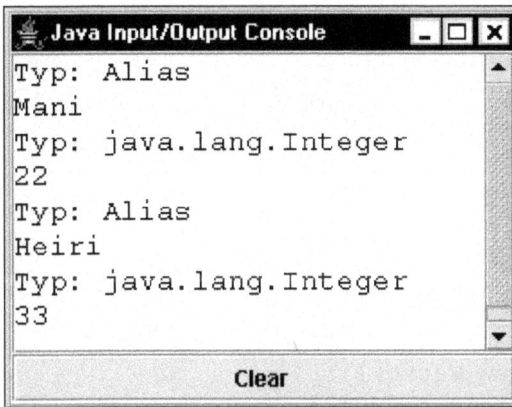

```
┌─────────────────────────────────────┐
│ ▣ Java Input/Output Console  _ □ ✕ │
├─────────────────────────────────────┤
│ Typ: Alias                        ▲ │
│ Mani                                │
│ Typ: java.lang.Integer              │
│ 22                                  │
│ Typ: Alias                          │
│ Heiri                               │
│ Typ: java.lang.Integer              │
│ 33                                ▼ │
├─────────────────────────────────────┤
│              Clear                  │
└─────────────────────────────────────┘
```

Abb. 39.1   *Die Ausgabe von ReflectEx1.java*

Von diesem Mechanismus macht auch `instanceof` Gebrauch, das üblicherweise an Stelle von `getName()` verwendet wird. Im `ReflectEx1.java` könnte daher zur Überprüfung des Datentyps auch

```
if (obj instanceof Alias)
```

verwendet werden. Statt mit einer oft tief verschachtelten if-else-Struktur die Datentypen zu erfragen, um die richtige Methode aufzurufen, ist es eleganter, die Polymorphie einzusetzen, indem man in einer Klassenhierarchie gleichlautende Methoden in den abgeleiteten Klassen überschreibt. Die Superklasse kann dabei oft sogar ein Interface oder eine abstrakte Klasse sein, da man meist keine Instanz erzeugen muss. Da die Methode `toString()` in allen Klassen implementiert ist, ersetzen wir in der Klasse `Alias` die Methode `getNickname()` durch `toString()` und können es nun der Polymorphie überlassen, die richtige Ausprägung dieser Methode aufzurufen.

```
// ReflectEx2.java

import java.util.*;

class Aliases
{
```

```
   private String nickname;

   public Aliases(String nickname)
   {
     this.nickname = nickname;
   }

   public String toString()
   {
     return nickname;
   }
}

public class ReflectEx2
{
   public ReflectEx2()
   {
     String s = "";
     Class c;
     Object obj;

     Vector data = new Vector();
     data.add(new Aliases("Mani"));
     data.add(new Integer(22));
     data.add(new Aliases("Heiri"));
     data.add(new Integer(33));

     for (int i = 0; i < data.size(); i++)
     {
       obj = data.elementAt(i);
       c = obj.getClass();
       System.out.println("Type: " + c.getName());
       s = (data.elementAt(i)).toString();
       System.out.println(s);
     }
   }

   public static void main(String[] args)
   {
     new ReflectEx2();
   }
}
```

Die Ausgabe ist dieselbe wie von ReflectEx1 (Abb. 39.1). Im nächsten Beispiel untersuchen wir übungshalber eine Klasse Aa zur Laufzeit eingehender. Diese besitzt die beiden Methoden who() und product() und die Instanzvariable msg.

```
// Aa.java

public class Aa
{
  public String msg = "Hello, I am class Aa";

  public void who()
  {
    System.out.println(msg);
  }

  public int product(int i, int k)
  {
    return i*k;
  }
}
```

Wir schreiben die Namen aller (public) Methoden, ihren Rückgabetyp und ihre Parameterliste, sowie Namen und Typ der (public) Instanzvariablen aus. Auskommentiert sind Varianten,
mit denen die (Referenz auf die) Class-Instanz ebenfalls geholt werden können.

```
// ReflectEx3.java

import java.lang.reflect.*;
import ch.aplu.util.*;

public class ReflectEx3 extends Console
{
  public ReflectEx3() throws Exception
  {
//   Class c = new Aa().getClass();
    Class c = Aa.class;
//     Class c = Class.forName("Aa");

    println("Klassenname: " + c.getName());
    Method[] methods = c.getMethods();
    println("Methoden:");
    for (int i = 0; i < methods.length; i++)
    {
      String name =  methods[i].getName();
      String ret = methods[i].getReturnType().getName();
      ret += " ";
      String param = "(";
      Class[] paramTypes = methods[i].getParameterTypes();
      for (int j = 0; j < paramTypes.length; j++)
        param += paramTypes[j].getName() + " ";
      param += ")";
      println("   " + ret + name + param);
```

```
    }
    Field[] fields = c.getFields();
    println("Instanzvariablen:");
    for (int i = 0; i < fields.length; i++)
    {
      print("  " + fields[i].getType().getName() + " ");
      println(fields[i].getName());
    }
  }

  public static void main(String[] args) throws Exception
  {
    new ReflectEx3();
  }
}
```

Zuerst sind wir über die umfangreiche Ausgabe in Abb. 39.2 erstaunt. Wir realisieren aber bald, dass natürlich auch alle public Methoden von Object ausgeschrieben werden, da Aa auch eine Instanz dieser Klasse ist.

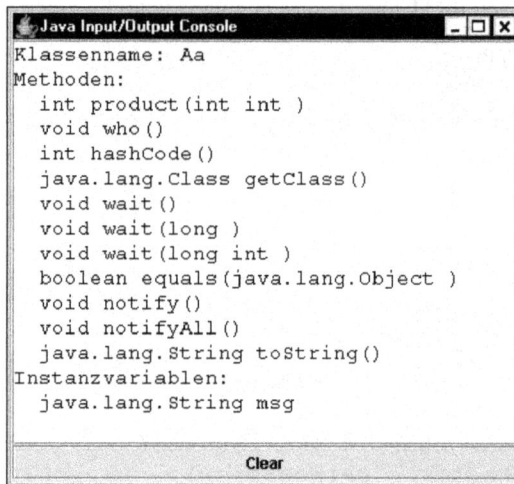

```
┌──────────────────────────────────────────────┐
│  Java Input/Output Console          [_][□][X] │
├──────────────────────────────────────────────┤
│ Klassenname: Aa                              │
│ Methoden:                                     │
│     int product(int int )                     │
│     void who()                                │
│     int hashCode()                            │
│     java.lang.Class getClass()                │
│     void wait()                               │
│     void wait(long )                          │
│     void wait(long int )                      │
│     boolean equals(java.lang.Object )         │
│     void notify()                             │
│     void notifyAll()                          │
│     java.lang.String toString()               │
│ Instanzvariablen:                             │
│     java.lang.String msg                      │
│                                               │
│                                               │
├──────────────────────────────────────────────┤
│                   Clear                       │
└──────────────────────────────────────────────┘
```

Abb. 39.2   *Introspektion der Klasse Aa*

39.2   Dynamische Klassen- und Methodennamen

Mit Reflection ist es möglich, Klassen zur Laufzeit erst dann zu laden und zu verwenden, wenn sie gebraucht werden. Klassen- und Methodennamen brauchen also nicht bereits zu Compilationszeit bekannt zu sein, sondern können erst zur Laufzeit aus der Programmdynamik bestimmt werden.

Dies steht im Gegensatz zum statischen Linken von Programmcode in klassischen Programmiersprachen, bei denen der ausführbare Programmcode zu einem Ganzen zusammengefügt und dabei alle Subroutinenaufrufe durch Sprünge an absolute, oder zumindest bezüglich der Startadresse relative Speicheradressen ersetzt werden. Moderne Betriebssysteme unterstützen auch dynamisch ladbaren Programmcode, beispielsweise unter Windows die Dynamic Link Libraries (DLL).

Im folgenden Beispiel, bei dem der Einfachheit halber keinerlei Inputvalidation vorgenommen wird, verwenden wir noch einmal die Klasse Aa. Zuerst wird die parameterlose Methode who() mit Reflection aufgerufen, um das Vorgehen in einem einfachen Fall zu demonstrieren. Zuerst laden wir mit der Methode forName() die Klasse und erzeugen mit newInstance() eine Instanz davon. Mit getMethod() holen wir eine Referenz von Method, wobei die Parametertypen als Array der Klasse Class angegeben wird, die in diesem Fall leer ist. Mit invoke() wird schließlich die Methode aufgerufen.

Bei der Methode product(), die zwei int-Parameter hat, verwenden wir das Verfahren noch einmal, indem wir sowohl den Bezeichner wie die Parameterwerte erst zur Laufzeit einlesen. Diese müssen in einen Array von Object verpackt werden, bevor die Methode mit invoke() aufgerufen werden kann.

```
// ReflectEx4.java

import java.lang.reflect.*;
import ch.aplu.util.*;

public class ReflectEx4 extends Console
{
  public ReflectEx4() throws Exception
  {
    // Load class, who's name is known at run-time only
    print("Gib den Namen der Klasse ein: ");
    String classname = Console.readLine();
    Class c = Class.forName(classname);
    // Instantiate a new object, so we can use it's methods
    Object obj = c.newInstance();

    // Invoke a method with empty parameter list
    Method whoMethod = c.getMethod("who", new Class[]
                                          {});
    whoMethod.invoke(obj, new Object[]
                          {});

    // Invoke method who's name is known at run-time only
    print("Gib den Namen der Methode ein: ");
    String methodname = readLine();
    print("Erster Faktor? ");
    int m = Console.readInt();
    print("Zweiter Faktor? ");
    int n = readInt();
    Class[] argTypes = new Class[]
```

```
          {int.class, int.class};
   Method method = c.getMethod(methodname, argTypes);
   Object[] argValues = new Object[]
       {new Integer(m), new Integer(n)};
   Integer k = (Integer)method.invoke(obj, argValues);
   println(methodname + "(" + m + "," + n + ") = " + k);
  }

  public static void main(String[] args) throws Exception
  {
    new ReflectEx4();
  }
}
```

Ein typischer Programmablauf ist in Abb. 39.3 dargestellt.

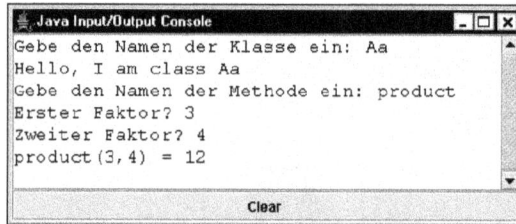

Abb. 39.3   *Dynamische Klassen- und Methodennamen*

Bekanntlich kann man in Java in einer Klassenhierarchie mit dem Schlüsselwort super nur auf Methoden der direkten Superklasse zugreifen. Im folgenden Beispiel zeigen wir, dass man mit Reflection beliebig weit in der Klassenhierarchie hochsteigen kann, indem man von der Class-Instanz der Superklasse wieder getSuperclass() aufruft.

```
// ReflectEx5.java

import java.lang.reflect.*;
import ch.aplu.util.*;

class Bb extends Aa
{
  public void say()
  {
    System.out.println("Hallo, ich bin Bb");
  }
}

public class ReflectEx5 extends Bb
{
  public ReflectEx5() throws Exception
```

```
{
    Class parent = getClass().getSuperclass();
    Method whoMethod = parent.getMethod("say", new Class[]
                                        {});
    whoMethod.invoke(this, new Object[]
                     {});
    Class grandparent = parent.getSuperclass();
    whoMethod = grandparent.getMethod("who", new Class[]
                                      {});
    whoMethod.invoke(this, new Object[]
                     {});

}

public static void main(String[] args) throws Exception
{
    Console.init();
    new ReflectEx5();
}
}
```

39.3   Reflection für Klassenbibliotheken

Eines der wichtigsten Konzepte der Software-Entwicklung ist bekanntlich die Modularisierung. Man versteht darunter im weitesten Sinn die Einteilung eines komplizierten Problems in weitgehend unabhängig lösbare, einfachere Teilprobleme, deren Aufgabe und Schnittstelle klar beschrieben werden. Handelt es sich um einzelne kleine Programmmodule, so nennt man diese Beschreibung allgemein das **Interface**, den Programmcode die **Implementierung**. Eine saubere Trennung von Interface und Implementierung ist in allen höheren Programmiersprachen möglich und gehört zu den Hauptaufgaben eines guten Softwaredesigns. In der OOP erreicht man diese Modularisierung auf höherer Stufe durch einen übersichtlichen, gut strukturierten Klassenentwurf, der meist aus einer Mischung von Vererbung und Delegation besteht und weitgehend voneinander entkoppelte Klassen aufweist. Auf tieferer Stufe besteht die Modularisierung, wie in klassischen Programmiersprachen, aus der funktionalen Unterteilung des Codes innerhalb der Klasse mit Hilfe von (privaten) Methoden.

Unter diesem Gesichtspunkt ist es verständlich, dass in der OOP gleichartige Aufgaben und Dienste in einer Klassenbibliothek zusammengefasst werden. Davon zeugt die mehrere tausend Klassen umfassende JFC, aber auch Tausende von anderen Java-Klassen von Drittherstellern aus allen erdenklichen Gebieten des Computereinsatzes. Um den Überblick nicht zu verlieren, ist ein gewisser Strukturierungsaufwand notwendig. Für den Anwender kann es eine große Erleichterung sein, wenn man für einen gewissen Problembereich das Interface (Klassennamen, public Methoden) festschreibt, aber mehrere Implementierungen, beispielsweise von unterschiedlichen Programmiergruppen oder Herstellern zulässt. Die Hersteller müssen dabei garantieren, dass bei gleichen **Preconditions** auch die **Postconditions** übereinstimmen.

Es wäre für einen Anwendungsprogrammierer angenehm, wenn er bei gleichbleibendem Interface die Implementierung austauschen könnte, ohne den Code wesentlich zu ändern. Folgendes Beispiel verwendet dazu wiederum das Factory-Entwurfsmuster, jetzt aber zusammen mit Reflection. Wir gehen davon aus, dass ein Hersteller mit der Packagebezeichnung aa und anderer mit der Bezeichnung bb eine Bibliothek für Ganzzahl-Funktionen entwickeln, wobei sie vorderhand der Einfachheit halber einzig die Fakultät

$$n! = n(n-1)(n-2)\cdots 1$$

anbieten. Organisatorisch gesehen gibt es mehrere Partner: Auf der einen Seite steht der Java-Anwendungsprogrammierer, der die Funktion in seiner Anwendung einsetzen möchte, auf der anderen Seite die Bibliothekshersteller. Ein Integrationspartner übernimmt die Brückenfunktion, Anwender und Hersteller miteinander zu verbinden. Als Erstes legen sich alle Beteiligten darauf fest, die Fakultätsfunktion mit einer Methode int fac(int n) anzubieten, die in einem Java-Interface IntFunctions deklariert ist, welches sich im Package jjava.function befindet.

```
// IntFunctions.java

package jjava.functions;

public interface IntFunctions
{
  int fac(int n);
}
```

Die Hersteller können bereits hinter die Arbeit gehen. Sie haben die Auflage, das Interface zu implementieren. Hersteller aa löst dies mit einer Iteration:

```
// IntMath.java
// Implementation by aa

package aa;

public class IntMath implements jjava.functions.IntFunctions
{
  public int fac(int n)
  {
    int y = 1;
    for (int i = 1; i <= n; i++)
    {
      y = i * y;
    }
    return y;
  }
}
```

Hersteller bb zieht hingegen eine elegante rekursive Formulierung vor, baut aber in einer Demoversion noch einen Ton (beep) ein.

```
// IntMath.java
// Implementation by bb

package bb;
import java.awt.Toolkit;

public class IntMath implements jjava.functions.IntFunctions
{
  public int fac(int n)
  {
    Toolkit.getDefaultToolkit().beep();
    if (n == 0)
      return 1;
    else
      return n * fac(n - 1);
  }
}
```

Die Arbeit des Integrationspartners ist konzeptionell die schwierigste. Er stellt im Package jjava.functions mit der Klasse FunctionFactory eine Factory-Methode create-Functions() zur Verfügung, mit der sich der Anwender noch zur Laufzeit für den einen oder anderen Hersteller entscheiden kann. Die Klasse ist abstract und hat einen leeren privaten Konstruktor, damit man weder sie noch eine Ableitung davon instanzieren kann.

```
// FunctionFactory.java

package jjava.functions;

public abstract class FunctionFactory
{
  private FunctionFactory(){} // Inhibit instance

  public static Functions createFunctions(String classname)
  {
    return new Functions(classname);
  }
}
```

In der Klasse Functions implementiert der Integrationspartner ebenfalls das vereinbarte Interface, ruft aber darin mit Hilfe von Reflection lediglich die von den Herstellern gelieferten Methoden auf. Damit er die Klasse nicht öffentlich dokumentieren muss, verhindert er das Erstellen einer Klasseninstanz von außerhalb des Packages, indem er dem Konstruktor nur *package access* gibt. Er erlaubt auch keine Vererbungen und macht die Klasse darum final.

```java
// Functions.java

package jjava.functions;

import java.lang.reflect.*;

public final class Functions implements IntFunctions
{
  private Class math;
  private Object obj;

  Functions(String classname)
  {
    try
    {
      math = Class.forName(classname);
      obj = math.newInstance();
    }
    catch (Exception ex)
    {
      ex.printStackTrace();
    }
  }

  public int fac(int n)
  {
    try
    {
      Class[] argTypes = new Class[]
          {int.class};
      Method method = math.getMethod("fac", argTypes);
      Object[] argValues = new Object[]
          {new Integer(n)};
      Integer z = (Integer)method.invoke(obj, argValues);
      return z.intValue();
    }
    catch (Exception ex)
    {
      ex.printStackTrace();
      return 0;
    }
  }
}
```

Nun ist es für den Anwendungsprogrammierer sehr leicht, die Bibliothek des einen oder anderen Herstellers zu verwenden. Will er zu Testzwecken lediglich die Fakultät von 5 ausschreiben, so ruft er mit der von createFunction() zurückgegebenen Referenz fs die

Methode fac() auf. Die einzigen Kenntnisse, die er haben muss, beschränken sich auf das Interface IntFunctions und die Factory-Methode createFunctions(). Damit er die Bibliothek in jeder Methode frei verwenden kann, deklariert er fs als Instanzvariable.

```java
// ReflectEx6.java

import jjava.functions.*;
import ch.aplu.util.*;

public class ReflectEx6 extends Console
{
  private IntFunctions fs;

  public ReflectEx6()
  {
    String classname = "aa.IntMath";  // Select which you want
//    String classname = "bb.IntMath";
    fs = FunctionFactory.createFunctions(classname);
    println("Calculating with " + classname + "... ");
    int x = 5;
    int y = fs.fac(x);
    println("f(" + x + ") = " + y);
  }

  public static void main(String[] args)
  {
    new ReflectEx6();
  }
}
```

Einen Überblick über den Zusammenhang der Klassen erhält man durch das UML-Diagramm in Abb. 39.4. Der Aufwand auf Seite des Bibliotheksherstellers ist zwar nicht gering. Hält er sich aber streng an das vorgestellte Entwurfsmuster, so lassen sich damit sehr elegante, flexible Klassenbibliotheken aufbauen.

Die JFC macht von diesem Entwurfsmuster an mehreren Stellen Gebrauch, beispielsweise bei JDBC, für RMI und im Zusammenhang mit Schnittstellen-Treibern.

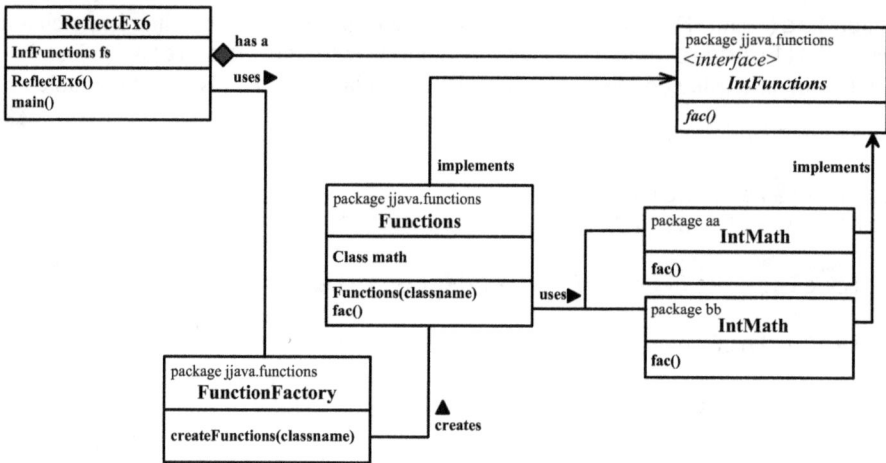

Abb. 39.4   *UML-Diagramm für eine Funktionsbibliothek*

40 Remote Method Invocation (RMI)

Objekte werden geschaffen, damit sie mit ihren Methoden Dienste anbieten. Wie wir wissen, sind im einem guten OOP-Design die Klassen weitgehend voneinander entkoppelt. Es ist daher nahe liegend, Anwendungen zu erstellen, bei denen sich die Objekte sogar auf verschiedenen Rechnern befinden können, die durch das Internet verbunden sind. Man spricht von **entfernten Objekten** (remote objects) und von **verteilten Applikationen** (distributed applications). Damit lässt sich eine echte Parallelverarbeitung realisieren, da die Objekte durchaus gleichzeitig auf verschiedenen Prozessoren Rechenzeit beanspruchen können. In erster Linie geht es um die Entwicklung eines Verfahrens, einer Prozedur, die sich auf einem entfernten Rechner befindet, Parameter zu übergeben, sie zur Ausführung zu bringen und die Rückgabewerte zurückzuholen (**Remote Procedure Call**, **RPC**). Da man in Java nicht von Prozeduren, sondern von Methoden spricht, heißt das Verfahren hier sinngemäß **Remote Method Invocation (RMI)**. Java verwendet für den Methodenaufruf Reflection und für den Datentransfer Sockets. Für den Transport der Objekte werden diese serialisiert. In der JFC gibt es aber einige spezifische Klassen für RMI, die uns weitgehend von der Komplexität dieses Unterbaus abschirmen.

Wir zeigen exemplarisch das Vorgehen an einer verteilten Applikation, bei der ein entferntes Objekt, das der Klasse `FibServer` angehört, einer Client-Applikation den Dienst anbietet, den Wert eines bestimmten Gliedes der Fibonacci-Folge zu berechnen und zurück zu geben. Wir verwenden dazu denselben Algorithmus wie in Kap. 29.3. Zudem kann der Client vom entfernten Objekt noch das aktuelle Datum, und die Uhrzeit als Referenz auf eine Date-Instanz anfordern. Die Entwicklung kann auf demselben Rechner mit dem Hostnamen `localhost` ausgeführt werden, was aber leicht zu Verwechslungen führt. Falls zwei nahe beieinander liegende, über TCP/IP verbundene Rechner zur Verfügung stehen, ist es vorzuziehen, auf einem der Rechner die Programme zu entwickeln und zur Ausführung den Bytecode auf den anderen zu transferieren und dort den Fibserver in einer Command-Shell zu starten.

Die Methoden, welche ein entferntes Objekt über RMI anbieten will, werden in einem Interface deklariert, das aus dem Interface `java.rmi.Remote` vererbt wird. Die Methoden müssen `public` deklariert sein und eine `RemoteException` werfen. In unserem Beispiel deklariert `FibIf` die beiden Methoden `getFib(int n)`, welche das n-te Glied der Fibonacci-Folge als long zurückgibt und `getServerDate()`, welche eine Date-Referenz liefert.

```
// FibIf.java

import java.util.*;
import java.rmi.*;

public interface FibIf extends Remote
{
  public long getFib(int i) throws RemoteException;
  public Date getServerDate() throws RemoteException;
}
```

Die Klasse FibServer des entfernten Objekts muss dieses Interface implementieren, zudem aber auch seine Methoden über die TCP/IP nach außen anbieten. Dazu wird auf dem
Server-Host ein **Registry-Daemon** gestartet, der die Namen der nach außen verfügbaren
Klassen und Methoden verwaltet und einem Client die diesbezüglichen Anfrageinformatio-
nen abgibt. Jedes Objekt, das sich für eine entfernte Benützung zur Verfügung stellt, muss
sich bei diesem Daemon mit einem beliebig wählbaren Namen **registrieren**, was man auch
binden nennt. Der Registry-Daemon kann auf verschiedene Arten gestartet werden, beispielsweise mit dem Kommandozeilen-Programm rmiregistry. Eleganter ist es, wenn
das Host-Objekt beim Starten prüft, ob der Registry-Daemon bereits läuft und ihn andernfalls
mit der statischen Methode createRegistry() selbst startet. Wir wählen diesen Weg
und prüfen nicht nur mit

```
LocateRegistry.getRegistry();
```

sondern nachfolgend zur Sicherheit noch mit

```
reg.list();
```

ob der Registry-Daemon tatsächlich voll funktionsfähig ist.

Als Nächstes melden wir die FibServer-Instanz beim Registry-Daemon mit rebind()
unter dem frei wählbaren Namen *Fibonacci* an. Damit stehen die Dienste der im Interface
FibIf deklarierten Methoden nach außen zur Verfügung.

```
// FibServer.java
// Create stub using rmic before execution

import java.util.*;
import java.rmi.server.*;
import java.rmi.registry.*;

public class FibServer implements FibIf
{
  private final static int  port = 1099;   // Default RMI port
```

```
public FibServer()
{
  Registry reg = null;
  try
  {
    // Check if registry is alive
    reg = LocateRegistry.getRegistry();
    reg.list();
  }
  catch (Exception ex)
  {
    reg = null;
  }
  try
  {
    if (reg == null)  // instead of using "rmiregistry"
      reg = LocateRegistry.createRegistry(port);
    FibIf fib =
        (FibIf)UnicastRemoteObject.exportObject(this);
    reg.rebind("Fibonacci", fib);
    System.out.print("FibServer is running on port " +
                      port + " for 100 s... ");
    Thread.currentThread().sleep(100000);
    System.out.println(" and stopping now.");
    reg.unbind("Fibonacci");
    System.exit(0);
  }
  catch (Exception ex)
  {
    System.out.println("FibServer exception: " + ex);
    ex.printStackTrace();
    System.exit(1);
  }

}

public long getFib(int n)
{
  long a = 1;
  long b = 1;

  if (n == 1)
    return a;
  if (n == 2)
    return b;
  for (int i = 0; i < n - 2; i++)
  {
    long temp = b;
```

```
      b = a + b;
      a = temp;
    }
    return b;
  }

  public Date getServerDate()
  {
    return new Date();
  }

  public static void main(String args[])
  {
    new FibServer();
  }
}
```

Man hat Interesse, dass die Klasse FibClient, welche die Dienste des entfernten Objekts verwenden möchte, weitgehend unabhängig von der Implementierung des entfernten Objekts programmiert werden kann. Dazu stellt FibServer dem Client eine Hilfsklasse zur Verfügung, welche die Funktionalität des Servers simuliert, die Aufrufe aber tatsächlich dem entfernten Server weitergibt. Man nennt eine solche Hilfsklasse einen **Stub**. Zu seiner Erzeugung geht man in das Verzeichnis mit der Datei FibServer.class und ruft in einer Command-Shell (unter Windows)

```
rmic FibServer
```

auf. Dabei entsteht die class-Datei FibServer_Stub.class, die bei der Ausführung sowohl von FibServer wie FibClient im Verzeichnis der class-Dateien vorhanden sein muss.

Der Client holt sich als Erstes mit getRegistry() beim Registry-Daemon des Hosts eine Registry-Referenz und daraus mit lookup() eine Referenz auf das Interface FibIf. Damit können dessen Methoden so aufgerufen werden, als ob es sich um ein lokales Objekt handeln würde. Wir prüfen zwar, ob tatsächlich ein int eingegeben wird, sehen aber keinen Fehlerabfang vor, falls der eingegebene Wert negativ ist oder den legalen Wertebereich des FibServers übersteigt.

```
// FibClient.java
// Create stub using rmic before execution

import java.rmi.*;
import java.rmi.registry.*;
import ch.aplu.util.*;

public class FibClient extends Console
{
```

```java
  private static String host;
  private final static int port = 1099;   // Default RMI port

  public FibClient()
  {
    print("Host: ");
    host = readLine();
    try
    {
      FibIf fib;
      println("Trying to get RMI services from\n" +
          host + " on port " + port + "...");
      Registry reg = LocateRegistry.getRegistry(host, port);
      fib = (FibIf)reg.lookup("Fibonacci");
      println("Connected at : " + fib.getServerDate());

      while (true)
      {
        print("Welches Glied der Fibonacci-Folge? ");
        Integer nb = getInt();
        if (nb != null)
        {
          long value = fib.getFib(nb.intValue());
          println("Wert: " + value);
        }
        else
          println("Falsche Eingabe");
      }
    }
    catch (Exception ex)
    {
      println("FibClient exception: " + ex);
    }
  }

  public static void main(String args[])
  {
    new FibClient();
  }
}
```

RMI kann auch in Verbindung mit Applets eingesetzt werden, um diesen eine serverbasierte Dynamik zu verleihen. Beispielsweise kann ein entferntes Objekt dafür sorgen, dass das Applet von einem Server periodisch mit aktuellen Daten versorgt wird, die dieses in einer Tabelle oder als Grafik laufend darstellt.

Es ist von Sun vorgesehen, dass für Clients, die ab J2SE Version 1.5 entwickelt werden, die Stub-Klassen nicht mehr nötig sind. Auf dem Remote-Host müssen in der Sicherheitsdatei `java.policy`, *die sich im Verzeichnis* `../lib/security` *der installierten JRE befindet, folgende Rechte gegeben werden:*

```
grant
{
permission java.net.SocketPermission "localhost:1024-",
    "listen, accept, connect";
...
}
```

Befindet sich der Client oder der Host hinter einer Firewall, so muss zudem der für RMI verwendete IP-Port geöffnet sein.

41 Dynamische Web-Seiten

41.1 HyperText Transfer Protocol (HTTP)

Bereits im Kap. 32 haben wir die Grundlagen des Datenverkehrs zwischen einem Web-Client und einem Web-Server kennen gelernt. Wie wir von dort her wissen, wird dabei auf der **Transport-Schicht** ein **TCP-Socket** erstellt und auf der **Applikations-Schicht** mit **HTTP (HyperText Transfer Protocol)** kommuniziert. Gemäß diesem Protokoll besteht der Informationsaustausch aus einer Sequenz von **Anfrage-Antwort (Request-Response)-Paaren**, wobei immer der Client die Anfrage auslöst und der Server darauf antwortet. In vielen Fällen ist der Request eine Aufforderung an den Server, eine bestimmte Datei zum Client zu senden. Meist handelt es sich um eine Textdatei in der Seitenbeschreibungssprache **HTML (Hypertext Markup Language)**, die der Client nach dem Empfang interpretiert und als formatierten Text auf dem Bildschirm darstellt. Die angeforderte Datei nennt man allgemein eine **Web-Seite (Web page)**.

Neben HTML, auf die wir uns hier der Einfachheit halber beschränken, gibt es noch andere Seitenbeschreibungssprachen. Es ist leicht, sich für HTML die wenigen Grundkenntnisse zu beschaffen, die in diesem Kapitel benötigt werden, beispielsweise mit einer Internet-Suchmaschine und den Stichworten „Einführung" und „HTML".

Bereits zu Beginn des Webs war klar, dass mit dem Herunterladen und Darstellen von HTML-Dateien nur die allereinfachsten Bedürfnisse der Informationsbeschaffung abgedeckt werden. Immerhin kann eine Web-Seite auch Bezüge (**Links**) auf andere Web-Seiten enthalten, die sich auf dem gleichen oder beliebigen anderen Web-Servern befinden, wodurch der Benutzer den Eindruck einer starken globalen Vernetzung erhält.

Web-Seiten werden üblicherweise von einem Web-Designer als Textdateien, meist unter Verwendung von visuellen Web-Editoren geschrieben und auf den Web-Server abgelegt, der sie beim Aufruf unverändert an den Client sendet. Da die Seiten bereits vor dem Aufruf in endgültiger Form vorliegen, spricht man auch von **statischen Web-Seiten**. Damit ist ausgeschlossen, dass der Seiteninhalt auf Grund eines Benutzerverhaltens angepasst wird, und eine Interaktion zwischen Client und Server, wie wir dies von GUI-Applikationen her gewohnt sind, ist nicht möglich. Um diese enorme Beschränkung zu umgehen, wurde das statische Konzept durch den Einbau von einfachen GUI-Komponenten wie Eingabefelder und Buttons erweitert, was zu **dynamischen Web-Seiten** führt. Auf der Serverseite bedingt dies aber ein völlig anderes Konzept, müssen doch nun diese Eingabeinformationen gelesen und entsprechend verarbeitet werden. Dazu ist Programmcode in einer höheren Programmiersprache oder speziellen Scriptsprache nötig, der außerhalb des eigentlichen Web-Servers zur Ausführung gelangt. Es eröffnet sich daher im Bereich der dynamischen Web-Seiten ein weites Betätigungsfeld für Personen mit guten Programmierkenntnissen.

Es gibt grundsätzlich andere Möglichkeiten der Erweiterung statischer Web-Seiten. So kann man den Browser mit zusätzlichen Fähigkeiten ausrüsten, damit dieser auf der **Client-Seite** *Programmcode in einer höheren Programmiersprache oder einer Scriptsprache ausführt. Beispiele dazu sind Applets, JavaScript, aber auch Browser-Plugins wie Flash usw.*

Das Konzept zur Übertragung von Eingabeinformationen des Benutzers zum Web-Server ist im Grunde genommen einfach. Wie wir wissen, enthält der HTTP-Request des Clients die IP-Adresse bzw. den IP-Alias und (eventuell implizit) den Dateinamen der gewünschten Web-Seite als **URL** (**Uniform Resource Locator**). Man fügt nun der URL weitere Informationen über den Zustand der GUI-Komponenten an, die vom Web-Server gelesen und verarbeitet werden. Es handelt sich dabei um Schlüssel/Werte-Paare (analog den Properties), wie wir sie im Kap. 32 im Zusammenhang mit einer Suchmaschine bereits angetroffen haben. In Analogie zu einer Programmiersprache kann man den Schlüssel auch als einen Parameterbezeichner auffassen. Die Information wird als 7-bit ASCII-Zeichen im Format `param=wert` übertragen. Man spricht deshalb von den Parametern einer URL.

Man unterscheidet zwischen einem **GET**-Request, bei dem die Parameter der URL angefügt werden und einem **POST**-Request, bei dem die Parameter dem HTTP-Request hinzugefügt werden und darum nicht im Adress-Feld des Browsers sichtbar sind. Besucht man beispielsweise die Site `www.google.de`, so wird eine Seite angezeigt, die mehrere GUI-Komponenten enthält, insbesondere ein Texteingabe-Feld und Buttons (Abb.41.1).

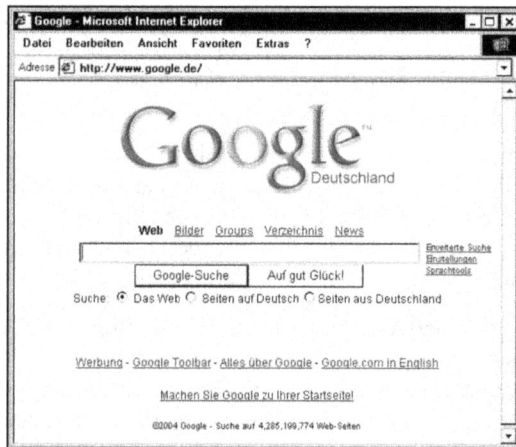

Abb. 41.1   *Dynamische Web-Seite*

Tippt man das Suchwort *java* ein und drückt auf den Button *Google Suche*, so erkennt man im Adress-Feld, dass dem Server eine URL gesendet wird, welche folgenden Teil enthält:

```
http://www.google.de/search?q=java&btnG=Google+Suche
```

Eine Definition der Spezialzeichen findet man in den HTML-Spezifikationen. In unserem einfachen Beispiel bedeuten

?:   Trennung von (relativer) Web-Adresse und Parameter-String
&:   Trennung von Parameter/Werte-Paaren
+:   Ersatz von Leerzeichen

Es ist klar, dass auf der Seite des Servers bei der Ankunft dieser URL eine intensive Tätigkeit ablaufen muss, die in diesem Beispiel darin besteht, alle Links zu Websites mit einer Relevanz zum betreffenden Suchwort aufzufinden und in geeigneter Form (in Seiten aufgeteilt) dem Client zurück zu senden. Es kann sich daher nicht mehr um einen Web-Server handeln, der lediglich vorgefertigte Dateien zum Client sendet. Vielmehr leitet der Web-Server den HTTP-Request mit den Parametern zur Bearbeitung an ein Programm weiter, das die Parameter der URL extrahiert und auf Grund der Programmlogik eine Response-Seite dynamisch erstellt und diese dem Web-Server zurückgibt, der sie als HTTP-Response zum Client senden wird. Ist der Programmcode in Java geschrieben, nennt man ihn in Analogie zu den Applets ein **Servlet** (Abb. 41.2).

Der auf dem Server ablaufende Programmcode ist heikel. Er kann den Server lahm legen oder ihn sogar zum Absturz bringen, aber auch unerlaubte Zugriffe auf den Server ermöglichen. Wegen der Fähigkeit zum Multithreading, dem einfachen Abfangen fataler Fehler wie Speicherüberlauf und dem gut ausgebauten Security-Konzept ist Java zum Schreiben von dynamischen Web-Seiten aber hervorragend geeignet.

*Bei der Entwicklung von dynamischen Web-Seiten sollte man nie vergessen, dass es eine Asymmetrie zwischen Client und Server gibt, denn es ist immer der Client, der mit einem Request eine Aktion auslöst, die vom Server möglichst schnell mit einem Response beantwortet wird. Der Server kann mit HTTP ohne Request dem Client keine Daten zusenden und schon gar nicht Daten bei ihm holen. Eine gewisse Ausnahme sind die **Cookies**, die ein Server schreiben und auch wieder lesen kann, falls der Zugriff nicht durch den Browser unterbunden wird.*

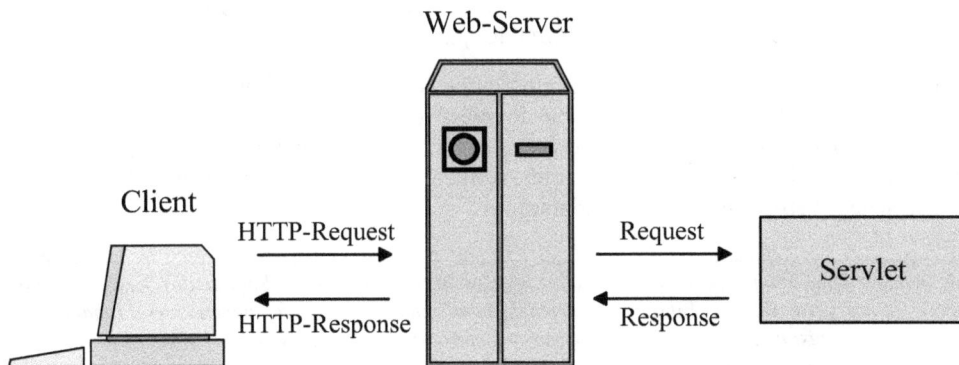

Abb. 41.2   Servlets als Plugin eines Web-Servers

41.2   Servlets

Es ist offensichtlich, dass für die Verwendung von Servlets ein Web-Server zur Verfügung stehen muss, welcher eine Schnittstelle zur Java-Laufzeitumgebung aufweist. Man nennt diesen Zusatz auch **Servlet-Container**. Alle bekannten Web-Server können damit ausgerüstet werden. Wir werden für die Zwecke dieses Buchs den bekannten Web-Server **Tomcat** installieren, der kostenlos im Internet zu beziehen ist und bei dem der Servlet-Container bereits integriert ist.

*Es wird dringend empfohlen, nur die **Tomcat-Version 5** oder höher zu verwenden. Zu Lernzwecken ist es möglich, den Server auf dem Entwicklungsrechner zu installieren. Man spricht diesen entweder mit der IP-Adresse **127.0.0.1** oder mit dem Hostnamen **localhost** an. Für die Installation befolge man strikt die Anleitungen, welche an verschiedensten Stellen im Internet angeboten werden. Am besten sucht man sie mit einer Internet-Suchmaschine (Stichworte tomcat installation). Damit die folgenden Beispiele genau wie beschrieben funktionieren, sind einige ergänzende Installationsarbeiten nötig. Diese werden im Anhang beschrieben.*

Für die Entwicklung von Servlets benützen wir eine umfangreiche Klassenbibliothek, welche im Package `javax.servlet` enthalten ist. Diese ist so allgemein geschrieben, dass auch Servlets unterstützt werden, die nicht im Zusammenhang mit HTTP stehen (beispielsweise für FTP-Server). Damit handelt man sich zwar eine zusätzliche Komplexität ein. Die für uns wichtigsten Klassen `HttpServlet`, `HttpServletRequest` und `HttpServlet-Reponse` sind aus diesem Grund aus allgemeineren Klassen abgeleitet, was uns aber nicht weiter betrifft.

Die Programmierung einfacher Servlets erfolgt in Analogie zu den Applets. Man leitet eine eigene Klasse aus `HttpServlet` ab und erbt damit eine Anzahl von Methoden, welche vom Servlet-Container des Web-Servers als Callbackmethoden aufgerufen werden, sobald ein HTTP-Request eintrifft. Die Methoden erhalten über einen Parameter vom Typ `HttpRequest` alle nötigen Informationen über den Request und können über einen Parameter vom Typ `HttpResponse` Rückgabewerte abliefern. Um auf einen Request zu antworten, überschreibt man in der eigenen Klasse diese Methoden und implementiert darin das gewünschte Verhalten. Die wichtigste dieser Callbackmethoden ist `doGet()`, welche immer dann mit einer gültigen Referenz auf ein `HttpRequest`- und `HttpRespose`-Objekt aufgerufen wird, wenn der Client einen GET-Request abgibt.

Im ersten Beispiel wird der Web-Host eine einfache Spielsimulation durchführen und das Resultat dem Client mitteilen. Bei jedem Request soll der Host 1000 × mit zwei Würfeln würfeln und nachher dem Client zurückmelden, wie oft sich beim Doppelwurf die totale Augenzahl von 7 ergeben hat. Dies ist offensichtlich eine Aufgabe, die ein Web-Server nicht mit statischen Web-Seiten erledigen könnte.

Da Tomcat die Servletklasse aus Gründen der Effizienz bei ihrer ersten Verwendung in den Speicher lädt, bemerkt Tomcat ohne besondere Vorkehrungen nicht, wenn eine neue Version des Servlets auf den Server kopiert wird. Wie im Anhang beschrieben, muss man mit dem Webanwendungs-Manager von Tomcat den Kontext neu laden (oder den Server neu starten). Damit man sicher ist, dass tatsächlich die aktuelle Version des Servlets ausgeführt wird, schreibt man am besten eine Versionsnummer aus, die man vor jeder Neucompilation inkrementiert.

In `ServletEx1.java` werden zuerst einige Konstanten definiert. Es ist für uns selbstverständlich, dass wir einen Würfel als Objekt der Klasse `Dice` auffassen und einen Wurf mit
der Methode `doThrow()` ausführen, welche die Augenzahl zurückgibt. Wir können den
Doppelwurf mit einem einzigen Würfel simulieren, den wir zweimal werfen. Für die Antwort an den Web-Client beziehen wir von `HttpServletResponse` mit der Methode
`getWriter()` eine Referenz auf ein `PrintWriter`-Objekt und müssen mit den bekannten print-Methoden den HTML-Code mühsam *von Hand* ausprogrammieren, wobei wir mit
`setContentType()` vorerst noch angeben, dass es sich um eine HTML-Textseite handelt. Wir lagern zur besseren Übersicht diesen Codeteil in eine Methode `makeHtml-`
`Response()` aus.

```java
// ServletEx1.java

import javax.servlet.*;
import javax.servlet.http.*;
import java.io.*;

public class ServletEx1 extends HttpServlet
{
  private final String version = "1.1";
  private static final String CONTENT_TYPE = "text/html";
  private final int nbGames = 1000;
  private final int nbSpots = 7;

  public void doGet(HttpServletRequest request,
                    HttpServletResponse response) throws
      ServletException, IOException
  {
    Dice dice = new Dice();
    int hits = 0;
    for (int i = 0; i < nbGames; i++)
      if (dice.doThrow() + dice.doThrow() == nbSpots)
        hits++;
    makeHtmlResponse(response, hits);
  }

  void makeHtmlResponse(HttpServletResponse response,
                        int nbHits) throws IOException
  {
    response.setContentType(CONTENT_TYPE);
    PrintWriter out = response.getWriter();
    out.println("<html>");
    out.println("<head><title>ServletEx1</title></head>");
    out.println("<body>");
    out.println("<h1>ServletEx1 Version " + version +
                "</h1><br>");
    out.println("Bei " + nbGames +
                " Doppelwuerfen wurde die Augensumme " +
```

```
                 nbSpots +
                 " " + nbHits + "x getroffen");
    out.println("</body></html>");
  }
}

class Dice
{
  public int doThrow()
  {
    return (int)(6 * Math.random()) + 1;
  }
}
```

Die Ausführung zeigt, dass bei jedem Spiel wegen der statistischen Schwankungen die Zahl der erfolgreichen Doppelwürfe verschieden ist. Da es beim Wurf von zwei Würfeln 36 verschiedene Fälle gibt, und davon 6 die Augenzahl 7 haben, beträgt die Wahrscheinlichkeit für das Ereignis 1/6, also erwartet man im Mittel bei 1000 Würfen aufgerundet 167 erfolgreiche Doppelwürfe (Abb. 41.3).

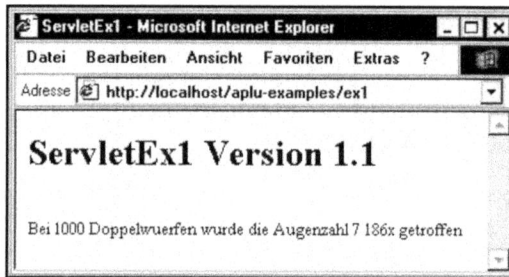

Abb. 41.3 *Ausführung von ServletEx1*

Im nächsten Beispiel geben wir dem Benutzer eine größere Handlungsfreiheit. Wir gehen davon aus, dass er sich dafür interessiert, wie groß die simulierte Zahl der erfolgreichen Doppelwürfe bei beliebiger Vorgabe der totalen Augenzahl ist. Daher darf die Augenzahl nicht im Servlet fest „verdrahtet" sein, sondern muss über einen Request-Parameter eingelesen werden.

Wie man leicht einsieht, betragen die Wahrscheinlichkeiten 1/36, 2/36,...6/36 für das Auftreten der Augensumme 2, 3,...7 und nimmt dann wieder gleichartig ab. Aus dem Zentralen Grenzwertsatz der Statistik folgt, dass bei einer großen Anzahl von Würfeln die normierte Augensumme eine glockenförmige Verteilung aufweist (im Grenzfall eine Normalverteilung).

Wir gehen zuerst davon aus, dass der Client die URL *von Hand* mit einem Parameter/Wert-Paar `param=value` ergänzt, das mit einem Fragezeichen abgetrennt ist. Die URL lautet beispielsweise für die Augensumme 6

```
http://localhost/aplu-examples/ex2?param=6
```

Das Servlet ServletEx2.java extrahiert den Parameterwert mit der Methode getPa-
rameter() der Klasse HttpServletRequest (eigentlich der Superklasse Serv-
letRequest). Man sollte die spezielle Situation abfangen, wenn der Parameter param
fehlt. In diesem Fall gibt getParameter() null zurück. Ebenfalls fangen wir den Fehler ab, falls als Wert ein String eingegeben wird, der sich nicht als int interpretieren lässt. Wir
verwenden dazu in makeHtmlResponse() spezielle Werte -2 und -1 für den Parameter
nbHits.

```java
// ServletEx2.java

import javax.servlet.*;
import javax.servlet.http.*;
import java.io.*;

public class ServletEx2 extends HttpServlet
{
  private final String version = "1.0";
  private static final String CONTENT_TYPE = "text/html";
  private final int nbGames = 1000;
  private int nbSpots = 0;

  public void doGet(HttpServletRequest request,
                    HttpServletResponse response) throws
      ServletException, IOException
  {
    String nbSpotsStr = request.getParameter("param");
    if (nbSpotsStr == null)
    {
      makeHtmlResponse(response, -2);
      return;
    }
    try
    {
      nbSpots = Integer.parseInt(nbSpotsStr);
    }
    catch (NumberFormatException ex)
    {
      makeHtmlResponse(response, -1);
      return;
    }

    Dice dice = new Dice();
    int hits = 0;
    for (int i = 0; i < nbGames; i++)
      if (dice.doThrow() + dice.doThrow() == nbSpots)
```

```
        hits++;
    makeHtmlResponse(response, hits);
  }

  void makeHtmlResponse(HttpServletResponse response,
                        int nbHits) throws IOException
  {
    response.setContentType(CONTENT_TYPE);
    PrintWriter out = response.getWriter();
    out.println("<html>");
    out.println("<head><title>ServletEx2</title></head>");
    out.println("<body>");
    out.println("<h1>ServletEx2 Version " + version +
                "</h1><br>");

    if (nbHits < 0)
      out.println("Fehlerhafter oder fehlender Parameter");
    else
      out.println("Bei " + nbGames +
                  " Doppelwuerfen wurde die Augensumme " +
                  nbSpots +
                  " " + nbHits + "x getroffen");
    out.println("</body></html>");
  }
}

class Dice
{
  public int doThrow()
  {
    return (int)(6 * Math.random()) + 1;
  }
}
```

HTML stellt **Formular-Elemente (form elements)** zur Verfügung. Dabei handelt es sich um nicht sichtbare Abschnitte der Web-Seite, in die sich die bekannten GUI-Komponenten (Buttons, Eingabefelder usw.) einsetzen lassen. Beim Drücken eines Buttons wird automatisch ein HTTP-Request mit einer Parameterliste erzeugt, die den aktuellen Zustand der Komponenten des betreffenden Formular-Elements beschreibt. Man spricht auch vom **Submit** der Web-Seite. Zur Identifikation besitzt jede Komponente ein name-Attribut, das als Parameterbezeichner dient.

Im Formular-Element lässt sich mit einem method-Attribut angeben, ob man den Submit als HTTP-**GET**- und HTTP-**POST**-Request übermitteln will. Post wird darum immer dann eingesetzt, wenn geheime Daten übertragen werden sollen, insbesondere Passwörter, aber auch, wenn die Parameterliste sehr umfangreich wird, da die URL eine begrenzte Länge (ca. 1 kByte) nicht überschreiten sollte. Zusätzlich gibt es noch die Empfehlung, GET nur dann zu verwenden, wenn dabei keine Seiteneffekte auf dem Server ausgelöst werden, anders gesagt, wenn gleiche Requests auch immer dasselbe Resultat liefern (idempotente Requests). Für die folgenden Beispiele ist der Unterschied aber unwesentlich, da die Parameter in beiden Fällen mit getParameter() extrahiert werden können. Wir verwenden durchwegs GET, weil es zu Lern- und Debugzwecken vorteilhaft ist, dass die Parameterliste in der Adresszeile sichtbar ist.

Da die HTML-Seite vom Servlet dynamisch erzeugt wird, müssen wir den HTML-Code für die Formular-Elemente ebenfalls *von Hand* in den print-Methoden des Servlets ausprogrammieren. Wir verwenden im folgenden Beispiel in einem Formular-Element mit dem Namen form1 ein Eingabefeld param und einen Submit-Button submitBtn, wobei nicht alle Parameter vom Servlet verwendet werden. Insbesondere müssen wir darauf achten, dass das doppelte Anführungszeichen innerhalb eines Strings mit einem Backslash eingeleitet wird. Außer für die Methode makeHtmlResponse() können wir für ServletEx3.java den Code von ServletEx2.java unverändert übernehmen.

```
void makeHtmlResponse(HttpServletResponse response,
                      int nbHits) throws IOException
{
  response.setContentType(CONTENT_TYPE);
  PrintWriter out = response.getWriter();
  out.println("<html>");
  out.println("<head><title>ServletEx3</title></head>");
  out.println("<body>");
  out.println("<h1>ServletEx3 Version " + version +
              "</h1><br>");
  out.println(
      "<form name=\"form1\" method=\"get\" action=\"\">");
  out.println("Augensumme: ");
  out.println("<input type=\"text\"" +
      "name=\"param\">");
  out.println(
      "<input type=\"submit\"" +
      "name=\"submitBtn\" value=\"Abschicken\">");
  out.println("</form>");

  if (nbHits != -2) // -2: First invocation
  {
    if (nbHits < 0)
      out.println("Fehlerhafte Augensumme");
    else
      out.println("Bei " + nbGames +
                  " Doppelwuerfen wurde die Summe " +
                  nbSpots +
                  " " + nbHits + "x getroffen");
  }
  out.println("</body></html>");
}
```

Dem Benutzer wird nun im Browser ein einfaches, aber bereits funktionstüchtiges GUI angezeigt (Abb. 41.4). Durch den im Servlet eingebauten Test von nbHit auf -2 wird die Fehlermeldung wegen des fehlenden Parameters beim ersten Aufruf des Servlets vermieden.

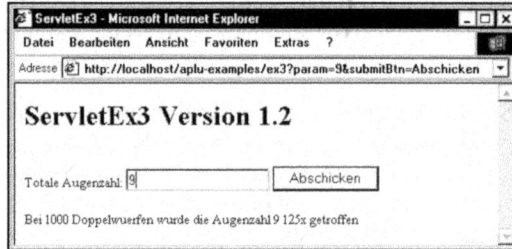

Abb. 41.4 *Ausführung von ServletEx3*

Von einer höheren Warte aus gesehen, stellen wir fest, dass in diesem Beispiel der Client einen Web-Host damit beauftragt, eine Simulation auszuführen und anschließend die Resultate zurückholt. Es handelt sich daher bei dynamischen Web-Seiten um eine spezielle Form von **verteilten Applikationen**.

41.3   Java Server Pages (JSP)

Die Programmierung von dynamischen Web-Seiten mit Hilfe von Servlets vermittelt zwar grundlegende Einsichten, die für den professionellen Web-Programmierer unumgänglich sind. Zur Entwicklung von großen, produktiven Websites sind Servlets aber denkbar schlecht geeignet, da der Code für die Seitendarstellung im Java-Code der Servlets eingebettet ist. Es ist daher nicht möglich, für das Layout die üblichen visuellen Web-Editoren zu verwenden, wodurch selbst geringste Änderungen der Seitendarstellung einen großen programmtechnischen Aufwand verursachen. Viele der Entwicklungen der letzten Jahre auf dem Gebiet der dynamischen Web-Seiten haben daher die Zielsetzung, eine möglichst gute **Trennung** zwischen der **Darstellung** bzw. **Präsentation** einer Web-Seite und dem **Inhalt** bzw. der **Anwendungslogik** durch den Java-Code zu ermöglichen. Dies ist auch deswegen von großer Wichtigkeit, weil meist zwei Berufsgruppen am Aufbau einer dynamischen Website beteiligt sind, nämlich auf der einen Seite die **Web-Designer** mit ihren besonderen Fähigkeiten im grafisch-künstlerischen Bereich und auf der anderen Seite die **Programmierer**, die normlerweise nur auf ihr Naturtalent in darstellerischen Belangen zählen können. Für eine erfolgreiche Entwicklung einer komplexen dynamischen Website ist aber eine Synergie zwischen beiden Berufsgruppen nötig, welche nur bei klarer Aufgabenteilung und sauberer Festlegung von Schnittstellen gelingt.

Statt den HTML-Code in einem Servlet in den Java-Code einzubetten, beschreitet man besser den umgekehrten Weg und integriert den Java-Code in den HTML-Code. Da es sich bei HTML um eine **Markup-Sprache** (mit Tags) handelt, liegt es auf der Hand, den Java-Code in der HTML-Seite mit speziellen Tags auszuzeichnen. Einen derart aufgebauten Quelltext nennt man eine **Java Server Page** (sprachlich etwas fragwürdig eine **JSP-Seite**). Zwar ist der Java-Code bei diesem Vorgehen in der Regel immer noch für den HTML-Designer sichtbar, es ist aber bei gut durchdachter Strukturierung eine gewisse Entflechtung von Präsentation und Anwendungslogik möglich. Insbesondere lässt sich die Präsentation, also der statische Teil, mit einem üblichen visuellen HTML-Editor erstellen und unterhalten. Da dabei der HTML-Code automatisch erzeugt wird, sind bei diesem Vorgehen nur wenig Grundkenntnisse von HTML nötig. Unter Verwendung von Web-Editoren lassen sich auch ohne größere Probleme zusätzliche Elemente wie JavaScript, Flash usw. einbauen. Man verwendet daher zur Entwicklung von JSP-Seiten oft nicht die bekannten Java-Entwicklungsumgebungen (JBuilder, Eclipse usw.), sondern Web-Designwerkzeuge, die mit den zusätzlichen JSP-Tags umgehen können (Macromedia Dreamweaver, Adobe GoLive usw.).

Die Entwicklung von JSP-Seiten unterscheidet sich grundsätzlich von der Entwicklung der Servlets. Während der Servlet-Quellcode auf einer Java-Entwicklungsmaschine compiliert und dann als Java-Bytecode auf den Server transportiert wird, kopiert man den JSP-Quellcode analog einer HTML-Seite auf den Server. Der dort installierte JSP-Container des Web-Servers ist dafür verantwortlich, dass beim ersten Aufruf der JSP-Seite der Quelltext in ein Servlet konvertiert und in Java-Code compiliert wird, bevor dieser ausgeführt wird. Dabei durchlaufen die JSP-Seiten nur beim ersten Aufruf diese Konversion- und Compilationsphase und bleiben dann im JSP-Container als Java-Bytecode geladen.

Im Bereich dynamischer Web-Seiten ist JSP nicht sehr stark verbreitet. Dies liegt vor allem daran, dass für die Entwicklung von JSP gute Java-Kenntnisse nötig sind. Fehlen diese und liegen auch keine Erfahrungen im Bereich von anderen höheren Programmiersprachen vor, so ist der Einstieg in die Entwicklung dynamischer Web-Seiten mit script-basierten Sprachen, wie PHP, Perl, VisualBasic, Miva-Script usw., wesentlich einfacher. Kann man von den in diesem Buch vermittelten Java-Kenntnissen ausgehen, so hält sich der Aufwand für JSP in engen Grenzen und wir haben verglichen mit Scriptsprachen ein viel mächtigeres und eleganteres Instrumentarium zu Verfügung. Wie üblich streben wir in den folgenden Darlegungen nicht Vollständigkeit an, sondern führen die wichtigsten Konzepte von JSP an Hand ausgewählter, praxisrelevanter Beispiele ein.

41.3.1   Scripting-Elemente

Da es sich bei JSP um eine Markup-Sprache handelt, besteht der Quellcode aus Blöcken, welche mit einem Start- und Endtag gekennzeichnet werden. Der Zeilenumbruch und die Einrückungen innerhalb eines Blocks sind weitgehend frei wählbar. Wir halten uns (allerdings nicht stur) an eine logische strukturierte Darstellung, wie sie in Programmiersprachen üblich ist. Eine JSP-Seite kann (muss aber nicht) zur Darstellung im Web-Browser auch einen HTML-Block mit den üblichen Tags <html> und </html> enthalten. Wir betrachten zuerst die folgenden vier **JSP-Scripting-Elemente**:

```
<%-- comment --%>
```

Beispiel:

```
<%-- Quellcode: jspex1.jsp -->
```

```
<%! declaration %>
```
Beispiel:

```
<%! int counter = 10; %>
```

```
<% scriptlet %>
```
Beispiel:

```
<%
int i = 0;
while (i > 100)
{
   i++;
   ...
}
%>
```

```
<%= expression %>
```
Beispiel:

```
<%= 2 * getCount() %>
```

Wir sind mit diesen wenigen Vorkenntnissen bereits in der Lage, eine erste, nicht triviale JSP-Seite zu erstellen, welche die Verteilung der Augensummen beim Wurf von zwei Würfeln darstellt. Wir können dabei einen großen Teil der Programmlogik aus Servlet-Ex3.java übernehmen. Allerdings werden wir gleich zu Beginn mit einer unschönen Durchmischung von HTML und JSP konfrontiert, geben uns aber Mühe, durch eine sinnvolle und konsequente Formatierung und zusätzliche Kommentare die Übersicht zu bewahren.

```
<%-- jspex1.jsp --%>

<%!
// ------- Declaration of instance variables -------
String version = "1.0";

// -------- Declarations of (inner) class Dice -----
class Dice
{
  public int doThrow()
  {
    return (int)(6 * Math.random()) + 1;
  }
}
```

```
// -+------ Declaration of method getHits() ---------
int getHits(int nbGames, int nbSpots)
{
  Dice dice = new Dice();
  int hits = 0;
  for (int i = 0; i < nbGames; i++)
    if (dice.doThrow() + dice.doThrow() == nbSpots)
      hits++;
  return hits;
}
%>


<%
// -------- Declaration of local variables ----------
int hits;
%>


<%--------- HTML section ------------------------%>
<html>
<head><title>JspEx1</title></head>
<body>
  <h1>JspEx1 Version <%=version%></h1>
  <h2>Verteilung der Augensumme</h2>
  (1000 Wuerfe mit 2 Wuerfeln)<br><br>
  <%
  for (int i = 2; i <=12; i++)  // outer for
  {%>
    <%= i %>  
    <%
      int roundedHits = ((hits = getHits(1000, i))+5) / 10;
      for (int k = 0; k < roundedHits; k++) // inner for
      {%>
        *
    <%}%>              <%-- end of inner for --%>
      (<%= hits %>)<br>
  <%}%>              <%-- end of outer for --%>
</body></html>
```

Vor der Ausführung muss auf dem Web-Server ein Applikations-Kontext erstellt werden, wie dies im Anhang für den Kontext aplu-examples beschrieben wird. Nachher kopiert man jspex1.java in das Verzeichnis aplu-examples des Web-Servers und verwendet im Browser eine URL, welche den Verzeichnis- und Dateinamen enthält (Abb. 41.5). Glücklicherweise merkt der JSP-Container bei den meisten aktuellen JSP-fähigen Webservern von selbst, wenn eine neue Version der JSP-Seite auf den Server kopiert wird und compiliert diese automatisch beim nächsten Aufruf.

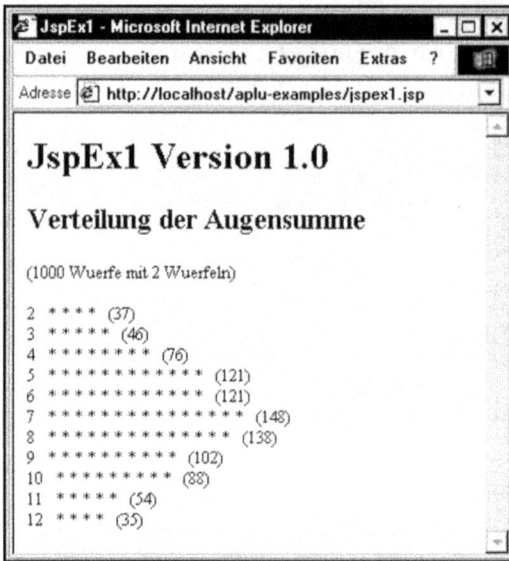

Abb. 41.5 *Verteilung der Augensumme für ein typisches Spiel*

Für das Verständnis der JSP-Technologie ist es sehr lehrreich, Einblick in den Servlet-Code zu nehmen, den der JSP-Container aus dem JSP-Quelltext erzeugt. Dieser kann auch immer dann herangezogen werden, wenn es darum geht, heikle Fehler aufzufinden, da sich die vom Container erzeugten Zeilennummern in Fehlermeldungen auf dieses Servlet und nicht etwa auf die JSP-Seite beziehen.

Man sucht am besten in der Verzeichnisstruktur des Web-Servers nach einem Dateinamen, der den Teil `jspex1` *enthält. Bei Tomcat 5 findet man das Servlet in einer Datei* `jspex1_jsp.java` *in einem tief verschachtelten Unterverzeichnis des Tomcat-Installationsverzeichnisses.*

Man erkennt, dass mit Tomcat 5 eine (kleingeschriebene) Klasse `jspex1_jsp` erzeugt wird, die aus `HttpJspBase` abgeleitet ist. Wie man aus der Online-Dokumentation (Suchmaschine mit den Suchwörtern *jasper class httpjspbase*) entnimmt, besitzt diese die Superklasse `HttpServlet`. Der Quellcode der JSP-Seite wird also vom JSP-Container in ein uns vertrautes Servlet mit gewissen Erweiterungen übersetzt. Dabei nimmt er uns insbesondere die mühsame Arbeit ab, den HTML-Code *von Hand* in print-Aufrufe umzusetzen. Wir erkennen auch, dass innerhalb der JSP-Seite offenbar alle Methoden von `HttpServlet` direkt zugänglich sind. Weiter sehen wir, dass eigene Klassen im Deklarationsteil der JSP-Seite zu inneren Klassen des Servlet, Variablen im Deklarationsteil zu Instanzvariablen werden. Der Code in den Scriptlets wird unverändert und in derselben Reihenfolge in die Methode `_jspService()` eingesetzt. Variablendeklarationen in Scriptlets führen daher zu lokalen Variablen innerhalb dieser Methode. Diese wird analog zu dem uns bekannten `doGet()` bei jedem HTTP-Request des Clients aufgerufen.

```
package org.apache.jsp;

import javax.servlet.*;
import javax.servlet.http.*;
import javax.servlet.jsp.*;

public final class jspex1_jsp extends org.apache.jasper.
    runtime.HttpJspBase implements org.apache.jasper.runtime.
    JspSourceDependent
{

// ------- Declaration of instance variables -------
  String version = "1.0";

// -------- Declarations of (inner) class Dice -----
  class Dice
  {
    public int doThrow()
    {
      return (int)(6 * Math.random()) + 1;
    }
  }

// -------- Declaration of method getHits() ---------
  int getHits(int nbGames, int nbSpots)
  {
    Dice dice = new Dice();
    int hits = 0;
    for (int i = 0; i < nbGames; i++)
      if (dice.doThrow() + dice.doThrow() == nbSpots)
        hits++;
    return hits;
  }

  private static java.util.Vector _jspx_dependants;

  public java.util.List getDependants()
  {
    return _jspx_dependants;
  }

  public void _jspService(HttpServletRequest request,
      HttpServletResponse response) throws java.io.
      IOException, ServletException
  {

    JspFactory _jspxFactory = null;
    PageContext pageContext = null;
```

```
   HttpSession session = null;
   ServletContext application = null;
   ServletConfig config = null;
   JspWriter out = null;
   Object page = this;
   JspWriter _jspx_out = null;

   try
   {
     _jspxFactory = JspFactory.getDefaultFactory();
     response.setContentType("text/html");
     pageContext =
         _jspxFactory.getPageContext(this, request, response,
         null, true, 8192, true);
     application = pageContext.getServletContext();
     config = pageContext.getServletConfig();
     session = pageContext.getSession();
     out = pageContext.getOut();
     _jspx_out = out;

     out.write("\r\n\r\n");
     out.write("\r\n\r\n");

// -------- Declaration of local variables ----------
     int hits;

     out.write("\r\n\r\n");
     out.write('\r');
     out.write('\n');
     out.write("<html>\r\n");
     out.write("<head>");
     out.write("<title>JspEx1");
     out.write("</title>");
     out.write("</head>\r\n");
     out.write("<body> \r\n   ");
     out.write("<h1>JspEx1 Version ");
     out.print(version);
     out.write("</h1>\r\n   ");
     out.write("<h2>Verteilung der Augensumme");
     out.write("</h2>\r\n   (1000 Wuerfe mit 2 Wuerfeln)");
     out.write("<br>");
     out.write("<br>\r\n   ");

     for (int i = 2; i <= 12; i++) // outer for
     {
       out.write("  \r\n     ");
       out.print(i);
       out.write("   \r\n      ");
```

```
            int roundedHits = ((hits = getHits(1000,
                i)) + 5) / 10;
            for (int k = 0; k < roundedHits; k++) // inner for
            {
                out.write("\r\n              *\r\n          ");
            }
            out.write("                ");
            out.write("\r\n          (");
            out.print(hits);
            out.write(')');
            out.write("<br>\r\n      ");
        }
        out.write("                ");
        out.write('\r');
        out.write('\n');
        out.write("</body>");
        out.write("</html>\r\n");
    }
    catch (Throwable t)
    {
        if (!(t instanceof SkipPageException))
        {
            out = _jspx_out;
            if (out != null && out.getBufferSize() != 0)
                out.clearBuffer();
            if (pageContext != null)pageContext.
                handlePageException(t);
        }
    }
    finally
    {
        if (_jspxFactory != null)_jspxFactory.
            releasePageContext(pageContext);
    }
  }
}
```

Wir dürfen nie vergessen, dass die zur JSP-Seite gehörende Servlet-Klasse beim ersten Aufruf der Seite durch einen Client geladen wird und dann bis zum Hinunterfahren des Servers (oder dem Auftreten einer Exception) geladen bleibt. Alle Aufrufe, auch durch verschiedene Clients, benützen die bereits geladene Klasse. Missachtung dieser Tatsache kann zu heiklen **Seiteneffekten** führen, bei denen unbeabsichtigt Daten verändert werden. Da Variablen im Deklarationsteil der JSP-Seite zu Instanzvariablen des Servlets werden und damit alle Clients darauf Zugriff haben, muss damit besonders vorsichtig umgegangen werden. Es ist also ein fundamentaler Unterschied, ob eine Variable in einem Tag mit einem Ausrufezeichen <%!...%> oder ohne Ausrufezeichen <%...%> deklariert wird.

41.3.2   Nebenläufigkeit (Multithreading) bei JSP

Zur Steigerung der Effizienz wird die Methode `_jspService()` für jeden Request in einem eigenen Thread aufgerufen. Gehen mehrere Requests derselben JSP-Seite unmittelbar hintereinander ein, so kann ein laufender Thread und damit die Methode `_jspService()` unterbrochen werden und im neuen Thread wieder starten. Es ist daher sehr wichtig, dass gemeinsame Datenbereiche gegen Seiteneffekte gesichert sind, was sich mit der **Synchronisation kritischer Bereiche** erreichen lässt.

Wir zeigen diese Problematik an einem praxisrelevanten Fall. Oft müssen einem Client eindeutige fortlaufende Nummern (**Identifiers, ID**) zur Verfügung stehen. Dazu holt sich der Client die letzte, bereits vergebene ID aus einem persistenten Speicher (meist aus der Datenbank), inkrementiert diese und kann sie als neue, unbenutzte ID verwenden. Nachher speichert der Client die neue ID in den persistenten Speicher zurück, um damit anzuzeigen, dass diese bereits verbraucht ist. Bei einem schwer belasteten Web-Server mit Tausenden von gleichzeitig verbundenen Clients können im Zeitintervall zwischen dem Holen und Rückspeichern durchaus Requests von anderen Clients eintreffen. Da die Requests in eigenen Threads ablaufen, besteht ein gewisses Risiko, dass ein weiterer Client den Wert der ID holt, bevor ein erster Client den neuen Wert zurückgespeichert hat. Damit erhalten zwei Clients unter Umständen dieselbe ID, was katastrophale Folgen haben kann. Da der Fehler meist nur selten und nicht reproduzierbar auftritt, ist er umso schwieriger zu finden. Er kann eine große, sonst seriöse Entwicklungsarbeit in Frage stellen.

Um dieses Fehlverhalten zu simulieren, konstruieren wir eine JSP-Seite, in der eine Instanzvariable `usedId` als persistenter Speicher verwendet wird. Sie soll die letzte benützte ID enthalten. Ein Client holt sich diese ID und verweilt dann in einem Erholungsschlaf von 5 Sekunden. Erst nachher erhöht er die ID und stellt sie als Gif-Bild dar. Schließlich speichert er die verwendete ID auf den Server zurück um anzuzeigen, dass sie belegt ist. Falls man die Transaktion in einen Block mit `synchronized()` setzt, so ergeben sich immer eindeutige IDs, auch wenn zwei Clients (auch zwei Browser auf derselben Maschine) fast gleichzeitig die JSP-Seite aufrufen. Erhält in Abb. 41.6 beispielsweise ein erster Client die ID 2, so erhält der nächste Client nach einer Wartezeit von maximal 5 Sekunden die ID 3. Dies ist nicht mehr der Fall, wenn man die Zeile mit `synchronized()` auskommentiert.

```
<%-- jspex2.jsp --%>

<%!
String version = "1.0";
int usedId = 0;   // Persistant instance variable

void delay(int sec)
{
  try
  {
    Thread.currentThread().sleep(1000*sec);
  }
  catch (InterruptedException ex)
  {}
```

```
}
%>

<%
int oldId;
int newId;
synchronized(this)
{
  oldId = usedId;
  delay(5);
  newId = oldId + 1;
  usedId = newId;
}
String filename = newId + ".gif";
%>

<html>
<head><title>JspEx2</title></head>
<body>
  <h1>JspEx2 Version <%=version%></h1>
  <h2>Eindeutige ID</h2>
  <%=oldId%> ist die letzte bereits verbrauchte ID.<br>
  Ich war müde und habe 5 Sekunden geschlafen.<br>
  Ich erhöhte den Wert um 1 und brauche die neue ID:<br><br>
  <img src="<%=filename%>"><br><br>
  Ich speichere sie, damit niemand sie je wieder braucht.
</body></html>
```

Abb. 41.6 *Nebenläufigkeit (Multithreading) bei JSP*

41.3.3   Standard-Variablen (implizite Variablen)

Wie wir ebenfalls aus dem mit `jspex1.jsp` erzeugten Servlet entnehmen, werden in der Methode `_jspService()` automatisch folgende lokale Variablen deklariert und nachfolgend initialisiert:

```
PageContext pageContext
HttpSession session
ServletContext application
ServletConfig config
JspWriter out
Object page
```

Diese Variablen stehen in einem beliebigen Scriptlet zusätzlich zu den beiden Parametern

```
HttpServletRequest request
HttpServletReponse response
```

zur Verfügung.

Für JSP-Seiten, welche mit einer Direktive `<@ page isErrorPage = "true" %>` *versehen werden (Error Pages), ist zudem noch die Variable* `Throwable exception` *vorhanden.*

Die erwähnten Variablen referenzieren automatisch erzeugte **Standard-Objekte** (oder **implizite Objekte, eingebaute Objekte**) und führen zu einer Vereinfachung der Schreibweise. Über die vielfältigen Dienste, die man von ihnen beziehen kann, orientiert man sich am besten an der Original-Dokumentation (beispielsweise mit Hilfe einer Internet-Suchmaschine unter Verwendung der Suchworte *java class servletcontext*). Wir machen in den folgenden Beispielen oft von ihnen Gebrauch.

41.3.4   Verwendung von Formular-Elementen

Wie wir bereits wissen, wird die Interaktivität von Web-Seiten durch GUI-Elemente (Buttons, Textfelder usw.) ermöglicht, die üblicherweise in Formular-Elemente eingebettet sind. Beim Drücken eines Buttons werden die aktuellen Einstellungen aller GUI-Elemente im Formular, in dem sich der Button befindet, als GET- oder POST-Request an den Server weitergeleitet. Um dies zu zeigen, schreiben wir im folgenden Beispiel eine JSP-Seite, auf der man die Anzahl der Würfel (zwischen 1 und 5) vorgegeben kann, die beim Würfelexperiment verwendet werden. Dabei können wir beispielsweise die Theorie überprüfen, dass sich bei einer immer größeren Anzahl von Würfeln die Verteilung einer Normalverteilung nähert.

Wir setzen ein Formular-Element mit einem Eingabefeld und einem Submit-Button auf die JSP-Seite und holen den Wert des Parameters `nbDices` mit `request.getParameter()` ab. Beim ersten Aufruf der JSP mit der URL `http://localhost/aplu-examples/jspex2.jsp` ist der Parameter jedoch nicht vorhanden und `getParameter()` liefert `null` zurück. Wir fangen diesen Spezialfall ab und verwenden den Standardwert `nbDices = 1`. Wenn der Request tatsächlich einen Parameterwert (als String) liefert, der auch leer sein kann, versuchen wir diesen zuerst in einen `int` zwischen 1 und 5 umzuwandeln. Wenn dies misslingt, setzen wir die boolesche Variable `isError` auf `true` und zeigen dem Benutzer statt der erwarteten Statistik eine Fehlermeldung an.

Wiederum zeigt sich in der Quelldatei `jspex2.jsp`, dass all unserem Bemühen zum Trotz der HTML- und JSP-Code stark durchmischt sind, was die Lesbarkeit deutlich erschwert. Die Kommentare werden trotzdem auf ein Minimum beschränkt, in der Annahme, dass der Leser bereits über die Grundlagen von JSP hinausgewachsen ist. Die Seite zeigt bereits ein professionelles Verhalten mit Rückspeicherung des alten Werts in das Edit-Feld und Abfang von Fehlern. Nur das Layout der JSP-Seite müsste selbstverständlich attraktiver gestaltet werden (Abb. 41.7).

```
<%-- jspex3.jsp --%>

<%!
String version = "1.0";

class Dice
{
  public int doThrow()
  {
    return (int)(6 * Math.random()) + 1;
  }
}

int getHits(int nbGames, int nbDices, int nbSpots)
{
  Dice dice = new Dice();
  int hits = 0;
  for (int i = 0; i < nbGames; i++)
  {
    int sum = 0;
    for (int k = 0; k < nbDices; k++)
      sum += dice.doThrow();
    if (sum == nbSpots)
      hits++;
  }
  return hits;
}
%>

<%
int hits;
int nbDices = 1;
boolean isError = false;
String nbDicesStr = request.getParameter("nbDices");
if (nbDicesStr != null) // Not first invocation of page
{
  try
```

```
  {
    nbDices = Integer.parseInt(nbDicesStr);
  }
  catch (NumberFormatException ex)
  {
    isError = true;
  }
  if (nbDices < 1 || nbDices > 5)
    isError = true;
  if (isError)
    nbDices = 1;
}
%>

<%--------- HTML section --------------------------%>
<html>
<head><title>JspEx3</title></head>
<body>
  <h1>JspEx3 Version <%=version%></h1>
  <h2>Zentraler Grenzwertsatz</h2>
  (1000 W&uuml;rfe)
  <form name="form1" method="get" action="">
    Anzahl W&uuml;rfel (1..5):
      <input type="text" name="nbDices" value=<%=nbDices%>>
      <input type="submit" name="btnSubmit" value="Senden">
  </form>
  <br><br>
  <%
  if (isError)
  {%>
  Fehlerhafte Eingabe!
  <%
  }
  else
    for (int i = 1; i <= 30; i++)
    {%>
      <%= i %>  
      <%
      int roundedHits =
          ((hits = getHits(1000, nbDices, i))+5) / 10;
      for (int k = 0; k < roundedHits; k++)
      {%>
        *
      <%}%>
        (<%= hits %>)<br>
    <%}%>
</body></html>
```

Wir freuen wir uns auch daran, dass wir ein Programm entwickelt haben, das auf der Client-Seite lediglich einen Standard-Browser voraussetzt und die ganze dynamische Programmlogik an den Server delegiert. Dieses Verfahren gewinnt im Internet zunehmend an Bedeutung, zumal der Code auf dem Server problemlos wartbar ist und sich für den Benutzer kaum ein Sicherheitsrisiko ergibt, da auf der Client-Maschine neben dem Web-Browser kein zusätzlicher Code zur Ausführung gelangt.

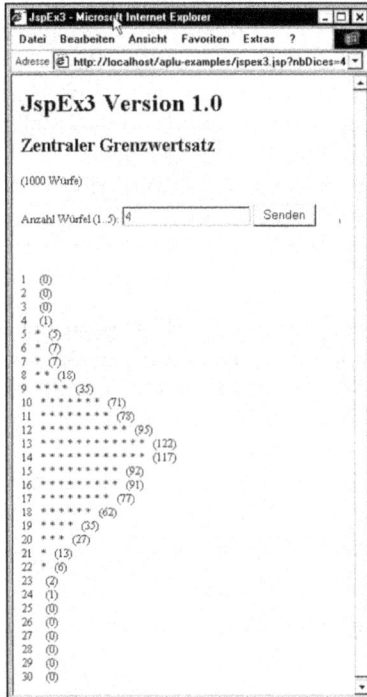

Abb. 41.7   *Verteilung der Augensumme mit mehreren Würfeln*

41.3.5   Sichtbarkeit und Lebensdauer, Sitzungsverfolgung

Bei vielen dynamischen Web-Anwendungen muss über mehrere Anfrage-Antwort-Zyklen ein logischer Zusammenhang erhalten bleiben. Typisch sind:

- **Warenkorb (Online shopping)** : Der Client wählt in mehreren Anfrage-Antwort-Zyklen die Ware aus und gibt am Schluss die Bestellung definitiv auf
- **Authentifizierung**: Der Client muss sich im ersten Schritt mit Benutzername/Passwort anmelden, bevor er Zugang zu weiteren Informationen erhält.

Zusammengehörende Transaktionen zwischen einem Client und einem Server bezeichnet man als **Sitzung (session)**. Mit HTTP V1.0 steht uns nur ein sehr einfaches Kommunikationsmodell zur Verfügung, das auf dem zustandslosen Anfrage-Antwort-Modell (request-response model) aufbaut. Es muss daher auf der Applikationsschicht ein spezielles Verfahren entwickelt werden, eine Session zu erzeugen, über längere Zeit aufrecht zu erhalten und schließlich zu beenden (**Sitzungsverfolgung, session tracking**). Es ist klar, dass dazu Informationen nötig sind, die während der Session bestehen bleiben, also von Request zu Request persistent sind. Diese können grundsätzlich beim Server, beim Client oder bei beiden gespeichert sein. Mit der Verwendung von persistenten Daten droht uns aber die Gefahr von Seiteneffekten. Da wir jederzeit damit rechnen müssen, dass mehrere Clients dieselbe dynamische Web-Seite verwenden, müssen wir sicher stellen, dass die Sessionen der einzelnen Clients voneinander unterscheidbar bleiben. Langlebigkeit und Unterscheidbarkeit von Sessionen stehen offensichtlich im Gegensatz zueinander. Das Problem ist heikel, da von der Serverseite nie ersichtlich ist, wie sich ein Client in der Zukunft verhält. Im schlimmsten Fall kann die Kommunikation damit enden, dass der Client-Rechner ohne jede Vorwarnung abgeschaltet wird. Der Server hat keine Möglichkeit, dies von einem längeren Warten zwischen einem Response und dem nächsten Request zu unterscheiden oder eine Rückfrage an den Client zu stellen.

Glücklicherweise ist die Sitzungsverfolgung bei JSP automatisiert und damit für den Programmierer weitgehend transparent. Zur Identifizierung des Clients erzeugt der JSP-Container beim ersten Aufruf der JSP-Seite eine eindeutige Identifikation (**Sessions-ID**), die er im Response an den Client zurücksendet. Dieser ist dafür verantwortlich, bei jedem weiteren Request die erhaltene Sessions-ID mitzuliefern, damit der Server in der Lage ist, den Client zu identifizieren (Abb. 41.8). Grundsätzlich stehen dem Server drei verschiedene Techniken zur Verfügung, dem Client die Sessions-ID mitzuteilen und sie später wieder zurückzuerhalten:

- Zusätzlicher Parameter in der URL (URL-Rewriting)
- Wert eines versteckten Formularfelds (hidden element)
- In Cookie gespeichert.

Falls wir uns beim Schreiben einer JSP-Seite an einige wenige Grundregeln halten, brauchen wir uns aber nicht explizit um die Sitzungsverfolgung zu kümmern, da diese vom JSP-Container automatisch ausgeführt wird. Darum gehen wir vorläufig nicht näher auf die drei Verfahren ein.

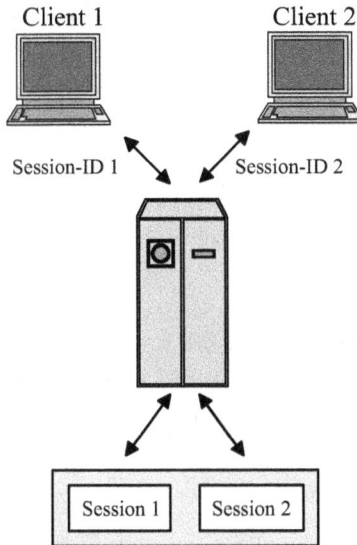

Abb. 41.8 *Sitzungsverfolgung*

Im Zusammenhang mit der Persistenz von Informationen müssen wir in JSP vier **Sichtbar-keitsbereiche (scopes)** mit zugehöriger **Lebensdauer** unterscheiden:

- Applikation (beim ersten Aufruf geladene Java-Klassen, für alle Clients)
- Session (beim ersten Aufruf vergebene Sessions-ID eines bestimmten Clients)
- Request (vom Request bis zum Response, eventuell über mehrere einander aufrufende JSP-Seiten)
- Page (nur auf einer bestimmten JSP-Seite).

Weitaus am wichtigsten sind die persistenten Daten innerhalb einer Session. JSP stellt dazu die Standard-Variable session der Klasse HttpSession zur Verfügung. Damit können Daten zur Aufbewahrung von einem Request zum anderen, aber auch zwischen mehreren sich aufrufenden JSP-Seiten in Form von Attributen (Schlüssel/Werte-Paare, analog den Properties) mit

setAttribute(String name, Object value)

gespeichert und innerhalb derselben Session mit

getAttribute(String name)

zurückgeholt werden. Da der Wert den Datentyp Object besitzt, ist es möglich, beliebige Daten (für Basistypen nach Umwandlung in Wrapper-Objekte) abzuspeichern.

Analog gibt es Attribute in den anderen drei Sichtbarkeitsbereichen, die mit den Standard-Variablen application, request *und* pageContext *verwendet werden.*

Wir zeigen die Sitzungsverfolgung an einem für die Praxis wichtigen Beispiel. Oft muss der Zugriff auf gewisse Web-Seiten oder sonstige Web-Ressourcen über ein Authentifizierungsverfahren mit **Username/Passwort** geschützt werden. Man schaltet dazu der JSP-Seite, welche den Zugang zu den Ressourcen ermöglicht, eine Authentifizierungsseite (**Login-** bzw. **Logon-Seite**) vor, welche die Zugangsinformationen überprüft. Ist der Zugang erlaubt, so wird der Benutzer mit einer URL-Redirection auf die Ressourcen-Seite geführt. Um diese Seite vor dem direkten Aufruf zu schützen, prüft man auf dieser zuerst, ob sie zur selben Session wie die Login-Seite gehört. Nur in diesem Fall werden die Ressourcen freigegeben, sonst wird mit einer Fehlermeldung geantwortet.

Loggt sich der Benutzer aus, so wird die Session mit `invalidate()` aufgehoben. Man kann dann zwar üblicherweise mit dem Back-Button des Browsers die alte Seite ansehen, da sich diese im Browser-Cache befindet, die Ressourcen sind aber bei den üblichen Einstellungen des Browsers nicht mehr abrufbar. Nachdem der Browser beendet ist, kann die geschützte Seite nicht mehr ohne erneute Authentifizierung aufgerufen werden, auch wenn man sich nicht ausgeloggt hat, denn der erneute Aufruf wird in jedem Fall als neue Session betrachtet. Der Button zum Ausloggen ist daher von untergeordneter Bedeutung.

Die Session wird auch automatisch durch den JSP-Container geschlossen, falls der Client innerhalb eines gewissen serverspezifischen Zeitintervalls keinen Request macht (typisch 30 Minuten). Das Zeitintervall kann mit

```
session.getMaxInactiveInterval()
```

gelesen und mit

```
session.setMaxInactiveInterval()
```

gesetzt werden.

Damit das Passwort in der Adress-Zeile des Browsers nicht sichtbar ist, muss statt der HTTP-Methode GET die Methode POST verwendet werden. Dies betrifft lediglich einen Eintrag im Formular-Element, der JSP-Code bleibt dabei unverändert.

```
<%-- jspex4.jsp --%>

<%!
String version = "1.0";

class Accounts
{
  private String[] usernames = {"alpha", "beta", "gamma"};
  private String[] passwords = {"one", "two", "three"};

  public boolean isVerified(String username, String password)
  {
    if (username == null || password == null)
      return false;
```

```
      boolean ok = false;
      for (int i = 0; i < usernames.length; i++)
      {
        if (usernames[i].equals(username.trim()) &&
            passwords[i].equals(password.trim()))
        {
          ok = true;
          break;
        }
      }
      return ok;
    }
  }
%>

<%
String username = request.getParameter("tUser");
String password = request.getParameter("tPwd");

String access = "";
if (username != null)   // Not first invocation
{
  Accounts accounts = new Accounts();
  if (accounts.isVerified(username, password))
  {
    access = "access verified";
    session.setAttribute("username", username);
    response.sendRedirect(
        response.encodeRedirectURL("jspex4a.jsp"));
    return;
  }
  else
    access = "Anmeldung fehlgeschlagen.";
}
%>

<html>
<head><title>JspEx4</title></head>
<body>
  <h1>JspEx4 Version <%=version%></h1>
  Guten Tag, bitte melden Sie sich mit Ihrem Vornamen und
             Passwort an (ex: alpha, one)
  <form name="form1" method="post" action="">
    Name: <input type="text" name="tUser">
    Passwort: <input type="password" name="tPwd">
    <p><input type="submit" name="btnSubmit"
             value="Einloggen"></p>
  </form>
```

```
  <br><%=access%>
</body></html>
```

Zur URL-Redirection wird sendRedirect() verwendet. Dabei wird ein entsprechender HTTP-Request erzeugt. Es ist darauf zu achten, dass zuerst die URL mit encodeRedirectURL() angepasst wird, damit das automatische Session-Tracking mit Sicherheit funktioniert. Wichtig ist auch, dass nach sendRedirect() die JSP-Seite mit einem return abgebrochen wird, da der Rest der aktuellen Seite übersprungen werden muss. Insbesondere darf weder vor noch nach dem Aufruf von sendRedirect() HTML-Code an den Client gesendet werden.

Auf der Folgeseite jspex3a.jsp finden wir zuerst heraus, unter welchen Voraussetzungen die Seite aufgerufen wurde. Da im Formular-Element das action-Attribut einen leeren String enthält, wird beim Drücken der Buttons wieder dieselbe Seite aufgerufen. Es ist wichtig, die folgenden vier Aufruf-Varianten zu unterscheiden:

- über die URL ohne erfolgreiche Authentifizierung
- über die URL mit erfolgreicher Authentifizierung
- nach Drücken des Buttons *Ausloggen*
- nach Drücken des Buttons *Daten abholen.*

Die erfolgreiche Authentifizierung überprüfen wir durch Lesen des Sessions-Attributs username. Erhalten wir dabei null, so gehört der Aufruf nicht zu einer erfolgreichen Authentifizierungs-Session oder die Session wurde bereits wieder geschlossen. Es ist auch einfach zu erkennen, welcher der Buttons gedrückt wurde, da der entsprechende Parameter nicht mehr null, sondern seinen Stringwert enthält. Zur einfachen programmtechnischen Umsetzung verwenden wir eine Zustandsvariable state, der wir einen der 4 Werte -1,..2 zuweisen. Im Darstellungsteil können wir anschließend die 4 Fälle mit einer switch-Struktur unterscheiden und den entsprechenden HTML-Code zur Ausführung bringen. Wiederum müssen wir uns für eine korrekte Klammerung und übersichtliche Darstellung besonders anstrengen. Die Ressource besteht im Beispiel aus einem „geheimen" Zauberspruch, der bei erfolgreicher Authentifizierung zur Anzeige freigegeben wird.

```
<%-- jspex4a.jsp --%>

<%!
String version = "1.0";
%>

<%
int state = 2; // normal
String username = (String)session.getAttribute("username");
if (username == null)
  state = -1; // access denied
else
  if (request.getParameter("btnLogout") != null)
  {
    session.invalidate();
```

```
      state = 0;   //logout
  }
  else
    if (request.getParameter("btnGetData") != null)
      state = 1; // show data
%>

<html>
<head><title>JspEx4a</title></head>
<body>
  <h1>JspEx4a Version <%=version%></h1>
  <%
  switch (state)
  {
    case -1: // access denied
      {%>
      Direkter Zugriff auf diese Seite verboten!
      <
      <%}
      break;

    case 0: // logout
      {%>
      Auf Wiedersehen
      <%}
      break;

    case 1: // show data
    case 2: // normal
      {%>
      Guten Tag <%=username%><br>
      Sie haben nun vollen Zugriff auf die geheimen Daten
      <form action="" method="get">
        <input type="submit" name="btnGetData"
               value="Daten abholen">
        <input type="submit" name="btnLogout"
               value="Ausloggen">
      </form>
      <%}
      if (state == 1) // show message
      {%>
      <strong>Mein Name ist Hase, ich wei&szlig;
              von nichts.</strong>
      <%}
      break;
  }%>
</body></html>
```

41.3.6   JSP-Direktiven, Datenbank-Zugriff

Dynamische Web-Seiten werden oft als Schnittstellen für den Zugriff auf serverbasierte Mehrbenutzer-Datenbanken eingesetzt. In einfachen Fällen begnügt man sich damit, Information für eine Web-Seite dynamisch aus einer Datenbank zu beziehen, statt sie statisch beim Editieren in eine HTML-Seite einzubauen. In komplexen Fällen, wie beispielsweise einem weltweiten Reservationssystem, greifen möglicherweise viele hundert Web-Clients gleichzeitig mit Lese und Schreib-Zugriffen auf verteilte Datenbanken.

Der Zugriff einer JSP-Seite auf eine Datenbank erfolgt mit JDBC (Abb. 41.9). Wir setzen im Folgenden das in Kap. 38 erworbene Wissen über Datenbanken und JDBC voraus und können damit ohne größere Anstrengungen ziemlich komplexe Datenbankanwendungen mit JSP-Anwendungen schreiben.

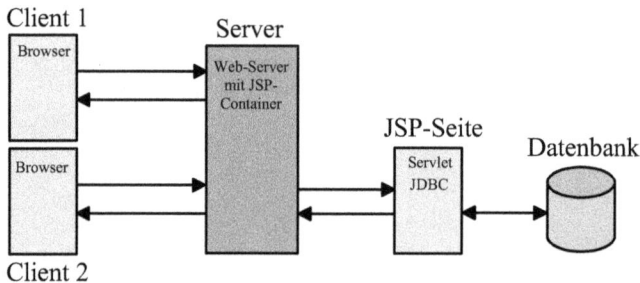

Abb. 41.9   *Datenbank-Anbindung mit JSP*

Das statuslose HTTP-Protokoll steht in krassem Widerspruch zu Datenbankanwendungen, die in den meisten Fällen sessionsorientiert sind. Die Verbindung zu einer Datenbank wird typischerweise zu Beginn einer Session geöffnet und es wird mit einem SQL-Statement ein ResultSet geholt. Dieses besitzt einen aktuellen Datensatz-Cursor, der über mehrere Transaktionen eine wichtige Rolle spielt. Erst nach mehreren Transaktionen oder am Ende der Applikation wird die Verbindung zur Datenbank wieder geschlossen. Dieses Konzept lässt sich mit webbasierten Datenbanken nicht realisieren. Es gibt zwei mögliche Auswege:

- Bei jedem Client-Request wird die Datenbankverbindung geöffnet und am Ende wieder geschlossen. Die aktuelle Cursor-Information wird als Datensatz-Nummer oder eindeutiges ID-Attribut (Primärschlüssel) beim Client gespeichert und beim nächsten Request wieder dem Host zurückgegeben, damit dieser den Cursor wiederherstellen kann. Dieses Verfahren hat den Nachteil, dass ein Datensatz nicht über mehrere Requests gesperrt werden kann, um zu verhindern, dass andere Clients den Datensatz verändern

- Die Verbindung zur Datenbank wird während einer ganzen Sitzung offen gehalten. Damit bleibt die Cursor-Information von Request zu Request erhalten. Dieses Verfahren besitzt den Nachteil, dass man für das Schließen der Verbindung eine Callbackmethode verwenden muss, die vom JSP-Container bei Sessionsende automatisch aufgerufen wird.

Im Folgenden verwenden wir meist das etwas einfachere und üblichere erste Verfahren, zeigen aber in `jspex6.jsp`, wie das zweite Verfahren zu implementieren ist. Im ersten Beispiel stellen wir uns die Aufgabe, den Inhalt einer Excel-Tabelle in einem Browserfenster darzustellen.

Dafür gibt es zwar käufliche Web-Werkzeuge mit eigenen Script-Sprachen (Crystal Reports usw.). Diese erreichen aber nie die Flexibilität einer in JSP geschriebenen Website.

Auf dem Host erstellen wir mit Excel eine Tabelle (Tab. 41.1) und speichern sie unter `buch.xls` ab.

ID	Autor	Titel	Jahr	Verlag	Preis
1	Mankell	Vor dem Frost	2003	Zsolnay	24.9
2	Hahn	Das verborgene Wort	2002	DVA	26.3
3	Forsyth	Der Lotse	2001	Piper	5.9
4	Mankell	Das Auge des Leoparden	2004	Zsolnay	34.2

Tab. 41.1   *Die mit Excel erstellte Tabelle buch.xls*

Wir beachten, dass sich die Tabelle am oberen linken Rand eines Arbeitsblatts mit der Bezeichnung `Tabelle1` befindet. Um mit JDBC auf diese Tabelle zuzugreifen, werden wir eine **JDBC-ODBC-Brücke** einsetzen und erstellen zuerst, wie in Kap. 38 beschrieben, einen ODBC-Alias. Dazu wählen wir im ODBC-Manager des Betriebssystems den Excel-Treiber aus und erzeugen einen neuen **System-Datenquellennamen (System DSN)**. Wir setzen als DSN `mischa` und geben als Arbeitsmappe den vollständigen Pfad auf die eben erstellte Excel-Datei `buch.xls` an.

In Zukunft beginnen unsere JSP-Seiten mit einer **page-Direktive**, welche Angaben für die Übersetzung in das Servlet enthält. Insbesondere können wir hier zusätzliche Klassen importieren, die sich nicht in der JFC befinden. Auch ist es möglich, mit `errorPage` eine JSP-Seite anzugeben, die immer dann aufgerufen wird, wenn der JSP-Container ein Fehlverhalten feststellt, insbesondere beim Auftreten von sonst nicht abgefangenen Exceptions.

```
<%@page contentType="text/html; charset=iso-8859-1"
        import="java.sql.*" errorPage="error.jsp"%>
```

Wir verwenden immer die folgende JSP-Seite `error.jsp` als Errorpage, die den Inhalt des Aufrufstacks und die Parameterliste ausschreibt. Beim Aufruf dieser Seite enthält die Standard-Variable `exception` eine Referenz auf die aktuelle Exception. Der Errorpage steht auch der übrige Kontext zur Verfügung, insbesondere die Standard-Variable `request`. Der Code liegt zwar nicht ganz auf der Hand, ist aber bei näherer Betrachtung leicht zu verstehen.

```
<%-- error.jsp --%>
<%@ page isErrorPage="true" import="java.io.*,java.util.*" %>

<html><head><title>Error Page</title></head>
<body>
<h2>Error Page</h2>
<h3>Stack trace:</h3>
<pre><%
  exception.printStackTrace(new PrintWriter(out));
%></pre>

<h3>Request URL:</h3>
<pre><%=request.getRequestURL()%></pre>

<h3>Parameters:</h3>
<pre><%
  Enumeration enum = request.getParameterNames();
  while (enum.hasMoreElements())
  {
    String parName = (String)enum.nextElement();
    Object parValue = request.getParameter(parName);
%>
    <%=parName%>: <%=parValue%><br>
  <%}%></pre>
</body></html>
```

Die eigentliche JSP-Seite jspex5.jsp enthält als neues JSP-Element noch eine **include-Direktive**

```
<%@include file="excel_conn.jsp"%>
```

welche bewirkt, dass der Inhalt der angegebenen Datei als Quelltext in die JSP-Seite eingefügt wird, und zwar **vor** der Konvertierung der JSP-Seite in ein Servlet. Solche Source-Includes entsprechen zwar nicht der OOP und sind deshalb bei vielen Programmierern verpönt, handelt es sich doch nicht um eine Datenkapselung, sondern um simples Verstecken von Code. Man kann damit aber, ähnlich wie beim prozeduralen Programmieren, Codeduplikation vermeiden. Include-Dateien eignen sich auch immer dort, wo es für die leichtere Programmwartung sinnvoll ist, ein **kurzes** Codestück in einer eigenen Datei mit einem einprägsamen Namen auszulagern. Hier handelt es sich um Informationen über die JDBC-Verbindung, welche sich von Datenbank zu Datenbank und Tabelle zu Tabelle ändern, aber die für die ganze JSP-Seite Gültigkeit haben. Das Auslagern von Teilen des HTML-Code in Include-Dateien ist nicht sinnvoll, da man damit die Möglichkeit verliert, das Layout mit einem HTML-Editor im Design-Modus auszuführen. Gefährlich ist, dass die Include-Datei vollen Zugriff auf alle Variablen des Programmblocks besitzt, in den sie eingesetzt wird. Verändert die Include-Datei Variablenwerte, so sollte dies mit gut sichtbaren Kommentaren dokumentiert werden. Auch ist die Verwendung spezieller Dateinamen für Include-Dateien, etwa mit einem einleitenden _, und ihre Anordnung in einem speziell bezeichneten Unterverzeichnis anzuraten.

Für die Verbindung zu Excel ist es wichtig, die spezielle Form des Tabellennamens [Tabelle1$] zu kennen.

```
<%-- excel_conn.jsp --%>

<%!
String alias = "mischa";
String table = "[Tabelle1$]";
String driver = "sun.jdbc.odbc.JdbcOdbcDriver";
String connection = "jdbc:odbc:" + alias;
%>
```

Wir geben uns Mühe, die Datenbankverbindung wieder zu schließen, um keine Server-Ressourcen zu verlieren. Dazu sollte man alle Datenbankoperationen in einen try-catch-Block setzen und in einem finally-Block die Datenbankverbindung schließen. Aus Gründen der besseren Übersicht verzichten wir auf diese letzte Feinheit und schließen die Datenbank im Anschluss an den HTML-Teil. In JSP sollte man aber grundsätzlich Exceptions, die in eigenen catch-Blöcken gefangen werden, *nach oben* werfen, damit sie von der Errorpage erfasst werden.

```
<%-- jspex5.jsp --%>
<%@page contentType="text/html; charset=iso-8859-1"
        import="java.sql.*" errorPage="error.jsp"%>

<%@include file="excel_conn.jsp"%>

<%
ResultSet rs = null;

Class.forName(driver);
Connection con = DriverManager.getConnection(connection);
Statement stmt = con.createStatement();
try
{
  rs = stmt.executeQuery("SELECT * FROM " + table);
}
catch (SQLException ex)
{
  con.close();
  throw ex;  // Throw-up exception
}
%>

<%---------------- HTML presentation ---------------%>
<html>
<head><title>JspEx5</title></head>
<body>
  <h1>JspEx5</h1>
```

```
    <table border="1" cellpadding="3" cellspacing="0">
      <tr><th>ID</th><th>Autor</th><th>Titel</th><th>Jahr</th>
          <th>Verlag</th><th>Preis</th></tr>
      <%
      while(rs.next())
      {%>
        <tr>
          <td><%=rs.getInt(1)%></td>
          <td><%=rs.getString(2)%></td>
          <td><%=rs.getString(3)%></td>
          <td><%=rs.getInt(4)%></td>
          <td><%=rs.getString(5)%></td>
          <td><%=rs.getFloat(6)%></td>
        </tr>
      <%}%>
    </table>
</body></html>

<%
  con.close();
%>
```

Nachdem wir die Dateien `jspex5.jsp`, `error.jsp` und `excel_conn.jsp` in das Wurzelverzeichnis des Kontexts `aplu-examples` kopiert haben, sind wir erfreut, dass beim Aufruf mit der URL

```
http://localhost/aplu-examples/jspex5.jsp
```

die Excel-Tabelle angezeigt wird. Die Tabelle kann jederzeit mit Excel (oder einer anderen Applikation) verändert werden. Da die Datei mit Excel allerdings zur Alleinbenutzung geöffnet ist, müssen wir sie in Excel schließen, bevor der nächste JSP-Zugriff erfolgen kann. Statt den Tabelleninhalt auf der JSP-Seite anzuzeigen, können wir selbstverständlich Informationen der Excel-Tabelle auch anderweitig für die JSP-Seite nutzen.

41.3.7   Debugging von JSP-Seiten

Mit einem kleinen Trick kann man die Errorpage auch für die Fehlersuche von JSP benützen, um Debug-Information (Werte von Variablen usw.) auszuschreiben. Man baut dazu in der fehlerhaften Seite an einer geeigneten Stelle

```
if (true)
{
  String msg = ...;
  throw new Exception(msg);
}
```

ein. msg enthält die gewünschte Debug-Information. Die if-Schleife ist nötig, weil andernfalls die meisten Compiler merken, dass der nachfolgende Code nie ausgeführt wird und einen Fehler anzeigen. Die JSP-Seite wird zwar mit Brachialgewalt an dieser Stelle beendet, was aber dennoch sehr hilfreich sein kann.

Eine etwas sanftere Debug-Möglichkeit besteht darin, den Wert von gewissen verdächtigen Variablen im HTML-Teil anzeigen zu lassen oder mit System.out.println() an geeigneten Stellen Debug-Information auszuschreiben. Diese werden üblicherweise in eine Log-Datei des JSP-Servers geschrieben (bei Tomcat in die Datei stdout.log, die sich bei Standard-Installation im Verzeichnisbaum des Servers befindet). Dazu sind allerdings Zugriffsrechte auf das Dateisystem des Web-Servers auch außerhalb des eigenen Anwendungs-Kontexts nötig.

41.3.8   Sitzung mit offener Datenbankverbindung

Im Zusammenhang mit der Navigation durch einen ResultSet lässt sich die oben erwähnte Problematik mit dem statuslosen HTTP-Protokoll besonders deutlich zeigen. Wir gehen davon aus, dass wir, wie im Kap. 38, die Datenbank demo mit der Tabelle buch der auf dem Entwicklungsrechner installierten MySQL-Datenbank verwenden. Die Konstanten für die Datenbankverbindung deklarieren wir in mysql_conn.jsp

```
<%-- mysql_conn.jsp --%>

<%!
String host = "localhost";
String database = "demo";
String table = "buch";
String driver = "org.gjt.mm.mysql.Driver";
String connection = "jdbc:mysql://" + host + "/" + database;
%>
```

Auf der JSP-Seite werden in einer Tabelle die einzelnen Datensätze zusammen mit 4 Navigationsbuttons *First*, *Previous*, *Next*, *Last* dargestellt, mit denen man durch die Datensätze scrollen kann. Beim ersten Aufruf soll der erste Datensatz erscheinen.

In jspex6.jsp lösen wir die Aufgabe unter Beibehaltung der Datenbankverbindung. Zu Demonstrationszwecken fügen wir noch einen zusätzlichen Button *Close* hinzu, mit dem die Session geschlossen werden kann. Um Statusinformationen über den aktuellen Zustand anzuzeigen, verwenden wir zudem ein Textfeld. Das Hauptproblem besteht darin, die Verbindung zur Datenbank zu schließen, falls sich der Client über längere Zeit nicht mehr meldet. Wieder einmal sind wir froh, dass uns auch hier Java einen Callback-Mechanismus im Delegations-Eventmodell zur Verfügung stellt. Implementieren wir die Callbackmethoden valueBound() bzw. valueUnbound() aus dem Interface HttpSessionBindingListener, so ruft der JSP-Container von sich aus valueBound() bzw. valueUnboud() auf, wenn eine neue Session erzeugt bzw. geschlossen wird. Wir implementieren die beiden Methoden in der Klasse Notifier im Deklarationsteil der JSP-Seite. Sie wird damit zu einer inneren Klasse der Methode _jspService(). Die Callbackmethode valueUnbound() ist der ideale Ort, um die Datenbankverbindung zu schließen.

Etwas speziell und schlecht dokumentiert ist die Registrierung des Listeners. Wir müssen eine Instanz davon erzeugen und mit der zurückgegebenen Referenz ein beliebig bezeichnetes Attribut definieren:

```
session.setAttribute("notifier", new Notifier(con));
```

Mit setMaxInactiveIntervall(10) sorgen wir dafür, dass der JSP-Container die Session zu Demonstrationszwecken bereits nach einer Inaktivität von 10 Sekunden beendet.

Für das Erstellen der Datenbankverbindung bietet sich die Methode valueBound() an, allerdings ist es schwierig, die dabei möglicherweise geworfene Exception abzufangen und anzuzeigen. Wir öffnen darum die Verbindung in einem Scriptlet, wobei wir dafür sorgen müssen, dass dies nur einmal am Anfang der Session geschieht. Dazu prüfen wir, ob der ResultSet bereits in die Sessionvariable mit dem Bezeichner rs gespeichert wurde. jspex6.jsp zeigt einmal mehr, dass für die Entwicklung von dynamischen Web-Seiten mit JSP ein beträchtliches Know-how nötig ist.

```
<%-- jspex6.jsp --%>
<%@page contentType="text/html; charset=iso-8859-1"
        import="java.sql.*" errorPage="error.jsp"%>

<%@include file="mysql_conn.jsp"%>

<%--------------------- Declarations --------------------%>
<%!
class Notifier implements HttpSessionBindingListener
{
  private Connection con;

  Notifier(Connection con)
  {
    this.con = con;
  }

  public void valueUnbound(HttpSessionBindingEvent event)
  {
    try
    {
      if (con != null)
        con.close();
    }
    catch (SQLException ex)
    {}
  }
}
```

```
  public void valueBound(HttpSessionBindingEvent event)
  {}
}
%>


<%--------------------- Scriptlets -----------------------%>
<%
if (request.getParameter("btnClose") != null)
{
  session.invalidate();
  %>
  <html><body><h1>Auf Wiedersehen</h1></body></html>
  <%
  return;
}

String statusMsg = "";
ResultSet rs = (ResultSet)session.getAttribute("rs");
if (rs == null)
{
  Class.forName(driver);
  Connection con = DriverManager.getConnection(connection);
  Statement stmt =
      con.createStatement(ResultSet.TYPE_SCROLL_SENSITIVE,
                          ResultSet.CONCUR_UPDATABLE);
  String sql = "SELECT * FROM buch";
  rs = stmt.executeQuery(sql);
  rs.next();
  session.setAttribute("rs", rs);
  session.setMaxInactiveInterval(10);  // Only 10 s !
  // Register HttpSessionBindingListener:
  session.setAttribute("notifier", new Notifier(con));
  statusMsg = "Alle Datens&auml;tze neu geladen";
}

// Navigation button dispatcher
if (request.getParameter("btnFirst") != null)
  rs.first();
if (request.getParameter("btnPrev") != null)
  if (!rs.isFirst())
    rs.previous();
if (request.getParameter("btnNext") != null)
  if (!rs.isLast())
    rs.next();
if (request.getParameter("btnLast") != null)
  rs.last();
%>
```

```
<%-------------------- Presentation ----------------------%>
<html>
<head><title>JspEx6</title></head>
<body>
  <form method="get" name="form1" action="">
    <h1>JspEx6</h1>
    <table border="1">
      <tr>
        <td>Autor</td>
        <td><input name="txtAuthor" type="text"
          value="<%=rs.getString(2)%>" size="40"></td>
      </tr>
      <tr>
        <td>Titel</td>
        <td><input name="txtTitle" type="text"
          value="<%=rs.getString(3)%>"
        size="40"></td>
      </tr>
    </table><br>
      <input name="btnFirst" type="submit" value="First">
      <input name="btnPrev" type="submit" value="Prev">
      <input name="btnNext" type="submit" value="Next">
      <input name="btnLast" type="submit" value="Last">
      <p>
      <input name="btnClose" type="submit" value="Close"></p>
  </form>
  <p><%=statusMsg%></p>
</body>
</html>
```

Wie bereits angekündigt, ist es etwas einfacher, die Datenbankverbindung bei jedem Request neu zu öffnen und auch gleich wieder zu schließen. Um den Datensatz-Cursor beim nächsten Request wieder herstellen zu können, speichern wir die aktuelle Datensatz-Nummer in ein verstecktes Feld (hidden field) des Client zurück. Bei jedem Request holen wir den Record-Set von der Datenbank und die Datensatz-Nummer aus dem versteckten Feld und setzen mit der Methode absolute() den Cursor auf den früheren Wert. Da jede Scrolloperation zu einer umfangreichen Datenbankoperation führt, ist offensichtlich, dass dieses Verfahren weit weniger effizient ist als wenn wir die Datenbankverbindung offen halten, besonders wenn der RecordSet groß ist.

```
<%-- jspex7.jsp --%>
<%@page contentType="text/html; charset=iso-8859-1"
        import="java.sql.*" errorPage="error.jsp"%>

<%@include file="mysql_conn.jsp"%>

<%
```

```
// Open database and perform SQL
Class.forName(driver);
Connection con = DriverManager.getConnection(connection);
Statement stmt =
    con.createStatement(ResultSet.TYPE_SCROLL_SENSITIVE,
                        ResultSet.CONCUR_UPDATABLE);
String sql = "SELECT * FROM buch";
ResultSet rs = stmt.executeQuery(sql);
rs.next();

// Restore dataset cursor
String nbRecStr = request.getParameter("nbRec"); // Hidden
field
if (nbRecStr != null)
{
  int nbRec = Integer.parseInt(nbRecStr);
  rs.absolute(nbRec);
}

// Navigation button dispatcher
if (request.getParameter("btnFirst") != null)
  rs.first();
if (request.getParameter("btnPrev") != null)
  if (!rs.isFirst())
    rs.previous();
if (request.getParameter("btnNext") != null)
  if (!rs.isLast())
    rs.next();
if (request.getParameter("btnLast") != null)
  rs.last();
%>

<%-------------------- Presentation ----------------------%>
<html>
<head><title>JspEx7</title></head>
<body>
  <form method="get" name="form1" action="">
    <h1>JspEx7</h1>
    <table border="1">
      <tr>
        <td>Autor</td>
        <td><input name="txtAuthor" type="text"
          value="<%=rs.getString(2)%>" size="40"></td>
      </tr>
      <tr>
        <td>Titel</td>
        <td><input name="txtTitle" type="text"
          value="<%=rs.getString(3)%>"
```

```
          size="40"></td>
        </tr>
      </table><br>
        <input name="btnFirst" type="submit" value="First">
        <input name="btnPrev" type="submit" value="Prev">
        <input name="btnNext" type="submit" value="Next">
        <input name="btnLast" type="submit" value="Last">
        <input type="hidden" name="nbRec"
                               value="<%=rs.getRow()%>">
    </form>
  </body>
  </html>

  <%
  con.close();
  %>
```

Während der Entwicklung ist es manchmal instruktiv, im Browser den Quellcode der übermittelten JSP-Seite zu untersuchen, da darin auch die Werte der versteckten Felder sichtbar werden.

41.3.9   Dynamische Links

Für bestimmte Web-Seiten ist es zweckmäßig, die Links dynamisch anzupassen, wodurch sich eine besonders gute Interaktivität mit dem Benutzer erreichen lässt. Wir zeigen dies an einem Beispiel, bei dem man über Links zusätzlich Detailinformationen über das Werk eines Autors in einem separaten Browserfenster anbieten möchte. In jspex8.jsp werden die Autoren als Link dargestellt, der auf eine weitere JSP-Seite info.jsp verweist. Beim Aufruf wird mit

```
href="info.jsp?id=<%=rs.getInt(1)%>"
```

im Parameter id die RecordID übergeben, damit die Folgeseite herausfinden kann, um welchen Autor es sich handelt.

```
<%-- jspex8.jsp --%>
<%@page contentType="text/html; charset=iso-8859-1"
        import="java.sql.*" errorPage="error.jsp"%>

<%@include file="mysql_conn.jsp"%>

<%
Class.forName(driver);
Connection con = DriverManager.getConnection(connection);
Statement stmt = con.createStatement();
ResultSet rs = stmt.executeQuery("SELECT * FROM " + table);
```

```
%>

<html>
<head><title>JspEx8</title></head>
<body>
  <h1>JspEx8</h1>
  <table bgcolor="#CCFFFF" border="1"
      cellpadding="3" cellspacing="0">
    <tr><th>Autor</th><th>Titel</th></tr>
    <%
    while(rs.next())
    {%>
      <tr>
        <td>
          <a href="info.jsp?id=<%=rs.getInt(1)%>" title="Info"
                 target="_blank"><%=rs.getString(2)%></a>
        </td>
        <td>
          <%=rs.getString(3)%>
        </td>
    </tr>
    <%}%>
  </table>
</body></html>

<%
  con.close();
%>
```

Die Folgeseite info.jsp extrahiert aus dem URL-Parameter die RecordID und kann mit einem SQL-WHERE den entsprechenden Datensatz aus der Datenbank holen, um Detailinformationen über das Werk anzuzeigen.

```
<%-- info.jsp --%>
<%@page contentType="text/html; charset=iso-8859-1"
        import="java.sql.*" errorPage="error.jsp"%>

<%@include file="mysql_conn.jsp"%>

<%
String idString = request.getParameter("id");
if (idString == null || idString.equals(""))
  throw new Exception("Got null or empty parameter id");

Class.forName(driver);
Connection con = DriverManager.getConnection(connection);
Statement stmt = con.createStatement();
String sql =
```

```
    "SELECT * FROM " + table + " WHERE id = " + idString;
ResultSet rs = stmt.executeQuery(sql);
rs.next();
%>

<html>
<head><title>Info</title></head>
<body>
  <h2>Information &uuml;ber <%=rs.getString(2)%>'s Werk
      <em><%=rs.getString(3)%></em></h2>
  <p>Erscheinungsjahr: <%=rs.getString(4)%></p>
  <p>Herausgeber: <%=rs.getString(5)%></p>
  <p>Preis: <%=rs.getDouble(6)%></p>
</body></html>
<%
  con.close();
%>
```

Es spricht nichts dagegen, dass man dynamische Links mit JavaScript kombiniert und sie auch für Seiten-Navigationsleisten einsetzt, wodurch sich noch viel weitergehendere Gestaltungsmöglichkeiten ergeben.

41.3.10   Strukturierte JSP-Programmierung

Bisher bestanden unsere JSP-Seiten aus einer Durchmischung von HTML-Code zur Präsentation und Scriptlets für die Anwendungslogik. Dies mag für relativ einfache Aufgaben ein akzeptables Verfahren sein. Wie wir gesehen haben, werden aber bereits einfache JSP-Seiten mit einigen verstreuten Scriptlets unübersichtlich, kryptisch und damit schlecht wartbar. Aus diesem Grund hat die Java-Entwicklergemeinschaft große Anstrengungen unternommen, die Komplexität großer Anwendungen durch Einhaltung von sinnvollen **Design-Richtlinien** (**JSP-Entwurfsmuster, JSP design patterns**) beherrschbar zu machen. Dabei handelt es sich weniger um Strukturierungen im Sinn der OOP, obschon einige wichtige Ideen von dort übernommen wurden. Man erreicht bereits eine wesentliche Verbesserung der Übersichtlichkeit durch Einteilung des ganzen Systems in mehrere JSP-Seiten, von denen nur wenige für die Präsentation in einer Markup-Sprache zuständig sind.

Eine dynamische Web-Anwendung ist in der Regel eine GUI-Anwendung mit zusätzlichen Schwierigkeiten durch das statuslose HTTP-Protokoll. Wie wir wissen, ist es sehr zweckmäßig, GUI-Anwendungen als **Automaten (state machine)** zu modellieren. Auch bei dynamischen Web-Anwendungen bewährt sich diese Architektur. In der Sprechweise von Smalltalk handelt es sich um ein Entwurfsmuster, das **MVC (model-view-controller)** heißt, im Zusammenhang mit dem Web wird es auch **Request-Controller-Architektur** genannt, Es zeigt sich, dass dieses Modell eines der besten Konzepte für wartbare JSP-Systeme darstellt.

Auch hier wird das grundlegenden Verfahren an einem Beispiel dargelegt. Wir entscheiden uns für eine Musteranwendung aus dem Bereich der Datenbanken. Das Beispiel lässt sich leicht auf viele Informationssysteme (Online-Shopping, Online-Inventare, Online-Buchungen und -Anmeldungen usw.) übertragen.

Wiederum verwenden wir MySQL mit der Datenbank demo und der Tabelle buch. Dem Web-Benutzer sollen folgende grundlegende Datenbankoperationen zur Verfügung stehen:

- Anzeige von Datensätzen mit Navigieren
- Löschen, Aktalisieren und Einfügen von Datensätzen
- Suchen nach Datensätzen gemäß einem Suchkriterium.

Die Ereignissteuerung übernimmt eine JSP Seite, die bei jedem Request als Erste aufgerufen wird, üblicherweise wird sie **Homepage** genannt. Je nachdem, welche Submit-Buttons gedrückt wurden, ist der Ablauf unterschiedlich. Wir stellen uns vor, dass es sich dabei um verschiedene Zustände (**states**) der JSP-Seite handelt. Der aktuelle Zustand wird gemäß der Request-Controller-Architektur durch den **Controller** (auch **Dispatcher** genannt) auf Grund der mitgelieferten Parameter des Requests bestimmt. In jspex9.jsp übernimmt diese Aufgabe die Methode getState(). Die verschiedenen Aufgaben werden anschließend in den Teilen *navigate, search, update, delete* und *insert* behandelt (in MVC **Model** genannt). Schließlich werden die Resultate mit einer include-Direktive dem **View**, hier der Seite display.jsp, die praktisch nur aus HTML-Code besteht, zur Darstellung übergeben (Abb. 41.10).

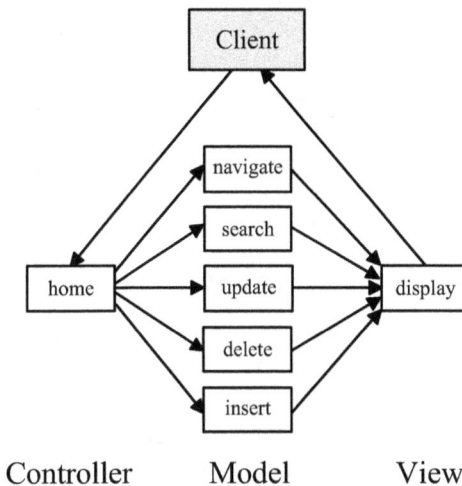

Abb. 41.10 *MVC-Architektur für den Datenbank-Zugriff*

In diesem Modell realisieren wir eine weitgehende Trennung zwischen Präsentation und Anwendungslogik. Beide Teile könnten ohne weiteres von zwei verschiedenen Entwicklerteams ausgeführt werden. Das Designerteam setzt bestimmt für die Entwicklung von display.jsp einen visuellen HTML-Editor ein, wobei die jsp-Tags für die Variablenwerte zwischen den zwei Teams abgesprochen werden müssen (Abb. 41.11).

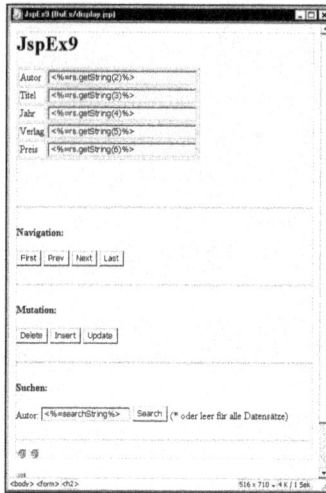

Abb. 41.11   Die Web-Seite in einem HTML-Editor (Dreamweaver MX)

Der vom visuellen HTML-Editor automatisch erzeugte Code wird nur geringfügig *von Hand* mit JSP-Tags ergänzt. Damit ist es kein Problem, das Layout auch nachträglich im visuellen Entwurfs-Modus des Editors zu verändern.

```
<%-- display.jsp
  Parameters: rs, searchString, nbRec, statusMsg, totalRecords
--%>

<html>
<head><title>JspEx9</title></head>
<body>
  <form action="jspex9.jsp" method="get" name="form1">
    <h1>JspEx9</h1>
    <table border="1">
      <tr>
        <td>Autor</td>
        <td><input name="txtAuthor" type="text"
          value="<%=rs.getString(2)%>" size="40"></td>
      </tr>
      <tr>
        <td>Titel</td>
        <td><input name="txtTitle" type="text"
          value="<%=rs.getString(3)%>"
        size="40"></td>
      </tr>
      <tr>
        <td>Jahr</td>
        <td><input name="txtYear" type="text"
```

```
              value="<%=rs.getString(4)%>"
          size="40"></td>
      </tr>
      <tr>
        <td>Verlag</td>
        <td><input name="txtEditor" type="text"
          value="<%=rs.getString(5)%>"
        size="40"></td>
      </tr>
      <tr>
        <td>Preis</td>
        <td><input name="txtPrice" type="text"
          value="<%=rs.getString(6)%>"
        size="40"></td>
      </tr>
    </table>
    <hr>
    <p><strong>Navigation:</strong></p>
    <p>
      <input name="btnFirst" type="submit" value="First">
      <input name="btnPrev" type="submit" value="Prev">
      <input name="btnNext" type="submit" value="Next">
      <input name="btnLast" type="submit" value="Last">
    </p>
    <hr>
    <p><strong>Mutation:</strong></p>
    <p>
      <input name="btnDelete" type="submit" value="Delete">
      <input name="btnInsert" type="submit" value="Insert">
      <input name="btnUpdate" type="submit" value="Update">
    </p>
    <hr>
    <p><strong>Suchen:</strong></p>
    <p>Autor:
      <input name="txtSearch" type="text"
                        value="<%=searchString%>">
      <input name="btnSearch" type="submit" value="Search">
(* oder leer f&uuml;r alle Datens&auml;tze) </p>
    <hr>
    <input type="hidden" name="nbRec"
                        value="<%=rs.getRow()%>">
    <input type="hidden" name="identifier"
                        value="<%=rs.getInt("id")%>">
</form>
<p><strong>
    <%=statusMsg%><br>
    Anzahl Datens&auml;tze: <%=totalRecords%><br>
    Datensatz Nummer: <%=rs.getRow()%><br>
```

```
</strong></p>
</body>
</html>
```

Die Programmierung der Anwendungslogik in jspex9.jsp erfordert eine beträchtliche Anstrengung, da wir die verschiedenen Zustände unterscheiden müssen, in welchen immer der Code derselben JSP-Seite durchlaufen wird. Wir strukturieren den Code durch zusätzliche Methoden, wobei wir versuchen, Seiteneffekte, beispielsweise die Veränderung des Datensatz-Cursors, soweit als möglich zu vermeiden oder zumindest zu dokumentieren. Für die Datenbankverbindung verwenden wir nicht das sessionsorientierte Verfahren, sondern öffnen und schließen diese bei jedem Request. Um den Datensatz bei einem SQL-WHERE in delete() und update() zu identifizieren, speichern wir die RecordID in einem versteckten Feld. Wie wir aus Kap. 38 wissen, könnten wir an Stelle von SQL-Statements auch Methoden des ResultSet verwenden. In diesem Fall wäre es nicht nötig, die RecordID abzuspeichern.

```
<%-- jspex9.jsp --%>
<%@page contentType="text/html; charset=iso-8859-1"
        import="java.sql.*" errorPage="error.jsp"%>

<%@include file="mysql_conn.jsp"%>

<%-------------------- Declarations --------------------%>
<%!
// ================ Method getState() =====================
int getState(HttpServletRequest request)
{
  int state = -1;
  state =
    request.getParameter("btnFirst")  == null ? state : 0;
  state =
    request.getParameter("btnPrev")   == null ? state : 1;
  state =
    request.getParameter("btnNext")   == null ? state : 2;
  state =
    request.getParameter("btnLast")   == null ? state : 3;
  state =
    request.getParameter("btnDelete") == null ? state : 4;
  state =
    request.getParameter("btnInsert") == null ? state : 5;
  state =
    request.getParameter("btnUpdate") == null ? state : 6;
  state =
    request.getParameter("btnSearch") == null ? state : 7;
  return state;
}
```

```java
// ================ Method getRecords() =====================
ResultSet getRecords(Statement stmt, String searchString)
            throws SQLException
{
  String sql;
  if (searchString.equals(""))
    sql = "SELECT * FROM buch";
  else
    sql = "SELECT * FROM buch WHERE autor = '" +
          searchString + "'";
  return stmt.executeQuery(sql);
}

// ================ Method getNbRecords() ===================
int getNbRecords(ResultSet rs) throws SQLException
// Return nb of records in ResultSet and
// move cursor to first records (if any)
{
  int nbRecords;
  if (rs.last())
  {
    nbRecords = rs.getRow();
    rs.first();
  }
  else
    nbRecords = 0;
  return nbRecords;
}

// ================ Method update() =========================
String update(Statement stmt, HttpServletRequest request)
        throws Exception
{
  String idStr = request.getParameter("identifier");
  String sql = "";
  try
  {
    sql =
      "UPDATE " + table +
      " SET autor = '" +
      request.getParameter("txtAuthor").trim()  +
      "', titel = '" +
      request.getParameter("txtTitle").trim() +
      "', jahr = " + Integer.
      parseInt(request.getParameter("txtYear").trim()) +
      ", verlag = '" +
      request.getParameter("txtEditor").trim() +
      "', preis = " + Double.
```

```
          parseDouble(request.getParameter("txtPrice").trim()) +
          " WHERE id=" + idStr;
    }
    catch (Exception ex)
    {
      return "Fehlerhafte Eingaben.";
    }
    stmt.executeUpdate(sql); // Does not modify current rs
    return "Mutation erfolgreich.";
}

// ================= Method delete() =========================
String delete(Statement stmt, HttpServletRequest request)
          throws Exception
{
    String idStr = request.getParameter("identifier");
    String sql =
      "DELETE FROM " + table + " WHERE id = " + idStr;
    stmt.executeUpdate(sql);
    return "Datensatz erfolgreich gel&ouml;scht.";
}
%>

<%--------------------- Scriptlets ----------------------%>
<%
String insertPage = "insert.jsp";
String sql = "";
String searchString = "";
String statusMsg = "";
int totalRecords = 0;
int nbRec = 1;
ResultSet rs = null;
ResultSetMetaData rsmd;
int state = getState(request);

// Open database
Class.forName(driver);
Connection con = DriverManager.getConnection(connection);
Statement stmt =
    con.createStatement(ResultSet.TYPE_SCROLL_SENSITIVE,
                        ResultSet.CONCUR_UPDATABLE);

// Insert
if (state == 5)
{
  response.sendRedirect(insertPage);
  return;
}
```

```java
// Update
if (state == 6)
  statusMsg = update(stmt, request);

// Delete
if (state == 4)
  statusMsg = delete(stmt, request);

// Search
searchString = request.getParameter("txtSearch");
if (searchString == null ||
    searchString.trim().equals("") ||
    searchString.trim().equals("*"))
{
  searchString = "";
  rs = getRecords(stmt, "");
  if ( getNbRecords(rs) == 0)  // No record in database
  {
    response.sendRedirect(insertPage);
    return;
  }
  statusMsg += " Alle Datens&auml;tze gew&auml;hlt";
}
else
{
  rs = getRecords(stmt, searchString);
  if (getNbRecords(rs) == 0)  // No record in selection
  {
    rs = getRecords(stmt, "");  // No record in database
    if (getNbRecords(rs) == 0)
    {
      response.sendRedirect(insertPage);
      return;
    }
    statusMsg = " Kein Datensatz gefunden. " +
                "Alle Datens&auml;tze gew&auml;hlt";
  }
  else
    statusMsg = " Suchkriterium erf&uuml;llt";
}

if ((totalRecords = getNbRecords(rs)) == 0)
{
  response.sendRedirect(insertPage);
  return;
}
```

```
// Restore dataset cursor
String nbRecStr = request.getParameter("nbRec");
if (nbRecStr != null)
{
  nbRec = Integer.parseInt(nbRecStr);
  rs.absolute(nbRec);
}

switch (state)
{
  case 0: // first
    rs.first();
    break;
  case 1: // prev
    if (!rs.isFirst())
      rs.previous();
    break;
  case 2: // next
    if (!rs.isLast())
      rs.next();
    break;
  case 3: // last
    rs.last();
    break;
  case 4: // delete: show first record
    rs.absolute(1);
    break;
  case 6: // update: show updated record
    rs.absolute(nbRec);
    break;
}
%>

<%-------------------- Presentation ----------------------%>
<%@include file="display.jsp"%>

<%
con.close();
%>
```

Schließlich bleibt uns noch die Aufgabe, die JSP-Seite insert.jsp für das Einfügen neuer Datensätze zu entwerfen. Wir können dazu wieder weitgehend einen visuellen HTML-Editor verwenden. Mit zwei Buttons *Save* und *Cancel* geben wir dem Benutzer die Möglichkeit, die eingegebenen Daten in der Datenbank abzuspeichern oder das Einfügen abzubrechen. Wir nehmen eine minimale Inputvalidation vor, zeigen die Fehler allerdings der Einfachheit halber nicht genau dort an, wo sie auftreten. Der programmtechnische Aufwand dazu ist aber klein und lohnt sich in jedem Fall.

```
<%-- insert.jsp --%>
<%@page contentType="text/html; charset=iso-8859-1"
        import="java.sql.*" errorPage="error.jsp"%>

<%@include file="mysql_conn.jsp"%>

<%
String homePage = "jspex9.jsp";
Connection con = null;
String errorMsg = "";
String fields[] = {"", "", "", "", "", ""};
if (request.getParameter("save") != null)
{
  fields[0] = request.getParameter("txtAuthor").trim();
  fields[1] = request.getParameter("txtTitle").trim();
  fields[2] = request.getParameter("txtYear").trim();
  fields[3] = request.getParameter("txtEditor").trim();
  fields[4] = request.getParameter("txtPrice").trim();

  // Open database
  Class.forName(driver);
  con = DriverManager.getConnection(connection);
  Statement stmt =
      con.createStatement(ResultSet.TYPE_SCROLL_SENSITIVE,
                          ResultSet.CONCUR_UPDATABLE);
  try
  {
    String sql =
        "INSERT INTO " + table +
        "(autor, titel, jahr, verlag, preis) VALUES ('" +
        fields[0] + "', '" +
        fields[1] + "', " +
        Integer.parseInt(fields[2]) + ", '" +
        fields[3] + "', " +
        Double.parseDouble(fields[4]) + ")";
    stmt.executeUpdate(sql);
  }
  catch (NumberFormatException ex)
  {
    errorMsg = "Fehlerhafte Eingaben";
  }
  if (errorMsg.length() == 0)
  {
    response.sendRedirect(
        response.encodeRedirectURL(homePage));
    return;
  }
}
```

```
if (request.getParameter("cancel") != null)
{
  response.sendRedirect(
      response.encodeRedirectURL(homePage));
  return;
}
%>

<html>
<head><title>Neuer Datensatz</title></head>
<body>
  <form action="insert.jsp" method="get" name="form1">
    <h1>Neuer Datensatz</h1>
    <table border="1">
      <tr>
        <td>Autor</td>
        <td><input name="txtAuthor" type="text"
            value="<%=fields[0]%>" size="40"></td>
      </tr>
      <tr>
        <td>Titel</td>
        <td><input name="txtTitle" type="text"
                   value="<%=fields[1]%>" size="40"></td>
      </tr>
      <tr>
        <td>Jahr</td>
        <td><input name="txtYear" type="text"
                   value="<%=fields[2]%>" size="40"></td>
      </tr>
      <tr>
        <td>Verlag</td>
        <td><input name="txtEditor" type="text"
                   value="<%=fields[3]%>" size="40"></td>
      </tr>
      <tr>
        <td>Preis</td>
        <td><input name="txtPrice" type="text"
                   value="<%=fields[4]%>" size="40"></td>
      </tr>
    </table>
    <p>
      <input name="save" type="submit" value="Save">
      <input name="cancel" type="submit" value="Cancel">
    </p>
  </form>
  <p><strong><%=errorMsg%></strong></p>
</body></html>
```

```
<%
if (con != null)
  con.close();
%>
```

Nach dem Kopieren aller beteiligter jsp-Dateien in das Wurzelverzeichnis des Kontexts aplu-examples freut man sich beim Aufruf der Homepage jspex9.jsp, dass sich die Mustervorlage wunschgemäß verhält. Nachdem man die Datenbank zu Testzwecken verändert hat, kann sie, wie im Kap. 38.2 beschrieben, mit demo.sql jeweils in den ursprünglichen Zustand versetzt werden.

41.3.11 Verpacken und Deployment von JSP-Applikationen

Es gibt eine einfache Möglichkeit, alle Dateien, die zu einer JSP-Applikation gehören, zusammenzupacken. Dies ist dann von Vorteil, wenn man eine Applikation vom Entwicklungsrechner auf einen produktiven Web-Host transportieren und dort im Internet publizieren will (deployment). Wir zeigen dies am Beispiel aus dem vorhergehenden Kapitel. Dieses umfasst folgende Dateien:

```
jspex9.jsp
display.jsp
insert.jsp
error.jsp
mysql_conn.jsp
```

Wir erstellen zuerst ein leeres Verzeichnis scratch und kopieren diese fünf Dateien hinein. Im Kontext aplu-examples befindet sich das Unterverzeichnis WEB-INF mit der Datei web.xml, die wir gemäß Anhang 3 erstellt haben. Wir kopieren dieses Verzeichnis mit dem darin enthaltenen web.xml ebenfalls nach scratch und rufen in einer Command-Shell von scratch aus das Verpackungsprogramm jar wie folgt auf:

```
jar cvf mydb.war *.jsp WEB-INF
```

Dabei entsteht die Distributionsdatei mydb.war. Diese kann man in das Verzeichnis webapps des Zielhosts kopieren. Beim nächsten Start von Tomcat wird die Distributionsdatei automatisch entpackt und ein neuer Applikations-Kontext mit dem Namen mydb erzeugt. Damit ist die Applikation im Internet unter der Adresse hostname/mydb/jspex9.jsp verfügbar, wobei hostname der IP-Alias oder die IP-Adresse des Hosts ist. Voraussetzung ist, dass sich auf dem Zielhost MySQL mit der Datenbank demo befindet.

41.3.12 Java Beans, JSP-Aktionen

Wie wir am vorhergehenden Beispiel gezeigt haben, lässt sich eine strukturierte Architektur eines JSP-Systems durch Verwendung mehrerer JSP-Seiten und Kapselung des Codes in Methoden realisieren. Dabei handelt es sich aber leider nicht um eine Strukturierung im Sinn der OOP. Es ist aber möglich, in JSP-Systemen ein anderes Konzept moderner Software-Systeme anzuwenden, nämlich die **Komponententechnologie.** Hier wird die OOP nur als Hilfsmittel dafür eingesetzt, **Software-Entitäten** zu erzeugen, die eine noch größere Eigenständigkeit als gewöhnliche Objekte besitzen. Man verwendet dazu standardisierte Klassen, deren Schnittstelle nach außen (die public Methoden) gewissen generellen Vereinbarungen entsprechen. Man verlangt auch, dass die Komponenten in hohem Maß portabel sind, was heißt, dass sie ohne Anpassungen auf verschiedensten Hardware-Plattformen und Software-umgebungen lauffähig bleiben. Java ist wegen seiner Plattformunabhängigkeit wie kaum eine andere Programmiersprache für die Entwicklung von Komponenten prädestiniert. Wir lernen hier Java-Komponenten am Beispiel von **Java Beans** im Zusammenhang mit Web-Anwendungen kennen.

Auf die Behandlung von Java Beans, welche sich mit einem visuellen Bean-Editor verwenden lassen und der wesentlich weiter führenden Enterprise Java Beans (EJB), die als Komponenten in verteilten Systeme eingesetzt werden, müssen wir verzichten. Um einen Bean flexibel einsetzen zu können, sollte es möglich sein, ihn auch nach der Compilation, mit einem Bean-Editor anzupassen. Dieser greift über Reflection auf die Methoden des Beans zu. Damit der Bean leicht von einer Plattform auf eine andere transportiert werden kann, muss er sich zudem abspeichern lassen, also serializable sein. Wir behandeln diese weiterführenden Beankonstruktionen nicht.

Java Beans eignen sich in JSP-Systemen hervorragend, um die Trennung von Präsentation und Anwendungslogik zu realisieren. Die Anwendungslogik wird dabei vom Programmierer in einem Bean als compilierter Java-Code gekapselt. Der Web-Designer kann die Dienste des Bean allein auf Grund einer klar festgelegten Schnittstelle in Anspruch nehmen. Diese baut auf einem altbekannten Modell der **Eigenschaften (Properties)** auf. Heißt beispielsweise die Beanklasse `CoffeeBean.class`, so wird eine Instanz davon mit der **JSP-Aktion (jsp action)**

```
<jsp:useBean id="bohne" class="CoffeeBean"/>
```

erzeugt und steht nachher unter dem beliebigen Namen (ID, Alias) `bohne` der JSP-Seite zur Verfügung. Dabei ruft der JSP-Container den Standard-Konstruktor (parameterloser Konstruktor) der Beanklasse auf. Eine public Methode mit dem Namen `setAbc(String s)` der Beanklasse kann mit der JSP-Aktion

```
<jsp:setProperty name="bohne" property="abc" value="xxx"/>
```

aufgerufen werden. Dabei erhält der Parameter den Stringwert `xxx` zugewiesen. Die Bean-Konventionen legen fest, dass zu jeder Property eine setter-Methode genau nach diesem Vorbild deklariert sein muss. Um den Wert einer Property zurückzuholen, wird die JSP-Action

```
<jsp:getProperty name="bohne" property="abc"/>
```

verwendet, die gemäß der Bean-Vereinbarungen die getter-Methode `getAbc()` aufruft. Obschon es aussieht, als ob es sich bei den Properties um Instanzvariablen handeln würde, ist dies also nicht so. Vielmehr werden beim Schreiben und Lesen der Properties Methoden aufgerufen, die beliebige Seiteneffekte auslösen, beispielsweise eine Datenbankverbindung öffnen oder eine Mail versenden.

Mit diesen elementaren Kenntnissen über Beans sind wir bereits in der Lage, eine **intelligente Bohne** zu erstellen, die in der Lage ist, als Spielpartner beim bekannten Nim-Spiel aufzutreten und sogar zu gewinnen. Wir verwenden hier die Spielregeln für eine einfache Variante des Nim-Spiels:

Es liegen 15 Streichhölzer auf dem Tisch. Jeder der zwei Spieler muss abwechslungsweise 1, 2 oder 3 Streichhölzer entfernen. Wer das letzte Streichholz entfernt, hat verloren.

Zuerst vereinbaren wir die Schnittstelle zwischen dem Web-Designer und Bean-Entwickler, wobei wir darauf achten, dass der Web-Designer die JSP-Seite mit möglichst wenig Scriptlet-Code erstellen kann. Wir legen Folgendes fest:

- Der Bean heißt `NimBean`
- `NimBean` besitzt zwei Properties `sticks` und `picks`, mit denen dem Bean die Spielsituation übermittelt wird. Die Property `sticks` enhält die Anzahl Zündhölzer, die VOR dem Ziehen des Spielpartners auf dem Tisch lagen, und die Property `picks` die Anzahl Zündhölzer, die dieser beim Zug wegnimmt
- `NimBean` besitzt zudem die Property `play`, die beim Lesen den Bean zum Ziehen auf Grund der bekannten Spielsituation auffordert. Die Property `play` enthält einen (bissigen) Kommentar zum gemachten Zug. Nach dem Zug enthält `sticks` die Anzahl der noch vorhandenen und `picks` die Anzahl der vom Bean entfernter Streichhölzer.

Als Web-Designer sind wir mit diesen Vorgaben bereits in der Lage, eventuell unter Zuhilfenahme eines visuellen HTML-Editors, die JSP-Seite `jspex10.jsp` zu erstellen. Dabei müssen wir uns aber bewusst sein, dass der Bean kein „Erinnerungsvermögen" an den letzten Zug hat. Vielmehr ist es unsere Aufgabe, den aktuellen Zustand des Spiels, d.h. die Anzahl der noch liegenden Streichhölzer, beim Client abzuspeichern. Wie wir von der Sitzungsverfolgung mit einer Session-ID wissen, kann dies auf verschiedene Arten erfolgen. Man könnte das Spiel als eine JSP-Session aufbauen und Daten als Sessionvariable zwischen mehreren Requests aufbewahren. Einfacher ist es aber, ein verstecktes Feld (hidden field) mit dem Namen `nbSticks` zu verwenden. Wir setzen seinen Wert mit dem Rückgabewert beim Lesen der Property `sticks`.

```
<input name="nbSticks" type="hidden"
       value="<jsp:getProperty name="nim" property="sticks"/>">
```

Für die Übergabe der Request-Parameter an den Bean verwenden wir die Aktion

```
<jsp:setProperty name="nim" property="sticks"
                            param="nbSticks"/>
```

welche den Parameterwert des Formelements mit dem Namen `nbSticks` unmittelbar an die Property `sticks` übergibt. (Kommt der Parameter gar nicht vor, so erfolgt kein Aufruf, auch nicht mit dem Wert `null`.) Mit diesen Überlegungen können wir `jspex10.jsp` erstellen. Das Design ist allerdings etwas rudimentär, da die Seite neben ein paar Kommentaren lediglich ein Eingabefeld und einen Submit-Button enthält.

```
<%-- jspex10.jsp --%>
<%@page contentType="text/html; charset=iso-8859-1"
        import="ch.aplu.bean.*" errorPage="error.jsp"%>


<jsp:useBean id="nim" class="ch.aplu.bean.NimBean"/>
<jsp:setProperty name="nim" property="sticks"
                            param="nbSticks"/>
<jsp:setProperty name="nim" property="picks"
                            param="nbPicks"/>


<html>
<head><title>JspEx10</title></head>
<body>
  <h1>JspEx10</h1>
  <br><jsp:getProperty name="nim" property="play"/><br>
  <br>Es bleiben: <jsp:getProperty name="nim"
property="sticks"/>
  <form name="form1" method="get" action="">
    <input type="submit" name="btnSubmit" value="Ich nehme">
    <input type="text" name="nbPicks"> Streichh&ouml;lzer weg
    <input name="nbSticks" type="hidden"
        value="<jsp:getProperty name="nim"
property="sticks"/>">
  </form>
</body></html>
```

Als Java-Programmierer stehen wir vor der interessanten Herausforderung, den Bean so intelligent zu machen, dass er mit einer optimalen Gewinnstrategie spielt. Diese besteht darin, den Bean wenn immer möglich soviel Hölzer ziehen zu lassen, dass nach dem Zug z = 1, 5, 9 oder 13 übrig bleiben. Diese Gewinnzahlen z haben die Eigenschaft, dass bei der Ganzzahl-Division mit 4 der Rest 1 übrig bleibt, mathematisch entspricht dies der Modulo-Operation: z % 4 = 1. Ist dies nicht möglich, so lassen wir den Bean nur wenige Hölzer ziehen, in der Hoffnung, dass damit das Spiel möglichst lange dauert und so der Gegner eher zu Fehlern verleitet wird. Um diese Strategie etwas zu vertuschen, entfernen wir zufällig 1 oder 2 Hölzer.

Die Zahl der noch liegenden und der vom Partner entfernten Streichhölzer speichern wir mit den setter-Methoden in Instanzvariablen `sticks` bzw. `picks` ab, da wir von anderen Methoden darauf zurückgreifen müssen. Den Wert -1 sehen wir vor, um einen Fehler zu kennzeichnen. Es gilt noch, einen Spezialfall bei Spielbeginn zu beachten. In diesem Fall ist `setSticks()` noch nicht aufgerufen worden, und der Bean liefert in `play()` lediglich seine Spielbereitschaft zurück.

Bei der Entwicklung des Beans müssen wir darauf achten, dass in `jspex10.jsp` der Bean mit

```
<jsp:useBean id="nim" class="ch.aplu.bean.NimBean"/>
```

instanziert wird. Damit dies gelingt, muss er in einem Package mit dem Namen `ch.aplu.bean` erstellt werden. Um den Bean in der Java-Entwicklungsumgebung, d.h. ohne Web-Server, zu testen oder zu debuggen, ist es zweckmäßig, eine main-Methode aufzunehmen. Sie braucht nicht entfernt zu werden, da sie das Verhalten des Beans nicht beeinträchtigt.

```java
// NimBean.java

package ch.aplu.bean;

public class NimBean
{
  private static final int initSticks = 15;
  private int sticks;
  private int picks;
  private boolean init;

  public NimBean()
  {
    sticks = -1;
    picks = -1;
    init = true;
  }

  public void setSticks(String sticksStr)
  {
    init = false;
    try
    {
      sticks = Integer.parseInt(sticksStr);
    }
    catch (NumberFormatException ex)
    {
      sticks = -1;
    }
    if (sticks < 0) // Error
      sticks = -1;
  }

  public void setPicks(String picksStr)
  {
    try
    {
      picks = Integer.parseInt(picksStr);
    }
    catch (NumberFormatException ex)
```

```
    {
      picks = -1;
    }
    if (picks < 1 || picks > 3) // Error
      picks = -1;
  }

  public String getSticks()
  {
    return Integer.toString(sticks);
  }

  public String getPicks()
  {
    return Integer.toString(picks);
  }

  public String getPlay()
  {
    if (init)
    {
      sticks = initSticks;
      picks = 0;
      return "Bin zu Spiel bereit!";
    }
    if (sticks == -1 || picks == -1 || sticks - picks < 0)
      return "Fehlerhafte Eingabe!";
    sticks -= picks;
    if (sticks == 0)
    {
      picks = 0;
      return "Entschuldige, ich habe gewonnen!";
    }
    if (sticks == 1)
    {
      sticks = 0;
      picks = 1;
      return "Musste das letzte wegnehmen. " +
          "Gratuliere, du hast gewonnen!";
    }
    switch (sticks % 4)
    {
      case 0:
        picks = 3;
        sticks -= picks;
        return "Habe " + picks + " genommen. Jupii!";
      case 1:
        picks = (int) (2 * Math.random()) + 1;
```

```
        sticks -= picks;
        return "Habe " + picks + " genommen. Autsch!";
      case 2:
        picks = 1;
        sticks -= picks;
        return "Habe " + picks + " genommen. Jupii!";
      case 3:
        picks = 2;
        sticks -= picks;
        return "Habe " + picks + " genommen. Jupii!";
    }
    return "";
  }

  public static void main(String[] args)
  {
    NimBean player = new NimBean();
    for (int i = 15; i > -2; i--)
    {
      for (int k = 1; k <= 3; k++)
      {
        System.out.println("Vorhanden: " + i);
        System.out.println("Person nimmt weg: " + k);
        player.setSticks(Integer.toString(i));
        player.setPicks(Integer.toString(k));
        System.out.println("Bean's Kommentar: " +
                            player.getPlay());
        System.out.println("Bleiben " + player.getSticks());
        System.out.println();
      }
    }
  }
}
```

Damit der Bean vom JSP-Container gefunden wird, muss sich die class-Datei im selben Verzeichnis wie die Servlets befinden, und zwar in einer Unterverzeichnis-Struktur, die dem Package entspricht. Bei Tomcat 5 kopiert man daher die Datei NimBean.class ausgehend vom Installationsverzeichnis in

..\webapps\aplu-examples\WEB-INF\classes\ch\aplu\beans

Wie bei Servlets muss mit dem Webanwendungs-Manager der Kontext-Pfad neu geladen oder der Tomcat-Server neu gestartet werden, damit eine neue Version der Bean-Klasse übernommen wird.

Wir wollen das Layout der Web-Seite attraktiver gestalten, was durch die klare Trennung der Präsentation (JSP-Seite) und Anwendungslogik (Java Bean) besonders einfach ist. Damit auf der Web-Seite die noch nicht gezogenen Streichhölzer sichtbar werden, beschaffen wir uns ein gif-Image eines einzelnen Streichholzes und setzen ein Scriplet ein, in welchem das HTML-Tag

```
<img src="match.gif">
```

entsprechend oft wiederholt wird. Zur Hilfe für Spielwütige erscheint am Ende des Spiels ein Button, mit dem das Spiel neu gestartet werden kann. Für die Wiederholschlaufe holen wir uns im Scriplet die Anzahl der Streichhölzer mit einem direkten Aufruf der Methode `getSticks()`. Dazu müssen wir wissen, dass der in `useBean` angegebene Name `nim` auch als Referenz auf die Beaninstanz verwendet werden kann.

```
<%-- jspex11.jsp --%>
<%@page contentType="text/html; charset=iso-8859-1"
        import="ch.aplu.bean.*" errorPage="error.jsp"%>

<jsp:useBean id="nim" class="ch.aplu.bean.NimBean"/>
<jsp:setProperty name="nim" property="sticks"
                            param="nbSticks"/>
<jsp:setProperty name="nim" property="picks"
                            param="nbPicks"/>


<html>
<head><title>JspEx11</title></head>
<body>
  <h1>JspEx11</h1>
  <br><jsp:getProperty name="nim" property="play"/>
  <br>Es bleiben:
      <jsp:getProperty name="nim" property="sticks"/>
  <form name="form1" method="get" action="">
    <input type="submit" name="btnSubmit"
              value="Ich nehme">
    <input type="text" name="nbPicks">
    Streichh&ouml;lzer weg
    <input name="nbSticks" type="hidden"
      value="<jsp:getProperty name="nim" property="sticks"/>">
  </form>
  <%
  int nb = Integer.parseInt(nim.getSticks());
  if (nb == 0)
  {%>
    <form name="form2" method="get" action="jspex11.jsp">
    <input type="submit" name="btnNew"
              value="Neues Spiel">
    </form>
  <%}
  else
    for (int i = 0; i < nb; i++)
    {%>
      <img src="match.gif">
    <%}%>
</body></html>
```

Nun können wir das Spiel im Internet freigeben (Abb. 41.12).

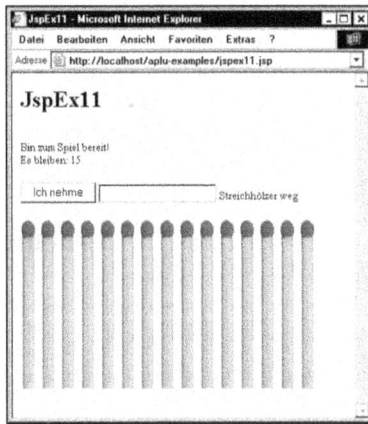

Abb. 41.12   *Startbild des Nim-Spiels*

Es gibt Bestrebungen, Servlets und Java Server Pages durch weitere Abstraktionsschichten zu verde-cken, in der wohlgemeinten Absicht, die wichtigen Operationen soweit zu kapseln, dass zur Entwick-lung dynamischer Websites kaum mehr Kenntnisse von Java nötig sind. Dazu wurde insbesondere die **Java Server Pages Standard Tag Library (JSTL)** *entwickelt, mit der sich die algorithmischen Grundstrukturen, wie Iteration und Selektion, aber auch Datenbankoperation usw. mit Hilfe von Tags ausdrücken lassen. Zusätzliche Freiheitsgrade ergeben sich durch die Möglichkeit, eigene Tags* **(custom tags)** *zu definieren. In JSP Version 2 ist zudem eine neue scriptartige Programmiersprache,* *die* **Expression Language (EL)**, *integriert, die als serverseitiges JavaScript aufgefasst werden kann. Es bleibt abzuwarten, ob diese Neuerungen, die von Java weg zu einfacheren, dafür aber eingeschränk-ten Web-Entwicklungsumgebungen führen, eine echte Konkurrenz zu den bereits etablierten Web-Scriptsprachen darstellen.*

41.3.13   Web Content Management

Dynamische Elemente werden heute immer mehr auch dafür eingesetzt, die Entwicklung und Wartung von größeren Websites zu vereinfachen. Es ist unbestritten, dass ein einheitliches Erscheinungsbild wegen der Corporate Identity zum erfolgreichen Webauftritt gehört. Des-wegen bestehen Websites oft aus gleichartig aufgebauten Seiten mit gleichbleibendem Kopf und wenig ändernden Navigationsleisten. Früher wurden zur Realisierung dieses Konzepts oft HTML-Frames eingesetzt. Bei Verwendung von dynamischen Elementen ist aber die Flexibilität weit größer, wobei es grundsätzlich keine Rolle spielt, welcher Programmier-sprache man sich bedient. Handelt es sich dabei um ein strukturiertes Konzept zur Entwick-lung und Wartung einer Website, so spricht man von einem Web Content Management Sys-tem (CMS).

Im folgenden exemplarischen Beispiel besteht die Site aus drei Web-Seiten, hier Knoten (nodes) genannt, mit gleichem Erscheinungsbild, aber unterschiedlichem Inhalt. Die Seiten werden dynamisch aus einer einzigen JSP-Seite jspex12.jsp aufgebaut, welche sich in den Zuständen 0, 1 oder 2 befinden kann, die durch den Parameterwert von node unterschieden werden. Je nach Zustand ändert sich der Inhalt einer Tabellenzelle im zentralen Anzeigebereich bei gleichbleibendem Kopf, indem mit einer JSP-include-Aktion eine der Seiten node0.html, node1.html oder node2.html in diese Zelle geladen wird. Um den Benutzer zu informieren, auf welcher Seite er sich aktuell befindet, wird gleichzeitig der entsprechende Navigationslink fett angezeigt.

```jsp
<%-- jspex12.jsp --%>
<%@page contentType="text/html; charset=iso-8859-1"
        errorPage="error.jsp"%>

<%
int nodeIndex = 0;
String[] centerToInclude =
    {"node0.html", "node1.html", "node2.html"};
String[] style = {"", "", ""};
String[] endstyle = {"", "", ""};

// Get current site
String node = request.getParameter("node");
if (node != null)
  nodeIndex = Integer.parseInt(node);

style[nodeIndex] = "<b>";
endstyle[nodeIndex] = "</b>";
%>

<html>
<head><title>JspEx12</title></head>
<body>
  <h1>JspEx12</h1>
  <table width="600" border="0">
    <tr>
      <td width="100">
        <p><%=style[1]%><a href="jspex12.jsp?node=1">
            Node 1</a><%=endstyle[1]%></p>
        <p><%=style[2]%><a href="jspex12.jsp?node=2">
            Node 2</a><%=endstyle[2]%></p>
        <p><%=style[0]%><a href="jspex12.jsp?node=0">
            Home  </a><%=endstyle[0]%></p>
      </td>
      <td>
 <jsp:include page="<%=centerToInclude[nodeIndex]%>"/></td>
    </tr>
  </table>
</body></html>
```

Der Zelleninhalt im Anzeigebereich besteht hier aus einer HTML-Seite, die lediglich anzeigt, um welchen Knoten es sich handelt, beispielsweise für node0.html:

```
<html><body >
  <h1>Node 0 (Home)</h1>
</body></html>
```

Es gibt mehrere kommerzielle Web Content Management Systeme (CMS), die sich meist auf der Basis von PHP einer ähnlichen Technik bedienen. Unter dem Apache Cocoon Project wird das CMS lenya angeboten, das vollständig in Java geschrieben ist (Suchmaschine mit den Suchworten apache lenya).

42   Anhang 1: Installation von externen Klassenbibliotheken

42.1   Installation der Standard Extension

Mit der Installation des Java Development Kits (JDK), das kostenlos von der Website von Sun Microsystems heruntergeladen werden kann, stehen ein Kommandozeilen-Compiler, eine Java Laufzeitumgebung, die Java Foundation Class (JFC) mit mehr als 2000 Klassen, sowie mehrere Werkzeuge zur Verfügung. Sun entwickelt noch weitere nützliche Klassen, die zur *Standard Extensions to Java* gehören, beispielsweise *Java3D*, *JavaMail* usw. Diese müssen separat heruntergeladen und gemäß den jeweiligen Dokumentationen installiert werden. Falls ein Programm unter Verwendung dieser Klassen entwickelt wird, müssen sich diese zur Laufzeit ebenfalls auf jedem Rechner befinden, auf dem das Programm ausgeführt wird. Dazu kopiert man am einfachsten die dazugehörende jar-Datei in das Verzeichnis `jre/lib/ext` des Java-Runtime-Environments (JRE).

42.2   Klassen aus dem Package ch.aplu

Das Package besitzt folgende Verzeichnishierarchie

```
ch
  |
  +--aplu
        |
        +--util
        +--turtle
```

Das Dateiverzeichnis `ch` nennt man die **Wurzel (root)** des Packages. Man kann ein Package auch als jar-Datei verwenden. Dazu wird diese in irgendein Verzeichnis kopiert und im CLASSPATH bzw. in der Entwicklungsumgebung (in der Regel unter *Bibliotheken* bzw. *Libraries*) der vollständige Pfadname angegeben (Verzeichnispfad und jar-Datei). Man beachte, dass die Klassenbibliotheken ebenfalls zur Laufzeit des Programms benötigt werden: Kopieren wir den Bytecode eines Programms auf einen anderen Computer, so müssen auch

Bibliotheksklassen, die nicht zur JFC gehören, auf diesem Computer vorhanden sein. Am einfachsten kopiert man dazu die jar-Dateien in das Verzeichnis `jre/lib/ext` des Java-Runtime-Environments (JRE). Sie stehen dann ohne weitere Angabe allen Programmen zur Verfügung.

Falls im CLASSPATH des Entwicklungsrechners bereits ein Verzeichnis angegeben ist, das andere zusätzlich verwendete Klassen enthält (beispielsweise `c:\classes`), so kann die vollständige Package-Verzeichnisstruktur ausgehend von der Wurzel `ch` in eine Unterverzeichnisstruktur `c:\classes\ch\...` kopiert werden. Das Package steht damit ohne weitere Angaben zur Verfügung, allerdings normalerweise erst nach einem Neustart der Entwicklungsumgebung. Man beachte, dass die Groß-Kleinschreibung auf keinen Fall verändert werden darf, da sonst die Klassen nicht gefunden werden. Dieses Verfahren besitzt den Vorteil, dass die HTML-Dokumentationsdateien, die oft ebenfalls in der Distribution des Packages enthalten sind, leichter gefunden werden.

43 Anhang 2: Java Web Start

43.1 Web-Start als Benutzer

Bei Java **Web-Start** handelt es sich um ein Verfahren, Programme auf einfache Art über das Internet an die Benutzer zu verteilen. Dazu gehört auch die automatische Erkennung von neuen Versionen (Updates). Gibt es zeitweise keinen Zugang zum Internet, so werden die Programme ohne Versionsprüfung lokal ausgeführt. Bei den Programmen kann es sich um Java-Applikationen oder Applets handeln, wobei Applets unter Web-Start in einem eigenen browserunabhängigen Fenster ausgeführt werden. Web-Start wird in der Regel zusammen mit dem JRE auf dem Client installiert, kann aber auch nachträglich von Sun's Website heruntergeladen und installiert werden (Web-Suchmaschine mit den Stichworten *sun webstart download*). Für die Verwaltung der Programme stellt Web-Start einen **Anwendungsmanager** zur Verfügung.

Da Java-Applikationen im Bytecode vorliegen, wird zur Ausführung vom Benutzer mehr Verständnis verlangt als bei Programmen im Maschinencode, die direkt aufgerufen werden können. Besonders tückisch kann es werden, wenn die Applikation aus mehreren Klassendateien besteht und zudem noch weitere Ressourcen benötigt. Im Gegensatz dazu sind die Schritte, um ein neues Java-Programm mit Web-Start zu installieren und auszuführen, denkbar einfach. Der Benutzer besucht dazu eine Website und klickt auf einen entsprechenden Link. Die Applikation wird in der Folge automatisch als jar-Datei auf den Clientrechner heruntergeladen und eine Ikone im Anwendungsmanager hinzugefügt (Abb. 43.1). Gleichzeitig kann der Benutzer (unter Windows) wählen, ob er auch eine Ikone auf dem Desktop und im Programmverzeichnis wünscht.

Das Programm kann durch Klicken auf eine dieser Ikonen jederzeit gestartet werden. Falls der Computer mit dem Internet verbunden ist, wird dabei automatisch überprüft, ob auf dem Host eine neue Version vorliegt. Ist dies der Fall, so wird die neue Version automatisch heruntergeladen und gestartet.

Da über das Web verteilte Programme grundsätzlich gefährlich sein können, ist in Web-Start ein umfangreiches Sicherheitskonzept integriert. So muss jedes Programm, das für den Download mit Web-Start freigegeben wird, vom Entwickler **signiert** werden. Der Entwickler kann diese Signatur bei einer vertrauenswürdigen Firma registrieren lassen. Der Anwender wird vor der Programmausführung auf die Herkunft und Signatur aufmerksam gemacht und kann entscheiden, ob er der Signatur sein Vertrauen schenkt.

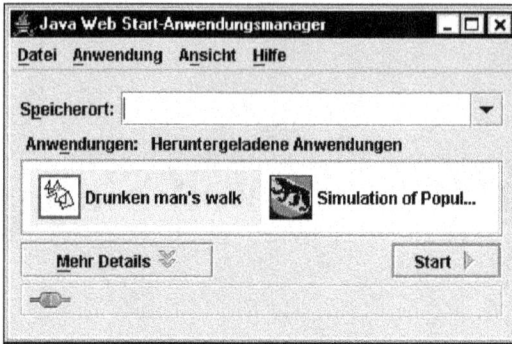

Abb. 43.1   *Anwendungsmanager von Web-Start*

43.2   Web-Start als Entwickler

Um eine Applikation oder ein Applet für Web-Start anzubieten, werden alle class-Dateien und Ressourcen in eine jar-Datei gemäß den Angaben in Kap. 23.11 verpackt. Dabei müssen die Regeln für eine ausführbare jar-Datei eingehalten werden. Zusätzlich muss beachtet werden, dass für das Laden von Ressourcen **nicht** der ClassLoader der installierten JRE, also **nicht**

```
ClassLoader.getSystemResource();
```

(oder Ähnliches), sondern mit

```
ClassLoader loader = getClass().getClassLoader();
loader.getResource();
```

der aktuelle ClassLoader verwendet wird.

Web-Start setzt auf einem speziell zu diesem Zweck entwickelten **Java Network Launching Protocol (JNLP)** auf, dessen Spezifikation von Sun's Website bezogen werden kann. Für das korrekte Funktionieren von Web-Start muss der verwendete Web-Server den Mime-type jnlp richtig definieren. Dazu ist es nötig, dass der Manager des Web-Servers den aus Tab. 43.1 zu entnehmenden Mime-type hinzufügt.

Content-Type	File suffix
application/x-java-jnlp-file	jnlp

Tab. 43.1   *Mime-type für die Verwendung von Web-Start*

Im Folgenden beschreiben wir exemplarisch, wie vorzugehen ist, um eine Applikation über Web-Start anzubieten. Als Erstes müssen wir eine persönliche digitale Signatur erstellen, mit der wir alle jar-Dateien versehen werden. Dazu verwenden wir das Kommandozeilen-Programm keytool. Mit

```
keytool -genkey -alias hokuspokus
```

geben wir der neuen Signatur den Aliasnamen hokuspokus. Dadurch entsteht die Datei .keystore im Home-Verzeichnis Der Aufruf führt zu einem Abfragedialog, bei dem wir uns als seriösen Entwickler bekennen.

```
Geben Sie das Keystore-Passwort ein:   secret
Wie lautet Ihr Vor- und Nachname?
 [Unknown]:  Aegidius Pluess
Wie lautet der Name Ihrer organisatorischen Einheit?
 [Unknown]:  Informatikdienste
Wie lautet der Name Ihrer Organisation?
 [Unknown]:  Gymnasien Neufeld
Wie lautet der Name Ihrer Stadt oder Gemeinde?
 [Unknown]:  Bern
Wie lautet der Name Ihres Bundeslandes oder Ihrer Provinz?
 [Unknown]:  Bern
Wie lautet der Landescode (zwei Buchstaben) für diese Einheit?
 [Unknown]:  ch
Ist CN=Aegidius Pluess, OU=Informatikdienste, O=Gymnasien
Neufeld, L=Bern, ST=Bern, C=ch richtig?
 [Nein]:  Ja
```

Als Nächstes erstellen wir mit

```
keytool -selfcert -alias hokuspokus
```

ein selbst-signiertes Zertifikat. Dabei wird das oben gewählte Passwort verlangt.

Nun sind wir in der Lage, eine gemäß den Regeln von Kap. 23.11 verpackte jar-Datei zu signieren. Wir zeigen dies am Beispiel der Applikation VirtualInstrument aus Kap. 35. Die benötigen class-Dateien sind:

```
FunctionPlayer.class
MyAudioFormat.class
VirtualInstrument.class
Waveform$F0.class
Waveform$F1.class
Waveform$F2.class
Waveform$F3.class
Waveform$F4.class
Waveform.class
```

Zuerst verpacken wir sie mit

```
jar cvf virtualinstrument.jar *.class
```

und signieren mit

```
jarsigner virtualinstrument.jar hokuspokus
```

wobei das gewählte Passwort verlangt wird. Zuletzt müssen wir eine XML-formatierte Datei mit dem Namen virtualinstrument.jnlp erstellen, welche alle wichtigen Informationen über die Applikation enthält. Am einfachsten kopieren wir eine bereits vorhandene JNLP-Datei und modizieren diese sinngemäß. (Die erlaubten Elemente und Attribute sowie ihre Bedeutung entnimmt man den JNLP Specifications von Sun's Website.)

```
<?xml version="1.0" encoding="UTF-8" ?>
<jnlp
  spec="1.0+"
  codebase="http://www.clab.unibe.ch/javadidactics"
                          href="virtualinstrument.jnlp">
  <information>
    <title>Virtual Instrument</title>
    <vendor>Aegidius Pluess</vendor>
    <description>Demo of Music Scale</description>
    <homepage
     href="http://www.clab.unibe.ch/javadidactics/index.htm"/>
    <icon href="aplu.gif"/>
    <offline-allowed/>
  </information>
  <security>
    <all-permissions/>
  </security>
  <resources>
    <j2se version="1.4+"/>
    <jar href="virtualinstrument.jar"/>
  </resources>
  <application-desc main-class="VirtualInstrument">
    <argument>none</argument>
  </application-desc>
</jnlp>
```

Für die Publikation auf dem Web kopieren wir virtualinstrument.jar, aplu.gif und virtualinstrument.jnlp auf den Web-Server und erstellen auf einer beliebigen HTML-Seite einen Link auf virtualinstrument.jnlp. Web-Benutzern mit installiertem Web-Start steht damit die Applikation zum automatischen Download und zur Ausführung bereit. Wir können auch damit rechnen, dass eine neue Version der jar-Datei, die wir auf den Server kopieren, als solche erkannt wird und den Benutzern bei der nächsten Ausführung automatisch zugeschickt wird.

Wollen wir Applets unter Web-Start zur Verfügung stellen, so ändert sich das Verfahren nur geringfügig. Wir verpacken auch hier alle benötigten class-Dateien und Ressourcen in eine jar-Datei und signieren diese. Einzig die JNLP-Datei muss angepasst werden. Als Beispiel verpacken wir das Applet DrunkenMan aus Kap. 37 mit

```
jar cvf drunkenman.jar drunkenman.class
```

und signieren es mit

```
jarsigner drunkenman.jar hokuspokus
```

In der Datei drunkenman.jnlp setzen wir an Stelle des Elements <application-desc> die folgenden Angaben für das Applet

```
<applet-desc
 main-class="DrunkenMan"
  documentbase="applet.htm"
  name="DrunkenMan"
  width="300"
  height="300">
  <param name="duration" value="5000"/>
  <param name="step" value="20"/>
  <param name="size" value="12"/>
  <param name="delay" value="100"/>
</applet-desc>
```

Schließlich kopieren wir drunkenman.jar und drunkenman.jnlp auf den Web-Server. Ein Klick auf einen Link zu drunkenman.jnlp führt das Applet in einem vom Browser unabhängigen Fenster aus, auch wenn der Rechner später nicht mehr online ist.

44 Anhang 3: Hinweise zur Installation von Tomcat (Version 5)

Die folgenden Angaben setzen voraus, dass Tomcat neu installiert wird und beschreiben die zusätzlichen Installationsarbeiten, damit die Beispiele dieses Buchs ohne Änderungen funktionieren. Es wird davon ausgegangen, dass vorgängig bereits das Java Development Kit (JDK) installiert wurde. Die Distribution der aktuellen Version von Tomcat kann von der Website jakarta.apache.org heruntergeladen werden, am einfachsten als ausführbares Installationsprogramm (unter Windows beispielsweise jakarta-tomcat-xxx.exe, wobei xxx die Versionsnummer ist).

- Um bei URLs die explizite Angabe der Portadresse zu vermeiden, wählt man während der Installationsprozesses HTTP/1.1 Connector Port: 80. Dabei wird allerdings vorausgesetzt, dass dieser Port nicht bereits von einem anderen Web-Server belegt ist. Nach der Grundinstallation startet man auf dem Host einen Browser und überprüft, ob mit der URL http://localhost die Homepage von Tomcat angezeigt wird
- Damit der JSP-Container JSP-Seiten compilieren kann, muss die Datei tools.jar im Unterverzeichnis common/lib des Tomcat-Installationsverzeichnisses vorhanden sein. Da es wichtig ist, dass diese der Version des installierten Java Runtime Environments (JRE) entspricht, löscht man eine bereits vorhandene Datei und kopiert tools.jar aus dem Verzeichnis lib des installierten Java Development Kits (JDK)
- Man erzeugt im Verzeichnis webapps des Tomcat-Installationsverzeichnisses eine neue Unterverzeichnis-Struktur für die eigenen Dateien (einen **Applikations-Kontext**) wie folgt (für den Kontext aplu-examples):

```
--webapps
  --ROOT (bereits vorhanden)
  --aplu-examples
    --WEB-INF
        --classes
        --lib
```

Im Verzeichnis classes muss sich der Bytecode für alle Servlets und Beans mit all ihren mitverwendeten eigenen Klassen befinden (eventuell in einer Unterstruktur gemäß ihrem Package) und im Verzeichnis lib die jar-Dateien, die nur für diesen Kontext verwendet werden. Die HTML- und JSP-Dateien werden üblicherweise im Wurzelverzeichnis des Kontexts, also hier im Verzeichnis aplu-examples, eventuell unter Beizug von Unterverzeichnissen, abgelegt. Für die Homepage `index.htm` im Wurzelverzeichnis des Kontexts `aplu-examples` lautet die URL für den localhost:

```
http://localhost/aplu-examples/index.htm
```

wobei in der Regel für `index.htm`, `index.html` und `index.jsp` der Dateiname auch weggelassen werden kann

- Im Verzeichnis `WEB-INF` erstellen wir die Datei `web.xml`, in welcher zu jedem Servlet ein Alias festgelegt wird (siehe Kommentare in den `<!-- -->`-Tags)

```xml
<?xml version="1.0" encoding="ISO-8859-1"?>

<!-- Simple web.xml for deployment of aplu-examples -->

<web-app>
    <servlet>
        <!-- local alias just for this file -->
        <servlet-name>ServletEx1</servlet-name>
        <!-- class name without extension -->
        <servlet-class>ServletEx1</servlet-class>
    </servlet>

    <servlet-mapping>
        <!-- same local alias -->
        <servlet-name>ServletEx1</servlet-name>
        <!-- url: http://[host]/aplu-examples/ex1 -->
        <url-pattern>/ex1</url-pattern>
    </servlet-mapping>

    <!-- repeat same for each servlet -->

</web-app>
```

- Nach der Erstellung/Veränderung dieser Dateien muss Tomcat neu gestartet werden. Tomcat (ab Version 5) findet beim Start den neuen Applikations-Kontext `aplu-examples` von selbst, vorausgesetzt, dass darin eine Datei `web.xml` mit korrektem Format vorhanden ist
- class-Dateien im Verzeichnis `classes` werden vom Server zwischengespeichert (cache). Wenn man sie verändert, bemerkt dies Tomcat im Allgemeinen nicht, was zu bösen Überraschungen führen kann. Damit die neue Datei-Version in den Cache übernommen wird, kann man Tomcat stoppen und neu starten oder einfacher ein Reload des Kontexts `aplu-examples` mit dem **Tomcat Webanwendungs-Manager** (Abb. 44.1) erzwingen. Man startet diesen mit der URL `http://localhost/manager/html` oder mit einem Link auf der Standard-Homepage von Tomcat

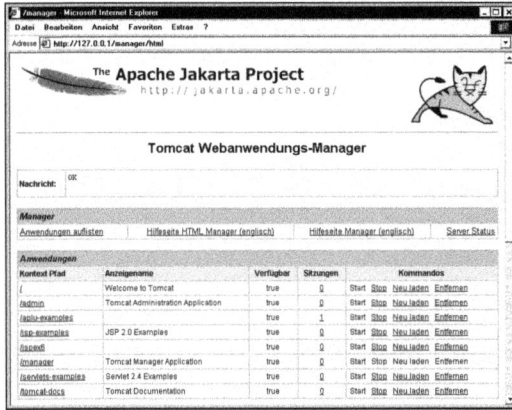

Abb. 44.1   *Tomcat's Anwendungs-Manager*

- Um Servlets auf einem Entwicklungsrechner compilieren zu können, muss die Klassen-bibliothek `servlet.jar` oder das darin enthaltene Package `javax.servlet` im Klassenpfad enthalten sein. Man findet das Package `servlet.jar` in der Download-Area von JSun's Java-Website oder in der Datei `servlet-api.jar` im Verzeichnis `common/lib` der Tomcat-Installation. Man kann beispielsweise die jar-Datei auspacken und die Unterverzeichnis-Struktur `javax/...` in ein Verzeichnis kopieren, das im CLASSPATH enthalten ist oder im CLASSPATH die jar-Datei hinzufügen

- Für Servlets oder JSP-Seiten, welche die MySQL-Datenbank verwenden, muss ein JDBC-Treiber für MySQL vorhanden sein. Dazu bezieht man von der MySQL-Website unter der Bezeichnung `MySQL ConnectorJ` eine Zip-Datei. Darin befindet sich die Datei `mysql-connector-java-xxx-bin.jar`, wobei `xxx` eine Versionnummer ist. Man kopiert diese Datei in das Verzeichnis `shared/lib`, das sich im Tomcat-Installationsverzeichnis befindet und startet Tomcat neu.

Stichwortverzeichnis

Das Verzeichnis ist hierarchisch in Haupt- und Unterbegriffe gegliedert. Klassen, Methoden und Schlüsselwörter sind in nichtproportionaler Schrift.

V

W